Raimund J. Weber

DIE SCHWÄBISCH HALLER SIEDENSERBLEIHEN

Forschungen aus Württembergisch Franken

Herausgegeben vom
Historischen Verein für Württembergisch Franken,
dem Stadtarchiv Schwäbisch Hall
und dem Hohenlohe-Zentralarchiv Neuenstein

Band 15

Jan Thorbecke Verlag Sigmaringen
1979

Die Schwäbisch Haller Siedenserbleihen

Band 2

URKUNDEN

Bearbeitet von
Raimund J. Weber

Jan Thorbecke Verlag Sigmaringen
1979

Gedruckt mit Unterstützung der Stadt und des Landkreises Schwäbisch Hall, des Bischöflichen Ordinariats Rottenburg, des Evangelischen Oberkirchenrats Stuttgart, der Bausparkasse Schwäbisch Hall AG, der Südwestdeutschen Salzwerke AG, Heilbronn, und der Volksbank Hall e. G.

CIP-Kurztitelaufnahme der Deutschen Bibliothek

Die Schwäbisch Haller Siedenserbleihen / bearb. von Raimund J. Weber. – Sigmaringen: Thorbecke.

NE: Weber, Raimund J. [Bearb.]

Bd. 2. Urkunden. – 1979.
(Forschungen aus Württembergisch Franken; Bd. 15)
ISBN 3-7995-7601-0 (Thorbecke) Lw;
ISBN 3-921429-15-3 (Histor. Verein für Württemberg. Franken) Lw.

Vorlage für die Deckelprägung: Udo Löffel, Utzstetten
Foto des Schutzumschlags: Foto Weller, Schwäbisch Hall
Gesamtherstellung: M. Liehners Hofbuchdruckerei KG, Sigmaringen – Printed in Germany

ISBN 3-7995-7601-0 Jan Thorbecke Verlag KG
ISBN 3-921 429-15-3 Historischer Verein für Württembergisch Franken e. V.

Inhaltsübersicht

Urkundenverzeichnis

Anhang

Verzeichnis der Abbildungen

Bildnachweis: Alle Aufnahmen Hauptstaatsarchiv Stuttgart.

Vorwort

Diese Arbeit ist nicht das Werk eines einzelnen – sie konnte nur durch bereitwilliges Mithelfen vieler entstehen. So möge sich mein Vorwort auf Verdankungen beschränken. Zunächst danke ich den heute im »Verein der Siedensrentenberechtigten e. V.«, Schwäbisch Hall, zusammengeschlossenen Nachkommen der einstigen Sieder, vor allem ihrem Vorstand, dem »Haalrat« und seinem Vorsitzenden, Herrn Haalhauptmann Friedrich Gräter. Der Verein hat durch Öffnung des Haalarchivs und großzügige Überlassung von Archivalien diese Arbeit erst ermöglicht. Frau Haalschreiberin a. D. Elisabeth (»Liesl«) Benitz hat mir durch manche Auskünfte geholfen; auch ihr gilt mein herzlicher Dank.

Herr Stadtarchivdirektor Dr. Kuno Ulshöfer, Schwäbisch Hall, hat den Anstoß zur Sammlung und Herausgabe der Siederurkunden gegeben. Er und seine Mitarbeiterinnen, vor allem Frau Stadtarchivamtmännin Herta Beutter und Frau Ursula Pfeiffer, haben mir mit Rat und Tat in einer Weise zur Seite gestanden, die über das Maß des billigerweise von Archivaren in Erfüllung ihrer Dienstpflicht zu Erwartenden weit hinausging. Auch auf den sachkundigen Rat von Herrn Gymnasialprofessor Dr. Gerd Wunder, Schwäbisch Hall, konnte ich stets zurückgreifen. Für Archivbenutzung bin ich weiter verpflichtet: den Herren Oberstaatsarchivrat Dr. Gerhard Taddey und Archivamtmann Wilfried Beutter vom Hohenlohe-Zentralarchiv in Neuenstein, dem Hauptstaatsarchiv in Stuttgart, dem Staatsarchiv Ludwigsburg und der Staatsbibliothek Preussischer Kulturbesitz in Berlin. Dietrich Freiherr von Koenig-Warthausen hat mir freundlich die Durchsicht seiner Sammlung gestattet. Dem Historischen Verein für Württembergisch Franken danke ich für die Ehre der Aufnahme dieses Bandes in seine wissenschaftliche Reihe. Die mühevollen Schreibarbeiten haben mit Geduld und Sorgfalt Frau Inge Schäfer, Tübingen, und meine Schwester, Frau Sieglinde Weber, München, ausgeführt.

Am Ende, doch nicht zum wenigsten, danke ich meinem hochverehrten Tübinger Lehrer, Herrn Professor Dr. Dr. h. c. Ferdinand Elsener. Durch seine Bereitschaft, eine Arbeit aus der Rechtsgeschichte des Haller Siedwesens als Dissertation zu betreuen, hat er eine unerläßliche Voraussetzung für diesen Band geschaffen.

R. J. W.

... ungevehrlich bey sechs jaren verschinen wer sie, zeugin, und ihr hauswirth seilig in Meißners haus kommen. Wer Hannß Büschler auch darin gewest. Het mit dem Meisner gerechnet. Und nach der rechnung alle viere eins maß weins mit einander trunckhen. Und wie man die zech rechnen wollen, het Büschler gesagt, man dorft kein zech rechnen, er wollt die zech bezalen. Und hett weiter zum Meisner gesprochen: Du must mein leben lang mein sieder sein. Und wann ich stirb, so halt dich mit meinen kindern, das sie diers auch lasen. Darauf sagt Meißner: Junckher, ain briefe wer mir allzeith nutzer.

Zeugenaussage im Prozeß des Hans Büschler gegen Hans Meißner, 1537
U 105 (922/923)

Einleitung

Nach dem zweiten Weltkrieg sind drei größere Arbeiten zur Geschichte des Salzwesens in Schwäbisch Hall erschienen. An erster Stelle ist hier zu nennen das von Robert Uhland in den Jahren 1948/49 angelegte, erst 1965 gekürzt im Druck erschienene Inventar der Bestände des »Haalarchivs« [1]. Diese hilfswissenschaftliche Arbeit hat die Archivalien der alten Siederschaft der wissenschaftlichen Bearbeitung erschlossen und die künftige Forschung wesentlich erleichtert. Der dem Inventar vorangestellte Aufsatz über »Das Siedewesen in Schwäbisch Hall« stellt zugleich eine ausgezeichnete Kurzeinführung in die Geschichte des Haller Salzwerkes dar. Vornehmlich seine Wirtschaftsgeschichte, aber auch Grundzüge der Rechts- und Besitzgeschichte hat 1952 Werner Matti in einer leider ungedruckt gebliebenen Dissertation behandelt [2]. Immerhin konnte Matti wesentliche Ergebnisse seiner Forschung in einer Reihe von Zeitschriftenaufsätzen und Artikeln veröffentlichen [3]. 1965/66 hat der bekannte Salinenforscher Walter Carlé dem Haller Salzwerk, seinen geologischen Grundlagen und technischen Methoden, eine ausführliche zweiteilige Abhandlung gewidmet [4].

Die genannten Autoren mußten auch auf die Rechtsgeschichte der Saline eingehen. Denn ohne Kenntnis der grundlegenden Rechtsverhältnisse ist der Betrieb des alten Salzwerks unverständlich. Eine neuere Arbeit, die sich speziell mit der Rechtsgeschichte der

1) Das Haalarchiv in Schwäbisch Hall, Inventar der Urkunden, Akten und Bände (= Inventare der nichtstaatlichen Archive in Baden-Württemberg Heft 10). Karlsruhe 1965.

2) Verfassung und Wirtschaftspolitik der Saline Schwäbisch Hall bis zum Jahre 1802. Diss. rer. pol. Tübingen 1952 (maschinenschr. vervielfältigt).

3) Besitzverhältnisse der Haller Salzsieden, in: Jahrbuch des Historischen Vereins für Württembergisch Franken, NF. 28/29, 1954, S. 99–106. – Weitere Titel: vgl. die Bibliographie bei CARLÉ (s. Anm. 4).

4) Die natürlichen Grundlagen und die technischen Methoden der Salzgewinnung in Schwäbisch Hall (Geschichte der Salinen in Baden-Württemberg Nr. 13), in: Jahreshefte des Vereins für vaterländische Naturkunde in Württemberg, I. Teil: 120. Jg., 1965, S. 79–119, II. Teil: 121. Jg., 1966, S. 64–136. – Mit einer Einleitung zur Geschichte der Saline und einer Bibliographie (Teil II, a. a. O. S. 133–136).

Haller Saline befaßte, fehlt jedoch. Auch diese Urkundensammlung und die darauf beruhende, dem ersten Band vorbehaltene Darstellung können eine *vollständige* Rechtsgeschichte nicht bieten. Zu umfangreich sind die Archivbestände, die hierfür ausgewertet werden müßten, zu vielseitig die in Frage kommenden Themen. Einer eigenen Darstellung bedürften beispielsweise die Prozesse der Sieder und der Siederschaft, die korporationsrechtliche Komponente der Siederschaft, ihre »Selbstverwaltung« und »Gerichtsbarkeit«, auch der Übergang der Saline an Württemberg im 19. Jahrhundert.

Dieser und der erste Band werden dagegen die sachenrechtliche Seite in der Rechtsgeschichte des Haller Siedwesens behandeln. Denn in den für den mittelalterlichen Liegenschaftsverkehr typischen Rechtsformen sind die Anteile an der Salzquelle zur Nutzung ausgetan worden. Klöster und Altäre, Stadtkommune und Spital, Adel und Bürger haben als »Herren« des Salzbrunnens ihre Anteile auf ein Jahr, auf Lebenszeit eines oder mehrerer Sieder oder zu Erb vergeben. Die Sieden wurden in grundsätzlich denselben Leiheformen verliehen wie Bauerngüter, Weinberge und Wälder auf dem Lande, Häuser und Hofstätten in der Stadt, Gewerbebetriebe wie Mühlen und Ziegelhütten. Wohl gab es aus der Eigenart des Salinenbetriebs und der korporativen Bindung der Sieder fließende Besonderheiten in der rechtlichen Gestaltung. Des »Haals Recht und Gewohnheit« bildete ein *eigenes Leiheformular* [5] aus. Gleichwohl führt die Frage nach den Rechtsverhältnissen an den Sieden mitten hinein in das Sachenrecht des 14. bis 16. Jahrhunderts mit seinen Leiherechten, die – anders als in England – hierzulande nicht zur Grundlage des modernen Liegenschaftsrechts wurden, sondern weithin abgestorben sind.

Im einzelnen ist davon im ersten Band zu handeln. Zur Einführung und zum Verständnis der Anlage dieser Urkundensammlung sei aber folgendes mitgeteilt. Grundlegend für die Salinenverfassung war die Einteilung des Siedrechts an dem Salzbrunnen in 111 Pfannen oder Sieden. Matti hat die Bedeutung dieser Einteilung beschrieben: »So wie bei der bergrechtlichen Gewerkschaft schon im 13. Jahrhundert veräußerliche Kuxe auf ideelle Teile einer Grube gebildet wurden, legte man bei den Siedrechten ein *fiktives Flüssigkeitsmaß* zugrunde, wonach 1 Siedrecht oder 1 Pfanne = 1 Fuder = 20 Eimer = 480 Maß = 1920 Schoppen bedeutete. Diese Einteilung der Siedrechte nach Pfannen, bzw. Bruchteilen von solchen ... hat aber mit der effektiven Größe, der Zahl oder dem Inhalt der Siedpfannen nichts zu tun« [6]. In der Haller Tradition wird als Ursprung der Einteilung in 111 Sieden der »Grundvertrag« von 1306 angesehen. Wir lassen hier offen, ob jenes Verzeichnis von Siedensinhabern, in dem man dieses »Grundgesetz« des Haals wiedererkennen wollte, tatsächlich die ihm zugemessene Bedeutung hat [7]. Jedenfalls betrug im Jahr 1494 die Zahl der Sieden tatsächlich 111 [8].

Durch die schon erwähnten Verleihungen, aber nicht nur durch sie, entstanden verschiedene Rechtsverhältnisse an diesen Sieden. Praktisch bedeutsam sind zwei Unterscheidungen, zum einen jene zwischen »Eigen« und »Erb«, zum andern – innerhalb des Erbs – zwischen »fließendem« und »freieigenem« Erb. Das »Eigentum« oder die »Rechnungsgerechtigkeit« war das Recht des Eigentums- oder Lehenherrn nach Verleihung des Nutzungsrechts; der Inhalt dieses Rechts erschöpfte sich darin, seinem Inhaber

5) U 80 (411): ... *sieden, daruber brief nach gemeiner statform vorhanden.*
6) Werner Matti, Besitzverhältnisse der Haller Salzsieden, a. a. O. S. 99.
7) Vgl. UB Hall N 179, Anm. 1 und 2.
8) U 49 (386).

einen Anspruch auf eine in ihrer Höhe zwischen der Siedersgesamtheit und der Vertretung der Lehenherrn jährlich ausgehandelte Abgabe, die »Rechnung«, zu gewähren. Freilich hatte der Eigentumsherr noch die Aussicht, daß auch das Recht zur unmittelbaren Nutzung wieder an ihn zurückfallen konnte, etwa wenn der Erbsieder die Rechnung nicht bezahlen konnte oder wenn bei erbfließenden Sieden das Siedergeschlecht ausstarb. Diese Anwartschaften scheinen aber zumindest seit dem 16. Jahrhundert – vorher hat es Fälle des Verlusts von Erbsiedrechten gegeben – nur noch theoretischer Natur gewesen zu sein.

Auf der Seite der Erbsieder ist, wie schon gesagt, zwischen »fließendem« und »freieigenem« Erb zu unterscheiden. Auch das freieigene Erb ist *Erb*. Aber im Gegensatz zum fließenden kann das freieigene Erb ohne weiteres veräußert werden; das fließende Erbsieden hat dagegen grundsätzlich in der von dem ersten Erwerber abstammenden Familie zu bleiben.

Zahlenmäßig hatten die erbfließenden Sieden während des Bestandes der alten Salinenverfassung vor 1800 ein leichtes Übergewicht. Nach dem Haalhausverzeichnis des Oberhaalschreibers Fischer (1720) [9] waren von den 111 Sieden etwas über 68 fließendes, der Rest freieigenes Erb. Heute stellen die fließenden Erbsieden den deutlich größten Teil der zu Rentenrechten umgewandelten Sieden. Es bestehen – Folge der freien Veräußerlichkeit – nurmehr etwa 10 freieigene Sieden, während noch alle fließenden Sieden erhalten sind.

Dem heute »Siedersgeld« Beziehenden [10] sollte es daher – sofern er Anteil an einer erbfließenden Siede besitzt – aufgrund der haalgenealogischen Überlieferung und mit den im ersten Band vorgesehenen besitzgeschichtlichen Ausführungen möglich sein, in dieser Sammlung den Erbbrief aufzufinden, durch den sein Erbsiedrecht geschaffen wurde und in den Besitz seiner Vorfahren kam. Dies gilt natürlich mit der Einschränkung, daß ein Erbbrief ausgestellt wurde, der bis heute zumindest in Abschrift erhalten ist und aufgefunden werden konnte.

9) HA B 632.
10) Vgl. dazu UHLAND S. 25* ff. – Die Erbleihbriefe sind zusammen mit den die Abgeltung für die Übernahme der Saline durch Württemberg regelnden Verträgen und den »Loseinigungen« des 16. und 17. Jahrhunderts (dazu unten S. 16 und im 1. Band) bis auf den heutigen Tag rechtsbegründende Urkunden, vgl. auch RAIMUND J. WEBER, Zur Rechtsgeschichte des Denkendorfer Siedens. Zugleich ein Nachwort zum Beschluß des OLG Stuttgart vom 9. 8. 1977 (FS I Nr. 185 I a – Schwäbisch Haller erbfließende Siedensrechte), in: Der Haalquell, Blätter für Heimatkunde des Haller Landes, 30. Jahrgang (1978) S. 12.

Quellenauswahl und -überlieferung

Urkunden über die Verleihung von Sieden zu Erb oder auf Lebenszeit bilden den Kern dieser Sammlung. Von den insgesamt 120 Urkunden gehören 55 zu Leihebriefen im engeren Sinn. Davon betreffen 43 Urkunden Verleihungen zu Erb und 12 solche auf die Lebenszeit des oder der Beliehenen [1]. Bereinigen wir die Zahl der Erbbriefe um die, soweit vorhanden, ebenfalls im Wortlaut abgedruckten Reverse [2] und die seltenen Fälle, in denen ein und dasselbe Sieden mehrfach zu Erb vergeben wurde [3] bzw. der Beliehene mehrere Erbbriefe erhielt [4], so bleiben an hier dokumentierten Erbverleihungen 35 [5]. Die Anzahl der Salzpfannen, die mit diesen Erbbriefen ganz oder zu Bruchteilen verliehen wurden, beträgt – wiederum bereinigt – $32^4/_5$. Diese Zahl erhöht sich durch jene Urkunden, die als »Erbbriefe im weiteren Sinn« bezeichnet werden können: Verkauf eines Siedens unter Vorbehalt des Erbs [6], ein Urteilsbrief im Streit um ein Erb [7] u. ä. [8]. Von drei weiteren Verleihungen haben wir Nachricht. Das Jahr der Verleihung und die Namen der Verleiher sind bekannt, der Erbbrief selbst konnte aber nicht ermittelt werden [9]. Solche Urkunden sind es, die für weitere sechs Sieden die Entstehung des Erbs nachweisen.

Knapp 40 Sieden also werden hier dokumentiert – bei insgesamt »68 Fuder (Pfannen, Sieden) 7 Eymer 4 Maas«, die zu Beginn des 19. Jahrhunderts, als die Saline an Württemberg überging, im Besitz der »Erb-Genossen« waren [10]. Wenn – wie diese Zahlen zeigen – die angestrebte Vollständigkeit nicht erreicht wurde, hat das mehrere Gründe. Die Siedensurkunden waren, ebenso wie die Siedrechte selbst, stark zerstreut. Mit der Ausstellung kamen die Leihurkunden in den Besitz der einzelnen Siederfamilien. Dort wurden sie unter den »Siedensbriefschaften« – ein weiter Begriff, der alle möglichen die Sieden betreffenden Urkunden umfaßte – in kleinen Truhen (»Trüchlen«) ver-

1) Leihe auf Lebenszeit: U 1/2, 12, 22, 28/29, 31, 40, 41, 45, 75, 113. – Die Zahl nach dem Schrägstrich bedeutet die Urkundennummer des Reverses.
2) Erbbrief *und* Revers liegen vor bei folgenden Erbbriefen: U 14/15, 26/27, 84/85, 92/93, 94/95.
3) U 20, 34 und 68 betreffen dasselbe Sieden.
4) Im Falle von U 81 und 96.
5) U 9, 13, 14, 23, 26, 37, 39, 42, 52, 58–64, 67–70, 72, 73, 76, 83, 84, 90–92, 94, 96, 97, 100–102, 104.
6) U 88.
7) U 50, 103.
8) U 32, 86 (Beachte den Vermerk im Anhang).
9) Vgl. U 120 Verzeichnis 1695 Nrn. 3 und 5 (1493); 112, hier Verleihungsjahr nicht angegeben.
10) Ziffer 4 des Vertrages (»Hauptvertrag«) zwischen dem Württembergischen Kurfürsten (vertreten durch Hofkammerdirektor Parrot) und dem Lehenrat sowie dem Haalgericht vom 17. August 1804, vgl. Hufnagel (Beilagen) S. III.

wahrt [11] und gelegentlich, wie Uhland berichtet, dem »Neuen Haus«, der »Zentralbehörde« des Gemeinen Haals, zur Verwahrung anvertraut [12].

Die Urkunde U 120 bringt zwei Inventare eines solchen Behälters, des »Seubothischen Trüchle«. Noch heute könnten sich Urkunden in Privatbesitz befinden; eine entsprechende schriftliche Umfrage, die der Verfasser mit freundlicher Unterstützung des »Haalamts« bei den Mitgliedern des Vereins der Siedensrentenberechtigten e. V. unternahm, blieb ohne Ergebnis [13].

Damit erklärt sich die verhältnismäßig kleine Zahl an Originalpergamenten über Siedenserbverleihungen, die ausschließlich in Archiven zusammengetragen werden mußten. Das Haalarchiv ist hier mit drei [14], das Stadtarchiv Schwäbisch Hall mit einer und die Sammlung des Historischen Vereins für Württembergisch Franken mit einer Urkunde vertreten [15]. Am ergiebigsten erwies sich der Bestand des ehemaligen Klosters Gnadental, den heute das Hohenlohe-Zentralarchiv in Neuenstein verwahrt (5 Urkunden, davon 4 Reverse [16]). Fünf Pergamente steuerte auch das im Hauptstaatsarchiv Stuttgart verwahrte ehemalige Archiv des Klosters Denkendorf bei, doch handelt es sich lediglich um Leihen auf Lebenszeit [17]. Leihe auf Lebenszeit ist auch der Inhalt von drei der fünf im folgenden abgedruckten Urkunden aus dem Bestand D 2 der Handschriftenabteilung der Staatsbibliothek Preussischer Kulturbesitz in Berlin [18].

11) Vgl. dazu F. S. Müller (»Consulent Müllerische Collectanea von der Stadt Hall, hier Haahl und Siedens Sachen«): *»Von welchen siedens trüchlen besonders bekannt und renommirt seynd das Seufferheldische, Fürnhaberische, Dötschmännische, Müllerische, Seübothische und Wagnerische.«*; hier nach Abschr. Lackorn, HA B 935 Bl. 148.
12) Uhland S. 33*; vgl. auch U 111 (780).
13) Mit der Lagerung in Privathäusern waren (und sind) Gefahren verbunden. Deshalb hat schon Friedrich Sybaeus Müller (zu ihm vgl. Anm. 22) die Öffnung der Siedenstruhen gefordert. Pietsch wird Müllers Absichten nicht ganz gerecht, wenn er ihn in diesem Zusammenhang »urkundensüchtig« nennt (UB Hall S. 73*). Aber hören wir Müller selbst (a. a. O. Bl. 147'): *»In allem aber wohl zue wünschen wäre, wann man die erbverleih= und siedens briefschaften zuesammen tragen und mithin die dar und dorten annoch in unsicherheit liegend und unter privat custodi steckhende siedens und geschlecht trüchle öffnen und die briefschaften fleißig decopiren, solche collationiren und alsdann widerumb an gehörigen orten fein seuberlich und getreulich aufheben oder wohl gar die originalia in e[ines] e[hrbaren] raths archiv und brief oder in einem andern darzu bequemen, vor feuer und anderer gefahr gesichertem gewölbe aufheben und dieselbe in keinen privat heusern stehen liese.«* Daß Müllers Sorge nicht unbegründet war, zeigen die folgenden Ausführungen: *»Indeme vor etlichen jahren in dergleichen sachen dem Wengerisch und Löchnerischen geschlecht durch die in herrn Peter Priets, gewesenen französischen sprachmeisters (pro tempore herrn Heinrich Peter Gräters senatoris) haus zue nechst an dem Limburger thor durch die darinnen ohnvermuthet entstandtene große feuer brunst, da das ganze haus in wenig stundten in vollen flammen, sonder einiger rettung im rauch, und darinnen viel Wenngerische siedens briefschaften mit aufgangen, ein groser schaad und verlust zuegewachsen ist«* (a. a. O. S. 147' / 148). Das Priet'sche Haus brannte 1705 ab, *»zu der zeith, da die französischen prisoniers hier gelegen«*. Vgl. dazu Georg Bernhard Lackorn, Chronika. Von der Stadt Schwab. Hall Ursprung, Älte, Adel, Saltzbronen, Süden, Handirung, Privilegia, Rechten und Gerechtigkeiten etc., (Schwäbisch Hall) 1700, Handschrift UBT Mh 763 S. 108.
14) U 23 (= HA U 13), 37 (= HA U 47), U 42 (= HA U 53).
15) U 93 (= Hist. Ver. 10). – U 104 (= StAH 17/U 683a).
16) U 14, 15, 20, 27, 34 (= NLA 37/61, 62, 63, 68, 69).
17) U 1, 2, 12, 29, 31 (HStASt A 480 PU 561, 562, 563, 566, 567), dazu kommt noch die Papierausfertigung U 22 (= HStASt A 480 U 565).
18) U 28, 45, 75, 85, 95 (= StPrK D 2. 20, 28, 33, 35, 37). Diese Urkunden haben eine »Odyssee« hinter sich. Zwischen 1820 und 1825 hatte der bekannte englische Antiquar und Sammler Sir Thomas Phillipps (geb. Manchester 2. 7. 1792, gest. 6. 2. 1872 Thirlestane House, Cheltenham) auf seiner Europareise neben vielen anderen auch eine Reihe aus Württemberg stammender Urkunden erworben, die sich zumeist auf Schwäbisch Hall und seine Umgebung bezogen. Teile der Sammlung Phillipps wurden seit 1891 verkauft bzw. versteigert. Den hier genannten Bestand erwarb 1911 auf einer Versteigerung des Londoner Auktionshauses Sotheby Sir Max

Ohne Ergebnis blieb eine Durchsicht der Bestände der Sammlung Koenig–Warthausen. Sie enthält zwar Schwäbisch Haller Sieden betreffende Urkunden, jedoch – soweit ich ermitteln konnte – keinen Leihebrief [19]. Ebensowenig konnten in den in Ludwigsburg lagernden Beständen (Haller Bestand B 186) einschlägige Originalpergamente ermittelt werden.

So war der Bearbeiter – was die Erbbriefe betrifft – weitgehend auf, nun allerdings reichlich vorhandene, Abschriften angewiesen. Dabei fand er freilich keine zeitgenössische »haalamtliche« Sammlung von Leihebriefen vor, auf die er sich hätte stützen können. Das 1614 angelegte »Haalsbuch«, genauer »Des Hals Siedens und Los Buch«, die große und – soweit das rechtliche Interesse der Haalleitung damals reichte – wohl vollständige Sammlung aller »Siedensvereinigungen« und »Losvereinigungen«, enthält gerade *keine Erbbriefe* [20]. Obwohl die Erbbriefe rechtlich nicht weniger wichtig waren als die Siedens(los)einigungen, wurden letztere vom »Haal« überwacht und ins Haalsbuch eingetragen, erstere dagegen finden sich im 16. und 17. Jahrhundert nicht gesammelt; auch später scheint es nur unvollständige Sammlungen einzelner Abschriften gegeben zu haben, die, bzw. deren Reste, sich heute noch im Haalarchiv befinden. Wie erklärt sich das? Am Leihebrief hatte die Gemeine Siederschaft als Ganze in der Regel kein rechtliches oder praktisches Interesse. Er berührte das Verhältnis zwischen dem »Lehens-« oder Eigentumsherren und dem Sieder. Dagegen war die Siedens(los)einigung für die Viermeister, d. h. die Leitung des Haals, von großer Wichtigkeit. Die Einigung legte fest, für *wie lange* (zwei, drei, vier usf. Jahre) gesotten werden durfte. Aus ihr ergab sich auch – in Verbindung mit den genealogischen Büchern – *wer* diese Jahre versieden durfte. An die durch (Los-)einigung festgelegte Reihenfolge hielten sich die Viermeister beim alljährlichen »Siedensscheiden«, jenem von der Siederschaft zentral überwachten und geregelten Vorgang, bei dem ein Sieder, dessen Zeit abgelaufen war, das Sieden an den nächsten »im Los« übergab.

An dem Erbbrief des einzelnen bestand somit für die Siedergesamtheit kein ständiges Interesse, wie es für die Loseinigungen und die darauf fußenden genealogischen Bücher der Fall war. Es scheint aber doch Fälle gegeben zu haben, in denen man zur Sammlung

Leon(h)ard Waechter, der ihn dem deutschen Kaiser schenkte. Dieser wiederum übergab ihn 1912 der »Königlichen Bibliothek« in Berlin. Zum Hintergrund von Ankauf und Schenkung vgl. die Festschrift »Deutsche Staatsbibliothek 1661–1961«, Band 1, Geschichte und Gegenwart, Leipzig 1961 S. 348. (Waechter, geb. 1837 Stettin, gest. 3. 10. 1924, kam 1859 nach England, wurde 1865 naturalisiert und 1902 geadelt. Mitinhaber eines Handelshauses, Grafschaftsrichter und Parlamentsmitglied, trat er als politischer Schriftsteller für ein vereintes Europa ein: European Federation . . . A lecture delivered at the London Institution on the 25. Febr. 1909, London 1908; How to abolish war. The united states of Europe. Rev. edition, London 1924.) Nach zwischenzeitlicher Lagerung in der Westdeutschen Bibliothek (Marburg) befinden sich die Urkunden heute in der Handschriftensammlung der Staatsbibliothek Preussischer Kulturbesitz in Berlin. Ablichtungen liegen im Hauptstaatsarchiv Stuttgart, dort ebenfalls ein vollständiges Repertorium (Regesten und Einleitung) von Barbara Oertel und Friedrich Pietsch. Teilregesten und Bericht über die »Wächtersche Schenkung« bei Fritz Schillmann, Württembergische Urkunden in der Königlichen Bibliothek zu Berlin, in: Württ. Vjh. 1914, S. 341–354; vgl. dazu noch UB Hall S. 6*, Uhland S. 35*. – Zu Sir Thomas Phillipps: Dictionary of National Biography (ed. Sidney Lee), Bd. 45, London 1896, S. 192–195. – Auskunft über M. L. Waechter und den Hinweis auf die Festschrift »Deutsche Staatsbibliothek« verdanke ich der Freundlichkeit der Staatsbibliothek Preussischer Kulturbesitz.

19) Ich habe von den in Warthausen ermittelten, Schwäbisch Haller Sieden betreffenden Urkunden Regesten gefertigt und diese in Ablichtung dem StAH übergeben. Zu der Warthausen'schen Sammlung vgl. UB Hall S. 6* f.

20) HA B 772.

von Siedensbriefen, darunter auch Erbbriefen, schritt. So enthält der Faszikel HA A 537 eine Reihe von Abschriften, einige notariell oder von der reichsstädtischen Kanzlei beglaubigt. Die Abschriften betreffen Erbverleihungen, aber auch Kaufbriefe, Vergleiche u. a. Teilweise sind sie durchnumeriert. Auch liegen dem Faszikel Verzeichnisse von Siedensbriefen bei. Das deutet auf planmäßige Sammeltätigkeit hin. Der Anlaß dieser Sammlung ist nicht bekannt. Aus gelegentlichen Bemerkungen auf den Abschriften und vielen Unterstreichungen läßt sich auf juristisches, vielleicht Prozeßinteresse schließen [21]. Obwohl – wie die Numerierung eines Teils der Abschriften ergibt – nur noch Reste des einmal Vorhandenen erhalten sind, bildet der Faszikel eine wichtige Quelle für die nachstehende Edition. Das Alter der Handschriften ist unterschiedlich, die Mehrzahl dürfte aus dem beginnenden sowie aus der zweiten Hälfte des achtzehnten Jahrhunderts stammen.

Einige der in HA A 537 enthaltenen Abschriften sind auch in den »Siedensbüchern« des Schwäbisch Haller Ratskonsulenten und Lizentiaten der Rechte Friedrich Sybaeus Müller [22] und seines Gehilfen, des »Archivingrossisten« Fähnrich Georg Bernhard Lackorn [23] enthalten. Die vier Siedensbücher, vor allem das erste, von der Hand Lackorns geschriebene 1000seitige »Neu colligierte Siedens Buch von 1462 = 1553« [24], bilden die wertvollste Einzelquelle dieser Sammlung. Müllers erstes Buch, das zweite in der ganzen vierbändigen Reihe [25], zeigt, wie wichtig für die Erforschung der Siedersgeschichte der Zugang zu privaten Urkunden war. Müller konnte über die Urkunden seiner Familie verfügen und schrieb sie in seinem genannten ersten Siedensbuch ab, wie es scheint, vollständig [26]. Friedrich Pietsch hat Leben und Werk dieser aus ratsfähigen Haller Geschlechtern und Siedersfamilien stammenden barocken Archivare bzw. Schreiber gewürdigt [27].

21) Einem Gutachten der *Tübinger Juristenfakultät* vom 14. Dezember 1705 im Streit um ein Erbsieden ist zu entnehmen, daß sich unter den nach Tübingen versandten Akten auch Erbbriefe (oder Abschriften davon?) befanden: »... erklärt sich auch aus allen uns zuegeschickhten erbverleihungs briefen in specie dem *Wagnerischen* sub. alleg. no. 61 acto[rum] ...«. Vgl. die Abschr. des Gutachtens bei Georg Bernhard Lackorn, »Chronik«, Tom. V, Landesbibliothek Stuttgart Cod. hist. fol. 666, S. 242; zu dem gen. Chronikband vgl. die Beschreibung UB Hall S. 79*. Der Wagnerische Erbbrief: in *dieser* Sammlung U 70.

22) 1690–1698 reichsstädtischer Registrator, dann mit der Pflege des Archivs betraut, ab 1703 Ratskonsulent, Lizentiat der Rechte, gest. 1711. Bedeutender Haller Archivar und Erforscher der Siedersgeschichte, die er vor allem durch die Anlage des vierbändigen »Siedensbuches« und genealogische Arbeiten förderte. Vgl. UB Hall S. 73* ff.

23) Geb. 2. 10. 1667, gest. 10. 5. 1750. Gehilfe Müllers und als Kopist und Sammler nicht minder wichtig als Müller selbst. Sein »barocker Lebenslauf« (Pietsch) ist in wenigen Worten schwer wiederzugeben. Nach Schreiberdiensten in verschiedenen Stellen (Stadtschreiberei Murrhardt, Geck v. Kochendorf, Graf zu Löwenstein-Wertheim, kaiserliches Postamt Heilbronn, Kreistag zu Ulm) beginnt er eine Soldatenlaufbahn, erst Schreiber, dann Furier, schließlich – beim Fürstenbergischen Regiment zu Fuß – 1692 Fähnrich, 1727 60jährig zum Haller Stadtleutnant avanciert. Schüler Müllers, seit etwa 1700/1701 »Archivingrossist«. Verfasser – neben dem im Text genannten Siedensbuch – des 17-(möglicherweise 18)bändigen »Chronicon Hallense«, einer wegen des dort verarbeiteten bzw. abgeschriebenen, heute vielfach verlorenen Materials bedeutenden Quelle zur Haller Geschichte. Vgl. UB Hall S. 75* ff.

24) HA B 654, mit Registerband (HA B 655).

25) HA B 656. Der Registerband Lackorns (HA B 655) zum »1. Siedensbuch« ist hier nicht mitgezählt.

26) Vgl. auch die Bemerkung Müllers in den »Collectanea« (Anm. 11): *»und wollte ich gern mit dem Müllerischen* (scil. Trüchle), *so fern anderst die freundtschaft damit zue frieden, daran ich aber keinen zweiffel seze, den anfang machen laßen, und zwar für mich bereits davon eine collationirte copiam genommen habe.«* (HA B 935 Bl. 148').

27) A. a. O. S. 80*.

Georg Christian Wilhelm (von) Bühlers [28] fünfbändige Handschrift »Hall und Limpurg« enthält gleichfalls Erbbriefabschriften, die jedoch auch bei Müller und Lackorn nachzuweisen sind [29]. Hufnagels [30] »Beleuchtung« steuerte schließlich – als einzige gedruckte Quelle – einen andernorts nicht greifbaren Erbbrief bei [31].

Es ist aber nicht allein in der Überlieferungsgeschichte begründet, wenn – wie eingangs erwähnt – die Zahl durch Erbbriefe belegter Verleihungen hinter der Gesamtzahl der bestehenden Erbsiedensgerechtigkeiten zurückbleibt. Erbgerechtigkeiten entstanden nicht immer durch Verleihung seitens eines Eigentumsherrn, sondern auch durch *Trennung von Eigentum und Erb* auf andere Weise. So wurde etwa ein Sieden unter Vorbehalt des Erbs verkauft [32], oder es wurde nur das Eigentum verkauft. Diese Fälle mögen häufiger vorgekommen sein; darüber ist in der Besitzgeschichte der einzelnen Sieden (Band 1) zu handeln.

Erbbriefe allein geben freilich nur ein unvollkommenes Bild vom rechtlichen Gehalt eines Siedrechtes. Die Erbsiedensgerechtigkeit und ihre Eigenarten treten erst im *Rechtsleben* deutlich hervor: im Spiegel des Prozesses, dem gerichtlichen Streit um Erb oder »Lehenschaft« (= Befugnis zu verleihen); im rechtsgeschäftlichen Verkehr, den Verfügungen über eine Erbsiedensgerechtigkeit; schließlich in jenen Bestimmungen der Haalordnungen und Satzungen, die als »objektives Recht« auf Voraussetzungen, Inhalt und Ausübung des Siedrechts einwirkten.

So wurden unter die folgenden Urkunden auch Prozeßakten aufgenommen – *Urteilsbriefe* und -libelle, Zeugenverhöre, ein Reinigungseid sowie Vergleiche [33]. Ihre Einbeziehung in die Sammlung rechtfertigt teilweise auch ihre Bedeutung für die Besitzgeschichte. So vertritt etwa der Urteilsbrief für »Ehrenfried Müllers Kind« von

28) Geb. Oberrot bei Gaildorf 21. 1. 1797, gest. Stuttgart 5. 3. 1859. Oberbaurat. Zu ihm: EBERHARD TEUFEL, Vom Hällischen Salz- und Siederswesen, in: Schwäbisch Hall, ein Buch aus der Heimat, hg. von WILHELM HOMMEL, Schwäbisch Hall 1937, S. 265 ff., 282 ff. mit weiteren Nachweisen und einer Inhaltsübersicht des Bühler'schen Werkes; MATTI S. 337 ff.; DERS., Georg Christian Wilhelm von Bühler. Baumeister, Naturwissenschaftler und Verfasser der Chronik über das Haller Salinen- und Floßholzwesen, in: Der Haalquell 11, S. 53–55, Schwäbisch Hall 1958.

29) Einen sonst von mir nicht nachweisbaren Erbbrief enthält dagegen das »Genealogische Hauptbuch« um 1780 (HA B 790), vgl. U 94.

30) Carl Friedrich (von) Hufnagel, geb. Schwäbisch Hall 7. 2. 1788, gest. Tübingen 18. 4. 1848. Der Sohn eines Stadtschreibers durchlief nach dem juristischen Studium in Erlangen und Tübingen sowie praktischer Tätigkeit in Schwäbisch Hall die württembergische Justizkarriere: 1828 Rat (Richter) beim Civilsenat des Gerichtshofs in Esslingen, danach mit dem Titel »Obertribunalrath« (heute etwa einem Richter beim Oberlandesgericht entsprechend) am Gericht in Ellwangen (1831–36), dann wieder in Esslingen. 1839–1841 Ministerialrat im Justizministerium, seit 1842 Direktor des Gerichtshofs in Tübingen. Von 1826 bis 1838 Mitglied der Kammer der Abgeordneten im Württembergischen Landtag. – Als Schriftsteller vor allem mit Werken für die juristische Praxis hervorgetreten, z. B.: Belehrung der württembergischen Gemeinderäthe über das Pfand-, Prioritäts- und Exekutionsgesetz, Tübingen 1825, 4. Aufl. (!) 1828; Commentar über das Strafgesetzbuch für das Königreich Württemberg zunächst für Praktiker, Stuttgart 1840 und 42. Hufnagels Bedeutung für die Geschichte des Siedwesens in Hall liegt in seinem maßgebenden Mitwirken am Zustandekommen des Vergleichsvertrages zwischen der Königlich Württembergischen Finanzverwaltung und den Salineberechtigten vom 27. Juni 1827. Der Vertrag erschien in einem Druck der Fr. Schwend'schen Buchdruckerei, Schwäbisch Hall o. J. (1827). Zu den Vorgängen vgl. UHLAND S. 28* ff. – Zu Hufnagel: TEICHMANN in: Allgemeine Deutsche Biographie, 13. Bd., Leipzig 1881, S. 300 f.

31) U 64.

32) Anm. 6.

33) U 5, 17, 18, 30, 36, 38, 48, 50, 57, 65, 71, 79, 87, 103, 105, 106, 108, 109, 114. In U 71 geht es an sich nicht um das Erb an dem Sieden; die U wurde jedoch wegen des interessanten Falles mit aufgenommen.

1495 [34] einen Erbleihbrief. Ein Urteil spricht hier das Erb an dem umstrittenen Sieden den beklagten Kindern zu und verpflichtet sie zugleich zur Leistung der dem Sieder obliegenden Pflichten.

Bei der großen Zahl der um Erbsieden geführten Prozesse konnte nur eine Auswahl berücksichtigt werden. Die häufigen »Immissionsstreitigkeiten« [35] blieben ganz außer acht.

Neben Prozessen um Erb wurde eine Reihe von Urkunden einbezogen, in denen *Verfügungen über Erbsieden* getroffen sind: Abtretung, Kauf, Schenkung, Vermächtnis, Verzicht auf die Nutzung, eine Siedenseinigung [36]. Als Zeitgrenze galt hier – wie ganz allgemein für diese Sammlung – das Jahr 1600. Eine Ausnahme bildet die inhaltlich aus dem Rahmen fallende jüngere Urkunde U 120. Frühe, d. h. bis zum Beginn des 16. Jahrhunderts aufgestellte *Haalordnungen* und *-statuten* fanden gleichfalls Aufnahme [37]. Außer acht blieben aber Abschnitte, die den Betrieb des Haals, das Holzwesen, den Salzverkauf, die Haalpolizei u. a. regeln. Sie sind zum Teil bei Matti wiedergegeben [38], zum Teil auch noch nicht erschlossen. Eine vollständige kritische Sammlung und Bearbeitung wäre erwünscht. Hier wurden aus den Haalordnungen nur jene Bestimmungen abgedruckt, die auf Voraussetzungen, Inhalt oder Ausübung des Erbsiedensrechtes einwirkten, z. Bsp.: Schriftform als Voraussetzung wirksamer Erbverleihung.

Vom Abdruck grundsätzlich ausgeschlossen blieben Kaufbriefe, die den Verkauf von Sieden zu Erb und Eigen, den Verkauf einer Siedensrechnung (Eigentum) oder in älterer Zeit den Verkauf eines Siedens schlechthin (ohne Unterscheidung von Eigen und Erb) zum Gegenstand haben. So wichtig diese Urkunden für die Besitz- und Rechtsgeschichte der Sieden auch sind – angesichts der hier vorhandenen Fülle des Materials hätte allenfalls eine mehr oder weniger zufällige Auswahl geboten werden können. Kaufbriefe sind aber ausnahmsweise wiedergegeben, wenn sie in Prozessen »eingelegt« (zum Beweis vorgelegt) wurden [39]. Die Kaufurkunde ist dann nach dem Datum ihrer Ausfertigung eingeordnet und mit einem Verweis zu der entsprechenden (Prozeß-)Urkunde versehen.

Vom Grundsatz der Auswahl nach Sachgesichtspunkten – Aufnahme nur der die Rechtsgeschichte der Siedens(erb)leihe unmittelbar betreffenden Urkunden – weicht die vorliegende Sammlung im Fall der Siedensbriefe des Klosters Gnadental ab [40]. In dem zu Beginn des 16. Jahrhunderts angelegten Kopialbuch [41] sind die zu dieser Zeit für rechtlich bedeutsam erachteten Siedensurkunden des Klosters – wie wir annehmen dürfen, vollständig – enthalten. Damit besitzen wir im Fall des Klosters Gnadental den geschlossenen Bestand an Siedensbriefschaften eines einzelnen bedeutenden »Lehens-« oder Eigentumsherrn. Es sind dies einmal die Urkunden, in denen der Erwerb der Siedrechte durch das Kloster festgehalten ist, zum andern jene Reverse [42], mit denen die Sieder

34) U 50.
35) HA A 856–939.
36) U 66, 77, 82, 89, 98, 99, 110, 111, 112, 115, 116, 118, 119.
37) U 10, 11, 16, 43, 44, 53–56, 74, 78, 80.
38) Matti, Dissertation, S. 314–318.
39) U 21, 47.
40) U 3–6, 8, 14, 15, 19, 20, 24–27, 34, 46; vgl. auch U 68, die nach Vollendung des Kopialbuchs (1506) ausgestellt wurde.
41) GHA Bd. 48.
42) Im Falle U 14 ist auch die für den Siedensempfänger bestimmte Ausfertigung vorhanden.

den Empfang der (Erb-)Siedrechte bekundet haben. Ich habe diese günstige Quellenlage genutzt und alle Urkunden des »Gnadentaler Bestands« nach der Art eines »Fondsprinzips« ohne Rücksicht auf den Rechtsinhalt der jeweiligen Urkunde aufgenommen [43].

Für die Besitzgeschichte der Haller Siedgerechtigkeiten schließlich sind die Verzeichnisse der Siedensinhaber des 15. und 16. Jahrhunderts von Bedeutung [44], vor allem das umfangreiche, mehrteilig angelegte Verzeichnis, das aus Anlaß des großen Suhlenbaus von 1496 entstand [45]. Es ist für die Geschichte des Erbs besonders wichtig, weil es die Erbsieder gesondert aufführt [46].

Der Bestand StAH 9 (Siedensprozesse) wurde erst während der Drucklegung durchgesehen (Faszikel 1–56). Das Ergebnis ist am Schluß des jeweiligen Urkundenanhangs nachgetragen [47].

43) Ausnahme: die Urkunde Karls IV. von 1357 betreffend die Befreiung der Gnadentaler Sieden von Steuer und Bede (GHA Bd. 48 Bl. 164), die sachlich nicht zum Bereich Erwerb und Verleihung von Siedrechten gehört.
44) U 33, 35, 49, 51, 117.
45) U 49.
46) U 49 (421 ff.).
47) U 9, 27, 30, 39, 50, 58, 69, 70, 71, 80, 84, 103, 105, 111, 113, 119, 120.

Herausgabegrundsätze

Die Urkunden sind als Vollurkunden, d. h. im ganzen Wortlaut wiedergegeben. Für den Rechtshistoriker bedarf die Bevorzugung dieser Art der Ausgabe gegenüber der Regestenform keiner besonderen Rechtfertigung: Nur die Vollurkunde läßt Aufbau, Formeln und Rechtswörter erkennen.

Die Bearbeitung folgt den »Richtlinien für die äußere Textgestaltung bei Herausgabe von Quellen zur neueren deutschen Geschichte« [1] mit folgender Maßgabe im einzelnen.

Es herrscht – etwas weitergehend als in den »Richtlinien« vorgesehen – durchweg Kleinschreibung. Mit großen Anfangsbuchstaben beginnen, vom Satzanfang abgesehen, der Name Gottes, Personen- und Ortsnamen sowie Monatsnamen. Unter Ortsnamen werden hier die eigentlichen Ortsnamen, dann auch Namen von Straßen, Plätzen usf. verstanden. Bestehen Ortsbezeichnungen aus getrennten Wörtern, wird nur das erste groß geschrieben, z. B. »an dem Obern markte«.

Konsonantenverdopplungen wurden beseitigt, soweit ihnen nicht vokalische Bedeutung zukam, d. h. wo sie nicht zu Vokalkürzungen führten oder führen konnten. Die Schreibweise von u und v, i und j, soweit sie einander vertraten, wurde der heutigen angeglichen; y blieb erhalten. Eine Ausnahme gilt für Namen. Sie wurden völlig unverändert wiedergegeben, um Vergleiche mit Schreibweisen an anderen Orten zu ermöglichen.

Keine leichte Sache war bei den ständig wechselnden Quellengattungen die Behandlung von diakritischen Zeichen und Umlautzeichen über Vokalen. Ich habe mich schließlich für folgenden Weg entschieden: Da bei den Abschriften eine Gewähr für zuverlässige Wiedergabe von Umlautzeichen des Originals fehlt, habe ich bei allen Abschriften jedes Zeichen über Vokalen weggelassen, außer natürlich den heute üblichen. Bei Pergamenten habe ich von Fall zu Fall entschieden, wo ein echtes Umlautzeichen, bzw. die Möglichkeit eines solchen gegeben war, und wo lediglich ein diakritisches Zeichen vorlag. Wer die Urkunden zu fachphilologischer – etwa mundartgeschichtlicher – Forschung benutzen will, sollte mit dem Original vergleichen, um sich selbst eine Meinung zu bilden.

Römische Zahlzeichen wurden belassen. Sie können, notfalls mit Hilfe des dem Abkürzungsverzeichnis beigefügten Schlüssels, leicht aufgelöst werden.

Wo nach heutiger Schreibweise zusammengehörende Wörter oder Wortteile getrennt waren, wurde die Trennung nicht beseitigt. Freilich gab es hier Zweifelsfälle; nicht immer läßt sich genau unterscheiden, wo der Schreiber trennt und wo er bloß neu mit der Feder ansetzt.

Abkürzungen und Kürzel wurden im Text stets [2], im Apparat in der Regel aufgelöst. Die Auflösung geschah bei selbstverständlichen und gängigen Kürzungen kommen-

1) Mit einem Vorwort abgedruckt von Johannes Schultze in: Blätter für deutsche Landesgeschichte, 98. Jg., 1962, S. 1 ff. – Nachdem sich die »Richtlinien« zunächst auf die Zeit vom 15. Jahrhundert an beziehen, im folgenden aber auch ältere Urkunden behandelt sind, hätte man auch an eine unterschiedliche Bearbeitung der älteren (meist Ausfertigungen) und neueren Urkunden (Abschriften) denken können. Um die Geschlossenheit der Sammlung auch im äußeren Erscheinungsbild zu wahren, habe ich mich jedoch für einheitliche Grundsätze entschieden.

2) Ausnahmen in U 49 (Münznamen und -einheiten).

tarlos. Die Abschreiber arbeiten häufig mit Kürzungen, etwa F. S. Müller; Lackorn schreibt meist aus. Bei Pergamenten dagegen wurde regelmäßig die Auflösung durch ekkige Klammern angezeigt. Eine solche Anzeige erfolgt aber auch sonst bei weniger üblichen Abkürzungen. Unterstreichungen im Text werden jeweils durch Fußnoten angezeigt. Dabei erhielt das jeweils erste und letzte unterstrichene Wort eine Kennzeichnung oder das Unterstrichene wurde in spitze Klammern gesetzt. Spitze Klammern wurden auch bei Streichungen verwendet, je am Ort durch Fußnote gekennzeichnet. Im übrigen wurden runde Klammern für nicht zum Text gehörende Hinweise, Zwischenüberschriften u. ä. des Bearbeiters, eckige Klammern für zum Text gehörende Ergänzungen oder Auslassungen verwandt.

Die Urkunden sind, sofern ihr Text einen gewissen Umfang übersteigt, zur leichteren Lesbarkeit in Absätze gegliedert. Bei besonders langen Stücken, etwa Prozeßakten, verbessern Zwischenüberschriften die Übersicht. Zeilensprünge werden mit einer Ausnahme (U 51) nicht angegeben. Dagegen sind Seitenwenden angezeigt. Die zwischen zwei Schrägstriche gesetzte Zahl (am Anfang des Absatzes: Zahl mit nachfolgendem Schrägstrich) gibt die jeweils neue Seite (Blatt) an.

Die Zeichensetzung wurde weithin modernisiert. Leitgedanke war dabei allerdings nicht, schematisch an heutige Regeln anzupassen, sondern die Lesbarkeit zu verbessern und das Verständnis zu erleichtern. In Zweifelsfällen blieb die alte Zeichensetzung unverändert.

Personen- und Ortsnamen sind in Anmerkungen nur sparsam erläutert. Personen können in aller Regel bei Wunder-Lenckner, Bürgerschaft (WL), aufgeschlagen werden. Sie hier regelmäßig anzugeben hätte ungebührlich Platz gekostet. Ortsnamen beschränken sich teils auf wenige größere Städte wie Straßburg, Heilbronn, Esslingen, Würzburg usw., teils auf Dörfer im Einzugsbereich der Stadt Hall. Diese fanden in Anmerkungen Erwähnung, bei jenen war ein Vermerk unnötig.

Die Schreibweise der Personennamen in den Kopfregesten ist jener bei Wunder-Lenckner angepaßt.

Die Maße werden bei Pergamenturkunden auf 0,5 cm genau angegeben (ab- oder aufgerundet). Genauere Messung erschien wegen des ohnehin unregelmäßigen Schnitts nicht sinnvoll. Die zuerst angegebene Zahl betrifft den oberen Rand, die zweite – bei nicht aufgeklapptem Umbug – den linken Rand. Ist der Beschreibstoff nicht angegeben, handelt es sich um Papier.

Wie schon angedeutet, überschneiden sich Abschriften gelegentlich. Mehr als einmal schreiben Lackorn, Müller, eine unbekannte Hand aus HA A 537 und womöglich noch Bühler ein und dieselbe Urkunde ab. In solchen Fällen erhielt die wahrscheinlich ältere Abschrift den Vorzug. Zwischen den annähernd gleich alten Abschriften Müllers und Lackorns wurde die textlich bessere gewählt; das war wegen Müllers Neigung zu Abkürzungen meist die Lackornsche. Von der Angabe aller Lesarten wurde angesichts der Fülle nur unbedeutender Abweichungen in der Schreibweise abgesehen. Wesentliche Abweichungen sind stets angegeben. Eine in wenigen Fällen überdies vorliegende gedruckte Vorlage wurde im Anhang zur entsprechenden Urkunde aufgeführt, bei der Textwiedergabe aber vernachlässigt.

Bei den Kopisten finden sich häufig geringfügige Verbesserungen in Form überschriebener Buchstaben und Worte. Unwesentliche Verbesserungen und solche, bei denen kein Zweifel über die Lesart aufkommen konnte, wurden nicht angezeigt.

Abkürzungen

A. ABGEKÜRZT ANGEFÜHRTE LITERATUR

Bühler	GEORG CHRISTIAN WILHELM VON BÜHLER: Hall und Limpurg. Geschichte der alten Saline Hall in Schwaben und des Flosswesens aus der Grafschaft Limpurg. Nach den zuverlässigsten Quellen bearbeitet. Handschrift StAH 5 Bde. Schwäbisch Hall, um 1850 (nach handschr. Verm. auf Titelblatt).
Glaser	CARL ALBRECHT GLASER: Geschichte der Stadt Halle in Schwaben. 1803 (Handschrift Bibl. Hist. Ver.).
Hufnagel	C. F. HUFNAGEL: Beleuchtung der in Ansehung der Saline zu Schwäbisch=Hall bestehenden Rechtsverhältnisse. Mit Beilagen. Tübingen bei C. F. Osiander, 1827.
Jaeger	GEORG FRIEDRICH JAEGER: De emphytevsi salinaria praesertim Halae Svevorum obtinente. Diss. Erlangen, 1760.
Matti	WERNER MATTI: Verfassung und Wirtschaftspolitik der Saline Schwäbisch Hall bis zum Jahre 1802, o. O. 1952 (Maschinenschr. Diss. Tübingen) 1953.
Oertel-Pietsch	BARBARA OERTEL-FRIEDRICH PIETSCH: Westdeutsche Bibliothek Marburg, Handschriftenabteilung D 2. 79 Urkunden aus der Sammlung des Sir Thomas Phillipps, Cheltenham, England. Maschinenschr. Repertorium HStASt (Regesten mit einer Einleitung).
UB Hall	FRIEDRICH PIETSCH (Bearb.): Die Urkunden des Archivs der Reichsstadt Schwäbisch Hall (= Veröffentlichungen der Staatlichen Archivverwaltung Baden-Württemberg Bd. 21, 22) Bd. 1 (1156–1399) u. 2 (1400–1479). Stuttgart 1967 u. 1972.
Uhland	ROBERT UHLAND (Bearb.): Das Haalarchiv in Schwäbisch Hall. Inventar der Urkunden, Akten und Bände. Hg. von der Archivdirektion Stuttgart. (= Heft 10 der Inventare der nichtstaatlichen Archive in Baden-Württemberg. Hg. von der Staatl. Archivverwaltung). Karlsruhe 1965.
WL	GERHARD WUNDER, GEORG LENCKNER: Die Bürgerschaft der Reichsstadt Hall von 1395 bis 1600 (= Württembergische Geschichtsquellen. Hg. von der Kommission für geschichtliche Landeskunde in Baden-Württemberg mit Unterstützung der Stadt Schwäbisch Hall. 25. Bd.). Stuttgart, Köln 1956.
WUB	Wirtembergisches Urkundenbuch. Hg. vom Königlichen Staatsarchiv in Stuttgart. 11. Bde. 1849–1913.
Württ. Vjh.	Württembergische Vierteljahreshefte für Landesgeschichte.

B. WORTKÜRZUNGEN

abg.	abgegangen
Abl.	Ablichtung
Abschr(r).	Abschrift(en)
Abw.	Abweichung(en)
a. E.	am Ende
and.	ander(e, r)
Anf.	Anfang
Ausf.	Ausfertigung
Bd.	Band
begl.	beglaubigt
Beglv.	Beglaubigungsvermerk
besch.	beschädigt
Bl(l).	Blatt (Blätter)
d.	Pfennig
d. A., d. Ä.	der Alte, Ältere
dass.	dasselbe
Dat.	Datum, Datierung
ders.	derselbe
desgl.	desgleichen
Di	Dienstag
d. J.	der Junge, Jüngere
Do	Donnerstag
Dr.	Druck
eingef.	eingefügt
erg.	ergänzt
fl.	Gulden
Fn(n).	Fußnote(n)
Fr	Freitag
frmd.	fremd(e, r)
G	Gemeinde
gel.	gelesen
gestr.	gestrichen
gg	gegen
GHA	Gemeinschaftliches Hausarchiv (Hohenlohe-Zentralarchiv Neuenstein)
gl.	gleich
HA	Haalarchiv Schwäbisch Hall
Hd.	Hand
Hist. Ver.	Historischer Verein für Württembergisch-Franken
HStASt	Hauptstaatsarchiv Stuttgart
Hv.	Herkunftsvermerk
jüng.	jünger(e, r)
Kl.	Klammer
l.	links
L	(Lesart) Lackorn
l(i)b.	Pfund
NLA	Neuensteiner Linienarchiv (Hohenlohe-Zentralarchiv Neuenstein)
lesb.	lesbar
M	(Lesart) Müller
m.	mit
Mo	Montag
Mi	Mittwoch
n	nach
not.	notariell
Nr(n).	Nummer(n)
(n)num.	(nicht)numeriert
o.	oben
o. D., o. J.	ohne Datum, ohne Jahr
öff.	öffentlich
Perg.	Pergament
r.	rechts
rad.	radiert
Randv.	Randvermerk
Reg.	Regest
Rep.	Repertorium
Rs.	Rückseite
Rv(v).	Rückvermerk(e)
S	Siegel
S(S).	Seite(n)
ß.	Schilling
Sa	Samstag
Sign(n).	Signatur(en)
So	Sonntag
spät.	später(e, r)
StAH	Stadtarchiv Schwäbisch Hall
StPrK	Staatsbibliothek Preussischer Kulturbesitz, Berlin (zur Stiftung Preussischer Kulturbesitz gehörend)
U	Urkunde
u.	und, unten
UB Hall	Urkundenbuch Schwäbisch Hall vgl. Verzeichnis abgekürzt angeführte Literatur
UBT	Universitätsbibliothek Tübingen
übergeschr.	übergeschrieben
Üs., überschr.	Überschrift, überschrieben
und.	undeutlich
unl.	unleserlich
unwes.	unwesentlich(e)
Unterstr(r).	Unterstreichung(en)
unterstr.	unterstrichen
urspr.	ursprünglich
v	vor
v.	von
verb.	verbessert
vgl.	vergleiche
Verm.	Vermerk
verschr.	verschrieben
w.	weiter(e)
zerst.	zerstört
Zus.	Zusatz
'	Rückseite des Blattes

RÖMISCHE ZAHLZEICHEN

i	= 1
v	= 5
x	= 10
l	= 50
c (oft hochgestellt)	= 100
(*z. B. ii*ᶜ	= 200)
d	= 500
m	= 1000

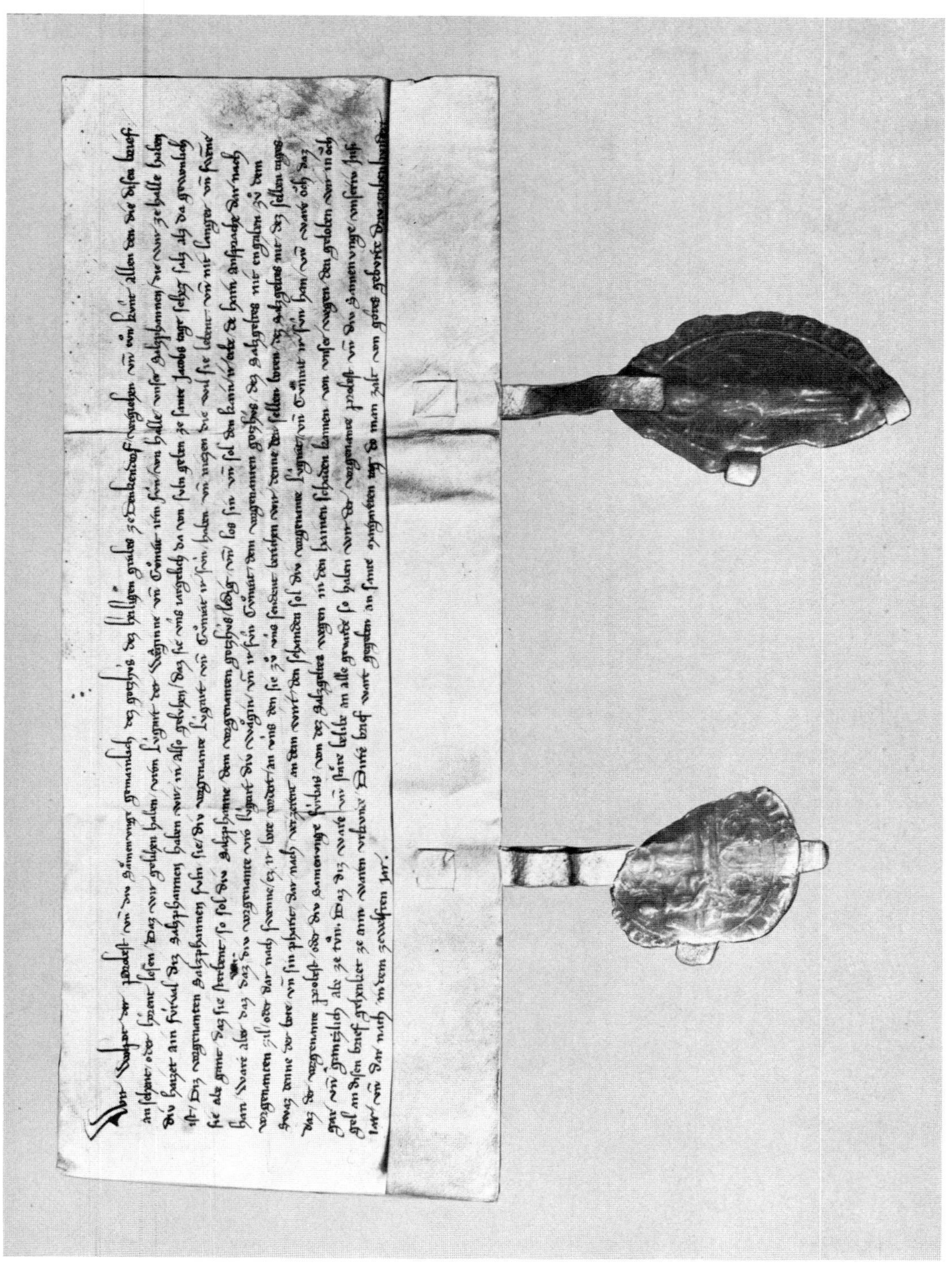

Abb. 1 1312 – Propst Wolpot und Konvent zu Denkendorf verleihen Lugart der Wägin und ihrem Sohn Konrad ein Sieden (U 1)

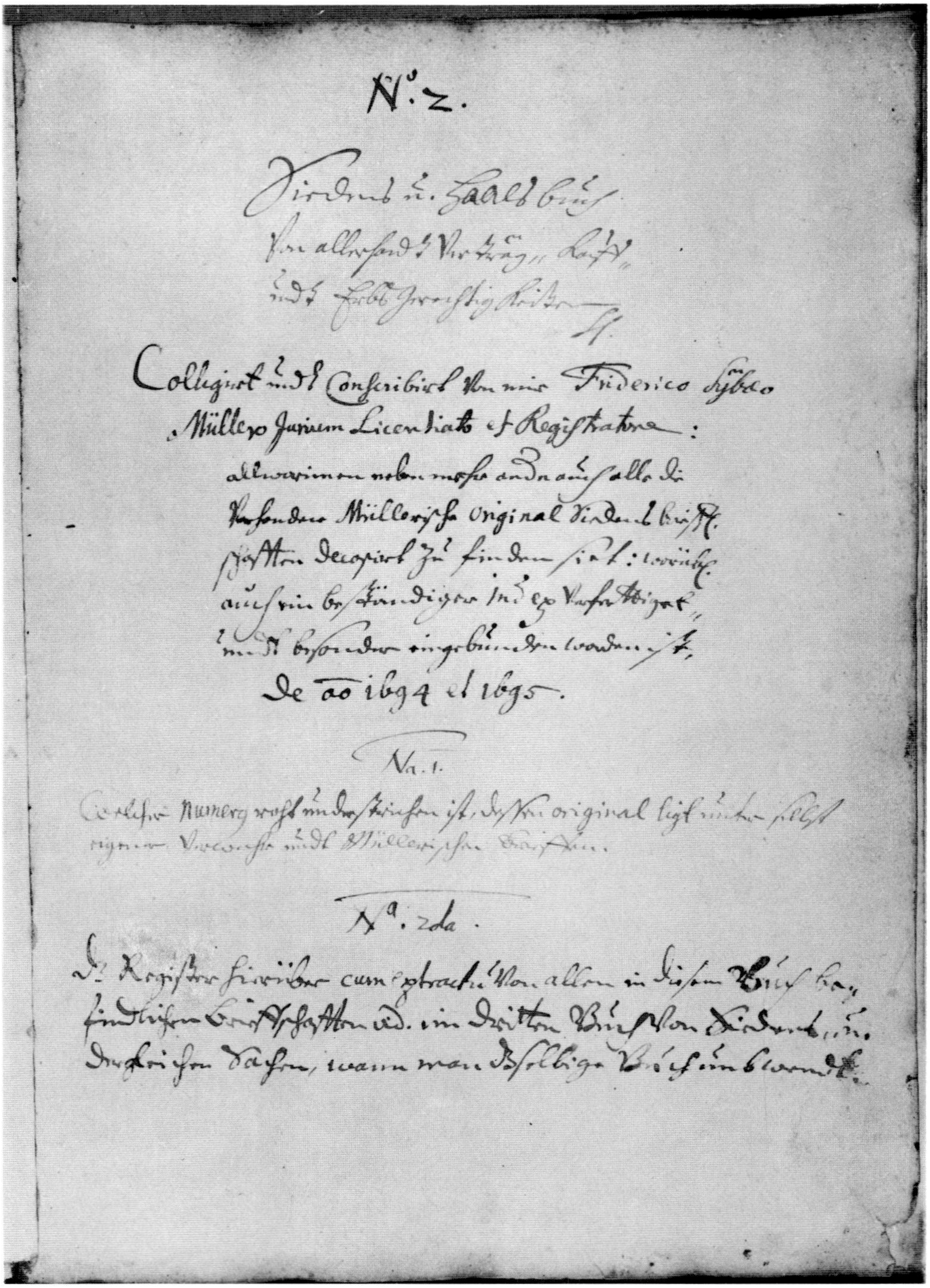

Abb. 8 Titelseite des zweiten »Siedens- und Haalsbuches«; Hand Friedrich Sybäus Müllers (HA B 656)

Abb. 5 Siegel des Stadtschreibers Konrad Heiden; rechtes Siegel der Urkunde in Abb. 4

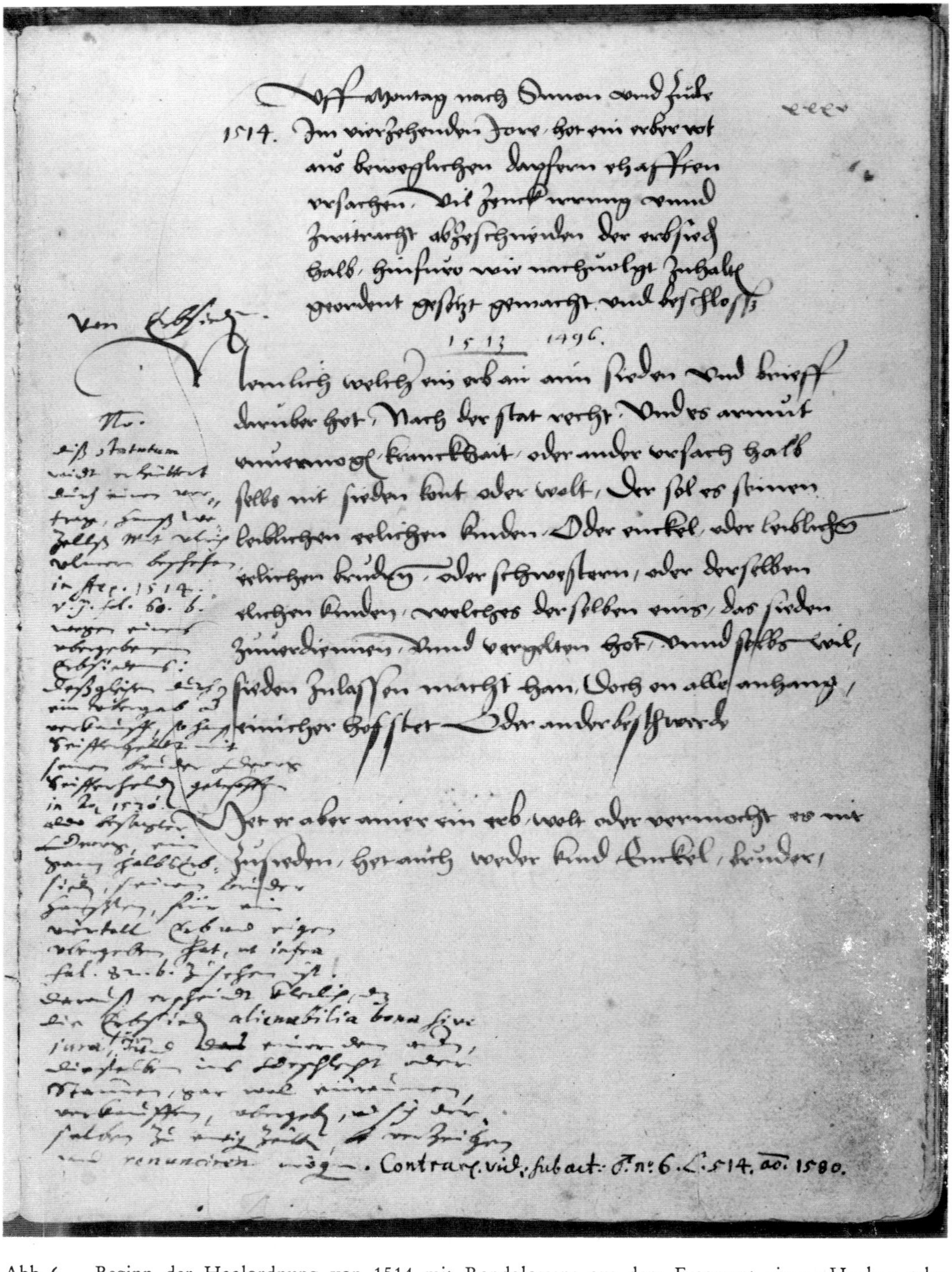

Abb. 6 Beginn der Haalordnung von 1514 mit Randglossen; aus dem Fragment eines »Haals-« oder »Siedensbuches« (HA B 157 Bl. 35, vgl. U 80)

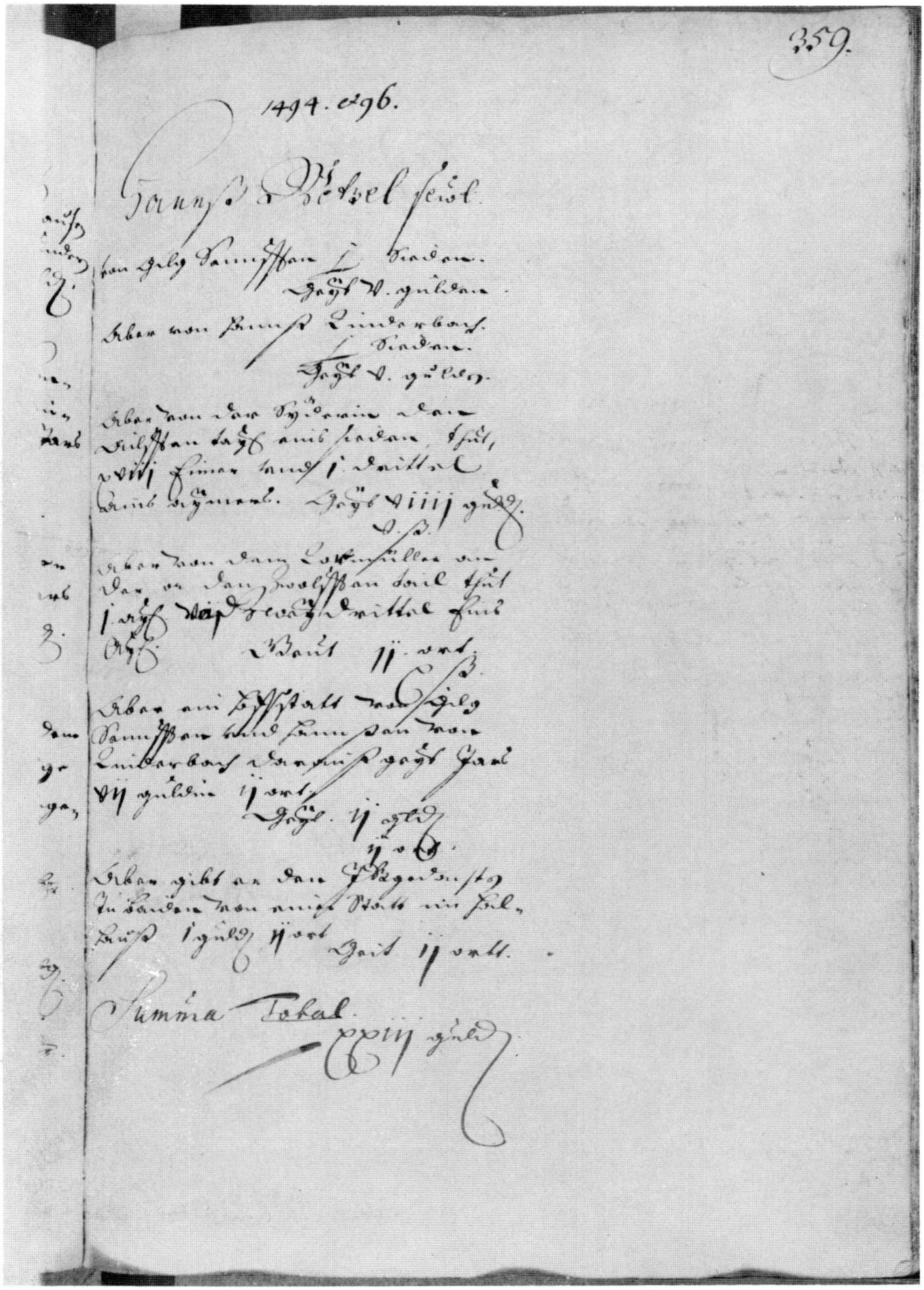
359.
1494. 496.
Hannß Wetzel
Summa Total

Abb. 7 Hans Wetzel und seine Siedensherren; Hand Georg Bernhard Lackorns aus dem ersten »Siedens- und Haalsbuch« (U 49/359/)

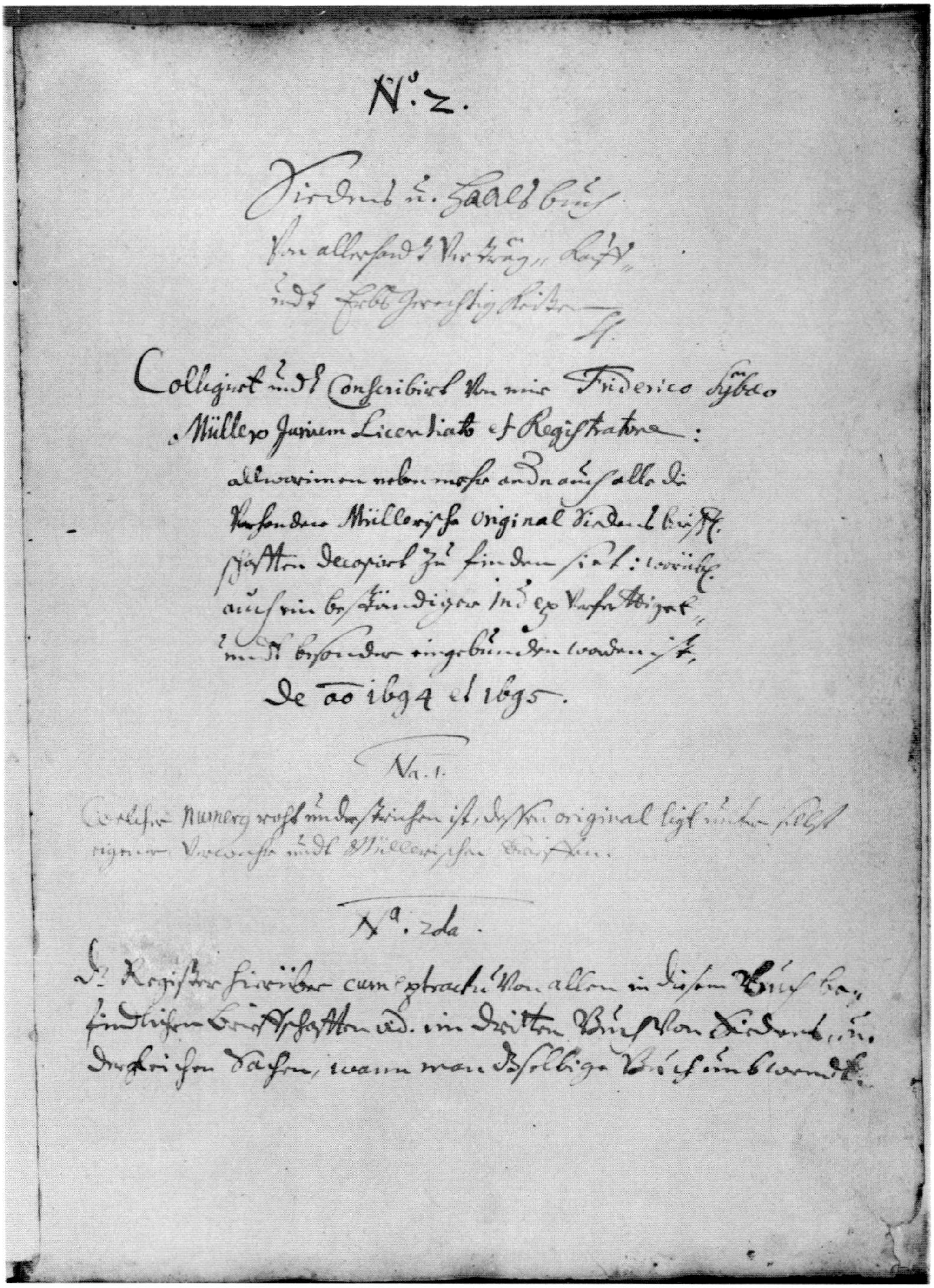

Abb. 8 Titelseite des zweiten »Siedens- und Haalsbuches«; Hand Friedrich Sybäus Müllers (HA B 656)

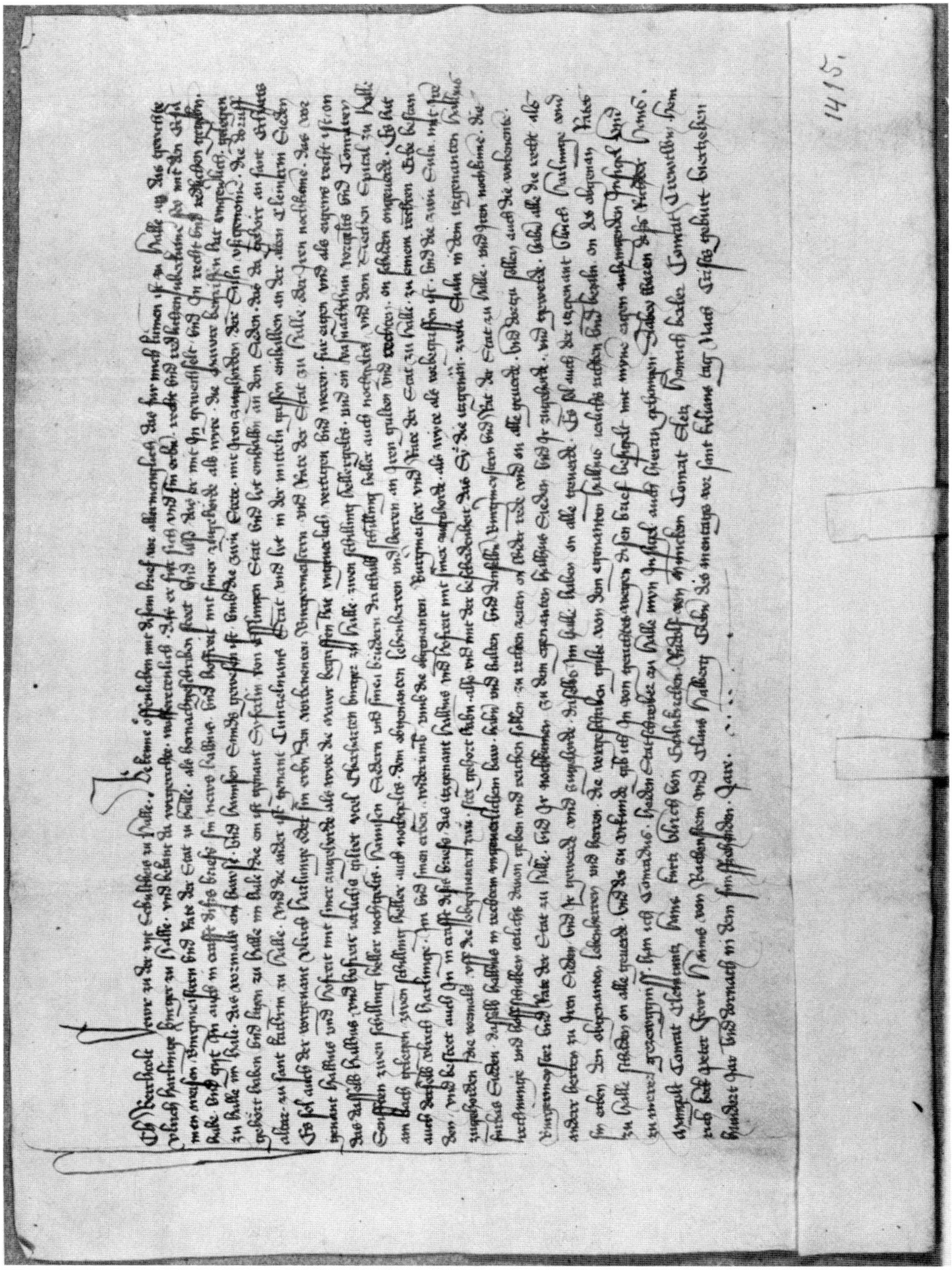

Abb. 4 1415 – Ulrich Harlung erhält zwei Sieden von der Stadt Hall zu Erb (U 23)

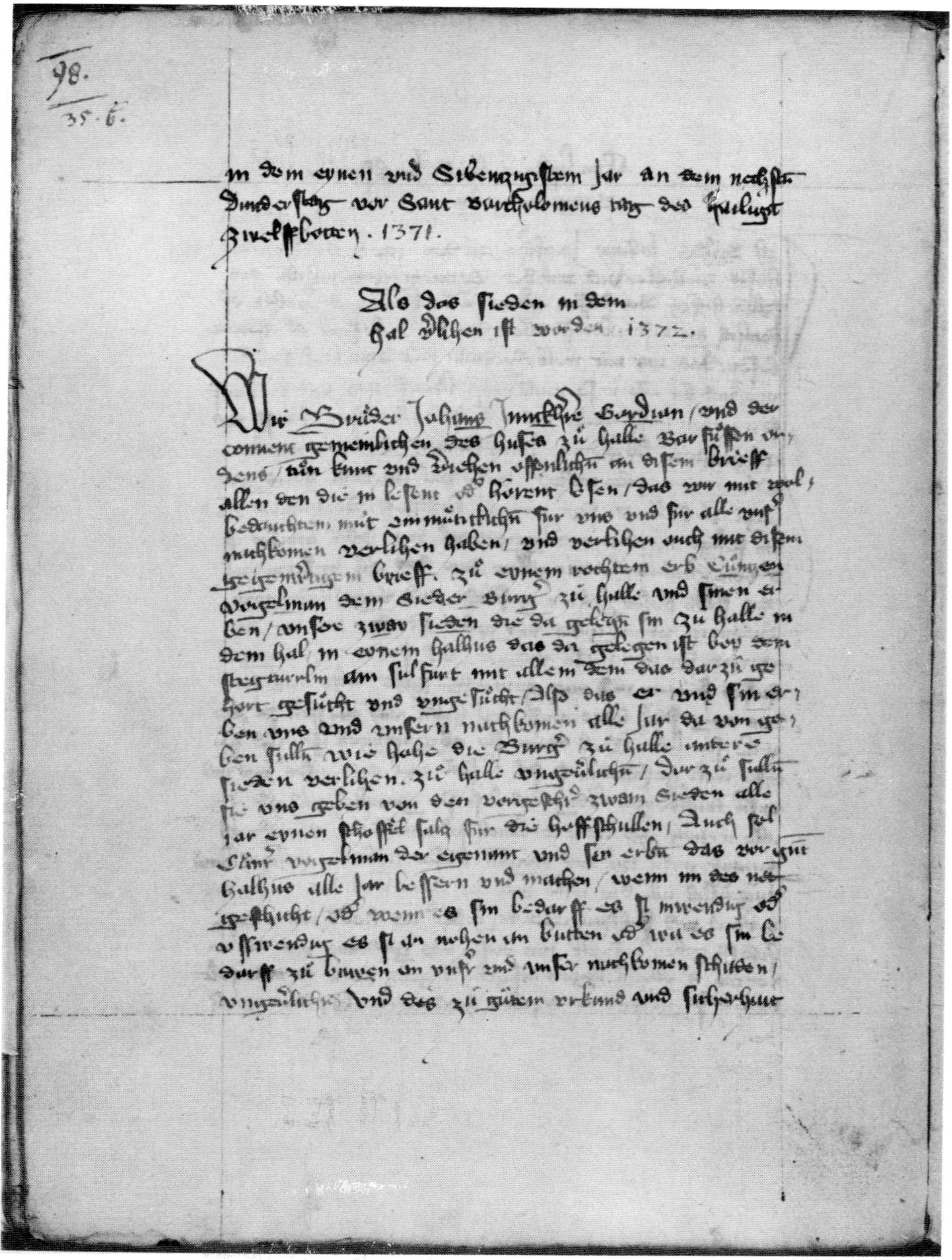

Abb. 3 Jahrzeitenbuch des Barfüßerklosters – Seite mit Anfang der Abschrift des Erbbriefs für Konrad Vogelmann (1372, U 9)

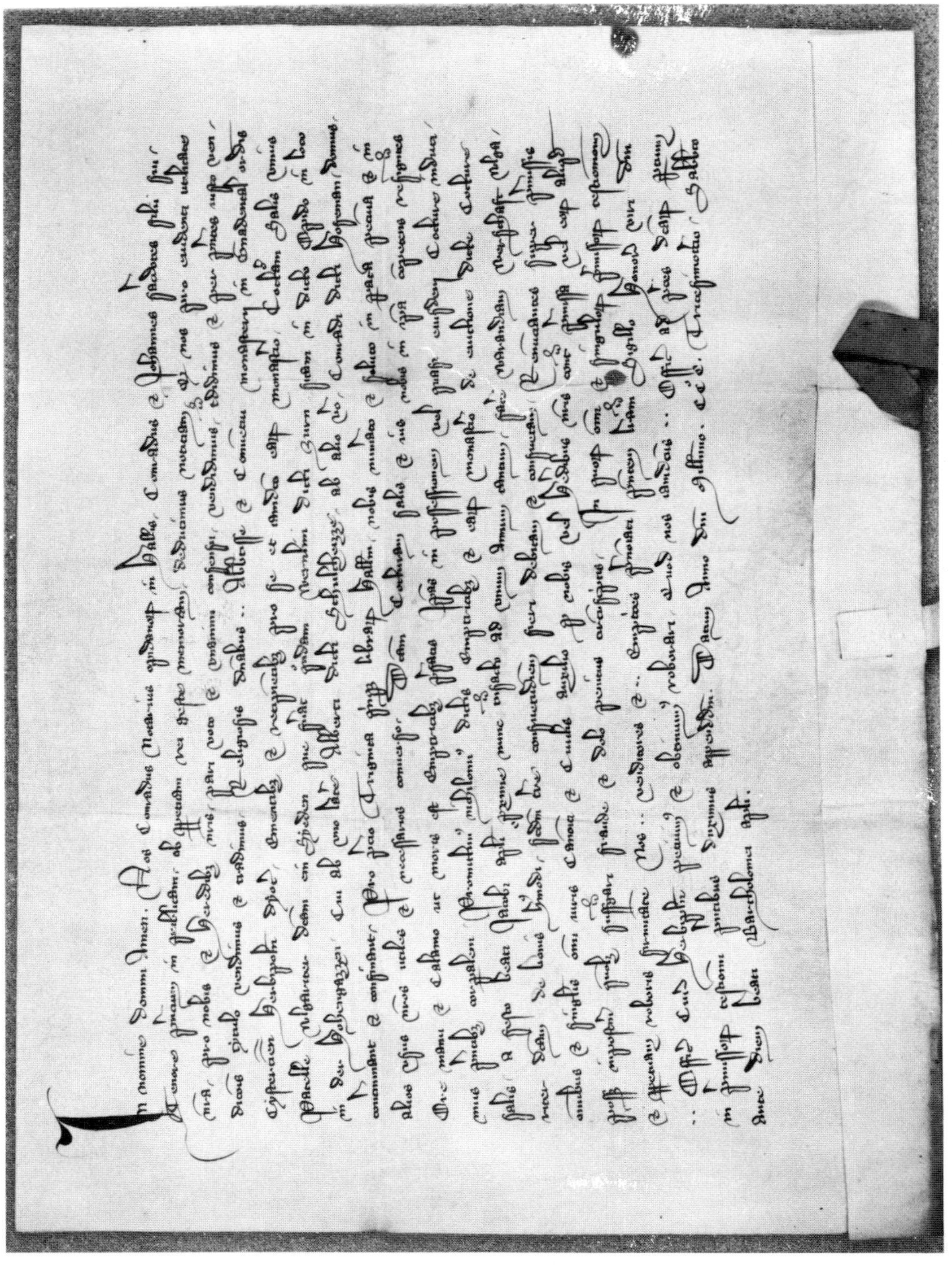

Abb. 2 1333 – Der Haller Stadtschreiber Konrad und seine Söhne verkaufen dem Kloster Gnadental ein Sieden (U 6)

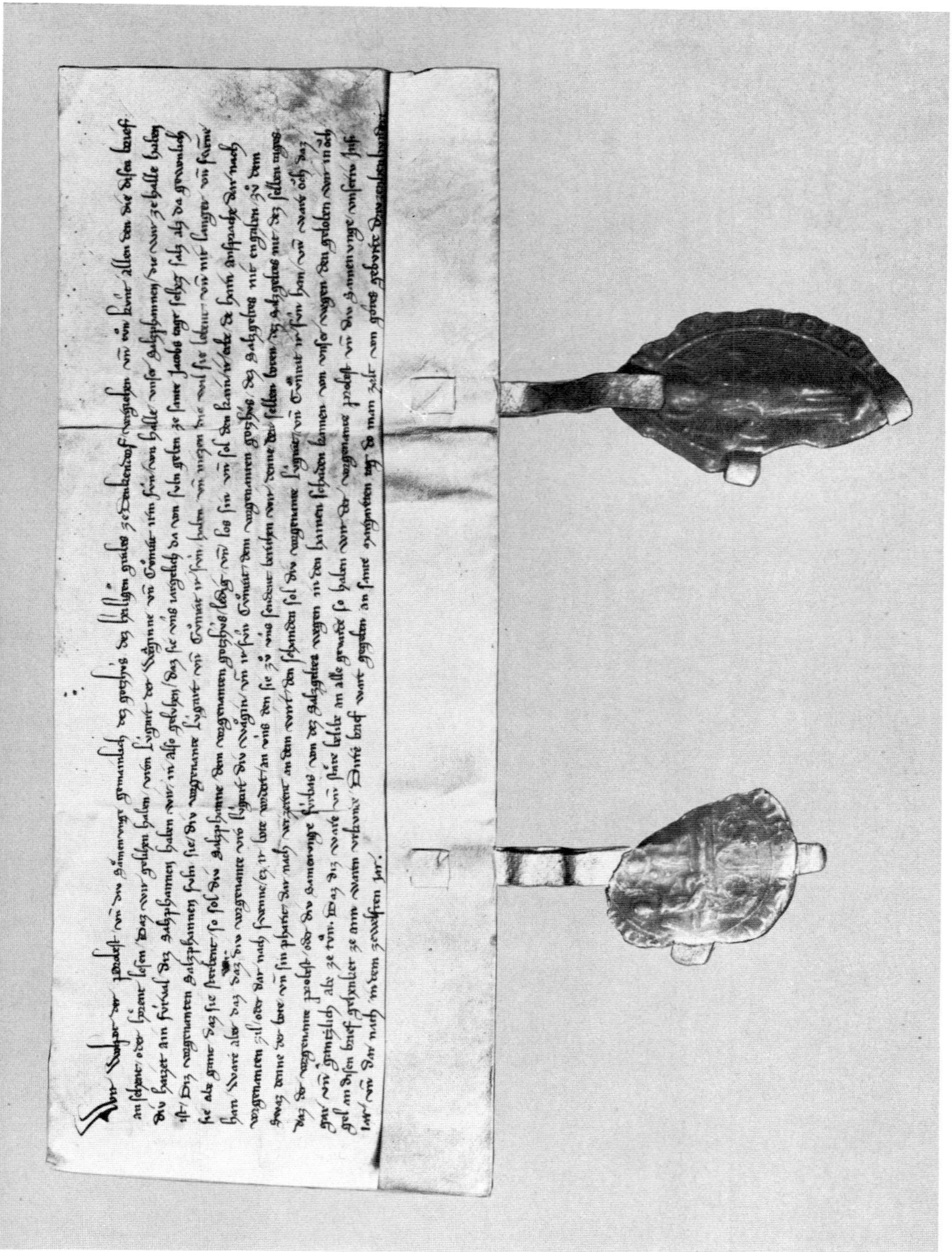

Abb. 1 1312 – Propst Wolpot und Konvent zu Denkendorf verleihen Lugart der Wägin und ihrem Sohn Konrad ein Sieden (U 1)

Urkunden

U 1

1312 Juli 13 (Margarethe)

Propst Wolpot und die Samenung zu Denkendorf verleihen der Lugart gen. Wägin und ihrem Sohn Konrad ein Sieden auf Lebenszeit.

Wir Wolpot der probest und diu såmenunge gemainlich dez gotzhûs dez heiligen grabes ze Denkendorf vergiehen und tůn kůnt allen den, die disen brief an sehent oder hœrent lesen, daz wir gelihen haben vron Lůgart der Wẽginne und Cůnrat irm sûn von Halle unser salzphannen, die wir ze Halle haben, diu haizet ain fûrval [1]. Diz salzphannen haben wir in also geluhen, daz sie ûns jargelich da von suln geben ze sante Jacobs tage sehez salz, alz da gewonlich ist. Diz vorgenanten salzphannen suln sie, diu vorgenante Lûgart und Cůnrat ir sûn haben und niezen, die wil sie lebent und nit langer, und swenne sie abe gant, daz sie sterbent, so sol diu salzphanne dem vorgenanten gotzhûs ledig und los sin, und sol den kain ir erbe de hain ansprache dar nach han. Ware aber daz, daz ⟨wir⟩ [a] diu vorgenante vro Lûgart diu Wågin und ir sûn Cůnrat dem vorgenanten gotzhûs dez salzgeltes nit engaben zů dem vorgenanten zil oder dar nach, swenne ez ir bote vordert an ûns, den sie zů ûns sendent, berithen wir denne den selben boten dez salzgeltes nit dez selben tages, swaz denne der bote und sin pharit dar nach verzerent an dem wirt, den schanden (!) sol diu vorgenante Lûgrat (!) und Cůnrat ir sûn han. Und ware ŏch daz, daz der vorgenante probest oder diu samenunge fûrbas von dez salzgeltes wegen in den hainen schaden kamen von unser wegen, den geloben wir in ŏch gar und gantzlich abe ze tůn. Daz diz ware und ståte belibe an alle gevarde, so haben wir der vorgenante probest und diu samenunge unseriu insigel an disen brief gehenket ze aim waren urkunde. Dirre brief wart gegeben an sante Margareten tag, do man zalt von Gotes geburte driuzenhenhundert (!) jar und dar nach in dem zewelften jar.

a) *über der Zeile eingef.; Anfangsbuchstabe w verschmiert.*

1) fûrval: *vgl. UB Hall U 9 Anm. 1;* Hermann Fischer, *Schwäbisches Wörterbuch, Band 2, Tübingen 1908, Sp. 1457.*

Ausf. Perg. HStASt A 480 U 561 – 27 x 10,5 cm; 2 S, 1. stark, 2. besch. – Rvv.: Probst und convent zu Denckendorff verleihen ihr saltzpfann zu Hall, so ein fürval haißt, järlichs uff Jacobi ein sehez saltz darauß, auch uff dem saumsal, waß uff den geschickten botten und pferdt zehrung gehen werde, zubezahlen *(Hd. des 15. oder frühen 16. Jahrhunderts); and. Hd.:* Anno 1312 die s. Margarethae – *Signn.:* Archiv cl. Denckendorff ⟨13⟩ [a] laden M 59 b, *(a) = and. ältere Hd., wohl vom Schreiber des langen Rv. – Reg.: UB Hall U 67.*

U 2

1312 Juli 13 (Margarethe)

Lugart gen. Wägin und ihr Sohn Konrad bekennen vor Schultheiß, Burgermeister und den andern Burgern des Rats, daß ihnen der Propst und die Samenung zu Denkendorf ein Sieden auf Lebenszeit verliehen haben (Revers).

Ich Lûcgart genant Wågin und Cůnrat min sun, burger ze Halle, vergehen offenlich an disem brieve allen den, die in lesent oder ho̊rent lesen, daz uns der erb[ar] herre, der probest und diu samenunge gemainlich des goteshuses des hailigen grabes ze Denkendorf geluhen hant ir sieden sehtzehen eimer sulen ze Halle, die da haizent ain furval [1)], in allem dem rehte, als sie ez da her braht hant und billichen lihen sůln. Diz vorgenant sieden hat der vorgesriben probest und diu samnunge gemeinlich uns also gelůhen, daz ich diu vorgenante Lůcgart und Cunrat min sun ez haben und niezen sůln, die wile wir leben und nit langer, und sůln in alliu jar da von gen ze sant Jacobes tage sehs saltz als ze Halle gewo̊nlich ist. Und tåten wir des nit, swelz denne ir bote, den sie darnach zů uns sendent nach dem genanten czil, und sin pherit verzerent an dem wirte, den schaden sůln wir han. Wår o̊ch daz, daz der vorgenant probest oder diu samnunge furbaz von des saltzgeltes wegen in den hainen schaden kåimen von unsern wegen, den geloben wir in o̊ch gar und gantzelich ab ze tůn. Und swenne wir zwai sterben, so sol daz vorgenant sieden dem vorgenanten goteshuse ledic und los sin vor allen unsern erben und frůnden. Wir schultheize Herman, Peter Munzmeister der burgermaister, der Gůt Egen, V̊lrich der elter von Geilenkirchen und die andern burger des râtes in der stat ze Halle, sien gezůge, daz die vorgenanten Lůcgart und ir sun Conrat des als an disem brieve gesriben stat, vor uns verjehen hant, und daz wir den des zů aime urkůnde durch ir bet willen besigelt haben mit unsere stete gemainem insigele. Dirre brief wart gegeben, do man zalt von Gotes geburte driucehen hundert jar und darnach in dem zwelften jare an sant Margareten tage.

1) *vgl. U 1 Anm. 1.*

Ausf. Perg. HStASt A 480 U 562 – 29 x 9 cm, 1 abg. S – Rvv.: Reverß brief der verleyhung deß closters Denckendorff saltzsiedens sechzehen aymer sulen zu Halle, die da haißen ein fur val., Anno 1312. Die s. Margarethae *(Hde wie U 1). – Signn.:* Archiv cl. Denckendorff ⟨14⟩ [a)] Laden ⟨ M 59 b⟩ [b)] D. 35., *(a) = wie U 1; (b) = gestr. – Reg.: UB Hall U 68.*

U 3

1313 Oktober 26 (Fr v Allerheiligen)

Ritter Heinrich Unmuß, Schultheiß zu Hall, bekundet, daß Frau Gůte Trillerin und ihr Sohn Nikolaus eine Gült auf dem Sieden des Wernlin Zurn an Stadtschreiber Konrad verkauft haben.

Ich Heinrich Vmmaze, ritter, schultheize ze Halle, vergihe offenlich an disem brieve, daz frawe Gůte Trillierin kom ze Halle fur gerihte und da fur czoch und bescheinte, daz sie und Niclaus, ir sun, der do gegenwertic was, Cv̊nrade, dem stet sriber ze Halle und sinen erben heten ze kaufen geben durch ehaft not zwelf schillinge haller jerlicher gůlte uf W[er]nilin Zurne sieden, gelegen in der Hohen gazzen, zů rehtem eigen ze werenne [a] fur sich [b] beidiu und fur diu andern der genanten frawen Güten kint umb sehs phunt und umb funf schillinge haller, die sie darumb enpfangen heten und in iren und der andern frawen Gůten kinde nutz und notdurft gewendet. Und komen dazů also mit dem rehten und mit gesamentem urteil, daz dise rihter sprachen: herr Heinrich Lacher, der ritter, der gůt Egen, Eberhart Philips, Heinrich Sulmeister und Peter Mvnzmeister, daz der kauf wol craft und maht habe und also wol besten můge und sulle. Und was dabi Cůnrat Brune an dem Obern markte, der do was an dem kaufe und den half tůn.

Und zů eim offene urkunde und zů gezůgknisse der vorgesribene dinge han ich min insigel geleit an disen brief, als do wart erteilet und auch durch bet [c] willen frawen Gůten, Niclauses, ir suns, und Conrades, des sribers, der vorgenanten. Dirre brief ist geben und geschach, do man zalt von Gotes geburt driucehen hundert jar und darnach in dem driucehenden jar an dem nehsten fritage vor aller heiligen tage.

a) ? b) sieh? c) bit?

Ausf. Perg. GHA 21, 18–21 x 10 cm; 1 S – Rv.: Urkundt vom schulth. zu Hall uber 12 ß. hell. jerlichs gült uf den sieden in der Hohen gaßen, so Gute Trillrin zu Hall Conraten steetschrybern pro 6 lb. 5 ß. hell. verkauft. 1313 – *Sign.:* No. 18, schubl. 21 – *Abschrr.: GHA Bd. 48 Bl. 48'; HA B 654 S. 184 ff., Hv.:* Na. extrahirt aus dem registraturbuch sub no. 43 fol. 43 b. – *Reg.: UB Hall U 70. – Vgl. U 5.*

U 4

1320 März 3 (Mo n Mathias in der Fasten)

Die Brüder Burkhart und Niklaus, gen. Sulmeister, bekennen, daß Hedwig, Klosterfrau zu Gnadental, Heinrich Sulmeisters Schwester, der Samenung eine Gült auf einem Sieden vermacht hat.

Wir Burchart und Niclaus, gebrůder, genant Sulmeister, burger ze Halle, veriehen allen den, die disen brief lesent oder hőrent lesen, daz frawe Hedewic, closterfrawe ze Gnadental, Heinriches Sulmeisters swester ze Halle, hat ein phunt haller und diu samenunge ze Gnadental ein phunt haller jerlicher gůlte uf dem siedene bi herrn Anhawes türlin, daz Eberhart Nyfer sůdet, und daz frawen Hedewige der vorgenanten phunt nach ir tode vallen sol an die samenunge und der je des jares werden ewiclich, und niht dem closter ze Gnadental. Und swaz je des jares bruch wirt an den zweien phunden, daz sullen wir vollen und unser erben und nachkomen nach uns. Und sint daruber vormůnde Walther, unser brůder, und ich Nyclaus. Und swenne ir einer en ist, so sol ez der nehste geborne frůnt sin nach im. Und ist disiu rede durch unser bet gevestent und bestetet von des rates wegen mit der stet insigel der gemeinde der burger ze Halle.

Der brief ist geben, do man zalt von Gotes geburt driuzehen hundert jar und darnach in dem zweintzigsten jar, an dem mentage nach sant Mathies tac, des zwelf boten, der do was in der vasten an dem nehsten suntage nach dem wizzen suntage.

Ausf. Perg. GHA 20, 43 – 16 x 11,5 cm; 1 S – Rvv.: ii lb. hlr. uff einem sieden zu Hall, *and. Hd.:* Urkůndt von den sulmeistern zu Hall uber 2 lb. hell., so Gnadental uf dem sieden bey Anhaws türlin hatt. 1320 – *Sign.:* No. 43, schbl. 20. – *Abschrr.: GHA Bd. 48 Bl. 24'; HA B 654 S. 188 f., Hv.:* Na. extrahirt aus dem registratur buch sub no. 43 fol. 27 b – Reg.: UB Hall U 91.

U 5

1333 Mai 14 (Fr n Auffahrt)

Schultheiß Eberhart Philips bekennt, daß das Gericht zu Hall die Klage des Otte Triller und seiner Schwestern gegen Stadtschreiber Konrad wegen einer Gült auf einem Sieden abgewiesen hat.

49 / Ich Eberhart Philips, schultheis zu Hall, verjehe offenlich an diesem brief allen den, die in lesent oder horen lesen, dass Otte Triller und alle sein schwester kamen fur mein gerichte und da ansprachen Conraden, stetschreibern zu Hall, umb zwölf schilling heller jerlichs gelts fur ein gerpteß gutt uff Wernlinß Zurnen seligen sieden, ligend in der Hohen gassen, und dass Conradt, schreiber, vorgenant, da die zwolf schilling geltes behup und der ledig ward vor den egenannten clagern mit dem rechten. Und warn dabei dise richter: Vlrich von Gailenkirchen, Heinrich Sulmeister, Peter Muntzmeister, Hermann Lacher, Johanns, sein bruder, Vtz Muntzmeister, Vlrich, Schulteisz genant, Heinrich Hagedorn, Heinrich Veldner und Conradt, sein bruder. Und zu urkunde und zu gezeugknisze der vorgeschriben rede han ich von gerichts wegen disen brief besigelt mit meynem insiegel, der geben ist an dem nechsten freitag nach unsers hern uffart tage, do man zalt von seiner geburte drewzehenhundert und drew und dreissigk jare.

Abschr. GHA Bd. 48 Bl. 48' f. – Üs.: Diser hernach geschriebener brief sagt von den ytz obgeschrieben xii schilling vor dem gericht zu Hall anspruchig worden etc. – *W. Abschr.: HA B 654 S. 186 f., Hv.:* Na. extrahirt aus dem registratur buch sub no. 43 fol. 44 a. – *Reg.: UB Hall U 137 – Vgl. U 3 (dies. Gült). – Ausf. seit 1952 nicht auffindbar; urspr. Sign.: GHA 21, 26 1/2.*

U 6

1333 August 21 (Sa v Bartholomäus)

Der Haller Notar Konrad und seine Söhne, die Priester Konrad und Johannes, bekennen, dem Kloster Gnadental ein Sieden verkauft zu haben.

In nomine domini amen. Nos Conradus, notarius opidanorum in Hallis, Conradus et Johannes, sacerdotes, filii sui, tenore praesencium in publicam ob perpetuam rei geste memoriam deducimus notitiam, quod nos pro evidenti utilitate nostra pro nobis et heredibus nostris, pari voto et unanimo consensu vendidimus, tradidimus et per praesentes iusto vendicionis tytulo vendimus et tradimus religiosis dominabus abbatisse et conventui monasterii in Gnadental, ordinis cysterciensis, Herbipolensis diocesis, ementibus et recipientibus pro se et iamdicto earum monasterio cocturam salis unius patelle, vulgariter dictam ein syeden, que fuerat quondam Wernlini dicti Zurn sitam in dicto opido in loco in der Hohengazzen, cui ab uno latere Alberti dicti Schultheizze ab alio vero Conradi dicti Hofeman domus conterminant et confinant, pro precio triginta quinque librarum hall[ensiu]m, nobis numerato et soluto in parata pecunia et in alios usus nostros utiles et necessarios converso. Dictam cocturam salis et ius nobis in ipsa competens resignantes ore, manu et calamo, ut moris est, emptricibus prefatis, ipsas in possessionem vel quasi eiusdem cocture inducimus praesentibus corporalem.

Promittimus nichilominus dictis emptricibus et earum monasterio de evictione dicte cocture salis a festo beati Jacobi apostoli proxime nunc transacto ad unum annum tantum, facere warandiam, werschaft vulgariter dictam, de bonis huiusmodi, secundum terre consuetudinem fieri debitam et consuetam, renunciantes super praemissis omnibus et singulis omni iuris canonici et civilis auxilio, quod nobis vel haeredibus nostris contra praemissa vel eorum aliquod posset inposterum qu[omod]olibet suffragari, fraude et dolo penitus circumscriptis. In quorum omnium et singulorum praemissorum testimoniom et perpetuam roboris firmitatem nos venditores et emptrices praenominati praesentem literam sigillo honorabilis viri domini officialis curie Herbipolensis petivimus et obtinuimus roborari. Quod nos iamdictus officialis ad preces dictarum partium in praemissorum testimonio praesentibus duximus append[en]dum. Datum anno domini millesimo C Ĉ C. tricesimotertio, sabbato ante diem beati Bartholomei apostoli.

Ausf. Perg. NLA 37, 33 – 24,5 x 18 cm; 1 abg. S – Rvv.: Conrat Notarius zu Hall verkauft dem closter Gnadental ⟨u b e r⟩ (gestr.) d i e s i e d e n z u o b e r n H a l l im Hale in der Hohengaßen pro 35 lb. heller 1333. *(hier gesperrt: urspr. Verm., Rest spät. Zus.) – Sign.:* No. 33 schubl. 37 – *Abschrr.: GHA Bd. 48 Bl. 43; HA B 654 S. 180 ff., Hv.:* N^a^. extrahirt aus dem registraturbuch sub n°. 43 fol. 39 a et seq.; *Bühler 1 S. 86 f., Hv.:* Wibel Reformations = Historie II. B. Codex diplomaticus p. 273. – *Reg.: UB Hall U 138.*

U 7

1357 September 22 (Fr v Michael)

Heinrich Peter übergibt vor Gericht Konrad Mangold anderthalb Sieden.

Ich Heinrich Berler, schultheize ze Halle, tun kunt und vergihe öffenlich an disem brief allen den, die in lesent oder hörent lesen, daz für mich kom ze Halle an daz gerihte Heinrich Peter der sieder und gab do uf Conrat Manigolden, bürger ze Halle, und sinen erben anderhalp sieden, die sin vater Peter Kercher wilunt ze lehen hete von den closter frauwen vom Liehtenstern [1] und dem egenanten Heinrich Peter ze erbe sint worden von sinem vater alliu die reht, die er zu den egenanten sieden hete, gesuht und ungesuht. Hie bi woren dise rihter Cunrat von Bachenstein, Hans Cleinkuntz und Cuntz Tullauwe. Und veriach auch do vor gerihte Heinrich Peter der egenante, daz er keine ansproche noch vorderunge nunmer gehaben sol noch den egenanten sieden, weder an geistlichem noch an weltlichem gerihte, on alle geverde. Und des zu gutem urkünde und sicherheit hon ich in von gerihtes wegen disen brief geben besigelt mit mim eigen insigel, der geben wart, do man zalte von Cristes gebürte drüzehen hundert jor und dar noch in dem siben und fünfzigesten jore an dem nehesten fritage vor sant Michels tage.

1) *Zisterzienserinnenkloster (»clara stella«), G. Löwenstein, Kreis Heilbronn*

Ausf. Perg. HA U 3 – 27 x 8 cm, 1 S – Rvv.: Über anderhalb sieden das erb darahn *(Hd. A);* Hainrich Peter der sieder ubergibt Conradt Mangolten anderhalb sieden *(Hd. B); darunter Hd. A:* daß erb darahn. – *Signn.:* 5. B. 3. C., f. 75., N. 2900, N. 3 – *Abschr.: Bühler 1 S. 1078 f. – Reg.: StAH 4/145 [Registraturbuch 5, 1 (9)] Bl. 187; UB Hall U 332; Uhland U 3. – Vgl. auch UB Hall U 326, 331.*

U 8

1360 März 27 (Fr n unser Frauen Klibeltag)

Kristin, Ulrich Schultheißen Tochter, bekennt vor Gericht, daß sie dem Kloster Gnadental zwei Stätten und eine halbe Hofstatt übergeben hat.

Ich Walther Senft, schulth[eisz] a) zů Halle, tůn kunt und vergihe offenlich an disem briefe allen den, die in lesent oder hörent lesen, daz f[ur mic]h a) kome zů Halle an daz gerihte Kristin, V̊lrich Schultheizzen seiligen tohter, burgerin zů Halle, und ga[b da] a) uf reht und redelichen den ersamen geischlichen frauwen, der eptissen und der samenunge geme[inlych] a) dez closters zů Gnadental und allen iren nachkumen zẘ stete gelegen zů Halle in dem Hale und die h[offs]tat a) halbe do vor, die do gelegen sin an V̊lrich Schultheizzen seiligen sieden, an minem sieden, an pfaffe Walther Zörnlins sieden und an Heinrich Niffers syeden, und auch alliu diu reht, diu sie dar zü hete oder gehaben mohte, one alle geverde. Hie by woren dise rihter Heinrich Veldener, Cůnrat Veldener, V̊lrich Rech und Kraft von Heinberg. Und dez zü gůtem urkůnde und sicherheit aller vorgeschriben rede hon ich in von gerihtes wegen disen briefe geben, besygelt mit minem eygin insigel, der geben wart, do man zalt von Cristus geburt driuzehen hundert jar und dar nach in dem sehtzigsten jar an dem nechsten fritag nach unsere frauwen clibel tag.

a) *3 cm tiefer Einriß, ergänzt aus Kopialbuch (eckige Kl.)*

Ausf. Perg. NLA 37, 46 – 29 x 9 cm; 1 S – Rvv.: Vber zw[o] stet zu Hall in dem Hal. *and. Hd.:* Christina burg.in zu Hall ubergibt dem closter Gnadental zwo sieden zu Hall im Hale mit all ihren gerechticheiten. 1360 – *Sign.:* N. 46 schubl. 37 – *Abschrr.: GHA Bd. 48 Bl. 47; HA B 654 S. 190 f., Hv.:* Na. extrahirt aus dem registratur buch sub no. 43 fol. 42 b. – *Reg.: UB Hall U 367.*

U 9

1372 Februar 17 (Di v Peterstag Kathedra)

Gardian Johann Junckherre und der Konvent der Barfüßer zu Hall bekennen, dem Kunz Vogelmann zwei Sieden zu Erb verliehen zu haben.

Wir brüder Johans Junckherre, gardian, und der convent gemeinlichen des huses zü Halle Barfůssen ordens tůn kunt und verjehen offenlichen an disem brief allen den, die in lesent oder horent lesen, das wir mit wolbedauchtem můt einmůticlichen fur uns und fur alle unsere nachkomen verlihen haben und verlihen auch mit disem gegenwertigem brief zů eynem rechtem erb Cůntzen Vogelman dem sieder, burger zů Halle, und sinen erben unsere zway sieden, die da gelegen sin zù Halle in dem Hal in eynem halhus, das da gelegen ist bey dem Stegturrlin am Sulfurt mit allem dem, das darzú gehort, gesůcht und ungesůcht, also das er und sin erben uns und unsern nachkomen alle jar da von geben sullen, wie hohe die burger zů Halle andere sieden verlihen zů Halle ungeverlichen, dar zů sullen sie uns geben von den vorgeschriben zwain sieden alle jar eynen schoffel saltz fur die hoffschullen a), auch sol Cůnr[at] Vogelman der egenant und sin erben das vor ge-

a) *lies:* -schulben

nant halhus alle jar bessern und machen, wenn im des not geschicht, oder wenn es sin bedarf, es si inwendig oder usswendig, es si an nohen [b], an butten oder wa es sin bedarf zů buwen an [c] unser und unser nachkomen schaden, ungeverlich[en] [d].

Und des zü gütem urkund und sicherhait aller vorgeschribener red haben wir in disen brief geben besigelt mit unsern aigen insigeln des gardians und des conventes der obgen[anten], der geben wart, da man zalt von Cristus geburt drewzehen hundert jar und dar nach in dem zwai und sibentzigistem jar an dem nechsten dinstag vor sant Peters tag kathedre.

b) *lies:* na(c)hen c) *lies:* on d) *Die beiden letzten Buchstaben sind verblaßt.*

Abschr. HStASt H 14 Nr. 129 (Jahrzeitenbuch des Barfüßerklosters mit Abschrr. der Jahrzeitenreverse auf nebst anderen 36 röm. num. Bll. in Perg. einband; gelegentl. alte rote Anstreichungen im Text) Bl. 35'/36 = S. 98 f. – Üs.: Als das sieden in dem Hal verlihen ist worden. – *Rv.:* Barfusser closters alte registration – *Sign.:* rrr 16, 2. B. 17. C. – *W. Abschrr.: HA B 654 S. 30 ff., Hv:* N. Zu finden decopirt von einer copia sub actis et sign. ♃ in der laden 405. *Von and. Hd. angefügt:* junge das concept hiüber signat. rrr N°. 16 fol. 98. 2t. B. 17te Capsul im Archiv; *HA B 790 S. 1220; Bühler 1 S. 1163 f. – Dr.: Jaeger S. 102, Hv.:* Im ersten behälter archivi 17. caps. Sig. r. r. r. im originali befindlich.; *Hufnagel S. 6 f.; (Matti S. 78 f., nach Glaser S. 329 f.); Matti, in: Jahrbuch des Hist. Ver., N. F. 28/29 (1953/54) S. 100 – Reg.: UB Hall U 546. – W. Abschr.: StAH 9/38/86.*

U 10

1385 November 24 (Katharinenabend)

Auszug aus der Haalordnung

431 / Ich Cůntz Gerhart, ich Wernlin Heyolin, ich Hans Löser und ich Hanns Vbelin, burger zu Halle und zu disen zytten maister des Hales zu Halle, und wir die sieder gemainlichen des selben Hales bekennen offenlich mit disem brief allen den, die in lesent oder heren lösen, das wir mit wolbedachtem mut und veraintem willen alle gemainlich mitainander uber ain komen sein von sollicher läufe recht und gewonhait wegen, die das Hale hat, und haben uns bedacht, das wir alle töttlich sein und sollicher laüfe, recht und gewonhait vergessen wurde und haben das ernewer[t] umb das das Hal furbas by sollichen läufen, rechten und gewonhaiten beleybe.

(Es folgen Bestimmungen über Holzkauf und Salzverkauf.)

432 / Wollicher syeder ain aigen syeden hat oder mer, der soll kain gemainschaft mit nieman damit haben. Wölher das aber uberfure und es die maister des Hales also aigentlich finden und das er mit seinen / 433 / rechten dafur nit gesteen möcht, der soll geben von yedem syeden drew pfündt und funf schilling häller, als dick er geruget wurt von den maistern [1].

Wölher auch nit [a] gewalt sewdet one der maister lawbe, als dick er das tut, als dick ist er ye verfallen zehen pfundt und funf schilling heller, und die maister haben gewalt, dem selben die pfannen zu werfen in den hert [2].

a) *lies:* mit

(Es folgen eine Bestimmung gegen zu langes Sieden und weitere über den Holzkauf.)

435 / Wölher syeder vert auß aim halhaws, der soll dem herren lassen in dem halhaws ain in schlahen geword und den alten furnach und was darzu gehört ungeverlich. Tet er das nit, was danne die maister darumb erkennen, das sol er dem herren darfur thun [3].

(Bestimmungen über Verkauf von Pfanneisen, Holz und die Lagerung und den Verkauf von Scheibensalz.)

436 / Und umb alle die frävel, als sye davor von yedem stuck geschriben stett, ist ⟨bis her gewesen halb ains yegklichen schulthaissen zu Halle⟩ [b] und das ander halbtail des Hales und die ⟨sol⟩ [c] man bezalen ⟨sol⟩ [d] mit der werünge, als sie danne yedes jars genüg [e] und gäb ist, darumb [man] wein und brott kaüfen mag, ungeverlich. Ditz geschach an sant Katherinen⟨tag⟩ [f] abend da man zalt von Cristus gebürte drewzehenhundert jar und darnach in dem funfundachtzigisten jare [4].

b) *unterstr., über der Zeile nach ist:* sol sein halbs dess ratz.
c) *über der Zeile eingefügt.* d) *unterstr.* e) *verb. zu:* genng f) *gestr.*

1) *Randv.:* aa 5 2) *Randv.:* aa 7 3) *Randv.:* aa 9
4) *Randv.:* sol zu letzst gesezt werden und sonderlich das sie fleyssig uffmercken und kundtschaftmachen. *(Schwer lesbar, da stark verkürzt.)*

StAH 4/1024 S. 431 ff. (= Bl. 42–44'), Randv. e zu Redaktionszwecken. – Abschr.: StAH 4/1031 S. 1 ff., dort Hv.: Alte Haahls statuten und ordnungen de annis 1385. 93. 98. 87. 88. etc. Vide pergam brief in der registrat. laden 406. – *Dr.: (Matti S. 314 ff.) – Vgl. U 56.*

U 11

1393 Januar 8 (Erhard)

Ein einzelnes Haalstatut.

⟨Wir haben auch gemacht,⟩ [a] das kain syeder, noch niemand von seinen wegen kainen vortail uff kain syeden geben ⟨soll⟩ [b]. Welher das daruber tätt, der ist dem schulthaiszen [c] verfallen funf pfund, und der den vortail nymet von syeden, der sol der statt zehen pfund geben. Und das ist beschehen mit des ratz willen an sant Erharts tag anno domini millesimo ccc^{mo} lxxxx tertio [1].

a) *unterstr., über* das: Es sol b) *gestr.* c) *gelöschte Unterstr., über der Zeile:* ⟨rat⟩ *(gestr.)*
1) *Randv.:* a a 10, an ain rat

StAH 4/1024 S. 436 (= Bl. 44') – Vermerke zu Redaktionszwecken. – Abschr.: StAH 4/1031 S. 9 – Vgl. StAH 4/1024 S. 219: Der gemainen sieder aid, der da geben wurt, so die ausgeber das seitergass gelt einnehmen. Ir werdent schweren ... Ir sollent auch kainen vortail von den sieden ewern hern geben noch nemen, noch niemants von eurn wegen. – *Dr.: (Matti S. 317) – Vgl. U 56.*

U 12

1396 März 10 (Fr v So Lätare)

Propst Friedrich Kayb und Prior Albrecht von Denkendorf verleihen Klaus Mulfinger und seiner Ehefrau Elisabeth sowie deren Kindern Klaus und Hans auf Lebenszeit ein Sieden.

Allen den die disen brief an sehent, lesent oder hörent lesen kùnd ich Friderich Kayb, von Gotz verhen[gnu]se zů disen ziten probst ze Denkendorff, brůder Albr[echt], prior, und der convente gemainlich des vorgeschr[iben] closters ze Denkendorff, ordens dez hailigen grabes von Jo[ru]salem, in Costentzer bystům gelegen, daz wir mit verdachtem můte und och mit gůter vorbetrachtunge gelùhen und verlùhen haben reht und redelich, als daz billich craft und maht hat und haben sol und mag, ùnser halhus und sul, daz wir ze Halle in der stat haben, mit allen den rechten, als wirs mit aller zůgehörde biz her besessen und genossen haben an gefärde den erbern lùten Clausen Molfinger und Elizab[ethe]n, siner elichen husfrouen, burger ze Halle, und Clausen und Hansen ieren zwain kinde zů den vier liben ze rechtem lip gedingde, also mit sölicher gedingde und beschaidenhait, daz sie ùns und ùnserm gotzhus und ùnsern nachkomen ellù jar jargelichs uf sant Michels tag oder in den nechsten aht tagen da vor oder in den nechsten aht tagen dar nach geben und richten sùllen aht r[heini]scher guldin und ain ort ains guldin gůter und gäber an golde und swär genůg an der gewihte, an allen ùnsern und ùnsers gotzhus schaden, an gefärde. Wa sie daz nit täten und dar an sümig wären, zů welhem zil daz wär und wie dik daz geschähe, waz sie oder ir botten denn dar nach und nach dem vorgen[anten] zil verzerent, so sie daz gelt erforderent und ùber naht da sint, den schaden süllen die obgen[anten] vier persone oder als vil ir dennoht lebt, haben und bezaln mit dem zins an alle widerrede, als dik daz dar zü kumet, an alle widerrede, und daz die obgen[anten] vier personen und ir jegelichs nach dez andern töde daz obgen[ant] halhus und sul haben und niessen sùllen die wile sie lebent in alle die wise und in allem dem rechten und zůgehörden als wirs besessen und genossen haben an gefärde. Ez sùllen och die obgen[anten] vier persone oder ir ainer oder me, die daz obgen[ant] halhus und sul niessent, die hof schulpen vor uss und in eren haben und han, als ob ez ir aigenlich gůt haisse und sie [a)], an gefärde.

Und wenne die obgen[anten] vier personen nit me in lib sint und sterbent, so soll ùns und ùnserm gotzhus des vorgen[anten] closters ze Denkendorf daz vorgeschr[ieben] halhus und sul und der schulpe hof mit aller ir zůgehörde ledig und loss sin, an aller ir erben und me[nni]gelichs ierrung [b)] und widerrede, an gefärde.

Und daz den obgen[anten] vier personen alles daz da vorgeschr[iben] stat von ùns und von ùnsern nachkomen ganz war und stäte belibe an gefärde, geben wir in disen offen brief versigelten mit min des obgen[anten] probste Friderichs und mit dez p[ri]or amptes insigeln, die wir baidù ainmůt[i]klich hier an gehenket haben ze merer sicherhait aller der vorgeschr[iben] dinge. Dirre selbe brief wart geben an dem nechsten fritag vor dem sunnuntag [c)], do man singet letare ze mithervasten, do man zalt von Cristes gebùrte drùzehen hundert jar und dar nach in dem sechs und nùnzigosten jahre.

a) *lies:* seie b) *Anfang übergeschr.* c) sunnen – *?*

Ausf. Perg. HStASt A 480 U 563 – 33 x 16,5 cm; 2 S – Rvv.: (je and. Hd.) Wie sie verluchen ist anno domini m iii und vi und lxxxx jar, Verleihung deß gottshus behausung ⟨und sul⟩ *(unter der Zeile eingefügt)* zu Hall *(and. Hd. weiter:)* für acht guldin und ein ort in gold, die *(folgt Tageszeichen Fr)* ante Letare. – *Signn.:* 18 *(alte Hd.),* Archiv cl. Denckendorff Ld ⟨M 59 b.⟩ (gestr.) D. ⟨39.⟩ (gestr.) 35. – *Reg.: UB Hall U 1019. – Vgl. U 17.*

U 13

1397 Januar 22 (Mo v Pauli Bekehrung)

Dietrich Stieber bekennt vor Gericht, daß er Hans Neuffer ein halbes Sieden zu Erb verliehen hat.

290 / Ich Vlrich Schulthaiß, zu der zyt schulthais zu Hall, bekenne und thun offenlich an disem brief vor aller mennigklich, das für mich komen ist zu Halle an das gericht Dieterich Stieber, burger zu Halle und bekannte / 291 / do vor gericht wolberatenlich, das er mit wol beratem mute für sich und sein erben recht und redlich verlyhen habe und verleyhe auch mit diesem brief Hannsen Neyfer, auch burger ze Halle, und seinen erben zu rechtem erbe das halb sieden und was zu dem selben halben sieden gehört ungeverlich, das derselb Dietrich ligend hat ze Halle in dem Hale, einhalb an desselben Hansen Neyfers halbe sieden, das Hans Neyfer da hat, in der grosen halhuse; also und mit der beschaidenhait, das derselbe Hans Neyfer oder syne erben demselben jungen Dietrich Stieber oder seinen erben von demselben halben sieden alle jar die rechnung geben sollen, als die jedes jares gemacht wirt / 292 / und als sich von einem halben sieden gebüret, alles one geverde. Und des alles zu gutem urkunde gib ich von gerichts wegen diesen brief, versigelt mit meinem aigen anhangenden insigel. Und des ze merer gezeugknuse han ich, Friderich, stattschreiber ze Halle, min insigel auch an disen brief gehangen. Und dabey waren auch dise richter Hans Sieder, Sitz Snewaszer, Ulrich von Heimperg und Hanns Spiesse. Der brief ist geben an dem nechsten montag vor sant Pauls tag, als er bekent [a] war, do man zalt nach unsers hern Christus gepurt drewzehen hundert jare und darnach in den siben und nüntzigsten jaren.

a) *lies:* bekert

Abschr. HA B 654 S. 290 ff. – Reg.: UB Hall U 1037 – Vgl. U 65 (290–292).

U 14

1397 Mai 24 (Do v Urban)

Äbtissin Elsbeth und der Konvent zu Gnadental verleihen Kunz Snelbolt zwei Sieden zu Erb.

Wir Elsbeth, von Gotes gnaden eptissin, und der co[n]vent gemeinlich des closters zú Gnadental bekennen und tůn kúnt für uns und für unser nachkumen offenlich an disem brief allen den, die in an sehent, hörent oder lesent, das wir mit wolberatem můte für uns und für unser nachkumen reht und redlich verlihen haben und verlyhen auch mit disem brief Cůntzen Snelbolt, burger zů Halle und sinen erben zü einem rehten erbe unsre zwei sieden mit iren zůgehörden ze Halle in dem Hale an dem Bürdinmarkt an einander gelegen, also und mit der bescheidenheit, das der selbe Cůntz Snelbolt und sin erben die selben sieden mit iren zůgehörden haben, niessen und sieden söllen. Und söllen er oder sin erben die selben sieden inwendig diser jares friste als diser brief geben ist von niüwem bezimren mit niüwen halhüsern on unsern schaden. Und söllen er und sin erben die selben sieden fürbas aber allweg in rehtem bůwe haben, on unsern schaden, ungeverlich.

Und von denselben zwei sieden sol der vorgenant Cůntz Snelbolt oder sin erben uns oder unsern nachkumen alle jare die rechnunge geben, als denne jedes jares zu Halle die rechnung ist und gemacht wirt, on alle geverde. Und die selben rechnung sol er oder sin erben uns oder unsern nachkumen alle jar us[r]ichten und geben, einen vierteil uf pfingstein, einen vierteil uf sant Jacobs tag, einen vierteil uf sant Mertins tag, und einen vierteil uf wyhennaht, uf jedez zil unverzogenlich, gar und gentzlich, on alle geverde.

Und uff welhes zil sie uns die rechnung nit also usrihten und geben, so mögen wir und die unsern darumb angriffen und pfenden, als denne rechnunge reht ist, one alles geverde. Auch sol der selb Cůntz Snelbolt oder sin erben von den selben zwei sieden uns und unserm closter alle jar geben von jedem sieden besunder einen schöffel saltz für die hofschülben. Und welhes jares der selbe Cůntz Snelbolt oder sin erben uns oder unsern nachkumen von den obgenenten sieden die rechnung nit geben, usgeriht und bezalt hand uf wyhennaht gentzlich und gar, oder were, daz sie die nit bůweten und in bůwe hielten, als vorgeschriben stet, wenne oder welhes jares das beschehe, so wern uns die sieden von im und von sinen erben ledig worden und sie söllten alle ir bůwe und arbeit verlorn han, die sie daruf gelegt heten. Und möhten denne wir, unser nachkumen und die unsern die selben sieden verlyhen, wem wir wöllten.

Und dez allez ze gůtem urkünde geben wir für uns und für unser nachkumen dem vorgenanten Cůntzen Snelbolt und sinen erben disen brief versigelt mit unser beiden der eptissin und co[n]ventes anhangenden insigeln. Der brief ist geben an donerstag vor sant Vrbans tag, do man zalt nach unsers herren Cristus gebürte driützehenhundert jare und darnach in dem siben und nüntzigosten jaren.

Ausf. Perg. NLA 37, 61 – 38 x 15 cm; 2 S – Rv.: Lehenbrief äptissin und convent zu Gnadenthal verleyhen Contz Schnelbolten 2 sieden zu Hall zu rechtem erbe. Anno 1397 *(v. jüng. Hd., alter Rv. rad.) – Sign.:* N. 61, schubl. 37 – *Abschrr.: GHA Bd. 48 Bl. 42; HA A 537, Hv.:* Dergleichen verleihung und kaufbrief befinden sich in bemelter registratur fol. 43. 45. 49. und 74. über acht andere sieden zu Hall, wie daselbsten ferner zu lesen.; *HA B 654 S. 175 ff., Hv.:* N[a]. extrahirt aus dem registratur buch sub n°. 43 fol. 37 b et seq. fol 39 b auch sub anno 1397.

U 15

1397 Juli 14 (Sa n Margarethe)

Kunz Snelbolt bekennt vor dem Gericht zu Hall, daß ihm das Kloster Gnadental zwei Sieden zu Erb verliehen hat (Revers).

Ich Vlrich Schultheizz, zu der zit schultheisse zü Halle, bekenne und tün kunt offenlich an disem brief allen den, die in an sehent, hörent oder lesent, das für mich kumen ist ze Halle an das geriht uff hüt disen tag, als diser brief gegeben ist, Cüntz Snelbolt, burger zü Halle und bekant do vor geriht wolberatenlich, das er mit wolbedauhtem můt reht und redlichen bestanden habe im und sinen erben ze einem rehten erbe umb die erwirdigen geistlichen frawen, frawen Elsbethen, zu der zit eptissin und umb den co[n]vent gemeinlich dez closters zů Gnadentale die zwei sieden mit iren zügehörden zů Halle in dem Hale an dem Bürdinmarkt an einander gelegen, die dy von Gnadentale da ligend hand,

also und mit der bescheidenheit, das der selbe Cůntz Snelbolt und sin erben die selben zwei sieden mit iren zůgehörden haben, niessen und sieden söllen; er oder sin erben die selben sieden inwendig diser jares frist, als diser brief geben ist, auch von niüwem bezimren söllen mit niüwen halhüsern on der von Gnadental schaden. Und söllen er und sin erben die selben sieden fürbaz allweg in rehtem bůwe haben, on der von Gnadental schaden, ungeverlich.

Und von den selben zwei sieden sol der vorgenant Cüntz Snelbolt oder sin erben den von Gnadental alle jare die rechnung geben, als denne jedes jares zů Halle die rechnung ist und gemacht wirt, one alle geverde. Und die selben rechnung sol er oder sin erben den von Gnadentale alle jare usrihten und geben, einen vierteil uf pfingsten, einen vierteil uf sant Jacobs tag, einen vierteil uf sant Mertins tag und einen vierteil uf wyhennaht, uff jedez zil unverzogenlich, gar und gentzlich, one alle geverde. Und uff welhes zil er oder sin erben den von Gnadental die rechnung nit also geben und usrihten, als vorgeschriben stet, so mögen die von Gnadentale, ir diener und die iren darumb angriffen und pfenden uf den obgeschriben sieden, als denne rechnung reht ist, one alle geverde, als oft und als vil, biz daz sie der rechnung jedez ergangen zils usgeriht werden, gentzlich und gar, on iren schaden, ungeverlich. Auch sol der selb Cuntz Snelbolt oder sin erben von den selben zwei sieden den von Gnadental alle jar geben, von jedem sieden besunder, einen schöffel saltz für die hofschülben.

Und welhes jares der selb Cůntz Snelbolt oder sin erben den von Gnadentale von den selben sieden die rechnung nit geben, usgeriht und bezalt haben uf wyhennaht, gentzlich und gar, oder wer, daz sie die sieden nit bůweten oder nit in bůwe hielten, als vorgeschriben stet, wenne oder welhes jares daz beschehe, so weren von dem selben Cůntz Snelbolt und von sinen erben den von Gnadental ledig worden und sölten er und sin erben alle ir bůwe und arbeit verlorn han, die sie daruf gelegt heten, und möhten denne die von Gnadental die selben sieden verlyhen, wem sie wöllten.

Und dez allez ze gůtem urkunde gib ich in von gerihtz wegen disen brief versigelt mit minem eigen anhangenden insigel. Und dez allez ze merer geziüknüsse han ich, Fridrich, stat schriber zu Halle, min insigel auch an disen brief gehangen. Und daby warn auch dise rihter Cůnrat von Rinderbach, Hans Sletze, Hans von Morstein und Hans Spiesse. Der brief ist geben an samstag nach sant Margrethen tag, do man zalt nach unsers herren Cristus gebürt drüzehenhundert jare und darnach in dem siben und nůntzigosten jaren.

Ausf. Perg. NLA 37, 62 – 33 x 21 cm; 2 S, 1. besch., 2. abg. – Rvv.: uber die siden, *jüng. Hd.:* Urkundt vom schultheisen zu Hall, das Conz Schnelbolt, burger daselbsten vom closter Gnadental 2 sieden zu Hall im Hale am Bürdinmarckh zu einem rechten erb bestanden habe. 1397. – *Sign.:* N 62, schubl. 37 – *Abschr.: GHA Bd. 48 Bl. 43'.*

U 16

1398 März 22 (feria sexta ante annunciacionis beate Marie)

Ein einzelnes Haalstatut.

⟨Wir haben auch gemacht mit des rats willen, das⟩ [a] kain syeder nit me ⟨syden sol⟩ [b] syeden danne zway syeden. Wölher das uberfure, der sol ye als oft alle jar die höchsten frävel geben. ⟨Datum feria sexta ante annunciacionis beate Marie virginis anno domini lxxxx octavo.⟩ [c]

a) *unterstr., Einschub am Rand:* Es sol auch ⟨kain⟩ *(gestr.)* ain yeglicher
b) *gestr.* c) *unterstr.*

StAH 4/1024 S. 437 (Bl. 45) – Vermerke zu Redaktionszwecken – Abschr.: StAH 4/1031 S. 10, dort Jahresangabe 1398, der auch hier der Vorzug gegeben wird. – Dr.: (Matti S. 317).

U 17

1398 Mai 24 (Fr v Urban)

Schultheiß Arnold von Morstein bekennt, daß Klaus Mulfinger auf Klage des Priors Albrecht von Denkendorf verurteilt worden ist, die versprochene und vorbehaltene Gült von einem Sieden zu bezahlen.

Ich Arnolt von Morstein, zü der zit schultheizz zü Halle, bekenne und tün künt offenlich an disem brief vor aller menclich, das für mich kumen ist zü Halle an das geriht uff disen tag, alz diser brief geben ist, der ersam geistlich herre herr Aulbr[echt], by der zit prior des gotzhus ze Denkendorff, und sprach do zü mit fürsprechen von dez vorgenanten gotzhus wegen von der sehzehen eymer suln wegen mit iren zügehörden, die dasselb gotzhus by uns in unsrer stat ligend hat, daz heten sin ob[er]n und auch er verlihen Clausen Mulfing[ern], dem sieder, unserm mitburger, ze lipding uf vier libe, die in dem selben brief begriffen wern, den sie im darüber geben heten, und also daz in der selb Claus, oder welhs unter in daz sieden hete, in und irem egenenten gotzhus davon alle jar geben söllten aht guldin und ein [a] ort on allen schaden jerlichs uf sant Michels tag, alz denne daz allez der brief uswyste, den sie im darüber geben heten, daran der selb Claus ein gut benügen gehebt het, und dez hielte er in die selbe ir gült vor und spreche, er hete usbet davon gegeben, daz sie nit angienge, wan sie in bedingt heten, daz er in die gült on schaden rihten sölt. Darumb er gern sehe, ob ez reht were, daz er im die gült on schaden rihten sölt, als sie i[m ire] [b] egenenten eymer suln verlihen heten.

Daz verantwürt der selb Claus Mulfinger mit fürsprechen zu dem ersten von dez briefs w[egen] [b], der im geben were, daz er daran kein benügen gehebt het und hete den selben brief nit ande[rs] yngenumen, denne daz er in sinen fründen zeigen und verhörn lassen und d[er] [c] rat haben wölt, ob er mit dem brief versorgt und im eben were oder nit. Dez were im der brief nit füglich. Daruf er in den obgenanten herren wider gebraht het, daz er mit sinem rehten zü den heilgen erwyset hat.

Darnach behüb der obgenant herr Aulbr[echt], prior, mit urteil und mit rehte, daz der vorgenant Claus Mulfinger dem egenenten gotzhus von den vorgeschriben eymer

a) *übergeschr.* b) *Loch im Perg.* c) deren? *(Kürzel)*

suln mit iren zugehörden alle jar die vorbenenten aht guldin und ein [d)] ort on allen schaden usrihten und geben sol und auch also, daz bedingt ist, uf welhen tag dez obgenanten gotzhus botschaft nach der gült her köme und darnach über naht hie gelegen were, daz man in die gült ze morgens by der tagzit rihten sol, wa dez nit beschehe, daz in denne der die zerung usrihten sol, die sie hie tät, der die gült geben sol, alz lang biz daz sie der gült jedez jares also usgeriht würden, an alle geverde.

Und dez allez ze gůtem urkünd gib ich in von gerihtz wegen, als mit urteil erteilt ist, disen brief, versigelt mit minem eigen anhangenden insigel. Darzü ze merer geziüknüsse han ich Fridrich, statschr[iber] ze Halle, min insigel auch an disen brief gehangen. Und daby warn auch dise rihter Conrad von Rinderbach, Hans Sieder, Hans Sletz, Hans von Morstein, Sitz Snewasser, Volkhart Egen, Hans von Stetten, Ytel Eberhart und Peter von Stetten. Der brief ist geben an fritag vor sant Vrbans tag nach unseres herren Cristus gebürt driüzehenhundert jar und in dem aht und nünzigosten jaren.

d) *übergeschr.*

Ausf. Perg. HStASt A 480 U 564 – 34,5 x 18,5 cm; 1 S, 2. abg. – Rvv.: Urtheil brief daz von Clauß Mülfinger dem closter Denkendorff die gült von den sechzehen aymer suln mit ihren zugehorden in der statt Hall gelegen ohne allen schaden gegeben und wan deß closters bott nach der gült gehn Hall komme, übernacht da pleibe, ime die gült morgends bey der tag zeit oder da ez nicht beschehe, die zehrung ußgerichtet werden solle. Anno 1398 die *(folgt Tageszeichen für Fr)* ante Urbani – *Signn.:* 20 *(alte Hd.),* Archiv cl. Denckendorff Ld ⟨M 59. b.⟩ *(gestr.)* D. 35. – *Reg.: UB Hall U 1067. – Vgl. U 12.*

U 18

1400 Mai 28 (Fr n Urban)

Das Gericht zu Hall spricht dem Kloster Elchingen die Lehenschaft an einem Sieden zu, die Hans Schlez beansprucht hatte.

Ich Peter von Stetten der jüngere zu der zeith schultheiße zu Schwäbischen [a)] Halle bekenne und thun kundt offentlich an diesem brief, daß für mich kommen ist ze Halle an das gericht uff diesen tage alß dieser brief geben ist, Siz Schnewaßer, burger zu Halle, und klaget und sprach da zu mit fürsprechen Hannsen Schlezen, auch burger ze Halle, an statt der geistlichen ehrwürdig herren, des abts und conventes des closters zu Elchingen, st. Benedicten ordens, Augspurger bistumbs, als sie im des gegenwertiglich und mündtlich ihren vollen gewalt vor dem rathe und gerichte ze Halle geben und empfohlen hätten, an ihr statt das zu berathen ze gewinne und verluste umb die sache alß hernach geschrieben steth.

Und war der zuspruch also, wie daß dieselbe herrn von Elchingen hetten ze Halle im Hale zwey pfundt jährlichs heller geldts uff zwey und dreyßig aymer sulen und uff zwey hoffstetten, die darzu gehorten. Dieselbe aymer sulen und hoffstatt derselben herren und wes [b)] closters gewesen wären, und die hätten erworben [c)] abt und convent deßelben closters vor ziten und jahren verliehen und vererbt Berchtold Wezeln seelig und sinen erben, auch burger ze Halle, umb zwey pfund häller jahrlichs gült, alle jahr ze geben uf st. Michaelis tag ihren botten ohn allen schaden.

Und des hett der obgenannt Hannß Schlez derselben aymer sulen inne und erkauft zwainzig aymer und der hoffstätt, alß viel alß darzu gehöret. So hette er dießelben

a) *unterstr.* b) *lies:* ires c) *lies:* ermelter

zwey pfundt geldts uß den obgeschriebenen aymer sulen und hoffstätten erkauft zu einem lipding umb dieselben herren von Elchingen. Und des vorderte man an ihnen usbet von der statt wegen von derselben zwey pfund geldts wegen. So meynte Hannß Schlez, daß er an denen obgeschrieben aymer sulen und ihren zugehörden die genieß [d] han sollt von des pfund geldts wegen, daß er darauf hätte; und auch daß er die ußbet nit geben sollte, darumb er den rechten getrüet, die [. . .] [e] die herrn von Elchingen die eymer sulen von hand geliehen hätten, daß sie und er fürbas darbey belyben und lyhen sollten, und alß sie die aymer sulen verliehen hätten, das man ihnen die gült ohn allen schaden geben solle als der brief wiese, den sie darüber geben haben. So hoff er den rechten, man solt ihnen die gült auch also ohn schaden geben und verrichten yn der stadt. Und daß die herrn von Elching noch (?) er die ußbet davon nicht geben sollten.

Das verantwort Hannß Schlez mit fürsprechen also. Von der obgeschriebenen aymer sulen wegen mit ihren zugehörden, darbey hett er erlanget zwainzig aymer sulen, von der hoffstatt alß viel alß darzu gehöret. Des er brief hät und lesen liese. Und die obgeschrieben aymer sulen und hoffstatt all werent ihme auch vor gelt haft gewesen ein pfund heller gelts vor gelt, daß er vor darauß gehabt. Darüber er den rechten getrüet, diewyl er das vorgelt daruf hett, daß er billig die lyhnuß auch daran han. Und die zwey pfund geldts, die die von Elchingen daruff hätten, das wer nachgelt. So hofte er auch dem rechten, wan er seinen teyl der gült zwey pfund, als ihm daran gebührt ze geben von seinem theil der obgesazten aymer sulen und hoffstatt denen von Elchingen oder ihren botten ußgericht uf den tag als der brief wiset nach ihrer vorderung, den er darus hätt, das er darum noch für sie ichzit nie weder ußbet noch anders richten [f] noch geben sollt.

Und alß ich die richter der rechten und urtails daruber gefragt han, haben sie erkannt und gesprochen zu dem rechten nach beeder theihl red und wider rede, klaage und antwort:

Diewyl die von Elchingen die vorgeschrieben aymer sulen mit ihren zu gehörden verliehen hätten, dabey und mit (?) Hannßen Schlezen dar (?) gewesen wären, daß sie für bas bey der lyhnus blieben und die darum han söllent, von ihrer gült wegen, die sie darauß fordern ungefehrlich, daß er ihnen dennoch für sie von derselben ihrer gült wegen, noch von denen obgeschriebenen aymer suhlen mit ihren zu gehörden nichzit nie weder uf bet noch anders noch keinen schaden schuldtig seye zu geben, ohn daß er und syne erben die pfannlose, als ihm daran gebührt zu geben, alle jahr ußrichten sollent, ohne alle geverde.

Und des alles ze gutem urkundte gebe ich von gerichtes wegen, alß urtailt ward, diesen briefe versiegelt mit meinem aigenen anhangendten insigel. Und des alles zu wahrem gezeugnuß han ich, Friderich, stadtschreiber ze Halle, mein insigel auch an diesen brief gehangen. Und darbey waren diese richter Conrad von Rinderbach, Volckhardt Egen, Hannß von Morstein, Ulerich von Haimberg, Hanß von Stetten, Arnold von Morstein, Ulrich Schultheiß und Itel Eberhardt. Der brief ist geben an dem nechsten freytag nach st. Urbans tage, da man zahlt nach unsers herrn Christus geburthe vierzehenhundert jahre. (LS.) (LS.)

d) *lies:* leihnis e) *unl. Wort;* dieweil? f) nichts?

Abschr. HA A 537 – 6 rot mit 566 – 571 *num. Bll. (Nrn. gestr.) – Rv.:* Copia pergamenti[schen] urtelbriefs zwischen dem closter Elchingen, welches 2 pfund heller und Hannß Schlezen 1 Pfund heller uf etliche aymer sulen gehabt und jeder theil die leyhnus haben wollen, ist die leyhnus dem closter erkennt worden. Anno 1400.

U 19

1401 November 7 (Mo v Martin)

Katherin, Hausfrau des Rudolf von Bebenburg, und ihre Schwester Elisabeth von Gnottstatt bekennen sich zu einem im Streit mit dem Kloster Gnadental gefällten Schiedsspruch.

Ich Kathrin, Růdolfs von Bebenburg eliche husfrawe, und ich Elsbeth von Gnotstat, ir swester, bekennen und tůn kůnt für uns und fůr unser erben offenlich an disem brief vor allermennclich von sölicher nachgeschr[iben] ansprach und vordrunge wegen, die wir gehebt haben, heten oder gehaben mohten an die erwirdigen geistlichen frawen an die eptissin und an den convent gemeinlich des closters ze Gnadentale und an dasselbe closter von unsrer swester seligen wegen, Annen von Hohenberg genant, die in dem selben closter gewesen und von tode abgangen ist, daz ist von der czweyr sieden wegen zeHalle in dem Hale und von dez gůtes wegen ze Warte gelegen, das der selben unsrer swester von unsern vater und můter seligen in das ob genent closter geben was, das sie das ir lebtag innen haben und niessen sölte, und von fünfzig guldin wegen, die dieselbe unser swester mir, Elsbethen vorgenent, an irem totbette gesetzet het, und von zehen guldin wegen, die ich, Kathrin vorbenant, ir gelihen hete, und von sölicher gelübde wegen, die sie miner, der egenenten Kathrinen tohter in daz closter gen Rotenburg gelobet het ze geben, und von aller der zůsprüche wegen, die wir an sie und an dasselbe closter von der vorgenanten unsrer swester seligen wegen gehabt haben.

Und als die selben frawen eptissin und convente brief haben und die sehen und lesen liessen, wie man die obgeschriben sieden und daz gůt ze Warte von in und von dem selben closter nach der vorbenanten unsrer swester seligen tod lösen sol und auch uf die andern vorgeschr[iben] unser zůsprüche antwürtent, daz sie uns darumb nicht schuldig wern, und als die vorgenanten frawen eptissin und convente und auch wir der selben vorgeschr[iben] unsrer zůsprüche aller mit wolberatem můte reht und redlich kumen und gangen sien hinder den erwirdigen herren, hern Erkinger, abt ze Komberg, hinder hern Wilhalm von Stetten, priester, hinder Conraden von Rinderbach und hinder Peter von Stetten den jůngern also, wie dieselben vier uns vorgenent beide teile darumb entrihten, entscheiden und uzz sprechen, das wir daz stet halten, daby belyben und daruff verriht sin söllen. Und als die selben vorgenanten vier zwischen uns geriht, verscheiden und usgesprochen hand von der obgeschr[iben] zweir sieden und von dez gůtz wegen ze Wart gelegen, daz wir die selben sieden und güte lösen söllen von der obgenenten eptissin, convent und closter hie zwischen wyhennaht, die schierost kument nach datum ditz briefs umb sibenzig rinisch guldin gůt an golde und swere genüg an rehtem gewiht. Und waz sich gült und nutzung davon ergangen hat by der selben unsrer swester selig lebtagen, ze rechnen nach anzal dez jares, die söllent den von Gnadental volgen und werden. Und were, daz wir dieselben sieden und gůt in der vorgeschr[iben] frist und zil von in losten umb die obgeschr[iben] summe guldin, so sölt uns die gült und nutzung volgen, die syt unsrer egenanten swester tod davon gefallen und ergangen were, ze rechnen nach anzal dez jares, und sölten wir den von Halle die bete davon rihten.

Were aber, daz wir der losung nit täten in der frist und zil, als vorgeschr[iben] stet, so sol den von Gnadental von den sieden und gůt die gült und nutzung volgen, die davon gefallen und ergangen were syt unsrer egenenten swester seligen tod, und auch die fürbaz inne han und niessen, als und bis uf die zit, da [a] wir oder unser erben sie von in erledigen und erlösen umb die obgeschr[iben] summe guldin, gentzlich und gar, on allegeverde, und alle die wyle sie die gůlt davon ynnement und niessent, so söllent sie die bete davon geben ungeverlich. Und als die vorgenanten vier darnach geriht und usgesprochen hand, daz die andern unser vordrung und zůsprüch alle ab sin söllen, die wir an dieselben eptissin, con[v]ent und closter getan han und gehebt haben, daz sie uns, unserm vorbenenten kind, unsern erben, noch jemand anders ichzit darumb schuldig sin söllen, der selben vorgeschr[iben] rihtung und uszsprüch aller verjehen und geloben wir mit disem brief für uns und unser erben und für alle die unsern war und stet zehaben und zehalten und dawider nimmer ze tůnd, on alle geverde. Und ich Růdolf von Bebenburg obgenant bekenne an disem brief, daz alle vorgeschr[iben] handlung, hindergang, rihtung und ussprüche min gút wille und wort sind und die auch war und stet halten wil ungeverlich.

Und dez allez ze gůtem urkünde geben wir vorgenanten Růdolf von Bebenburg, Kathrin, sin elich husfraw, Elsbeth, ir swester, für uns und unser erben den vorgenanten von Gnadental disen brief versigelt mit unsern eigen anhangenden insigeln und mit Con[rad] von Rinderbach und mit Pe[ter] von Steten der vorgenenten eigen insigeln, die sie durch unser vlissigen bet willen dez allez ze merer gezüknüsz an disen brief zů den unsern gehangen hand, in selber on schaden, der geben ist an mentag vor sant Mertins tag nach Cristus gebürt vierzehenhundert jar und darnach in dem ersten jare.

a) *GHA Bd. 48 Bl. 23' liest:* dasz

Ausf. GHA 22, 17 – 40 x 21 cm; 5 S, 4. stark besch. – Rvv.: der von Hohenberk brief uber zwei siden zu Hall *(ält. Hd., gestr.),* Vertrag zwischen Catharin v Bebenburg und dem closter Gnadental, zwey sieden in der Hale betr., so die von Bebenburg pro 70 fl. lösen sollen *(jüng. Hd., 16. Jhdt.) – Signn.:* N. 17; XLVIII *– Abschrr.: GHA Bd. 48 Bl. 22' ff.; HA B 654 S. 192 ff., Hv.:* N[a]. extrahirt aus dem registratur buch n°. 43 fol. 20 a *– Reg.: UB Hall 1152 – Ausf. schreibt mit vielen Kürzeln; Auflösungen nur ausnahmsweise angezeigt.*

U 20

1403 Januar 21 (Agnes)

Hans Kunzelmann bekennt vor Gericht, daß ihm das Kloster Gnadental ein Sieden zu Erb verliehen hat (Revers).

Ich Vlrich Schultheisse, zů der zit schultheisse zů Halle, bekenne und tün kůnt offenlich an disem brief vor allermennclich, das für mich kumen ist ze Halle an das geriht Hans Küntzelman, burger ze Halle, und bekant do vor geriht, das er mit wolberatem müte im und sinen erben reht und redlich bestanden hab zů einem rehten erbe umb die erwirdigen geistlich frawen, fraw Lucien, by den ziten eptissin des closters ze Gnadentale, und umb den convente doselbs gemeinlich das sieden mit siner zůgehörde, das die selben frawen und ir egenant closter ligend haben ze Halle in dem Hale, zwischen dez alten Schultheissen und Wernher Heyols sieden gelegen,

also und mit der bescheidenheit, daz der selb Hans Kůntzelman und sin erben das vorgeschriben sieden und das halhus in rehtem bẘ haben und bůwen söllen, als oft im dez not wirt, on der von Gnadental schaden, on all geverde. Und söllen auch er und sin erben von dem selben sieden den von Gnadental alle jar die rechnung geben, als die denne jedes jares die gemeyne rechnung von den sieden ze Halle ist und gemacht wirt, ungeverlich. Und söllent in jerlichs geben einen schöffel saltz für die hofschülben.

Und söllent in die rechnung alle jerlich rihten und geben von dem sieden, als gewonlich ist ze Halle, daz ist einen vierteil uf den pfingsttag, einen vierteil uf sant Jacobs tag und einen vierteil uf sant Mertins tag und einen vierteile in den wyhennaht vyren. Und welhes jares er oder sin erben die rechnung von dem sieden den von Gnadental in den wyhennaht vyren je des ergangen jares nit usgeriht und bezalt haben, so were den von Gnadental daz sieden von im und sinen erben ledig worden, gentzlich und aller sach, daz sie fürbas lyhen möhten, wem sie denne wöllten, und dannoht sölt er oder sin erben in die versessen rechnung usrihten und bezaln, on alle geverde.

Und dez alles ze gůtem urkünd gib ich in von gerihtz wegen disen brief versigelt mit minem eigen anhangendem insigel. Und dez alles ze merer gezüknüsse han ich, Fridrich, statschriber ze Halle, min insigel auch an disen brief gehangen. Und daby warn auch dise rihter Hans Sletz, Hans von Morstein, Götz Stikel, Arnolt von Morstein, Hans Glycher, Hans Mangolt, Cůntz Cleincůntz, Růdolf Eberhart, Heinrich Kek, Claus Halberg. Geben an sant Agnesen tag, nach Cristus gebürt vierzehenhundert jar und darnach in dritten jare.

Ausf. Perg. NLA 37, 63 – 24 x 18 cm; 2 S – Rvv.: Uber die sieden zu Halle, Kunzelman, *jüng. Hd.:* Urkundt vom schultheißen zu Hall daß Hanns Cuntzelman, burger daselbsten, ein sieden im Hale von dem closter Gnadental bestanden hab. 1403. – *Sign.:* N. 63, schubl. 37 – *Abschrr.: GHA Bd. 48 Bl. 45; HA B 654 S. 200 ff., Hv.:* N°. extrahirt aus dem registraturbuch n°. 43 fol 40 b. – *Reg.: UB Hall U 1189 – Vgl. U 34 (dass. Sieden).*

U 21

1403 Juli 5 (Do n Ulrich)

Konrad Adelmann zu Neunbronn und Hans Spieß verkaufen Konrad Keck ein halbes Haalhaus und Sieden.

234 / Ich Cunrat Adelman ze Newbrunnen [1] gesessen und ich / 235 / Hanns Spiesz, burger zu Halle, bekennen und thun kundt für uns und für unser erben offenlich an disem brief vor allermenigklich, das wir mit wolberatem veraintem mut für uns und für unser erben recht und redlich verkauft und zekaufen geben haben Cunraten Kecken, auch burger zu Hall, und seinen erben unser halbes halhaws und unser halbes sieden mit iren zu gehorden zu Hall in dem Hal gelegen, dess selbig halhawß und siedens andrer gegen halbtail Götzen Güters, auch burgers zu Hall ist, und ain gemains ungetailtz halhaws und sieden ist, und denselben halbtail dess vorgeschriben halhauß und siedens, den wir daran gehabt haben, der egenannt Götz Güter ze ainem erbe hat / 236 / und sewdet umb die rechnung und hoffschülben, als von ainem halben sieden gebürt, und das derselbe Götz Güter das in rechtem baw haben sollen, ungeverlich, und ligt ain halbes an Vogelmannin halhaws, ze rechtem aigen und steten kauf umb fünf und achtzig reinischer gulden, gut an gold und schwer gnug an rechtem gewicht, der wir von dem selben Cunrat Keck[en] gewerет und bezalt sein gentzlich und gar.

Und wir oder unser erben sollen auch dem vorgenannten Cunrat Keckhen oder seinen erben das vorgeschriben halb tail an dem vorbenannten sieden und halhaws mit iren zu gehorden fertigen und wehren für rechtes aig[en] und als aigens / 237 / recht, one alle geverd, der erbschaft ausgenomen, die Götz Güter daran hat, als vorgeschriben ist, one alle geverde. Und des alles zu gutem urk[und] und merer sicherhait geben wir die obgenante Cunrat Adelman und Hans Spiess für uns und für unser erben dem vorg[enannten] Cunrat Keckhen und seinen erben disen brief versigelt mit unser beeder aignen anhangenden insigeln, der geben ist an dem nechsten donrstag nach sant Vlrichs tag nach Cristus gepurt xiiii[c] jar und darnach in dem dritten jare.

1) *Neunbronn G. Sulzdorf, Kreis Schwäbisch Hall*

Abschr. HA B 654 S. 234 ff. – Reg.: UB Hall U 1200 – Vgl. U 57 (231–240).

U 22

1409 Januar 1 (alz man daz nû jar anvacht, daz ist uff den achtonten tag)

Propst Johannes von Ringingen und Prior Albrecht zu Denkendorf verleihen dem Hans Jörg ein Sieden auf Lebenszeit.

Wir Joh[ann]es von Ringingen, von Gotes gnaden probst ze Denkendorff, brůder Aubrecht, prior und co[n]vent gemainlich dez gotzhuß ze Denkendorff tüen kund allermenglich mit disem ⟨brief⟩ [a)], daz wir verliechen haben unser sieden Hansen Jergen, burger ze Hall, sin lebtag und nit langer jerlich nach der stat recht, on all geferd. Und sol er die gûlt halb geben zu sant Jacobz tag und daz ander halbtayl uff wichenechten, und sol der vorg[e]n[ante] Hans unß die sieden halten in rechtem bu an unsern schaden. Und dez ze urkûnd han ich der vorg[e]n[ante] probst min insigel gedruk[t] ze end dir geschrift, der geben ist, do man zalt nach Cristz gebûrd xiiii hundert jar und in dem nünden jar uff den tag alz man daz nû jar anvacht, daz ist uff den achtonten tag.

a) *über der Zeile eingef.*

Ausf. Papier HStASt A 480 U 565 – 31 x 11 cm; 1 aufgedrücktes S, abg. – Rvv.: Verleihung deß closters Denkendorff saltzsiedens gerechtikeit zu Schwäbischen Hall., Anno 1409 am newen jarß tag. – *Signn.:* 16 *(alte Hd.);* Archiv cl. Denckendorff. Ld ⟨M 59. b⟩ *(gestr.)* D. 35 – *Reg.: UB Hall U 1303.*

U 23

1415 Juli 1 (Mo v Kilian)

Ulrich Harlung vertauscht vor Gericht an Burgermeister und Rat sein neues Haalhaus mit Hofreite gegen zwei Stätten ohne Suhle und bekommt das Haalhaus und zwei Suhlen zu Erb verliehen.

Ich Berchtolt Vewr, zu der zyt schultheis zu Halle, bekenne ôffenlichen mit disem brief vor allermenglich, das fur mich kummen ist zu Halle an das gerichte Vlrich Harlünge, burger zu Halle, und bekant da vorgerichte wolberetenlich, das er fur sich und sin erben recht und redlichen uberkumen sey mit den ersamen weisen burgermeistern und rate der stat zu Halle, als hernachgeschriben steet und also, das er mit in gewechselt und in recht und redlichen gegeben habe und gyt in auch in craft diszs briefs sin news halhus und hoffreit mit siner zugehörde als wyte die mawre begriffen hat ungeverlich, gelegen zu Halle im Hale, das vormals ein hawse und Hannsen Smids gewesen ist, umb die zwü stete mit iren zugehorden, der suln uszgenomen, die doruff gehört haben, und ligen zu Halle im Hale. Die ein ist genant Syferlin von Esslingen stat und lyt einhalben an dem sieden, das da gehört an sant Erharts altar zu sant Kathrin zu Halle, und die ander ist genant Cuntzelmans stat und lyt in der Mitteln gassen einhalben an der alten Cleinerin sieden.

Es sol auch der vorgenant Vlrich Harlunge oder sin erben den vorbenenten burgermeistern und rate der stat zu Halle oder iren nochkumen das vorgenant halhus und hofreit mit siner zugehorde als wyte die mawr begriffen hat ungeverlich vertigen und weren fúr eigen und als eigens recht ist, on das dasselb halhus und hofreit jerlichs giltet Ytel Eberharten, burger zu Halle, zwen schilling hellergelts und ein vasnachthün vorgelts und Conraten Senfften zwen schilling heller nochgelts, Hannsen Siedern und sinen brüdern dritthalb schilling heller, auch nochgelts, und dem Siechen spital zu Halle am Bach gelegen zwen schilling heller, auch nochgelts, dem obgenanten lehenherren und herren an iren gulten und rechten on schaden ongeverde.

Es hat auch derselb Vlrich Harlunge im und sinen erben widerümb umb die obgenanten burgermeister und rate der stat zu Halle zu einem rechten erbe bestanden und besteet auch in ⟨in⟩ [a] craft diszs briefs das itzgenant halhus und hofreit mit siner zugehorde, als wyte als vorbegriffen ist, und die zwü suln mit iren zugehorden, die vormals uff die obgenenten zwü stet gehort haben, also und mit der bescheidenheit, das sy die itzgenan[ten] zwü suln in dem itzgenanten halhus furbas sieden, dasselb halhus in rechtem ungeverlichem baw haben und halten und denselben burgermeystern und rat der stat zu Halle und iren nochkumen die rechnunge und hoffschulben jerlichs davon geben und reichen sollen zu rechten zeiten on wider rede und on alle geverde. Und dortzü sollen auch die vorbenenten burgermeyster und rate der stat zu Halle und ir nochkumen zu dem egenanten halhus, sieden und ir zugehorde und gewerde haben alle die recht, als ander herren zu iren sieden und ir gewerde und zugehorde daselbs im Halle haben on alle geverde. Es sol auch der itzgenant Vlrich Harlunge und sin erben den obgenanten lehenherren und herren die vorgeschriben gulte von dem egenanten halhus jerlichs richten und bezaln, on des obgenanten rates zu Halle schaden on alle geverde.

Und des zu urkunde gib ich in von gerichtes wegen disen brief besigelt mit mynem eigen anhangenden insigel. Und zu merer gezewgniss han ich Conradus Heiden, statschreiber zu Halle myn insigel auch hieran gehangen. Dabey waren diszs richter Hans Mangolt, Conrat Cleincuntz, Hans Kurtz, Vlrich von Geilnkirchen, Rudolf von Munkkem, Conrat Sletz, Heinrich Berler, Conrat Trewtwin, Heinrich Beck, Peter Fewr, Hanns von Bachenstein und Claus Halberg. Geben des mentags vor sant Kylians tag nach Crists geburt viertzehenhundert jar und dornach in dem funfzehenden jare.

a) *verschr.*

Ausf. Perg. HA U 13 – 31,5 x 22,5 cm; 2 S – Rvv.: Uber Vlrich Harlungs sieden, überläst dem rath im wechsel ein neues haalhaus hofraitin *(je and. Hd.)*, wie Vlrich Harlung sein sieden mit der stat verwechselt. – *Signn.:* 3. B. I. C. a. 36, N. 1382, 13 – *Abschrr.: HA B 735 S. 14 ff., 287 ff.; Bühler 1 S. 1092 ff. – Reg.: Uhland U 13, UB Hall U 1404. – Vgl. auch UB Hall U 1405: Dass. Geschäft, von Bürgermeister und Rat am 4. Juli beurkundet.*

U 24

1430 November 25 (Katharina)

Haug von Vellberg d. A. bekennt, dem Kloster Gnadental ein Vorgeld auf den Gnadentaler Sieden verkauft zu haben.

Ich Hug von Velberg der alt bekenn offenlich mit disem brief vor aller meincklich[e]n [a] allen den, die disen brief an sehen, lesen oder horen lesen, daz ich recht und redlich[e]n verkauft und zu kaufen geben han fur mich und alle mein erben zu einem steten redlichen ewigen kauf in der aller besten fwrm als denn ein redlich kauf kraft und macht hat und haben sol vor allen richtern und gerichten, geystlich und weltlich, und an allen steten, on alles geverde, der erwirdigen geystlichen frawen fraw Margretten von Steten, aptessin des gotzhausz zu Gnadental ir und iren nachkumen und gottzhausz acht schilling heller vor geltz mit iren rechten und gewonheit, als ich die gehabt hon uff der von Gnadental fünf syeden umb acht und viertzig guldin, der ich von ir gentzlich und gar gewert und bezalt bin und in meinen guten nütz und frwmen gewent hon. Und ich obgenanter Hug von Velberg verscrib [b] und verzyhe mich aller recht, die ich bisz her gehabt hon zu den obgenanten von Gnadental funf syeden, es sy mit gulte verzycknisz oder wasz rechtes ich dar zu gehabt hon, daz ich oder mein erben nymer kein ansprach darnach haben sollen, weder mit gericht oder on gericht, in keinerley weg, on alles geverd und argenlyst. Des zu gutem urkund so hon ich obgena[n]ter Hug von Velberg mein eygen insigel an disen brief gehangen und dar zu gebeten meinen lieben pruder Volkharten von Velberg und mein lieben sun Jorgen und Hansen von Velberg, daz ir yegclicher sein eygen insygel zu dem mein an disen brief gehangen hat. Geben do man zalt von unsers Cristus geburt viertzehen hundert jar und dor nach in dem dryssigosten jar an sant Katherinen tag der ju[n]gkfrawen etc.

a) *verschr., lies:* meni- b) verstrib?

Ausf. GHA 21, 95 – 28 x 17 cm, 4 S – Rvv.: Hug von Velberg verkauft dem closter Gnadental 8 ß. gelt uf 5 sieden, pro 48 fl. 1430 *(alte Hd.)*; kaufbrief *(jüng. Hd.) – Signn.:* N°. 95, schubl. 21; XLVII *(gestr.) – Abschrr.: GHA Bd. 48 Bl. 47' f.; HA B 654 S. 210 ff., Hv.:* Na. extrahirt aus dem registratur buch N°. 43 fol 42 b et 43 a – *Reg.: UB Hall U 1710.*

U 25

1434 Oktober 4 (Franziskus)

Hans Geyer bestellt seiner Tochter Else, die im Kloster Gnadental ist, ein Leibgeding an seinem Sieden.

Ich Hanns Geyer, burger zu Halle, bekenne und tun kunt fur mich und fur myn erben offenlich mit disem brief vor allermenglich, das ich bedacht han Elsen myn tochter, die da ist in dem closter Gnodental, sie zu fursehen mit eim lyppding umb das, daz sie dester mynner bruches und ir notturft dester bas gehaben moge. Und darumb so han ich mit wolberatem mut fur mich und fur myn erben derselben Elsen, myner tochter, recht und redlichen gemachet, verschriben und beweyset, mache, verschreibe und beweyse ir mit disem brief uff meynem sieden mit seiner zugehorde, gelegen zu Halle im Hale in der Hohen gassen, und leyt einhalb an des Senfften sieden und steisset hindnan an des spitals sieden, zehen rynisch guldin jorlichs lypdinggelts gut an golde und swer genug an rechtem gewichte, das sie dasselb vorbenent lypdinggelt doruff haben und warten sol, und das dorumb ir rechtes underpfant sein sol und ist.

Und das also bescheidenlich, das ich oder myn erben der vorbenenten Elsen, myner tochter, dasselb vorbenent lypdinggelt alle jor uff sant Michels tag, die weyl sie lebet, ir auszrichten und geben sollen, unvertzogenlich, gar und gentzlich, und antwurten gen Gnodental, on alle geverde, zu ydem zil. Welhes jars das aber beschehe, das ich oder myn erben derselben Elsen, myner tochter das vorbenent lyppdinggelt nit auszrichten, geben und antwurten uff das zil, als vorgeschriben steet oder in den nechsten viertzehen tagen davor oder darnach ungeverlich, so hat dieselb Elsbeth, myn tochter, und ir gewalt und helfer gute recht, darnach, wenn sie wollen, das vorbenent unterpfant mit seiner zugehorde antzugryffen, zuverkaufen oder zuversetzen noch sulcher unterpfant recht zu Halle umb alsvil gelts, damit sie ir das obgeschriben lyppdinggelt anderswo gekaufen mochte, wo sie wolte, und umb das ergangen und unbetzalt lyppdinggelt. Und wann sie von todes wegen abgegangen und von diser welt gescheiden ist, so ist mir und myn erben das egenent lyppdinggelt ledig und lose worden, ongeverde.

Und des alles zu gutem urkunde und merer sicherheit gibe ich, vorgenenter Hanns Gyer, fur mich und fur myn erben der vorbenenten Elsen, myner tochter, disen brief besigelt mit mynem anhangendem insigel und mit des erbern, vesten Conrat Treutwyns, auch burgers zu Halle, anhangendem insigel, das er von myner bete zu gezeugknisse, im on schaden, auch hieran gehangen hat. Geben uff sant Francissen tag nach unsers herren Cristi geburte virtzehenhundert und darnach in dem vier und dryssigsten jaren.

Ausf. Perg. GHA 20, 90 – 28 x 21,5 cm; 2 abg. S – Rv.: Hanns Geyer burger zu Hall vermacht seiner tochter Elßen closterfr[au] zu Gnadental 10 fl. jerlichs leibgedings uf dem sieden zu Hall im Hale in der Hohen gaßen. 1434. – *Sign.:* N°. 90 schubl. 20.

U 26

1438 April 26 (Sa n Markus)

Äbtissin Margaretha von Stetten und der Konvent zu Gnadental bekennen, dem Hans Blinzig zwei Sieden zu Erb verliehen zu haben.

105 / Wir Margaretha von Stetten, aptissin, und der convent gemeiniglich des gottshauß zu Gnadenthale bekennen und thun kundt offentlich mit diesem brief vor allermenniglich, das wir einmüthiglich mit gutem rhate, den wir darüber gehabt haben, und mit wolbedachtem muth, durch unsers und des ehegenanten unsers closters bessern nuze und frommen willen, für unß und alle unsere nachkommen recht und redlich verliehen und vererbt haben, verleihen und vererben auch mit diesem brief Hansen Blinzing, burger zu Halle, und seinen erben zu einem rechten erbe unsers und unsers ehgenanten gotteshauß zwey sieden und haalhauß mit ihr zugehörde, gelegen zu Halle in dem Haal an dem Sulferthor zwischen dem sieden, das an st. Ottilien altar und pfründt in dem Siechen spithal zu Hall gehört, und der statt zu Hall sieden gelegen;

also undt mit der beschaidenheit, daß derselb Hanß Plintzing und alle seine erben dieselben zwey sieden undt haalhauß mit ihren zugehördten nuhn fürohin allwegen im rechten bau haben undt bauen sollen, alß dick ihn das noht ist oder wirdt, ohne unsern schaden, ungeverlich. Undt sollen auch er undt seine erben unß und unsern / 106 / nachkommen von denselben sieden alle jahr jehrlichs die rechnung geben, als dann jedes jahrs die gemaine rechnung von den sieden zu Halle gemacht wirdt, ungeverlich. Undt sie sollent unß auch nun fürohin allen jehrlichen geben 2 schöffel saltz für die hoffschülben. Und sie sollent unß von den sieden nun fürohin alle jahr jehrlichs die rechnung reichen und geben, einen viertel uff pfingsten, einen viertel uff st. Jacob tage, ein viertel uff st. Martins tage und ein viertel in den wynachtferien.

Undt welches jahrs er oder seine erben unß oder unsern nachkommen von den sieden die rechnung jedes vergangen jahrs in den heyligen wyhnachtferien nicht gäntzlich gerichten und bezalten, so wehren unß diselben unser zwey sieden und haalhauß mit ihren zugehördten von im und seinen erben wieder ledig und loß worden, gentzlich und gar, das wir oder unser nachkommen denen leihen mögten, whem wir wolten. Und dennocht solten sie unß die ergangen rechnung ußrichten, ohn geverde.

Und des alles zu wahren uhrkundt und guter sicherhait geben wir für unß und für unser nachkommen dem obgenanten Hansen Plintzing und allen seinen erben disen brief besiegelt mit unser, der vorgenanten aptissin und conventes beiden anhangenden insiegeln, der geben ist uff sambstag nach st. Marcus des heyligen evangelisten tage, des jahrs, do man zahlt nach Christi unsers hern gepurt vierzehenhundert und darnach in dem acht und dreyssigsten jaren.

Abschr. HA 656 S. 105 f. – Hv.: Von einer copia abgeschrieben sub actis lit. H. laden 403 3 c; item R. B. N°. 43 fol. 41 b – *W. Abschrr.: HA A 537, 1 Bl (auf dessen Rs. U 93), dort falsche Dat., da für Marcus verschr.: Martin; HA B 790 S. 1221; Bühler 1 S. 1164 f.; Glaser S. 333 ff. (Fn. d).*

U 27

1438 April 26 (Sa n Markus)

Hans Blinzig bekennt vor Gericht, daß ihm Gnadental zwei Sieden zu Erb verliehen hat (Revers).

Ich Herman Rote, czůder zyte schultheiß zů Halle, bekenne und thun kunt offenbar mit disem brief vor allermenglich, das fúr mich kommen ist czů Halle an das gerichte Hanns Blintzing, burger czů Halle, und bekannt da vorgerichte wolberatenlich, das er mit wolberatem můte recht und redlich bestanden habe im und sinen erben zů einem rechten erbe umb die erwirdigen geistlichen frowen, frow Margarethen von Stetten, czůder zyte äptissin, und umb den convent gemeinlich des gotzhuß czů Gnadentale die zwey sieden mit iren zügehörden, czů Halle in dem Hale an dem Sulfertore zwischen sant Ottilyen altars in dem Siechen spittale zů Halle am Bache und der statt czů Halle sieden gelegen, die die von Gnadentale da ligen haben.

Also und mit der bescheidenheit, das derselb Hanns Blintzing und seine erben dieselben zwey sieden mit iren zügehörden innehaben, nießen und sieden söllen. Und söllen er und seine erben dieselben czwey sieden nu fúrbaß allewegen in rechtem buwe halten und han, on der von Gnadentale schaden, on alle geverde. Und von denselben zwein sieden söllen der vorgenant Hans Blintzing und seine erben den von Gnadentale aller jare die rechnung geben, als danne yedes jars zů Halle die gemein rechnung ist und gemachet wirt, on alle geverde. Und dieselben rechnung sol er oder sine erben den von Gnadentale alle jare ußrichten und geben; einen vierteile uff pfingsten, einen vierteile uf sant Jacobs tage, einen vierteile uff sant Mertins tage und einen vierteile uf wyhennacht, uf yedes czile unvertzogenlich, gar und gentzlich, on alle geverde.

Und uff welches czile er oder sin erben den von Gnadentale die rechnung nicht also geben und ußrichten, als vorgeschriben stet, so mögen die von Gnadentale, ir diener und die iren sie darumb angryffen und pfenden uff den vorgeschriben sieden, als danne rechnung ist, on alle geverde, als oft und als vil, biß das sie der rechnung jedes jars und jedes ergangen zils ußgericht werdent, gar und gentzlich, on iren schaden, on alle geverde. Auch sol der vorgenant Hanns Blintzing oder sin erben von denselben czwein sieden den vorgenanten von Gnadentale alle jar geben von yedem sieden besunder einen schöffel saltz fůr die hofschůlben.

Und welches jars derselb Hanns Blintzing oder sin erben den von Gnadentale von denselben sieden die rechnung nit geben, ußgericht und bezalt haben uff wyhennacht, gentzlich und gar, oder were, das sie die sieden nit buweten oder nit in buwe hielten, als vorgeschriben stet, wenne oder welches jars das beschehe, so weren den von Gnadentale dieselben sieden von dem egena[n]ten Hanns Blintzing und von sinen erben ledig und lose worden. Und sölten er und seine erben alle ire buwe und och arbeit verlorn han, die sie daruff gelegt hetten. Und möchten dann die von Gnadentale dieselben sieden verlyhen, wem sie wölten, von Hanns Blintzing und sinen erben daran ungehindert, ungeangt und ungeirret in alle wege.

Und des alles zů warem urkůnde gib ich in disen brief besigelt mit minem angehangenden insigel. Und zů merer gezůgnůsse han ich, Burkart, stattschriber zů Halle, min insigel auch heran gehangen. Dabey waren dise richtere Hanns Veldner, Geyer genannt, Heinrich von Bachenstein, Conrat von Rinderbach, Volkart Egen, Heinrich Berler, Eberhart Negenlin und Conrat Kecke. Geben uff sampßtag nach sant Marcus, des heiligen ewangelisten tage, des jars, do man zalt nach Cristi, unsers herren gepůrte viertzehenhundert und darnach in dem acht und dreyssigisten jaren.

Ausf. Perg. NLA 37, 68 – 33 x 23 cm; 2 abh. S, davon 1 stark besch. – Rv.: Urkundt vom schultheiß zu Hall uber ii sieden zu Hall, so Hanns Blintzing *(folgt rad. Wort)* vom closter Gnadental bestanden. 1438. – *Sign.:* N. 68, schubl. 37 – *Abschrr.: GHA Bd. 48 Bl. 45; HA B 654 S. 204 ff., Hv.:* N[a]. Extrahirt aus dem registratur buch N[o]. 43 fol. 41 b, junge 3 c. tt. L. l[a]den 403. NB. beym halgericht auf dem Neuen haus, ligt auch ein brief hierüber besagent, fangt an wir Margreta aptißin und der convent gemeinlich des gotshaws Gnadental und endet sich sub praemisso dato.; *StAH 4/1036 Bl. 8 f. – Reg.: UB Hall U 1857. – W. Abschr.: StAH 9/38/86.*

U 28

1446 Dezember 8 (Mariä Empfängnis)

Propst Melchior von Ringelstein, Prior Matthias und der Konvent zu Denkendorf verleihen Peter Jörg eine Salzpfanne auf Lebenszeit.

Wir Melchior von Ringelstein, probst, Mathias, prior, und der covent gemainlich des gotzhus zů Denckendorff, ordes des hailgen grabs von J[e]r[usa]l[e]m, bekennen uns offenlich mit disem brief und tüen kunt aller menglich, die in inkůnftigen zyten ůmer an senhent, lesent oder hörent lesen, d[a]z wir dem frummen Peter Jörgen, Hansen Jörgen säligen sun, burger zů Hall geluhen haben zů siner synigen hand sin lebtag und nit lenger noch fůrbas unser salczpfanne zü Hall mit allen iren rechten und zů gehörden umb ein järliche gůlt, nemlichen wie die ersamen und wysen burgermayster und rått zü Halle der stat pfannen järlichen hinlyhen, also vil sol er uns oder unsern nachkomen zü zins und gůlt da von och schuldig und pflichtig sin zegeben, nemlich das halbtayl der eg[e]n[annten] gůlt uff sant Jacobs tag und das ander halbtayl uff den haylgen tag zů wyhennächten, alles on gevärlich.

Und wenn die botschaft näch dem obg[e]n[annten] zins kummet gen Hall und ůber nacht da ist, waz sie denn dar näch verzeret, den kosten und den schaden sol der vorg[e]n[ennt] Peter Jörg uns usszrichten on allen unsern schaden ongevärlich. Och sol er die obg[e]n[annten] salczpfannen mit ir zügehört in rechten und redlichen bůwen halten und och on unsern schaden. Und wenn der vorg[e]n[ennt] Peter Jörg von todes wegen abgant und erstůrbt, d[a]z Got langen wende, so sol unser vorg[e]n[annt] salczpfanne mit allen iren rechten und zůgehörden uns vorg[e]n[annten] herren ledig und lossz wyder haim zü unsern handen gefallen sin, on aller siner erben und aller menglichs irrung, wyder red und och on anspRauch.

Da by ist gewesen Hans Jörg, sin brůder, und Hans Sydelman von Hall, burger zů Esslingen. Des alles zeurkůnd der wåhrhait haben wir vorg[e]n[annten] Melchior, probst, unser probsty insigel und ich Mathias, prior, und der covent gemainlich des prioratus insigel offenlich gehengt haben an dysen brief, der geben ward, do man zalt von Cristus gebůrt tusend vierhundert vierczig und sechs jaur an unser lieben frowentag als sů enpfangen ward concepcionis.

Ausf. Perg. StPrK D 2. 20, hier nach Foto – 37 x 11 cm, ein Srest am Perg. streifen, das zweite S abg. – Rvv.: Verleyhung anno 1446. Wie sie *(folgt unl. Wort)* ist anno domini m cccc und xlvi jar – *Abl. HStASt J 381/49 / 18 (20) – Abschrr.: HA A 341; HA A 537 (m. Auszügen aus einem* andern brief *von 1489 und einer Bemerkung des Abschreibers. Der* andere Brief: *U 45) – Reg.: Württ. Vjh. 1914 S. 350 f.; Oertel-Pietsch.*

U 29

1446 Dezember 8 (Mariä Empfängnis)

Peter Jörg bekennt, daß ihm Propst Melchior von Ringelstein und der Konvent des Klosters Denkendorf ein Sieden auf Lebenszeit verliehen haben (Revers).

Ich Peter Iǒrg, Hanszen Iårgen seligen sun, burger zů Hall, bekenn offenlich mit diszem brief und tůn kunt aller mengklich, die in in künftigen zytten ymer an sehend, lesent oder hǒrendt leßen, das ich mit gůtter vorbetrahtung und rått miner gůtter frůnt zů miner aynigen hand min lebtag und nit lenger noch fůrbasser bestanden hän umb die ersamen gaistlichen herren her [M]elchior von Ringelstain, probst, und den convent gemainlich des gotzhuß zů Denckendorff, ordens des hailigen grabs von Jherusalem, ir saltzpfannen zů Hall mit allen iren rehten und zů gehǒrnden umb ain jårliche gůlt, nemlichen wie die ersamen und wyszen burgermaister und rått zů Hall der stat pfannen jårlich hin lyhent, also vil sol ich inen oder iren nåchkomen zů zins und gůlt da von och schuldig und pflyhtig sin zegeben, nemlich das halbtail der egenannten gůlt uff sant Jacobs und das ander halbtail uff den hailigen tag zů wyhenechten, alles ungevårlich.

Und wenn die bottschaft nǎch dem obgenanten zins komet gen Hall und ůber naht da ist, wasz sie denn dar nǎch verzerent, den kosten und den schaden sol ich inen uß rihten ǎn [a)] allen iren schaden ungevårlich. Och sol ich die obgenantû salczpfannû mit ir zů geho̊rdt in rehten und redlichen bùwen halten und och an [a)] der egenanten herren von Denckendorff schaden. Und wenn ich von tod abgan unde erstirbe, das Got lang wende, so sol die vorgenant saltzpfann mit allen iren rehten und zů geho̊renden den egenanten herren und dem gotzhusz zů Denckendorff ledig und ǒch losz wider heim zů iren handen gefallen sin, ǎn [a)] aller miner erben und aller mengklichs irrung wyder und ach anspräch.

Da by ist gewesen Hans Iårg, min brůder, und Hans Sydelman von Hall, burger zů Esslingen. Des zů urkùnd der wǎrheit so han ich mit flisz ernstlich gebetten und erbetten den fromen vesten junckher Hanßen Schwabe, zů diszen zytten schulthais zů Hall, das er sin aigen insigel hǎt gehenckt an diszen offen brief, doch im selber unschådlich. Der geben wart do man zalt von Crist gebůrt tusent vierhundert vierzig und sehs jǎr an unser lieben frǒwen tag alsz sù enpfangen wart concepcionis.

a) *lies:* o(h)n

Ausf. Perg. HStASt A 480 PU 566 – 33,5 x 17,5 cm, 1 S – Rvv.: Kurzreg. (spät. Hd.) u. Dat. – Signn.: Archiv Cl. Denckendorff. Laden ⟨M 59. b.⟩ *(gestr.),* D. 35., 566.

U 30

1447 Mai 2 (Di n Walpurgentag)

Schultheiß Hans Schwab bekennt, daß das Stift Denkendorf Konrad Senfft um vier Eimer Suhle verklagt hat und die vier Eimer dem Senfft zuerkannt worden sind, nachdem er geschworen hat, daß er und seine Vorfahren die vier Eimer seit unvordenklicher Zeit ohne rechtliche Ansprache derer von Denkendorf innegehabt haben.

Ich Hanns Schwabe zu der zyte schultheisse zuHalle bekennen und thon kunt offenlich mit diesem briefe vor allermenglich, daz fùr mich kummen sint zuHalle an daz gerichte der erwirdigen geistlichen herren herre Melchiors von Ryngelstein, bropstes, herre Mathyas, pryors, und des conventes gemeynlich des gotzhawses zu Dengkendorffe, ordens des heiligen grabes von Jherusalem, erbere und vollmechtige bottschafte, nemlich herre Wernherre Gossolt, herre Wernherre Schùrlin und herre Johann Niffer, alle dry conventherren des egen[an]ten closters Dengkendorffe mit irem vollen verschriben gewalte, des zum rechten genuge was, und clagten da zu mit fùrsprechen Conrat Senften, burgere zuHalle, also als sie und daz vorgen[an]te ir gotzhawse und clostere zu Dengkendorffe ein sieden haben, hie zuHalle ime Hale gelegen. An demselben irem sieden irre und enge sie derselbe Conrat Senft und habe sich des eins teyls undterzogen, nemlich vier eymer sulen daran, ùber daz doch sie und ir gotzhawse ein römischer kùnige mit namen kùnige Heinrich der sybende zudenselben zyten romischer könige loblicher gedechtnisze umbe siner seele heils willen mit demselben sieden daz mit siner eygenschafte frylich zubehalten gnedigklich begabt und darzu sonderlich gefryet habe, daz sie dasselbe gute one alle beschatzunge, ufsetzunge und zwúngknisze besitzen und inhaben sůllen, als sie des dann einen latinischen kuniglichen briefe [1] undter der maiestatte anhangenden insigele versigelt und des ein abschrifte in tútsche [2] vor mir in gerichte hören und verlesen liessen, des datum wyset des jars unsers herren gepurte tusent zweyhundert dryssige und ein jare. Sie zeigten auch daby und liessen vor mir in gerichte hören und verlesen einen latinischen briefe [3] undter der statt hie zuHalle anhangenden insigele und des ein vidimus undter der statt zu Eszlingen insigele in tútsche, der dann undter anderm inhielt und wyset, als die vorgen[an]ten herren und brüdere zuDengkendorff fúr den schultheissen und gemeynde hie zuHalle kummen sint und innerlich durch Gott gebetten haben, daz sie ine suliche vorgemelte kúniglichen magenkreftigen gabe mit irer volkomenere fryheyte und rechte geruchten stete zuhalten. Des haben sie auch mit vereyndtem und gemeynem rate ire pette mit den werken vollefüret also daz von ine und iren nachkummen suliche gewirdigte fryheite von yman der kirchen zuDenkendorffe zeschaden inne dhein wyse geirren oder widertan muge werden. Desselben briefs datum stůnde inne demselben jare als dann der kuniglich briefe hievorgemelt gegeben ist. Darnoch liessen sie auch vor mir in gerichte hören und verlesen einen latinischen versigelten briefe [4] und des ein abschrifte inne tůtsche [5], der innenhielt, wie dann einer genannt W[alter] von Langenb[er]g [a] zu denselben zyten ine und irem egen[an]ten gotzhawse umbe daz er alle forchte und zwyfelunge von ine neme, ob villicht ein romischer könig uff daz vorgen[an]te ir sieden mit besonder losunge sie besweren wölt und beunfriden, ein soliche sicherheite gethon und ine zwey úberige sieden und ein virteile gentzlich uffgeben hatt alsolange und viele, bis sie in stillem frieden und gerüwiger besitzunge die kúniglichen gabe niessen. Und desselben briefs datum wyset des jars der gnaden tusent zweyhundert und zwey und trissige jare. Und redten daruffe durch iren fursprechen als man an den verlesen briefen wol verstanden habe, wie dann sie und ir gotzhawse mit dem vorgen[an]ten irem sieden gnediclich begabt und gefryet sein. Getruwen sie und hoffen auch, die richter sullen ime rechten erkennen, daz der vorgen[an]te Conrat Senfte sie an demselben irem sieden und kuniglichen gabe ungeirret und ine das gentzlich und one mynderunge volgen laszen sölle.

Daz verentwort der vorgen[an]te Conrat Senfte durch sinen fursprechen. In neme suliche der von Denkendorffe vorderunge und clage frömde, dann er wiszte gar nicht, daz er sich derselben von Denkendorffe siedens oder ichtzit des iren undterzogen oder inhabe. Dann er habe vier eymer sulen an einem sieden hie zuHalle ime Hale, daran die von Dengkendorffe nicht mere haben dann sechtzehen eymer sulen; als er auch des einen versigelten briefe [6] undter der statt hie zuHalle anhangenden insigele vor mir in gerichte hören und verlesen liesse, der dann eygentlich inhielte, wie der rate hie zuHalle geordenet, gemacht und verschriben hatt, wie viel der sieden aller hie zuHalle ime Hale und nicht mere sin sollen, auch wieviel ein yglicher herre sieden darinnen habe. Des datum wyset da man zalt von gottes gepurte drewtzehenhundert und ime sechszten jare darnoch am nechsten donderstage vor sant Vrbans tage. Und redt daruff mit fúrsprechen als man an dem verlesen briefe wol verstanden habe, daz die von Denckendorffe nicht mere inne dem Hale habent dann sechtzehen eymer sulen und auch nicht fúrbringen, wysen noch gereden mogen, daz sy ye mere darinnen gehapt, yngenomen oder ge-

a) *erg. aus WUB 3 Nr. 813; Langenberg dort als Langenburg, Oberamt Gerabronn gedeutet, vgl. ebenda S. 136 Anm. 1. Vgl. das Siegel Walthers von Langenburg bei* JOSEPH ALBRECHT, *Die hohenlohischen Siegel des Mittelalters, Öhringen 1865, S. 244 f.*

nossen habent. Und dann sonderlich sein vattere, auch sein eltvordern und auch er selbs[ten] die ùberigen vier eymer sulen als von amptes wegen und als die, die den gemeynen siedern, so sie die sieden jares bestanden han, allwegen bygestendig gewesen sein und ine die von der hende gelihen, also innen gehapt, genossen und herbracht haben als ir eygen gůte one alle rechtlich ansprache der egen[an]ten von Denkendorffe und menglichs halben von iren wegen, ytzo lenger dann der statt oder lands recht ist und auch lenger dann ymands verdenken möchte. Und darumbe so hoffe und getruwe er dem rechten, er sulle by siner gewerde und inhabenden gůte ungeirret belyben und den von Dengkendorffe von des zuspruchs wegen gar nichtzit schuldig sein.

Darwidder redten der egen[an]ten von Dengkendorffe vollmechtige bottschaften, ine zwyfelt nicht, man hette an den vorgen[an]ten iren kuniglichen und andern briefen wol verstanden, wie dann sie und ir gotzhawse von eynem römischen kúnig begabt sein mit einem gantzen sieden und sy davon nichtzit gesùndert. Darzu hofften sie, es were noch wol wissentlich, daz sie und ir eltvordern biszhere allwegen darumbe in vorderungen und mere dann eins hie gewesen weren und des gerne usztrage gehapt hetten; dann daz ine súlichs biszhere verzogen worden, sy allein darumbe, wann sie meynten, wyle suliche gabe von einem romischen kunige here kummen und ine gegeben worden sy, es solte auch billich vor einem römischen kúnig widder berechtet worden sin oder aber vor einem gemeynen und gelichen zůsacze und sust an keynem ende. Und darumbe so höfften und getruwten sie dem rechten, daz ine sulicher verzuge zu deheinem schaden kummen und daz auch Conrat Senfte sie und ir gotzhawse by irer kuniglichen gabe one yntrege und mynderunge belyben lassen sölte.

Darzu entwort aber Conrat Senfte in masz als vor und des mere. Er hoffte daz ein römischer kúnige ime noch sinen eltvordern daz ire unverschulter sache nicht hinzügeben habe, und ob er daz gethon hette, daz ime doch sulichs nicht schaden sulle. Ime were auch nicht wissende, daz die von Dengkendorffe sein eltvordern noch ine rechtlich darumbe ye mere ervordert haben. So weren auch sin vattere, eltvordern und auch er allwegen gesessen burgere hie zuHalle gewesen. Hetten sie der von Denkendorffe gůtz ichtzit innegehapt, sie hetten sie allwegen ùbernacht darumbe zu rechte gebrocht und möchten ine des nicht vor gewesen sein noch verzogen haben. Und darumbe so hoffe und getruwe er dem rechten, er sulle by siner gewerde belyben und möge auch die wol bestetigen, wie recht ist.

Des fragte ich die richter des rechten und urteyle nach beyder teyle ansprach, entwort, briefen, rede und widderede. Die haben sich herkennet und zum rechten gesprochen ir der merer teyle, möge Conrat Senft vorgen[an]ter mit sinem rechten erwysen und gesweren, daz sin vatter, altvordern und auch er die vier eymer sulen an dem vorgen[an]ten sieden ingehapt und herbracht habent one alle rechtlich ansprache der egen[an]ten von Denkendorffe halben lenger dann der statt hie zuHalle und lands recht ist, und in maszen als er daz durch sinen fùrsprechen verantwort hatt, so sulle er des geniessen und furbasser auch daby belyben. Daz hat er auch also mit sinem rechten erwyset und geschworen wie ime daz hievor erteylt ist. Und begerdt daruffe an den richtern zu erfaren, ob man ime der urteyle icht billich ainen briefe geben sölte. Der warde ime auch also mit rechte erkennet zugeben.

Und des ze warem urkunde gibe ich ine von gerichtz wegen diesen briefe versigelt mit mynem anhangenden insigele und zu merer gezewgnisze han ich Conrat Buman, statschriber zuHalle, myn insigele auch hiran gehangen. Daby waren diesz richtere Michel Sleitze, Hanns Veldner Gyer genannt, Heinrich Wydner, Jörig Wunhart, Heinrich Berler, Conrat von Rynderbach, Eberhart Negenlin, Albrecht von Rynderbach, Conrat Kecke und Hanns Halberge. Geben am nechsten dinsztage nach sant Walpurgen tage des jars als man zalt nach unsers herren Cristi gepurte virtzehenhundert und darnoch inne dem syben und virtzigisten jaren.

1) *WUB 3 Nr. 798, 801, vgl. UB Hall U 7, 8*
2) *UB Hall U 305*
3) *WUB 3 Nr. 802, vgl. UB Hall U 9*
4) *WUB 3 Nr. 813, vgl. UB Hall U 21*
5) *UB Hall U 305*
6) *UB Hall N 179*

Ausf. Perg. StAH 17/228 – 55 x 29 cm, 2 S – Rvv.: Urthelbrief zwischen der probstey Denckhendorff und Conradt Senfften über 4 aymer sulen im Haal, von dem sulambt herruerendt. Anno 1447 – *Signn.:* 6. B. eeee. 65., N. 1964. – *Abschrr.: HA B 654 S. 110 ff., Hv.:* N. vide copiam sub sign. OO. n°. 25 in der laden 515. Original vid. im 6ten archivs behaltr im Senfftischen trüchlein sign. eeee. 65.; *Bühler 1 S. 280 ff.; UBT Mh 763 S. 470 ff. – Reg.: UB Hall U 2099. – W. Abschrift (16. Jhdt.): StAH 9/1 Nr. 1.*

U 31

1447 Mai 3 (Kreuzerfindung)

Die Brüder Peter, Konrad und Hans Jörg bekennen, daß ihnen vom Stift Denkendorf dessen Teil und Recht an einem Sieden auf Lebenszeit des Peter Jörg gelassen wurde (Revers).

Ich Peter, ich Conrat und ich Hanns die Jöriglin, alle dry gebrüdere, burger zuHalle, bekennen uns und thon kunt offembare an diesem briefe vor allermenglich, daz wir recht und redlich ůberein kummen sein mit den erwirdigen herren hern Melchior von Ryngelstein, probste, hern Mathyas, dem pryor, und dem convente gemeynlich des gotzhawses zu Denkendorffe als von irs teyls und irer rechte wegen an dem sieden, daz sie dann habent hie zuHalle im Hale gelegen, daz unserer vatter und eltvordern seligen biszhere von ine gesotten und gehapt haben, also daz dieselben herren von Denkendorffe fur sich und fur alle ir nachkummen als von pette wegen der erbern und wysen burgermeisters und rates der statt zuHalle und ine sonderlich zuliep uns sůliche frwntschafte gethon, also daz sie uns iren teyle und ire recht an dem vorgen[en]ten sieden aber gelassen und versprochen habent in solicher massen daz wir alle dry gemeynlich und unser[er] yder besonder[er] dasselbe ir sieden von ine haben und sieden sůllen und můgen und doch nicht lenger dann myne des vorgen[en]ten Peter Jörglins leptagen und alle die wyle ich lebe.

Und umbe daz so haben wir alle dry gebrůdere gemeynlich und sonderlich ine widderumbe geredt, versprochen und verheissen, gereden, versprechen und verheissen ine ytzo wissentlich und mit kraft dieß briefs, also daz ich vorgen[en]ter Peter Jöriglin den vorgen[en]ten herren von Denkendorffe und iren nachkummen hinfůro alle jare jarlichs die gůlte und rechnung iren teile von demselben sieden, als die eins yden jares gemacht wirdt, fur uns alle richten, geben und bezalen sol, daz sie auch alwegen zu mir lugen, warten und haben sůllen zů rechten zylen, nemlich gelich halbs uff sant Jacobs tage und den andern halbtayle zu wyhennachten, nemlich eins yden jares, wenne sie nach yglichem vorgen[en]ten zyle ir botschafte darumbe her gem (!) Halle senden und koment, one alles verziehen und widderrede. Wenn aber und zu welichem vorgen[en]ten zyle des jars dieselbe ir bottschafte von sulicher irer verfallen gulte und rechnunge wegen lenger dann uber nacht hie zuHalle ligen oder sein müßte, so wir sie der nicht uszgericht und bezalt hetten, was sie dann darnoch verzerten, denselben costen und schaden allen sol ich obgen[en]ter Peter Jöriglin ine auch uszrichten, gelten und bezalen, one allen iren schaden, gentzlich one alle geverde. Darzu sullen und wollen wir auch dasselbe ir sieden und halhawse mit aller zugehorde in rechtem redlichem und ungeverlichem bawe halten und haben und auch sie by demselben irem sieden, halhawse, hofstatt und furnemlich by dem biegele, daran ine ettliche irrunge und intrege biszhere geschehen sint, so verre sie darzu gelimpfe und recht habent, hanthaben, schirmen und behalten nach allem unserm vermögen, alles getruwelichen und one alle geverde.

Wenne aber daz ist, daz ich obgen[en]ter Peter Jöriglin von todes wegen abgangen bin, oder weres, daz ich ine die gulte und rechnunge von demselben sieden eins yden jars und zyles als vorgemelt ist nicht richten und geben oder daz wir dasselbe sieden, halhawse, hofstatt und den biegele nicht in rechtem bawe hielten und sie daby hanthabten als dann hievor begriffen und underschaiden ist, weliches der eins oder mer geschehe, dann darnoch so ist den vorgen[en]ten herren von Denkendorffe und iren nachkummen ir teyle und ire recht an dem vorgen[en]ten sieden mit siner zůgehörde von uns allen und yglichen besonderer widder ledig und lose worden und gefallen, also daz sie das fúrbaszer lyhen múgen, wieme sie wöllen, one unser aller und yglichs und unserer erben und one allermenglichs von unsern wegen irrunge, widderrede und ansprache, in alle wege alle geverde und argeliste hirinnen gentzlich vermitten.

Und des alles ze warem urkúnde haben wir mit vlisse erbetten die erbern und vösten Conraten von Rynderbach, Michel Sleitzen und Endriszen von Mungkhem, alle dry burger zuHalle, daz die ire eygene insigele zugezewgniße, in selbs one schaden, gehangen habent an diesen briefe. Darundter wir uns verpinden und bekennen als obgeschriben steet. Geben an des heiligen crutz tag als es gefunden wardt nach unsers herren Cristi gepurt virtzehenhundert und darnach in dem syben und virtzigisten jaren.

Ausf. Perg. HStASt A 480 U 567 – 35 x 22,5 cm; 3 S – Rvv.: Schwäbisch Hall / Peter, Conrad und Hanß die Jörglin gebrüder bestehen deß closters Denkendorff saltzsiedens gerechtikeit zu Hall umb die rechnung zu zwayen zihlen, halb uff Jacobi und halb uff weyhenacht, ohne des closters costen und schaden ußzurichten. Anno 1447 die inventionis s. crucis. – *Signn.:* Archiv cl. Denckendorff Ld ⟨M 59⟩ *(gestr.)* D. 35., Kasten xlii Fach i. – *Reg.: UB Hall U 2100.*

U 32

Würzburg 1451 April 28 (Mi n Ostern)

Der Offizial Johann Halberg teilt in einem Brief an Bürgermeister und Rat mit, daß er Berchtold Wetzel ein Sieden verliehen hat.

844 / Meine willige dienst zu vor, ersamen weißen besunder lieben herrn. Mir ist glaublich fürkommen, wie Heintz Pfyffer, euer mit burger das sieden, daß er von mir und herrn Heinrich Gellen seiligen etwo mannich jor gesotten hett [a)], Rawheintzen

a) hott?

vermaint hab und uffgeben und im daruff pfannen und gewerd die viermaister nach gewohnhaith deß Haales habe thun schatzen, und bin darauf schriftlich begrüst und ersucht worden, demselben Raw heintzen deselben meinen siede[n]s zu gönnen. Indem ist zu mir kommen Berchtoldt Wetzel, auch euer mit burger, und hot [b] mich auch gebetten, im deselben siede[n]s zu gönnen etc.

Hon ich angesehen, das er von allen seinen vier anen ein erbsieder ist, / 845 / auch des Hales recht und gewonheut ist, das ein yglicher her einen yglichen sieder, welcher der ist, der nit zu zalen hot, und ob im ein sieden vererbt wäre, entsetzen mag und einem andern lyhen, nun der genant Haintz Pfyfer sich des meinen selbs geeusert hott, als vorberürt ist, das do noch wyter trifft, hon ich das dem mer genanten Berchtoldt Wetzel verliehen und hofft in mit recht wohl dabey zu behalten. Wie dem allem, so soll mich und den vielgenannten Berchtold one [c] des Haales recht, gewonheiten und alten herkommen wol benügen, hierumb bitte ich ewre wisheit ernstlich und vlyslich, den genanten Heintzen Pfyffer, der sich des meinen, als vorberürt ist, daran weisen und vernügen, dem genanten Berchtold das / 846 / mein, das nit uffgebens bedarf noch handt lons geit, volgen zelasen oder sie gütlich und freundtlichen der sach[en] entschaiden, oder die vier maister des Haales schaffen und thun nach [d] altem herkommen entschaiden werden.

Was ew[e]r wysheith [e] oder die genannten viermeister die parthyen uff ditsmal solchen gelegenheith halben unterrichtet und mit in schaffend, soll mich wol benügen und wil das umb ewer wisheith gedien, auch zweifelt mir am rechten nicht. Geschriben zu Würtzburg am mitwochen in den heylgen oster feyertagen anno d[omi]ni m. lprimo.

b) *übergeschr.* c) *wohl zu lesen:* ane *(= an)* d) *verb.:* noch e) *übergeschr.*

Abschr. HA B 654 S. 844 ff. – Üs.: Johannes Halberg verleiht Berchtold Wetzel sein sieden. – *Hv.:* Vid. Lit P. de anno 1450 (!) in der laden 514. – *A. E.:* Johannes Halberg des erwürdigen herrn Jo[hann] von Tunfeld und herrn Jo[hann] von Gybe, beider ertzprister official. – *Randv. a. E.:* Den ehrsamen weisen burgermeister und rath der statt Hall meinen lieben herrn etc. – *Reg.: UB Hall U 2168.*

U 33

o. D. [nach 1452]

Verzeichnis von der Stadt bzw. dem Spital gehörenden Sieden und Hofstätten im Haal.

Zu wissen, das die nachgeschr[iben] sieden sein der stat.

Mit namen zwey sieden in der Hohen gassen gelegen, stoßen einsid an Fröwelis husz, andersid an Götz Bachenst[eins] sieden.

Aber ii sieden an der Sulen gelegen, stöszen einsid an Götz Bachenst[eins] halbs und an sant Niclaus altar halbs sieden, andersid an des spitals sieden.

Aber i sieden gelegen by dem Stägtürlin, stost einsid an Albrechtz von Rinderbach halbs sieden, an Martin Moler ein viert[e]l und des jungen Stadmans ein viert[e]l sieden, and[er]sidt an Fürlis sieden.

Aber ii sieden gelegen bey dem Ůszheußlin, stößen an des spitals sieden, die die stat sudet.

Aber ii sieden gena[nn]t des Hunds sieden, stöszen an des spitals sieden eins, das die stat sudt.

Aber i sieden stöst einsid an Meyers sieden, die der stat sein, und leit neben des spitals sieden.

Aber ii sieden, die von Mey[er] sein kauft worden, stoßen einsid an der stat sieden, andersid aber an der stat sieden und an des spitals sieden.

Aber ii sieden gelegen an den zweyen sieden, die umb Mey[er] sin kauft worden, stöszen an der stat zwo hofstat.

Aber i sieden gekauft von V̊belin, lit neben des spitals sieden einsid, stost andersid an Mathelis [a] sieden [b].

Aber i sieden gelegen by dem Vndern türlin, stost einsid an Clausz Müllerin sieden, andersid an Clausz Nyffers sieden.

Aber i sieden gelegen im Geszlin, stöst einsid an Eberhart Nagels sieden des jung[en], andersid an der von Gnadental sieden.

Su[mma] xvii sieden.

Die nachgeschr[iben] sieden hat die stat von dem spital.

Am ersten Hans Jorgen ii sieden, ligen bey dem Mittel türlin.

Aber i sieden, leit neben V̊belis sieden, das der stat ist.

Aber i sieden, lit neben der stat sieden, stöst an Hunds halhusz.

Aber ii sieden, die Claus Nyffer hat gesotten. Da von nympt das spital die rechnung uff dem rathusz.

Su[mma] vi sieden des spitals, die die stat seudt.

Aber seudt die stat i sieden von Albrecht Rinderbach, Martin Molern und dem jungen Stadman.

Su[mma] der sieden, so die stat seudt als obgeschr[iben] stet xxiiii.

Die nachgeschr[iben] sieden hat ⟨das⟩ [c] die spital von der stat, die sy nit seudt.

Item Cüntzelman seudt i sieden gelegen uf dem Bürdenmarkt in Heintz Nyffers halhausz.

Item Sebolt seudt i sieden gelegen in der Hohen gassen, stest an Hans Geyern.

Aber seudt Sebolt i sieden, leyt an der Suln, stest an der von Gnodental sieden.

Item Hübheintz seudt i sieden, leit an der Suln, stest an Hans von Tann[en] sieden.

Item Schnelbolt seudt ein halbs sieden, leyt by dem Vndern türlin und stest an der stat sieden.

Item der jung Stadman seut 1/2 sieden, leit neben herrn Hanse[n] Bachensteins sieden.

Item Vlrich Bühell seudt iiii eymer in seim halhusz.

Item Heintz Nyffer seudt iiii eymer in seim halhausz.

Su[mma] v sieden viii eymer.

Die nachgeschr[iebene] sieden hat das spital von der stat.

Item ii sieden seudt Vogelmanin, stößen an ir hofstat und an des alten Mölszen hausz.

Aber i sieden seudt Henßle Gey[er]le, stest an Gotz Bachensteins hofstat, die Claus Mölsz hat.

Aber i sieden gelegen uf dem Bürdenmarkt, leit neben Jorg von Elterßhouen sieden, seudt Hornecker.

Aber i sieden seudt Cuntz von Tullau, leit neben Fewrlis sieden und stöst an der von Gnodental sieden.

a) Mathews ? b) *Randv.:* 1445 R. B. N°. 4 f. 12 b et R. B. N°. 94 f. 249 c) *gestr.*

Aber i sieden seudt Peter Eysenmenger, leit neben Götz Bachensteins sieden und stöst an Ludwig Seszler[s] sieden.

Su[mma] vi sieden.

Die nachgeschriben hoffstett hat die stat.

Item ein hofstat gekauft von Meyern, leit bey dem V̊ndern türlin, stöst an Heintz Neyffers hofstat.

Aber i hofstat gekauft von Vbelin, stöst an Conrad Wetzels halhusz, leit an spitals hofstat.

Aber i hofstat gelegen vor Hansen Jórgen halhausz bey dem Mitteltürlin. Gilt xv ß in das spital.

Aber i hofstat stöst einseit an Seyferlin Blenklin und anderseit an der stat hofstat.

Aber i hofstat gelegen an Meyers hofstat ist nw alles ein hofstat.

Aber i hofstat gekauft von Clauß Müller, leit bey dem O̊szheußlin, stöst einseit an Seydelmanin hofstat und an Seszlers und an der stat hofstat.

Aber i hofstat hat die stat gemey[n] mit Seszler, stöst an das O̊szheußlin und leit by Claus Mullers hofstat, die die stat kauft hat.

Die nachgeschr[iben] hofstett haben etlich sieder von der stat.

Item i hofstat hat der jung Stadman, stöst an der stat halbs sieden und von der vom Adelberg halb sieden.

Aber i hofstat hat Schnelbolt, leit an Büschlerin und an Vogelmanin hofstat.

Ausf. Papier HA A 538 – 1 Bogen, Schmalfolio – Signn.: 3. B. I. C. b. 25 *(rot),* N. 1511 – *Dat.: Die Mayer – Sieden wurden 1452 von Peter Mayer gekauft, vgl. UB Hall U 2204.*

U 34

1453 Juni 15 (Veit)

Hans Mettelmann bekennt, daß ihm Gnadental ein Sieden zu Erb verliehen hat (Revers).

Ich Hanns Mettelman, burgere zůHalle, bekenne und thon kunt für mich und fůr myn erben offenlich an diesem briefe vor allermenglich, daz ich mit wolberatem můte für mich und für alle myne erben recht und redlichen ủberein kummen bin mit den erwirdigen und geistlichen frawen, frawe Barbaren von Stetten, äbtissinne, und dem convente gemeynlichen des closters zu Gnadentale, also, daz sie für sich und für alle ire nachkummen rechte und redlichen gelihen und vererbt haben mir und allen mynen erben zu einem rechten erbe ire und irs obgenanten closters sieden mit siner zugehörde, hie zuHalle ime Hale gelegen, zwischen des alten Schultheissen und Wernher Heyoltz sieden,

also und mit der bescheydenheite, daz ich und myn erben dasselbe sieden und halhuse mit iren zůgehörden ine rechtem bawe haben und bawen sůllen, als ime des nott wirdt, one iren schaden, ongeverde. Und sullen auch ich und myn erben ine und iren nachkummen von demselben irem sieden alle jare die rechnunge geben, als dann ydes jars die gemeyne rechnunge von den sieden zuHalle gemacht wirdt, ungeverlichen. Und wir sullen ine auch jerlichs geben ein schöffel saltze fur die hoffschülben und sůllen ine von dem sieden alle jare die rechnunge richten und geben, einen vierteyle uff pfingsten, einen vierteyle uff sant Jacobs tage, einen vierteyle uff sant Mertins tage, und einen vierteyle inne den wyhennacht vyeren. Und welichs jars ich oder myn erben ine oder iren nachkummen von dem sieden die rechnunge ydes vergangen jars inne den heyligen wyhennacht vyerren nicht gentzlich richten und bezalten, so were ine dasselbe ire sieden von mir und mynen erben wider ledige und lose worden, gentzlich und gare, daz sie es dann hinlyhen mögen, weme sie wöllen. Und dennocht sullen wir ine die ergangen rechnunge uszrichten und bezalen, one geverde.

Und des alles zů güter urkünde und besser sicherheite gibe ich, obgenenter Hanns Mettelman für mich und für myn erben der obgenenten frawe Barbaren, abtissine, und dem convente zu Gnadentale und iren nachkummen diesen briefe besigelten mit der erbern vesten Conrat Senfften, an der zyte schultheisse, und Eberhart Negenlins, burgere zů Halle, eygen anhangenden insigeln, die sie von myner pette wegen zůgezewgkniße, ine one schaden, hiran gehangen haben. Darundter ich mich verpinde und bekenne für mich und für myn erben als obgeschriben steet. Geben an sant Vits tage, des heiligen mertrers, nach unsers herren Cristi gepurte viertzehenhundert und darnoch in dem drew und fünftzigisten jaren.

Ausf. Perg. NLA 37, 69 – 32,5 x 11,5 cm, 2 S – Rvv.: Uber ein sieden zu Hall *(gestr.)*, Revers, als das closter *(and. Hd. fährt fort:)* Gnadental verliehet Hannßen Mittlman, burger zu Hall, zum rechten erb das sieden zu Hall im Hale, 1453. – *Sign.:* N. 69, schubl. 37 – *Abschrr.: GHA Bd. 48 Bl. 49; HA B 654 S. 213 ff., Hv.:* Na. extrahirt aus dem registraturbuch no. 43 fol. 44 a. Weiters vide sub actis et signo A anno 1514 fol. 3 in der laden 405. – *Reg.: UB Hall U 2222 – Vgl. U 20 (dass. Sieden), U 79 (309).*

U 35

o. D. (vor 1459?)

Verzeichnis von Sieden und Hofstätten.

837 / Item in Heintz Nyffers halhauß ein sieden undt iiii aymer, das bestettigt Haintz Nyffer.

Item das sieden, das Hannß Thoman siedet, stost an Caspar Eberhardts sailig kind sieden.

Item das sieden, das Wallter Harlangs ist gewesen, steiset an Heinrich Müllers sieden und anderhalb an Clauß Nyffers sieden.

Item die hoffstatt vorm haalhauß, stoset ain Hainrich Nyffers und Heinrich Müllers hoffstatt.

Item ein halbs sieden, das Reyningers was, daran hat Schnelboltin das ander halbtail.

838 / Item das sieden, das Übelis was und steist an das spittals sieden und anderseit an der stat und an Schneboltin sieden.

Item die hoffstatt halbe vorm halhauß, das gegenteil ist des spittals.

Item zwey sieden bey dem Mitteln thürlin und stosen ain halb an des spittals zwey sieden und andernhalb an Peter Mayers zwey sieden.

Item die hoffstatt vor dem haalhauß und steiset ainhalb an des spittals hoffstatt und anderthalb an Vlrich Güters hoffstatt.

Item die hoffstatt neben den zweien sieden, stöset an Mayers höfflin und an Claus Nyffers hoffstatt.

839 / Item zwey sieden, doran hot Hanns Jusenmänger ein drittel eins sieden und stoßt ein halb an Heinrich Müllers hoffstatt und anderhalb an des spittals sieden, die Claus Nyffer südet.

Item die hoffstatt halbe bey dem Ósheüslen, des gegenteil ist halbe Ludwig Seslers.

Item ein sieden in deß alten Kleiners haalhauß und stoßt ein halb an Albrecht von Rinderbachs und des alten Kleiners sieden und anderhalb an den heyligen drey kunig altar sieden, leyt am Steeg bühel bei den schmitten.

Item ein sieden, das Contz von Tullau siedet und stoset ein halb an den (!) heyligen drey kunig altar sieden und anderhalb an der von Gnadental sieden, das jetz Hannß Mettelmann südet.

840 / Item ein sieden, das don alt Claiß siedet und stöset einhalb an der von Gnadental sieden und stost anderhalb an das Gäßlin gegen der Sulen.

Item ein sieden, das Stoltz jetzt siedet, wird Schnebaltin sieden und stoset ein halb an Keckhen sieden und anderhalb an des alten Bühels hauß.

Item ein sieden, das Hannß Gros siedet und stoßt ain halb an h[err] Conrad Mettelmans und Jörg Wunhardts sieden und anderhalb an Keckhen sieden.

Item 1/2 sieden, das Hannß Fischer südet und stost ain halb an sanct Erhardts altar in sant Cathrein sieden und anderhalb an Keken [a] sieden, das die alt Mölsin siedet.

841 / Item zwey sieden, liegen ob den Sulen, stoset an sanct Niclaus altar zu sanct Michael und Keckhen sieden.

Item ain sieden, stoset ain halb an sanct Niclaus altar zu sanct Michel und Keckhen sieden und anderhalb an das Geislin gen Frowing haus[. . .] [b].

Item zwey sieden, stosen ein halb an Frowingin [c] hauß und anderhalb an Kecken sieden, das Geyerlin sudet.

Item zway sieden, die Harlangin siedet, ligen vor Stadmans sieden hin über und stosen an der alten Mölsin hauß.

Item ein sieden, das Peter Wetzel südet, stost an die Hohen gasen und steist ain halb an Conrad Schletzen frawen hoffstatt und anderhalb an Smaltreia undt Kleiners sieden.

842 / Item ain sieden, das Rauhheintz sudet, leyt ob den Sulen und stost ein halb an sanct Lienhardts altar in der Veldnerin cappell sieden und anderhalb an Endriß von Münckheimb sieden.

Item ein sieden ob den Sulen stöst ein halb an den von Gnadental sieden, das Fögel siedet und stöst anderhalb an Hanns Dürbrechts sieden.

Item ein sieden im Geislin, das Albrecht von Rinderbach ist gewesen, und stost ein halb an der von Gnadentall sieden und anderhalb an Hanns Dürbrechts sieden.

Item v aymer sulen, die die vier maister des Haals bezahlen.

Item ein drittel an Stadtmanns zweyen sieden.

Item ein drittel an Stadtmanns zwayen hoffst[ett]en.

843 / Item iiii aymer sulen an dem sieden, das da gehört an sanct Martins altar in dem spital und stost ain halb an Conrad Sletzen frawen sieden und anderhalb an Endris von Münckheimb sieden.

Item 1/2 sieden, das Jorg Wetzel sewdet.

a) *und. übergeschr.* b) fenster? c) Frowingen *?; und. überschr.*

Abschr. HA B 654 S. 837 ff. – Üs.: Verzeugnus über sieden haalheüser und hoffstett sine dato. *Randv.:* it: voram pag. 727. – *Hv.:* vide sign. lit. R. n°. i et n°. 2 in der laden 514. – *Dat.: Erben Ludwig Seßlers (S. 839) nach WL 7104:1474. Stoltz (S. 840) = Hans Stoltz? Dann vor 1459, vgl. WL 8484.*

U 36

1462 Juni 4 (Fr v Pfingsten)

Heinrich Neuffer bekennt, daß der Streit mit seinem Vetter Klaus um das Erb an einem Sieden gütlich entschieden wurde.

19 / Ich Heinrich Nyffer, burger zu Halle, bekenne offentlich und thun kundt allermänniglich mit dießem brief, als ich biß her in spennen und zwietracht gewesen bin mit Clausen Nyfer, mynem vetter, auch burger zue Halle, antreffendt das sieden mit siner zugehörd, im Hale zwischen Clauß Stadtmans und der statt halhauß [und] sieden gelegen, daran ich meynt, daß das erb myn und myner erben sein sollt, das aber des genandten Clausen Nyfers meynung nit wer, sunder das ich kein gerechtigkeith darzu haben sollt, sein wür beidersyt durch erbar fromme lüte der spenne und zwytrecht gütlich entscheiden,

also das ich obgenander Hainrich Nyfar, die wyle und als lange ich lebe und das verdienen und vergelten mag, das sieden zu einem erbe / 20 / han und dem genanten Clausen Nyffern oder seinen erben alle jar die rechnung davon außrichten und geben sollen nach des Hals und anderer sieden recht zu j[e]der zyt als sich das zu geben gepürt. Wenn ich aber von todtes wegen abgegangen und gestorben bin, so soll dem vorgenanten Clausen Nyfern oder sinen erben das vorgeschriben sieden wider zu iren handen heymgefallen und von mir und mynen erben ledig und los sein, das sie auch hinfüro selbs sieden oder einem andern zu sieden verlyhen mögen, ohne alle irrung, intrag und widerred myner kind, myner erben und allermenniglichs von unsert wegen, in alle wege ohne geverde.

Und das alles zue wahrem uhrkundt, so han ich gebetten den erbaren vösten junckher Hannsen von Morstein zu Halle, das der sein eigen insigel gehangen hatt an diesen brief, zu / 21 / gezeugnuß, im ohn schaden. Darunter ich mich verbind undt bekenne als obgeschriben stehet. Geben am nechsten frytag vor dem heyligen pfingsttag nach unßers herrn Christi geburth vierzehen hundert und darnach in dem zwey und sechzigsten jahren.

Abschr. HA B 654 S. 19 ff. – *Üs.:* Vertrag zwischen Heinrich und Clauß Neifern gevetern wegen eines erbsiedens im Haal zwischen Claus Stadtmans und der statt haalhaus gelegen. 1462. – *Hv.:* Zu finden das original sub fascic. in dergleichen sachen in der laden 405 N°. 6 – *Reg.: UB Hall U 2420.*

U 37

1464 Februar 6 (Dorothea)

Jos Firnhaber verleiht Klaus Remlin das halbe Sieden zu Erb, das er von dessen Brüdern gekauft hat.

Ich Jos Virnhaber, burger zu Halle, bekenne und tun kunt offenlich vor allermenglich mit disem brief, das ich mit wolberatem mût und by gesampnoter hande fur mich und alle myn erben recht und redlichen gelass[e]n und vererbt han und vererbe mit disem brief Clausen Remlin, auch burger zu Halle und sinen erben myn halbs sieden mit siner zugehord, das ich umb Peter und Heinrichen die Remlin, sine brüder, erkauft han, gelegen hie zu Halle im Hale zwischen des spitals und der vom Adelberg sieden, daran derselb Claus Remlin den dritten und Claus Vogelman den vierden viertayl haben.

Also bescheidenlich, das sie dasselbe myn halbs sieden zu einem rechten erb haben und niessen sollen, alle die wyle sie das selbs mit iren henden sieden wollen und das vergelten und v[er]dinen mögen ungeverlich. Und auch also, das sie mir und mynen erben hinfüro alle jar jerlichs die rechnung davon richten und geben sollen, nemlich glich halbs uff sant Jacobs tag und den andern halbteyl uff wyhennachten, und auch eins yden jars und zyls unv[er]⟨eigerlich, gans⟩ [a] und gentzlich, on allen unsern schaden. Wa sie das nit tetten und daran sewmig weren, so haben ich und myn erben nach ydem ergangen und uberfarenden zyle, wenne wir wollen, vollen gewalt und gůt recht, uff demselben mynem halben sieden zupfenden und zuv[er]bieten nach der statt und des Hals recht hie zu Halle, on alle geverde.

Und des alles zu warem urkund und guter sicherheit so han ich gebetten den erbern und vesten junckher Hansen von Morstein, an der zyt schultheis zu Halle, das der sein eygen insigel zu gezeugkniß, im on schaden, gehangen hat an disen brief. Darunder ich mich verpind und bekenne, als obgeschriben stet. Geben an sant Dorotheen tag nach unsers heren Cristi gepurt viertzehenhundert und darnach in dem vier und sechtzigisten jaren.

a) *von alter Hd. nachgezogen; alte Hd. las:* unweigerlich; *richtig wohl urspr.:* unverzogenlich, gar

Ausf. Perg. HA U 47 – 35,5 x 14 cm; 1 abg. S – Rv.: Erbbrief uber das halb sieden – *Signn.: L. 405, n°. 2; 1292; 47 – Abschrr.: HA B 654 S. 13 ff.; Bühler 1 S. 1134 f. – Reg.: Uhland U 47, UB Hall U 2466.*

U 38

1465 August 14 (unser frawen uffart abendt)

Schultheiß Hans von Morstein bekennt, daß das Gericht zu Hall in der Klage der Heinrich Seiferheld und Heinz Firnhaber gegen Götz von Bachenstein gegen den letzteren entschieden hat.

850 / Ich Hanns von Morstein, an der zyt schultheiß zu Halle, bekennen offentlich und thun kunt allermänniglich mit diesem brief, daß uff heut datum dies briefs vor mir und dem gericht zu Halle mit erlaupten und angedingten fürsprechen in recht gestanden sein Heinrich Syfferhild und Heintz Fürnhaber einer und Gotz von Bachenstein der andern partheye.

Und liesen da die gemeldten Heinrich Syfferhild [a] und Heintz Fürnhaber reden, sie [b] wär ein sieden von Catharin Harlingin, irer schwiger seeligen, ankommen, das demselben Gotz von / 851 / Bachenstein ein vorgeldt [c] gült, des sie im gestendig und zu ime kommen weren, mit begerung, ir j[e]dem sin halbtaile zu lyhen. Hett er nicht thun wollen. Begerten sie in gütlich zu weisen oder rechtlich zue erkennen, das er ir j[e]dem sein teyle daran lyhen sollt.

Daß lies Götz von Bachenstein durch seinen fürsprecher verantwurten. Er hette sich der lyhnus nit gewidert, sonder in uff ir begehrung gütlich geantwort: Wann sie eins

a) *Anf. übergeschr.* b) *übergeschr.* c) *Randv.:* p. 563

wurden, welchem under in er lyhen sollt, wollt er gut tun, aber nicht in beyden, als er auch noch meynte, zu thun nicht pflichtig sein. Dann sollte er das sieden trennen lasen und in baiden lyhen, mocht im irrung und abbruch / 852 / siner gerechtigkeith deß vorgeldts bringen; mit begehrung, sie von solcher irer vorderung gütlich oder rechtlich zu wysen.

Dagegen ließen die obgenanten Heinrich Siferheld und Haintz Firnhaber aber reden gutermasen [f] wir vor und des mer. Als Gotz [d] von Bachenstein mainung hett, allein einem und nit in baiden zu lyhen, were frömbde, dann doch vor mahls an solchem [e] sieden zwey viertel jedes insonder, das ein bey sinem alt schwehr und das ander by siner alt schwiger erkaufet und durch sie j[e]des vierteil insonder gelyhen worden wer, nach lut zwey brief, die vor gericht gelesen wurden. Hofften sie, es solt / 853 / ditzmahls aber daby belyben und von Götz von Bachenstein ir j[e]dem das halbtail daran gelyhen werdten.

Das lies Gotz von Bachenstein aber verantwurten guter [f] maßen wie vor und des mer. Als sie sich behelfen wollten, das vormahls sonder[e] lyhnis geschehen wer, wer frembd und wisentlich, das man khein [g] gut trennen sollt noch mocht ohn des lehenherrn verwilligen. So hett er auch sein vorgeldt uf dem gantzen sieden nach lut eins briefs, der auch vor gericht verlesen ward. An dem wäre daselb sieden sydher wider in ein handt zusammen kommen und nicht mer sein verwilligt, das trennen zu lasen. Als er hoffte, das er das / 854 / nicht pflichtig war, mit urteil erkannt werden sollt.

Und als beyde teil mancherley ⟨mancherley⟩ [h] gegen wort gebraucht, Heinrich Seiferhilt und Heintz Virnhaber [i] uf meinung, so das zusammen bringen nicht durch den lehenherrn, sonder durch die kaufer gescheihen (!) wer, so mocht das die vorder gerechtigkeith nach luth ires briefs nicht demmen. Und Gotz von Bachenstein uff maynung, so sein brief das vorgeldt uff dem gantzen sieden inthielt und wider zusammen in ein handt wie vorsteet kommen, were er das zweyen zu leyhen nicht pflichtig und daruf undt mer ander wort, un/ 855 /noth thurftig zu beschreiben, die sach zu recht satzten.

Also nach rede und widerredte, verlesung der brief undt aller fürgewendten handtlung erkannten sich die richter und sprachen mit dem merern zu recht. Nachdem die brief luter in hielten, das die sieden allein durch die kaufer zu sammen kommen und durch Gotz von Bachenstein alt schwiger und schwehr seelig j[e]des virtel insonder gelihen worden, und auch Conrad Keckh, sein schwehr seilig, by der aynen vertigung in rath gesesen wer, so wäre Gotz von Bachenstein pflichtig, ir j[e]dem sein teyle insonder zue [j] lyhen.

Der urtel begehrten beyde teyl urtel brief, die inen zu geben mit urtel erkannt wurden. Darumb / 856 / und zu warer urkundt so gib ich in von gerichts wegen diesen brief besigelt mit meinem anhangend insigel. Und zu merer gezeugnuß han ich, Bartholme Gotzmann, stattschreiber zu Hall, myn insigel auch [k] hieran gehangen. Dabey waren diese richter: Michel Schletz, Hanns Gyer, Hans Ammann, Claus Nyffer, Endris von Münckheim, Eberhardt Nagel, Michel Senfft, Mathes von Rinderbach und Hans Halberg. Geben am mittwochen unser frawen uffart abendt anno etc. lxv.

d) *Anf. übergeschr.* e) *folgt gestr. einzelner Buchstabe*
f) *so Lackorn, wohl verl. für* g[e]n[ann]ter g) *übergeschr.*
h) *gestr.* i) *Anf. übergeschr.* j) *übergeschr.* k) *Anf. übergeschr.*

Abschr. HA B 654 S. 850 ff. – *Üs.:* Entschied zwischen Heintz Syferheld und Heintz Virnhabern wegen Götz von Bachenstein siedens gült. – *Hv.:* Vide sign. et L. S. sub anno 1465 in der laden 514. – *Reg.:* UB Hall U 2497.

U 39

1466 März 27 (Do n Judikentag)

Der Würzburger Domherr Gangolf Dienstmann verleiht den Brüdern Hans und Peter Geyer ein Sieden.

719 / Ich Gangolff Dienstmann, thumherr zu Würtzburg, bekhenne mit diesem briefe, das ich mit wolbedachtem muth, gutem vorrath und rechter wißen verlihen hab und verleihe in craft dies briefs Hannsen und Peter, den Geyerlin gebrüdern, siedern zu Halle, mein sieden zu Halle gelegen, bey der Sulen daselbs, das Conrad Hofmann daselbs bis her gesotten hat, daß dann an mein vicarei sanct Franciscen altar in der / 720 / Feldnerin cappellen zu Halle gehöret, das fürter zu niesen, zu haben und zu gebrauchen mit allen nutzen, rechten und zu gehörungen nach des Haals recht und gewohnhaith, ohne geverde.

Auch haben sie mir mit hand geben trewen gelobt, solch sieden in guetem wesenlichen baw zu halten, ohn mein und meiner nachkommen der ehgenanten vicarei schaden, ohn geverde, und mir oder meinen nachkommen der ehegenanten vicarei unser gült und rechnung zu geben und zu reichen an zway zihlen, nemblich halb uf sanct Jacobs tag und der ander halb theyl uf weyhennachten, ohn allen unsern schaden, als dann Haals recht undt / 721 / gebrauch ist.

Wo sie des nit thetten, so mögen ich oder wem das befohlen wirdt in solch sieden uffsagen, auch uff unserm sieden pfendten und verbieten ohn claag und ohn recht, als lang und als viel bis uns ein vollkommen gnug geschicht umb unsere schulde und allen schaden, alles ohn gevehrde. Des zu wahrem urkundt so hab ich mein insigel an diesen brief gehangen. Geben am donnerstag nach sanct Judicen tag. Nach Christi unsers lieben herrn geburth vierzehen hundert und in dem sechs und sechzigsten jahrn.

Abschr. HA B 654 S. 719 ff. – Hv.: Vide K n°. 5. in der laden 403. Junge R. B. n°. 9 f. 111. sig. e. 28 – *Reg.: UB Hall U 2536 (Pietsch datiert nach Jodokus, Judokus = 13. Dezember auf den 18. Dezember) – Dat. hier nach dem 5. Fastensonntag unter Vernachlässigung des* st. *in der U. – W. Abschr. (Hd. Lackorns): StAH 9/3 Nr. 2.*

U 40

1483 April 10 (Do n Quasimodogeniti)

Propst Peter zu Denkendorf verleiht Konrad Jörg den Denkendorf zustehenden Teil einer Salzpfanne auf Lebenszeit.

Wir Peter von Gottes gnaden probst des gotzhus Denckendorff, ordens des hailigen grabs von Jerusalem, Constantzer bistums, bekennen offenlich für uns und uns[ere] nachkomen, das wir uff dornstag nach quasimodogeniti anno etc. als man zalt achzig und trü jar verluchen habint und yetz verlichin in kraft disz briefs dem erberen und wolbeschaiden Conrat Jergen, burgern zu Halle an dem sieden unsern tail und unsere recht, so dan unserem gotzhus Denck[endorf] zü stat, das da vormals Hanns Jerg, Conrat Jergen elicher süne hant ingehebpt und von unseren vorfarnden loblicher gedachnus bestanden also und mit solichem bedingk wie hernach volget.

Des ersten, das ⟨er⟩ [a] ⟨ich⟩ [b] das sieden von ⟨inen⟩ [c] ⟨uns⟩ [d] haben und sieden sol und mag und doch nit lenger dan ⟨sein⟩ [e] des vorgenanten Conrat Jergen lebptag, die wil ⟨er⟩ [f] ⟨ich⟩ [g] lebpt. Darumb sol er uns und unseren nach komen jarlich und ains yeden jares richten ⟨und⟩ [h] geben und bezalen, doch allein zu im ⟨oder sinen erben⟩ [i] [. . .] [j] zu rechten usprocht[en] zilen, nemlich glich halbs uff sant Jacobs tag und den anderen ⟨halb⟩ [k] tail zu wichennacht. Und wanne wir unser botschaft dar umb gen Halle senden und komendt, ⟨so solle⟩ [l] solle Conrat Jerg vorg[enannt] on alles verziechen und wider red uns unser bottschaft usrichten.

Wanne aber unsere bottschaft nach vergangnen zilen von solicher verfalner gülte und rechnunge wegen lenger dan über nacht zů Halle beliben und sin mieste und on uß gericht deshalb und bezalt wurden, was sye dann darnach verzertent, den selben kosten und schaden solle Conrat Jerg gelten, usrichten und bezaln, one unser und unsers got[z]h[aus] schaden. Dar zů solle och Con[rad] Jerg unser sieden, halhaus, hofstat mit aller zu gehörde, nemlich dem biegel, dar in innen vor zitten ettlich irrung und in treg bescheen sind, alles in rechten redlich und ongevarlichen bawhalten und haben, schirmen und ⟨hanthaben⟩ [m] behalten, alles nach minem besten vermügent.

Wane aber das ist, das der vor genant Con[rad] Jerg von todes wegen abgangen ist oder uns die gult und rechnung vom sieden ains yeglichen jares und zils nit richte und gebe oder das selbig sieden, halhus, hofstat und den biegel nit in rechtem bu hielte und hant habete als ob begriffen [n] ist, welches er der ains oder mer beschäch, so solle uns und unsern nachkommen unser tail und unsere recht an den sieden mit aller zu gehörde wider von im ledig los worden und gefallen sin, also das wir [. . .] [o].

a) *über der Zeile eingef.* b) *gestr.* c) *gestr.* d) *über der Zeile eingef.*
e) *gestr.* f) *über der Zeile eingef.* g) *gestr.* h) *gestr.*
i) *Einschub am Rand* j) *unl. Wort* k) *über der Zeile eingef.* l, m) *gestr.*
n) *überschr.:* gegriffen
o) *U bricht hier ab; das zweite Blatt befindet sich nicht in dem Faszikel.*

HStASt A 480 Bü 64 – 1 Bl., Hd. der Zeit, unvollständig, Entwurf (Vorlage) für Pergament (Leihebrief und Revers) ? – Rv.: Copiae verleyhung deß Hall hauses und saltzsiedens zu Schwäbischen Hall, halb uff Jacobi und halb uff weihenachten, die gült zu richten, auch das sieden, hallhauß, hoffstatt mit aller zugehördt sampt dem biegel in rechtem baw zuerhalten *(frmd. jüng. Hd.),* Endris Kåser zu Hall *(alte Hd.); Dat. – Signn.:* Archiv Denckendorff Laden ⟨M 59. b.⟩ *(gestr.)* ytzund *(folgt unl. Wort)* 88, D. 35., 22.

U 41

1487 Juli 11 (Mi n Kilian)

Seitz Blank d. Ä. bekennt vor Gericht, daß er seinem Sohn Seitz ein Sieden auf Lebenszeit verliehen hat.

231 / Ich Fridrich Schwab, an der zeyt schultheyß zu Schwäbischen Hall, bekenn offenlich und thun kundt allermenigklich mit disem brief, das für mich komen ist zu Hall an das gerichte Seytz Blannckh der elter, burger zu Hall, und bekannt alda / 232 / vor gericht, nachdem er vorvergangner zeyt Seytzen Blannckhen, seinem sune, uff seinem heyrat tag under anderm geredt und versprochen hett, ain sieden sein leben lang um die rechnung zeleyhen, also hette er demselben seinem sune gelihen und lihe im jetzo mit gu-

tem willen, wolbedachtem synn und mut sein sieden im Hal im halhaus ob der Sulen, darinnen Hanns Büschler und Peter Grumbach auch ain sieden haben, mit allen zugehörden und rechten, das sust frey, aigen und unverkumbert were;

also und mit der beschaidenhait, das der obgemelt sein sune sollich sieden nun hinfüro sein leben lang und nit lenger inhaben, prawchen, nützen, nyessen und sieden / 233 / und ime und seinen erben davon thun und geben sollten, inmasen dann andern siedern ire sieden zu gemainer rechnung, der jar nach an zal der aymer sulen zu rechnen, zegeben gelihen werden, alles nach der statt Hall und des Hals daselbst gewohnhait und recht ungeverlich; und nemlich mit der vorbehaltnus, wann der egenannt sein sun hinfüro in kunftig zeyt mit tod abgieng und sturb, das alßdann die lehenschaft des obberrürten siedens im oder seinen erben von demselben seinem sune widerumb haimgefallen, ledig und los worden sein sollte, also das sie sollich sieden furter verleyhen möchten, wem sie wollten, one dess genannten seins suns erben und sust menigklichs irrung, inträg und widerred, auch one geverd.

Und des zu warem urkund gib ich obgenanter / 234 / schulthais disen brief von gerichts wegen mit meinem aigen anhangenden insigel versigelt. Und zu noch merer gezewgkenis han ich Jorg Seybolt, zu der zeyt statschreiber zu Hall, mein insigel auch hieran gehangen. Dabey waren dise richter Matheys von Rinderpach, Caspar Eberhart, Wilhelm Seßler, Peter Durbrecht, Hanns Büschler, Hanns Neyffer, Fridrich Schletze, Burckhart Eberhart, Eberhart Negenlin, Michael Senfft und Seytz Risp [a]. Der geben ist uf mitwochen nach sant Kylians tag, nach Cristi gepurt xiiii[c] und im sieben und achtzigsten jar.

a) *übergeschr.*

Abschr. HA B 654 S. 231 ff. – Vgl. U 57 (231–240).

U 42

1488 Januar 24 (Do n Anton)

Peter Biermann d. J. bekennt, daß ihm Stättmeister und Rat bis auf Widerruf ein halbes Sieden zu Erb verliehen haben (Revers).

Ich Petter Bierman der jùnger, burger zu Halle, bekenn offenlich und thu kunt allermennigclich mit disem brief, das die erbern und weisen stettmaister und rat der statt Halle, mein lieb herren, uff mein vleyssig bitt mir und meinen erben gelihen und verlihen haben irn halbtail an dem gantzen sieden, daran der ander halbtail mein aigen ist, im Hal uff dem Burdinmarckt gelegen, oben an der statt halhaws, neben an mein halb sieden und ain halben an der Büschler sieden stossend,

also das ich und mein erben das gemelt halb sieden nun hinfüro nutzen und sieden söllen und mögen bis uff ir widerrüffen und nit lenger, ungeferlich, auch den genanten meinen herren stettmaister und rat und allen iren nachkomen davon thun und geben söllen und wöllen, inmassen dann andern siedern ire sieden zu gemainer rechnung der jar, nach anzal der aymer suln zurechnen, zugeben gelihen werden, alles nach der statt Halle und des Hals daselbst gewonhait und recht, auch ungeferlich.

Und des zu warem urkund so han ich obgenanter Petter Bierman mit vleiss erbetten die erbern und vesten junckher Burckhart Eberharten und junckher Eberhart Negelin zu Halle, das die ire aigne insigel, doch ine und irn erben on schaden offenlich an disen brief gehangen haben, der geben ist uff donderstag nach sandt Anthonien tag nach Cristi geburt vierzehenhundert und darnach in dem achtundachtundachtzigisten (!) jaren.

Ausf. Perg. HA U 53 – 29 x 9,5 cm, 2 S – Rv.: Erbbrief Peter Bierman jung der statt siedens halb 1488 – *Signn.:* 3. B. I. C. a. 29, N. 1376 (1370?), 53 – *Abschr.: Bühler 1 S. 1145 f. – Reg.: StAH 4/141 Bl. 14; Uhland U 53.*

U 43

o. J. – 1488 (?) Dezember 15 (Mo n Lucia)

Ein einzelnes Haalstatut.

Es [1] sollen hinfuro die maister nyemand dhain sieden zu sieden zuschaiden oder sieden lassen, der bey vater oder muter in kost oder irer behawsung sey, noch auch yemand andern, der oder dieselben haben dann aigen haws oder aigen roch und wesen und wolle das furan also haben und halten. Damit man versten mög, das es uffrecht, redlich und on geverlichait zugee, ⟨actum mentags nach Lucie anno etc. lxxxviii⟩ [a].

a) *unterstr.*

1) *Randv.:* a a 12

StAH 4/1024 S. 437 (= Bl. 45) – Mit Randv. zu Redaktionszwecken. – Abschr.: StAH 4/1031 S. 11 (dort zur Dat.: forte 1488.*) – Dr.: (Matti S. 317) – Vgl. U 56.*

U 44

o. J. (wie U 43)

Einzelnes Haalstatut.

Item [1] wann geschehe, das ain außwendiger burger, so nit in der statt seßhaft were, sieden wolt, soll der nit zugelassen werden zu sieden on ains erbern ratz willen mit der maister des Hals wissen, actum ut supra.

1) *Randv.:* a a 14

StAH 4/1024 S. 438 (= Bl. 45') – Randv. zu Redaktionszwecken – Abschr.: StAH 4/1031 S. 13 (dort zur Dat.: forte 1488). *– Dr.: (Matti S. 318) – Vgl. U 56.*

U 45

1489 Januar 13 (Hilarius)

Daniel Bömlin bekennt, daß ihm der Visitator Herr Peter und Prior Jakobus Vech zu Denkendorf ein Sieden auf Lebenszeit verliehen haben (Revers).

Ich Daniel Bömlin, burger zů Swäbisch Halle bekenn offenlich und thun kúnt allermengklich mit diszem briefe, nach dem mir der erwirdig herre her Petter, von verhencknusz gottes ein [a] visitator in obern und nydern teutschen landen und Jacobus Vech, brior, für sich, ir nachkommen des gotzhawsz Denckendorff, ordens des hailigen grabs zů Jherúsalem, meine genadige herrn zù meinen handen meinen leptag langk und nicht lenger das sieden und halh[a]wsz, gelegen im Hall am Súlflùß, alle ire recht, so sie und ir gotzhawsz von rechtz wegen daran zuleyhen haben, mir gelihen.

Nemlich also, das ich in alle jar jarlichs die rechnong wie die dan von den lehen herrn der sieden jarlichs gesetzt und gemacht würt iren tail, was sich dez jarlichs gepürt, halb uff Jacobi und den and[er]n halbtail uff weyhennacht[e]n nechst darnach richt[e]n, geben und bezalen solle, eins jeden jars und zils, wan sie ir botschaft darumb gen Halle senden, on alles verziehen und widerred. Und wann wir sie, es sey zů wollichem vorgemelten zil der jar eins, die selben ir botschaft, so sie her gen Halle geschickt hetten umb ir verfallen gulten und rechnong, nicht auszrichten und sie lenger dan uber nacht zů Halle ligen müsten, was sie dann darnach verzeren, den selben kosten und schaden allen sollen ich auch auszrichten, gelten und bezalen, on allen iren schaden gentzlich ongeverde. Dar zù solle ich auch dasselb ir tail an dem sieden und halh[a]wsz mit aller zugehorde in rechtem redlichen und ungevarlichem baw halten und haben und sie auch bei dem selben sieden, halh[a]wß, hofstat und furnemlich bei dem biegelin, dar in etlich irrung und intreg bisz her gescheen seind, so ver ich das mit glimpf und recht thůn hanthaben, schyrmen und behalten nach allem meinem vermugen, alles getrewlich und on alle geverde.

Wann aber das ist, das ich obgenanter Daniel Bömlin von tods wegen abgangen bin oder das ich dasselb sieden, halh[a]wß, hofstat und biegel nit in rechtem baw hielt und hanthüb, als dann hie vor begrifen und underschayden ist, wollichs der eins geschee, dan darnach so ist dem obgedachten meinen gnadigen herrn und irem gotzhawsz ir tail und alle ire recht an dem vorgenannten sieden mit seiner zugehord ledig und losz worden und haym gefallen, also das sie das furbaszer leyhen mügen, wem sie wollen, on aller mengklichs von meinen wegen irrung, widerred und ansprach, in alle weg alle geverde und arglist hier innen gäntzlich vermitten und auszgeschloszen.

Und des zů warem urkund hab ich mein aigen insigel offenlich thün hencken an dißen briefe und dar zù mit vleisz erbetten den erbern Hannsen Bawman, auch burger zů Halle, das er sein aigen insigel, doch im und seinen erben unschedlich offenlich zů dem meinen gehangen hat, der geben ist uff sant Hilarien tag nach Cristi unsers lieben herrn gepurt tausent vierhündert achtzig und in dem neunden jare.

a) *U schreibt* vin

Ausf. Perg. StPrK D 2. 28, hier nach Foto – 33 x 21 cm, 2 S, davon 1 abg. – Rvv. (wie Sign. nach Abl. HStASt): Verleyhung der sieden gegen Daniel Bömlin, burgern in Hall, anno 1489. Im brief wie uns dan ain gült *(?)* der die pfannen bestat, gegen den unßerm geben *(?)* soll. Wie die pfannen zu ainer handt hingeliehen worden ist. Hall *(Rvv. schlecht lesb., Abl.!) – Sign.:* 19 *– Abl. HStASt J 381/49/19 (28) – Abschr.: HA A 537 (von einer not. am 30. 4. 1722 durch Petrus Andreas Vockerod, öff. Notar, begl. Abschr.) – Reg.: Oertel – Pietsch.*

U 46

1489 März 25 (Mi n Benedikt)

Äbtissin Magdalena Willingin und der Konvent von Gnadental bekennen, an Jörg Weber und Peter Biermann d. J. als Vormünder der Kinder Konz Schnitzers 6 Gulden jährlicher Gült auf einem Sieden verkauft zu haben.

Wir Magdalenen Willingin, abtissin, und wir, der gantz convent gemainlich des gotzhaws zu Gnadental, bekennen offentlich und thuen kunde allermeniklich mit disem briefe, das wir mit gutem willen, wolbedawchtlichem synne und mûte, auch zeytenlicher vorbetrachtung, sonderlichen mit gemainem ainhelligem ratte darumb gehapt, von unser und unsers gotzhawsz bessern nutz und fromen wegen fur uns und unsers gotzhawß nachkomen recht und redlich verkauft und zu kaufen gegeben haben, und geben yetzo zu kaufen, wissentlich mit urkund und in craft diz briefs, wie dann ain solicher kauf vor allen lewten, richtern und gerichten, gaistlichen und weltlichen, allerbest, handvestig kraft und macht hat, haben sol, kan und mag, den ersamen und weysen Jörigen Weber und Petter Bierman dem jungern, baid burger zu S[chwäbischen] Hall und zu den zeyten als vormundern Conntzen Schnitzers, weylund auch burger zu S[chwäbischen] Hall, seligen verlassen kindere, nemlich Jorigen, Ursula und Waltburgen, und allen iren nachkomen an der vormundschaft, auch den yetzgemelten kinden und allen iren erben vi guldin r[heinischer] gemainer landswerung jarlichs und ewigs zinß und gelts uff und usser unser und unsers gotzhawß sieden zu S[chwäbischen] Hall in der statt im Hale bey dem Sulfer thor, im halhaws, das Haintz Hawg südet, darinnen wir vormalen auch ain gantz sieden haben, das Hanns Blintzig sudet, mit allen zügehörden und rechten, das susst unverkumbert und unversetzt frey aigen ist, zu rechtem aigen und stettem ewigen kaufe, i^c^ und xx guldin r[heinischer] obgemelter werung, der wir von inen gewert und bezalt sein, genzlich und gar, und sagen die obgenanten vormunder und ire nachkomen, auch die egemelten kinder und ire erben fur uns, unser gotzhaws und nachkomen dero quit, ledig und los.

Das vorgenant sieden mit allen zugehörden und rechten wir den vilgemelten vormundern und iren nachkomen an der vormundschaft, auch den egemelten kindere und ire erben fur uns, unser gotzhaws und nachkomen zu einem rechten redlichen underpfande und in underpfandsweyse versetzen und haft machen, wissentlich hiemit und in craft diz briefs, inen die vorgemelten vi guldin r[heinischer] zinße und gelts nu hinfuro allen jare, järlich und ains yeden jars, allen und besonde[r]n allewegen uff sant Benedictus tag zu richten, zu geben und zu bezalen, yegklichs zyls und jars, zu [a] antwurten gen S[chwäbischen] Hall in die statt zu iren handen und sichern habenden gewalt [b] fur alle aucht, krieg und benne, auch fur alles verheften und verbieten, aller und yegklicher gaistlicher und weltlicher lewte, richtere und gerichte, und gemainlich fur alle ander ußzug, fund und geverde, ane furzog, ane widerrede, gar und gentzlich, ane allen iren costen und schaden.

Weliches jars und zyls aber wir, unser gotzhawß und nachkomen sewmig weren oder wurden und den vorgestympten vormundern oder iren nachkomen an der vormundschaft, auch den egemelten kindere und iren erben die egenanten vi guldin r[heini-

a–b) *Einschub am Rd.*

scher] zins und geltz nicht ußricht und bezalten uff das vorgenannt zyle, und inmaßen [c] vorbegriffen und angezaigt, das doch nit sein, noch kains wegs gescheehen sol, so haben alßdanne sie, ire erben und nachkomen und alle ire helfer darnach, wann sie wöllen, vollen gewalt und gut ergeben recht, ane gericht und ane clag, als ob sie wollen, mit gericht, gaistlichen und weltlichen, und mit clag, nach yedem ergangen und uberfarenden zyle, wann sie wollen, uns, unser gotzhaws und nachkomen darumb an dem vorgenanten irem underpfand anzugriffen, zu notten und zu pfenden, es sey mit versetzen, verkaufen oder in ander wege, wie in geliebt und eben sein wurde, ymmer als lang, vil und gnug, bis inen um alles das, so an disem briefe vor und nachgeschriben steet, ußgericht, gehalten, volfuret und entricht worden, one allen iren costen und schaden, ane geverde.

Es ist auch in disen kauf sonderlich bedingt, abgeredt und vorbehalten worden, daz wir vorgenanten, abtissin und convent des obgeschriben gotzhawß und unser nochkomen die vorgeschriben vi guldin r[heinischer] zins und geltz von den vilgemelten vormundern und iren nachkomen an der vormundschaft, auch [d] den egemelt kindre und iren erben [e] wol widerkaufen mügen, nun hinfuro, wellichs jars wir wollen, allem und besonder, uff sant Benedicten tag, mit hundert und xx gulden r[heinischer] obgemelter werung houptgutz und allewegen mit ergangen und [f] außstunden versessen und unbezalten zinßen, so vil inen der noch unbezalt ausstunde. Doch wann wir, unser gotzhaws oder nachkomen solich widerkouf also wie vorsteet thun wöllen, sollen wir es inen, iren erben und nachkomen ain viertail jars zuvorhin verkund[en] und absagen. Dagegen sie uns des widerkoufs ane widerred ver[...] [g] und [h] gestatten, und disen briefe, widerumb ane alle furwort und ußzug [i], herußzu unsern und [j] unsers gotzhaws und nachkomen handen und gewalt [k] geben sollen, getrewlich und ungeverlich.

Und des zu warem urkund und gutem [ge]zewgkniss so haben wir, obgenannte abtissin, unser abty insigel, und wir, der convent gemainlich des vorgenanten gotzhawß unsers convents insigel fur unß, unser gotzhaws und nachkomen zu vestigung aller vorgeschriben sachen offent[lich] an disen briefe gehangen. Der geben [ist] uff mitwoch nach sant Benedicten tag anno etc. lxxxix.

c) *folgt gestr.:* wie d–e) *Einschub am Rand* f) *gestr.*
g) *unl. Wort, am ehesten:* verhegungen, *möglich auch:* verlegungen, verliegungen *(vgl. zu letzteren Lesarten* Fischer, *Schwäb. Wörterbuch II, Sp. 1215, 1225)*
h) *gestr.* i) *Wortanfang unsicher gel.* j) *gestr.* k) *folgt unl. gestr. Wort*

Abschr. GHA 21, 107 – 2 Bll. – Rvv.: Copia kaufbriefs; Closter Gnadenthal verkauft zween bürgern zu Hall 6 fl. jerlichen und ewigen zinß pro 120 fl. anno 89. – *Sign.:* No. 107, schubl. 21. – *Abschr. oder Entwurf?*

U 47

1490 Dezember 13 (Mo Lucia)

Peter Gronbach bekennt vor Gericht, Seitz Blank d. J. ein halbes Sieden verkauft zu haben.

237 / Ich Fridrich Schwab an der zeyt schulthaiss zu Schwabischen Hall bekenn offenlich und thun kunt allermenigklich / 238 / mit disem brief, das für mich komen sein zu Schwabischen Hall an das gericht Peter Grumpach, burger zu Schwabischen Hall,

und gab da uff vor gericht und auch zu kaufen mit gutem willen und wolbedachtem synn und mut, auch bey gesamneter hand für sich und alle sein erben recht und redlich Seytz Blannckhen dem jüngeren, sieder, auch burger zu Schwabischen Hall, und allen seinen erben sein halbes sieden zu Schwäbischen Hall in der statt im Hal, in dem halhaws bey der Sulen gelegen, stost hinden an der stat obgenant hoffstat und an der von Adelperg halhaws, darinnen zway sieden ligen, dero das ain Peter Fogelman und das / 239 / ander der egenannt Seytz Blannckh der jung sied[en], darinnen Hannß Büschler ain halbes sieden, Seyferlin Blannckh, des obg[enannten] Seytz Blanncken vater, drew viertail ains siedens und Jorg Viernhaber ain viertail ains sieden haben, die wechsel stet und darzu ain [a)] gemain halhaws und sieden seind, mit allen zugehorden und rechten zu rechtem aigen und stetem kauf umb dreyhundert und lx gulden reinischer gemainer landswerung, der er von dem vorg[enannten] Seytz Blannkhen gewert und bezalt ist, gar und gentzlich. Es sollen und wollen auch der vorg[enannte] Peter Grumpach und seine erben dem eg[enannten] Seytz Blannckhen und allen seinen erben das obgemelt halb sieden mit allen zugehorden und rechten wie / 240 / vorgemelt ist fertigen und wehren für rechts aigen und wie aigens recht ist, one geverd.

Und des zu warem urk[und] so gib ich obge[dachter] schulth[ais] disen brief besigelt mit meinem aig[en] anhangenden insigel, und zu noch merer gezeugkniß so hab ich Jerg Seybolt, stattschr[eiber] zu Schwäbischen Hall, auch mein aigen insigel off[entlich] an disen brief gehengkht. Dabey waren dise richter Caspar Eberhardt, Peter Dürbrecht, Hanns Büschler, Jerg Schletz, Fridrich Schletz, Burckhardt Eberhard, Eberhardt Negenlin, Seytz Rispe und Hanns Buman. Der geben ist am montag sant Lucientag [b)] nach Christi gepurt tausend vierhundert und im newenzigsten jar.

a) *und. übergeschr.* b) *vgl. a)*
Abschr. HA B 654 S. 237 ff. – Vgl. U 57 (231–240).

U 48

1493 März 15 (Fr v Laetare)

Michael Senfft und Peter Dürbrecht vergleichen den Streit zwischen Jungfrau Magdalen von Bachensteins Vormündern u. a. und Konrad Dötschmann.

387 / Ich Michael Sennfft und ich Peter Dürprecht, baide zue Schwebischen Hall und von einem erbarn rath daselbs zue Schwäbischen Hall zue den hernach geschrieben sachen geordtnete taidingsmanner, bekennen offentlich und tun kundt aller meniglich mit diesem briefe, als zwischen den hernach geschrieben partheyen mit nahmen den erbarn und vösten Burckhardt Eberhardten und Conraden Keckhen, beidte zue Schwäbischen Hall, als vormunder jungfrau Magdalenen / 388 / von Bachenstein, auch der erbaren frauen Elßpeten Keckhin, Philipps von Brobach genandt von Angenloch seeligen ehelicher gelasener witiben, und Hannsen Rottermund und seinen geschwistrigten, burgere zue Halle, an einem und Conrad Dotschmann dem sieder, auch burger zue Halle, am andern theihlen irrung und spenne entstandten seindt von wegen einer erbgerechtigkeith, so der bemelte Conrad Dotschmann uff absteens seines bruder Jörg Dotschmanns an der obgemeldten jungfrauen Magdalenen von Bachenstein, auch der von Anngenlochen und der Rotermund zwayen sieden hie zue Hall an Hennslin Hennen schmiden und Mi-

chels Seckhels sieden gelegen, so Jerg Dotschmann bisher gesotten, / 389 / zue haben vermeint hat, derhalben dann alle obgemelte theil für einen erbarn rath zue Halle zue entscheid kommen seind.

Und wann aber durch einen erbarn rath zwischen den ehegemelten partheyen erkandt und entschaiden ist, das Conrad Dotschmann noch sunst niemandt an den ehegemelden zwayen sieden kein erb oder erb gerechtigkeithen hab, wie dann sollichs an ihm selbs undt ergangen, sonder den ehegemeldten vormundten der von Angenloch und Rotermunden frey undt ledig zue erkännt ist, han wür nochmahlen uf befehl ains erbarn raths zwischen den ehegemelten partheyen in der güthlichkeith gehandlet undt bethaydtingt, wie hernach folgt;

und also das der egemelte / 390 / ains erbarn raths entschaide und seiner craft bleiben und bestehen und solle Conrad Dotschmann den obgemelten vormundern, auch der von Angenloch und Rotermunden ohne verziehen außrichten und bezahlen die rechnung, was ihn der Jörg Dotschmann, sein bruder, zu thun und schuldig blieben ist. Dagegen sollen die mehrgemeldten fürmunder, auch die von Angenloch, Rotermunde die ehegerührten ihre 2 sieden Jorgen Leglern, Conrad Dotschmans dochtermann, v jahr, die nechsten nacheinander kommendt, umb die rechnung, wie die ains jeden jahrs gemacht wirdet, sieden lasen, doch also, das der egenandt Jorige Legler den vor/ 391 /-mundern, auch der von Angenloch und Rot[er]mundern die rechnung zu jederzeith, wie sich nach deß Haals recht undt herkommen gebührt, schon und erberlich entrichten undt bezahlen soll.

Wer es aber, daß er mit bezahlung der rechnung seumig und die zue ainer oder mehr zeithen nit thon würd, so haben die egemelten vormunder, auch die von Anngenloch und Rotermund zue jederzeith mogen und macht, ihme under die pfannen ze gießen und die sieden zue ihren handen zuenemmen, aber wie sich nach des Haals recht und herkommen gebührt, und dann damit zue thon und zue lasen, wie und was sie wollen, ungehindert des egemelten Jörgen Leglers und meniglichs von seinen wegen, auch unangesehen ob wohl die obbestimbten fünf jahre eins / 392 / taihls und nit gar verschienen weren.

Und wann die ehegemelten fünf jahr verschienen sein, ob er anderst die sieden mit eher bezahlung der rechnung als vorsteet so lang gesotten hett, so soll er alsbald nach ausgang derselben v jahr von den ehegemelten syeden frey und lediglich absteen. Undt dann die vormunde, auch die von Angenloch und Rotermunde, ihre nachkommen und erben aber guth mogen und macht han, dieselbs sieden zue sieden hinleyhen, auch ungehindert von Jorigen Leglern und menniglich von seinen wegen, alles ohne gefehrdt. Solch unser güthlich bedingung [a] haben alle viel gemelte tail guthwilliglich zue halten angenommen.

Undt / 393 / daruff die vormundere, auch die von Anngenloch und Rotermunde der uhrkundt undt brief begehrt, die wir in und welcher theil des begehr zue geben billich geacht. Hierumb der ding zue urkundt und guter gedechtnuß geben wür ihnen besigelt mit unsern anhangendten insigeln, doch unß und unsern erben ohne schaden, der geben ist am freytag vor dem sonntag laetare halb fasten nach Christi unsers lieben herrn geburth vierzehenhundert und im xciii jar.

a) *übergeschr.;* bedaitgung?

Abschr. HA B 735 S. 387 ff. – Üs.: Siedensvertrag zwischen der Bachensteinin vorm. etc. und Conrad Dotschmann. Anno 1493. – *Hv.:* Vide im 41ten. fach den 2ten alten acten behälter ufm cantzley boden und daselbstigen vertrag buch.

U 49

1494 Juni 21 (undecimo calendis mensis Julii) *u. a.*

Verzeichnisse der Siedensberechtigten und Inhaber von Hofstätten im Haal, die zu den Kosten des großen Suhlenbaus herangezogen wurden.

(Erstes Verzeichnis: Die Sieder mit Angabe ihrer Eigentumsherren, Siedrechte und Beiträge für den Suhlenbau)

347 / Hierinnen von wem wie viel sieden gesotten, auch hoffstetten genosen, was davon an den sulnbawe zegeben gepürdt, wird ausgetruckht. 1494 et 1496.

Halspfleger syeden von einem erbern rath xx sieden, geben ii^{c} gulden – aber vom spital ii gantz sieden, geben xx gulden – aber von Jorg Müllers 1/2 sieden, geben v gulden – aber von Vlrich Rorhmenin 1/2 sieden, geben v gulden – aber von Mathis von Rinderbachs kindern 1/2 sieden, geben v gulden – aber von herrn Seyfrid Rotermund und seinen geschwistrigten 1/2 sieden, geben v gulden – summa totalis ii^{c}xl gulden.

348 / Die außgeber richten aus von einer alten hoffstat dem spital i 1/2 gulden, geyt ii ort – aber von Hundts halhauß ii gulden, geit i lib. – aber von Lunkhenbachs[a)] hofstatt dem spital iiii gulden vi ß., geit i gulden xii ß. – aber von Hanns Jorigen hofstatt dem spital xv ß., git v ß. – summa totalis ii gulden i lib. ii ß.

Vlrich Vogelman seyd von Bartholme Büschlerin i gantz sieden, geit x gulden – aber von Clausen Vogelmans saligen verlasen kinde 1/2 sieden, geit v gulden – aber von Claus Hoffmans kind vormunder 1/2 sieden, geit v gulden – / 349 / aber hat er ein hoffstatt von Contz Büschler, gibt im darauß iii gulden, geit i gulden – aber i hoffstatt von Hanns Büschlern, gibt er auß ii gulden, geit i lib. helr. – aber eine hoffstatt Bartholome Büschlerin, gibt ir daraus ii gulden, geit i lib. helr. – aber von Clas Vogelmans verlasen kind ein hoffstatt, gyt daraus iii gulden, geit i gulden – summa totalis thut xxiii gulden x ß.

Gilg Kohler sewd von Hanns Büschlern i sieden, gyt x gulden – aber von Bartholme Büschlerin ein sieden, geit x gulden – aber ein hoffstatt von Hanns Büschlern, gibt im daraus ii gulden ii ort, geit i lib. heller v ß. – summa total xx gulden i lib. h. v ß.

350 / Marti Helbling sewt von der Syderin 1/2 sieden, gyt v gulden – von Gilg Sennfften i viertel, gyt ii gulden ii ort – aber von Mathis von Rinderbachs kind i vrtl., gyt ii gulden ii ort – aber von einem erbern rath ein sieden, geyt x gulden – summa totalis xx gulden.

Der[b)] Berchtold Helbling sewt von Jorigen Virnhabern i drittel ains sieden, geit iii gulden x ß. – aber von Heinrich Virnhabern i dritel eins sieden, geit iii gulden x ß. – aber von Conrad Vogelman i drittel ains sieden, geyt iii gulden x ß. – aber von der Syderin xii aymer, geit vi gulden – / 351 / aber von sant Maria Magdalena altar viii eymer, geyt iiii gulden – aber ain hoffstatt von Hainrich Virnhabern, davon geit er im jars iiii gulden i lib., geyt xlvi ß. viii heller – suma totalis xxi guldin xvi ß. viii heller.

Claus Mayer sewt von einem erbern ratt i sieden, geit x gulden – aber von ein erb. ratt iiii eymer, geit ii gulden – aber von herrn Peter Baber ⟨zwo sulen⟩[c)] xiii eymer, geit vi gulden ii ort – aber von seine stiefkinden iii eymer, geit i gulden ii ort – aber ein hoffstatt von / 352 / Virnhabern und Conrad Vogelman, darvon geyt er jars v gul-

a) *lies:* Luckhenbach, *vgl. unten (392)* b) *gestr.* c) *verschr.:* zw *(zu)* Sulm, *vgl. (417 Nr. 76)*

den, geyt i gulden i lib. – aber er neust auch zum beysitz von wegen seiner stiefkind i guldin ii ort viiii ß. vi heller stet gelts, geut ii ort iii ß. ii heller – summa totalis xxii guldin viii ß. ii heller.

Wilhelm Blintzig sewt von Michel Seckell iii virtel eins siedens, geyt vii gulden ii ort – aber von Hanns Amans saligen verlaßen kind i vrtl. eins sieden, geyt ii gulden ii ort – aber ime Blintzigen 1/2 sieden, da von geut er jars Hannß Stadtmann vii guldin / 353 / und Hanns Bawman iii guldin zins gildt, geyt v gulden – aber von Peter Biermann dem alten i vrtl. i sieden, geyt ii guldin ii ort – aber von Eckhardi 1/2 viertel sieden, geyt i gulden vii ß. vi heller – aber von Hanns Blintzigen 1/2 virtel sieden, geit i gulden vii ß. vi heller [d)] – aber ein hoffstatt von Hans Stadman, geyt im jars daraus vi gulden, geit ii gulden – summa total. xxii gulden.

Jorig Laegler sewt von jung fraw Magdalen von Bachenstein i sieden, geyt x guldin – aber von Angellochin 1/2 sieden, geit v gulden / 354 / – aber von Rotermunds saligen verlasen kinde 1/2 sieden, geyt v gulden – summa totalis xx gulden.

Seyttz Blanckh der jung sewt von Hanns Büschlern 1/2 sieden, geyt v gulden – aber ime Blannckhen 1/2 sieden, geit v gulden – aber von Seitz Blannckhen dem alten iii v[i]rtel sieden, geit vii gulden ii ort – aber von Jerg Virnhabern i vrtl. sieden, geit ii gulden ii ort – aber ein hoffstatt von dem alten Seitz Blanckhen, seynem vatter, geit im jars daraus i gulden iii ort, / 355 / dieselb hoffstat gilt Peter von Rinderbachs kinden ii ß. heller herrn gült, geyt xvii 1/2 ß. ii heller [e)] – totalis summa xx gulden ii ort ii 1/2 ß.

Jorig Seyferhilt sewt von Conradt Büschlern i sieden, geyt x gulden – aber von Claus Vogelmann 1/2 sieden, geyt v gulden – aber ime Seyfferhelden 1/2 sieden, geyt davon Wendel Verbern ii gulden ii ort zyns gült, geyt v gulden – aber ein hoffstatt von Conrad Büschlern und Hanns Neyffern, da geit er inen jars aus vi gulden i ort, geyt ii gulden ii ß. vi heller – total. summa xxii gulden ii ß. vi heller.

356 / Claiß Stadtman sewt von einem erbern rath 1/2 sieden, geyt v guldin – aber von den herrn von Adelberg 1/2 sieden, geyt v gulden – aber von herrn Hannsen von Gronbach, ertzpriester ze Würtzburg, gehört an sant Erharts altar zu sant Catharein hye zu Halle, i sieden, geyt x guldin – aber ein hoffstatt von einem erbern rath, daraus geyt er iii gulden ii ort, geit i gulden v ß. – summa total. xxi gulden v ß.

Slostein sewt von herrn zum Adelberg ii sieden, geit xx gulden / 357 / – aber ein hoffstatt von Wilhelm Seslern, geyt im jars darauß x guldin, geit iii gulden x ß. – totalis summa xxiii gulden x ß.

Sebold Halburg sewt von Conrad Vogelman 1/2 sieden, geit v guldin – aber von Heinrich Virnhabern 1/2 sieden, geit v guldin – aber von Hanns Craußen iii viertel sieden, geyt vii guldin ii ort – aber von Kamerer und Keydmann, vormunder Hanns Molsen sailigen tochter, i vrtl. sieden, geyt ii gulden ii ort / 358 / – aber ein hoffstatt von Crausen und den itzgedachten vormundern, geyt jars daraus iiii gulden, geyt i gulden x ß. – aber ein hoffstatt von Conrad Vogelmann und Heinrich Virnhabern, geyt er jars daraus i gulden ii ort, geut ii ort – aber ein hoffstatt von Heinrich Virnhabern, geit er jars auß iiii gulden, geit i gulden x ß. – aber ein hoffstatt, gilt dem spital xviiii d., die selbige hoffstatt neust er selbst, angeschlagen umb ii gulden, geit i lib. heller – summa totalis xxiii gulden iii ort ii ß. vi heller.

d) vii ?, *und. übergeschr.* e) i 1/2 ?

359 / Hannß Wetzel sewt von Gilg Sennfften 1/2 sieden, geyt v gulden – aber von Hanns Rinderbach 1/2 sieden, geyt v gulden – aber von der Syderin den ailften tayl eins sieden, thut xviii eimer und i drittel ains aymers, geyt viiii gulden v ß. – aber von dem Rormüller an der Or den zwolften tail, thut i aymer und zwey drittel eins aymers, geut ii ort x ß. – aber ein hoffstatt von Gilg Sennfften und Hannsen von Rinderbach, daraus geyt jars vii guldin ii ort, geyt ii gulden ii ort – aber gibt er den itzgedachten in baiden von einer statt im halhaus i gulden ii ort, geit ii ort – summa total. [f] xxiii gulden.

360 / Peter Biermann jung sewt von dem spittal ii sieden, geyt xx gulden – aber etlich hoffstatt von Conrad Vogelmann, Jorigen Seyfferheld und Hanns Clotzen, daraus geyt er inen jars vii gulden ii ort, geut ii gulden ii ort – *summa total xxii gulden iii ort iii ß. x heller – *aber gyt Peter Biermann i gulden i ß. vi heller und fünf hoffschülben, angeschlagen für i gulden iiii ß., von der cappellen herrn wegen, gyt xi ß. iiii heller von diser gült.

361 / Jorg Ulrichin, die man y[tzt] nempt Kupferschmidin, sewt von Hanns Merstat i 1/2 sieden, geyt xv gulden – aber von herrn Bernhardt Vogelman 1/2 sieden, geyt v gulden – aber ein hoffstatt von alten Biermann und Conrad Vogelmann, geit in jars darauß xi gulden, geit iii gulden i lib. hel. – aber von einer statt im halhauß, geyt sye Hans Merstat davon i gulden ii ort, geit ii ort – summa xxiiii gulden v ß.

Heintz Botz der alt sewt von herrn Jorig Widmann, gehort an sant Ottilien altar im spital, i sieden, geit x gulden / 362 / – aber von Angellochin 1/2 sieden, geyt v gulden – aber von dem alten Peter Biermann 1/2 sieden, geyt v gulden – aber ein hoffstatt im Judenhoff von den Rinderbachen, daraus geyt er in jars ii guldin i ort, soll i vrtl. des hoffs sein, geyt i lb. hell[e]r ii ß. vi heller – summa totalis xx gulden 3 ort.

Michel Seybot sewt von Hermann Mangoltin 1/2 sieden, geyt v gulden – aber von Michel Haugen i viertel sieden, geit ii gulden ii ort / 363 / – aber von Seitz Blanncken dem jungen, geyt daraus iii gulden, geyt i gulden – summa totalis xxi gulden – aber von den herrn ze Camberg viii eymer, geyt iiii gulden – aber ein halb hoffstatt von Hermann Manngolden, i vrtl. von Michel Hawgen und i vrtl. von Seytz Blancken dem jungen, geyt daraus iii gulden, geyt i gulden – summa totalis xxi gulden.

Wagen Seyfferlin sewt von den erwürdigen frawen von Gnadental ii gantz sieden, geit xx gulden – summa totalis xx gulden.

364 / Cleynhanß Blest sewt von Merstats kinde 1/2 sieden, geit v gulden – aber von Hanns Merstat 1/2 sieden, geit v gulden – aber von Heinrich Virnhabern i vrtl. sieden, geit ii gulden ii ort – aber von Jorg Virnhabern 1/2 sieden, geit v gulden – aber ime Clein hannsen i vrtl. sieden, geit ii gulden ii ort – aber ein hoffstatt von Conrad Vogelmann, Heinrich und Jörg Virnhabern, geut jars daraus v gulden x ß., geut i gulden iii ort x heller – summa totalis xxi gulden iii ort x heller.

365 / Contz Totschmann sewt von Peter Gronbachs saligen verlasen wytibin i gantz sieden, geyt x gulden – aber von Willhalm Ammans saligen kind iii vrtl. sieden, geyt vii gulden ii ort – aber von Lienhard Huser 1/2 vrtl., geit i gulden i ort – aber von Hanns Wackermann 1/2 vrtl., geit i gulden i ort – aber ein hoffstatt von Peter Gronbachs saligen verlasen witibin, gibt jars daraus viiii guldin, gyt iii gulden – totalis summa xxiii gulden.

f) *unterstr.*

Jorig Müller sewt von einem erbarn rate ii gantze sieden, geyt xx gulden / 366 / – aber neust er ein hoffstatt, ist sein aigen, angeschlagen umb v gulden ii ort, gyt i gulden iii ort ii ß. vi heller – summa totalis xxi guldin iii ort ii ß. vi heller.

Peter Vogelmann, den man nempt Botz, sewt von dem spital i gantz sieden, gyt x gulden – aber von Herman Mangolten 1/2 sieden, gyt v gulden – aber von Peter Cammerer i vrt. sieden, güt ii gulden ii ort – aber von Jacob Rosnageln i vrtl. sieden, gyt ii gulden ii ort – summa totalis xx gulden.

367 / Hannß Reytze sewt von dem spital i 1/2 sieden, geit xv gulden – aber von Peter von Rinderbachs saligen verlasen kind 1/2 sieden, geit v gulden – aber ein hoffstatt, neust er selbst, angeschlagen umb iii gulden ii ort, geit i gulden v ß. – aber ein hoffstatt von Matthis von Rinderbachs kind, geyt jars darauß ii guldin i ort, geyt iii ort – totalis summa xxi guldin iii ort v ß.

Jorig Ulrich sewt von herr Hannß Kewschen, gehört an der heyligen drey konig altare, i gants sieden, geyt x guldin – aber von dem spytal i gantz sieden, geyt x gulden – aber eine hoffstatt von / 368 / Hannß Merstats kinden vormundern, geyt jars drauß vi gulden, geit ii gulden – summa total. xxii gulden.

Claws Vogelmann sewt von den bruder Barfüßer ordens ii gantz sieden, geyt xx gulden – aber ein hoffstatt vom alten Biermann und Conrad Vogelmann, geyt in jars darauß viii gulden, geyt ii gulden ii ort v ß. – aber ein hoffstatt von Ulrich von Münckheim, geyt im jars darauß vii gulden, geit ii gulden x ß. – summa totalis [g)] xxv gulden.

369 / Thomantz Botz sewt von Michael Sennfften, dem stetmaister, 1/2 sieden, geyt v gülden – aber von Conrad Stechern 1/2 sieden, geyt v gulden – aber von Hannsen Crausen [h)] 1/2 sieden, geyt v gulden – aber von Heinrich Veierabeth [h)] 1/2 sieden, gyt v gulden – aber ein hoffstatt bey dem Sulferthor, daran der halbtail sein und der ander halbtail Lorentz Brünlin ist, angeschlagen umb v gulden, gyt i gulden ii ort v ß. – totalis summa xxi gulden ii ort v ß.

Hanns Geyr sewt von Clais Stadtmann 1/2 sieden, gyt v gulden / 370 / – aber von Michel Seckeln 1/2 sieden, gyt v gulden – aber von dem spytal i gantz sieden, gyt x gulden – aber ein hoffstatt neust er, ist sein, angeschlagen umb iii gulden, gyt i gulden – aber ein hoffstatt von Pauls Windenmachern, geyt jars darauß iii gulden, gyt i gulden – summa totalis xxii gulden.

Hannß Botz sewt von Peter Biermann dem jungen 1/2 sieden, gyt v gulden – aber von dem alten Peter Biermann i vrtl., geyt ii gulden ii ort – aber von Heinrich Virnhabern i virtel, geit ii gulden ii ort – summa total. x gulden.

371 / Daniel Bömlin sewt von Hannß Stadtmann 1/2 sieden mig[...] ein halbs achtel, gyt iiii gulden xi ß. iii heller – aber von Conrad [i)] Stechern 1/2 sieden mig[...] *(= minger, minder?)* eins halbteil achtel, gyt iiii gulden xi ß. iii heller – aber von Michel Seckelnn i achtel eins sieden, gyt i gulden i ort – aber ein hoffstatt von Pauls Windenmachern, geyt im jars daraus viii gulden, geyt ii gulden ii ort v ß. – summa totalis xii gulden i lib.

Hannß Wenger sewt von dem brobst zu Denckendorf iiii fünftel eins siedens, gyt viii gulden / 372 / – aber von Gilg Sennfften i fünftel eins siedens, gyt ii gulden – summa total. x gulden.

Hannß Sneyder, genant Zoller, vide infra n°. ii. fol. 396, von Wilhalm Ammans saligen verlasen kind 1/2 sieden, gyt v gulden – aber von Merstats kind vormundern i vir-

g) *unterstr.* h) *Randv.:* fol. 27 i) *und. übergeschr.*

tel eins sieden, gyt ii gulden ii ort – aber von Angenlochin i virtel sieden, gyt ii gulden ii ort – summa total. x gulden.

Vlrich Ulmer sewt von städtmeister Michel Senfften i gantz sieden, gyt x gulden – sum. tot. x gulden.

373 / Bastion Vogelman, genant Botz etc., sewt von Hanns Stadtmann i gantz sieden, gyt x gulden – aber ein hoffstatt von dem alten Stadtmann, geyt im jars darauß viii guldin, gyt ii gulden ii ort v ß. – summa total. xii gulden i lib.

Vtz Pfum sewt von Heinrich Virnhabern 1/2 sieden, gyt v gulden – aber von Peter Camerer i viertel, gyt ii gulden ii ort – aber von Hanns Clotzen i virtel, gyt ii gulden ii ort – aber ein hoffstatt von Heinrich Virnhabern, geyt jars darauß viii gulden, gyt ii gulden ii ort v ß. – summ. tot. xii gulden i lib.

374 / Hannß Her sewt von Seitz Blannckhen seynem schwehr 1/2 sieden, gyt v gulden – aber von Hanns Merstatt 1/2 sieden, gyt v gulden – aber von einer alten hoffstatt im halhaws, geit er jars darauß den Barfüser herrn i lib. heller vi ß. viii heller – summa totalis x gulden vi ß. viii heller.

Ludwig Blintzig sewt von herr Jacob Dierberg und gehört in der Veldner cappellen an sant Lienharts altar i gantz sieden, gyt x guldin – summa totalis x gulden.

375 / Peter Ocker sewt von einem erbern ratt 1/2 sieden, gyt v gulden – aber von dem jungen Peter Biermann 1/2 sieden, gült i gulden i ß. vi heller und fünf hoffschülben, gyt iiii gulden xviii ß. viii heller – aber von einem erbern ratt ein hoffstatt, geut in jars darauß iii gulden, gyt i gulden – summa totalis x gulden ii ort iii ß. viii heller.

Jos Stübner sewt von Conrad Keckhen 1/2 sieden, gyt v gulden – aber von Lynhard Wetzeln 1/2 sieden, gyt v gulden – aber ein hoffstatt von Lienhard Wetzeln, geyt im daraus jars vi guldin, geyt ii gulden – summa tot. xii gulden.

376 / Peter von Berg sewt von herr Rappolt, vicari zu Würtzburg, gehörd an sant Niclaus altar in der pfarr, 1/2 sieden, gyt v gulden – aber von Cuntz Rabn genant Vahinger 1/2 sieden, gyt v gulden – summa totalis x gulden.

Michel Halburg sewt von Michel Seckeln i dritel sieden, geyt iii gulden x ß. – aber von Hanns Stadtmann i dritel sieden, gyt iii guldin x ß. – aber von Sebold Halburg i drittel sieden, gyt iii gulden x ß. – aber ein hoffstatt von Sebold Halburg, geyt im jars daraus iii gulden, geit i gulden – summa tot. xi gulden.

377 / Burckhard Botz sewt von Conrad Büschlern i gantz sieden, gilt dem cappell herrn iii lb. ii ß. vi heller x st. hoffschülben, geit viiii gulden i ort – aber von einer alten stat im halhauß, geit er jars Conrad Büschlern von i gülden, gyt x ß. – aber ein hoffstatt von Hanns Stadman, geyt jars drauß ii gulden, gyt i lib. – item des cappelherrn gült iii lb. ii ß. vi heller und x hoffschulben, geit iii ort – summa totalis xi gulden.

Ernfrid Müller sewt von Conrad Keckhen 1/2 sieden, geit v gulden – aber von Leonhard Wetzel 1/2 sieden, gyt v gulden / 378/ – aber ein hoffstatt von Burckhardt Eberharden, gewt im jars auß vi guldin, geyt ii guldin – summa totalis xii gulden.

Contz Blintzig sewt von Martino Siedern, gehört in der Veldner cappeln an ein altar, i gantz sieden, gyt x gulden – summa totalis x gulden.

Thoman Ulmer sewt von Hanns Neyffern iii vrtl. siden, gyt vii gulden ii ort – aber von Peter Biermann dem alten i vrtl., geit ii gulden ii ort – aber von Hanns Neyffern ein hoffstatt, geyt im jars darauß iii gulden, geit i gulden – sum: tot. xi gulden.

379 / Hannß Hubhayntz jung sewt von herr Hanns Keuschen, gehörd an der hayligen drey könig altar, i gantz sieden, geyt x gulden – summa totalis x gulden.

Peter Bruder sewt von den frawen von Gnadenthall i gantz sieden, gyt x gulden – summa total. x gulden.

Hannß Blintzig sewt von den frawen von Gnadentall i gantz sieden, geyt x gulden – summa total. x gulden.

Lauten Claß sewt von herr Mathis Kind, gehörn in spital an sant Martins altar iiii fünftel ains siedens, geit viii gulden – aber von einem / 380 / erbern ratt ein fünfteil eins siedens, geiit ii gulden – summa total. x gulden.

Hannß Keßler sewt von Contzelmännin i 1/2 virtel sieden, gyt iii gulden iii ort – aber von Michel Haugen i 1/2 viertel sieden, gyt iii gulden iii ort – aber von Caspar Gutenbergern i vrtl. sieden, gyt ii gulden ii ort – aber ein hoffstat von Contzelmann und Michel Haugen, geyt im jars darauß vi gulden, güt ii gulden – summa totalis xii guldin.

381 / Heintz Botz jung sewt vom apt zum Adelberg i gantz sieden, geyt x gulden – summa total[is] x gulden.

Clar Wengerin sewt von Burckhart Eberhardt i drittel sieden, gyt 3 gulden x ß. – aber von Bartholome Büschlerin ii dritel sieden, gyt vi gulden i lib. – aber ein hoffstatt von Kleinhanns Blesten, geit im jars daraus v gulden, geit i gulden ii ort iiii ß[.] ii h. – summa totalis xi fl. ii ort iiii ß. ii hlr.

Berchtold Wetzlin sewt von herr Jacob Lierstein, gehorn an sant Leonharts altar in der Veldner cappellen ii dritel sieden, geit vi gulden i lib. h. / 382 / – aber von Martino Siedern, gehörd an sant Franciscen altar der gedachten cappell i drittel, gyt iii gulden x ß. – aber ein hoffstat von Hannß Büschlern, geit jars darauß ii gulden i ort, geyt iii ort – summa x gulden iii ort.

Hubhaintz sewt von Hanns Merstat i sieden, gyt x gülden – summa totalis x gulden.

Contz Koch sewt von Hanns Neyffern i sieden, gyt x gulden – summa totalis x gulden.

Heintz Haug seut von den frawen von Gnadenthall i gantz sieden, gyt x gulden – summa tot. x gulden.

383 / Hannß Horneckh sewt vom spital i gantz sieden, gyt x gulden – aber von einem hoffstätle neben dem halhauß, geyt er einem ratt davon i 1/2 gulden, gyt ii ort – summa totalis x gulden ii ort.

Lorentz Breünlin sewt vom spital i gantz sieden, gilt an sant Niclas j) altar in der pfar v lib., gyt i gulden xx d., git x gulden – aber ein hoffstatt von den Rinderbachen im Juden hoff, geit jars darauß ii gulden i ort, geit iii ort – summa totalis x gulden iii ort.

Contz Beyschlag sewt vom spital i gantz sieden, geit x gulden – aber ein hoffstatt von den / 384 / Rinderbach im Juden hoff, geit jars darauß ii gulden i ort, geit iii ort – summa totalis x gulden iii ort.

Jung Contz Tötschmann sewt von Wilhelm Seslern i gantz sieden, gyt x gulden – aber ein hoffstatt von Conrad Vogelmann, geit jars darauß iii gulden i ort, gyt i guldin ii ß vi hlr. – summa xi guldin ii ß. vi hlr.

j) *gestr.:* Vlrichs

Hannß Reuter sewt von den frawen von Gnadental i gantz sieden, geyt x gulden – summa totalis x gulden.

385 / Summa summarum der i^c xi sieden ertragen in goldt xi^c x gulden.

Summa summarum der hoffstetten ertragen an gold etc. lxxvii gulden i ort xiii schilling vi heller.

Thut an einer summa xi^c lxxxvii gulden i ort xiii schilling vi hlr.

386 / Item es sind im boden des Hals von sieden i^c xi sieden. Jedes sieden nach gemeinem lauf der jar angeschlagen umb vi^c gulden. Auf jedes gesetzt x gulden. – Tut xi^c x gulden.

Item an hoffstetten im Hal, darauß jars zu gült geben würt, auch an aigen hoffstetten, so jeder selbs neüst, tut an einer summ gült ii^c xxxvii guldin ii 1/2 ort vi lib. xi ß. ii heller. – Tut zu gold ii^c xlii guldin mynder i hlr.

Item diese ii^cxlii gulden mynder i hlr. angeschlagen genant gült je fünf gulden gült für hundert gulden hauptgut. / 387 / Tut an einer summ hauptguts iiii^m viii^c xl gulden mynder i heller.

Diese summ haubtguts von hoffstetten zu gült zuh *(! lies:* sich*)* zu sieden zeucht, je ein sieden für vi^c guldin angeschlagen, tunt viii gantz sieden.

Auf jedes angeschlagen wie vor anzaigt ist x guldin, tut lxxx guldin.

So bliben noch xl guldin haubtguts, den gepiret nach dem anschlag i lb. hlr., das ist je von einem gulden gült x ß.

Sag der anschlag von sieden und hoffstetten tut an einer summ i^m i^c lxxxx gulden i lb.

(Zweites Verzeichnis: auswärtige Berechtigte)

388 / Außerhalb der statt. 1494.

Diese nachgeschriben seind des sulbaws halben uff montag vor Bonifaci anno etc. lxxxxiiii [1)] erschinen uff dem newen rathauß in der grosen stuben:

Der dechant zu Camberg und mit im her Jorig, pfarrer zu Erlach. – Von des apts zum Adelberg wegen der pfarherr zu Kürnberg. – Der prior von Denckhendorff. – Von herr Hanns Keuschen wegen meyster Conradt Rotter und herr Jacob, caplan in der Schuppach. – Von wegen der aptissin zu Gnadental ir schultheiß, der sich des handels uff hinder sich bringen syne [k)] gnadigen / 389 / frawen beladen hat. – Herr Jorg Widman in eigner person. – Von herr Bartholme von der Ker wegen herr Hanns Gutjar, der sich der sachen auf hindersich bringen angenommen und beladen hat. – Der Gardion in aigener persohn, mit im seiner brüder ayner. – Schulmeister (!) Heinrich Sieder in eigener persohn von seines suns wegen. – Herr Bernhard Vogelmann in eigner persohn. – Herr Seyffrid Rottermund in eigner persohn. Diese hernach gemelte sind nit erschinen, auch ihrn vicari kein befelch geben. – Her Mathis Kind – Herr Jacob Dierberg – Herr Lorenz Rappold, vicarius zu Würtzburg – Die Rormüller an der Or – Herr Hanns von Gronbach.

(Drittes Verzeichnis: die Eigentumsherrn mit Angabe der Sieder und Siedrechte)

390 / 1. Ein erber rat hat im Hal. – Martin Helbling sewt ein gantz sieden. – Jorig Müller sewt ii gantz sieden. – Claus Mayer sewt ein gantz sieden und iiii aymer. – Claus Stadtmann sewt 1/2 siden. – Peter Ocker 1/2 sieden. – Lauten Claus ein fünfteil

k) *und. übergeschr.*

eins sieden, das ist iiii aymer. – So sieden die Haal pfleger xx gantz sieden. – So hat man von hoffstetten: Claus Stadman geit iii gulden ii ort. aus einer hofstat. – Hanns Horneckh i 1/2 guldin aus einer hoffstat. / 391 / – Peter Ocker geit aus einer hoffstatt iii gulden.

[2.] Das spittal. – Peter Biermann jung sewt ii sieden. – Peter Vogelmann, den [man] nempt Botz, i sieden. – Hannß Reutzi seut i 1/2 sieden. – Jorig Ulrich seut i sieden. – Hannß Geyr sewt i sieden. – Hanns Horneckh sewt i sieden. – Lorenz Breunlin seit i sieden. – Contz Beyschlag seut i sieden. – Pfleger der statt des Hals ii sieden. – / 392 / Gültn, so der spital hat. – Sebold Halberg geut von einer hoffstatt iii ß. ii hlr. – Peter Biermann von einer hoffstat ii ß. – Aber geit Jorg Müller von seinem halben sieden jahrs v gülden zinßguldt. – Aber ein stat in Heinrich Müllers halhauß, da geben im die ausgeber i 1/2 gulden – aber von Hunds halhauß ii gulden – aber von Luckhenbachs [l)] hoffstat iiii gulden vi ß. – aber von Hannß Jorigen hoffstatt xv ß.

393 / 3. Michel Senfft hat 1/2 sieden, sewt Thuma Botz. – Aber i gantz sieden sewt Ulrich Vlmer.

4. Gilg Senfft hat 1/2 sieden, sewt Hannß Wetzel. – Hat i vrtl., sewt Marti Helbling. – Hat i fünftel eins sieden, sewt ist 4 aymer Hans Wenger. – Er von einer stat im halhauß zu zinß iii ort. – Aber von einer hoffstatt, so Hanns Wetzel innen hat, iii gulden iii ort. – Er aber v gulden zinß gült uff Märtin Helblings virtel eins sieden.

5. Burckhard Eberhardt hat ein dritteil eins siedens, seut Clar Fritzin. – Mer i hoffstatt, geut Hanns Müller aus vi gulden.

394 / 6. Hannß von Rinderbach hat 1/2 sieden, sewt Hanns Wetzel. – Mer ein hoffstatt, neußt Hanns Wetzel auß iii guldin iii ort. – Mer von einer stat im halhaus iii ort.

7. Conrad Keckh hat 1/2 sieden, sewt Jos Stüber. – Mer 1/2 sieden, sewt Hanß Miller.

8. Hannß Sieders sailigen verlasen witwen hat 1/2 sieden, sewt Martin Helbli[n]g. – Mer xii aymer, sewt Berchtold Helbling. – Mer xi tail an einem sieden, sewt Hannß Wezel; die tunt xvi 1/2 aymer und v 1/2 drittail an zway aymern. – Der zwölfttail ist d[er] Rormüller / 395 / in der Ör, alß hernach kompt bi den ußwendigen.

9. Mathis von Rinderbachs sailigen verlasen kind haben 1/2 sieden, sieden pfleg[er] – mer i vrtl., sewt Martin Helbling. – Mer hoffstett im Judenhoff: Heintz Botz geit ii gulden i ort, Hans Reitze geit ii gulden i ort, Laurentz [m)] Brünle ii gulden i ort, Beislag ii gulden i ort.

10. Peter von Rinderbachs sailigen kind haben 1/2 sieden, sewt Hannß Reitzin – mer ii ß. gült uf Seitz Blanckh hoffstatt. – Mer geben im die ausgeber von einer hofstatt, so die haalpfleger brauchen, iii gulden.

11. Angellochin hat 1/2 sieden, sewt Jorg Legler / 396 / – mer 1/2 sieden, sewt Heintz Botz alt – mer i viertel eins sieden, sewt Hanns Schneider, genant Zoller. vide supra fol. 373.

12. Jungfraw Magdalen von Bachenstein hat i gantz sieden, sewt Jorig Legler.

13. Hannß Neyfer hat i gantz sieden, sewt Contz Koch – aber iii vrtl. sewt Thomma Vlmer. [n)] – Er hett i hoffstatt, geit Thoma Vlmer auß iii guldin. – Aber i hoffstatt, geit Jorg Seyferhilt auß iii gulden 1/2 ort.

l) Luckenbachs *M* m) *und. übergeschr.* n) *übergeschr.*

14. Hanns Merstatt hat i 1/2 sieden, sewt Kupferschmiidin [o] / 397 / – mer 1/2 sieden, sewt Klein Hannß [p] – mer 1/2 sieden, sewt Hanß Herle – mer i sieden, sewt Hubhaintz alt. – Er hat auser einer öden statt im Hal, geit Kupferschmidin auß i 1/2 gulden.

15. Hannß Merstats kind vormünder haben 1/2 sieden, sewt Cleinhanns. – Mer i virtel, sewt Hannß Zoller. – Ein hoffstat, geit Jorig Ulrich auß vi guldin.

16. Hanns Büschler hat i gantz sieden, seit Gilg Kohler – mer 1/2 sieden, sewt Seitz Blannckh. – Er hat i hoffstatt, geit Ulrich Vogelmann auß ii gulden. – Er hat aber ein hoffstatt, geit Berch[t]old Wetzlin aus ii gulden.

398 / 17. Conrad Büschler hat i sieden, sewt Jorig Seyferheld. – Aber i sieden, sewt Burckhart Botz. – Er hat ein hofstat, geit Vlrich Vogelmann aus iii gulden. – Aber i hoffstatt, geit Jorig Seüferheld auß iii gulden 1/2 ort. – Aber hett er ein alte statt in Burckh[ard] Botzen halhauß, git im daraus i gulden.

18. Barthlome Büschlerin hat i sieden, sewt Vlrich Vogelmann. – Aber ein sieden, sewt Gilg Köhler. – Mer ii drittel eins sieden, sewt Clar Fritzin. – Sie hat ein hoffstatt, geit Vlrich Vogelman aus ii gulden.

399 / 19. Wilhalm Amma[n]s seiligen verlasen kindt vormünder haben iii vrtl. eins sieden, sewt alt Contz Totzmann [q]. – Aber 1/2 sieden, sewt Hannß Schneyder. – Aber i vrtl., sewt Wilhelm Blintzig.

20. Wilham Seßler hat ein gantz sieden, sewt der jung Contz Totzmann. – Mer het er ein hoffstat, geit im Jorg Slostein auß all jar x gulden. – Mer geben im die außgeber von wegen der pfleeger zu Hall von einer hoffstatt iii gulden.

21. Hanns Stadman hat i gantz sieden, sewt Basti [r] Botz. / 400 / – Aber viiii [s] aymer und i vrtl. eins aymers, das Daniel Brünlin sewt. – Item aber i viertel, sieden pfleeger. – Mer i drittel eins sieden, sewt Michel Halburg. – Er aber ein hofstatt, git Wilhelm Plintzig auß vi guldin. – Er aber ein hoffstatt, geit Burckhart Botz ii gulden auß. – Er aber ein hoffstatt, geit Bastian Botz aus viii gulden. – Er aber vii gulden zinß gült uff Wilham Plintzigs halb sieden.

22. Peter Kamerer hat i vrtl. eins siedens, sewt Petter Vogelman genant Botz. – Aber i vrtl. eins siedens sewt Utz Pfüm.

401 / 23. Alt Peter Biermann hat 1/2 sieden, sewt alt Heintz Botz. – Aber i vrtl. seit Wilham Plintzig. – Aber i vrtl. sewt Hanns Botz. – Aber i vrtl. sewt Thoma Vlmer. – Er hat ein hoffstat, geit Jorig Vlrich auß v 1/2 gulden. – Er aber ein hofstatt, geit Clas Vogelmann auß iiii gulden.

24. Peter Biermann jung hat 1/2 sieden, sewt Hans Botz. – Er aber 1/2 sieden, sewt Peter Ocker.

25. Margret Molsin vormunder haben i vrtl., das sewt Sebold Halburg.

402 / 26. Herr Bernhard Vogelmann [t] hat ein halbs sieden, das sewt Jorig Vlrich [u].

27. Clauß Vogelmann hat ein halbs sieden, das sewt Jorig Seüferheld. – Er geit daraus Heinrich Berlern v gulden jars zu zins güld.

28. Jorig Seyferhilt hat ein halbs sieden, sewt er selbs. – Er hat ein hoffstatt, geit im Peter Biermann jung darauß [v] ii gulden i 1/2 ort. – Er geit auser seinem halben sieden jars Wendel Farbern ii guldin ii ort zinß gült.

o) Jörig Ulrichin *M* p) Blest *M* q) *und. übergeschr.* r) Bastion *M* s) viii 1/2 *M*
t) *Randv. M:* vid. sulenbaucosten de anno 1494 fol. 47 L. 397, da er unter den geistlichen geschrieben steht! – *Im Text in Kl.:* Forte Priester
u) Ulrichin? *M* v) jars auß *M* – *L überschreibt Wortanfang mit:* jars.

403 / 29. Conrad Vogelmann hat ein halbs sieden, sewt Sebold Halberg [w]. – Aber xii aymer sewt Michel Seybot. – Aber i drittail eins siedens sewt Berchtold Helbling. – Er hat ein hofstat, geit Sebold Halberg aus i gulden ii ort. – Aber ein hoffstatt, geit jung Biermann awß ii guldin i 1/2 ort. – Aber ein hofstat, geit Jorig Ulrich aus v gulden ii ort. – Aber ein hoffstatt, geit im Claus Vogelman, sein bruder, aus iiii gulden. – Aber ein hofstatt, geit im jung Contz Totzman aus iii guldin i ort.

30. Jorig Virnhaber hat ein halbs sieden, sewt Klein Hanß Blest Büxenmeister. – Aber ein drittail eins / 404 / sieden sewt Berchtold Helbling. – Aber i vrtl. eines sieden sewt Seitz Blanckh.

31. Heintz Virnhaber hat 1/2 sieden, sewt Sebolt Halburg. – Aber ein halbs sieden sewt Vtz Pfüm. – Aber i drittel eins sieden sewt Berchtold Helbling. – Aber i vrtl. sewt Cleinhanns Büchsenmayster. – Aber i vrtl. sewt Hans Botz. – Er hat ein hoffstat, geit Sebold Halberg auß i gulden ii ort. – Aber ein hoffstat, geit aber Sebold Halberg aus iiii gulden. – Aber ein hoffstat, geit im Vtz Pfüm aus viii guldin. – Er hat aber viiii ß., geben im die ausgeber auser einer hofstat.

405 / 32. Er aber und Jörg, sein bruder, und Conrad Vogelmann haben ein hoffstatt, geit Berchtholt Helbling aus iiii gulden i lb. – Ein hoffstatt, geit Clauß Mayer auß x gulden x ß. – Aber ein hoffstatt, geit Clein Hanß [x] Buchsenmayster auß v gulden x ß.

33. Clausz Vogelmans sailigen verlaßen jungen kind haben [ein] halbs sieden, sewt Vlrich Vogelmann. – Mer auser einer hoffstatt ii gulden, geut im [y] Vlrich Vogelmann.

34. Claus Hoffmanns kind – sie haben ein halbs sieden, das sewt Vlrich Vogelmann.

406 / 35. Michel Seckhel hat iii vrtl., die sewt Wilhelm Blintzig. – Er aber 1/2 sieden, sewt Hannß Geyer. – Er aber i dryttail eins sieden, sewt Michel Halburg. – Er aber i achtthail eins sieden, sewt Daniel Bömlin, ist ii 1/2 aymer.

36. Contz Stecher hat 1/2 sieden, sewt Thomma Botz. – Mer viii 1/2 aymer und i vrtl. eins aymers, sewt Daniel Bömlin.

37. Hannß Krauß hat 1/2 sieden, sewt Thoma Botz. – Er aber iii vrtl., sewt Sebold Halburg. – Er aber ein hoffstatt, geit Sebold Halburg auß iiii gulden.

407 / 38. Sebold Halburg hat i drittail eins sieden, sewt Michel Halburg, sein sun. – Er hat ein hoffstat, geit Michel, sein sun, darauß ii guldin. – Er hat aber ein hoffstatt, die newst er selbs, ii gulden darauß.

39. Peter Gronbachs verlasen witib hat i sieden, sewt der alt Contz Totsmann. – Aber ein hoffstatt, geit ir Contz Totsmann alt viiii gulden auß.

40. Lienhard Wetzel hat 1/2 sieden, sewt Jos Stuber [z]. – Aber 1/2 sieden, sewt Hanns Müller. – Er hat aber ein hoffstatt, geit im Joß Stüber aus vi gulden.

408 / 41. Hannß Clotz hat i virtel, sewt Vtz Pfüm. – Ein hoffstatt, geit im Peter Biermann jars auß ii gulden i 1/2 ort.

42. Claus Stadman hat 1/2 sieden, sewt Hanns Geyer.

43. Hermann Mangoltin hat 1/2 sieden, sewt Peter Botz. – Aber 1/2 sieden sewt Michel Seybot. – Mer 1/2 hoffstatt, geit ir Michel Seybot aus i 1/2 gulden.

44. Herr Seybot Rottermund und seine geschwisterigt haben 1/2 sieden, sewt Jorig Lagler. – Aber 1/2 sieden sieden die halpfleger.

w) Halburg *M* x) (Blest) *M* y) geut er *M* z) Stübner *M*

409 / 45. Contz Raben, genant Vahinger, hat 1/2 sieden, das sewt Peter vom Berg.

46. Wilhalm Plintzig hat 1/2 sieden, sewt er selbs. – Geit Hanns Stadmann daraus vii gulden zins gült. – Aber geit er daraus Hannsen Bawmann iii guldin zinß gült.

47. Seitz Blanck der alt hat iii vrtl. eins sieden, sewt sein sun. – Aber 1/2 sieden sewt Herle [a)], sein tochtermann. – Er hat ein hoffstatt, geit im sein [sun] [b)] jars auß i gulden iii ort.

48. Seitz Blanck jung hat 1/2 sieden, sewt er selbs. – Aber / 410 / i viertel an einem sieden, das sewt Michel Seybot. – Er aber i virtel an einer hoffstat, geit Michel Seybot auß iii ort.

49. Michel Hawg hat i 1/2 virtel eins sieden, sewt Hannß Keßler. – Er aber i virtel eins sieden, sewt Michel Seybot. – Aber i virtel einer hofstatt, geit Michel Seybot aus iii ort. – Aber ein hoffstatt, geit im Hanns Kesler daraus iii gulden.

50. Contzelmann hat i 1/2 virtel, sewt Hanß Kesler. – Aber ein hoffstatt, geit ir Hanns Kesler aus iii gulden.

411 / 51. Caspar Guttenberg hat i viertel eins sieden; das sewt Hanns Kesler.

52. Jorig Müller hat 1/2 sieden, sieden die pfleger der statt des Haals. – Er hat ein aige[n] hoffstat, die newst er selbs; er vermaynt, das man nit mer dann v gulden ii ort darauß geb. – Er geit von seinem halben sieden dem spital v guldin zinß gült ale jar.

53. Clein Hans Plest hat i viertel eins sieden. – Mer ein hoffstatt, geit im Clar Fritzin auß iii jar xiiii gulden iii ort. – Er geit aus seinem viertel des siedens Heinrich Berlern v gulden zinß gildt.

412 / 54. Jacob Roßnagel hat i viertel, den sewt Peter Botz, genant Vogelmann.

55. Marti Helbling hat i virtel sieden, [sieden] die halpfleg[er]. – Er geit darauß v guldin zinß gült Gilig Senfften.

56. Claus Mayers stiffkind haben iii aymer eines sieden. – Mer i 1/2 guldin von einer stat. – Mer viiii ß. vi hlr., daran hat Claß Mayer den beysitz [c)].

57. Hannß Eckhart hat 1/2 viertel eins sieden, seit Wilham Plintzig.

413 / 58. Hannß Plintzig hat 1/2 viertel, das sewt Wilham Plintzig.

59. Lienhard Flurhay hat 1/2 viertel, sewet Contz Totsmann alt.

60. Hannß Wackermann hat 1/2 viertel, sewt Contz Tötsman der alt.

61. Rormannin [d)] hat 1/2 sieden, sieden die halpfleger der statt.

62. Heintz Veyerabet 1/2 sieden, sewt Thoma Botz.

63. Altaristen. Herr Hannß von Gronbach, ertzpriester zu Würtzburg, i gantz sieden, gehört an sant Erharts altar zu sant Chatharina, das sewt Claus Stadmann.

414 / 64. Her Mathis Kind hat xvi aymer eins sieden, gehorn an sant Marti[n]s altar in dem spital, die sewt Lauten Claus.

65. Her Hannß Kewszch hat ii sieden, gehörn bayde an der hayligen drey kunig altar in der pfarr zu sant Michel; das ein sewt Jorig Ulrich, das ander Huebheintz der jung.

66. Her Jorig Widman hat i gantz sieden, gehört an sant Ottilien altar im spittal, das sewt Heintz Botz der alt. – Er hat aber i guldin gült auser Reitzis hoffstatt.

67. Herr Jacob Dierberg hat i gantz sieden und ii drittail eins sieden, ge/ 415 / hörn an sant Lienharts altar in der Veldner cappellen; das gantz sieden sewt Ludle [e)] Plintzig, die ii dritel sewt Berchtold Wetzel.

a) (Hans) Herle *M* b) *M* c) Mayer der pryster *M (verlesen)* d) Ulerich *M*
e) Ludw[ig] *M*

68. Her Larentz Ropolt, vicari uf dem Hohenstift zu Würtzburg hat $1/2$ sieden, gehört an sant Niclaus altar in der pfarr zu sant Michel, sewt Peter vom Berg.

69. Her Bartholme von Deccker [f] hat viii [g] aymer eines siedens, das sewt Berchtold Helbling, und gehorn an sant Maria Magdalena altar in der pfarr zu sant Michel.

70. Martinus Sieder hat i gantz sieden und ein drittail eins siedens, gehören an sant Franciscen altar in der Veldner cappellen. / 416 / Das gantz sieden sewt Contz Plintzig, das drittel sewt Berchtold Wetzlin.

71. Die Barfüeszer herrn zu Halle haben ii gantze sieden. Die sewt Claus Vogelmann. – Aber haben sie v ß. herrngült uff Biermans hoffstatt. – Mer i lb. hlr. von einer stat im halhawß, da Herlin in [h] sewt.

72. Außerhalb der stat. Der apt zum Adelberg hat iii $1/2$ sieden. Der sewt ii Jorig Schlostein, ains Heintz [i] Botz jung, das halb sewt Claus Stadmann.

73. Der brobst zu Denckendorff hat xvi aymer eins siedens, sewt Hans Wenger.

417 / 74. Der brobst zu Camberg hat viii aymer eins siedens, sewt Michel Seyboth.

75. Aptiszin zu Gnadental haben ii sieden, sewt Wage[n] Seyferlin. – i sieden, sewt Peter Bruder. – i sieden, sewt Hans Blintzig. – i sieden, sewt Hans [j] Haug. – i sieden, sewt Reiter Hans.

76. Her Peter Babers zu Sulm erben haben xiii aymer, sewt Claus Mayer [k].

77. Die Rormüller an der Ŏr haben ein zwolftail eins sieden, die sewt Hanns Wetzel, das ist i $1/2$ aymer und $1/2$ drittail eins aymers.

418 / Diese hernach haben hoffstetten und nichts an sieden. – Vlrich von Münckheim hat ein hofstatt. Geit Clas Vogelmann auß vii guldin. – Paulus Windenmacher hat ein hoffstatt. Geit im Daniel Bomlin aus viii guldin. – Er hat aber ein hoffstatt, geit im Hans Geyer aus jars iii gulden. – Lorentz Breünle hat ein hoffstatt, geit im Thoma Botz auß jars ii gulden ii ort. – Hannß Geir hat ein hoffstat, die neust er selbs. Da geit er auser einem gegenteil iii gulden, acht er sein tail auch dafür. – Hannß Reitzi hat ein / 419 / hofstat, neust er selbs, hat er, e dann ers kauft, daraus iii $1/2$ guldin geben. – Thoman Botz hat ein hoffstat, die newst er selbs. Er git aus dem gegentail ii $1/2$ gulden. Acht er sein theil auch also.

Die, so gültn und zinßgeld auf den sieden haben und sunst nichts im boden. – Cappellher in Schöntaler hoff hat i gulden i ß. vi hlr. uff Peter Biermans [l] halbs sieden und fünf hoffschülben. / 420 / – Aber auf Büschlers [m] sieden, so Burckhart Botz sewdet, x hofschülben und iii lb. ii ß. vi hlr. – Her Hanß Gutjar [n] hat ii ß. hlr. uf Biermans hoffstatt. – Hannß Bauman hat iii guldin jarlicher zinß gült uff Wilhalm Plintzigs halben sieden. – Heinrich Berler. Er hat uff Clein Hans Blesten viertel eins siedens v gulden. – Er hat aber v gulden zinß gült uff Clas Vogelmans halben sieden. – Wendel Ferber hat uff Jörg Seufferhelts halben sieden ii gulden ii ort zins gült.

f) *übergeschr., lies:* von der Ker, *vgl. oben (351, 389), unten Fn. n.*
g) vii $1/2$ *M* h) *und. übergeschr.* i) *überschr.:* Heinrich j) Heintz *M*
k) *Zusatz M:* Wird Peter Bäber, priester zu Neckarsulm syn.
l) jung *M* m) Conr[at] *M*
n) *Randv. M:* Im nahmen herrn Bartholmes von der Ker ist anno 1494 erschienen Hans Gut Jar, vide sulenbaucosten fol. 47 L. 397.

(Viertes Verzeichnis: die Erbberechtigten)

421 / Hernach die so erb und wie die erb daran haben.

1. Martin Helbling sagt, er hab ein erb an dem sieden, so die pfleeger sieden; daran Math[i]s von Rinderbachs kind i halbtail, Stadman der alt i vrtl. und er selbs i vrtl. haben, darauß er Gilg Sennfften v gulden zins gült geit. Er sewt da wider ein sieden, ist der stat.

2. Seitz Blanck jung hat ein erb an dem sieden, so er von seinem vatter iii vrtl. sewt und Jorg Virnhabern i virtel sein leben langk.

3. Peter Bierman o) sewt ii sieden. Daran haben er, die Vogelmann, Heintz Virnhaber und Jorig Seyferhilt das erb und ist in verbrieft. / 422 / – Er, Petter Biermann, hat ein erb an dem sieden, so Peter Ocker sewt. – Aber hat Peter Bierman und seine schwäger das erb an baiden sieden, so Claus Vogelmann sewt.

4. Wagenseyferlin und seine geschwistrigt haben ein erb an baiden sieden, so er sewt.

5. Cleinhanns Blest hat ein erb an dem sieden, daran Jorig Virnhaber i halbs sieden, Haintz Virnhaber und er jeder ein viertel haben.

6. Conrad Totsmann p) hat ein erb, ist im von Gronbachen zugesagt, an dem sieden, so er von Gronbachs q) sailigen verlasner wittib sewt.

423 / 7. Jorig Müller hat ein erb an dem sieden, so die pfleger sieden uff dem Bürdenmarckht, daran die Rottermund i halbs und das ander halb tail sein ist.

8. Hanns Reitz sewt i 1/2 sieden von dem spittal uff der pfleeger oder spitalmeisters widerruffen.

9. Thoman Botz sagt, an dem sieden, so er von stetmeister Michel Senfften und Stechern r) siet, hab er sein leben lang ein erb.

10. Hanns Geyr hat ein erb an dem sieden, so er von Michel Seckel und Claus Stadman sewt. – An dem sieden, so er von dem spittal sewt, so lang bis uff der pfleger oder spitalmeister widerruffen.

424 / 11. Daniel Brünlin s) hat ein erb sein leben langk an dem sieden, so Hanns Wenger sewt, von der brobst zu Denckendorff.

12. Ulrich Ulmer hat das sieden, so er vom stetmaister Michel Sennfft sewt, seiner mutter leben lang zu sieden.

13. Hanns Herle hat seins weibs leben lanck von seinem schweher Seitz Blancken das zu sieden, dem das vererbt ist.

14. Ludwig Plintzigs sieden, so er sewt, ist Heintzen, Hansen Kollern und Hansen Schmids frawen vererbt.

15. Jos Stubners sieden / 425 / ist Melcher Vahingers frawen seiner stieftochter vererbt.

16. Burckhart Botz sewt ein sieden von Contz Büschlern, das selb ist seiner haußfrauen und iren geschwistrigten vererbt.

17. Ernfrid Müller sewt ein sieden von Conrad Kecken und Lienhart Wetzeln. Das ist ime und seinen geschwistrigten vererbt.

18. Contz Blintzig sewt ein sieden von Martinus Siedern. Das ist vererbt Hansen Geyern, Hanns Keslern und Rauten t).

19. Thoman Vlmer sewt ein sieden von Hanns Neyfern, das ist im sein leben lang vererbt.

o) jung *M* p) forte alt *M* q) Peter *M* r) Conz *M* s) Bomlin *M*
t) Rautlin *M*, *Randv.*: ad n. 18. Ob nicht Heinrich Sieder, schulmeister, des Martini, gewes. clerici, vatter war? Weilen er anno 1494 vor sein sun erschienen ist, v. sulenbaucosten L. 397 fol. 48.

426 / 20. Habheintz der jung sewt ein sieden, das ist seinem swager Michel Seybot vererbt.

21. Peter Bruder sewt ein sieden von der aptissin von Gnadental. Ist der Vrlamacherin vererbt.

22. Hanns Blintzig sewt ein sieden von der aptissin von Gnadental, daran het er ein erb.

23. Lautenclaus sewt ein sieden von her Mathie Kind, daran hat er und Büehel Hanns [u)], sein schwager, ein erb.

24. Habheintz alt sewt ein sieden von Merstat [v)], daran hat er sein leben lang ein erb.

427 / 25. Heintz Haug sewt ein sieden von der aptissin von Gnadental, daran haben die Blintzig das erb.

26. Hanns Horneckh sewt ein sieden vom spital, sewt das uf der pfleger oder spitalmeisters widerrufen.

27. Lorenz Brünle sewt ein sieden vom spital, sewt das uff der pfleger oder spitalmeisters widerrufen.

28. Contz Beyschlag sewt ein sieden vom spital, sewt das uf der pfleger oder spitalmeisters widerrufen.

29. Jung Contz Totsmann seit ain sieden von Wilham Seßlern, daran hat / 428 / er im ein erb zu gesagt.

30. Hanns Reütter [w)] sewt ein sieden von der aptissin von Gnadental, daran er das erb hat.

u) Barthelmes *M (verlesen)* v) Hans *M* w) *übergeschr.*

1) *1494 Juni 2*

Abschr. HA B 654 S. 347 ff. – Randv. S. 347: Datum undecimo calend[is] mensis Julii sub anno incarnationis Christi millesimo quadringintesimo nonagentesimo quarto etc. Vide fol. 837 no. 159 sine dato dergl. specificat. et fol. 727 de anno 1584 nº. 136. – *Hv. S. 428:* Nª. vide sub actis vom sulnbaw ein büchle in folio halb gebrochen *(? überschr.)* geschriben in der laden 397 in pergam: deckhe geheft. – *W. Abschr. (nur Teil): HA B 656 S. 123 ff., Hv.: Vgl. Fnn. t zu (402), n zu (420), t zu (425). – L gliedert mit Absätzen und Hervorhebung der Namen; hier aus Platzgründen mit Bindestrichen zu laufendem Text verbunden.*

U 50

1495 Juli 10 (freytag sant Vlrichs tag nechst verschinen) / *August 12 (Mi n Lorenz)*

Das Gericht spricht den Kindern des Ehrenfried Müller ein Erb an einem Sieden zu, um das sie von Konrad Keck und Lienhart Wetzel verklagt wurden.

675 / Ich Friderich Schwab, an der zeith schulthaiß zu Schwäbischen Hall, bekenn offentlich undt thun kundt allermeniglich mit dießem briefe, daß uff freytag sant Vlrichs tag nechst verschinen für mich und das gericht zu Schwäbischen Hall mit erlaubten und zu recht angedingten fürsprechen in recht kommen und gestanden sindt der erbar und vöste Conrad Keckh und Lienhard Wetzel, der schuhmacher, burger zu Schwäbischen Hall, als clägere an einem, und Jörg Müller und Jerg Hutmacher, beede / 676 / auch burgere zu Hall und vormündere Ehrnfrid Müllers weylund bürgers zu Hall seeligen gelaßener ehelicher kinder, und mit ine Hanns Erenfridt Müller und Hanns Geyer der jung, des vorgenanten Erenfrid Müllers seeligen ehelicher sohn und tochtermann alß antworter am andern theyl.

Und liesen die genanten Conrad Keckh und Lienhardt Wetzel in recht clagsweyse fürbringen die mainung, wie der genant Hanns Erenfridt Müller etlich zeith her ain sieden von ihne gesotten. Nun hett er es mit bezahlung der rechnung und anderm gegen ine also gehalten, daß ine nit gelegen wär, ime das lenger zu lasen, und hätten im solch sieden zu / 677 / rechter zeith uffgekündt, er sich des aber bißer nit wollen entschlagen; des sie sich zu im nit hetten versehen. Dieweil er dann güetlich davon nit steen wöllt, baten und begehrten sie, mit recht zu erkennen, das er davon abstund und sie daran unverhindert und ungeirrt ließ.

Das verantworten die obgenanten vormunder, auch Hanns Ernfrid Müller und Hanns Geyer in recht der mainung, sie befrembdte solch clag der wider parthey nit wenig, auch nit unbillig, als man hören wurd. Und es hette die gestalt: Der Müller eltern hätten vor langen zeithen ein sieden gehabt im Hall, das jetzo die wider parthey inhett, und hetten das zu kaufen gegeben dem alten Keckhen, dies Keckhen vatter seeligen, und an demselben sieden in solchem khauf inen ausgedingt und vor/ 678 /behalten ain erb, daß ine auch von deselben Keckhen vatter also gewilligt und zugesagt wer. Das erb an solchem sieden hätten ir eltern und sie seither allweeg innengehabt, genoßen und gebraucht, auch darauf das sieden in wesen und baw uff ihr selbs costen ohne der herrn schaden gehabt und gehalten, alß dann des Haals recht ausweiße. Dann so sie kain erb daran gehabt, hetten sie das bey irem ayd laut des Haals recht nit dörfen bawen oder in wesen halten, also daß ine die wider parthey das sieden aus gemeldten ursachen und gerechtigkaith ires erb rechts nit uff zusagen hätten.

Zu dem, alß der alt Ernfrid Müller, ir vatter seeligen, mit todt wer abgangen, were[n] sie zu Conrad Keckhen und Peter Grumbachen, der / 679 / desmahls Wetzels sieden ingehabt hett, khommen, hetten ine zu erkhennen geben, das sie ain erb ahn solchem sieden hetten, wollten auch das annemmen und sich des unter ziehen. Das hetten sie ine auch zu gelasen und bekent. Des halben sie solcher klag noch mehr befrembdens trügen und verwunderten. Und ob sie dann kain erb daran hetten, des sie doch keines weges gestünden, so weren sie ine doch kain rechnung noch sonst ichzit hinderstelligs schuldig; in getrawen, es sollt mit recht erkandt werden, das die wider parthey von irer forderung absteen und sie an ihrem erb ungeengt und ungeirrt lasen sollten.

Dawider die klägere g[e]n[ann]termaß [a)] wie vor und besonder der antworter angezeigten vermainten behelfs halb des erbs, so / 680 / ire eltern im verkauf des siedens ine vorbehalten han sollten, des weiter, daß sie den anwortern gantz kains erbs gestünden. Gestunden auch der red und wort, so die antworter mit ime Conradt Keckhen und Peter Gronbachen seeligen gethan haben sollten gantz nicht, hetten auch der kein wißen, darumb sie solch anzaigen merckhlich befrembdet, dann es weren nichts dann blose wort. Aber kurtz zur sach zu greifen, so geben sie zu erkhennen, hie in dieser statt wer ein gemecht und herkommen, wurd auch also gehalten, welcher oder welche uff ain sieden ain erbe verlihen, das der oder dieselben darumb brieflich urkundt und schein darlegen sollten. Hetten sie solch / 681 / brieflich urkundt und schein, als sie dem gemächt nach dieser statt billich haben, so sollten sie die darlegen. So sie aber nit darlegten, getrawten sie, es wurd mit ine alß mit andern gehalten. Das aber verer zu versteen wer, das die antworter kain erb an ihrem sieden hätten, so legten sie in recht drey pergennener (!) besiegelter brief, wie und welcher maßen die sieden verkauft worden wären, und baten

a) gutermaß?

die zu verlesen, das alsbald geschah. Und lauten dieselben brief von worten zu worten wie hernach geschriben steet und also ...

Es folgen / 681–692 / drei Kaufbriefabschriften im Wortlaut. Aussteller ist jeweils Schultheiß Konrad Senfft: (1) 1454 Mai 8 – Mi n So Misericordia – Vor Gericht gab Henslin Müllerin *(sic! Lies:* Müller*)* Conrad Keckhen *ein Viertel an dem Sieden im Haalhaus neben seines Bruders Heinrich Müllers Sieden zu kaufen. Der Käufer hat vorher schon ein Viertel von Henslin Müller gekauft. Die andere Siedenshälfte gehört Caspar* Eberhardts seeligen kindt. *Mitverkauft wird die Hälfte der Hofstatt vor dem Haalhaus; die andere Hälfte gehört dem Bruder Heinrich Müller. Es wird verkauft* zu rechtem aigen und stetten kauf *um 315 rh. fl. Der Verkäufer und seine Erben sollen* fertigen und wehren für rechts aigen und alß aigens recht ist. *– (2) 1454 März 21 – Benedikt – Dieselben Parteien. Im selben Haalhaus wird ein viertel Sieden* zu rechtem aigen und steten kauf *um 160 rh. fl. verkauft. – (3) 1456 Oktober 6 – Mi n Michael – Heinrich Müller gibt vor Gericht* Casparlin Eberhardten ... in vormundtschaftweyse *Heinrich Eberhardt und Konrad Keck ein halbes Sieden zu kaufen. Die andere Hälfte hat er Konrad Keck auch zu kaufen gegeben. Es liegt im Haal beim Stegtürlein* gegen der schmidten über *in dem Haalhaus neben dem Sieden, an dem* Casparlin Eberhardt *und Konrad Keck je ein halbes Sieden haben. Verkauft wird weiter die halbe Hofstatt, siehe (1). Kaufpreis: 450 rh. fl.*

692 / ... und nach verlesung solcher brief liesen sie reden, auser denen wäre gnugsam gehört und verstanden, das ihre eltern dieß sieden erkauft hätten für aigen. Wa nun der antworter eltern ine ain erb vorbehalten hätten, so wurdt daß in khauf brieven billich angezaigt. Aber dero brief kainer thet kain meldung von kainem erb und wa sie ein erb daran sollten han, so stundt im brief dasselb aigentlich ausgesundert, dieweil es aber die brief nit anzaigten, / 693 / sonder das sieden für rechts aigen inhielten, so wer der antworter fürgeben für blos und ungegründet zu achten.

Als sie dann melden, sie wären in der rechnung nichts schuldig und bezahlten schon, darzu sagten sie, die verzugig bezahlung und das gezenckh, so sie mit Hanns Ernfriden Müller darumb hetten müsen haben, ursachte sie, das sie im solch sieden lenger nit wollten laßen, sie würden dann des mit recht schuldig, des sie nit verhofften. Darumb auß [b] dem allem wollten sie hoffen und getrauen allermas wie vor.

Dagegen die antworter auch g[e]n[ann]termas [c] wie vor und des mehr: Wiewol die cläger ine / 694 / nit gestunden, das ir eltern das erb hetten ausgedingt und vorbehalten, sagten sie doch zu demselben wie vor, sie hetten ine des ausgedingt. So hetten auch Conradt Keckh und Peter Grumbach seeliger das auch zu geben und gewilligt. Item zu der zeit, als Caspar Eberhardt, der zu gegen ses, Petter Grumbachs seeligen theil dennach gehabt, were uff ain zaith Hainrich Müllers seeligen hausfraw zue ihme kommen und hett in des erbs am sieden erinnert. Der hett auch gesagt, so es die mainung wär, wollt er sie davon auch nit treiben. Bey dem zu/ 695 /versteen, das ir fürgeben nit blos oder ungegründt wär.

Das sie aber brief umb ihr erb sollten darlegen, als solches ein gemächte in dieser statt solt sein etc., darzu sagten sie also: Es wer gar ein lang zeith, das ire eltern dies sieden mit grund und boden hätten ingehabt und dem alten Keckhen und Caspar Eberhar-

b) *überschr.* c) *S. (a).*

den zu kaufen gegeben. So wär dies neulich gemacht und gesetzt, welchem ein erb zu gelasen wurd, das er darumb brief nemmen sollt. Wer es aber zu der zeith, da ihr eltern daß sieden verkauft hetten, ain gesetz und gemächte gewest, ohn zweifel, sie hätten den brief nit dahinden gelasen. / 696 / Das sie dann ihre kaufbrief dargelegt hätten, in mainung, darumb das dieselben das erb mit innen hielten, sollten sie darumb kain erb haben etc., das trug nichtzig uff im. Dann ob ainer ain sieden kauft, als die gethon hetten, und liese aim ain erb daran, und nichts desto minder das sieden für aigen setzen, das geb kain verletzung am aigenthumb, zu voran nach dem es die cläger und ire vordern selbs nit südten. Wann auch einer, der das erb hätte, nit bezahlte, so hett der herr macht, ihm underzegießen nach des Haals recht.

Aber sie hätten, als man / 697 / vorgehört hett, guth anzaigen darwider. Nemblich die zusagen ine beschehen und sonderlich ain zu sagen, so Conrad Keckh dem jungen Hannß Geyern bey Mathes von Rinderbach seeligen hauß gethon hette. Item daß grund und boden erb und aigen irer eltern gewest wer, das sie dies sieden seiter des verkhaufs in iren handen und under ine gesotten, das lang jahr und zeith wer, das sie auch das sieden uff ir selbs costen ohne der herrn schaden allweg von alter in wesen und paw gehalten und merckhlich schwehr bew an haalheusern und anderm volbracht. Und wa sie kain erb daran gehabt, hetten die herren / 698 / solches nit gelitten oder so die herren das hetten gedult, so müesten sie, die antworter und ire eltern, mainaidt sein, nachdem ainicher, der mit [d)] ain erb an aim sieden hätte, kainerley an demselben sieden pawen bedörft, bey seinem geschwohrnen ayd, so er darumb thun must nach gewohnhaith des Haals. Deßhalben und wa die ingelegten brief in dem fall etwas wider sie sein sollten, des sie nit verhofften, so hetten sie doch darwider die obbemelten ursachen und das lang herkommen.

Aus dem allem und so sie den clägern an rechnung nichts schuldig weren und gern / 699 / sich als arm leuth mit ihne nehren und thun wollten, das sie schuldig waren, mainten sie, die cläger sollten ihne nit so hart sein und sich bey ihn nehren laßen und ansehen, wa sie gleich jetzo vom erb wehren getrungen, daß sie andern solch sieden zu sieden zustellen wurden und nit selbs südten, wöllten auch nochmahls sich getrösten, die cläger stünden güetlich davon. Wa das aber jhe nit sein wollt, getrawten sie nochmahls wie vor.

Wider solches die clägere auch allermasen wie vor und des weiter. Das lang inhaben, so die antworter inen zu behelf anzugen, wer kain behelf, dann daselb brech dies gemächt und / 700 / gesetzt der brief über die erb gantz nicht. Dann da das gemächte gesetzt wer worden, hätten sie wol zu den herren mögen khommen und fordern ainen brief über ir erb. Aber daß wehre nicht beschehen, daß an den dingen ires furgebens nichtzig sein kundt. Und daß gemächte der erb brief wer auch darumb gemacht und löblich erdacht, dann sonst, wann ein sieder aim herrn die rechnung nit bezahlte und im dann der herr undergießen und daß sieden nemmen wollt, als er macht hätt, so sprech allweg ainer: Ich han ein erb daran. Umb für kommung solcher irrungen und ge/ 701 / vehrlichheiten, so darauf stundten, weren die erb brief zu nemmen gesetzt. So thete auch der antworter inred in ir eingelegte brief gantz nicht, dann sie wüsten je clärlich, das die Müller das sieden für aigen verkauft und für rechts aigen und als aigens recht zu

d) *lies:* nit

fertigen versprochen wer. Sollten nun die antwurter ain erb daran han, wie kund es dann aigen sein. Darumb aus dem und allem vorerzehltem fürbringen wollten sie allermaß wie verhoffen [e] und getrawen.

Die antworter auch gantz wie vor und deß mehr. Die ingelegten kaufbrief liesen sie eben sein wie die weren, und die / 702 / thetten nichtzit wider sie. So hetten sie für sich das lang inhaben und gebrauch mit sambt anderm hievor gethanem anzeigen. Bey dem sie es nochmahls also besteen liesen und des halben wie vor hofften und getrawten.

Und als baide partheyen die sach daruff mit mehr worten vorberührter und dergleich mainung, unnottürftig zu beschreiben, zue recht satzten, haben ine die richter der urtheil ain bedacht genommen die zeith des rechten, nemlich sechß wochen und drey tag die nechsten, und für gefallener geschäft und anderer redlichen ursachen halb solchen bedacht von aim zum andern verer erstreckht biß / 703 / uff heut datum. Und als demnach beede partheyen uff heut datum dies briefs widerumb vor mir und dem gericht in recht erschinen sindt und uff genommen bedacht urtheils und rechts gewartet und begehrt, hand die richter ihr urtheil in schriften verfast inen eröffnen lasen von worten zue worten lautendte wie hernach folgt.

Nach verhörung clag, antwort, red, widerred, der ingelegten brief und aller fürgewandter handtlung erkennen die richter zu recht. Mögen und wöllen Conradt Keckh und Lienhard Wetzel als clägere mit iren aiden und rechten erweisen, das ine weder / 704 / khundt noch wißend sey, auch nit glauben noch dafür haben, das Ernfrid Müllers seeligen kinde ain erb an dem angezogenen sieden haben, das wöllen die richter hören. Und sie thuen solch ayd und recht also oder nit, so soll ferrer gehandelt werden.

Solchem gesprochenen urtheil nach liesen Conrad Keckh und Lienhardt Wetzel reden, sie hetten sich dieß urthails nit versehen, angesehen, das ire eltern, bey denen diese ding gehandelt sollten sein, vor langen aus diesem zeit verschaiden, auch Conrad Keckh sein jung tag vormünder hett gehabt, also das ine die ding unkhundig weren, und deß/ 705 /halben solch recht nit thun wolten. Begehrten aber, die antworter daran zu weisen, das sie mit bezahlung der rechnung zu jederzeith geflißen sein und das sieden in baw und wesen haben und halten wollten, als des Haals recht wer.

Uff solches liessen die antworter reden, dieweil die kläger ir ayd und recht wie in ertheilt wer nit thun noch vollführen wöllten, und aber das ergangen urtheil anzeigte, sie [t]hetten solch ayd und recht also oder nit, das verrer gehandelt werden sollt, begeerten sie demnach ferrer erkandtnuß mit dem erpieten, so ine das erb an dem sieden / 706 / zu gethailt würd, wollten sie thun, was des Haals gewonnheit und recht wer.

Daruff haben die richter zu recht erkhannt, daß Erenfrid Müllers seeligen eheliche kinder an dem angezogen sieden ain erb haben sollen, doch also, das sie daselb sieden fürderlich bawen und in baw halten, auch mit raichung der rechnung und anderm thun, als des Haals gewohnheit und recht sey. Dieser gesprochnen urthailen und des ergangen handels begehrten die antworter uhrkund und brief, die ine und wer des begert zu geben mit recht erkant sindt.

Hierumb und / 707 / des zu wahrem urkundt gib ich genanter schultheiß diesen brief in libells forme von gerichts wegen besigelt mit meinem aigen anhangenden insigel, das an einer schnur von brauner seiden dadurch gezogen hanget. Und zu noch mehrer gezeügnuß han ich, Jerg Seybold, der zeith stattschreiber zu Hall, mein aigen insigel auch

e) *lies:* vor hoffen

heran gehangen. Dabey waren diese richter Fridrich Schletz, Vlrich von Münckheimb, Hanns Büschler, Jörg Schletz, Michel Sennfft, Eberhardt Negelin, Seitz Philipps und Hanns Bauman. Geben am mitwochen nach sant Lorenzen des heylgen merters tag, nach Christi unsers lieben herrn geburth vierzehen hundert und in dem fünf und neunzigsten jahrn.

Abschr. HA B 654 S. 675 ff. – Üs.: Rechtfertigung zwischen Conrad Keckhen, Lienhard Wetzel ain und Ehrenfried Müllers antern theils, ain erb an dem sieden bey der Newen schmiden betr. – *Hv.:* Vide sign. K no. 2 laden 403. junge R. B. no. 9 fol. 112 b. – *W. Abschr.: HA B 656 S. 64 ff. (nur eigentliches Urteil und Kaufbriefe) – Reg.: HA B 657 Nr. 13 – Ein einzelner Rv. in HA A 537, Bl. mit vermutlicher Abschr. abgerissen. – W. Abschrr. (Hd. Lackorns): StAH 9/4 und 9/21.*

U 51

1496 o. T.

Liste der Siedensberechtigten im Haal aus der Suhlenbaubeschreibung.

23 / Uff die zeyt haben im bodem dess Hals gehapt an sieden die in der stat

Spalte 1 / ain erber rat xxv sieden und viii aymer / das spital xi 1/2 sieden / Michael Sennfft i 1/2 sieden / Gilg Senfft iii fiertail und iiii aymer / Burckhart Eberhart ain drittail ains sieden / Hanns von Rinderpach 1/2 sieden / Cůnrat Keckh i sieden / Hans Sieders saligen witib 1/2 sieden, aber / xii aymer, aber xi tail ains sieden / Matheys von Rinderpachs seligen kinder / iii fiertail ains sieden / Petter von Rinderpach seligen kinder 1/2 sieden / Elßpeth Keckin Philips von Brobach / genant von Angenloch seligen witib / i ganz sieden und i fiertail / junckfraw Magdalen von Bachenstain / ain ganz sieden / Hans Neyffer i sieden und iii fiertail / Hans Merstat iii 1/2 sieden / Hans Merstatz kind iii fiertail / Hans Buschler i 1/2 sieden / Cunrat Buschler ii sieden / Herman Buschler ii sieden und ii drittail

Spalte 2 / Wilhelm Amans seligen kind i 1/2 sieden / Wilhalm Seßler i sieden / Hanns Stadmans seligen kind i sieden / viii 1/2 aymer i fiertail 1/2 drittail / Petter Kämmerer 1/2 sieden / Petter Bierman der alt i sieden i fiertail / Petter Bierman jung i sieden / Margreth Mölßin i fiertail sieden / herr Bernhart Fogelman priester fur / sich selbs 1/2 sieden / Cůnrat Fogelman 1/2 sieden xii aymer i drittail / Clas Fogelman 1/2 sieden / Jorig Seyferhilt 1/2 sieden / Jorig Viernhaber iii fiertail i drittail / Hainrich Viernhaber i 1/2 sieden i drittail / dess alten Clas Fogelmans säligen / verlassne nachgeende kinder 1/2 sieden / Claus Hofmans kind 1/2 sieden / Michel Seckel i sieden i drittail i fiertail / i achttail / Cůntz Stecher 1/2 sieden viii 1/2 aymer / und i fiertail / Hans Kraws holtzschůchmacher / i sieden i fiertail

24 *Spalte* 1 / Sebolt Halberg sieder i drittail / Petter Gronbachs saligen witib i sieden / Lienhart Wetzel i sieden / Hans Klotz i fiertail / Clas Stadman 1/2 sieden / Herman Mangoltz seligen witib i sieden / herr Seyfrid Rotermund priester / und seine geschwistergit (!) i sieden / Cuntz Rabe genant Vaihinger 1/2 sieden / Wilhelm Plintzig 1/2 sieden / Seytz Blanck alt i sieden und i fiertail / Seytz Planck jung iii fiertail / Michael Hawg ii 1/2 fiertail / Cüntzelmänin witib i 1/2 fiertail / Casper Gůtenperger i fiertail / Jorg Muller 1/2 sieden / Hans Plast i fiertail / Jacob Roßnagel i fiertail / Martin Helb-

ling i fiertail / Hainrich Neyffers seligen kind iii aymer / Hans Eckhart 1/2 fiertail / Hans Plintzig 1/2 fiertail / Lienhart Flurhay 1/2 fiertail / Hans Wackerman 1/2 fiertail / Rörmänin witib 1/2 sieden / Haintz Feyeraubet 1/2 sieden

Spalte 2 / altaristen in der statt / herr Johanns von Grůnbach thumbherr / und ertzpriester zů Wurtzpurg, altarist / sant Erhartz altar zů Hall in sant / Katherina pfarrkirchen i sieden / herr Mathias Kind altarist sant Martins / altar im spital xvi aymer / herr Johanns Kewsch altarist der hailigen dreyer könig altar zu sant Michael ii sieden / herr Jorig Widman pfarrer zu Dungental / altarist sant Otilie altars im spital i sieden / herr Jacob Dierberg altarist sant Lienhartz / altar in der Feldner cappelln i sieden und ii drittail / herr Lorentz Rappolt vicarius des hohenstiftz / zů Wurtzpurg altarist sant Niclas altars / zů sant Michael 1/2 sieden / herr Barthlomes von der Khere thumbherr zů / Wurtzpurg altarist sant Marie Magdalene / altars zů sant Michael viii aymer / Ma[r]tinus Sieder altarist sant Franciscen / altars in der Feldner capelln i sieden / und i drittail / das clösterlin der mindern prüder sant / Francißten der dritten regel ii sieden

25 / Awsserhalb der statt

mein herr { der brobst zů Camperg viii aymer
der abt zum Adelberg iii 1/2 sieden
der brobst zů Denckendorff xvi aymer }

mein fraw die abtissin zů Gnadental vi sieden / herr Peter Bäbers zů Sulm erben xiii aymer / die Rormuller an der Orn i zwelftail ains sieden

Perg. heft StAH 4/1023 (Foliobeft, 29 num. SS., Aufschrift vorn: Sulenpaw etc. anno 1496 fürgenommen und vollendt.) *S. 23–25 – Signn.:* 3. B. i. C. c. 87., L. 397., *o. r.:* 37 *– Abschr.: UBT Mh 763 S. 20 ff. – Zeilensprünge durch Schrägstriche angezeigt.*

U 52

1496 November 28 (Mo n Katharina)

Propst Seifried von Komburg verleiht mit Zustimmung des Kaplans Jakob Dierberg Hans Zoller das Sieden des St. Lienhart-Altars zu Erb.

22 / Wür Seyfried, von Gottes verhengkhnuß brobst und herr zu Camberg, bekennen offentlich und thun kund allermänniglich mit dießem briefe, daß wür alß lehenherrn sanct Lienhardts altars in der Feldner cappellen uff sanct Michaels kirchhoff zu Schwäbischen Halle für unß und unser nachkommen und mit willen und wißen des würdigen herrn Jacob Dierpergs, custos und chorherrn des stifts zu Klingenmünster und des ehegemeldten altars capplan, für ine und sein nachkommen zu einem rechten steten undt owigen erbe verliehen und vererbt haben Hannßen Zoller dem schneider, burger zu Schwä/ 23 /bischen Hall, und allen seinen erben des egenanten altars gantz sieden zu Hall im Hal in dem halhauß, darinnen sanct Franciscen altar in der egemelten cappellen auch ein gantzes sieden hat, oben in der gasen bey dem Sulfer thor und an fraw Elisabetha Keckin, Philipps von Angenlochs säligen ehelicher verlaßener witwen, und Peter Biermanns sieden gelegen mit allen zu gehörden und rechten, weyle er und sein erben das vergelten und verdienen mögen;

und auch also bescheidenlich, das er und alle seine erben das vorgeschrieben sieden mit allen seinen zu gehörden und rechten hinfüro allwegen in gutem wesenlichen baw haben und halten und dem vorgenanten herrn Jacoben Dierperg und allen seinen nachkommen capplan und inhabern des vorgemelten sant Lienhardts altars jährlichs davon raichen und geben sollen die gewohnliche rechnung, als sich von solchem sieden gebühret uff zway / 24 / zyl, nemlich halbs uff sanct Jacobs des hayligen mehrern zwölf botten tag undt das ander halb tail uff das hochzeitlich fest weyhennechten, alles ohne schaden, nach deß Hals der statt Hall gewohnheith und recht.

Wa aber der vermelde Hans Zoller oder sein erben an wesentlicher bawhaltung und bezahlung egerürter gewonlicher rechnung uff ein oder mer zyl seumig und die nicht thun würden inmasen vorstet, so haben herr Jacob Dierperg und alle seine nachkommen capplan macht und gewalt inen solch sieden ufzusagen [a)], underzegiesen und damit zu gefaren, aber nach des Hals der statt Hall gewonnheith und recht, auch fürpaß öwiglich, ales getrewlich und on alle geverd.

Und der ding zu wahrem urkund haben wür, obgenanter Seyfried, brobst und herr zu Camberg, für unß und unßer nachkommen, / 25 / auch den genanten herrn Jacoben Dierperg und alle sein nachkommen, unßer brobstey secret insigel offenlich gehangen an diesen brief. Und ich Jacobus Dierperg, custos und capplan obgemelt, bekenn auch sonderlich in diesem briefe, daß sollich obgemeld verleyhen und vererben des merbestimbten gantzen siede[n]s und alles, das an diesem briefe geschriben steet, mit meinem guten wißen undt willen zu gangen und beschehen ist; geredt und versprich auch in craft diz [b)] briefs fur mich und alle meine nachkommen darwider nicht [c)] zu sein noch zu thun noch schaffen gethan werden, in khain [d)] weys, auch für pas öwiglich getreulich und ohne geverde.

Und zue mehrer gezeuknuß [d)] der ding han ich mein aigen insigel auch offentlich [e)] hieran gehangen. Geben am nechsten montag nach sanct / 26 / Katharina der hayligen jungfrawen tag, nach Christi unsers lieben herrn geburth vierzehen hundert und in dem sechs und neunzigsten jahre.

a) *verb. zu:* ufzesagen b) *und. übergeschr.* c) *und. übergeschr.:* nitt d) *vgl. (b)*
e) *verb. zu:* offenlich

Abschr. HA B 654 S. 22 ff. – *Üs.:* Comburg vererbt mit consens Jacob Dirbergs, caplans bey sanct Leonhards altar in der Veldtner capellen auf st. Michels kirchhof, Hannßen Zollern dem schneider das gantze sieden im haalhauß bey Sulfferthor gelegen. 1496. – *Hv.:* N. zu finden das original sub fascic. in dergleichen sachen in der laden 405 N°. 7. Vide etiam copiam hiervon sub actis mit signat. ♃ in der laden wie oben 405. – *W. Abschr.: StAH 4/1036 Bl.9 f.*

U 53

1497 Februar 15 (Mi n Invokavit)

Der Rat verordnet, daß besiegelte Briefe über die Erbsieden zu errichten sind.

Ein erber rot hot zu hertzen genomen sollich irrung, so sich etlich zeit her der erbe halb an den sieden begeben haben, darumb sie dan mermals fur rot komen sein. Nach dem nu vergangner zeit von einem erbern rote sollichs auch betracht und demnach gesetzt worden ist, wollicher oder welliche sieder ein erb an einem sieden zehaben vermeine und haben woll, das der oder die selben von dem herren desselben sieden ein [a] besigelten erbbrief [b] nemen und zu seinen handen [c] bringen soll. Wellicher das [nit] [d] thu, werden dan der oder die selben furkomen, darumb komen, so wol ein rot dem oder denselben kain erbe zuerkennen. Also wil ein rot ⟨sollich⟩ [e] hiemit sollich gesetz ernstlich widerumb verneut und verkünt han. Darnach wiß sich ein yder zerichten. Beschlossen am mitwochen nach dem suntag invocavit anno domini m° iiii^{c} lxxxxvii^{to}. [f]

a–b, c) *Rot unterstr.* d) *Sinnentstellende Auslassung, aus U 54 erg.*
e) *gestr.* f) *Rot unterstr. A. E. rot:* 1497

HA B 157 Bl. 34' – Am linken Rand des Textes befindet sich eine Kl. wie öfter in diesem Statutenbuch, aber hier ohne den üblichen Zusatz lis nit. *– Abschrr.: HA B 654 S. 967 f. (Von ders. Vorlage); StAH 4/1024 S. 68.*

U 54

1497 Februar 17 (Fr n Invokavit)

Wie U 53, unter dem Datum der Verkündung.

109 / Ain erber rat hat betracht und zu hertzen genomen sollich irrung, so sich etlich zeyt her der erbe halb an den sieden begeben ⟨haben⟩ [a], darumb sie mermals für rat komen sein. Nach dem nun vergangner zeyt von ainem erbern rat sollichs auch betracht und demnach gesetzt worden ist, welcher oder welliche sieder ain erb an aim sieden zehaben vermainen und haben woll, das der oder dieselben von dem herren desselben sieden ain besigelten erbbriefe nemen und zů seinen handen pringen sol, welliche dann das nit thun, werden dann der oder dieselben ⟨furkomen⟩ [b] darumb ⟨fur⟩ [c] komen, / 110 / so wöll ain erber rat dem oder denselben kain erbe zůerkennen. Also wil ain erber rat hiemit söllich⟨s⟩ [d] gesetz ernstlich widerumb vernewt und verkundt han, damit sich ain erber rat und ain yder darnach wiß zerichten. Beschlossen durch ain erbern rat und den siedern verkundt gemainlichen durch Jorig Berrlern und Conrat Vogelman dess ratz. Ist geschehen am freytag nach dem sonntag invocavit in der fasten anno etc. lxxxxvii jare.

a) *über der Zeile eingef.* b) *gestr.* c) *über der Zeile eingef.* d) *gestr.*

StAH 4/1024 S. 109 f.

U 55

o. D. (1498?)

Auszug aus einer Haalordnung. Bestimmungen über den Wechsel von Siedstätten.

40 / Welicher sieder sieden im Hale umb rechnung von den hern seuden, die soll ain jeder sieden uff und an den steten, dahin sie gehoren. Wer aber sache, das etlich sieder sieden suden, die ainander nit gelegen weren, und wolten ainen wechsseln thon oder machen, das soll geschehen mit der lehenherren zuthon, willen, wissen und wort, doch also,

das zu allen partheyen inhalt des Hals gemächt [1] kain vortail noch gelt geben noch genomen werden.

41 / Auch wa das were, das etlich sieder aigen sieden heten und wechssel machen wolten, soll in jegedachter mas[sen] gehalten werden.

1) *Vgl. U 11*

StAH 4/1024 S. 40 f. – Dasselbe auch StAH 4/490 Bl. 164, dort mit folgender weiterer Bestimmung: Wer stet oder hoffstett in dem Hal und nicht sulen darzu hat, die soll man, wann man ir begert, leyhen umb i½ gulden und nicht höher, wol mag man sie neher leyhen, *vgl. auch ebenda Bl. 172 – Dat.: Die Handschrift beginnt S. 1, dort o. l.:* Anno 1498 *v. frmd. Hd.*

U 56

1498 März 28 (Mi n Lätare)

Haalordnung (Auszug)

99 / Als auß länge der zeyt und nach gestalt der lewf sich die alte ordnung gemainer statt Schwäbischen Hall Hals und saltzwerckhs in manicherlay weyse und wege verschlissen und geendert haben, sich auch auß söllichem allerlay geverlichs vortails, darauß gemainer statt Hall und dem werckh mercklich und unleydenlich beschwerden in vilerlay weyse sich ertzaigt haben, der sich in künftig zeyt, wa söllichem mit sonderm vorrat nit begegnot wurd, verrer noch beschwerlicher zůbesörgen wer, also das dieselben ordnung und alten gemächde nach gestalt der läwf endrung vernewerüng mit pesserung newer gemächde erfordert, darumb und umb gemains nütz willen der statt und des Hals, auch armer und reycher, so hat ain erber rat diser statt Halle nach manigfaltiger betrachtung und gehabtem rat ir selbs, auch der statt halpfleger und der verstendigen, der alten und newen maister dess [a] / 100 / Hals und der gemainen sieder dartzů erkorn, die alten ordnung dess Hals in allen iren begriffen von artickeln zů artickeln bewegen und ermessen, derselben etlich gantz abgethan, etlich geendert, gepessert, gemindert und gemert und dartzů sonder new ordnung gesetzt und gemacht, hinfüro ernstlich und festigklich bey bůssen und straffen deßhalb angezaigt zehalten, alles wie von artickeln zů artickeln hernachgeschriben steet und begriffen ist. Doch so hat im ain erber rat inkraft seiner oberkait hier innen nemlich vorbehalten, dise ordenüng gar oder ains tails zeendern, zepessern oder gantz abzethun, auch new und andere ordnüng zemachen und furzenemen, wie sie yezůzeyten zerat werden und sie gůt ansehen wirdet, one geverd, beschehen am mitwochen nach dem sonntag letare anno domini m° cccc° xcviii° [1].

(Es folgen Bestimmungen gegen zu langes Sieden, über Siedereid, Eichen von Geschirr und Salzverkauf.)

106 [b] / . . . Wöllicher sieder ain aigen sieden hat oder mer, der sol kain gemainschaft mit nyemand damit haben. Wöllicher das uberfert und es die maister des Hales also aigentlich finden und das er mit seinem rechten dafur nit gesteen mag, der sol geben von yedem sieden als oft er gerügt wirdet von den maistern iii lb und v ß heller [2].

a) *r. u.:* a 2 b) *S. 105 r. u.:* a 5

(Es folgt das Verbot, Salz an Siedknechte zu verkaufen.)

107 / Wöllicher mit gewalt sewdet one der maister lawb, als oft er das thût, also oft ist er ye verfallen v lb und v ß heller und die maister haben gewalt, demselben die pfannen zewerfen in den herdt [3].

(Es folgt eine Bestimmung gegen zu langes Sieden.)

Wöllicher sieder fert auß aim halhaws, der sol dem herrn lassen in dem halhaws die ain inschlahen, das gewerd und den alten fürnach und was dartzû gehört ungeverlich, thût er das nit, was denne die maister darumb erkennen, das sol er dem herren dafür thun [4].

Es soll dhain sieder noch yemand von seinen wegen kain vortail uff ainich sieden geben, wöllicher das darüber thût, der ist dem schulthaiß verfallen v lb, und der den vortail nympt vom sieden, der sol der statt x lb geben [c] [5].

(Es folgt eine Bestimmung über das Abstehen vom Sieden.)

108 / . . . Es soll hinfuro nyemand dhain sieden sieden, noch die maister nyemand ainich sieden zuschaiden oder sieden lassen, der bey vatter oder muter in cost oder in irer behawsung sey, noch auch yemand andern, der oder dieselben haben dann aigen haws oder aigen roch und wesen und wölle das furan also haben und halten, damit man versteen mög, das es uffrecht, redlich und ongeverlichait zugee [6].

Es sol kain außwendiger burger, der nit in der stat seßhaft ist, sieden, noch zu sieden zugelassen werden one ains erbern ratz willen mit der maister wissen [7].

(Es folgt eine Bestimmung, daß die Sieder und ihre Knechte etc. während des Siedens das Haalhaus nicht verlassen sollen.)

c) *u. r.:* a 6

1) *Vgl. StAH 4/490 Bl. 183 (dasselbe).*
2–4) *Vgl. U 10 (Haalordnung v. 1385), StAH 4/490 Bl. 156/156'; StAH 4/1024 S. 2 f., Haalordnung 1498 (?), HA B 157 Bl.1'–2.*
5) *Vgl. U 11 (Statut v. 1393), StAH 4/490 Bl. 156, StAH 4/1024 S. 3, HA B 157 Bl. 2.*
6) *Vgl. U 43 (Statut v. 1488), StAH 4/490 Bl. 157, StAH 4/1024 S. 4, HA B 157 Bl. 2'.*
7) *Vgl. U 44 (Statut v. 1488), StAH 4/490 Bl. 157, StAH 4/1024 S. 4, HA B 157 Bl. 2'.*

StAH 4/1024 S. 99 ff. (= Blattzählung rechts unten a 2–a 7) *– Die Bestimmung, daß niemand mehr als zwei Sieden sieden soll, fehlt, vgl. U 16, aber U 74, StAH 4/1024 S. 13, HA B 157 Bl. 7, HA A 51; StAH 4/490 Bl. 159' mit der Bestimmung, nicht mehr als zwei Sieden zu sieden, und späterem Zusatz auf demselben Blatt unten:* Uff donrstag nach sant Peters tag stulfeyr anno xv[c]i[o] hat ain erber rat im pesten beschlossen und zugelassen, das ain yeder ⟨wol⟩ *(gestr.)* sieder wol mög mer dann zway sieden ⟨sieden⟩ *(über der Zeile eingefügt, danach folgt eine unleserlich gemachte Zeile)* und den maistern Sebolt Halbergern, Hanns Wetzeln und Sebastian Fogelman befolhen ⟨uff⟩ *(gestr.)* dem hantwerckh das also zuverkůnden. Actum ut s[upra]. – *Spätere Randnote (F. S. Müller):* Siederschaft wird ein handwerck genennt. – *Dat.: S. 99 o. l. späterer Vermerk:* 1497; *hier Dat. nach der U.*

U 57

1498 Juni 13 (Mi n So Trinitatis)

Schultheiß Friedrich Schwab bekennt, daß das Gericht zu Hall in dem Rechtsstreit zwischen dem alten Seifried Blank und seinem Sohn Seifried sowie Hans Büschler die Lehenschaft an einem Sieden den letzteren zuerkannt hat.

220 / Ich Fridrich Schwab, an der zeyt schulthais zu Schwabischen Hall, bekenn offentlich und thun kundt allermennigklich mit diesem brief, das uff mitwoch nach sant Kylians des hailigen bischoffs tag nechstverschinen [1] für mich und das gericht zu Hall mit erlaupten und zu recht angedingten fürsprechen in recht komen und gestanden sind Seyfrid Blannckh der alt, ain sieden (!), an ainem, Seyfrid Blannckh der jung, auch ein sieder, am andern, und Hanns Büschler, ain dritte tailen, alle burger zu Schwäbischen Halle.

(Klage des alten Seifried Blank:)

Und ließ der genannt alt Sei/ 221 /frid Blannckh in recht clagßweyse fürpringen die mainung, er hette in ainem halhauß alhie zu Hall im Hal zwai halbe sieden, desgleichen heten Hanns Büschler, auch der jung Seyfrid Blannck, sein süne, darinnen auch zway halbe sieden, nemlich jeder ain halbs sieden. Daran theten im Hanns Büschler und sein süne irrung und inträg unpillich als er vermainte, und als sie vermainten, solliche sieden so wol zu leyhen haben als er. Das solt nit sein, getrawet auch, das es nymer recht wurd, dann das vermelt halhaus wer ain gemain und ungetailt halhaus, desgleichen auch die sieden ungetailt. Und möchte kainer sagen: Das halbtail des siedens ist mein, das ander jhens etc. Dazu hette er den merern tail im halhaws. Und nemlich drey viertail ains gantzen / 222 / siedens wern sein aig[entum], an dem vierden viertel hette er ein erb, also das er ein gantz sieden in dem vermelten halhaws hette. Zu dem so were der stat und des Hals gewohnhait und geprauch, auch ordnung und herkomen, so ainer den merern tail des siedens im halhaws, das er dasselb sieden zeleyhen hette [a]. Getrawet er, sie liessen in dabey billich auch bleyben und an der lehenschaft ungeengt und ungeirrt, so wer er erputtig, für den sieder, dem er sollich sieden leyhen wurd, der rechnung halb fürstandt zethun. Wa sie das gütlich also annemmen, sehe er gern. Wa das aber nit sein wolt gütlich, getrawet er, es sollte mit recht erkannt werden.

(Erwiderung Hans Büschlers:)

Das verantwurtet Hannß / 223 / Büschler in recht der mainung, wes Plannckh der alte und jung des orts von sieden heten, darein trüg er ine nichtz. Aber es hette nit die gestalt, wie er für geb, sonder hielt es sich der mainung, er, Büschler, hete in dem angezeigten halhaus, als kündig und wisendt were, ain halbs sieden. Desgleychen auch der alt Blannckh ain halbs sieden. Die bede halbe sieden legen an ainer stat, genannt die Lang stat, und nit getailt noch gesundert, sonder hete ainer daran als vil gerechtigkait als der ander. Darum so gestunde er Blannckhen der lehenschaft nichtz alayn, sonder so hette er so vil gerechtigkait zu leyhen als Blannckh. Und um das auch sollichs sich mogt glauplich erfinden, das sein und Blannkh beede / 224 / halbe sieden an ainer stat wie ange-

a) *Randv.:* it[em] p. 244

zaigt wer legen, des bat er zu verhören zwey besigelt brief, desgleichen die sieder, so sollich sieden heten gesoten. Getrawte er, sich würd sollichs erfinden, in getrawn, das er Planck[hen] umb sein zuspruch nichtzit schuldig wer. Und lawten seine zwen ingelegte brief von wort zu wort wie hernach folgt.

(Lackorn gibt die beiden Kaufbriefe vom 30. April 1421 im Wortlaut wieder, vgl. UB Hall U 1496, 1497. Die für den Prozeß wichtigen Stellen lauten:)

224 / ... Walther Turer, burger zu Hall ... gab da uff vor gericht und auch zu kaufen mit wolberatem mut für sich / 225 / und für sein erben recht und redlich Anna Schallerin, auch burgerin zu Halle, und ihren erben das halb sieden mit seiner zugehörd, das kain stat hat, gelegen zu Hall im Hale, des gegen halbthail Vlrich Götz hat und das auch um den egenannten Walther Turern erkauft hatt, zu rechtem aigen und stetem kauf ...

227 / ... Vlrich Güter, burger zu Halle ... gab da uff vor gericht und auch zu kaufen mit wolberatem mut für sich und für sein erben Anna Schallerin, auch burgerin zu Hall, und iren erben die stat halb mit ir zu gehörd, gelegen zu Hall im Hal zwischen Walther Thürers[b)] sieden und Kecken sieden, des gegenhalbtail im der obbenannt Vlrich Güter daran behebt hat, zu rechtem aigen und stetem kauf ...

(Erwiderung des jungen Seifried Blank:)

229 / So verantwortet Seyfrid Blannckh der jung seines vaters clag der mainung, das er demselben seinem vater, noch auch Hannsen Büschlern der angezogen lehenschaft der sieden nit gestünd, sonder so getrawet er der ain lehen herr sein und das aus disen ursachen, dann sein vatter hete im hievor in disem halhaus ain gantzes sieden zu gestellt und verschriben sein leben lang, nach laut brief und sigel hie zu gegen, so er als bald darleget; also das sein vater vor und ehe er der jung Seifrid, sein sün, mit todt abgieng, sollich sieden / 230 / nit hete zu leyhen, noch deß ein herr sein möcht, für ains. Am andern, so weren dise sieden ungetailte gemaine sieden und wechsel stet aber nach lawt ains besigelten gerichts brief, den Hanns Büschler als ein richter hat helfen uffrichten und nichtz dawider geredt. Und wa das nit also gewest wer, het ungezweyfelt Hanns Büschler sollichn brief uff zerichten nit zu gelasen. Darzu hette er, der jung Seyfrid, sollichs sieden in baw gehalten; das auch ain anzeigen gebe seiner gerechtigkait. Zum dritten so hette er den merern tail der sieden. Nemlich ain gantz sieden ime von seinem vater ze sieden zu gestellt, als vor gehört wer, und / 231 / dann darzu ain aigen halb sieden, des er auch ainen besigelten gerichts brief darleget, in getrawen, sich wurde ausser demselben sein fürgeben erfinden und demnach erkannt, das er die sieden zu leyhen haben solt, unverhindert seins vaters und Hanns Büschlers. Und worden daruff die ingelegte besigelte brief in gericht verlesen und gehort, lawten von wort zu wort wie hernach folgt.

(Es folgen / 231–240 / U 41 v. 11. Juli 1487, U 21 v. 5. Juli 1403, U 47 v. 13. Dez. 1490, sodann Hans Büschlers Erwiderung:)

241 / Dawider Hanns Büschler gehort woren: Clag und antwurte, auch die ingelegten briefe, des halben von demselben vil zu reden were on not, dann so vil. Als der jung Blannckh in seiner antwurt anzug, uff mainung, als ob er in uffrichtung des ainen verle-

b) h *gestr.*

sen briefs, inhaltend, das dise sieden gemain und ungetailt und wechsel stet sein solln, sich etwas übersehen haben sollte etc., darzu sagte er also, das er getrawet, in sollten dieselben brief an seiner gerechtigkeit nit letzen. Dann ob er zu zeyt uffrichtung der brief nit inred gethan hett, möcht dem Blannckhen kain furstand thun. Es het im auch nit not gethan. Er were da gesessen als ain richter und weyter / 242 / von im nichtzit gewilligt, dann zu sein, des Blanncken, gerechtigkeit. Wes er gerechtigkeit hette, darzu trug er im noch nichtzit. Das er aber seins siedens ain herr wer, erschine auß vorerzelten ursachen und seinen zugelegten briefen. Zudem so hette er dasselbe Peter Fogelmann, g[e]n[ann]t Botz, zu sieden gelihen, der es auch langzeyt von im gesotten und bawgeltz bey viii gulden daran bezalt und es so lang von im gesotten, bis Blanncke Fogelmann daselbe halb sieden abgewechselt und Fogelman dagegen ain gantzes sieden zu sieden zu gestellt. Und das were beschehen mit sein, Büschlers, wissen und willen. Das alles ain lauter anzaigen geb, sollten die Blanncken das / 243 / erb oder die lehenschaft daran haben, sie hetten dis verleyhen, das er, Büschler, Fogelman gethan hett, nit gedult, auch das pawgelt nit empfangen. Mit bitt und beger, Peter Fogelmann darumb ze hören, in getrawen, das er darüber beden Plannckhen nichtzit schuldig wer, sonder sie ine an seiner gerechtigkait ungeirrt bleyben lassen sollte[n]. Auch also mit recht erkennt worden.

(Erwiderung des Klägers und des jungen Seifried Blank, Zwischenurteil:)

Dagegen der alt Seyfrid Blannckh g[e]n[ann]ter maß wie vor und des mer: Die verlesen brief geben lawter zu erkennen, das es ain gemain ungetailt halhauß, sieden und wechselstet wern. So hette er auch daran den merern tail, als vor gehort. Wann aber diser stat und / 244 / des Hals gewonhait und geprauch wer, wollich[er] das [c)] merer tail an aim sieden hette, das derselbe sollich sieden zu verleihen haben, so getrawte [er], er sollte das auch genyessen und erst an im nit geendert werden. Von wegen des verleyhens, so Büschler Fogelman gethan hette, gestünd er. Mocht auch wol sein, das Caspar Eberhart der zeyt mit Büschlern dasselb hete verlihen. Aber es wer aus der ursachen beschehen, das er, Blannckh, dazemal selbs zwai sieden ze sieden gehabt und dess nit bedorft noch selbs nit hett wollen sieden. Darumb mocht im dasselb nit abbruch thun, aber Caspar Eberhart seß hie entgegen, / 245 / der hett in uffrichtung dess kaufbriefs gegen Viernhabern den brief nit wolln helfen uffrichten, man bestymet dann im kaufbrief, das es wechsel stet wern. So hoffet er auch, in sollte nit verletzen das bawgelt, so er von Fogelman hette empfangen, dann Hermann Manngolt selig, Peter Kümerer und Jacob Rosnagel heten auch ain sieden, nemlich daran Manngolt ain halbs, Kemerer ain viertel und Rosnagel ain viertel. Die alle geben am bawgelt samentlich, aber nichtz destminder hete Manngolt selig als das merertail [d)] daran habende[r] dasselbe sieden hingelihen. Im getraw allermaß wie vor.

246 / Der jung Seyfrid Blannckh auch allermas wie vor und wellte auch weyter wider Hanns Büschlern geredt han aller stuckh halb wie von seinem vater jüngst in seiner widerred beschehen wer. Dann allein des letzsten puncten halb redte er wider denselben seinen vater, das er im nit gestunde ditz siedens ain herr sein, sonder er, aus ursachen, das er in disem gemainen und ungetailten halhaws ain erb an aim gantzen sieden hette, das im von seinem vater were zugestellt, so hete er darzu an dem andern sieden ain halbtail, und also das merer tail [e)]. Er gestunde auch nit, das sieden darumb oder in

c) *Randv.:* it[em] pag[ina] 222 et 245.
d) *Randv.:* jung[e] pag[inam] 244 et 246.
e) *Randv.:* it[em] pag[ina] 245 et 261.

der gestalt von Peter Fogelman erlangt han, wie von Büschlern davon geredt were. / 247 / Het im sein schweher selig ain sieden geliehen, das gieng niemand an; in getrawen wie vor.

Und nachdem alle tail die sach mit mer worten vorberürter und dergleych mainung, unnottürftig zu beschreyben, damit zu recht satzten, haben ine die richter ze urtailen ain bedencken genomen vi wochen und iii tag die nochsten. Als sich aber etlichs anderer obligenden gescheft halb lenger verweylet hat, und die richter zu offnung der urtail ainen rechttag angesetzt haben, nemlich uff mitwoch nach sant Martins deß hayligen bischofs tag [2] auch nechst vergangen, und aber dazwischen der vorg[e]n[an]t Hannß Büschler mit tod verschiden ist, sein uff den jetzgenannten mitwoch vor mir und dem gericht in / 248 / recht erschinen die obgenannten beeden Blannckhen und Herman Büschler, inhaber des benannten Hanns Büschlers seligen siedens.

Denen haben die richter ir urtail in schriften verfast eroff[n]en lasen, also lawtende: Nach verhorung aller tail fürpringens erkennen die richter zu recht, die erpoten weysung Hanns Büschlers seligen wollen sie hören und söll alsdann verner [f] gehandelt werden. Und alß Herman Büschler begeret, in wollich[er] zeyt das geschehen sollt, haben die richter verner erkannt, in vi wochen und iii tagen den nechsten. Und uff wollich[en] tag er sie fürn wöll, das soll er dem stetmaister zu Hall zu vor zu wissen thun, den widertailen / 249 / darzu auch wissen zu verkunden.

(Zeugenverhör:)

Uff sollichs prachte der g[e]n[ann]t[e] Herman Büschler in der zeyt für mich und das gericht dise nachgeschribene personen zu zewgen und begeret die zu verhören, mit namen Caspar Eberhart, Peter Fogelman, g[e]n[ann]t Botz, Cuntz Bindern, g[e]n[ann]t Gayßang, und Clas Lanngen, den zymerman. Und als von den widertailen darin nicht sonder inred beschehen ist, han die richter erkannt, das die egemelte zewgen gehört werden sollen, nemlich Caspar Eberhardt uff den aid, so er zu ainem erbern rat gethan hat, und die andern uff ir aide, so sie darumb vor mir und dem gericht sonderlich thun und schweren sollten. Und als auch dieselben darumb mit / 250 / aiden, wie jetzgemelt ist, beladen worden und die also volfürt und gethan haben, als recht ist, sein die berürten zewgen daruff alle verhört worden, jeder in abwesen der andern, alayn und besonder. Die haben gesagt, wie hernach folgt.

Caspar Eberhart: Von seinem vater seligen wer im angeerbt und worden ain halbes sieden in dem halhaus, darumb yetzo span were. Darinnen heten Jorig Wunhart selig auch ein halbes sieden, desgleichen Seyfrid Planncкh der alt und Jorg Viernhaber auch ain sieden gehabt. Und das wern gewest wechsel sieden und stet und ain gemain ungetailt halhawß. / 251 / Dasselbe sein und Jorig Wunhartz seligen sieden heten er und Wunhart zu der zeyt, da Metelmann selig, der es vorgesoten hette, davon steen müst und es armut halben nit vermöcht ze sieden, Peter Fogelmann ze sieden gelihen. Und als es derselb Peter bis uff die zeyt, da man nit mer holtz herein geen lies, süde, da gewinn Wunnhart ain ode hoffstatt. Die understund er zum sieden hinzuleyhen. Und darumb, das Fogelman dieselbig hoffstatt zum sieden nit annemmen wöllt, het im Wunhart das sieden uffgesagt und vermainte das Martin Helblingen zu leyhen. Als aber er, Caspar, deselben gewar wurd, wollt er es von Wunharten nit leyden und gepit / 252 / Fogelman zu sieden und sich an die hoffstat noch Wunnharten nichtzit zu keren; dabey

f) *und. übergeschr.*

wollt er in hanthaben. Da Wunnhart sollichs vermercket, stund er davon und ließ Fogelman das sieden sieden. Darnach begab sich, das das halhaws abbrunn g) und man das wider bawen müst. Das were gepawt worden uff ir aller gemainen costen. Er hette auch daran durch sein sider sein anzal pawgeltz allweg geben. Und als aber dazemal dasselb halhaws etlicher masen zu kurtz gepawen wer worden und der alt Plannkh minder rawms möcht haben dann vor an der Kurtz[e]n stat zesieden, da understünd er sich, gerechtigkait zehan / 253 / an der Langen stat zesieden, desgleychen ain erbe ze haben an den sieden, dieweyl er den meren tail solte han. Des wollten er, Caspar, auch Hanns Büschler seliger im nit gesteen noch gestatten und kamen darumb mit einander für ain erbern rath. Daselb[s]t wurden uff sein, Caspars, und Büschlers seligen begeren alt brief und lewt gehört. An denen erfunde sich, das es wechsel stet wern. Und wurde auch also vor aim erbern rat entschiden; dabey es blibn. Jar und zeyt der ergangen ding wißte er nit zesagen; wer im empfallen. So vil wer im ungeverlich wissend.

Peter Fogelman g[e]n[ann]t Botz: Im wer wol wissendt, das / 254 / Hanns Büschler seliger ain halbes sieden gehabt, das jetzo Herman Büschler hette, und das lege in dem halhaws, darinnen zway sieden legen, und daran die Blanncken auch heten. Und wern die bede sieden wechsel stet und ain gemain halhaws, auch also von alter ye und je herkomen. Und als er von alter sonderlich gehört hett, so leg Büschlers halbes sieden an ainer stat, g[e]n[ann]t die Langstat. Deß sollte Büschler ain brief han. Dasselb halb sieden, auch ain halbtail ains siedens in dem vermeldten hallhaws, der Caspar Eberharts gewest und yetzo Seyferlin Blanncken deß jungen, were gelegen / 255 / an der Kurtzen stat. Heten vor xxx jaren, zu der zeyt, da Hanns Metelman seliger von demselben sieden stund, Caspar Eberhart und Jörig Wunnhart selig ime, dem zewgen, gelihen. Desgleychen auch als Wunnhart sein tochter Hanns Büschlern verheyrat und im zu ir das vermelt halb sieden geben, hette Hanns Büschler im dasselb auch gelassen und gelihen, allermassen wie im das sein schwehr vormahls gelihen. Daruff hette er es auch ingehabt und gesotten, bis die Blanncken in kürtzlich mit wissen und willen der herrn abgewechselt und ine an Herman Manngoltz seligen sieden stat ze sieden gewisen heten, und wer im von den Planncken nye kain irrung oder intrag daran geschehen. So / 256 / hette er auch zu der zeyt, da das halhaus abbrunnen were und widerumb gepawt und gemacht wurd, von wegen seiner herrn Caspar Eberhardts und Hanns Büschlers ir tail pawgelts allweg bezalt und wer uff gemainen costen gepawt worden. Gedewcht in, sollten die Plannckhen die lehenschaft daran gehabt haben, sie heten im lengst daran intrag gethan. So viel wer im wisend ungeverlich.

Cuntz Binder, g[e]n[ann]t Gayßang: Im wer wol wißend und gedächtig, das Jorg Wunhart selig inhette das halb sieden, das jüngst Hanns Büschler ingehabt und jetzo Herman Büschler hette, das bey xxxiiii jarn ungeverlich were. Dazemal diente er, der zewg, / 257 / bey Hanns Mettelmans seligen schwiger, bey der alten Luckenpachin. Und daselb halb sieden, auch ain halbtail ains sieden, das der zeyt Caspar Eberharts were, hette Jorig Wunhart seeliger in seinem und Caspars namen, nachdem sich Caspar nit vil daran keret, Hannsen Mettelmann seligen gelihen ze sieden. Und als aber Mettelmann dasselbe armut halb nyme vermöcht zesieden, und es wider ledig wurd, hetten es Caspar Eberhart und Jerg Wunhart selig Peter Vogelmann, g[e]n[ann]t Botz, seinem mit zewgen gelihen. Alß auch Jorg Wunhart selig sein tochter Hannsen Büschler seligen verheyrat und im das vermelte halb sieden zu heyratgut gegeben, hete derselbe Büschler sol-

g) *Randv.:* p. 259.

lich sieden Peter Vogelmann von newem auch gelihen. Und es derselb Peter Fogel/ 258 /mann zu sieden ingehabt, so lang bis in newlichhait bede Blanncken heten Peter Fogelman daselbe sieden abgewechselt und im dafür Herman Mangoltz seligen sieden zu sieden zu gestellt. Er wiste auch wol, das bede sieden, nemlich Blannckhen gantz sieden, auch Büschlers und des jungen Seyferlin Blanncken sieden wern wechsel sieden und ein gemain halhauß. Es hetten auch die inhaber derselben beder sieden das halhaus mit ainander in gemain gepawen. Und sonderlich weyl es Wunhart und der alte Blannck ingehabt hetten, hett er, der zewg, mauren und ander ding von ir aller wegen in gemain helfen machen und / 259 / daran arbaiten. So vil wer im ungeverlich wissendt.

Clas Lanng, der zymmerman: Er wiste nit, wer das sieden, darumb sich der span hielt, zu leyhen hette. Aber das wiste er wol, das bey xx jarn[h)] ungeverlich nechst vergangen das halhaws, darinnen bede sieden legen, uff ain nacht abprünne. Dazemal verlihe Seyfrid Blannckh der alt ime daselbe halhaws widerumb zu bezymern und zu machn. Zu derselben zeyt hörte er, das er im das zymer in ain gemain von wegen Caspar Eberharts, Hanns Büschlers und sein selbs gelihen. Blannckh hett auch das gelt allwegen ausgeben, dafür er es achtet und auch desmals gehort hett, in ir aller namen, und das / 260 / Caspar und Büschler ire tail daran sollten geben han. Verrers wer im nit wissend ungeverlich.

(Urteil:)

Und als nun die partheyen uff sollich verhore der zewgen urtails und entschieds begerten, haben die richter nach irem genommen bedacht die partheyen alle uff hewt datum dis libells für mich und das gericht zu recht betagt und uff ir erscheinen inen ir urtail der sachen in schriften verfasst eröffnen laßen, von worten zu worten lautendt, als hernach geschriben stehet.

Nach verhorung clag, antwort, red, widerrede, der ingelegten brief, der zewgen sagen und allem fürgewendtem handel, / 261 / erkennen die richter zu recht, das Herman Büschler und Seyfrid Blannckh der jung Seyfried Blanckhen dem alten umb sein zuspruch nichzit schuldig sein, sondern Herman Büschler und der jung Seyfrid Blannkh das angezogen ir sieden mit ainander gemain leyhen[i)] mögen on intrag und verhinderung des alten Seyfrid Blanncken, one geverd. Diser urtail und dess ergang[en] handels begereten Blanckh bedr partheyen urkund und brief; die sein im zu geben erkannt hierin.

Und des zu warem urkund gib ich, genannter schultheis, disen brief von gerichts wegen in libells forme begriffen, besigelt mit meinem aigen insigel, das an ainer schnur von schwartz[er] farb dardurch / 262 / gezogen hanget. Und zu noch merer gezeugknuß han ich, Jörg Seybolt, der zeyt stattschreyber zue Schwäbischen Hall, mein aigen insigel auch hieran gehangen. Dabey waren diese richter, Micha[e]l Senfft, Fridrich Schletz, Vlrich von Müncken, Hanns Neyffer, Peter Komerer, Burckhart Eberhart, Eberhart Negenlin, Seytz Risp[j)] und Hanns Bumman. Geben am nechsten mitwoch nach dem sonntag trinitatis nach Christi unsers lieben herrn gepurt xiiii[c] und in dem xcviii ten jar.

h) *Randv.:* pag[ina] 252. i) *Randv.:* it[em] pag[ina] 246 et 265. j) *übergeschr.*

1) *1497 Juli 12* 2) *1497 Nov. 15*

Abschr. HA B 654 S. 220 ff. – *Üs.:* Zwischen dem Planckhen und Büschlern anno 1498 vorgegangene rechtsfertigung sieden betreffendt. 1498. – *Hv.:* N[a]. zu finden sub actis et sign. A in der laden 515. – *Randvv. M.*

U 58

1498 Juli 6 (Fr n Ulrich)

Heinrich Berler und Kaspar Eberhardt, Pfleger des Siechenspitals, und Lienhart Rupp, Spitalmeister, verleihen Hans Geyer ein Sieden zu Erb.

722 / Ich Hainrich Berler undt ich Caspar Eberhardt, beede zu Schwäbischen Halle und zu den zeiten von schickhung und ordtnung wegen des raths zu Schwäbischen Halle pfleeger und Lienhardt Rüpp, maister des Siechen spittahls, daselbst zu Hall am Pach gelegen, bekhennen offentlich und thun kundt allermenniglich mit diesem briefe, daß wür mit guetem veraintem willen, wolbedachten synnen und muthen und mit gemainer thath undt handtlunge und sonderlich mit wißen, willen undt / 723 / zu geben des vermeldten raths für unß und alle unßer nachkommen pfleeger undt maister Hannsen Geyer, dem sieder, burger zu Schwäbischen Halle, und allen seinen erben zu ainem rechten öwigen erbe verlihen und vererbt haben des genanten spittalls aigen sieden, all hie zu Halle im Haal, in der Hohen gaßen zwischen Michel Hauggen, Lienhardt Mangoldts, Seyfrid Planckh des jüngern, und Jacoben Rosnagels sieden und Hansen Kraußen des alten hoffstatt gelegen, mit allen zuegehörden und rechten, so lang er und sein erben das vergelten und verdienen mögen;

und auch also beschaidenlich, das der ehgenant Hannß Geyer und sein erben / 724 / das vorgeschriben sieden mit allen zugehörden und rechten in guetem wesenlichen bawe haben und dem vermeldten spittal alle jahr davon raichen undt geben sollen die gewonnlich rechnung zu zway zihlen des jahrs, nemlich halbs uff sanct Jacobs des hayligen zwölf potten tag und den andern halb thail uff das haylig hochzeitlich fest weynachten, alles nach des Haals recht und gewohnhait daselbs, ohn verzug, widerred und auch gar und gäntzlich, ohne allen des spitahls costen und schaden.

Wa sie aber an bezahlung vorgemelter gewonlicher rechnung uff ainig oder mehr frist oder / 725 / an bawhaltung seumig und die nit thun würden wie vorsteet, so haben alsdann wür oder unser nachkommen pfleeger und maister vollen gewalt und guth recht, inen das vorgemeldt sieden uff zu sagen und zu des mehrgenannten spittalls handen zu nemmen und fürter zue verleihen, wem und wohin wür wöllen, und doch daruff zu pfänden und zu verbieten, so lang und viel, bis dem spittal umb sein ausständig rechnung vollkommene ausrichtung und vergnügung beschehen ist, ohn allen sein costen und schaden, alles nach des Haals recht und gewohnhait, ungevehrlich.

Und des zu wahrem urkundt so geben wür mehrgenannten pfleeger / 726 / und maister für uns und alle unsere nachkommen dem gedachten Hannsen Geyer diesen briefe, besigelt mit des ehegenannten spittals insigel, das der rahte hie zu Hall, der das inhalt, hieran hat thun henckhen, der geben ist am freytag nach sanct Vlrichs tag, nach Christi unsers lieben herrn gepurt vierzehen hundert und in dem acht und neunzigsten jahre.

Abschr. HA B 654 S. 722 ff. – *Üs.:* Der spittal allhie vererbt Hannsen Geyer ain sieden in der Hohen gassen gelegen. – *Hv.:* Vide signat. K. n°. 6 laden 403, jen. Reg. B. n°. 9 f. iii a., sig. e 29. – *W. Abschr.: StAH 9/3 Nr. 3.*

U 59

1498 Juli 12 (Do n Kilian)

Das Siechenspital verleiht Konrad Beyschlag ein Sieden zu Erb.

554 / Ich Hainrich Berler und ich Caspar Eberhardt, baide zu Schwäbischen Hall und zu den zeiten von schickhung und ordnung wegen des raths zue Schwäbischen Halle p[f]leeger, und Leonhardt Rupp, meister des Siechen spithahls daselbs zu Hall am Bach gelegen, bekhennen offentlich und thuen kundt allermenniglich mit diesem brief, das wür mit gutem veraintem willen, wolbedachten sinnen und muethen und mit gemainer that und handlunge und sonderlich mit wisen, willen und zu geben des vermelten raths für uns und alle unsere nachkommen pfleeger und / 555 / maister Conrad Beyschlagen, dem sieder, burger zu Schwäbischen Halle und allen seinen erben zu ainem rechten öwigen erbe verliehen und vererbt haben des genandten spithahls aigen sieden allhie zu Hall im Haal bey dem Sulfferthor im Gäßlin, in dem haalhauß, darinnen Hermann Büschler anderhalb dritthail und Burckhardt Eberhardt das drit dritthail hat, gelegen, mit allen zu gehörden und rechten, so lang er und sein erben das vergelten und verdienen mögen;

und auch also beschaidenlich, das der ehegenandt Conradt Beyschlag und sein erben das vorgeschriben sieden mit allen zu gehörden und rechten in gutem wesenlichen / 556 / baw haben und dem vermelten spithal alle jahr davon reichen und geben sollen die gewonliche rechnung zu zwayen zilen des jahrs, nemblich halbs uff sanct Jacobs des hayligen zwölf botten tag und den andern halbthail uff das haylig hochzeithlich fest weyhenächten, alles nach des Haals recht und gewohnhait daselbs ohne fürzug, widerred und auch gar und gäntzlich, ohne allen des spithahls costen und schaden.

Wa sie aber an bezahlung vorgemelter gewohnlicher rechnung uff ainich oder mehr frist oder an bawhaltung seumig und die nit thun würden wie vorsteehet, so haben alsdann wür oder unser nachkommen / 557 / pfleeger und mayster vollen gewalt und gueth recht, ihnen das vorgemeldt sieden uff zu sagen und zu des mehr genannten spithahls handen zu nemmen und fürter zu verleyhen, wehm und wohin wür wollen, und doch daruff zu pfenden und zue verbieten, so lang und viel, bis dem spittal umb sein ausständig rechnung vollkommene ausrichtung und vergnügung beschehen ist, ohne allen seinen costen und schaden, alles nach des Haals recht und gewohnhait, ungevehrlich.

Und des zu wahrem urkundt so geben wür mehrgenante pfleeger und maister für uns und alle unßere nachkommen dem gedachten / 558 / Connrad Beyschlag diesen brief besigelt mit des ehgenanten spittahls insigel, das der rhate hie zu Hall, der das in hat, hieran hat thun henckhen, der geben ist am donderstag nach sant Kylianstag nach Christi unsers lieben herrn gepurt vierzehen hundert undt in dem acht und neuntzigsten jahre.

Abschr. HAB 654 S. 554 ff. – *Üs.:* Belehnung von spithalpfleger Conraden Beyschlagen beschehen. – *Hv.:* Zu finden in der laden 408, bezeugnet am eckh mit nr°. 6 de anno 1498. Junge fol. 429 n°. 60. item das urthel de anno 1609 sub. fol. 594. n°. 102. – *Vgl. U 89.*

U 60

1498 Juli 12 (Do n Kilian)

Das Siechenspital verleiht Hans Botz ein Sieden zu Erb.

Ich Heinrich Berler und ich Caspar Eberhardt, beyde zu Schwäbisch[en] Hall und zu den zeiten von schickung und ordnung wegen des raths zu Schwäbisch[en] Hall pfleeger, und Lienhardt Ruepp, meister des Siechen spithals daselbst zu Hall am Pach gelegen, bekennen offentlich und thun kundt allermänniglich mit diesem brief, das wir mit gutem vereinten willen, wohlbedachten sinn und muth und mit gemeiner thatt und handlung und sonderlich mit wißen, willen und zugeben des vermelten raths für uns und alle unsere nachkommen pfleeger und meister Hanns Bozen, dem sieder, burger zu Schwäbisch[en] Hall, und allen seinen erben zu einem rechten ewigen erb verliehen und vererbt haben des gemeinen spithals eigen sieden allhie zu Hall im Haal am Bürdenmarckt, zwischen Barbara von Rinderbach, Hannsen Sieders seel[igen] ehel[icher] verlasner witwen, Peter Biermanns und Conz Vogelmanns sieden gelegen, mit allen zugehördten und rechten, so lang er und seine erben das vergelten und verdienen mügen.

Und auch also bescheidenlich, das der ehgenant Hanns Boz und sein erben das vorgeschrieben sieden mit allen zu gehördten und rechten in gutem wesenlichen bau haben und dem vermelten spithal alle jahr darvon reichen und geben sollen die gewohnliche rechnung zu 2 ziehlen des jahrs, nemblich halb uff st. Jacobs des heyligen 12 botten tag und den andern halbtheil uff das heylige ⟨hochzeit⟩ *(gestr.)* fest weyhnachten, alles nach des Haals recht und gewohnheit, dasselbs ohne fürzug, wiederredt, und auch gar und gänzlich ohne allen des spithals costen und schaden.

Wo sie aber an bezahlung vorgemelter gewohnlicher rechnung uff einig oder mehr frist oder an bauhaltung seumig sein und die nit thun würden wie vorstehet, so haben alsdann wir oder unsere nachkommen pfleeger und meister vollen gewalt und gut recht, ihnen das vorgemelt sieder(!) uff zusagen und zu des mehrgenanten spithals handen zu nemmen und fürter zu verleyhen, wann und wohin wir wollen, und doch daruff zu pfänden und zue verbieten, so lang und viel, bis dem spithal umb sein ausständig rechnung vollkommene ausrichtung und vergnügung beschehen ist, ohne allen seinen costen und schaden, alles nach des Haals recht und gewohnheit ungefehrlich.

Und des zu wahrem urkundt so geben wir mehr genanten pfleeger und meister für uns und alle unsere nachkommen dem gedachten Hanns Bozen diesen brief, besiegelt mit des ehgenanten spithals insigel, das des raths [a)] hie zu Hall, der das innen hat, hieran hat thun hencken; der geben ist am donnerstag nach st. Kilians tag, nach Christi unsers lieben herrn geburth vierzehenhundert und in dem acht und neunzigsten jahr.

a) *lies:* der rath

Abschr. HA A 537 – Signn.: vorn rot 177, *rücks.* No. 6, Lit. A 4. – *W. Abschrr.: HA A 341 Bl. 1 f.; HA B 658 S. 109 f. m. Verm. S. 110 o. l.:* Diesen brief hat in originali Johann Wilhelm Schübelins, sieders, eeweib Euph[rosina] Elisab[etha] Sandlin, doch ohne sigill; ist diese copia darauß von mir l[icentia]t Müllern am 27. Martii 1706 collationirt worden.; *HA B 790 S. 1217; Bühler 2 S. 1091 f.*

U 61

1498 Juli 12 (Do n Kilian)

Das Siechenspital verleiht Hans Reitz anderthalb Sieden zu Erb.

Ich Hainrich Berler und ich Caspar Eberhardt, baid zu Schwäbischen Halle und zu den zeiten von schickung und ordnung wegen deß raths zu Schwäbischen Halle pfleeger, und Lienhard Ruepp, meister deß Siechen spithals, daselbs zu Hall am Bach gelegen, bekennen ofentlich und thun kund allermäniglich mit diesem briefe, daß wir mit gutem veraintem willen, wohlbedachtem sinnen und muthe, und mit gemeiner that und handlung, und sonderlich mit wißen, willen und zugeben deß vermelten raths für uns und alle unsere nachkommen pfleeger und meister Hanßen Reitzin, dem sieder, burger zu Schwäbischen Hall, und allen seinen erben zu einem rechten ewigen [a] erbe verliehen [b] und vererbt haben des genanten spithals anderthalb aigen sieden alhie zu Hall im Haal, in dem haalhauß, darin Hans von Morstain auch ein halb sieden hat, bei dem Block hin hinder, zwischen der statt und dem sieden, daß da gehört an der heyligen dreyen könig altar in st. Michels pfarrkirchen, gelegen, mit allen zugehördten und rechten, so lang er und sein erben die vergelten und verdienen mögen.

Und auch also beschaidenlich, daß der ehegenant Hanß Reitzin und seine erben die vorgeschrieben anderthalb sieden mit allen zugehördten und rechten in gutem wesentlichen bau haben und dem vermelten spithal alle jahr darvon raichen und geben sollen die gewohnliche rechnung zu zweyen ziehlen des jars, nemblich halbs uf st. Jacobs des heyligen zwölf botten tag, und den andern halbtheil uf das heylig hochzeitlich fest weyhenachten, alles nach des Haals recht und gewohnheit daselbs, ohne fürzug, wiederreed, auch gar und gänzlich ohne allen des spithals costen und schadten.

Wo sie aber an bezahlung vorgemelter gewohnlicher rechnung uf einig oder mehr frist oder an bauhaltung seumig und die nit thun würden wie vor steth, so haben alsdann wir oder unser nachkommen pfleeger und meister vollen gewalt und gut recht, ihnen die vorgemelten anderthalb sieden ufzusagen und in des mehrgenanten spithals handen zu nehmen und fürter zu verleyhen, wem und wohin wir wöllen, und doch darauf zu pfändten und zu verbieten, so lang und viel, biß dem spithal umb sein außständig rechnung vollkommene außrichtung und vergnügung beschehen ist, ohne allen seinen costen und schadten, alles nach deß Haals recht und gewohnheit ungefehrlich.

Und deß zu wahrem urkund, so geben wir mehrgenanten pfleeger und meister für uns und alle unser nachkommen dem gedachten Hanßen Reitzin dießen brief besiegelt mit deß ehegenanten spithals insiegel, daß der rath hie zu Hall, der das inhat, hieran hat thun hencken; der geben ist am donnerstag nach st. Kilians tag, nach Christi unsers lieben herrn geburth vierzehen hundert und in dem acht und neunzigsten jahr. (L. S.)

a–b) *mit Doppellinie unterstr.*

Abschr. HA A 537 – Rv.: Copia eines Reitzischen erbbriefs über $1^1/_2$ sieden im haalhauß beim Block hin hinter, de anno 1498.

U 62

1498 Juli 12 (Do n Kilian)

Das Siechenspital verleiht Peter Vogelmann gen. Botz ein Sieden zu Erb.

141 / Ich Heinrich Berler und ich Caspar Eberhardt, baid zue Schwäbischen Halle und zu den zeiten von schickung und ordnung wegen des rats zu Schwäbischen Halle pfleger, und Lienhart Rupp, maister des Sichen spithals, daselbs zu Hall am Pach gelegen, bekennen offentlich und thuen kunt allermenniglich mit disem briefe, das wir mit gutem veraintem willen, wolbedachtem synne und muten und mit gemeinem rat und handlunge und sonderlich mit wissen, willen und zugeben des vermelten ratz für uns und alle unsere nachkommen pfleger und maister Peter Vogelmann, genant Botzen, dem sieder, burger zu Schwäbischen Halle, und allen seinen erben zu einem rechten ewigen erb verlyhen undt / 142 / vererbt haben des genanten spitals aigen sieden alhie zu Hall im Hale bey dem Sulferthor zwischen Hansen Blintzigs und dem sieden, das an st. Ottilia altar in dem obgenanten spithal gehort, gelegen, mit allen zugehorden und rechten, so lang er und sein erben das vergelten und verdienen mügen.

Und auch also beschaidentlich, das der egenant Peter Vogelman und sein erben das vorgeschrieben sieden mit allen zugehördten undt rechten in gutem wesentlichem bawe haben und dem vermeltem spithal alle jar davon raichen und geben sollen die gewonlich rechnung zu zweyen zielen des jahrs, nemlich halbs uff st. Jacobs des hailigen zwölf botten tag und den andern halbtail uf das hailig hochzeitlich fest weyenachten, alles nach des Haals recht und gewonheit daselbs, one fürzug, wiederred, und auch gar und genzlich, one allen des spitahls costen und schaden.

Wa sie aber an bezalung vorgemelter gewohnlicher rechnung uff ainich oder mer frist oder an bauhaltung sumig und die nit thun würden wie vor steet, so haben alßdann wir oder unser nachkommen pfleger und maister vollen gewalt und gut recht, inen das vorgemelt sieden ufzusagen und zu des vorgenanten spitals handen zu nemmen und fürter zu verleihen, wem und wohin wir wollen, und doch daruf zu pfänden und zu verbieten, so lang und viel, biß dem spital um sein außstendig rechnung vollkomne außrichtung und vergnügung beschehen ist, one allen seinen costen u[n]dt schaden, alles nach des Haals recht und gewonheit, ungeverlich.

Und des zu warem urkundt so geben wir mergenanten pfleger und maister für uns und alle unser nachkommen dem gedachten Peter Vogelman diesen briefe besiegelt mit des egenanten spitals insiegel, das der rat hie zu Hall, der das inhat, hieran hat thun hencken, der geben ist am donderstag nach st. Kilians tag nach Christi unsers lieben herrn gepurt vierzehenhundert und in dem acht und neunzigsten jare.

Abschr. HA B 656 S. 141 f. – Hv.: ... welchen brief in originali Johann Conrad Sümoth, schreiner, mir den 10. Octobris 1695 [co]gnicirt und solchen von den Seybothischen erhalten haben solle.

U 63

1501 Mai 21 (freytag in dem heyligen auffartstag)

Hans Merstat der Alte verleiht Hans Hub, Michel Seyboth, Heinz Botz, Burkhart Mengoß und Margaretha, Witwe des Hans Hein, ein Sieden zu Erb.

48 / Ich Hanß Merstatt der alt, burger zu Schwäbischen Hall, bekenne offentlich und thüe kunt allermänniglich mit disem brief, das ich mit gutem willen und wolbedachtem sinn und muth für mich und alle meine erben zu einem rechten stetem und ewigen erb verliehen und vererbt hab Hub Hanßen, Michel Seubothen, Heintz Botz, Burchard Mengossen und Margretha, Hanß Hainen seeligen ehelich verlassene witwen, burgerin zu Hall, und allen ihren erben mein ganz sieden zu Hall im Haal uff dem Bürdenmarck in dem haalhauß, darinnen das stift Comberg 8 aymer und Conrad Vogelman zu Hall 12 aymer haben, gelegen einerhalb an das Gäßle / 49 / und anderhalb an des spithals sieden stoßend, mit allen zugehördten und rechten, weilen sie und ihre erben das vergelten undt verdienen mögen;

[also,] das sie und alle ihre erben das vorgeschrieben sieden mit allen seinen zugehörden und rechten hinführo allwegen genißen und in gutem wesentlichen bau haben und halten und mir und meinen erben jährlich davon reichen und geben sollen die gewohnliche rechnung, alß sich von solchem sieden gebührt uff 2 ziel, nemlich halben uff st. Jacobs des heyligen vornehmen 12 botten tag und das ander halb theil uff das heylige hochzeitliche fest weynachten, alles ohne schaden, nach des Haals der statt Hall gewohnheit und recht, ohne gefehrde.

Wo aber die gemelten Hueb Hanß, Michel Seyboth, Heinz Booz, Burckhardt Mengoß und Margretha Hainin oder ihre erben an wesentlicher bauhaltung oder bezalung / 50 / gerührter gewohnlicher rechnung uff ein oder mehr ziehl saumig und die nit thun würden inmassen wie vorstehet, so hab ich obgenanter Hanß Merstatt und alle meine erben macht und gewalt, solch sieden zu meinen handen zu nemmen und pfannen und gewöhrt scheiden zu lassen, nach des Haals der statt Hall gewohnheit und recht, auch fürbaß ewiglich, alles getreulich und ohn alle gefährde.

Undt deß zu wahrem urkhundt so hab ich obgemelter Hans Merstatt mein aigen insigel an disen brief gehangen und darzu mit fleiß erbetten den erbarn und vesten Bernharden von Rinderbach, auch zu Hall, als meinen lieben tochtermann, das er sein eigen insiegel, doch ihm und seinen erben in ander weeg ohne schaden, zu noch mehrer gezeugnuß auch offentlich hieran gehangen hat. Der geben ist am freytag in dem heyligen auffartstag, als man zalt nach Christi unsers lieben herrn gepurt 1501.

Abschr. HA B 656 S. 48 ff. – Hv.: Decopirt anno 1694, den 11. xten von einer copia, so Hans David Mayer, maler, in handen hat. – *Randv. S. 48 o. l.:* Hiervon hat tit. herr senator und Bühler amtmann Leonhardt Friderich Textor in seinem von herrn oberschreiber Johann David Fischern im ☽ Mayo 1694 uffgerichten haalssiedensbuch auch ein copiam. – *Reg.: WL 4079 (1501 Mai 21) – Vgl. U 120.*

U 64

1503 Juni 30 (Fr n Peter und Paul)

Elisabeth Keck und Hans Merstat d. J. bekennen, daß sie Michel Seyboth ein halbes Sieden zu Erb verliehen haben.

Ich Elisabetha Keckin, Philipps von Angenlochs seelig eheliche verlassene wittib zu Schwäbisch Halle und ich Hans Merstatt der junge, burger daselbst, bekennen offentlich und thun kund allermånniglich mit diesem briefe, daß wir mit gutem vereinten willen und wohlbedachten sinnen und müten, auch gemeiner tat und handlunge fůr uns und alle unsere erben zu einem rechten steten und ewigen erbe verliehen und vererbt haben Michel Seybothen auch burgern zu Hall und allen seinen erben unser halb sieden, daran das andere gegenhalbtheil desselben Michel Seyboths ist, allhie zu Hall im Haal in dem haalhauß zwischen Hermann Büschlers, Michel Senfften und Hansen Otten sieden gelegen, mit allen zugehörden und rechten, weile er und seine erben das vergelten und verdienen mögen,

und auch also bescheidentlich, daß er und alle sein erben das vorgeschrieben halbsieden mit allen seinen zugehörden und rechten hinfüro allwegen in gutem wesentlichen baut [a] haben und halten und uns und unsern erben jährlichs davon reichen und geben sollen die gewohnliche rechnung, als sich von solchen halben sieden gebührt, uf zwey zil, nemlich halbs uf s. Jacobs des heiligen mehreren zwölf botten tag und das ander halbtheil uf das heilig hochzeitlich fest weihennacht, alles ohne schaden, nach des Haals der stadt Hall gewohnheit und recht, ohne gevärde. Wo aber der vermelt Michael Sey[b]oth oder seine erben an wesentlich[er] bauhaltung oder bezahlung ehegerürt gewohnlicher rechnung uf ein oder mehr zil såumig und die nit thun würden inmaßen wie vorsteet, so haben wir obgenannten Elisabetha Keckin und Hans Merstatt und alle unsere erben macht und gewalt, sölch halbsieden zu unsern hand[en] zu nehmen und pfannen und gewerd scheiden zu lassen, aber nach des Haals der stadt Hall gewohnheiten und recht, auch fürbaß ewiglich, alles getreulich und ungefährlich.

Und daß zu wahrem urkunde so hab ich obgenannte Elisabetha Keckin mit fleiß erbetten den erbaren und vesten Rudolf Nägelein zu Hall, daß er von meiner fleißigen gepett und meinen wegen sein eigen insiegel, doch ihm und seinen erben ohne schaden, zugezeugknuß offentlich an diesem brief gehangen hat. Und zu noch mehrer gezeugknuß so hab ich obbemelter Hans Merstatt von mein selbs wegen mein eigen insiegel auch hieran gehangen, der geben ist am freitag nach s. Peter und Pauls der zweier heiligen zwölf botten tag alß man zåhlt nach Christi unser[s] lieben herrn geburt fünfzehnhundert und drey jahre. (L. S.) (L. S.)

a) *lies:* bau

Dr.: Hufnagel S. 7 f., Fn. cc. – Vgl. U 120.

U 65

1504 Dezember 9 (Mo n unser Frauen Empfängnis)

Schultheiß Konrad Büschler bekennt: Vor dem Gericht zu Hall hat Klas Welling gen. Maier den Lienhart Flurhey gen. Huß um ein ihm, Welling, zugesagtes Erbe an einem Sieden verklagt. Nach dem Vortrag des Beklagten, er habe das Erb nur unter dem Vorbehalt versprochen, daß nicht schon ein anderer eine Gerechtigkeit an dem Sieden habe, haben die Richter das streitige Erb dem jungen Heinrich Neuffer und seiner Schwester, Hans Köhlers Hausfrau, zugesprochen, die ihr Recht mit einer besiegelten Urkunde beweisen konnten.

(Erster Termin, Klage Wellings, Klagerwiderung Flurheys, weitere Parteierklärungen, Zwischenurteil:)

263 / Ich Cunrat Büschler, an der zeyt schulthaiß zu Schwäbischen Hall, bekenn offenlich und thun kund allermenigklich mit disem brief, das uff mitwoch nach sant Elisabethen tag [1] nechst verschinen für mich und das gericht zu Hall mit erlaupten und zu recht angedingten fürsprechen in recht komen und gestanden sind Clas Wölling, genant / 264 / Mayer, burger zu Halle, als clager ains, und Lienhart Flurhay, genannt Huß, als antwurter anderstails.

Und lies genannter Clas Wölling in recht clags weyß fürpringen und reden die mainung.

Clas Wölling. Bey vergangen jarn het sich begeben, daß Hannsen von Buch zu Nekkersulm wer ein erb alhie angefallen, under anderm xiii aymer suln hie im Hal in dem Grosen halhaws, darin ain erber rat auch ain sieden hete. Dieselben xiii aymer mit etlichen andern gülten het genannt Hanns von Buch Clasen als seinem guten freund und gesellen zu kaufen gegeben nach lawt ains contracts und / 265 / instruments daruber begriffen. Nun het nachmahlen Lienhart Flurhay als Clasen guter freund und gesell Clasen angesünnen, ine an denselben kauf steen zelasen. Das het im Clas gütlich gewilligt aus vorgemelt guter freundschaft und gesellschaft, doch auch mit sollichem geding, nachdem Lienhart das merer tail an dem sieden gewunne, das er im das erb an demselben sieden wollt lasen. Das het im Lienhart auch bewilligt und zugesagt. Nun stund sein, Clasen, sach jetzo dermassen und nahnet die zeyt, das er sollig sieden zesieden selbs notturftig wer. Het Lienhart ersucht, in darzukomen ze lassen. Der het sich desen gesperrt. Da/ 266 /rumb er für ein erbern rat komen wer und gemaint, ain erber rat sollt im darumb ain spruch gegeben han, damit er rechts vertragen bliben, nachdem er es lieber gutlich gehabt haben wolt und nit gern wider Lienhart rechtlich handelt. Wie dem, so es dann nit anderst sein möcht, bat und begert er Lienharten gütlich daran zeweysen, das er in zum sieden komen lies. Wa es aber gütlich nit sein wolt, bat er, im darumb rechtlich zu erkennen, mit vorbehaltung, wa im Lienhart in sein clag strowet, die zu mindern und zu meren wie recht wer.

Das verantwurt Lienhart / 267 / Flurhay der mainung: Die clag durch Clas Wöllingen beschehen gründet uff zway stuckh, das ain uff ain erb an aim sieden, das ander umb xli ß. gült. Zu dem ersten, das erb betreffend, gestund er im deß kaufs nicht anderst dann in sollicher gestalt, er Lienhart het erkauft von Hannsen von Buch und Clasen Wölling die angezogen xiii aymer sulen samentlich. Het auch darumb sein gichtigen kaufbrief von inen beden. Nach sollichem het sich begeben, das das halhaws bawens bedorft. Wer Clas zu ime komen, het angezaigt, das das halhaws bawfällig wer. Und nachdem er das merer tail am sieden het, in gepeten, im das erb am sieden zuzestellen und / 268 / zu lasen. Daruff er im geantwurt, er het kain kind, das er zum sieden ordnen, so wollt er es selbs auch nit sieden. Und so verr nyemand kain gerechtigkait oder beser gerechtigkait daran het, so wollt er im das erb daran lasen. Aber Clas Wolling het in seiner kisten brief gehabt und selbs gewist, das es von alter andern vererbt gewest wer, und in doch darüber also angesucht. In getrawen, die weyl er im nit anderst dann gehort zu gesagt het, das er im umb sein zuspruch nichts schuldig wer.

Dawider Clas Wolling: On not wer clag und ant/ 269 /wurt zu vernewen, dann ain erber gericht het die in guter gedächtnus. Dann so vil, das Clas kein forderung der angezogen gült halb gethan het, wol etlicher mas bemeldtet. Aber sein clag stund umb ain forderung ains erbs an dem sieden, so er im im kauf von Hannsen von Buch herrürend vorbehalten het. Nun wollt Lienhart die sach umbgeeen und nemlich das erb am sieden nit han und doch lehenherr sein und also zway recht haben, die bey ainander nit möchten besteen. Dann kain erb haben und doch lehenherr sein möchten nit sein. Daru[m]b so antwurtet er im pillich lawter. Aber es wer gut zeglauben, das Clas Lienhart ain sollichen kauf nit zu gewendt hett, wa im das erb nit da/ 270 /gegen worden sein sollt, angesehen, das er den gegen andern wol umb xxx oder xl gulden hoher onworden und genoßen haben möcht. Aber aus alter guter freundtschaft und gesellschaft het er Lienharten den kauf zugewendt und daruf Lienhart im zugesagt und bewilligt das erb an dem sieden in dem Grosen halhaus an der stat, daran Lienhart das merer tail het. Nun wer bey kurtz verschinen zeyten die sach vor rat gewest und ain entschied gangen lawt ains zetels deselben entschaids, den er alspald inlegt, und der verlesen ist, lawtend wie hernach folgt.

271 / Zwischen Hannsen Köler dem jungen, schuhmacher, ains und Claus Wöllingen, genant Mayer, seinem stiefschweher, anders tails entschaidt ain erber rat, das ain erber rat von wegen ains rats sieden, das jetzo Claus Mayer sewdet und daran ain rat Claus Mayer[s] stiefkindern kains erbs gesteet, das angezaigt halhawß zum halbtail woll hölfen bawen und von wegen des andern siedens, daran der rat hat vier aymer, Liennhart Huß xiii aymer und Claus Mayers stiefkind drey aymer und daran desselben Claus Mayers stiefkind ain erb zehaben vermainen, des aber Lienhart Hus nit gesteet, entschaid ain rat, / 272 / das Claus Mayer den andern halbtail des halhaus pawen helfen soll. Und wann es zum fall kommpt, so soll jederman sein gerechtigkait vorbehalten sein. Also ob es sich erfunde, das Mayers stiefkinde das erb an jetz gemelten sieden hetten, nachdem dann Mayer und sein haußfraw den beysitz seiner hausfrawen lebens lang an den lügenden gütern haben, das dann deselben pawgelts halb soll geschehen, was ain erber rat erkenndt. Erfinde sich aber, das die vermelten kinder kain erb an jetzt gedachtem sieden hetten, so solt furter zwischen Claus Mayern und den jhenen, dero / 273 / dasselb sieden ist, aber geschehen, wes ain erber rat erkennt des pawgelts halb.

Nach verlesung desselben ließ er weyter reden, aus dem wer der entschid bey kurtzen tagen beschehen gehort und offenbar, das Lienhart das merer tail an dem sieden und an der angezogenen hoffstat het, nach demselben clagte und nach kaim andern. Es wer auch ain statut und gemächt im Hal, wöllicher das merer tail hätte, das demselben das lehen zustünd. Darumb und dieweil im dann Lienhart das erb lauter zugesagt het on fürwort, so trawte er, er hielt ims pillich und schiebe das wasser nit uff ander.

274 /Dagegen Lienhart allermasen wie vor und des mer: Das er kains wegs Clase

Wölling gestünd, das er im das erb anderst, dann mit den verworten [a] wie gehort wer, nemlich so ferr nyemand kain besser gerechtigkait darzu habe, zugesagt. Darzu so het Clas das sieden hinder im vernd lasen schaiden und das sieden mit seiner hausfrawen bey den xxx jaren her gesoten.

Er kunt darzu nicht, das sein, Clasen, stiefkinder ain erb wollen daran haben, als sie auch darumb brief han sollen. In getrawen, er wurd von der clag pillich ledig erkannt.

Wider solliches Wölling gantz wie vor: Lienhart het im das erb zugesagt frey on vorwort. / 275 / Wer auch des siedens lehenherr. Darumb er im sollichs pillich laiste oder aber mit den jhenen, so vermainen, das erb zehaben, außfindig möchte, wes das were, und weyßt die ausflucht nit uff in. Und als Lienhart vom hinschaiden sagte, das wer im nit lieb gewest, er het es müsen thun. So trag es nichzit uff im, das er und sein weib das sieden lang gesoten heten, dann es wer nichts in demselben fall, sondern der stritt umb das zusagen diß erbs. Darumb getrawete er, das im Lienhart sein zusagen hielt, söllt auch also mit recht erkannt werden.

Gegen sollichem Lienhart auch allermaß wie vor.

Und als sie von beden tailen mit mer worten vorberurt und dergleych mainung, unnottürftig / 276 / zu beschreyben, die sach zu recht satzten, haben die richter nach allem fürtrag zu recht erkenndt, das bede tail durch diser stat geschwornen butel den jhenen, so an dem angezognen sieden das erbe zehaben vermainen, zu disem rechten pillich verkunden und mitpringen sollen uff mitwoch schierist und ob sie wollen ir gerechtigkait des halb hören und erscheinen zelasen. Und es besc[h]ehe [b] also oder nit, so soll alsdann verrer ergeen, was recht sein wird. Nachmaln erstreckht bis uff freytag sant Andreas aubet [2] nechst darnach.

(Zweiter Termin, weiterer Vortrag des Klägers und des Beklagten sowie Hans Köhlers:)

Darnach uff freytag sant Andres aubet egemelt sein vor mir und dem gericht / 277 / widerumb erschinen der vorgenannten bede partheyen und mit inen Hanns Koler, der schuster.

Und lies Clas Wölling sein clag wider Lienhart Flurhayen entsprängen und vernewen. Und dabey, das er bisher nit sondern entschid het mögen erlangen, dann sollt er zum sieden nit mögen kommen, so wer im sollichs ain grosser schad. Dann er hett sich mit holtz und anderm darzu gericht und wurd im ain mercklichen schaden geperen. Nun wer er alayn gegen Lienhart Flurhayen und sust gegen nyemand vertagt, demnach er spruchs gewartet, behielt im auch nemlich bevor sein schaden alsdann gegen Liennharten, darein er in durch sein uffhalten und verziehen wurfe. Dann / 278 / Lienhard het im das erb an dem sieden zugesagt, wann er das wollte oder forderte, ime dasselb zuzestellen. Getrawet auch, das verfolgte im und wurd auch also erkennt. Dann der kauf umb diß sieden und andrer guter wer erstmals uff ine Clasen gestellt. Und als er den kauf Lienharten zugefügt, het er im darin das erb vorbehalten und Lienhart solchs im zu gelaßen. Wer auch gut zeglauben, so ainer ain guten kauf het und wollte den aim andern aus guter freundtschaft zustellen, das er im darein etwas, das im gelegen wer, vorbehielt. Das wer in disem fall auch beschehen mit dem erb. Daß / 279 / nun der kauf uff ine Clasen gewendt, deß wer ain instrument uffgericht worden, das Lienhart inhet, vorang[. .] [c] bat Lienharten daran zeweysen, zu glauben seins furgebens das instrument darzelegen und hören zelaßen. Wurd sich das also erfinden. In getrawen, Lienhart

a) *lies:* vorworten b) *und. übergeschr.* c) *Schlußkürzel, ?*

wurd demnach nochmals daran gewisen, im sein erb zu zestellen, mit vorbehaltung seiner schaden, darein er unpillich geworfen wurd.

Dagegen Lienhart Flurhay von wegen Clas Wöllingen tet jetzo ain undienstliche lange red, auch on not fürpracht, weyt von dem, das nechst für beschaid geben wer. Dann mehr malen het Clas Wölling Lienharten / 280 / umb ain erb zu clagt. Dagegen Lienharts antwurt gehort, das er im sollichs nit anderst zu gesagt, so verr nyemand ander kain pesser gerechtigkait het, wie dann sollichs, als er acht, aigentlich uffgeschriben. Nun wer wisendt, das Köler entgegen und sein weib vermainten ain erb zehan. Mit dem möcht ers außtragen. Lies im derselb das erb, das wer seinthalb gethan. Thet er das nit, so getrawte er, das er im nichts schuldig seyn solt, dann er hett im nichts versprochen weyters, dann so ander nit beser gerechtigkait haben. Und er wer nit schuldig, sein brief darzulegen, wollt / 281 / auch sein brief nit darlegen noch darzu antwurten, getrawte wie vor.

Gegen sollichem Clas Wölling wie vor und des mer: Lienhart, der widertail wöllt, er hett ain lange red on not gethan und wer für nicht, wöllt auch nit darzu antwurten etc. Das nem in frembd. Dann das er het reden lasen, wer sein notturft. Aber Lienhart wolt im durch sein red den handel gern vertünckeln. Dann daruff stund der grund der sach, das er in dem angezogen kauf ime selbs das erb vorbehalten und Lienhart im sollichs gewilligt het. Dasselb gehays forderte und begerte er an Lienharten ime ze halt[e]n oder im aber sein schaden, / 282 / den er sollichs nithaltens halb leyden müste und leydet, ablegen und bekeren. Er bedorft sich auch mit Kölern nit behelfen, dann er forderte nichts an Kolern. Wer auch gegen Lienharten und nit gegen Kölern betagt und im rechten gehört. Lienhart het auch im das erb zugesagt, in dem als er den brief, so Köler han sollt, gewist. Er het auch selbs Kölern kains erbs gestanden, dess zúh er sich an den entschid nechst ingelegt. Daruber vermainte er, sich Kölers zu behelfen, und stünd zu Kölern. Stünd pillicher zu ime, Clasen. Aber warumb das bescheh, das wolt er, der fürsprecher nit reden, er, Clas, möcht es / 283 / selbs reden. Damit vertunckelt Lienhart den handel.

Als er dann sagte, er wöllt sein brief nit darlegen oder zu sein, Clasen, fürpringen antwurten, darzu sagte er, bey dem vermerckhte man vertüncklung deß widertails noch mer. Er, Clas, fragte nit vil nach den briefen oder dem instrument, alayn damit sein fürgeben war zemachn und zu aim glauben, das Clas im het vorbehalten das erb des siedens. Dann süst het er im disen kauf nit geben oder zu gewendt. Darumb so kerte er sich an Kölern nichts, sondern an Liennhart Flurhayen. Bat auch umb das alles den nechsten abschid, auch den entschaid zu verlesen. Getrawt auch daruff noch maln, / 284 / Lienhart wurd gewisen, ime das erbe zuzestellen oder sein schaden abzelegen. Und davon würd er sich anderst nit weysen lasen.

Lienhart Flurhay wie vor und des mer. Wann der widertail gleych lang davon redet, so gestunde er Lienhart, das er Clasen das erb zugesagt, so verr nyemand kain pesser gerechtigkeit darzu hett, nun aber so wer vormals gehört, das Köler und sein haußfraw an gemeltem sieden ain erb zehaben vermainten. Darumb sie auch hieher vertragt [d)] wern. So getrawte er, das sie pillich gehört wurden, stunde auch nicht zu im oder begehrte sich sein nicht zu ge/ 285 /trosten. Dann so viel an im selbs erhiesch, das auch der nechst abschid also gegeben worden wer, des päte er denselben abschid zu verlesen, aber der widertail möcht den abschid nit wol leyden zu verlesen. Er getrawet aber, er wurd pillich verlesen.

d) *lies:* vertagt

Clas Wölling: Er möchte wol leyden, den abschid zu verlesen, er trüge des kain schewhe; begehret den auch zu verlesen. Daruf ist gemelter jüngstgegebener abschid verlesen worden.

Licentiat Berler, darzu Hanns Köler als die dritt parthey zu diesem handel verkundt ließ reden: Es wer hievor in dieser sach von Clasen Wölling ain clag und handtlung in langer mainung ingepracht [e)], auch dagegen von Lienhart / 286 / Flurhayen in langer reden antwurt dargethan. Wolliche handlung ime als dem jhenen, den dingen nit bey gewest, sonderlich nit kundig; so wer auch sein schwager, den der handel gleicherweyß beruret, nit entgegen. Darumb er getrawte, er wer nit schuldig in der sach zereden, hoffet auch, es solt je ine und sein hawsfrawen nit verletzen.

Zu sollichem Clas Wölling, er hette vorgesagt und sagt es noch, das er nit wiste mit Kolern, der dritten parthey, ichzit zu [f)] geschicken haben; wer auch gegen im nit betagt. Und in was gestalt Kölern hierzu verkundt oder zu verkunden erkannt / 287 / wer, bey demselben lies er es bleyben, als es wer. So verre er, Clas, getrawet wie vor, das im pillich Lienhart Flurhay sein zu sagen hielt und im das erb zustellet, oder im aber sein schaden ableget.

Lienhart Flurhay lies reden, er getrawet wie vor, das Köler seiner gerechtigkeit halb inhalt des verlesen abschieds pillich gehort wurd. Und ob er icht pillich gehort wurd oder nit, das wollte er hiemit zu der richter erkantniß gesetzt han.

Hans Köler wie vor. Nachdem sein schwager und andere hierzu gehorig nit entgegen wern, er auch sonderlich nit an gefordert wurd, so getrawte er wie vor, das er hierzu ze antwurten oder hierinnen zehandeln nit schuldig wer.

288 / Und als sie von allen tailen damit und mit mer worten vorberürter und derselben gleych mainung, unnottürftig zu beschreyben, die sach zurecht satzten, haben die richter der urtail ain bedacht genomen bis uff montag nach sant Andres tag appostoli [3)] nechst verschinen und dabey Kölern lassen sagen, das er seins schwagers vormünder mit im pringen soll.

Und uff jetzgenannten montag haben die richter aus fürgefallen andern geschäften und abwesens etlicher fürsprecher und richter gemelten rechts tag erstreckht bis uff montag nach unser lieben frawen tag, als sie empfangen ward, heit datum diß libells.

(Dritter Termin, weitere Verhandlung und Urteil:)

289 / Uff jetzgenannten montag hewt datum sein vor gericht erschinen die vorgemelten Clas Wolling, Lienhart Flurhay, Hanns Köler und mit ime Hanns Neyffer, Hainrichs seligen sune, als vormünder Hainrich Neyffers des jungen.

Und haben der jetztgenannte Hanns Neyffer, Hainrich Neyffers seligen sune, und Hanns Köler fürprachten die mainung hievor wer gehort an, clag und fürpringen von Clasen Wölling wieder Lienhart Flurhayen und herwiderum von Lienhart Flurhayen ain antwurt und red gegen Clasen Wölling, betreffend ain erb an aim sieden, das sein, Kölers, und seins schwagers, und wer in denn selben handel erkannt worden, inen hierzu zu verkunden. / 290 / Also erscheinen sie hie und prächten für, das das angezogen erb an dem sieden ir wer. Des halben sie befrembdet, das Clas nach sollichem erb forderte.

Das aber inen das erb an disem sieden zustünd, deß legen sie dar ainen besigelten brief, mit bitt, den zu verlesen. Der auch alßpald verlesen worden ist, lautend von worten zue worten wie hernach folgt.

e) *Wortanfang übergeschr.* f) *übergeschr.*

290–292 / *(Es folgt der volle Wortlaut von U 13 vom 22. 1. 1397.)*

293 / Und nach verlosung [g] des gemelten briefs liesen sie verr reden, daraus wer zu versteen, das Hanns Neyffer vormals ain halb sieden in gemeltem halhaws ligend gehabt, und zu demselben Dietrich Stieber sein halb sieden gemeltem Neyffer auch gelihen. Bey dem lawt zu vernemmen wer, das das erb inen zustund, wer auch also uff sie beerbt worden. Auch Clas Wölling vernd davon abgestanden. Dabey er wer gewest, und darzu sollichs in des Hals buch beschriben wer. Darumb sie frembd nem diser handel. In getrawen sie bliben auch pillich dabey. Und der andern zwayer parthey[en] handlung sollt inen unschedlich sein.

Uff sollichs Clas Wölling alle vorergangene hand/ 294 /lung zum kürsten widerefert und resumirt der mainung, das Lienhart Flurhay im het zugesagt ain erb an aim sieden, das begerte er im gehalten zewerden oder aber sein schaden abzelegen. Het im auch sein clag umb sein schaden vorbehalten. Dabey und wie er es fürpracht het, lies er es bleyben. Wöllt es auch also zu recht gesetzt haben. Wißte auch mit Hanns Kölern dieser zeyt nicht zerechten. Wer auch gegen im nit vertagt. So er aber mit im zu schiken oder forderung zu im gewünne, wiste er dieselben gegen im als aim burger wol ze finden, begeret und bat hierumb entschids und rechtens.

295 / Lienhart Flurhay: Gehört wer die clag Clas Wöllings und sein, Lienharts, antwurt. Darnach het ain erber gericht laßen verpoten Neyffern und Kolern, die nun auch gehört weren. Daruff so lies er sich verrer nit füren dann wie gehört, in was mas er im das erb am sieden zu gesagt; und nemlich, so verr ain ander nit pesser gerechtigkeit het. Darumb so verr nit newers gepracht wurd, so wollt er hieruff auch gesetzt haben.

Dawider Neyffer und Köler wie vor und des mer in getrawen, das inen der zwayer p[ar]theyen clag und handlung unschedlich und unverletzlich seyn sollt. Gunnten inen irs rechtens und handelns sust wol.

296 / Dagegen Clas allermassen auch wie vor und des mer, das er mit Kölern und seinem schwager nicht wiste zehandeln. Dabey ließ er es noch bleyben mit vorbehaltung seiner clag, baws und ander schäden halb gegen Lienhard Flurhayen.

Lienhardt Flurhay auch allermasen wie vor und des mer, das er Clasen Wölling gantz kains schadens, weder bawes oder anders gestünd, den er im zu bekeren schuldig sein sollte. Darumb getrawte er allermasen wie vor, wollt es auch also gesetzt haben.

Und als alle tail mit mer worten vorberürt und dergleichen mainung, unnottürftig zu beschreyben, / 297 / die sach zu recht satzen, haben die richter inen ir urtail in schriften verfast eröffnen lasen, von worten zu worten lautend, wie hernach folgt.

Nach verhorung clag, antwurd, red, widerred, der ingelegten entschied zettel und besigelten briefs, und aller partheyen fürgewandter handlung erkennen die richter zu recht, das Heinrich Neyffer der jung und sein schwester, Hanns Kolers hausfraw, an dem angezogenen sieden das erbe haben, vorbehalten Clas Wöllingen sein forderung umb das angeregt pawgeld und sein angezogene schaden gegen / 298 / Lienhard Flurhayen.

Dieser urtail waren Clas Wölling, Hanns Neyffer und Hanns Köler benügig. Begerten der und des ergangenen handels urkund und brief. Die sein inen und wolliche parthey des begehrt zegeben erkannt hierumb.

Und deß ze warem urkund geb ich, genanter schultheis, diesen brief von gerichts wegen in libeles forme begriffen, versigelt mit meinem aigen insigel, das an einer schn[u]r von schwartzer farb dadurch gezogen hanget. Und zu noch merer gezeugknus der sa-

g) *lies:* verlesung

chen han ich, Jörg Seibold, der zeyt stattschreiber zu Hall, mein aigen insigel auch hieran gehangen. Dabey waren diese richtere Jörg / 299 / Berrler, Hanns Neyffer, Caspar Eberhardt, Rudolff Nagel, her Symon Berler, licentiat, Herman Büschler, Michael Sultzer, Gilg Senfft, Hanns von Morstain, Hanns Buman, Peter Kemmerer und Philip Schletz. Geben uff montag nechst nach unser lieben frawen tag irer empfangknus, als man zelet nach Christi unsers lieben herrn gepurdt xv[c] und iiii jar.

1) November 20 2) November 29 3) Dezember 2

Abschr. HA B 654 S. 263 ff. – Üs.: Vorgeloffene rechtsfertigung zwischen Clas Weling genant Mayer und Lenhardt Flurhayen genant Huß. 1504., *vor dem Anfang der U:* Mitwochen nach Elisabeth a[nn]o etc. iiii[to]. Richter stetmaister Jörig Berler, Hanns Neyffer, C. Eberhardt, herr Symon Berler lic., Hermann Büschler, Michael Sultzer, Gilg Senfft, H. v. Morstein, Hans Bumman, Peter Cammerer, Philipp Schletz. – *Hv.:* Vide sub actis et signo A in der laden 405. – *Randvv. mit Seitenverweisungen v. d. Hd. F. S. Müllers.*

U 66

1505 August 11 (Mo n Lorenz)

Hans Klotz überträgt Jörg Seiferheld ein Viertel der Erbgerechtigkeit an zwei Sieden.

Ich Hannß Klotz, burger zu Schwäbischen Hall, bekenn offentlich und thue kund allermänniglich mit dießem brief, daß ich mit gutem willen und wohl bedachten sinnen und muthen, auch bey gesambter hand für mich und alle meine erben frey williglich und unbezwungenlich, recht und redlich, auch endlich lediglich und unwiderruflich [a)] aus der hand übergeben [b)] und zugestelt hab, übergib und stell auch zu, jezo als dann, und dann als jezo, mit rechtem wißen und in craft diß briefs Jörigen Seyfferheldten, meinem lieben schwager, auch burger zu Hall, und [a)] allen seinen erben [b)] meinen vierten viertail und alle meine recht und gerechtigkeit, so ich von Clara Seyferheldten, meiner lieben erstern ehelichen haußfrau seel. ererbt und überkommen hab, an [a)] der erbgerechtigkeit der zweyen ganzen sieden [b)] allhie zu Hall im Haal in dem haalhauß, an Joßen und Peters der Firnhaber heußer gelegen, mit allen zugehördten und rechten;

also, daß ich für mich und alle meine erben des gemelten meinen vierten viertails der erb gerechtigkeit an jezt berührten zweyen sieden gegen denselben Jörigen Seyferhelden und seinen erben frey abgetretten bin und ihnen die eingeantwort und behändiget hab, dergestalt, das gedachte erbgerechtigkeit mit allen zugehördten und rechten vorbenannter Jörg Seyferheldt und alle seine erben sollen und mögen inhaben, nuzen, nießen und gebrauchen und damit thun und laßen nach ihrem willen und gefallen; alles alß erbs der statt Hall und des Haals gewohnheit und recht ist, unverhindert mein, meiner erben und männiglichs, getreulich und ohngefehrlich,

mit urkund und in craft diß briefs, daran von meiner fleißigen gebett wegen der erbar und vest junckher Melcher Senft zu Hall sein aigen insiegel, doch ihme und seinen erben ohne schaden, zu gezeugnus ofentlich gehangen hat; der geben ist am monntag nach st. Lorenzen tag, als man zalt nach Christi unsers lieben herrn geburth fünfzehen hundert und fünf jahr. (L. S.)

a–b) *mit Doppellinie unterstr.*

Abschr. HA A 537 – Sign.: 12.

U 67

1506 Januar 10 (Sa n Drei Königstag)

Bernhard von Rinderbach und Hermann Büschler, Pfleger des Siechenspitals, und Spitalmeister Lienhart Rupp verleihen Jörg Müller ein Sieden zu Erb.

27 / Ich Bernhart von Rinderpach und ich Herman Büschler, baid zu Schwäbischen Hall und zu den zeyten von schickung und ordnung wegen des ratz zu Schwäbischen Halle pfleger, und Lienhart Rupp, meister des Siechenspithals daselbs zu Hall am Pach gelegen, bekennen offentlich und thuen kunt allermannigklich mit diesem briefe, das wir mit guten vereinten willen, wolbedachten synnen und muten und mit gemainer that und handlunge und sunderlich mit wissen, willen und zugeben des vermelten ratz für uns undt alle unsre nachkommen pfleger und meister Jörgen Müller dem jungen, sieder, burger zu Schwabischen Halle, und allen seinen erben zu einem rechten ewigen erbe verliehen und vererbt haben des genanten spithals aigen sieden allhie zu Hall im Hal in dem halhauß zwischen Hans von Rinderpachs seeligen wittib, Gilg Senften, Haintz Feyerabenden, und Clotz Hansen halheußern und sieden gelegen mit allen zugehörden und rechten, so lang er und sein erben das vergelten und verdienen müegen.

Und also auch bescheidenlich, das der egenant Jörig Müller und sein erben das vorgeschrieben sieden mit allen zugehörden und rechten in gutem we/ 28 /sentlichem baue haben und dem spithal vermeltem alle jahr davon raichen und geben sollen die gewohnlich rechnung zu zwayen zielen des jahrs, nemlich halb uff st. Jacobs des heiligen zwölf botten tag, und den andern halb thail uff das heylig hochzeytlich fest weyenächten, alles nach des Haals recht und gewohnheit daselbs one fürzug, wiederred und auch gar und gentzlich, one allen des spithals costen und schaden.

Wo sie aber an bezalung vorgemelter gewohnlicher rechnung auf ainich oder mer frist oder am bauhaltung sümig und die nit thun würden wie vorsteet, so haben alsdann wir oder unser nachkommen pfleger und meister vollen gewalt und gut recht, inen das vorgemelt sieden uffzusagen und zu des mergenanten spithals handen zu nemmen undt fürter zu verleyhen, wem und wohin wir wollen, und doch daruff zu pfenden und zu verbieten, so lang und viel biß dem spithal umb sein ußstendig rechnung vollkommen außrichtung und vergnügung beschehen ist, one allen seinen costen und schaden, alles nach des Hals recht und gewohnheit, ungeverlich.

Und des zu wahrem urkundt so geben wir mergenante pfleger und meister für uns und alle unsre nachkommen dem gedachten Jörig Müller diesen brief besiegelt mit des genanten spithals insiegel, das der rate hie zu Halle, der das innen hat, hieran hat thun henkken, der geben ist am samstag nach der heiligen 3 könig tag, als man zelt nach Cristi unsers lieben herrn gepurt 1506 jare.

Abschr. HA B 656 S. 27 f. – Hv.: Das original ligt bei den Müllerischen siedensbriefen.

U 68

1507 Juni 26 (Sa n Johannes dem Täufer)

Äbtissin Anastasia von Ellrichshausen und der Konvent des Klosters Gnadental verleihen Jörg Müller ein Sieden zu Erb.

29 / Wür Anastasia von Ellrichshaußen und der gantz convent des closters zu Gnadental, ordens von Cistortz, Würzburg[er] bistumbs, bekennen offentlich und thuen kunt allermenniglich mit diesem brief, das wir mit gutem verainten willen und wolbedachtem synnen und muten für uns und unser gotzhauß und alle unsere nachkommen zu einem rechten und ewigen erb verliehen und vererbt haben Jörigen Müller, burgern zu Hall, und allen seinen erben des genanten unsers gotzhauß sieden zu Schwäbischen Hall in der statt im Hal, in dem halhauß zwischen der statt Hall und des spithals sieden gelegen, mit allen zugehörden und rechten, so lang er und sein erben das vergelten und verdienen mügen; und auch also bescheidenlich, das der genant Jörig Müller und all sein erben das vorgeschrieben sieden mit allen zugehörden und rechten in gutem wesentlichem bau haben und halten und dem vermeltem unserm gotzhauß jerlichs davon raichen und geben sollen die gewohnlichen rechnung, als sich von solchem sieden gepürt uff zwey zil, nemlich halbs uff s. Jacobs des heyligen merern zwölf botten tag und das ander halb tail uff das heylig hochzeitlich fest weyenachten, alles ohne schaden, nach des Hals der statt Hall gewohnheit und recht, ohne geverde.

30 / Wa aber der vermelt Jörig Müller oder sein erben an wesentlicher pauhaltung oder bezalung egerürter gewonlicher rechnung auf ein oder mer ziel seymig undt die nit thun würden inmassen wie vorstet, so haben wir oder unser nachkommen macht und gewalt, sollich sieden zu unsern handen zu nemmen und pfannen und gewerd schaiden ze lassen, aber nach des Hals der statt Hall gewonheit und recht, auch one geverde.

Doch haben wir in diesem verleihen nemlich bedingt und vorbehalten, das der obberürt Jörig Müller oder sein erben an das gemelt erb ee nit antretten, dann so das Reuter Hans, burger zu Hall, der es dieser zeit sewdet, nit mer zu vergelten oder zu verdienen hat; oder so derselb Reuter Hanns mit tod abgangen und aus dieser zeit verschieden ist, als dann und nit vor sol dem vorgenanten Jörig Müller oder seinen erben das egerürt erb, wie oblaut, zesieden angeen, auch getreulich und one geverde.

Und des zu wahrem urkundt so haben wir, obgenante abtissin und convent, für uns und alle unsere nachkommen unser abtey und convent insiegel offenlich gehangen an diesem brief, der geben ist am samstag nach s. Johannis des heiligen teuffers tag, als man zalt nach Cristi unsers lieben herrn gepurt funf zehen hundert undt sieben jare.

Abschr. HA B 656 S. 29 f. – Hv.: Das original ligt unter den Müllerischen siedensbriefen. Junge copiam sub sign. A laden 405. – *Randv. S. 29:* NB. Hiervon vid. lib. 3 von dergl. siedens sachen einen anno 1514 entstandenen und debattirten stritt sub N°. 156. – *W. Abschr.: HA B 654 S. 309 ff. – Der Erbbrief wurde im Prozeß Heuser/Müller eingelegt, vgl. U 79 (309–313).*

U 69

1508 November 8 (Mi n Lienhart)

Die Brüder Jörg, Lienhart und Endris Krauß, ihr Schwager Hans Engel sowie Konrad Vogelmann und Hans Maier als Vormünder für Klara, des alten Jörg Kraußen Tochter, verleihen Konrad und Mathis Krauß ihre Anteile an einem Sieden zu Erb.

602 / Wür die nachbenannten mit nahmen Conrad Vogelmann, Jorg, Lienhardt und Endris, die Kraußen gebrüedere, und Hanns Engel, ir eelicher schwager, all burger zu Schwäbischen Hall und sammentlich und sonderlich für uns selbs, und aber ich, obgenanter Conrad Vogelmann, und mit ihme ich, Hanns Mayer, burger daselbst, baide zu den zeiten als gesatzte und gegebene vormundere Clara, weylund Jorigen Krausen des alten seeligen ehelicher verlasener tochter, bekhennen offentlich und thuen kunt allermäniglich mit diesem brief, das wür mit gutem veraintem willen und wolbedachten synnen / 603 / und muthen, auch gemainer thatt und handlung für uns und alle unsere erben und nachkommen an der vormundtschaft, auch die egemelten Clara und alle ire erben zu einem rechten stetten und öwigen erb verliehen und vererbt haben Connraden und Mathisen, den Krausen gebrüdere, auch burgere zu Hall, unsern lieben schwagern und brüedern, gemainlich und un vorschaidenlich, und allen iren erben unser jedes thail und angebühr an dem gantzen sieden, daran Peter Kemerer ain halb viertheil und der itzgenanten Connrad und Mathes hievor an dem aigenthumb und erb auch thayl und gerechtigkeit haben, all hie zu Hall in dem Haal / 604 / in dem haalhaus zu nechst bey Jorgen Müllers hauß gelegen, und darinnen gemaine statt Hall und sant Marttins altar alhie in dem spittal auch ain sieden haben, mit allen zu gehörden und rechten, weil sie baid und ihre erben egerürter unser und der vermelten Clara theil und angebühr vergelten und verdienen mögen;

und auch also beschaidenlich, das sie und alle ire erben die egeschribnen unser aller theil und angepür mit allen zu gehörden und rechten hinfüro allwegen in guetem wesenlichem baw haben und halten und uns und unsern erben, auch der egemelten Clara und allen iren erben järlichs davon raichen und geben / 605 / sollen die gewohnlichen rechnung, als sich unser jedem von seinem thayl zu geben gepurt, uff zwey zill, nemblich halbs uff sanct Jacobs deß hailgen merern zwolf botten tag und das ander halbtail uff das hailig hochzeitlich fest weyhennachten, alles ohne schaden, nach des Haals der statt Hall gewohnhait und recht, one geverde.

Wo aber die vermelten Connrad und Matthis die Krausen oder ire erben samentlich oder sonderlich an wesenlicher bawhaltung oder bezahlung egerürter gewonnlichen rechnung uff ain oder mer zil seumig und die nit thun würden inmasen wie vorsteet, so haben wür obgemeldten persohnen, auch die gedacht Clara, alle gemainlich und unver- / 606 /schaidenlich und alle unser erben macht und gewalt, soliche unsere thail und angepür an dem ehegenanten gantzen sieden zu unsern handen zu nemmen und pfannen und gewert schaiden zu lasen, aber nach des Haals der statt Hall gewohnhait und recht, auch fürpass eiwiglich (!), alles getrewlich und ungeverlich.

Undt des zu wahrem urkundt so hab ich obgenanter Conrad Vogelmann von mein selbs und der obgedachten meiner mit bekenner, wie sie nach mir mit nahmen zu nahmen geschriben steen, vleisigen gebetts wegen mein aigen insigel zu gezeugknuß offentlich an diesen brief gehangen, und haben darzu allsamment/ 607 /lich und sonderlich mit vleis erpetten den erbarn Peter Biermann, auch zu Hall, das er sein aigen insigel, doch ime und sein erben one schaden zu noch mehrer gezeugknuß auch offentlich hieran gehangen hat, der geben ist am mitwochen nach sant Liennhardts tag, als man zahlt nach Christi unsers lieben herrn gepurt fünfzehen hundert und acht jar.

Abschr. HA B 654 S. 602 ff. – Üs.: Erbbrief Mathis Krausen und seiner erben. – *Hv.:* N. Zu finden bezeugnet mit lit. A n°. 7 in der laden 403. – *Abschr. d. 16. Jhdts.: StAH 9/11 Nr. 7 (Vorlage Lackorns!).*

U 70

1508 Dezember 11 (Mo n Nikolaus)

Jörg und Elisabeth Goldschmied verleihen Seitz Wagner ein halbes Sieden zu Erb.

36 / Ich Jörg Goldschmid und ich Elisabetha, sein eeliche haußfraw, baide burgere zu Schwäbischen Halle, bekennen offentlich und thun kunth allermenniglich mit diesem brief, das wir mit gutem vereintem willen und wolbedachten synnen und muten, auch gemeiner tat und handlunge für unß und alle unsere erben zu einem rechten stätten und ewigen erb verlihen und vererbt haben Seytzen Wagner, auch burger zue Halle, und allen seinen erben unßer halb sieden, daran Michel Hauge das andere gegen halbthayl hat, alhie zu Halle im Hal in dem halhauße, darin Volckh von Roßdorff und Hannß Wetzel auch ain sieden / 37 / haben, bey dem Bürdenmarckht an Henn schmids schmiten und Michel Seckhels halhauß gelegen, mit allen zu gehörden und rechten, weyle er und seine erben das vergelten und verdienen mögen,

und also beschaidenlich, das er und alle seine erben das vorgenant halb sieden mit allen seinen zugehörden und rechten hinfür alwegen zu gutem wesenlichen paw haben und halten und uns und unsern erben jerlichs darvon raichen und geben sollen die gewonliche rechnung, alß sich von solchem halben sieden gepüret, uff zwai zül, nemlich halbs uff sant Jacobs des hailigen merern zwelf poten tage und das ander halb thail uff das hailig hochzeytlich fest weyhennachten, alles one schaden, nach des Hals der statt Hall gewonhait / 38 / und recht, one geverde.

Wo aber der gemelt Seytz Wagner oder seine erben an wesenlicher pawhaltung oder bezallung egerierter gewonlichen rechnung uff ein oder mer zil saumig und die nit thun würden in massen wie vorstät, so haben wier obgenanten zway eeleyte und alle unßere erben macht und gewalt, solche halbe sieden zu unßern handen zu nemmen und pfannen und gewerd schaiden zu laßen, aber nach deß Hals der statt Hall gewonheit und recht, auch fürpas ewigklich, alles getrewlich und ungeverlich.

Und des zu wahrem urkhundt so haben wier obgenanten zway eeleith samentlich und sonderlich mit vleis erpeten den erbarn und vesten junckher Jergen Berler zu Hall, das er sein / 39 / aigen insiegel, doch ime [und] seinen erben ohne schaden, zu gezeugknuß offentlich an disen brief gehangen hat, der geben ist am montag nach sant Niclaus tag, als man zalt nach Christi unsers lieben herrn geburt fünfzehenhundert und acht jare.

Abschr.: HA B 654 S. 36 ff. – Üs.: Erbbrief eines halben siedens beim Birdhenmarckht gelegen, so Jerg Goldschmid Seytz Wagner verehrt. 1508. – *Hv.:* Zu finden decopirt von einer copia sub act. et sign. ♃ in der laden 405. – *W. Abschr.: StAH 9/38/86.*

U 71

1508 Dezember 20 (Mi n Ottilie)*

Joß Aichelin klagt vergeblich vor dem Gericht zu Hall gegen Michael Sulzer um Ersatz für die entgangene Nutzung eines halben, an den Beklagten verkauften und übergebenen Siedens bzw. des rückständigen Kaufpreisrests.

(Erster Termin, Klageerhebung:)

876 / Actum freytags nach Petri kettenfeyer [1] anno 1508.

Joß Aichelin hat clagsweiß reden und fürpringen laßen die mainung, wie bey vergangenen jaren, die er nit eigentlich in gedachtnuß, sein ehelich haußfraw, zu vor und ehe sie ihn zu der ehe genommen, Michael Sultzern ein halb sieden zu kaufen gegeben. Nun als er sie aber nachmals genommen und sich zu ihr gethon hett, wer ihm daselb halb sieden für ain stuckh gemeldt und angesagt worden, mit der mainung, das Sultzer das erkauft. Uff das hett er sich zue ihm gethan und bittlich angesunnen und begehrt, daß er sollichen kauf absein und im denn widerumb werden lasen. Wes er dann daran / 877 / ⟨genuß⟩ [a] gegeben hett, des wollt er im erberlich wider bezahlung und darzu ain gut schenkh thun. Aber Sultzern wer der kauf so angenem und lieb gewesen, das er im darumb kein antwurt geben, sondern den kauf in sein würckhung gehen lasen hett.

Nachdem aber er der cläger vermaint hätt, das sein mutung billich und Sultzer der statt zethun sein sollt, wer er deshalb mit ihm für ein erbarn rath kommen, underrichtung zu vernemmen, ob er seiner mutung fueg hett oder nit. Da wer erkannt worden, das der kauf billich in sein kraft geen sollt. Daruff hett er im den auch uff gehaißen ains erbern raths wie sich gepürt gefertigt.

Nach solchem wer aber ain irrthumb eingerißen, also daß die Flurhay und Dotschmann das gemeldt halb sieden und / 878 / ander güter angesprochen und mit recht am keyserlichen cammergericht fürgenommen hätten. Da hätt Sultzer befunden, das das guth zum thail den jhenen, so darnach forderung thäten, möcht fellig werden, und hett sich der bezahlung, nemlich alle jahr xxx gulden zeraichen, wüdersetzt, wie wol er in darumb in der statt puch gehabt. Nach dem hett er im vii jar lang kain bezahlung gethan und dieselben zeith der sieben jar das sieden, die nutzung järlichs davon, auch das geldt, so er järlichs daran zu gelten schuldig gewesen wär, bey ainander behalten.

Aus dem dann erwachsen, das sie abermahls mit einander fürkommen. Da wer erkannt, das er hett Sultzern ein fürstandt bis zu austrag / 879 / der sach hett thun müsen. Des er dann gethan.

Dieweil aber nun ir widertail an cammergericht ihr anherlich guth mit sambt aller abnutzung daran, auch cost und schaden erlangt, und er und sein schwager Clauß Stadtmann uff den vertrag, zwischen inen geschehen, sie des entricht hetten, und nun, alß oblaut, Sultzer im die bezahlung, nemlich alle jar xxx gulden siben jar lang vorbehalten und das nit in anfang der siben jar lang bis zu ausgang derselben erlegt, sondern die rechnung auch eingenommen und empfangen und also beeds in sein nutz gebraucht hett, so verhofft und getraut er, das er des geldts und der abnutzung der siben jahr lang, die er nit, sondern Sultzer genosen hett, kain schaden / 880 / leyden, sondern Sultzern den zu tragen schuldtig sein, das es auch mit recht erkannt werden soll.

* *Datum der Urteilsverkündung*
a) *und. übergeschr.*, je uß?

Zu solchem Sultzer: Die clag wer lang und seins bedunkens on noth. Aber wie dem, wollt ein erbar gericht so lang sehn, so wollt er antwort geben, wa das aber nit, so begehrt er der clag abschrift und darzu schub und tag wie recht.

Aichelin: Er lies geschehen, was recht wär.

Erkannt: Abschrift und darzu schub und tag sechß wochen und iii tag, die nechsten enden sich uff mitwochen nach exaltationis crucis [2]).

(Zweiter Termin, Erwiderung des Beklagten, weitere Verhandlung:)

Als aber sachen furgefallen, dardurch baid tail uff jetz genanten mitwochen nit gehört, sein sie auf mitwoch nach Mathei [3]) widerumb fur geschiden und baid tail erschinen. Undt / 881 / hat der antwurter sein antwurt reden und darthun laßen der mainung, wes der clager in seiner clag für in dargethon und eingebracht hett, daß wollt er angenommen, wis aber wider in wer, das wollt er widersprochen haben. Und sagt daruff ferner, sich het begeben, das vergangenen zeyt und weyl Joß Aichelins haußfraw zu im kommen wäre mit sambt Claus Stadtmann und Wendel, irem sun, und het im ein halb sieden fail und zue kaufen angebotten, mit meldung, daß sie geld haben müst und das nit behalten mocht. Daruf hett er sich lasen hören, wollten sie im ein zimlichen kauf geben und leydeliche zyl, dann er hett nit par geldt, so be/ 882 /dörft er mit in kaufen. Zu dem hete sie gesagt, wa sie i^c gulden jetzo paar, so hett sie wohl statt, zu dem übrigen zimliche ziel zegeben und zenemmen. Demnach hett er begehrt, im das gemeldt halb sieden anzebieten. Das wer geschehen. Und sie mit ainander des kaufs übereinkommen etwas um iiii^c gulden, wie wol die sieden damals nit wie jetz so in hohen werth, sondern umb vi und vi$^1/_2$ ^c gulden wer die gemein achtung der sieden, auch der kauf gewesen, so hett er jedoch sein halb sieden genommen, das für sein gantz sieden sich viii^c gulden angebürt, also hett er ain münnern kauf gethan. Und dafür, wa er sein geldt an ain ander guth gelegt, es hätt im eben so viel und villeicht mehr genutzt. Aber es wer / 883 / nit on, die sieden hätten uffgeschlagen. Weren sie aber in ein abschlag kommen, müste er sein kauf nichzit desto minder behalten und im behebt haben.

Er hett auch also nach dem kauf alsbald hundert gulden an demselben geben und entricht. Und uff das, das Aichelin sagte, als er darnach sein frawen genommen, das er sich zue ihm gethan und umb widergebung seins kaufs gebetten und dargegen erung und schenkh erpotten haben sollt, deß gestünd er im gar nit. Er hett auch davon kain wisen. So es aber schon geschehen, wer er das zethon nit schuldig gewesen. Aber wie dem, das wer war, das Aichelin darnach an die zil gestandten wäre und hette drey jar nach ainander jedes jars xxx gulden von ime / 884 / eingenommen und empfangen. Machte in einer suma xc gulden. Und er will es [b]) gehabt, wer auch sein gemüeth nie anderst gewesen, dann daß er in vollend wollt redlich bezahlen.

In dem und nach ausgang der dreyer jar wern aber Aichelin und Stadtman von den Flurhaien und Dotschmann umb ir anfrewlich guth am cammergericht furgenommen und daselbsten sie zween, Aichelin und Stadman, etwas umb iii^c gulden verlustigt worden, das dann die Flurhay und Dotschmann einem erbarn rath alhie angezaigt, und daruff Stadtmann und Aichelin sich mit ime vertragen hätten. Nun mochte sein, wa es bey demselben bliben, das es im, dem antwurter / 885 / nit wer wider gewesen, sondern hätt er füraus sein bezahlung gern und redlich gethan. Als bald aber die Flurhay und Dotschmann iren willen mit dem anfrewlichen guth erlangt, hätten sie die zween, Aichelin

b) *lies:* willen

und Stadmann, um das anherlich guth auch fürgenommen und im lasen sagen und warnung thun, er sollt lugen, was er kauft. Dann wurden sie das auch erobern und gewynnen, so wüsten sie in darumb wol ze finden. Da het er erst uff die sach sorg gehabt und sich der bezahlung enthalten, und nit unbillich.

Uff das hett Aichelin in vor rath fürgenommen. Das hett sich Aichelins abwesens und deßhalben, das man in nit fürgelaßen hätt, verweylt bis drey jar gar nach ver/ 886 /schinen. Das sie nit fürkommen, das wer im nit lieb. Er wer des auch nit seumig gewesen. Da aber er ain wißen hette haben, wie er Aichelins und seins ausschreiens abkam, het er all verschine zile damals heruff in die rathstuben getragen und die dargelegt mit bitt, die hinder ain erbern rath zenemmen, in mainung, das er dardurch wolt Aichelins clagens und sagens vertragen sein.

Da hett ain erbar rath in baiden ain rechttag angesetzt und in, den antwurter, das geldt haisen widerum haimtragen. Das hette er müsen thun. Aber nach dem und in [c] gemeldter rechtfertigung hette er alle verschine zil zusammen widergebracht und dem / 887 / richter abermals überantwurt und dargelegt. Die wären demnach hinder die ausgeber gelegt und angenommen worden, nemlich den stettmaister Ruedolff Nageln und anderst er nit wiße Hannßen Baumann. Und nach dem allem ain urtail zwischen im und Wilhelm ergangen, wie dieser urtailbrief an dem endt des urtails anzaigt, deß er alsbald dargelegt und zu verlesen begehrt hat.

Und nach deselben urtails verlesung verner geredt, der stritt hett sich zwischen seinem widertail und im darum gehalten, das sein widertail hett vermaint, er geb im billich sein geldt. Dagegen het er aber begehrt und getraut, das er im billich fürstandt thet. Und so er im den gethan, hett er im sein geldt nit begehrt kein stundt vor/ 888 / zehalten, dann er wolt im viel lieber alle jar xxx gulden bezahlt, dann ii^{c} gulden zemal geben haben. Hoffte auch, er hette daran nichtzit unbillichs gethon, dann die Flurhay und Dotschmann heten je wider das gut ain arrestation und vorpot ausgebrächt. Darumb er sich selbs billich bedacht, dann es wär nit ain klein geldt, und wa er daran verlustig worden, wer es sein kindern zue viel gewesen. Und wie er jetzo fürtragen lasen hett, wer die wahrheith.

Wa man ihm aber nit glauben geben wollt, erpewt er sich, das mit den räthen, die damals damit und bey geseßen und im urtail und kauf brief ernennt wären, auch mit den vor/ 889 /genannten ausgeber zeweisen. Und verhofft und getrawte demnach, ain erber gericht sollte wol zemerckhen undt abzenemmen haben, das er alles des, so er gehandelt, merckhlich und redlich ursach gehabt. Dann er hett je, wie oblaut, lieber xxx gulden, dann ain solch summ zemal bezalt, und des langen verzugs kein schuld. Wer im wider und leid gewesen, das sie also geseumbt und verzogen worden, und demnach in von der clag mit recht absolviren und ledig erkennen.

Dawider der cläger: Anfangs so begert er das urtail widerumb zu verlesen. Daß ist geschehen und darnach geredt, man hette nächst seine forderung gehört, bey der lies er es bleiben. Und wie er sein clag darthun / 890 / und reden lasen hett, dem thet er kain endterung. Dagegen hat man jetzo den antwurter in seiner antwurt auch gehört, und das er vermeinte im nichtzit schuldig zesein. Zu dem sagte er, weß der antwurter het reden und inpringen laßen, daß für in wer, das wollt er hiemit angenommen, wa es aber wider in thät, darein wollt er stillschweigend nit gewilligt haben.

Und damit ein erbar gericht denn handel verstünd, hett er die gestalt: Der kauf wer

c) *übergeschr.*

zwischen dem antwurter und sein, deß clägers weib geschehen, zil daran gemacht und brief darüber uffgericht. Sultzer hett auch dießelben / 891 / bekreftiget und edlich zil daran geben und endtricht. Und was er mit paarem geldt nit bezahlt und außgericht, hett er im in der statt buch bekannt. Aber gleichwol darnach, als noch bey ii[c] gulden hinderstellig gewesen wer, het er sich der zil alle jar nach ainander gesperrt und im dieselben vorgehalten und einred für genommen, die im wol nit noth gethan und die er billich underlasen.

Aber er hett dieselben zeit das gemeldt halb sieden und das geldt der verfallene zill beyeinander gehabt und die nutzung von dem halben sieden, auch dem verfallenen geldt genoßen und gebraucht, so lang, bis er nit mer hett still steen oder füglich zusehen mögen, sondern sich des beklagt. Uff das wer / 892 / erst nach lang und vielfeltigem anhalten bey einem erbarn rath und sunst geschehen, und da die zil merer teils vergangen und erschinen, wer durch rechtlich ubung, vor gericht und rath geschehen, darzu kommen, das der antwurter das geldt het von im geben und hinderlegen müsen.

Wiewol er sich ains andern getröst und verhofft hett, das im under den zwayen ains, entweder die abnutzung des siedens oder das geldt gemeldte zeyt lang zu gebrauchen billich verfolgt, so wer er dero baider beraubt gewesen und im kains widerfaren oder geraicht. Darum er aller ergangener handtlung nach getrawt, das der antwurter pillich daran gewisen, auch / 893 / mit recht erkannt würdt, daß er in umb die abnutzung laut seiner clag pillich entrichte, und wollt auch damit die sach, so ver nit news eingebracht würd, hin zue recht gesetzt haben.

Gegen solchem der antwurter wie vor und des mer: Er hett ein redlichen kauf gethun und deßelben urkund, brief und sigel. Und als der clager sagte, er hett in zu dem hinderlegen bedrangt, das gestund er nit. Dann er hett dasselbs dargelegt, er wollt ihm auch, wa er fürstandt gehabt hett, das geldt gar ungern gesperrt oder vorbehalten haben. So wer er auch nit seumer gewesen, sonder hett der rath in verzogen und nachmalen nach rath der hochgelehrten erkannt, das er im pillich fürstandt thet. Dabey abzenemmen wer, das er seins / 894 / fürnemmens fug gehabt hett. Darum er allermas wie vor getraut, das er dem cläger umb sein zuspruch nichtzit schuldig sein, sondern mit recht ledig erkannt werden sollt.

Der cläger auch wie vor und des mer: Er hett im ain kaufbrief geben und redlich gehalten. Im war aber nit gehalten oder die zil entricht worden, dann der antwurter hett je sieden und geldt genosen. Darumb er getraute, das er im die zeith her, so lang er das baids, nemlich das sieden und das geldt gebraucht und genosen hett, die abnutzung von dem sieden oder dem geldt billich entrichte; verhofft auch, es wurd im pillich also mit recht zu erkannt.

895 / Der antwurter gantz wie vor und des mehr: Er hett billich sein redtlich erkauft guth genosen, und als es angesprochen wer, sich der bezahlung gesperrt; mit bitt in ledig zu erkennen.

Der clager: Er hett pillich gut und geldt nit mit und beieinander genosen.

Und als damit baide tail die sach hin zu recht gesetzt, haben die richter der urtail mit recht ain bedenckhen genommen vi wochen und iii tag, die nechsten funden sich uff montag nach Martini [4)] schirist.

(Dritter Termin, Urteil:)

Actum mittwochen nach Ottilie anno etc. viii.

Richter sind Rudolff Berler, Caspar, [...] [d] Büschler, Gilg Baumann undt Endris [e] von Morstein.

896 / Urtel. Nach verhörung clag, antwurt, red, widerred, deß eingelegten urtel briefs voriger rechtfertigung, und allem der partheyen fürbringen erkennen die richter zu recht, das der antwurter dem cläger umb seinen zuspruch nichtzit schuldig, sonder soll er davon absolvi[r]t und ledig erkannt sein.

Sultzer danckht der urtel.

d) *Name unl. übergeschr., hier wohl richtig:* Caspar *Eberhart, Hermann* Büschler; *bei L etwa:* Risp? *(verschr.?).*
e) *übergeschr.*

1) *August 4* 2) *September 20* 3) *September 27* 4) *November 13*

Abschr. HA B 654 S. 876 ff. – Üs.: Rechtsfertigung zwischen Jos Aichelin und Michel Sultzern wegen eins halben sieden, 1508 – *Hv.:* Vide sign. lit. AAA de anno 1508 in der laden 515. – *Vgl. in ders. Sache einen Rechtsstreit vor Gericht 1504: StAH 9/5 (Sign.:* L 515 B*).*

U 72

1509 August 13 (Mo n Lorenz)

Michael Haug bekennt, Jörg Seiferheld ein viertel Sieden zu Erb verliehen zu haben.

Ich Michael Haug, burger zu Schwäbischen Hall, bekenn ofentlich und thun kund allermänniglich mit dießem brief, daß ich mit gutem willen und wohl bedachten sinnen und muthen, auch bey gesameter hand für mich und alle meine erben freywilliglich und unbezwungelich, recht und redlich zu einem rechten stethen und ewigen erb verliehen und vererbt hab Jörgen Seyferheldten, auch burger in Hall, und allen seinen erben mein viertail eines siedens an dem ganzen sieden, daran Catharina Firnhaberin zwey viertail und Peter Kemerer den vierten viertail hat, allhie zu Hall im Haal gelegen, mit allen zugehördten und rechten, weil er und sein erben den vergelten und verdienen mögen.

Und also beschaidenlich, daß er und sein erben das vorgenant viertail eines siedens hinfüro in gutem wesentlichen bau haben und halten und mir und mein erben järlichs darvon raichen sollen die gewohnliche rechnung, als sich von solchem viertail gebührt, nemlich uf zwey ziehl, halbs uf Jacobi und halbs uf weyhenachten, alles ohne schaden, nach des Haals der statt Hall gewohnheit und recht.

Wo aber der gemelt Jörig Seyferheldt oder sein erben an wesentlicher bauhaltung oder bezahlung gewohnlicher rechnung auf ein oder mehr ziehl säumig würden, so habe ich oder meine erben macht und gewalt, solch viertail eines siedens zu unsern handten zu nehmen, pfannen und gewörth schaiden zu laßen, aber nach des Haals der statt Hall gewohnheit und recht, alles getreulich und ohngefehrlich,

mit urkund und in craft diß briefs, daran von meiner fleißigen gebet wegen der erbar Conrad Vogelmann in Hall sein aigen insiegel, doch ihm und seinen erben ohne schadten, zu gezeugnus ofentlich an diesen brief gehangen hat, der geben ist am monntag nach st. Lorenzen tag, als man zalt nach Christi unsers lieben herrn geburth fünfzehen hundert und neun jahr. (L. S.)

Abschr. HA A 537 – 2 Bll. – Sign.: 14 – *Rv.:* Copia eines Seyferheldtischen erbbriefs über 1/4 sieden de anno 1509. – *W. Abschr.: HA B 654 S. 447 ff.; Hv.:* Na. vide copiam vidimatam sub actis in der laden 408, stehet darauf Lit. P – *Bei Lackorn (HA B 654) einige unwes. Abw.*

U 73

1509 August 13 (Mo n Laurenzen Tag)

Peter Kemmerer bekennt, Jörg Seiferheld ein viertel Sieden zu Erb verliehen zu haben.

Ich Peter Kemerer, burger zu Schwäbischen Hall, bekenn ofentlich und thun kund allermänniglich mit diesem brief, daß ich mit gutem willen und wohlbedachten sinnen und muthe, auch bey gesambter hand für mich und alle meine erben freywilliglich und unbezwungenlich, recht und redlich zu einem rechten stethen und ⟨ewigen erb verliehen und vererbt habe⟩ [a] Jörigen Seyferheldten, auch burger zu Hall, und allen seinen erben mein viertail eines siedens an dem ganzen sieden, daran Catharina Firnhaberin zwey viertail und Michel Haug den vierten viertail hat, allhier zu Hall im Haal gelegen, mit allen zugehördten und rechten, weil er und sein erben den vergelten und verdienen mögen,

und also beschaidenlich, daß er und seine erben das vorgenant vierthail eines siedens hinfüro in gutem wesentlichen bau haben und halten und mir und mein erben järlichs darvon raichen sollen die gewohnliche rechnung, als sich von solchen viertail gebührt, nemlich uf zwey ziehl, halbs uf Jacobi und halbs uf weyhenachten, alles ohne schaden, nach des Haals der statt Hall gewohnheit und recht.

Wo aber der gemelt Jörig Seyferheldt oder sein erben an wesentlicher bauhaltung oder bezahlung gewohnlicher rechnung uf ein oder mehr ziel seumig würden, so haben ich oder meine erben macht und gewalt, solch viertail eines siedens zu unsern handen zu nehmen, pfannen und gewörth schaiden zu laßen, aber nach des Haals der statt Hall gewohnheit und recht, alles getreulich und ohngefehrlich.

Mit urkund und in craft diß briefs, daran ich mein aigen insiegel zu gezeugnus ofentlich gehangen hab, der geben ist am monntag nach st. Laurenzen tag, alß man zalt nach Christi unsers lieben herrn geburth fünfzehenhundert und neun jar. (L. S.)

a) *unterstr.*

Abschr. HA A 537 – 1 Bl. – Sign.: 13 – *W. Abschr.: HA B 654 S. 450 ff.; Hv.:* Vide cop[iam] vidim[atam] sub actis in der laden 408 mit Lit. O.

U 74

1510 Juli 20 / 1511 Februar 12 (Woche nach Margarethe, Mi n Scholastika)

Ratsverordnung, daß kein Sieder mehr als zwei Pfannen sieden soll.

Wie wol vor etlichen jaren zugelossen, das ein gemein sieder ein, zwen oder dry pfanne[n] siden moge [1], ist doch durch ein erbern rot auß ursachen nun gesetzt und geordent, das nun und hinfüro kain gemein sider mer dan zwen pfannen miteinander sident [a]. Doch hot im ein erbar rot hier in sein oberkeit, j[e]der zeit noch gelegenheit des Hals zuschoffen vorbeholten. Actum in der wuchen noch Margarete anno etc. decimo und ist uf ein neuwes durchs mer beschlossen und verlossen uf mitwuch noch scolastice im xi° jore.

a) *Einschub am Rand:* und dossol angen, so man zelen wurt dausent funfhundert und zwolf jare.
1) *Vgl. U 56; dort keine Bestimmung über die Zahl der von einem Sieder höchstens zu betreibenden Pfannen.*
StAH 4/1024 S. 439 (= Bl. 46) – Dass. HA B 157 Bl. 20'–21.

U 75

1510 Juli 29 (Mo n Jakob)

Hans Wenger bekennt, daß ihm Propst Johann und Prior Alexander Huber zu Denkendorf ein Sieden auf Lebenszeit verliehen haben (Revers).

Ich Hans Wenger, bůrger zů Schwebischen Halle, beken offenlich und thon kůnth allermaniglich mit disem briefe, nach dem mir der erwirdig her, her Johann, probst zů Denckendorf, visitator in obern und nidern teutschen landen und Allexander Hůber, prior, fůr sich, ir nachkomen des gotzhaus Denckendorf, ordens des hailigen grabs zů Jherusalem, mein gnedige hern, zů meinen handen mein leptag lang und nicht lenger das sieden und halhaus, gelegen im Halle am Sůlflůs, alle ire recht, so sie und ir gotzhaus von rechts wegen daran zuleihen haben, mir gelihen, nemlich also, das ich in alle gemacht wůrt, iren thail, was sich des jarlichs gepůrt, halb uf Jacobi und den andern jar jerlichs die rechnung, wie die dan von den lehen hern der sieden jarlichs gesetzt und halbthail uf weihennachten nechst darnach richten, geben und bezalen solle, eins jeden jars und zils, wan sie ir botschaft darumb geen Halle senden, on alles verziehen und widerrede.

Und wan wir sie, es sei zu wolichem vorgemelten zile der jar eins die selben ir botschaft, so sie her gen Halle geschickt hetten umb ir verfallen gůlten und rechnung, nicht außrichten und sie lenger dan uber nacht zu Halle ligen můst, was sie dan darnach verzeren, den selben kosten und schaden allen sol ich auch ußrichten, gelten und bezalen, one allen iren schaden, gentzlich ongeverde. Darzů sol ich auch dasselb ir thail an dem sieden und halhaus mit aller zugehorde in rechtem redlichem und ungevarlichem baw halten und haben, und sie auch bei dem selben sieden, halhaus, hofstat und fůrnemlich bei dem biegelin, dar in etlich irrung und intreg bis her geschehen seind, so fer ich das mit glimpf und recht thon, hanthaben, schirmen und behalten nach allem meinem vermůgen, alles gedreulich und on alle geverde.

Wan aber das ist, das ich obgenanter Hans Wenger von tods wegen abgangen bin oder das ich dasselb sieden, halhauß, hofstet und biegel nit in rechtem bawe hielt und hanthůb, als dan hie vor begriffen und underschaiden ist, wollichs der eins geschehe, dann darnach so ist dem obgedachten meinen gnedigen hern und irem gotzhaus ir thail und alle ire recht an dem vorgenanten sieden mit seiner zugehord ledig und loß worden und haimgefallen, also das sie das fůrbasser leihen můgen, wem sie wollen, on allermaniglichs von meinen wegen irrung, widerrede und ansprach in alleweg, alle geverde und arglist hierinnen gentzlich vermitten und außgeschlossen.

Und des zůwarem urkund hab ich mit fleis erbetten denn erbern und hochgelerten maister Johannes Mangolt, baider recht licentiat, das er sein aigen ingesigel, doch im und sein erben onschaden fůr mich offenlich an disen brif gehangen hat, der geben ist am montag nach sant Jacobs des hailigen merern zwolf boten tag, als man zalt nach Christi unsers lieben herren gepůrt fůnfzehenhundert und zehen jare.

Ausf. Perg. StPrK D 2. 33, hier nach Foto - 27,5 x 21,5 cm, S am Perg. streifen – Sign.: 10 – *Rvv.:* Umb die pfannen zu Hall, wie die zu ainer hand hingeluhen worden ist, *(jüng. Hd.:)* dem Hanß Wenger, anno 1510. – *Abschrr.: HA A 537; Bühler 2 S. 1092 ff. – Abl. HStASt J 381/49/20 (33) – Reg.: Oertel-Pietsch.*

U 76

1511 Mai 26 (Mo n So Vocem Jucunditatis)

Konrad Vogelmann und seine Ehefrau Elsa Krauß verleihen ihrem Schwager Jörg Seiferheld und dem alten Jörg sowie Hans Seiferheld ein halbes Sieden zu Erb.

453 / Ich Conrad Vogelmann und ich Elsa Kreüßin, sein eheliche haußfraw, burger und burgerin zu Schwäbischen Hall, bekennen offentlich und thuen kundt allermennigklich mit diesem brief, das wür mit gutem veraintem willen, wolbedachten sinnen und muethen, auch gemainer that und handlung für uns und aller unßer erben zu ainem rechten steten und öwigen erbe verliehen und vererbt haben dem ehrsamen und weißen Jörgen Seiferhelden, unserm lieben schwager, dem alten Jörgen und Hannsen den Seiferhelden, sein ehelichen söhnen / 454 / und allen iren erben unser halbes sieden ahn dem gantzen sieden hie zw Halle ahm Bürdenmarckht im halhauß, darinnen Haintz Feyerabet das ander gegen halbtail hat, zwischen des Siechen spittals zu Hall und des gotts haus Gnadenthal sieden gelegen, mit allen zugehörden und rechten, dieweil sie und alle ihr erben das vermelt halbthail eins siedens vergelten und verdienen mögen;

und auch also beschaidenlich, das sie und alle ir erben das hinfüro allwegen in gutem wesenlichem baw haben und halten und uns und unsern erben jerlichs davon raichen und geben sollen die gewonlichen rechnung, als sich gepürt uf zway zihl, / 455 / nemlich halbs uff sant Jacobs des hayligen mehrern zwölf botten tag und das ander halbtail uf das heylig hochzeithlich fest weyhennächten, alles ohne schaden, nach des Hals der statt Hall gewohnhait und recht, ohne gevehrde.

Wo aber die vermelten vatter und söhne und ire erben an wesenlicher bawhaltung oder bezalung ehegerührter gewohnlicher rechnung uf ain oder mehr zihl seumig und die nit thuen würden inmasen wie vorstehet, so haben wür obgenanten zwei eheleut und alle unser erben macht und gewalt, obgemeltes unser halb sieden zue unsern handen zu nemmen und pfannen und geweert schaiden zu lasen, aber nach deß Haals der statt Hall gewohn/ 456 /heit und recht, für bas öwiglich, getrewlich und ohne geverde.

Zw uhrkund so hab ich obgenanter Conrad Vogelmann mein aigen insigel zu gezewgnus offentlich ahn diesen brief gehangen und darzu beede mit fleis erpetten den erbern Peter Biermann, unsern lieben schwager, auch zu Hall, das er sein aigen insigel, doch ihme und seinen erben ohne schaden, zu noch mehrer gezeugnuß fur uns auch offentlich hieran gehangen hat, der geben ist am montag nach dem sontag vocem iucunditatis, als man zahlt nach Christi unsers lieben herrn gepurt fünfzehen hundert und ailf jahr.

Abschr. HA B 654 S. 453 ff. – *Üs.:* Erbbrief über daß halb sieden, oben bey dem Bürdenmarckht im Herlins geslin. 1511. – *Hv.:* Vide copiam vidimatam sub actis in der laden 408 mit Lit. J. – *W. Abschr.: HA B 790 S. 1223.*

U 77

1511 Juli 9 (in der wochen nach Maria, alß sie über das gebürg ist gangen)

Die Brüder Konrad und Lutz Dötschmann sowie ihre Schwäger Martin Blinzig und Georg Legler einigen sich über zwei Erbsieden.

Zu wüszen, dasz sich Contz und Lutz Dotschman, gebrüeder, Seytz Wagner, Merte Blüntzig, ihre schwäger, miteinander veraint haben ihr zwayer erbsieden halb, die ir vater seellig Contz Dötschman und schwehr gesoten hat, die sie zue einem erb haben, also das Lutz Dötschman und Merte Blüntzig sollen die gedachten zwei sieden 4 jahr die nechsten nach einander, und wan solch vier jahr verschinen und auß sein, so sollen sie miteinander ansteen und loßen, und wie ein das loß trifft, also soll er oder seine erben sieden. Ob aber sich begeb, das ir einer nit sieden wolt oder nit vermöcht, so soll er das loß für gehn laßen und kein macht han solch sieden in ander hend zu wenden, sonder under inen die es vermögen bleiben laßen. Es ist auch sonderlich ge[...] [a] und bedüngt worden, wan Aßamuß Dötschman oder Georg Legler ir handt so lang würdt, das sie selber sieden wolten, so sollen sie auch zugelaßen werden. Getrewlich und ungevarlich. Geschehen in der wochen nach Maria alß sie über das gebürg ist gangen, anno 1511 ⟨jahr⟩ [b].

a) *und. übergeschr.*, gerett?
b) *gestr.*
HA B 772 Bl. 3 – 3' – Verm. a. E. (Bl. 3' u.): Anno 1532 ist dise freundtschaft in obgeschribnem vertrag ainig worden, das fürohin ein jeglichs in seiner ordnung allein zwei jahr soll sieden und nit 4, ab[er] das ander alles in gemeltem vertrag soll vestiglich gehalten werden. Also sein angestanden zum ersten in dem 32[.]jahr Seytz Wagner und Contz Dotschmans verlaßne wittib.

U 78

1511 November 28 (Fr n Katharina)

Entscheid des Rats über die Rangfolge der Gläubiger des Reuterhans.

Uff freytag nach Katherine anno etc. im aylften ist zwischen Rewterhannsen und Mürrlin nach des Hals recht und herkomen verlassen, das an Reuters schulden solle am ersten der herr, zum andern das Hal, zum dritten die Hal schmid, zum vierden und letzsten ye der erste schuldner geen.

StAH 4/1024 S. 439 (=Bl. 46) – Zu Reuterhans (Hans Jeger Reuter): WL 4163 (Sieder 1491/1515).

U 79

1514 Januar 27 (Fr Johannis Chrisostomi)

Schultheiß Engelhard von Morstein bekennt, daß das Gericht zu Hall auf die Klage des Hans Heuser und seiner Ehefrau gegen Jörg Müller wegen der Erbgerechtigkeit an einem Gnadentaler Sieden das Erb der Ehefrau Heusers zugesprochen hat.

300 / Ich Engelhard von Morstain, an der zeyt schultheis zu Schwäbischen Hall, bekenn offenlich und thon kont allermeniglich mit disem brif. Als uf rechtlich vertagen die ersamen Hanns Heüßer, der sider, und sein haußfraw, cläger eins und Jerg Müller, antworter andern teils, alle burger und burgerin zu Schwebischen Halle, vor mir und dem gericht zu genanntem Schwebischen Halle erschienen sein, liszen Heuser und sein hausfraw durch iren erlaupten und zu recht angedingten fürsprechen clagweis fürtragen, sie hetten ein erbgerechtigkeit uff ein sieden im Hale und daselb lenger den menschen

gedencken bei iren voreltern in geruigem / 301 / beseß gehept, auch daran den von Gnadenthal gewonlich rechnung geben, wie sie vor zeit gesetzt. In dieselb erb gerechtigkeit het sich Jerg Miller geslagen und ein erbbrif über dasselbig siden ausbracht, des sie sich zu ime nit versehen, nachdem er gut wisen gehapt, das sie von iren eltern brif darumb hetten. Den begerten sie zu verlesen in gericht; darauf bitend und begerend, Jorg Müllern gutlich zu weisen, das er inen wolt von dem sieden absten und inen laut irs brifs die erbgerechtigkeit zustellen. Wa [a] er es aber gutlich nit thon wolt, beten sie solchs mit rechtlichem spruch zu erkennen.

Darzu antwort Jerg Müller, auch durch sein erlaupten und angedingten fürsprecher, er het sich der clag nit versehen, dan Heusers / 302 / erbbrief laut, die weil er das sieden vergolten habe, soll er davon nit gewisen werden. Aber bey kurtzen jaren het sich begeben, das Heuser die rechnung nit mogen entrichten, dorumb inen des gotshaus schultheis hie beklagt [b], diewyl er die rechnung nit zu geben, das im das erb wider zugestellt werde. Do het ein erber rat Heüsern lasen sagen: Wolt er das erb haben, so sollt er die rechnung geben und vergelten, wo das nit, so sollt er absteen. Das het er ein zeit lang gethon, aber nit lang. Wer darnach für die meister des Hals kommen, het gesagt, das er es nit vergelten, rechnung oder baugelt geben kont. Het es / 303 / auch daruf den von Gnadenthall zu gestellt, sie es angenommen und im dornach zu eim erbe verlauhen laut und inhalt seins briefs, den er auch zu verlesen [bat]. Und bat daruf, Heüsern und sein hausfrawe gütlich von der clag zu weisen. Wo dis nit, inen davon ledig zu erkennen, den Reuter Hans het das frei den meistern und nachfolgende den von Gnadentall übergeben, getraut [c], sie wurden absteen.

Dem ermelt Heüser und sein hausfraw widerreden: Sie liesen Jorg Millers antwort in seim went [d] steen; gestunden nit, das er, Heüser, vor rat oder den meistern gewesen. Die sach wer nit so weit kommen, das es an inen gelangt. Wider fechten doch nit, das / 304 / Reüter Hans dergleich mocht gehandelt han, hoften aber, das es inen kein nachteil geben. Darumb wes [e] vor von inen einbracht brief und rede wolten sie erinnern, und des mer. Jorg Müller het ine Heusern gar weit abgefürt, da ungeverlich vor acht jarn weren sie zwen, Reüter Hanns und Heüser, stritig worden von wegen des erbs. J[e]der het gewolt, es sollt im folgen, dan dis erbe von Reüter Hannßen frawen, die ir, Heüsers frawen muter, herkomme. Wer aber vor rat erkennt und das erb inen Heüsern und seiner frawen heimgesprochen [f], der brif ime auch über antwort und Reüter Hanns gar / 305 / davon geteilt. Uf das hett sich Jorig Müller mit ime verglichen, sich vermut, ime guts zu thon. Wer mit ime zu der eptissin zu Gnadental gangen. Das het er auch zu danckh gehept [g], wo er daruf pliben, wollt es auch verdienen, dan er im sein wort bey der eptissin gethon und angezeigt, wes an im, Heüsern, abgieng, des wollt er fürstand thon. Darumb er sich nit versehen, das Jorg über sein freundtlich zusagen und erbieten, im damals gethon, sich sollt understanden han, dis erbgerechtigkeit an sich zu bringen mit wisen seines brifs. Des halb ir bitt wie vor zu erkennen, das sie, Heüszer und sein hausfraw, die erbgerechtigkeit hetten und / 306 / Jorg Müllern mit recht davon weisen. Behielten inen dabey vor den schaden, darein sie Jorg Miller wurf, das sie sich und ire kinde des [h] minder neren mögen.

Darzu Jorg Müller: Wie er die clag widersagte, da bei lies er es pleiben. Den der von Gnadental schultheis het hie clagt vor eim rat umb sein außstend rechnung, die im nit

a) *überschr.*: wie
b) *und. übergeschr.*
c) *und. übergeschr.*
d) wert?
e) *lies:* des
f) *gestr.*: – gefallen
g) *übergeschr.*
h) *gestr.*: – wegen

mögen von dem sieden werden. Daraus gefolgt, das dem gotshaus das erbe zugefallen. Das hete sie im darnach zu gestelt, darzu widersprechen sie das bawgelt nit. Darumb hofft er wie vor. Und gestund nit, das er mit Heüsern hinaus / 307 / gangen. Wol het er ein knecht gehapt, der Heüsers bruder gewest, den er ime hinaus gont, het inen den gefürtert, das lies er geschehen. Het ims damols gont, in hofnung wie vor.

Dagegen Heüser und sein hausfraw auch wie vor. Er sey von wegen des erbs für rat oder die meister nit kommen. So hofften sie, Reuter Hanns hab inen [i] an ir gerechtigkeit nichts verseumpt oder hingeben laut irs erbbriefs. Und nach dem Jorg Miller nit gesten wolt, das er in den gesellen dienst gien Gnadental gethon, befrembdt sie. Mochten es, so not, weisen, doch unverbunden, zum überflus, bitent wie vor.

Also lies es Jorg Miller bey seiner antwort, die erbschaft sei / 308 / Reüter Hannsen oder Heusers gewest, so het ers nit zu vergelten gehapt, getrawt wie vor.

Heüser und sein hausfraw hoften auch wie vor, weil niemand von inen clagt, weder eptissin oder ir schulthaiß, wern sie unbillich darumb kommen. Wo es aber die von Gnadental genommen, das heten sie müsen geschehen lasen.

Dorzu Jorg Müller: Die von Gnadentall heten ir erb darumb, das inen niemand ir rechnung geben, zu inen genomen und ime gelihen. Hoft, er wer inen nichts schuldig. Dann het Heüser wollen erbe han und behalten, da Reüter Hannß die rech/ 309 /nung nit zu geben gehapt, solt er die rechnung dargelegt und die eptissin bezahlt han. Das het er nit thon. Darumb sie ire sieden zu iren henden genommen und im gelauhen, in hoffnung, er wer inen nichts schuldig. Setzte es also mit den und dergleichen worten zu recht.

So laut ir baider erbbrief und ersts Heusers wie nachfolgt.

Wir Barbara von Steten etc. etc. Vide supra fol. 213, brief 53, so extrahirt aus dem registraturbuch n⁰. 43. fol. 44. anno 1453 [l].

Jerg Millers brief also (/309–313/. *Es folgt im Wortlaut U 68).*

314 / So stet die handlung, davon obgemelt, in der statt buch mit den worten.

Uff freytag nach Erhardi anno etc. vi [j] hat Bernhardt Pfaff, schulthaiß zu Gnadental [k], uff verhorung der kun[d]schaft, durch Reüter Hannsen vor rat gefüret, uff ansuchen ains erbarn rats ainen erbarn ratspruchs erlasen und für mein gnädig frawen und das convent zu gelasen, das Reüter Hanns das angezogen sieden sieden soll, weyl er es vergelten und verdienen mag, allein sein leben lang und zu kainem erbe, noch auch, das er das nit andern zu wenden soll. / 315 / Wa er es aber nicht vergelten und verdienen wurd, so ist meiner frawen von Gnadenthall ir gerechtigkait in allweg vorbehalten, nach des Hals gewonhait und recht. Solchs also wie vorstet, hat m[agister] Schübelin als anwald Reüter Hannsen angenommen und bewilligt, one geferd. Actum ut s[upra] [l].

Solche brief und verzeugnus der statbuchs, auch baider tail fürbringen und recht setzen haben die richter ersehen. Und nach gehapten bedacht [m], brieflichen urkunden und rechtsetzen uf mein, des schultheisen obgenant, frag zu recht gesprochen, das Hanns Heüsers hawsfraw das erb an dem spännigen sieden, weyl sie / 316 / das laut irs briefs in baw helt, verdint und vergilt, pleiben und es sieden soll. Hierumb und des zu warem urkund gib ich, gedachter schultheiß, j[e]dem tail uf sein begeren von gerichts wegen diesen urteil brief mit meinem aigen anhangenden insiegel besiegelt. Und zu noch merer sicherhait han ich, Johann Mangoldt, licentiat beider [n] rechten, an der zeit statt schriber

i) *und. übergeschr.* j) *am Rand:* 1506 k) *gestr.:* Hall l) *und. übergeschr.*
m) *gestr.:* antwurt n) beeder?

zu obgemelten Schwäbischen Halle, mein aigen ingesigel auch hieran gehangen. Hiebey waren dise richter her Simon, baider rechten licentiat, und Jorg der elter, baid Berler, Gilg Senfft, Conrat / 317 / Fogelman, Volckh von Rosdorff, Hans Craus, Hanns von Morstain, Vlrich von Rinderbach und Peter Birmann. Geben uf freytag Johannis Crisostimi, alß man zalt nach Christi unsers lieben herrn geburt tausend fünfhundert und vier zehen jare.

1) *vgl. U 34, die jedoch einen anderen Eingang hat. Es wurde – natürlich – die von Gnadental ausgestellte U eingelegt.*

Abschr. HA B 654 S. 300 ff. – Üs.: Gerichtlicher siedensstritt sich enthaldend zwischen Hans Heüser und Jorg Müllern. – *Hv.:* N[a]. zu finden sub sign. A in der Laden 505.

U 80

1514 Oktober 30 (Mo n Simon und Judae)

Ratsverordnung über die Erbsieden

409 / Uff montag nach Simonis und Jude im vierzehenden jare hat ain erber rat auß beweglichen dapfern ehaften ursachen, vil zenck, irrung und zwitrecht abzuschneiden, der erb sieden halb hinfuro wie nachfolgt zuhalten ⟨weiter⟩ [a] geordent, gesezt, gemacht und beschlossen.

Nemlich wolcher ain erb an aim sieden und brief daruber hat nach der stat recht und es armut, unvermogen, kranckhait oder ander ursach halb selbs nit sieden kont oder wolt, der soll es seinen leiplichen elichen kinden oder enckel oder elichen leiplichen brudern oder schwestern oder der selben elichen kinden, welches der selben ains das sieden zuverdienen und vergelten hat und selbs sieden will, sieden zulossen macht han, doch one alle anhang ainicher hofstet oder andere beschwerde.

Het aber ainer ain erb, wolt oder vermocht es nit zusieden, het auch weder kind, enckel, brudere oder schwester, noch derselben kind, oder so es die schon het, vermochten es dü nit zusieden, zuverdienen und vergelten, und wolt sich / 410 / doch des erbs nit verzeihen, oder so junge kind von iren eltern erb heten, die es selbs nit sieden mochten, so soll der her macht han, das sieden zuleyhen, wem ime geliebt, nach seinem gefallen, so lang, biß die kind zu irn tagen komen oder der jhen, so das erb tregt, zusolchem vermugen, oder ain kind, enckel, bruder, schwester oder der selben kind uberkompt, die des vermugens, das sie oder ir ains, welches das sieden selbs sieden wolt, es vergelten, in baw halten und verdienen mocht.

Und nicht deßtminder die kind oder die jhene, so das erb tragen und doch daruff nit verzeihen oder es ufgeben wollen, dasselb sieden, wie woll es die weyl ain ander seut, dem es der her nach seinem gefallen gelauhen, innach gemeltem bawe und besserung uff sein costen halten, nemlich mauren, juchern, seulen, schwellen, tach sparren, pfetin, rinnen, nöch butin und dergleich, auch, ob not, von grund ufbawen, wes aber zu deglichem brauch gehort, als raichloch[er], hoheln, das dach erlesen, galgen, ain gieß aimer, gwertstet, schaufel, streithocken, zangen, wisch, schufloch und dergleichen geschir und bewe, das soll der bawen, haben und inwesen halten, dem der her das sieden dieweyl ge-

a) *gestr.*

lauhen hat und es seut. Wolcher aber den baw nit than und inwesen halten will, der soll das erb verwurckt und er oder sein erben darzu kain gang noch gerechtigkait mer hon.

411 / Und soll ain jedes erbe an aim sieden, daruber brief nach gemainer statform vorhanden, das fur und fur erben solle, anders nit, dan uff die erben fallen, die von dem stamb sein, der das erb und briefe daruber am ersten erlangt hat, so fer es wie obstet gehalten, verdient, vergolten und nit verlossen wurt.

Und die obgesezt verlossung aim andern zusieden soll alweg gerechet, verstanden und gemaint sein von der person an, die je der zeit das erb tregt und der selb solch macht han.

Dabei erneut ain erber rat das alt gesetz, das sich kainer kains erbs noch bey eim sieden lenger dan der her will zubleyben oder zusieden vermut, er hab dann brief und sigel und halt es wie obstet. Und wo joch [b)] ainem ain gunst oder verwenung ain zeitlang, ain anzal jar oder ains oder mer menschen leben oder wie das geschehe, das soll dannet nicht gelten, craft oder bestand hon, es werden dan brief dar uber, dasselbig geding inhaltend, ufgericht und die selb zeit wie obstet gehalten.

Item setzt und ordent ain erber rat, so ain sieder von dem, der das erb daran dregt und es im wie obstet laißt, neben dem sieden auch ain oder mer hofstat het, soll er doch nit mer darauß geben oder zugeben schuldig sein, dan die viermaister bey iren pflichten machen und erkennen.

b) *lies:* jech *(= je)*

StAH 4/1024 S. 409 ff. – Dass. m. geringfügigen Abw. in der Schreibweise ebenda S. 69 ff. (= Bl. xxxv–xxxvi') und HA B 157 Bl. xxxv–xxxvi'; dort mit Randv. (Bl. 35): No. diß statutum wirdt erleutert durch einen vertrag Hannß Wezellß mit Ulrich Ulmern beschehen in anno etc. 1514 v. i. fol. 60. b. wegen eines ubergebenen erbsiedens: deßgleichen durch ein übergab oder verkauf, so Hanß Seifferheldt mit seinem bruder Georg Seifferhelden getroffen in anno 1530, alda besagter Georg ein ganz halbs erbsieden seinem bruder Henßlin für ein viertel erb und eigen ubergeben hat, ut infra fol. 82. b. zu sehen ist. Darauß erscheindt klerlich, das die erbsieden alienabilia bona sive iura seyen und ⟨das⟩ *(gestr.)* einer dem andern dieselben ins geschlecht oder stammen gar wol einräumen, verkaufen, ubergeben oder sich derselben zu ewigen zeiten verzeihen und renunciren mögen. *(Vgl. U 82, 99). V. and Hd. zugesetzt:* Contrar. vid sub. act. ♂ no. 6. L. 514 anno 1580. *Am. l. Rand des Textes auf jeder Seite Kl. mit Verm.:* lis nit. *Davon Abschr. (m. Randv.): HA B 654 S. 969 ff.; StAH 9/38/80.*

U 81

1514 November 18 (Sa n Martin)

Dechant Erhart von Schaumberg und das Kapitel des Komburger Stifts verleihen als Lehenherrn des St. Martin-Altars im Neuen Spital zu Hall mit Bewilligung des Altaristen Johann Hoffmann dem Hans Bühl vier Fünftel eines Siedens zu Erb.

487 / Wür Erhardt von Schaumberg, dechant, und das cappittel gemeinlich des stifts zu Camberg bekhennen offentlich und thun kunth allermeniglich mit diesem briefe, das wür als lehenherrn sanct Martins altar im Newen spittal zw Schwäbischen Hall für uns und alle unsere nachkommen, auch mit wisen und willen des würdigen herrn Johann Hoffmanns, des egemelten altars capplan, für ine und alle sein nachkommen zu einem rechten steten und öwigen erbe verlihen und vererbt haben dem / 488 / ersamen Hannsen Pühel, burger zu Schwäbischen Hall, und allen seinen erben ein gantz sieden minder

eins fünftails im Hale, welches fünftail einem erbarn rathe zw Hall gibt, und daselbig halhauß zwischen den frauen von Gnadental, Cuntz Vogelmanns und Hanns Kraußen erben gelegen und vornen an die Hennenschmidten rürendt, mit allen rechten und zugehörden, wie er und sein erben die vergelten und verdienen mögen;

und auch also beschaidentlich, das er und alle sein erben das vorgeschriben gantz sieden on das fünftail mit allen sein zugehörden und rechten hinfüro / 489 / allwegen in gutem wesentlichen und bestentlichen paw haben und erhalten und dem vorgenantem herrn Johann Hoffmann und allen seinen erben und nachkommen an obgemeltem altar capplonen und deselben inhabern jerlichs davon reychen und geben sollen die gewohnlich rechnung, als sich von solichen viertayln eins sidens gebürt, uff zwai zill, nemlich uff sanct Jacobs des merern und hayligen zwolf potten tag halbs, und uff das hochzeytlich fest weyhennachten das ander halb tayl, alles on schaden, nach des Hals der statt Hall gewohnhait und recht.

Wo aber der bemelt Hanns Bühel oder sein erben an wesentlicher und bestendlicher pawhaltung und / 490 / bezalung obgerürt gewonlicher zeit und rechnung uff ein oder mer zill seumig und die nit thun und ausrichten würden inmasen vorsteet, so haben herr Johann Hoffmann [und] alle sein nachkommen capplon an gedachtem altar gutt macht und gewalt, inen solich sieden aufzusagen, unterzugießen und damit zu gefaren, abermals nach deß Hals der statt Hall gewonhait und recht, auch fürbas öwiglich, alles getrewlich und on geverde.

Des zu wahrer und vöster uhrkundt haben wür obgemelt dechant und cappittel des stifts Camberg für uns und alle unsere nachkommen, auch den oft benanten herrn Johann Hoffmann und / 491 / alle sein nachkommen, unsers cappittels haupt insigel offentlich zu gezeugknuß an diesen brief gehangen. Und ich Johannes Hoffmann, capplon obgemelt, bekenne auch sonderlich an diesem brief, das solich verleyhen undt vererben obgemelts syden minder des fünftayls und alles, das an diesem brief geschriben stet, mit meinem guten wißen, willen und zugeben beschehen ist. Gerede und versprich auch für mich und alle meine nachkommen capplenen in und in craft dies briefs sollichs stett zu halten, darwider nit zw sein noch zu thun, noch schaffen gethon werden, in kain weyse noch wege, fürpas ewiglich, getrew/ 492 /lich und ungeverde.

Und zu mehrer sicherhait alles vorbegriffen habe ich vielgemelter Johann Hoffmann mit vleiß gebetten den ehrwürdigen herrn Heinrichen von Tolen, scholasten und chorherrn des obgedachten stifts Camberg, daß er sein aigen insigel für mich gelihen hat, des meinen offentlichen endts dieser schrift an diesen brief gehangen, des ich gemelter besygler also von vleisiger bite wegen gethan bekenne, geben uff sambstag nach sant Martins tag, des hayligen bischoffs tag, als man zahlt nach Christi unsers lieben herrn gepurt fünf zehen hundert und darnach im vierzehenden jar.

Abschr. HA B 654 S. 487 ff. – Üs.: Erb und lehenbrief vom stift Camberg gegen Hanns Büheln und seine erben über ein gantzes sieden minder eins fünfteils etc. 1514. – *Hv.:* zu finden in der laden 514 sign. F. – *Vgl. U 96 (dass. Sieden).*

U 82

*1514 * Dezember 26 (Di n Christtag)*

Vertrag zwischen Lienhart und Hans Wetzel sowie ihrem Schwager Ulrich Ulmer über ein Erbsieden.

60' / Zuwissen sey allen und yden, die disen brief lesen oder horen, das sich Linhart und Hans Wetzel, gebruder, auch Vrich (!) Vlmer ir schwoger sich mit ainander veraint haben irs erbsiedens halben, das sie von irem vatter und schweher selig ererbt und uberkomen haben, nemlich also und mit der gestalt. Linhart Wetzel hot seinem brüder Hans Wetzel ubergeben sein tail erbs, so er an dem erbsieden gehapt hot, frey unbezwungenlich. Dan es begab sich also, / 61 / das sie das halhauß bawen musten. Da sagt Linhart zu seinem bruder Hans Wetzel also: Bruder, ich wil nicht an dem sieden verbawen. Ich darf sein nicht. Ich gib dir mein tail erbs frey willig uff, als vorgeschriben stet. Baws, seuds, du oder dein erben. Leb mit nach deinem willen. Ich gun dir und deinen erben mein tail von hertzen wol und ich oder mein erben sollen und wollen kain zuspruch hinfur ewiglich darzu haben. Das sey dir bey der worhait zugesagt. Solchs nam Hans Wetzel zu danck an.

Do bawten wir zwen das halhaws. Da gab Hanns Wetzel zwen tail und Vrich Vlmer ein tail und Hans Blomenhawer ein tail und machten zu der selben zeit, das Hans Blomenhawer solt sieden iiii jor, die nechsten nachainander, darnach Vrich Vlmer oder sein erben auch iiii jor zusieden macht han. Zum letzsten sol Hans Wetzel oder sein erben ansteen und fur sich und sein bruder zusieden macht han viii jor, one widerred seins schwogers. / 61' / Und wan sollich acht jor auß sein und verschein, so soll als dan Vlrich Vlmer widerumb ansteen und vier jor sieden und also furo hin gehalten werden ewiglich getrewlich. Doch sol Blomenhawers kind[en] an irer gerechtigkait nicht genomen sein. Es ist auch nemlich geret und bedingt worden, ob es sich begeb, das unser aines ein wechsel machen wolt, das mogen wir thon. Darein uns niemant, weder wir noch ander kain eintrag noch verhinderung thun sol, in gantz kain weiß noch weg. Auch ob unser einer sollichs sieden nit vermecht, so sol er das fur geen lossen und under den freunden auch den nechsten ansteen lossen. Alles getrewlich on arglist und geverde.

Des zu einem waren urkund so haben wir obgemelte partheyen fur uns und unsser erben mit fleiß gebeten und erbetten die maister des Hals mit namen Jorg Muller, Hans Botz alt, Merti Virnhaber, Jorg Seifferhilt den jungen, das sie uns dis verainigung zu einer / 62 / gezeugnus in ir des Hals buch schreiben lossen, doch in und iren nachkomen onschaden. Gescheen am dinstag nach dem hailigen cristag, als man zalt nach Cristi gepurt xv^{c} und xiiii jor.

*) *Zur Datierung: Pietsch hat für die Jahre 1497/98 bis 1538/39 Weihnachtsstil in der städtischen Kanzlei nachgewiesen (UB Hall 1 S. 34* f.). Falls das auch in der Haalschreiberei gegolten haben sollte, wäre 1513 zu setzen.*

HA B 157 Bl. 60' ff. – Randvv. Bl. 60': NB Conradt. *(rot);* ist copirt in R. B. N°. 81 f. 4. a. *(frmd. Hd.) – Üs.:* Hans Wetzels und Vrich Vlmers verainigung irs erbsieden halb bey der Suln gelegen, 1514. *Darunter:* jung. fol. 65. a. *(frmd. Hd.) – Abschrr.: HA B 772 Bl. 4, HA B 654 S. 811 ff. – Vgl. U 80 Anhang.*

U 83

1515 März 12 (Gregor)

Konrad Vogelmann und Peter Biermann überlassen Michel Botz ihre Erbgerechtigkeit an einem halben Sieden mit Hofstatt zu Erb.

151 / Ich Conradt Vogelman und ich Petter Bierman, burgere zu Schwabischen Halle, bekennen offentlich mit dem briefe vor aller menigelich, das wür unßer erb gerechtigkait an dem halben sieden hie zu Halle bey der Sulen, das halb unsers ⟨und⟩ [a] schwagers herr Bernhardt Vogelmanns, und der andere halbthail Petter Seitzingers ain vierteil und ain vierteyl Casspar Gretters deß beckhen sein, und an der hoffstatt an und bey dem Ossheußlin gelegen, unzertheilt zu ainander auß sunder gunst unßerm / 152 / guttem freundt Michel Botzen und seinen erben zu ainem rechten erbe gelaßen und inen dabey zu gesagt, versprochen und verhaissen haben, in und sein erben mit der hoffstatt nit höher noch weiter zu staygen dann jedes jars umb sechs gülden reinischer landtswehrung.

Also das er und sein erben hinfür dieselben unser gerechtigkait an dem sieden in rechtem wesenlich baw haben und halten sollen one alle unsere müe, costen und schaden, und dem gemelten unserm herrn bruder und schwager und seinen erben die rechnung vom halben sieden, wie die zu jeder zeit gesetzt und gemacht würdet, deß/ 153 /gleichen von der hoffstatt zu rechter zeit richten, geben und bezaln nach gewonhait des Hals und thon, was andere sieder von sieden zu thon schuldig und pflichtig sein, alles getrewlich und ungeverlich.

Und des zu warem urkundt geben wir im disen brief besiglet mit unser beeder anhangenden insigeln, der geben ist uff sant Groegorien des hailigen babsts tag von der geburt Christi taussend fünf hundert und im fünfzehendten jar.

a) *verschr.?*

Abschr. HA B 654 S. 151 ff. – *Üs.:* Michel Botzen erbbrief über ein halbes sieden an der sulen und einer hofstatt beym Öß haußlein etc. 1515. – *Hv.:* N. Zu finden sub signo *(folgt gezeichnetes Hexagramm)* N°. 4 in der laden 514.

U 84

1516 Februar 13 (Mi n Invokavit)

Propst Johannes von Denkendorf bekennt, Gilg Wenger u. a. ein Sieden, von dem ein Fünftel den Senfften zusteht, zu Erb verliehen zu haben.

Wir Johanns, probst zu Denckhendorff, des hayligen grab ordenß zw Jerusalem general etc., bekhennen offentlich fur unß, unser gotshauße und nachkommen und thon khundt allermenigklich mit disem brief, das wir von unser, unsers gottshauße nutz und frommen wegen mit guttem willen, wissendt und wolbedacht den ersammen Gilgenn Wenngern, Anna, seiner schwester und Elßenn, seins bruderß Hanß Wengers seligen verlassen thochter, Jörgenn Keßlerß hausfraw, alle weylundt Hannßenn Wengers des alten seligen verlassen erben und Blaßion Wirdt, obgenandter Annan elicher haußwirdt, alle zu Schwebischenn Hall und allen iren erben zu ainem rechten ewigen erb verlihen und vererbt das gantz syeden, daran wir und unßer gottshauß vier funfthail haben und das funft funfthail jee dem eltesten Senfftenn als furgenger der sieder zu steet, zu gemeltem Hall ihm Hall in dem halhauß bey dem Oßheußlin ahm Sulfluß mit sampt dem bigem hinden im halhauß ahn der Plintzing halhauß und hinden ahm Sulring stossendt mit allen zugehorten und rechten, so lang sie, ire erben das vergelten und verdienen mogen.

Und auch also beschaidenlich, das die ehegenanten Gilg, Anna und Elß Wennger und Blasy Wirdt und ihr erben das vor geschryben sieden mit allen zugehorten und rechten in guttem wesenlichem baw haben, unß und unserm gottshauße, auch dem gedachten Senfften und unsern nachkhommen alle jar davon richten und geben sollen die gewohnlich rechnung zu zwayen zillen des jars, nemlich halbs uff sandt Jacobs des hayligen zwolf botten tag und den andern halben thayl auf das haylich hochtzeitlich vest weyhennachten, alles nach des Halls recht und gewohnhaidt daselbst ohne furzug, widerrede, auch gahr und gentzlich ohne unßer, unßers gottshauße, auch gemelten Senfftenn und unßer nachkhommen kosten und schaden.

Wa sie aber ahn betzalung vorgemelter gewohnlicher rechnung auf ainig oder mer frist oder ahn bawhaltung seumig und die nicht thon wurden wie vorstehet, so haben als dan wir und unser nachkhommen vollen gewaldt und gutt recht, inen das vorgemelt sieden aufzusagen und zu unßern und unßers gottshauß ⟨handen zunemmen und furter zverleyhen, wem und wohin wir wollen, und doch darauf⟩ [a)] zuphenden und zuverbieten, so lang und fyll, biß unß, unßern gottshauß, gemelten Senfftenn und unßern nachkhommen umb die austendig rechnung volkhummen außrichtung und vergnugung geschehen ist, ohne allen unßern, unßers gotshauß, genanten Senfftenn und unser nachkhommen costen und schaden, alles nach des Halls ordnung, recht und gewohnhaidt, ungeverlich. Des zu urkhundt geben wir ihnen fur unß, unßere gottshauß und nachkhommen diessen brief mit unßers gottshauß probstey ahnhangenden insigel versigelten. Beschehen auf mitwoch nach invocaivdt (!), als man zalt nach Christi unßers lieben herren gepurdt funftzehundert und sechtzehen jar.

a) *Am Rand eingef.*

Abschr. HStASt A 480 Bü 64 – Hd. d. 16. Jhdts. – Signn.: Archiv Cl. Denckendorff. Laden ⟨M. 59. b.⟩ *(gestr.)*; D. 35. – *Rv.:* Copy des lehenbriefs, di Denckhendorffisch saltzpfannen zu Hall betreffent. – *W. Abschrr.: HA A 537 (Rv.:* Copia eines erbbriefs über 1 g[anzes] sieden im Brünnlins halles, das Denckendörfer sieden benannt. De anno 1516.); *HA B 654 S. 105 ff. (Hv.:* Vide C. 3 no. 9 in der laden 453. junge no. 23 hic et sign. 00 no. 5 laden 515); *HA B 790 S. 1213 f.; Bühler 2 S. 1095 ff.; StAH 9/1 Nr. 31, 42.*

U 85

1516 Februar 14 (Do n Invokavit)

Hans Wengers Erben bekennen, daß ihnen Propst Johann zu Denkendorf ein Sieden zu Erb verliehen hat (Revers).

Wir nachbenannten mit namen Gilig Wennger, Anna sein schwester und Elsbeth, seines bruders Hans Wengers seligen verlassen tochter, Jorigen Keßlers hawsfraw, alle weilund Hans Wengers des alten seligen verlassen erben und Blasy Wirt, obgenanter Annen eliche[r] haußwirt, alle búrger und burgerin zu Schwebischen Hall bekennen offenlich fúr uns und alle unser erben und thon kunth aller menigclich mit disem brief, das uns und unsern erben der erwirdig herr Johann, probst zu Dennckendorff, des heiligen grab ordens zu Jherusalem general etc. zu ainem rechten erbe verlihen und vererbt hat das gantz sieden, daran seiner erwirden und gemeltem gotshauwße vier funftail und das fúnft funftail ye dem eltisten Sennfften als fürgenger der sieder zustet, hie zu Hall im Hal in dem halhawß bey dem Oßheußlin am Sůlflúß mit sambt dem bigem hinden im halhawß, an der Plintzing halhauß gelegen und hinden an Súlring stossend, mit allen rechten und zugehorden, so lang wir und unsere erben das vergelten und verdienen mů̈gen.

Und auch also mit der beschaidenheit und gedingen, das wir und unsere erben das vorgeschriben sieden mit allen zugehorden und rechten in gutem wesenlichem baw haben und halten und genantem unserm gnedigen und seiner genaden gotshawß, auch dem gedachten Senfften und iren nachkomen alle jar davon richten und geben sollen die gewonlich rechnung zu zwayen zilen des jares, nemlichen halbs auf sant Jacobs des heiligen zwelfboten tag und den andern halbtail auf das heilig hochzeitlich vest weyhennachten, alles nach des Hals recht und gewonheit daselbs one fùrzug, widerrede, auch gar und gentzlich, on seiner gnaden, auch des gotshawß, gemelter Sennfften und ir aller nachkomen costen und schaden.

Wa aber wir oder unsere erben an bezalung vorgemelter gewonlicher rechnung auf ain oder mer frist oder an bawhaltung sewmig und die nit thon wùrden wie vorstet, so haben als dann sie und ire nachkomen vollen gewalt und gut recht, uns das vorgemelt sieden aufzusagen und zu iren und irs gotshauß handen zunemen, das furter zuverleyhen, wem und wohin sy wollen, und doch das sie darauf zuphenden und zuverpieten so lang und vil, biß seinen gnaden, dem gotshauß, gemelte[n] Sennfften und iren nachkomen umb die ausstendig rechnung volkumen außrichtung und vergnùgung geschehen ist, one allen genants unsers gnedigen herren, seiner gnaden gotzhawß, genant[en] Senfften und irer nachkomen costen und schaden, alles nach des Hals ordnùng, recht und gewonheit, ungevarlich.

Des zu warem urkùnd haben wir alle hieobgenant mit vleis erbeten die erbern und hochgelerten herrn Johann Manngolten, beder rechten licentiaten und Cunraden Voglman, baid zu Hall, das die ire aigene insigel, doch inen und iren erben onschaden, zugezeugknus an disen brief gehangen haben, der geben ist uff donrstag nach invocavit als man zalt nach Cristi unsers lieben herrn gepurt funfzehenhundert und sechzehen jare.

Ausf. Perg. StPrK D 2. 35, hier nach Foto – 38,5 x 23 cm, 2 S an Perg. streifen, 1 davon besch. – Sign.: 4 – *Rv.:* Vie *(= wie)* sy verluchen ist in anno ⟨1516⟩ *(frmd. Hd.)* tuß[e]nt funf hundert und sechzehen jar zu dem erb er *(?)* melt. – *Abl. HStASt J 381/49/21 (35) – Reg.: Oertel-Pietsch.*

U 86

1517 August 20 (Bernhards des hl. Abts Tag)

Heinrich Trub, Burger zu Rothenburg ob der Tauber bekennt, Martin Firnhaber ein halbes Sieden verkauft zu haben.

Ich Heinrich Trub, burger zue Rotenburg auf der Tauber, bekenn offentlich und thue kundt allermenniglich mit dem brief für mich und alle meine erben, daß ich mit guthem willen, wohlbedachtem muth und bey gesammeter handt recht und redlich verkauft und zue kaufen gegeben habe dem erbarn Martin Firnhabern, burgern zue Schwäbischen Hall, und allen seinen erben mein halb sieden hie zue Hall im Haahl in dem haahlhauß, darinnen das spital anderthalb sieden hat, daß jezo Endres Reize siedet, stoset oben an Conz Beyschlags seel[igen] witib erb sieden und unten an der stadt haalhauß, zue rechtem aigen und steten kauf umb dreyhundert und achtzig gulden guther reinischer, dero ich von ihme gewehrt und bezahlt bin genzlichen und gar.

Ich und meine erben sollen und wollen dem vorgenandten Martin Virnhabern und allen seinen erben das ehegerührt halbe sieden mit seiner zuegehörd und rechten fertigen und wehren für recht aigen undt alß aigens recht ist, frey, un vererbt, ohn alle geverdte.

Und deß zue wahrem urkundt, so hab ich mein eigen insigel offentlich an diesen brief gehenckht und dar zue mit fleis erbetten die erbarn Hannß Bauman und Conrad Büschlern, mein lieben schwehr undt schwager, daß sie ihre eigene insigel zue mehrer gezeugnuß offentlich an dießen brief gehangen haben, doch ihnen und ihren erben ohne schaden. Geben uf donnerstag st. Bernhardts deß heyligen abts tage, nach der geburth Christi unßers lieben herrn taußendt fünfhundert und sieben jahr. (LS) (LS) (LS)

Abschr. HA A 537 – 2 mit rot 257 (rad.) und 258 num. Bll. – Rv.: Copia kaufbriefs über 1/2 sieden zwischen Heinrich Truben und Martin Virnhabern a[nn]o 1517 *(gestr. u. zu 1507 verb.)* beschehen pro 380 fl. – *Sign.: rot* N. 14 – *Verm. Bl. 2:* Nb. Zue wißen daß dieß halbe sieden von Mertin Virnhabern uff Clauß Crafften kommen, welcher Crafft an dießen halben sieden das erb seinem tochtermann Ezechiel Beyschlag seel. schenckhsweiß vermacht. Das aigenthumb aber dieses halben siedens ist Lienhardt Feüchtern zue Heßenthal, sein, Crafften, tochtermann zuegetheihlt wordten. – *Dat.: Bernhard fällt 1507 auf Fr., 1517 auf Do. Auch die Erwähnung der Witwe Conz Beyschlags spricht für 1517, vgl. WL 527 (1473/1517). – Vorliegende Abschr. v. d. Hd. Lackorns.*

U 87

1519 Juli 6

Die Vormünder der Kinder des verstorbenen Hans Botz und seiner Ehefrau Margreth Müller verklagen die genannte Margreth und ihren jetzigen Ehemann Jörg Bohem wegen der Veräußerung eines halben Siedens und einer Hofstatt im Haal sowie anderer Güter, die den Kindern erster Ehe verfangen sind.

318 / *(Klage:)* Item sein in leben gewest ainer, genant Clasz Müller, und Margreth, sein eeliche haußfraw, jetzo Jerg Müllers und seiner geschwisteret anher und anfraw.

Item ist waar, das dieselben zway eeleut als das ir ingehapt das halb sieden zwischen dem Burdi[n]marckt und dem Vntern thürlin, daran die statt das ander halbtail het und es sewdt, darzu die hoffstat dargegen über gelegen.

319 / Item das dieselben zway eeleut auch instender ehe mitainander gezilt und überkommen haben ain sone, gena[nn]t Jorg Müller, jetzo Jorg Müllers vatter.

Item ist war, das derselb Jerg Müller sich eelich verhayrat zu N. Hoffmanni.

Item ist war, das derselb Jorg Müller mit derselben Hofmeni instender ehe gezilt und geborn het itzo Jorg Müllern, Margrethen, der kinde muter, und ander ir geschwistereten.

Item ist war, das Class Müller abgestorben und sein hausfraw, darzu obgemelten Jorg Müller, auch das halb sieden und hoffstat hinder ime verlaszen het.

Daraus volgt und ist war, das das aigenthumb an obgemelten zwaien stucken, /

320 / dem halben sieden und hofstat, durch Class Müllers absterben ist nach dißer statt alten stattrechten an Jorg Müllern, seinen sune, gefallen und allein die niessung bey seiner muter bliben.

Item ist waar, das darnach Jorg Müllers frawe, die Hoffmani, jetzo Jorg Müllers und Margrethen muter, ist auch mit tod abgangen und het Jorg Müllern, irn hauswürt, auch jetzo Jerg Müllern und Margrethen, ire kinde, sampt obgemelten aigenthum an den beden stucken verlasen.

Daraus dann aber volgt und ist war, das das aigen an obgemelten zwaien stuckhen, dem halben sieden und hofstat, so bey Jerg Müllern / 321 / gewest, durch seiner hausfrawen absterben aber nach der statt recht an deselben Jorg Müllers kinde, itz Jorg Müllern, Margrethen und ire geschwisterete gefallen und Jerg Müller der alt die nit mer zu verendern, sonder allein der niessung nach seiner muter absterben zu gewarten gehapt, und dieselben auch im allein sein leben lange zu haben plyben und vorbehalten gewest.

Item ist auch ware, das, alß nach der Margrethen, Jerg Müllers des alten muter, absterben die niesung an in Jorg Müller und nach seinem absterben bei leben Hans Botzen, genant Mollis, zu dem aigen uff die kinde gewachsen ist, wiewol die kinde aus gutem willen / 322 / die stiefmuter dabey auch sitzen lasen.

Item ist war, das Margreth, Jörg Müllers tochter ytz Behaims hausfraw, bei leben irs vatters sich eelich zu Hans Botzen, der genanten kinde vatter, verhewrat hett.

Item ist war, das solch halb sieden und hoffstatt Margrethen und iren kinden in der tailung, so sie mit iren geschwisterten gethon, zugetailt und worden sein.

Item ist war, das sie, Margreth, mit demselben Hans Botzen dis irer pfleg kinde begere eelich gezilt hett.

Item ist war, das nach Jorg Müllers des alten absterben Hanns Botze auch mit todt abgangen und sein haus/ 323 /fraw sampt gemelden iren kinden und anerstorben aigenthumb hinder ime verlessen hett.

Item daraus volgt abermals nach diser statt alten stattrechten, damals in cräften, das solch aigenthumb, so bey Margrethen, seiner hausfraw, gewest, an und uf ir baider kinde ersterben und noch bey inen ist.

Item ist auch war, das über das alles Margrethen, der kinde muter, understanden, solche zway güter zu verkaufen und den kinden zu empfrembden, des sie doch nit zu thun hat; und sie schuldig ist, den kinden die güter wider zu stellen und unverendert und unbeschwert inwesen zu halten.

324 / Uff die andern clage.

Ist war, das im leben gewest Hanns [1] Botz und Anna N., sein hausfraw.

Item, das dieselben zway eeleüt instender ehe eelich gezilt und überkommen und nach irem todt verlasen haben Hanns Botzen, diser kinder vatter, und seine geschwisteret.

Item, das dieselben eeleut Hanns [1] Bootz und Anna bey andren gehapt und nach irem todt verlassen haben zwai hewsser, das ain bey dem Sulferthor, das ander bei dem Block an Hanns Wetzels hauß gelegen.

Daraus volgt: Ist auch war, das solche baide heuser nach dieser statt alten stattrechten genanten Haintz / 325 / Botzen kinden nach irer muter absterben zum aigenthumb verfangen und vererbt gewest und der vatter allein die niesung behalten, und nach des vatters absterben den kinden die niesung zum aigenthumb haimgefallen ist.

Item ist war, das im leben Hanns [1] Botzen Hanns Botz sich eelich zu Margreth Müllerin verhayratt und mit ir in elichem stande disse kinde, itz durch ir vormunder im rechten verfast, gezilt und überkommen het.

Item ist war, das Haintz Botz darnach abgestorben und Hanns Botzen, sein söne, sampt obgenanten seinen geschwisteriten und hewsern verlasen hett.

326 / Item ist war, das nach Haintz Botzen absterben Hanns Botz auch mit todt abgangen und gemelte sein eelich kinde, darzu obgemelt sein angestorben erbrecht und gerechtigkeit an den zwaien heusern hinder ime verlassen hett.

Darauf volgt abermals nach diser statt alten rechten, das nach Hans Botzen todt solch erbrecht und gerechtigkeit an vorgemelte sein verlasen kinde erstorben und gefallen ist.

Item ist war, das über solchs alles Margreth, der kinde mutter, on beruffung ainiger vormunder solche heuser und Haintz Botzen verlaßen / 327 / habe mit andern irs hauswirts geschwistriten zu tailen understandten, auch vermeinlich getailt het.

Item ist war, nach dem dieselben tailung mit ligenden gütern nit gantz verglichen werden mögen, das sie sich von wegen ir kinde mit aim silbrin becher zu erfollung ir kinde tails der ligenden güter gegen der ander tail ligenden güter mit aim becher vergleichen lasen hetten.

Item ist waar, das sie des onangesehen denselben becher, den kinden zu vergleichung worden, verkauft und das gelt nach irem willen verwendt hett.

Item ist war, das sie auch / 328 / der kind anerstorben tail an den zwayen hewssern verkauft und das gelt zu irn handen genommen hett.

Item ist war, das sie, Margret, auch on das sie iren kinden zu vor umb formunder gebetten oder solch geldt wider angelegt gehapt, ain andern man genommen hett.

Aus dem volgt, das die frau kinde muter schuldig ist, den kinden, und an irer stat iren vormünder, solch gelt, aus irem tail an den zwaien heusern, auch dem becher erlost, zuzustellen, nach dem sie ir bestes auch künftig wort verwirckt. Oder zum wenigsten, wo das jo nit sein sollt, dess sich doch die formunder nicht versehen, mit wisen der vormunder / 329 / anzulegen, damit die kinde nach irem absterben wisen, wo sie das ir finden, des sicher und habend sein.

Gleicher mas volgt und wollen auch die vormunder begert haben obgeschriben halben sieden und hofstat, darzu des gelts halb, das Hans Botz selig an seinem hauß, darin Margreth noch sitzt, bezalt het, und dis ret[lich] vermittel ire ayde eingelegt und alle rechtlich nothurft vorbehalten haben.

(Antwort:)

Ernvöst fürsichtig erbarn weis günstig lieb herrn stetmeister und rath diser löblichen keyserlichen statt Schwäbischen Hall, diser schwebender sachen ordenlich richter! Nachdem jüngst von meinem widertail, den formundern, an stat und wegen irer tutel und pfleg kindern etlich vermeynt / 330 / artikel, mittelst irer eyde für geferde geton, an geben, und das ich daruff auch antwort geben soll, begert, so erschein ich heutiger tagsatzung nach als der gehorsam, protestir und bezewge mich der unerheblichkeyt und unzulessigkeit derselben, und das ich durch meyn nachvolgent gegeben antwort dy selbigen zu recht nit zu gelasen, anders und weydts dan so vil ich die zu zu lasen schuldig.

Zu dem ersten artikel also anfahent, item seyn in leben gewest eyner genant Clauß Müller etc., glaub den artickhel war seyn.

Zu dem andern artickel also anfahent, item ist war, das dieselben zwey eeleut etc., glaub den waar sein.

331 / Den dritten, vierden, fünften, sechsten, glaub den itlichen in sunderheit war seyn. Aber zu dem, das die gemelten formunder angeben, das dar uss folg und wor sey, das das eygenthum etc., das glaub ich, wye es stet, nit war seyn. Dan Jorg Müller der alt hat, als er eyn ander weyp genommen, eyn löblich testament nach diser statt recht, gewonhait und herkommen ir mit verwilligung Elssen, seyn dochter, so er mit derselben seyn andern hausfrawen gezilt und überkomen, Jorg Müllers des jungern, Hanns Botzen und Peter Reitzen uffgericht des inhalts, das ein kind erben sol als das ander. Dyewyl nun vorwilligung und gedyng zu halten seyn, so hat das stat recht in diesem fall nit stat.

332 / Zu dem achten also anfahent, item ist war, das darnach Jorg Müllers fraw dy Hoffmani etc., glaubt den syns inhalts us itzt angezeygten ursachen nit war, dann die tochtermenner und kind haben sich mit dem vatter samenthaftig vereinigt, eyn testament uff zu richten, wy dann das auch nach diser statt altem loblichem gebrauch uffgericht worden. Und ist das geschehen, eedann sich disser fall begeben, darumb obschon das eygenthum der zweyer stuckh dyß streits an Jorg Müllers kinde und ir geschwistrigt gefallen, so bricht doch das das uffgericht testament und wil domit auch also uff den neundten artickel geantwort haben.

Uff den zehenden artickhel, / 333 / als anfahent, item ist war, das also nach der Margreth, Jorg Müllers des alten muter etc., glaub den artikel inmasen er angeben nit war. Der beysitz ist mit voreinigung und gutem willen und nit us gerechtigkeit zu gutem [a] gelasen.

Den ailften artikel also anfahent, item ist war, das Margreth etc., glaub den war sein. Gibt oder nimbt nichts.

Den zwölften artikel also anfahent, item ist war, das solch halb sieden und hoffstat etc., glauben den nit war, dann nymants mag sagen, das oder das ist mir in der teylung worden.

Den dreyzehenden artickel also anfahent, item ist war, das Margreth etc., glaub dem ware seyn.

Uff den vierzehenden artickel / 334 / des lauts, item ist war, das nach Jorg Müllers des alten absterben etc., glaubt den nit war seyn, dan das uffgericht testament ist darwider, das do wie vorsteet mit Hanß Botzen wisen und willen uffgericht.

Uff den fünfzehenden artickel also anfahent, daruß volgt abermahls nach diser statt altem stattrecht etc., glaubt den artickhel nit war sein. Mocht wol seyn, wie das testament nit uffgericht were.

Den letzten artickel glaubet nit war seyn, wy er gesagt, dann ich wollt nicht gern jemandts das seyn empfrembten [b]. Aber das testament ist formlich, nymals zu betrug. Und nachdem Jorgen hausfraw todt und er zu der andern ehe / 335 / gegriffen und dy dochtermener und bruder dareyn vorwilligt, wy vorstet, so hat der gemelten formunder anforderung nit stat.

Zu dem artickhel der andern verklagung, dye verkeuften heuser betreffen[d], ist on noth, sich in vil disputation zu begeben. Dann das kaufgeld derselben verkauften hewsser ist wider angelegt an das haus, do Margreth Müllerin itzt insitzt. Daruff dy kinder vor-

a) *gestr.*
b) *Einschub am Rand:* nam si haereditas eset ommissa ex testamento et agnita ab intestato non esset dubium.

wisen sein sollen. Und ist also uff mayn, Jorg Bohems, heyradts tag abgeredt [und] gemacht, ob sy schon xx fl. kaufgelts empfangen, so ist doch dasselbig wy itz gemelt angelegt, do myt kayn verlust seyn mag, der hoffnung darbey zu bleiben.

Dyweyl dem allen also, so leg ich hyemit eyn das oft angezeigt / 336 / testament, bytt das selbig eygentlich zu ersehen und erwegen. Wu das nichts sollt seyn, das Jorg Müller zu der zeyt, als er es wol hat thun mogen, uffgericht, das es schimpflich were. Dan on allen zweyffel, wu er nit rechtmäsig ursach gehabt, so wer solchs nicht versigelt und confirmirt worden. Was nun einmal aprobirt, confirmirt und zu gelasen wirdt, soll nit widerfochten werden. So ist je das testament durch und von euch meyn herrn besigelt, zugelaßen und bekreftigt. Darumb so wird es unbillich angefochten, dan es als ein gesprochen urtel im rechten geacht. Und wurd das ampt des richters dardurch veracht, so jeder eyn testament oder anders mit rath des richters undt der jenen, / 337 / so interesse haben, uffricht, nichts sollt seyn. Zewge mich deß uff das recht und all verstendig menschen, mit bytt und beger, mit recht zu erkennen und sprechen, das es laut uffgerichts testaments gehalten werden soll, mit ablegung alles costens und schadens und inmasen vormals gebetten erkent werden, vorbeheltlich all weiter rechtlich notturft.

Jorg Bohem

(Die Erwiderung des Klägers dazu fehlt. Es folgt die »Replik« des Beklagten:)

Ehrnhafte fürsichtig weise günstig lieb herrn! Zu replicirung wyder die jüngst meins widertails vermeynt inbracht exceptiones erschein ich, Georg Bohom, von wegen und stat mey/ 338 /ner hausfrawen geschehen abscheid nach als der gehorsam mit annemmung alles des, so in sollichen vermeynten exception begriffen ist, das für mich und mein hausfrawen thut und vorstanden werden soll, das ich das selbig nit angefochten, sunder als für eyn stillschweygende bekentnuß angenem und angenommen haben will. Was aber wider mich darin geacht und vorstanden werden mocht, dasselbig alles will ich verneynt, nit gestanden, und mit gemeyn eynreden abgeleynt haben.

Und insonderheit nym ich an, das meyn widertail das rechtmäsig uffgericht testament jüngst eingelegt nit / 339 / widerficht, als er das auch mit gutem fugen nit widerfechten kan und mag, nachdem es nach diser statt loblichem alten gebrauch uff gericht, gemacht, versigelt, erkant und publicirt ist. Wy dann bysher uff sollich testament geurtelt und dy zugelasen worden seyn, nachdem dann dy letzten willen der menschen nit zu widertreyben sein. Zusampt dem, das vormals in der antwort uff des widertayls vermeynt artikel in bracht, wy solch testament nit eynlein nach dieser statt recht, sunder auch mit vorwilligung als Müllerin, Jorg Müllers des jungen, Hannß Botzen und Peter Reitzen uffgericht worden, das eyns erben soll als das ander. Und wen dan dy antwort / 340 / uff des widertails vormaint artickhel wol ersehen wirt, so erfindet sich, das der widertail stillschweygent mit übergehung des rechtlichen proceß sagende sey on not, blyb wol underwegen myn geschehen einbringen, nit verm[e]int, noch ihtz beweysen mag. Renuncirt der beweysung, vormeynt, das man sich mit seyn schlechten worten bezallen lasen soll und ich von sollichen angebrachten erblichen recht und gerechtigkeyt mit eym rechtmäsigen titel und gutem glauben, wy ich in meyner antwort erzelt hab, getrungen werden soll, so ist offenbars rechtens, das eyn jeder clager sein clag zu beweren schuldig, dann nach clag, antwort und für/ 341 /pringung der parthey und nit eygens wissens geurtelt werden soll, zewhe mich des uffs recht.

Nun wird in nechster exception fürbracht, das Jorg Müller dy ligendte güter, so den kindern vererbt sein sollen, nit macht gehabt, testament zu machen. Sagt kein ursach.

Darumb las ich es besten bey itz ingebrachten meynen replication. Wu aber der widertayl ursach fürbringen wurd, behalt ich mir myn eynrede dargegen, las mich des widertails unformlich handlung gar nit irren, mag nymer mer dargethon werden, das dyß testament in officios sey.

Nun mag doch der gepürlich teyl aym kind zustendig durch statut und statrecht gemyndert werden, darumb so ist nit wunder, / 342 / das solichs in testaments weis geschen. Aber in disem testament ist keyn furgehung praetericio, sunder das gleich geteilt werden etc., wy der buchstab das vermag. Und mag mit also der widertail nymer mer darvon tringen durch kein rechtmessig ursach.

Repetir hie mit meyn gegeben antwort uff des widerteyls angegeben position undt artickhel und alles, so ich fürbracht hab, mit bitt und begehr, dyeselbigen vleyßiglich zu ersehen, darin sich die bewilligung der freuntschaft, solich testament uff zu richten, erfindt. Und solt das testament nichts seyn, das thett der stiffschwester gut, würd ain ander rech/ 343 /nung haben dan wy der widertayl davon redt und will do mit all mayn ergangene handelung repetirt und erwidert haben.

Der verkauften heuser halber las ich es bey meiner gethon antwort und erberlich erbitten bleyben mit bitt und beger, mit recht zu erkennen, declariren und sprechen, wy ich in meiner antwort gebetten und begert hab. Und will also in der sach beschlosen haben, so ferr der widertayl nit neuerung bringt, vorbehaltlich all rechtlicher notthurft, ewer edel richterlich ambt hierin demütiglich anruffende.

(Urteil:)

344 / Publicatum in bey sein beider partheyen uff mitwochs, den 6. tag July im 1519. jar.

Zwischen Hannß Botzen des jungen verlaßner elicher kinder formundern, clägern eins, Margreth Müllerin und ir itzig ehlichen haußwirth, antwortern andernteils, spricht ein erber gerichth des ersten glagstuckhs halb nach herkommen dieser statt, irem alten stattrecht, beder tail fürbringen und rechtsetzen zu recht, das die angezogen zwey stuckh güter, ein halb sieden und hoffstatt zu Margreth angebührenten teil iren und Hannß Botzen elichen kinden klägern mit dem aigenthum verfangen und Margreth / 345 / sie zu verkaufen, verendern oder beschweren nit macht noch weiters, dann ir beseß daran, und der fürgenommen verkauf nit craft hebe. Der andern zweyer stuckhe, nemlich des geldts halb, so Margreth auß irs hauswürths seeligen vätterlichen zu gefallen erbe erlöst, des gleich des gelts, so derselbig ir haußwirt seilig an seinem erkauften haus, darin sie satzt, bezalt hat, spricht ein erber gericht irer baidertail fürtrag, erbiten, verhörte kuntschaft und rechtsatz nach zu recht, das Hans Botzen verlasen kinder und in irer namen sie vormunder uf dem gemelten Hanns Botzen er/ 346 /kauften hauß am Schwat[z]bühel, darin Margreth itz sitzt, hundert und sechs und vierzig gulden, so ir haußwirth seilig bezalt und sie aus seinem vatterlichen zuerstorben erb erlöset, haben und versichert worden. Und soll jeder teil sein costen dieser rechtfertigung halb etyeden [c] selbs tragen.

c) *und. übergeschr.*

1) *Heinz! vgl. WL 868, 874.*

Abschr. HA B 654 S. 318 ff. – Üs.: Extract in verhandelten strittsachen zwischen Jörg Böheim und Margareth Müller, seiner ehelichen hausfraw, jung Hanns Botzen wittib und dero Botzischen kinder vormunder p[unc]to sieden, hoffstatt und heusers strittigkeit betreffend. 1518 – *Hv.:* N^{a}. zu finden sub signatura AA in der laden 405 et ibidem fol. 16 biß 28 inclus. item fol. 38. – *W. Abschr.: HA B 658 S. 39 ff.*

U 88

1522 Januar 10 (Fr n Erhardi)

Wilhelm Blinzig und seine Geschwister verkaufen vor Gericht Hans Neuffer ein halbes Sieden unter Vorbehalt des Erbs.

652 / Ich Engelhardt von Morstein, an der zeith schultheiß zue Schwäbischen Hall, bekhenn offentlich und thun kundt mit dießem brief, daß für mich kommen sein zu Hall an das gericht die ehrsammen Hannß Neüfer eins, Wilhelm Plintzig und sein geschwisteret oder von ihren wegen ihre haußwirth und vormundere andern theihls, erkhanten alda, nachdem sie die Blintzigen Hannß Neuffern ir halb sieden hier im Hall im hallhauß vor dem Obernthürlin, daran die erbarn und ehrsamen Jos Mangoldt ein viertel und Peter Biermanns seeligen erben ein / 653 / viertel haben, in welchem halhaus auch noch ein statt und pfann ist, daran Lienhardt Seckhels seeligen erben ein halb theil, Lienhard Droßmann ein viertel, Hannß Sailers witt[i]be Margaretha Schneckhenbach und ir beeder erben ein halb viertel und Bastian Vogelmann das ander halb viertel haben, umb vierhundert gulden verkauft und zu kaufen geben,

das sie, die Blintzigen, mit gutten wisen, willen und zu laßen Hanns Neuffers ihnen in solchem kauf nemlich bedingt und ausgehalten das erbe an solchem halben sieden Hanns Neuffer erkhannt, auch das er solchs für sich, sein erben und nachkommen frey bewilligt zu gelasen und dem Plintzigen das erb an gemeltem halben sieden vorbe/ 654 /-halten hätten, willigt und gabe zu das auch vor mir und dem gericht in craft dieß briefes zu, also daß sie und ihr erben daß obgemelt halb sieden siden und inhaben sollen, so lang sie das verdienen und vergelten mögen, auch die rechnungen zu rechter weil entrichten, alles nach des Haals zu gemeltem Hall brauch, herkommen und gewohnhaith und eins erbarn raths ordtnungen und statuten, so jetz gemacht oder hernach gegeben werden.

Ungevehrlich des zu uhrkundt gib ich obgenanter schulthaiß ine diesen brief von gerichts wegen mit meinem aigen anhangedten insigel besigelt. Und zu mehrer gezeugnus han ich, Johann Manngoldt, / 655 / doctor, an der zeyth stadtschreiber zu Hall, mein aigen insigel auch hieran gehangen, doch uns, unsern erben ohne schaden. Hierbey wahren diese richter Conrad Büschler, Michel Schletz, Hannß von Morstein, Vtz von Rinderbach, Volckh von Roßdorff, Jos Mangoldt, Martin Autenriedt, Bartholme Roth und Hanns Ott. Geben und geschehen uff freytag nach Erhardti alß man zahlt nach Christi unsers lieben herrn gepurt fünfzehen hundert zwantzig zway jahr.

Abschr. HA B 654 S. 652 ff. – Üs.: Hannß Neuffer erkauft von Wilhelm Blintzigen und seinen geschwistrigen ein halbs aigenthums sieden im Haal vorm Obern thürle gelegen, woran sich die Blintzigen das erb vorbehalten. – *Hv.:* Zu finden sub actis H △, signirt mit 3 a in der laden 403. – *W. Abschr.: HA B 656 S. 107 f. mit gg. Lackorn unwes. Abw.:* Von einer copia abgeschrieben sub actis H. laden 403 3 a.

U 89

1522 Januar 15 (Mi n Erhardi)

Gilg Eisenmenger verkauft den Erbteil seiner Frau, Konz Beyschlags Tochter, an ihre Geschwister.

429 / Ich Gilg Eisenmanger, burger zu Schwäbischen Halle, bekenn offentlich und thun kundt allermenigklich mit diesem briefe, das ich von wegen meiner lieben hausfra-

wen, weylandt Contz Beyschlags verlasen tochter, ihren angebührenden erbtaile ahn deselben Contz Beyschlags und seiner hausfrawen, meiner schweher und schwiger, verlasen hab und güetern mein schwager Georg Beyschlag und anderen seinen geschwisterten / 430 / und von irenwegen iren vormundern, den ersamen Vlrich Luckhenbach und Michel Seübothen mit wolbedachten vereinten sinnen und muethen bey gesamenter hande frei willigklich für mich, mein hausfrawen und unser baider erben recht und redlich verkauft und zu kaufen geben habe, gib ihnen den auch hiemit und in craft dies briefs zu kaufen. Und ist solcher kauf geschehen umb 110 fl. 2 ort rainischer gemainer landtswehrung, der sie mich zue meinem guten benügen also bahr entricht und bezahlt haben.

Hierumb sage und las ich gedachte meine schwager und seine geschwisteret, auch ire vormundere / 431 / und alle ire erben und nachkommen ahn der vormundtschaft für mich, mein hausfrawen und unser erben solchen erbtail und aller unser recht und gerechtigkeit daran auch bezalt der [a] kauf sume gantz quitt, ledig und frey, verzeihe und begibe mich auch aller an und widerforderung, recht und gerechtigkeit zu solcher meiner schwäher und schwiger seeligen verlasen haben und güettern, nemlich aller meiner haußfrawen angebührnüß daran, also das weder ich, mein hausfraw, noch unser erben oder jeman von unsern wegen hinfüro zu oftgedachten meiner hausfrawen angebührenden thail vätterlichs und müeterlichs erbs, auch for/ 432 /derung, recht oder gerechtigkeit mehr haben, hon, noch fürnemmen sollen noch mögen, weder mit noch ohne recht, auch sunst in khein weiß noch weege, wie die jemans erdenckhen oder erfür ziehen möcht, alles ohn gefährde.

Zu urkund hon ich mit fleiß erpetten die würdigen und hochgelehrten erbarn und vösten herrn Johann Mangolden, beeder recht doctor und junckher Engelhardt von Morstein, beider zu Schwäbischen Halle, das sie ihr aigen ingesigel ahn disen brief gehenckht haben, doch ihn und ihren erben ohn schaden, der geben ist uff mittwoch nach Erhardti, als man zahlt nach Christi unsers lieben herrn gepurt fünf zehen hundert zwainzig und zwey jahr.

a) *lies:* bezahlter

Abschr. HA B 654 S. 429 ff. – Üs.: Kaufbrief Gilg Eisenmängers wegen Georg Beyschlags verkauften erbsiedensgerechtigkeit, von seiner hausfrawen Apolonia, Contzen Beyschlags tochter herrürend. 1522 – *Hv.:* N[a]. sub actis in der laden 408 n°. 7, junge fol. 554 n°. 89. – *Vgl. U 59.*

U 90

1523 März 4 (Mi n So Reminiscere)

Peter Firnhaber und Hans Scherb, Pfleger, und Jörg Wortwein, Meister des Siechenspitals, verleihen Ludwig Dötschmann ein Sieden zu Erb.

Ich Peter Firnhaber und ich Hanns Scherb, baid zu Schwäbischen Halle und zu den zeiten von schickung und ordnung wegen des rath zu Schwäbischen Hall pfleger, und Jörg Wortwein, meister des Siechen spitals, daselbs zu Hall am Bach gelegen, bekennen offentlich und thun kund allermänniglich mit dießem brief, daß wir mit gutem vereinten willen, wohlbedachten sinnen und muthen und mit gemeiner that und handlung und sonderlich mit wißen, willen und zugeben des vermelten rath für uns und all unßer nachkommen pfleger und meister Ludwig Doetschmann, dem sieder, burger zu Schwäbischen Hall, und allen seinen erben zu einem rechten ewigen erbe verliehen und vererbt haben des genannten spitals eigen sieden allhier zu Hall im Haal bey dem Obernthürlin, zwischen der stadt und der heiligen dreyer könig altar in sanct Michels pfarr kirchen sieden gelegen, mit allen zugehörden und rechten, so lang er und sein erben das vergeben und verdienen mögen.

Und auch alßo bescheidentlich, das der egenant Ludwig Doetschmann und sein erben das vorgeschrieben sieden mit allen zugehörden und rechten in gutem wesentlichen bau haben und dem vermelten spital alle jahr davon reichen und geben sollen die gewohnlich rechnung zu zweyen zihlen des jahrs, nemlich halbs auf st. Jacobs des heiligen zwölf botten tag und den andern halb theil auf das heilig hochzeitlich fest weyhnachten, alles nach des Hals recht und gewohnheit daselbs, ohne fürzug, wiederred, und auch gar und gäntzlich, ohne allen des spitals kosten und schaden.

Wo sie aber an bezahlung vorgemelter gewohnlicher rechnung auf einich oder mehr frist oder an bauhaltung säumig und die nit thun würden wie vorsteht, so haben alsdann wir oder unser nachkommen pfleger und meister vollen gewalt und gut recht, ihnen das vorgemelt sieden aufzusagen und zu des mehrgenanten spitals handen zu nehmen und fürter zu verleyhen, wem und wohin wir wollen, und doch darauf zu pfänden und zu verbieten, so lang und viel, biß dem spital um sein ausstendig rechnung vollkommene ausrichtung und vergnügung beschehen ist, ohne allen seinen kosten und schaden, alles nach des Haals recht und gewohnheit ohngefährlich.

Und des zu wahrem urkund so geben wir mehrgenannte pfleger und meister für uns und alle unser nachkommen dem gedachten Ludwig Doetschmann diesen brief besiegelt und des genannten spitals insiegel, das der rath hie zu Hall, der das inhat, hieran hat thun hencken, der geben ist am mittwoch nach dem sonntag reminiscere, als man zählt nach Christi unsers lieben herren geburt fünfzehen hundert zwantzig und drey jahr. (L. S)

Abschr. HA A 537 – 2 Bll. – Sign.: ad Nro. 1

U 91

1524 Juli 11 (Mo n Ulrich)

Die Geschwister Philipp, Jörg und Anna Schwab verleihen Jörg Seiferheld dem Jungen ein halbes Sieden zu Erb.

Wir hernach benanten mit namen Philipp und Jerg die Schwaben und ich, jungkfrau Anna Schwebin, ir schwester, alle drew geschwisterigt zu Schwebischen Hall, bekennen offentlich und thun kunt menigklich mit disem brief, das wir alle samentlich für uns und alle unsere erben aus sonderlicher freuntlicher gunst und lieb zu einem rechten steten und ewigen erbe verliehen und vererbt haben Jerg Seiferheld dem jungen und allen seinen erben unser halbs sieden im Hale, das da hinden an der von Gnadental halhauß und vornen zu allen seiten an die Sule stosset, an welchem sieden gedachter Jerg und sein bruder Hans Seifferhilt den andern halbtail, und in demselben haalhauß vielgedachter Jerg an der andern stat ain halbs, Hanns Wezel der alt ain viertail, und Hans Büschler das ander viertail haben, mit allen zugehörden und rechten, dieweil er und seine erben das vergelten und verdienen megen;

doch also und der gestalt, das er und all sein erben das vorgeschriben halb sieden mit allen seinen zugehörden und rechten hinfüro allwegen im guten wesentlichen baw haben und halten und uns vorgenanten geschwisterigten und unsern erben oder inhabern diß halben siedens jarlichs davon raichen und geben sollen die gewonnlichen rechnung, als sich dann von sollichem halben sieden gepürt, nemlich halbs uf sant Jacob des heyligen merren zwölf botten tag und das ander halbtail uf das hochzeitlich vest weyhennacht, alles one schaden, nach des Hals der statt Hall gewonheit und recht.

Wa aber der vermelt Jerg Seiferhelt oder sein erben an wesentlicher bawhaltung und bezalung egerürter rechnung uf ain oder mer zil seumig und die inmaßen vorsteet nit thun würden, so haben wir, her Philipp, Jerg und Anna, alle geschwistert vilgemelt oder unßre erben macht und gewalt, inen solch sieden ufzusagen, underzugiessen und damit zugefaren, aber nach des Haals der stat Hall gewonheit und recht. Doch ist hierin sonderlich bevor gemelt, so wir, vielgenannte geschwistrigt solchs halb sieden verkaufen wollen, so soll vielgemelter Jerg Seifferheld, unser vetter (?), allen fleiß, so viel ime müglich ist, thun und verhelfen, damit wir solchs halb sieden one unsern schaden verkaufen, wie dann andere sieden der zeit im werd sein. Es were dann, das Got verhüt, sonderlicher grosser schad über die Sule gieng, das soll zu baiden thailen meniglich onnachtheilig sein, getrewlich und ungeverlich.

Des zu gutem urkhund haben wir obgenanten, her Philip und ich Jerg, die Schwaben gebrüder für uns und unser schwester Anna, auch aller unser erben oder inhaber dis halben siedens unser aigin insigel offentlich an diesen brief thun hencken. Geschehen am montag nach sant Vlrichs des heiligen bischofs tag, als man zalt nach Christi unsers lieben herrn gepurt fünfzehenhundert zwanzig und vier jahr. (L. S.) (L. S.)

Abschr. HA U 110 – 2 Bll. in braunem Umschlagbogen m. Aufschrift Siedens Erb – Verleihungen – *A. Anf.:* Abschrift, *a. E.:* Juli 11 *von je and. frmd. Hd. – W. Abschrift: Bühler 2 S. 1118 f. – Reg.: Uhland S. 14, nach U 70.*

U 92

1524 Oktober 25 (Di n Severin)

Kilian Kempfennagel, Vikar zu Würzburg und Kaplan bei St. Michael, verleiht Hans Maier und seiner Hausfrau Dorothea Engel das Sieden des Hl. Drei König – Altars in St. Michael zu Erb.

Ich Kylian Kempfennagel, vicari des thumbstifts zu Würtzburg und capplan der heyligen dreyer könig althar gestift in sant Michaels des heyligen ertzengels pfarrkirchen zw Schwäbischen Hall, bekhenn offentlich und thue kundt allermenigklichem mit diesem offen brief, daß ich mit gutem willen, wolbedachten sinnen und muethen für mich und alle meine nachkommen capplön vermelts altars recht und redlich zue ainem rechten ewigen erbe verliehen und vererbt habe den ersamen Hansen Mayer und Dorothea Enngelin, seiner ehelichen hausfrauen, burgere zw Schwäbischen Halle, und allen iren erben der ehegenanten dreyer heyligen könig althar pfründe aigen sieden zue Hall im Hale, in dem Geßlin bei dem Obern thürlin zwischen der frawen von Gnadenthal haalhauß und deß spitals zue Halle sieden under ainem obdach gelegen, mit allen seinen zugehördten und rechten,

also und mit solcher beschaidenheit, daß die ehegerüerten Hannß Mayer, Dorothea Enngelin, sein eheliche hausfraw, und alle ihr erben daß vorgeschriben sieden mit allen seinen zuegehördten und rechten wie obsteht in gutem rechtem wesenlichen bawe haben, halten und mir oder meinen nachkommen capplonen alle jahr darvon raichen und geben sollen die hoffschülben, auch die gewonlichen rechnung zw zwayen zihlen des jahrs, nemblich halbs uf sant Jacobs deß heyligen zwölf potten tage und daß ander halbtheil uf daß heylig hochzeitlich fest zw weihenächten, alles nach des Hals recht und gewonheit daselbs, ohne fürzuge, widerrede, auch gar und gentzlich ohne allen unsern costen und schaden.

Wa sie aber ahn bezalung vorgemelter gewonlicher rechnung uf ainich oder mehrer frist oder ahn bawhaltung seumig und die nit thuen würden, wie vorsteht, so haben alßdann ich oder meine nachkommen capplön der mehrgedachten dreyer heyligen könig altar pfründe vollen gewalt und gut recht, ihnen das vorgemelt sieden uffzusagen und zue unsern handen zue nemen und fürter zuverleihen, wehm und wohin wir wollen, und doch daruff zuepfenden und zuverpieten, so lang und vil, biß uns umb unser usstendig rechnung volkommene außrichtung und vergnüegung geschehen ist, ohne allen unsern costen und schaden, alles nach des Haals recht und gewonheit, getrewlich und ungevärlich.

Und deß alles zw wahrem urkunde so hab ich mit fleiß ernstlich erpetten die erbarn und vesten junckher Gabriel Senfften den alten, junckher Vlrichen von Rinderbach und junckher Volckhen von Roßdorff, alle drei zue Hall, daß sie ire aigen insigel, doch ihnen und ihren erben ohnschaden, offentlich ahn diesen brief gehenckht haben. Geben dinstags nach Seuerini, von der gepurt Christi unsers lieben herrn gezalt fünfzehenhundert zwaintzig und vier jahr.

Begl. Abschr. HA A 537 – Signn.: 49, B, *rot* L 408 – *Rv. v. frmd. Hd.:* Erbbrief Hannß Mayers und seiner hausfrawen Dorothea Engelin, uff beede samptlich verlautend. – *Namen, Orte und Daten rot unterstr.; Beglv. a. E.:* Das gegenwertige copey gegen seinem wahren original, so an schriften, bergamen und anhangenden insigeln unversehrt gefunden, von wort zu wort gleichlaute und durchauß ubereinstimme, bezeuge ich endtsbenanter notarius mit dieser meiner aigen handtschrift und subscription, Caspar Feyerabent, Halensis, notarius publicus, in fidem subscripsit manu propria – *W. Abschrr.: HA B 654 S. 64 ff., Hv.:* N. zu finden in copia sub act. et signat. *(folgt Merkurzeichen)* in der laden 405; *HA B 790 S. 1216; Bühler 2 S. 1097 ff. – Vgl. U 110.*

U 93

1524 Oktober 25 (Di n Severin)

Hans Maier und seine eheliche Hausfrau Dorothea Engel bekennen, daß ihnen Kilian Kempfennagel, Vikar des Domstifts zu Würzburg, das Sieden des Heiligen Drei König – Altars zu St. Michael zu Erb verliehen hat (Revers).

Ich Hans Maier, burger zu Schwäbischen Hall und mit ime ich Dorothea Enngelin, sein eeliche hausfraw, bekennen offentlich und thuen kont allermenigclichem mit disem offen brieve, das wir mit gutem willen, wolbedachten synnen und muten uns und allen unsern erben recht und redlich zu ainem rechten ewigen erbe bestanden und empfangen haben von dem wirdigen herren Kilian Kempffennagel, vicarien des thumbstifts zu Würtzburg und capplan der hailigen dreyer konig altar in sant Michels des hailigen ertzengels pfarrkirchen alhie gestift, der egenanten dreyer hailigen konig alt[a]rpfrunde [a)] aigen sieden zu vermeltem Hall im Hale in dem Geßlin bey dem Obernthurlin zwischen der frawen von Gnadental halhauß und des spitals zu Hall sieden under ainem obdach gelegen mit allen seinen zugehorden und rechten also und mit solicher beschaidenhait, das wir und alle unsere erben das vorgeschriben sieden mit allen seinen zugehorden und rechten wie vorstät, in gutem rechtem wesenlichem bawe haben, halten und ime oder seinen nachkomen capplonen alle jare darvon raichen und geben sollen die hoffschulpen, auch die gewonlichen rechnung zu zwayen zilen des jarß, nemlich halbs uff sant Jacobs des hailigen zwolfboten tage und das ander halbtaile uff das hailig hochtzeitlich fest zu weyhennachten, alles nach des Halß recht und gewonhait daselbß, one furtzuge und widerrede, auch gar und gentzlich one allen iren costen und schaden, wa aber wir oder unsere erben an betzalung vorgemelter gewonlicher rechnung uff ainich oder mer frist oder an bawhaltung seumig und die nit thon wurden, wie obstät, so haben alßdann vermelter her Kilian Kempffennagel oder seine nachkomen capplön der mergedachten hailigen dreyer konig altarpfrunde vollen gewalt und gut recht, uns das vorgemelt sieden ufftzusagen und zu iren handen zunemen und furter zuverleyhen, wem und wohin sie wollen, und doch daruff zupfenden und zuverpieten, so lange und vil, biß inen umb ir usstendig rechnung volkomene außrichtung und vergnugung beschehen ist, one allen iren costen und schaden, alles nach des Halß recht und gewonhait, getrewlich und ungeverlich.

Und des alles zu warem urkunde so haben wir baide egemecht mit vleiß erpeten die erbern und vesten juncker Gabriel Senfften den alten, juncker Vlrichen von Rinderbach und junckher Volcken von Roßdorff, alle drey zu Halle, das sie ire aigen unschaden [b)], doch inen und iren erben unschaden, offentlich an disen brieve gehenckt haben. Geben dinstags nach Seuerini von der gepurt Christi unsers lieben herren getzalt funftzehenhundert zwaintzigk und vier jare.

a) *Loch im Perg.* b) *Verschr. für:* insiegel

Ausf. Perg. Hist. Ver. 10 – 28 x 16 cm, 3 S, davon 2 besch., 1 zerst. – Sign.: rot No 25, 25; N°. 4. – *Rv.: (alt)* Uber das hab sieden bey dem Ubern dirle, das man sieden darf., *(jung)* 1524 Maier – Kempfennagel (sieden). – *Reg.: Maschinenschriftl. Rep. StAH.*

U 94

1526 April 9 (Mo n So Quasimodogeniti)

Abt Leonhard zu Adelberg verleiht Peter Wetzel zwei Sieden zu Erb.

Wir Leonhard, von Gottes verhängniß abt des gottes haußes zu Adelberg, Praemonstratenser ordens, Costanzer bißthums, bekennen öffentlich und thun kund allermänniglich mit diesem brief für uns und alle unsere ⟨erben⟩ [a)] nachkommen, daß wir aus sonderbarer gnade und gunst zu einem rechten steten und ewigen erbe verliehen und vererbt haben dem ehrsamen Peter Wetzel, burger zu Schwäb[ischen] Hall und allen seinen

a) *unterstr.*

erben die zwey sieden daselbst zu Schwäb[ischen] Hall im Haal zwischen Seiz Blancken eigen und Hannß Wetzels erb sieden gelegen, dergestalten, dieweil er und seine erben solche zwey sieden vergelten mögen und könten,

doch also, daß er und seine erben die vorgeschriebenen zwey sieden mit allen zugehörten und rechten hinfüro allwegen in gutem wesentlichen bau halten und haben an allen orten, ohne unser und unsers gottes hauß costen und schaden, uns und genannten abts, unseres gottes haus nachkommen hinfüro aber dieser zweyer sieden wegen jährlich und eines jeden jahrs besonder davon soll reichen und geben bemelter Wetzel oder seine erben die gewöh[n]liche rechnung, als sich dann zu jederzeit von solchen zweyen sieden gebührt, nehmlich auf st. Jacob des heil[igen] zwölf botten tag die eine helfte und den andern halbtheil auf weyhnachten, allweg in den nächsten 14 tagen vor oder darnach, ohn alle verhinderung, auch ohne allen costen und schaden, nach des Haals der stadt Hall gewohnheit und recht richten und bezahlen.

Wo aber der vermelde Peter Wetzel oder seine erben an wesentlicher bauhaltung oder bezahlung ehegerührter rechnung auf ein oder mehr ziel säumig und diß in massen als vorstehet nicht thun würden, so haben wir obgemelder abt und unser gottes hauß und alle unsere nachkommen macht und gewalt, vielgemeldem Peter Wetzel oder seinen erben solche zwey sieden aufzusagen, unterzugießen und damit zu fahren nach des Haals der stadt Hall recht und gewohnheit. Es soll auch gedachter Peter Wetzel und alle seine erben vorgeschriebene zwey siden ohne unser und unsers gottes haußes wissen und willen und verhängnus zu ewigen zeiten nimmer verändern, verwechseln oder zertheilen, wie daß immer beschehen möchte, fürbaß ewiglich, alles getreulich und ohne gefährte.

Und des alles zu mehrer urkund so haben wir ehegenannter unser abtey insiegel öffentlich thun und lassen hängen an diesen brief für uns und unsers gottes haußes nachkommen, der geben ist am montag nächst nach dem sonntag quasimodogeniti, als man zehlt von Christi unsers lieben herrn geburt funfzehen hundert zwanzig und sechs jahre. 1526 (L. S.)

Abschr. HA B 790 S. 1222.

U 95

1526 April 9 (Mo n So Quasimodogeniti)

Peter Wetzel bekennt, daß ihm Abt Leonhard zu Adelberg zwei Sieden zu Erb verliehen hat (Revers).

Ich Peter Wetzel, búrgere zů Swäbischen Halle, bekenn offenlich und thůn kúnth allermånigclich mit disem brieve fúr mich und alle meine erben, das der erwúrdig herr, herr Leonhart, abte des gotshauß zů Adelberg, Premonstrater ordens, Costentzer bistumbs mir und allen meinen erben zů ainem rechten stäten und öwigen erbe verlihen und vererpt hat die zway sieden zů genantem Halle im Hal zwúschen Seitz Plancken aigen und Hansen Wetzels erbsieden gelegen, der gestalt, dweyl und ich und meine erben solche zway sieden vergelten und vermögen können, doch also, das ich und alle meine erben die vorgeschriben zway sieden mit allen irn zůgehörden und rechten hinfúro allwegen in gůtem wesenlichem buwe halten und haben, an allen orten, one vermelts meins gnedigen herrn und seiner gnaden nachkommen, ouch dero gotshauße costen und schaden, auch seinen gnaden und deren gotshaus und nachkommen inhabern diser zwayer sieden jårlichs und ains yeden jars besonder darvon raichen und geben sollen die gewonlich rechnung als sich dann zů jeder zeit von solchen zwayen sieden gepúrt, nemlich uff sant Jacobs des heilgen zwölf botten tag und das ander halbtheile uff weihennächt, allwegen in den nächsten viertzehen tagen vor oder darnach one alle verhinderung, ouch one allen costen und schaden nach des Hals der statt Swäbischen Halle gewonhait und recht richten, antworten und bezalen.

Wa aber ich oder meine erben an wesenlicher buwhaltung und bezalung eegerürter rechnung auf ain oder mer zile seumig und die in massen als vorstet nit thůn wúrden, so haben oftgedachter mein gnediger herr von Adelberg, dero gnaden gotshauße und alle seiner gnaden nachkommen macht und gewalt, mir oder meinen erben solche zway sieden uffzůsagen, underzigússen [a] und damit zůgefarn, aber nach des Hals der statt Halle gewonheit und recht. Es sollen ouch ich und alle meine erben die vorgeschriben zwey sieden one vilgemelts meins gnedigen herrn und seiner gnaden gotshauße wissen, willen und verhengknuß zů ǒwigen tagen nymmer verendern, verwechseln oder zerthailen, wie das immer beschehen mǒchte fúrbas ǒwiglich, getrewlich und ungeverlich.

Und des zů warem und vestem urkunth hab ich obgenanter Peter Wetzel mit vleiß erpeten den erbarn und wolgelerten meister Bertholden Nútteln, der zeit statschreibern zů Halle, meinen gůten freundt, das er sein aigen insigel offenlich an disen brieve gehangen hat, doch ime und seinen erben in allweg one schaden, geben mǒntags nach dem sontag quasi modo geniti als man zalt von der gepúrt Christi unsers lieben herrn fúnftzehenhúndert zwaintzig und sechs jare.

a) *lies:* -zugiessen

Ausf. Perg. StPrK D 2. 37, hier nach Foto – 38,5 x 19,5 cm, S abg. – Signn.: a, 1726, III. i. – *Rvv.:* Erbverschreibung, so in beyligendem brief von e. e. raht vidimirt worden., Verschreibung Peter Wetzels zwayer sieden zu Hall belangen[d] anno 1. 5. 26, Zwo pfannen zu Hall – *Abl. HStASt J 381/49/1 (37) – Abschrr.: HA A 537; HA B 654 S. 76 ff.; Bühler 2 S. 1099 ff. – Reg.: Oertel-Pietsch*

U 96

1526 April 30 (Mo n So Kantate)

Philipp Schlez und Hans Schnürlin, Pfleger des Kirchenvermögens zu Hall, bekennen, Hans und Margreth Bühl das Sieden des St. Martin – Altars abzüglich eines Fünftels zu Erb verliehen zu haben.

Wir mit nahmen Philipp Schlez und Hanß Schnürlin, beede zu Schwäbischen Halle und dieser wail eines erbarn raths verordnet und gesetzte pfleegere der geistlichen pfründten, güeter und einkommens zu genantem Halle, bekennen ofentlich und thun kund allermänniglich mit diesem brief, daß wir mit gutem verainten willen, wohl bedachten sinnen und muthen, auch insonders mit wißen und verwilligung eines erbarn raths obgenant für uns und alle unsere nachkommen pfleeger recht und redlich zu einem stethen ewigen erb verliehen und vererbt haben Hanßen Büheln und Margreth Bühelerin, weyland Lauten Claußen seel[igen] gelasenen wittib, beede burgere zu Schwäb[ischen] Halle, und allen ihren erben st. Martins altar pfründ gantz sieden minder eines fünfthails, so einem erbarn rath zu Hall gilt, allhie zu Halle im Haal und haalhauß zwischen den frauen von Gnadenthal, Conz Vogelmanns und Hanß Kraußen erben gelegen, und vornen an Hennen schmitten stosend, mit allen seinen zugehördten und rechten; also und mit solcher beschaidenheit, daß die vorgedachten Hans Bühel und Margretha Bühelerin, geschwistrigt, und alle ihre erben daß vorgeschrieben sieden minder eines fünftheils mit allen seinen zugehördten und rechten wie obstat in gutem rechtem wesentlichen bau haben, halten und uns oder unsern nachkommen pfleegern alle jars darvon raichen und geben sollen die hofschilpen, auch die gewohnliche rechnung zu zweyen ziehlern des jars, nemblich halb uf st. Jacobs deß heyligen mehrern zwölf botten tage und das andere halbe thail zu weyhenachten, alles nach des Haals gewohnheit und recht daselbsten, ohne fürzuge, wiederred, auch gar und gänzlich ohne allen unsern costen und schadten.

Wo sie aber an bezahlung vorgenannter gewohnlicher rechnung uff ein oder mehr frist oder an bauhaltung säumig und die nit thon würden wie vorstat, so haben alsdann wir oder unser nachkommen pfleeger vollen gewalt und gut recht, ihnen das vorgemelt sieden ufzusagen und zu unsern handen zu nehmen und fürter zu verleyhen, wem und wohin wir wollen, und doch darauf zu pfändten und zu verbiethen so lang und viel, biß uns umb unser außständig rechnung vollkommene ausrichtung und vergnügung beschehen ist, ohne allen unsern kosten und schadten, alles nach des Haals recht und gewohnheit, getreulich und ohngefehrlich.

Und deß zu wahrem urkund hab ich obgenanter Philipp Schlez für mich und mein mitpfleeger mein aigen insiegel ofentlich an diesen brief gehangen, daß ich, Hanß Schnürlin, mich hierin auch gebrauche und darumb gebetten haben, bekennen, doch uns beeden und unsern erben ohne schadten. Geben monntags nach dem sonntag cantate, alß man zahlt nach Christi unsers lieben herrn geburth fünfzehen hundert zwantzig und sechß jahr. (L. S.)

Abschr. HA A 537 – 2 Bll. – Sign.: 21 – *Rv.:* Copia eines Bühelischen erbbriefs über 1 ganz sieden minder eines fünfthails im Haal- und haalhauß zwischen der frauen von Gnadenthal und vornen an die Hennen schmitten stoßend. De anno 1526. – *Vgl. U 81.*

U 97

1528 Januar 29 (Mi n Konversio Pauli)

Abt Leonhard von Adelberg verleiht Heinrich Botz ein Sieden zu Erb.

Wir Leonhard, von Gottes verhängnus apt des gottes haus zu Adelberg, Praemonstrater [a] ordens, Constenzer bistumbs, bekennen offentlich und thun kund allermänniglich mit diesem brief für uns und alle unsere nachkommen, das wir aus sondern gnaden und gunst zu einem rechten steten und ewigen erb verliehen und vererbt haben dem ehrsamen Heinrich Botzen, burgern zu Schwäb[ischen] Hall und all seinen erben ein unsers gottes haus sieden, daselbst zu Schwäbischen Hall im Haal am Blockh zwischen Hanns Wetzels haus und Hanns Büchsenmeisters haalhaus gelegen, und stoßet hinten an Caspar Grättern des ältern haus, dergestalt, dieweil er und seine erben solches sieden vergelten und vermögen können,

a) *V. frmd. Hd. verb.:* Praemonstratenser

doch also, das er und alle seine erben das vorgeschriebene sieden mit allen seinen rechten und zugehördten hinfüro allwegen in gutem wesentlichen bau halten und haben an allen orten, ohn unser und unsers gottes haus costen und schaden, und uns vorgenanntem apt, unserm gottes haus und nachkommen, inhabern des siedens, jährlichs und eines jeden jahrs besonders davon reichen und geben sollen die gewohnliche rechnung, als sich dann zu jederzeit von solchen sieden gebührt, nemlich auf st. Jacob des heiligen zwölf botten tag und das andere auf weyhenacht, allwegen in den nächsten vierzehen tagen vor und darnach, ohne alle verhinderung, auch ohn allen kosten und schaden, nach des Haals der stadt Schwäb[ischen] Hall gewohnheit und recht richten, antworten und bezahlen.

Wo aber der vermeldt Heinrich Botz oder seine erben an wesentlicher bauhaltung und bezahlung ehegerührter rechnung uf einmal oder mehr zihl säumig und die inmassen als ob vorsteht nicht thun würden, so haben wir obgedachter apt und unsers gottes haus und alle unsere nachkommen macht und gewalt, vielgemeltem Heinrich Botzen oder seinen erben solches sieden aufzusagen, unterzugiesen und darmit aber zu gefahren nach des Haals der stadt Hall gewohnheit und recht.

Es soll auch ged[achter] Heinrich Botz und alle seine erben obgeschrieben sieden ohn unser und unsers gottes haus wissen, willen und verhängnus zu ewigen tagen nimmer verwechseln, verändern oder zertheilen, wie das immer geschehen mögte, fürbaß ewiglich. Doch so haben wir Catharina Bötzin, sein, Heinrich Botzen, mutter die lehnschaft obgemelten siedens ihr lebenlang, immassen wir ihr das hievor auf sondere gunst verliehen und mit brieflicher urkund vorgeschrieben haben, vorbehalten, alles treulich und ohngefährlich.

Und des alles zu wahrem und vestem urkund, so haben wir, ehegenannter apt, unser eigen aptey insiegel offentlich thun und lassen hencken an diesen brief für uns und unser gotteshaus und nachkommen. Der geben ist am mittwoch nach conversionis Pauli, als man von Christi unsers lieben herrn geburt zehlt tausend fünf hundert zwantzig und acht jahr. (L. S.)

Abschr. HA A 537 – 1 Bl. – W. Abschr.: HA B 790 S. 1218.

U 98

1530 Januar 28 (Fr n Pauli Bekehrung)

Hans Wetzel gestattet seinem Schwager Ulrich Ulmer, ihm, Wetzel, zustehende Siedensjahre zu versieden.

65 / Uff freitag nach der bekerung dess hailigen sanct Pauls im jar nach der geburt unsers hern Jhesu Christi 1530 sein Hans Wetzell und Vlrich Vlmer, sein schwager, fur die maister der zeit kummen und begert, man soll inen ain vertrag ain erbsieden betreffen[d] in dess Haals buoch suochen und verlesen, welcher [a)] vorhin im 1514 jare zwuschen inen baiden gemacht worden ist. In welchen vertrag klärlich wurt angezeugt, dass Vlrich Vlmer solt ansten und sieden iiii jar anainander, hernach soll ansten Hans Wetzell und sieden acht jar auch anainander. Nun hat Vlrich Vlmer seine jar gsotten. Dar

a) *Randv.:* f. 60 b

nach kummen zu Hans Wetzel, / 65' / se[i]nem schwager, und in gebethen: Lieber schwager, ich bith dich, laß mich oder meine kinder noch iiii jar sieden. Ich wils umb dich verdien. Hans Wetzell hat geantwurt: Wolan, mein schwager, ich wills dir gunden und von leicht mer denn iiii jare, so ferr, wo ichs oder mein erben notturftig weren und wolthen sieden, so wurstu willig abstön und mich oder meine erben zwaimal als lang oder zwaimal als vil jare lassen sieden als du oder deine kinder gesotten haben, do mit meniglich sehen moge, das ich auch an dem erbe dess siedens ain grechtikeit hab. Dass alles hat Vlrich Vlmer frey gstanden vor den vier maistern der zeit mit namen Lutz Dotzschman, Michel Seibot, Hans Botz und Hans Blintzig. Darauff habe sie zwen mit vleis erbethen die ytzgenannten viermaister, das sie disen newen vertrag in ir dess Hals buoch liessen schreiben.

HA B 157 Bl. 65 – Üs.: Eyn newen vertrag zwuschen Hans Wetzell und Vlrich Vlmernn – *Vgl. U 82.*

U 99

1530 August 7 (So v Lorenz)

Die Brüder Hans und Jörg Seiferheld verkaufen unter sich Siedensanteile.

Ich Hans Seifferhelt, burger zu Hall, bekenn offentlich und thonn kundt allermenniglich an disem brief oder vertrag, das ich mit wolbedachtem muote und sinn zukaufen geben hab meinem bruder Jorgenn Seifferhelten, auch burger alhie zu Hall, ain viertel ains siedens im halhaus bey der Suln, das do hinden stoßt an der gaistlichen frauwen von Gnadental halhaus mit erb und aigen. Dargegen so bekenn auch ich, gnanter Jorg Seifferhelt, das ich auch frey williglich meim bruder Hanszen Seifferhelten hab geben ain halb erb an aim sieden in Feierabets halhaus. So hat auch mein bruder Hans fuog, macht und recht, er, seine kinder und erben an mein halhaus bey der Suln zu leinen bis an das eck dess halhaus, doch mag ich Jorg ain zimlich spärlin am nach herab machen, do mit dem nach kain schade widerfarne, wie uns dann die maister dess Hals zur zeit guttiglich mitainander veraint haben. Und haben also mir zwen oftbenanten die maister dess Hals mit namen Lutz Dotzschman, Michel Seibot, Hans Botz und Hans Blintzig mit vleis erbethen, disen vertrag in ir dess Hals buoch zu schreiben lassen, der gescheen ist am sundag vor Laurentii anno etc. 1530.

HA B 157 Bl. 82' – Verm. a. E.: Hanßenn und Jorgenn Seifferhelthenn verainigung. – *Randv. o. l. m. Angabe d. Parteien und Kaufgegenstände – Abschr.: HA B 654 S. 795 f. (v. ders. Vorlage).*

U 100

1533 März 3 (Mo n Invokavit)

Michel Eisenmenger bekennt, Lutz Blinzig ein halbes Sieden zu Erb verliehen zu haben.

Ich Michel Eisenmenger, burger zu Schwäbischen Hall, bekenne offentlich und thue kund allermänniglich mit diesem briefe, daß ich mit gutem willen, wohlbedachten sinnen und muthen, auch bei gesamter hande für mich und alle meine erben recht und redlich zu einem rechten ewigen erbe verlihen und vererbt habe dem ersamen Lutz Blintzigen [a], auch burger zu genanntem Halle und allen seinen erben mein halbtheil [b] sieden [c] in vermeltem Halle im Haal und haalhaus an der Sulen gaßen, oben an des Peter Virnhabers wittib haalhaus zwischen eines erbarn raths haalhaus und dem Geßlin gelegen, [daran das ander halb thayl erbs und aigens Marthin Judenrieths [d] ist, mit allen berürten halbthayls zu gehörden und rechten] [e];

also und mit solcher bescheidenheit, das der vorgedachte Lutz Blintzig und alle seine erben das obgeschrieben halbtheil eines ganzen siedens mit allen seinen zugehörden und rechten, wie obsteht, in gutem rechten wesentlichen bau haben und halten und mir oder meinen erben alle jar davon reichen und geben sollen die hofschilben, auch die gewonliche rechnung zu zweien zihlern des jars, nemlich das halbe auf sanct Jacobs tag des heiligen zwölf botten tag und das ander halb theile auf das heilige hochzeitliche fest zu weinachten, alles nach des Haals recht und gewohnheit [f] daselbst thun, [ohn] einzige widerred, au[c]h gar und genzlich, ohn allen ihren costen und schaden.

Wo sie aber an bezahlung vorgemelter rechnung auf einig oder mehr frist oder an bauhaltung säumig seyn und die nicht thun würden wie vorsteht, so haben als dann ich oder meine erben vollen gewalt und gutes recht, ihnen das vorgemelte halb sieden aufzusagen und zu unsern handen zu nemmen und fürter zu verleihen, wem und wohin wir wollen, und doch darauf zu pfänden und zu verbieten, so lang und viel, bis uns um unser ausständige rechnung vollkommene reichung und vergnügung beschehen ist, ohn allen unsern kosten und schaden, alles nach des Haals recht und gewohnheit, getreulich und ungefehrlich.

Und das [g] zu warem urkund habe ich mit fleis erbetten die vesten, erbarn und wohlgelehrten juncker Ludwigen von Morstein, schultheis, und Mattheum Wurtzelmann, derzeit stadtschreiber, beede zu Halle, das sie ihre insiegel, doch ihnen und ihren erben ohne schaden, offentlich an diesen brief gehangen haben, der geben [ist] montags nach invocavit, als man man zahlt nach xsti unsers lieben herrn geburt fünfzehenhundert dreisig und drey jahr.

a) *Name doppelt unterstr.* b–c) *wie a)* d) Audenrieth *M* e) *Einschub aus L*
f) *L weiter:* deselben ohne fürzüge widerrede g) *lies:* des

Abschr. HA A 537 – 1 Bl. – W. Abschrr.: HA B 654 S. 656 ff., Hv.: Vide sub actis H△ 3 b laden 403.; *HA B 656 S. 109 f. (Dies. Vorlage wie HA B 654); HA B 790 S. 1219.*

U 101

1534 August 10

Jakob Halberg bekennt, daß ihm Abt Leonhard von Adelberg ein halbes Sieden zu Erb verliehen hat (Revers).

Ich Jacob Halberg, burger zu Schwäbischen Hall, bekenn ofentlich und thue kund allermänniglich mit diesem brief für mich und alle meine erben, daß uns der ehrwürdig, unser gnädiger herr Leonhard, apte des gottes hauß zum Adelberg, für sie, ihr gnadten und nachkommen auß sonderbahrer gnadt und gunst zu einem rechten ewigen und stethen erb verliehen und vererbt haben das halb sieden daselbst zu Schwäbischen Hall im Haale, stosend an unsers gnädigen herrn vorgemelt zwey sieden, welche Peter Wezeln vererbt sein, hinten an Hannß Wezels seel[igen] erbsieden und oben an Hermann Büschlers sieden gelegen, an welchem halben sieden unsere herrn stättmeister und rath das ander halbtheil haben, dergestalt, die weil ich und meine erben solch halb sieden vergelten und vermögen könten,

doch also, daß ich und alle meine erben vorgeschriebenes halbe sieden mit allen seinen zugehördten und rechten hinfüro allwegen in wesentlichem guten bau halten und haben an allen orthen ohne unsers gnädigen herrn oder ihrer gnaden gottes hauß und nachkommen costen und schadten, und unserm gnädigen herrn oder ihrer gnadten nachkommen jährlich und eines jeden jars besonder davon raichen und geben sollen die gewohnliche rechnung, als sich denn jederzeit von solchem halben sieden gebührt, nemblich halb uf st. Jacobs des heyligen zwölf botten tag und das andere halbtail uf das hochzeitlich fest weyhenachten, allwegen in vierzehen tagen darvor oder darnach, ohngefehrlich, ohne alle verhinderung und verzueg, auch ohn allen costen und schadten, nach des Haals der statt Hall gewohnheit und recht richten und bezahlen.

Wo aber ich Jacob Halberg vorgemelt oder meine erben an wesentlicher bauhaltung und bezahlung ehegerürter rechnung auf ein oder mehr ziehl säumig wäre und die immaßen als vor steth nit thun würden, so haben unser gnädiger herr, ihr gnaden gotteshauß und nachkommen macht und gewalt, mir, Jacob Haalberg, oder meinen erben gedachtes halbe sieden ufzusagen, unterzugiesen und damit zu fahren, aber nach der statt gewohnheit und recht.

Es soll auch ich, oftgedachter Jacob Haalberg, oder meine erben obgeschriebenes halbe sieden ohne unsers gnädigen herrn oder ihrer gnaden nachkommen wißen und willen zu ewigen tagen nit veräusern, verwexeln oder zerthaylen, wie daß immer beschehen mocht, fürbaß ewiglich getreulich und ohngefehrlich.

Und des alles zu wahrem urkundt han ich, viel gedachter Jacob Haalberg, mit fleiß erbetten die erbarn, fürnehmen und weisen Joß Haugen und Michel Haalbergern, meinen lieben vettern, daß sie ihr aigen insiegel, doch ihnen und ihren erben ohne schadten, zu gezeug ofentlich an diesen brief gehangen haben, der geben ist am zehenden tag Aug[usti] alß man zahlt nach Christi geburth fünfzehen hundert dreyßig und vier jahr. (L. S.) (L. S.)

Abschr. HA A 537 – 2 Bll. – Sign.: 22 – *Rv.:* Copia eines erbbriefs über 1/2 sieden im so genannten Trüllis halles. De anno 1534.

U 102

1534 Oktober 31 (Sa n Simon und Judae)

Hans Ott und Christoph Haas, Pfleger des Franziskanerinnenkonvents zu Hall bekennen, der Margaretha Platnerin ein viertel Sieden zu Erb verliehen zu haben.

Wir mit nahmen Hanns Ott und Christoph Haas, beck, burger zu Schwäb[ischen] Hall und dieser weil von einem erbarn rath als verordnet und gesezte pfleeger der mutter und schwestern der dritten regeln st. Francis ten ordens der versammlung zu Schwäb[ischen] Hall, bekennen offentlich und thun kund allermänniglich mit diesem brief, das wir mit gutem willen, wohlbedachten sinnen und muthen für uns und alle unsere nachkommen pfleegere recht und redlich zu einem rechten ewigen erbe verliehen und vererbt haben der ehrsamen Margaretha Platnerin, weyland Conz Dötschmans seeligen nachgelasener wittib, und allen ihren erben der vorgemelten mutter und schwester viertheil [a] eines siedens alhier zu Halle im Haale im Eckhaalhaus bey Hennenschmitten hinunter, zwischen denen gäßlen zu beedenseiten, und hinden an dem haalhaus, darin der Seckel und Leonhard Wetzel 2 sieden haben, gelegen, mit aller seiner zugehör und rechten, also mit solcher bescheidenheit, daß genannte Margaretha Blatnerin und alle ihre erben das vorgeschrieben 1/4 eines siedens mit allen seinen zugehörden und rechten wie obstehet in guten, rechten, wesentlichen bau halten und uns oder desen nachkommen bemelter pfleeg alle jahr davon reichen und geben sollen die hofschülpen, auch die gewohnliche rechnung zu zweyen zihlen des jahrs, nemlich halb uf st. Jacob des heiligen zwölf boten tag und das andere halbe theil uf das heilige hochzeitliche fest zu weyhenachten, alles nach des Haals recht und gewohnheit doselbst ohne für züge, wiederred, auch gar und gänzlich ohn allen ihren kosten und schaden.

Wo sie aber an bezahlung vorgemelter gewohnlicher rechnung auf einig oder mehr frist oder an bauhaltung säumig und die nit thun würden wie vorstehet, so haben alsdann wir oder unsere nachkommen, auch die vorgedachten mutter und schwestern oder derselben nachkommen vollen gewalt und gut recht, ihnen das vorgemelt viertheil eines siedens ufzusagen und zu unsern handen zu nehmen und fürter von zu leihen, wann und wohin wir wollen, und dann darauf zu pfenden und zu verbiethen, so lang und viel, bis uns um unser ausständige rechnung vollkommene ausrichtung und vergnügung beschehen ist, ohne allen unsern kosten und schaden, alles nach des Haals recht und gewohnheit, getreulich und ungefährlich.

Und des zu wahrer urkund haben wir unser aigen insigel in pfleegers weis offentlich, doch uns und unsern erben in andere weege ohne schaden, hieran gehangen. Geben sambs tags nach Simonis et Judae, als man zalt nach Christi unsers herrn geburth fünfzehen hundert dreysig und vier jahr.

a) *unterstr. (Doppellinie)*

Abschr. HA A 537 – S. 1 v. 2 Bll. – Sign.: fol. 305 – *A. E.:* Nb. diesen und folgenden kauf- und erbbrief habe, jedoch siegel des wie ichs auch empfangen, löblicher deputat[ion] zugestelt, d. 24. Jan. 1713.

U 103

1537 Januar 22 (Mo n Sebastian) / März 9

Zeugenverhör und Urteil im Prozeß des Jörg Seiferheld alt gegen Michael Seyboth jung um ein Erb an einem viertel Sieden.

897 / Zeugen zwischen Jörg Seüfferheldten alt und Michel Seübothen jung in beysein Hieronimi Schutters verhört, montags nach Sebastiani anno etc. xxxvii.

Lutz Dotschmann hat globt und gesagt, er wiß nit wie die partheyen miteinander kauft und verkauft, bauten oder im baw haben. Woll sey bisher der geprauch gewest, auch also gehalten worden, wo einer iii viertel oder den merer teil an eim sieden gehapt, der hab bawt und das sieden allein verliehen, wiewol solchs sei nit ins halsbuch eingeschriben. Aber sie haben das je und je also von iren eltern gehört.

898 / Burckhardt Stadtmann und Jörg Beyschlag haben gelobt und allermaßen wie Lutz Dotschmann gesagt.

Leonhardt Bechstain hat gelobt und gesagt, er und sein schwager Leonhardt Huß haben ain halb sieden von irer mutter und schwiger ererbt, welchs ir mutter und schwiger die zeith ihrs lebens und dieweil sie das halb sieden beyeinander und das merer teil am gantzen sieden gehabt allein verlihen. Wie es aber an ine zeugen und sein schwager kommen und das sieden auch gar hin leihen, hetten Jorg Beyschlag und die nunnen, dero jeder tayl ain viertail daran haben, nit leiden sondern losen wollen. Also wie sie derhalb für die meister kommen, wären sie gehaisen worden, daß / 899 / sie alle viertayl losen sollten, so lang, bis ir ainer, nemlich er, zeug, oder Leonhardt Huß das gantz halb sieden wider an ine selbs allein prächte.

Leonhardt Hus hat gelobt und gesagt allermasen wie sein schwager Leonhard Bechstein hieoben.

Hanns Ott und Christoph Haß haben einhelliglich uff ire pflichten, damit sie aim erbarn rathe verwandt seyen, gesagt, nachdem die bett [a] schwestern allhie ain vierteil ains siedens, daran vermög ains alten briefs, so noch vorhandten, Contz Dotschmann das erbe, aber kein brief darüeber gehabt, hab vergangen jaren ein erbar rhate uff gedachts Dotschmans seeligen witib clag und beger hie [b] besagt[e]r alß ernanten betschwester pflee/ 900 /ger gehaißen, das sie der Dotschmannin ain erbbrief nach laut ob angeregten alten briefs über bestimbt vierteil ains siedens geben sollen. Das hetten sie thon, so viel d[avon,] weiters wer inen nit wißend.

Seufferheldische zeugen. Lutz Dotschmann undt Burckhardt Stadtmann sagen ainhelig allermaßen wie hievorn.

Seitz Wagner hat gelobt und gesagt, dieweil er gedenckh, sey je und allweg der gebrauch gewest, auch also gehalten worden, daß die persohn, so den merer teyl an aym sieden gehabt, daselbig sieden allein verliehen hab, desen sey auch ein fall mit der alten Husin, wie Leonhardt Bechstain hievorn gesagt, / 901 / und andern, die ime jetzo entsunckhen, geschehen und gehalten worden. Bastian Vogelmann hat globt und gesagt, wie Seitz Wagner geantwort, das hab er je und allwegen von seinen eltern, das es also gehalten sey worden, gehört.

Bastian Vogelmann hatt globt und gesagt, wie Seitz Wagner geantwort, des hab er je und allwegen von seinen eltern, das es also gehalten sey worden, gehört.

Jos Virnhaber der alt hat globt und gesagt, er hab allwegen gehört, welcher tail das merertail in aim halhauß, der het macht, das sieden hinzu leyhen. Sonst wiste er [c] nichts von sachen.

Philipp Schletz hat globt und gesagt, er hett vor viel jaren gehört, wie der prauch im Haal sein solle, welcher den merer teil an aim sieden gehabt, der hett es verlihen oder gesotten. Aber seither, ungevahrlich innerhalb xv minder oder mer jaren hett er gehört, ein erbar / 902 / rath hett geordnet, welcher ain erb an aim sieden hett, der sollt brief und sigel darumb haben. Desgleichen sollt auch ein rathe gemacht haben, das ain jeder, er hett viel oder wenig erbß an aim sieden, das selbig sein teil, die zeit und jar, so viel sich nach anzal deßselben theils gebürt, selbs sieden möcht. Ob aber dem eben also war oder nit, sey ime nit gründtlich noch anderst wißendt, dann das er also wie oblaut gehört hab.

Item als er auch verschiden jaren dem alten Seitz Plannckhen seiligen ain viertel ains

a) *und. übergeschr.* b) *und. übergeschr.* c) *gestr.:* weiter

siedens für fry aigen zu verkaufen und ime desen ain brief geben, hett über ain zeit hernach gemeldter Blannckh gewollt, diewyl der brief für fry aigen stündte, / 903 / das erbe sollt ime auch zue gehören. Und derhalb, die wyl ime das erbe nit bleiben wollt, an ine Philipp Schletzen begehrete, er sollt ime ein abtrag thon. Des sich er, Philipps, gewaigert. Weren derhalb mit ainander für ein erbarn rath kommen. Und wie man aller clag und antwort, auch den brief, so er, Phillipps, dem Planckhen geben, gehört, het man ine zeugen von Planckhen clag ledig erkannt und ime darneben ain gut teutsch, das er nit mer mit solchen handeln kommen sollt, gesagt. Weyt[er] wis er nichts.

Urtheil. In sachen, sich zwischen Georgen Seyfferhilden an ainem und Michael Seuboten anderseits haltendte, haben / 904 / ain erbar rath auf beeder tail fü[r]bringen erkennt, das das strittig erb an dem viertel ime Michael Seubothen zu gehörig sein, jedoch solle er Seüboth ihme Seifferhelden den baw, so viel das viertel betrifft, die zeit er Seüfferheld daselbig innen gehabt, widerumb bezahlen. Actum uf den 9ten tag Martii anno etc. etc. xxxvii.

Abschr. HA B 654 S. 897 ff. – *Üs.:* Zeugenverhör mit urtel wegen eines strittigen viertel erbsiedens mit urtheil, Jörg Seüfferhelden und Michel Seüboth betr. de anno 1537. – *Hv.:* Vide lit. BBB de anno 1537, laden 515. – *Ausf.: StAH 9/8.*

U 104

1537 August 24 (Bartholomäus)

Dietrich Blank bekennt, daß er Wendel Vogelmann fünf viertel Sieden vererbt und übergeben hat.

Ich Dieterich Blannck, burger zu Hall, bekenn fur mich und alle meine erben, das ich bey gesamelter hand frey willigklichen vererbt und ubergeben hab und ubergib hiemit wißlichen und in craft dits briefs dem ersamen Wendel Fogelmann, auch burger zu Hall und seinen erben mein funf viertel, das ist an einem sieden und ein viertel das erb, das er und sein erben furter solchs zu sieden haben, nemlichen an einem halben sieden uff dem Burden margt gelegen, daran der alt Michel Seybolt das ander halbtheyl erb und eygen hat, stest an der von Gnadenthal hallhaus, daran die Wagner das erb haben, aber mein drey viertel erbeß bey Block, daran Mertin Authenried das vierd viertel hat und Claus Crafft von Gaylnkirchen und Mul Michel von Munckenn und Seyferlin von Vthenhofen auch ain gantz sieden in haben, stest hinden an Kolers halhaus, mit allen zugehorden und rechten in gutem weßlichem baw haben und mir alle jar reichen und geben sollen die gewonliche rechnung zu zweyen zilen des jars, nemlichen halbs auf sant Jacobs des heylgen zwolf boten tag und das ander halbtheyl uff das heylg hoch zeytlich vest weyhennachten mit sampt des hoff schullen, als nach des Hals recht und gewonheyt daßelbig one vertzug und widerrede, auch gar und gentzlichen, one mein kosten und schaden.

Wo sich [a)] aber an bezalung der gewonlichen rechnung uff ein[ich] oder mer frist oder an bauhaltung seymig und die nit den wurden wie vor stat, so haben als dan ich oder mein erben vollen gewald und gut recht, inen das sieden uff zu sagen und zu meynen handen nemen und furter zu verleyhen, wo hin ich wil oder mein erben, und doch daruff zu pfenden und zuverbieten, so lang und vil, biß mir und mein [b)] erben an der

a) *lies:* sie b) *über der Zeile eingef.*

aus[s]tendigen rechnung volkomen ausrichtung und vergnugung beschehen ist, on allen sein (!) kosten und schaden, alles nach des Halls recht und gewonheyt.

Und des zu warem urkund hab ich Dieterich Blannck mein eygen insigel hieran gehangen. Dartzu mit fleyß erbeten den erbern und vesten Jacob Berler, das er denn sein[s] auch hieran hat gehangen, doch Jacob Berlernn und sein erben one schaden. Der geben ist auf sanct Bartholmes tag als man zallt tausent funfhundert und in den sieben und dreyssigisten jaren.

Ausf. Perg. StAH 17 / U 683 a – 39 x 23 cm; 2 S, 1. abg., 2. stark besch. – Rvv.: (von je and. Hd.) (Erste Zeile unl. verblaßt) ... Vogelmans sieden uf den Bürdemarckh [im] großen *(?)* halhauß, darin die Seyboth daß andere halbe theil haben, und 3/4 beim Block, Erbriff, Wendel Vogelmanns halb erb sieden, von weyl. Dieterich Plankhen her, uf dem Bürdenmarckht etc. *(?)* betr. – *Sign.:* N. 1 – *Abschr.: Bühler 2 S. 1211 f.*

U 105

1537 Dezember 24 (Mo n Thomae apostoli), 1538 Februar 11 (Mo n Apollonie)

Hans Büschler wird nach Zeugenverhör verurteilt, dem Hans Meißner für die Zeit seines, Büschlers, Lebens ein Sieden zur Nutzung zu belassen oder ihm dafür eine Abfindung zu gewähren.

(Verhör:) 917 / Herr Michel Plannckh, pfarrherr zu Michelfeldt [1], hat geschwohren und gesagt, clägers frau sey sein, zeugen, schwester dochter. Und hab sich begeben, als Hanns Büschler zue Michelfeldt im schloß gesesen, wär cläger sambt seiner haußfrawen hinauß zue ime gangen. Het dem Büschler in sein, zeugen, beysein angezaigt, wie ine angelangt, das ain anderer nach seinem sieden stehe [a] und begehr ine, Meißner, vom sieden zu tringen. Daruf antwort Büschler: Lieber sieder, du darfst der sorg nit. Die weil du mir mein rechnung gibst, / 918 / so will ichs kaim andern leyhen, will dirs auch mein leben lang nit nemmen. Und die Büschler seyen so stadhaft, was sie aim gereden, das halten sie aim. Dabey wer es bliben, das er nit mer wiß.

Hanns Abelin von Leinenwurst [2] hat geschwohrn und gesagt, als Hannsen Meyßners sein vorigs weib gestorben, wer er, zeug, alhir gen Hall in Meißners hauß, darin Hannß Büschler vor gewest und zu morgen gesen, kommen. Het geld begert, dann er im etlich holtz geschickht. Het Meisner gesagt: Ich kan dier jetzo kein geldt geben, mein lehenherr sitzt da, dem mus ich geldt haben. In dem sich zugetragen, das Meisner aus der stuben gangen, het Büschler ine, zeugen, gefragt, wie viel er / 919 / geldts haben wollt. Sprach er: ain gulden oder acht. Antwort Büschler: Nemmt nit allzuviel. Als er jetzo hett. Sagt er zeug: ei ja ich. Daruff Büschler wider: Nym jetzo als viel als er hett, so will ich absteen. Und was dier an ime abgehet, das soll dier an mir zu geen. Dann mein sieder ist mir in allen meinen sachen willig und gehorsam gewest, so will ich ihne auch mein leben lange von meim sieden nit stosen, sondern ine mein leben lang beym sieden pleiben laßen. Daruff magstu ime holtz geben.

Volgendts als Meyßner sein itzig weyb genommen, wer er zeug auch alhir in sein, des sieders, hauß kommen und Büschler aber im hauß gewest. Der het zu ime zeugen gesagt: Bauer, wie gefeldts / 920 / dier? Ich hab dem sieder wider ein weib geben. Und wie wol sie rauh und grob ist, vermain ich doch, sie soll ein weidlich weib für ine sein.

a) steche?

Und ich hab ir an irem heurathguth ein abbruch thon und dafür versprochen, sie soll mein leben lang auch mein siederin sein, wie ich ime dann auch zu gesagt habe.

Veronica, Leonhard Schreyn[e]rs dochter, etwann Hannßen Büschlers, jetzo deß buchtruckers maide, hat geschworen und gesagt, an unser lieben frawen liechtmeß tag nechst verschinen hab sie auß befelch Hannßen Büschlers, irs junckhers, Hannsen Meysnern gehohlt, und wie derselb Hanns Meysner hinauß in Büschlers hauß kommen, het Büschler gesagt: / 921 / Sieder, ich hör sagen, du schreyest mich in der statt hin undt wider auß. Warumb thustu es, was hab ich dir thon? Antwort Meysner, er schreye in nichts auß und er begerte, an seinem sieden nichts zu geben [als] das, was er ime mit gutem willen thete. So viel und nit mer sey ir wißendt.

Margretha, Mathis Webers haußfraw, hat geschwohren und gesagt, als sie ungevehrlich vor sechß jaren zu Santzenbach [3] bey der Büschlerin, ir der zeugin base, wer Meysner auch drausen gewest. Het Büschler zum Meyßner gesagt: Sieder, wann du mir hin thust als bisher, so will ich dier mein sieden nit nemmen. Bist mit ain guter sieder. Darzu hett die Büschlerin seelig auch ja gesagt.

922 / Barbara, Hannß Prommen hausfraw, hat geschworen und gesagt, ungevehrlich bey sechs jaren verschinen wer sie, zeugin, und ihr hauswirth seilig in Meißners haus kommen. Wer Hannß Büschler auch darin gewest. Het mit dem Meisner gerechnet. Und nach der rechnung alle viere eins maß weins mit einander trunckhen. Und wie man die zech rechnen wollen, het Büschler gesagt, man dorft kein zech rechnen, er wollt die zech bezalen. Und hett weiter zum Meisner gesprochen: Du must mein leben lang mein sieder sein. Und wann ich stirb, so halt dich mit meinen kindern, das sie diers auch lasen. Darauf sagt Meißner: / 923 / Junckher, ain briefe wer mir allzeith nutzer. Antwort Büschler, er wollt sein maul zu keiner taschen machen. Die Büschler wären so stathaft, was sie aim gereden, das sies im hielten.

Anna, Endris Meysners witib, hat geschworen und gesagt, Hanns Meysner sey irs mannß seeligen bruder. Ungevehrlich vor sechß jaren, als sie zeugin und ir mann seelig gen Santzenbach geen wollen, weren inen Hanns Meysner und sein vorigs weib underwegen kommen. Hetn gesagt, sie wollten auch gen Santzenbach zu irem lehen herrn und mit ime zechen. Sie, zeugin, und ir mann seilig sollt kommen und ain trunckh bey inen hohlen. / 924 / Des sie thon, wären auch ins schloß gangen, heten alle mit ainander gezecht. Und under andern reden, als Maysner ains briefs begehrt, gesagt: Sieder, laß dich nur nichts anfechten oder bekommern. Was ich dier geredt, daß will ich dier halten und mein maul zu keiner taschen machen. Weyters wiste sie nichts.

Leonhardt Amman hat geschworen und gesagt, als heuer vor dem Chr. (?) Hanns Büschler das sieden verkauft, sein des Büschlers bauer von Eltershoven [4] und Hanns Meysner vor der apotheckh byeinander [b] gestandten. Het Büschler zu ime zeugen gesagt, er soll ime sein bauren hinzu haißen gehen. Des er thon. Wie der sieder mit dem bauren hin zu gangen, sprach / 925 / Büschler: Ich hab zu Santzenbach angefangen zu verkaufen und will verkaufen, was ich hab. Jetzo hab ich auch ain kaufmann zu meinem sieden. Wer kombt, dem will ichs umb xiii^{c} fl. geben. Sagt der sieder, junckher [c], ich wollt von ewertwegen zu Hailbronn sein, das es euch xv^{c} fl. gült. Ir magt mit eurem gut umbgehen, wie ir wollet, ich hab euch nichts darein zu tragen. Wir wollen ainweg guth freundt sein, wie den andern, darbey es bliben und vor [d] ime zeugen wei[ter]s nichts wißen[d].

b) *und. übergeschr.* c) *übergeschr.* d) *lies:* wor *(= wäre)*

Caspar Steinbronner zue Eltershoffen, Hans Büschlers hindersäß, ist seiner pflicht ledig gezehlt und hat geschwohrn und gesagt, als er verschiner wyle uff dem marckht gestandten / 926 / und sein junckher Hannß Büschler vor der apotheckh geseßen und Hanns Meißner zu ihme, zeugen, gangen, het gesagt, der junckher wollt sein sieden verkaufen. Sprech er, zeug, was es wol gelten möcht. Antwort der sieder: Es würde im wol bey den xiiii [e)] fl. gelten. Uff das wer er, zeug, zum Büschler gangen. Het gesagt, ey, junckher, warumb wolt ir so ein guts guth verkaufen. Ich thet es nit. Sagt der sieder: Junckher, ich wollt, daß es euch xv[c] fl. gült, wollt ich euch darzu helfen und rathen. Und wür als dann als gut gesellen sein als darvor. Wollt euch darumb von eurtwegen zu Haylbron sein. So viel und nit mer sey ime wißend.

Der apotheckher hat ge/ 927 /schworen und gesagt, verschidener weile wer Hans Büschler vor sein, zeugen, laden geseßen. Het gesagt, sein sieden wer ime fail. Welcher ime xiii[c] fl. darumb geb, dem wollt ers zustellen. Darbey wer sein sieder gestandten, der het seins behalts, doch wise er nicht aigentlich, gesagt, er wöllt, das er xv[c] fl. daraus löste.

(Urteile:)

928 / Urthel. Im handel und sachen sich zwischen Hannsen Meißner, clägern eins undt Hannsen Büschlern, antwortern anderstayls haltendte ist nach clage, antwort, rede, widerrede und verhörung beider tailen zeugen sage zu recht erkannt, das Hanns Büschler gemeldtem Hannsen Meysnern das beklagt sieden sein, des Büschlers leben lange sieden lasen oder ime sunst der halb ain willen machen soll.

Publicirt montags nach Thomae apostoli anno etc. 1537.

929 / Urthel. Uff gehalten stritt zwischen Hannsen Büschlern ains, und Hannsen Meysnern anders teils, ist zu leutrung vorgesprochens urtails weiter erkennt, das Hanns Büschler Hannsen Meisnern für alle sein zuspruche des siedens halb geben soll i[c] fl. Nemblich l fl. auf Jacobi und die andern l fl. uff weyhenachten, beede zile nechst kommende. Oder aber so Büschlern geliebter, soll er, Büschler, dem Hannsen Meysnern alle jar xv fl. leibgedings, nemlich halb uf Jacobi und das ander halbtaile uf weyhenachten, für sein zuspruche des siedens dermasen geben, so ir ainer, welcher der ist, über kurtz oder lang mit todt abgeet, sollt solch leibgedinge auch / 930 / mit abgestorben sein, ohne allein ausgenommen, so ir ainer also wie oblaut mit todt abgangen ist, solle dem Meysner oder seinen erben nichts destmünder das berürt leibgedinge daselbig jar, darinnen man stirbt, vollen gar folgen. Oder zum dritten, wa Hannß Büschlern noch gefällig[er], soll er Hannsen Meysnern für sein anforderung am sieden uff weyhennacht nechst sein, des Büschlers, leben lange zu sieden zustellen und ime darzue für dieß gegenwärtige jar geben xv fl. Und so er im also ain sieden zu sieden zustellen will, soll er ime daselbig vor Jacobi nechst zusagen, dergestalt, so ir ainer, es sey Hans Büschler oder Hans Meysner, über kurtz oder lang todts abgeen würde, solle alsbalden Meisners gerechtigkeit zu sieden mit abgestorben sein. Actum montags nach Appolonie anno etc. xxxviii.

e) *das hochgestellte »c« für centum (= hundert) fehlt.*

1) *G Michelfeld, Kreis Schwäbisch Hall*
2) *wo? verl. für* Leinenvürst? *(= Leinenfirst, G Neuler bei Ellwangen)*
3) *Sanzenbach, G Rieden, Kreis Schwäbisch Hall*
4) *G Eltershofen, Kreis Schwäbisch Hall*

Abschr. HA B 654 S. 917 ff. – Üs.: Zeugenverhör in sachen von Hanns Büschlern dem Hanns Meißner uff lebenslang versprochenen siedens de A. 1537. – *Hv.:* Vide lit. CCC n°. 3 in der laden 515 *(= Verhör),* Vide lit CCC n°. 4 in der laden 515. *(= Urteil),* Vide CCC n°. 5 laden 515 *(= zweites Urteil). – Ausf. Verhör (Protokoll): StAH 9/7 Nr. 3, Urteil 1537: Nr. 5, Urteil 1538: Nr. 6; vgl. auch ebenda Nr. 1 (Klagschrift Meißners) und Nr. 2 (Antwort Büschlers).*

U 106

1541 Februar 18/23 (Mi n Petri ad chatedra*) und 1546 o. T.*

Wilhelm Blinzig wird nach Zeugenverhör mit seiner Klage gegen Jakob Berler und Dietrich Blank um lebenslange Nutzung eines Siedens abgewiesen und verurteilt vom Sieden abzustehen.

905 / *(Verhör:)* Lutz Stadtmann hat geschworen und gesagt, er hab von Jos Haugen seligen oftmals gehört, das er zu Wilhalm Blintzigken gesagt, er, Jos, wolt ime, Wilhalmen, dieß sieden sein, Joßen, leben lang nit nemmen, weiter wis er er nit.

Volckh von Rosdorff sagt uff die pflicht, damit er aim erbarn rathe verwandt ist, als ungevehrlich vor vierzehen jaren dieß sieden ledig worden und Joß Haug seilig daselbig seinem / 906 / schwager Wilhalmen Plintzigen, und er [a)], zeug, dem Vlrich Drüllern leyhen wollen, derhalben sie beede geloset. Hett das los Jos Haugen troffen, inmasen, das Jos dem Plintzigen solch sieden zum sieden verlyhen. Und wie es Blintzig etwan lang gesotten, hett Joß Haug seilig ine, zeugen, gefragt, wie sich der Blintzig hielte. Und er, zeug, geantwortet: wol, begert ine nit zuverbeßern. Sprach Jos der gleichen auch und des mer, er, Joß, wollt solch sieden dem Blintzigen sein, Josen, leben lang nit nemmen. Antwort er, zeug, er wollts ime sein theils [b)] leben lang auch nit nemmen. Deß willens sey er, zeug, noch. Nemlich dergestalten, nach dem solch sieden über / 907 / ain jar nechst wider ime zeugen heimfall, woll ers den Plintzigen wider gonnen, und ine vor andern sieden laßen. Weiter trag er der sachen kein wißen.

Lorenz Meißner hat geschworen und gesagt, als er, zeug, und Wilhalm Blintzig ainist mit Josen Haugen zu nacht gesen und der sieden zu reden worden, het Joß Haug gesagt: Ehe ich dier mein sieden nemme, ehe wolt ich dir meins darzu lasen. Und will dier sollich sieden mein leben lang nit nemmen.

Hanns Bühel hat geschworn und gesagt, als er, zeug, Lorenz Meüsner und Wilhalm Plintzig verschinener zit ains nachts mit Joß Haugen gesen, hett Plintzig, als Joß Haug auch ain / 908 / sieder worden, gesagt: Sie sprechen im Haal und zigen ine Blintzigen, er hett ine, Joßen, zu aim sieder gemacht. Und es würde noch ob ime den Blintzigen und seinen kindern dermasen außgeen, das er ime noch sein sieden nemmen würdte. Sagt Joß Haug zu Blintzigen: Lieber Wilhalm, biß getrost, ich will dier dies sieden dein, deß Blintzigs leben lang mainend, nit nemmen.

Thoma Botz hat geschworen und gesagt, als vergangen tagen er, Wilhalm Blintzig, zu ime zeugen kommen, het gesagt, wie ine angelangt, als er, zeug, sein weib genommen, sollt er mit Joß Haugen geßen und ine umb dieß sieden gebetten haben. Und welt ime zeugen derhalb zur kundtschaft pieden. Dagegen er, zeug / 909 / geantwort, er behielt im den pfennig wol. Dann er hett sein leben lang kein bisen in Jos Haugen haus gesen, noch ine umb kain sieden, wie es dann die wahrheith, nie gebetten. Aber von sein, zeugen, schwiger hab er gehört, das sie derhalb bey Jos Haugen seeligen ansuchen thon. Het Joß geantwort, er hets dem Blintzigen dermaßen zu gesagt, das ers im sein Blintzigs leben lang nit nemmen wollt. Sunst truge er der sachen kein wißen.

Joß Haugen hausfraw hat geschworen und gesagt, sie gestee dem Blintzigen keinsweegs, das weder ir Joß Haug seelig, noch sie dem Blintzigen das sieden sein, Blintzigs, leben lang zu sieden nie zu gesagt habe. Und sie auch an dem, das Volckh in ir, zeugin,

a) *übergeschr.* b) *übergeschr.*

hauß / 910 / kommen sein und iren Joßen seiligen und sie den Blintzigen das sieden sein, Blintzigs, leben lang zu sieden zu leihen gegeben hab, gar nichts. Dann Volckh dergestalt in ir, zeugin, hauß nie kommen. Und so schon ir haußwirt seilig dem Blintzigen etwas derhalb hinder ir, zeugin, verhaißen, des sie doch keins wegs gestee, het er solches kein macht gehabt. Dann solch sieden von ir, zeugin, und nit von iren hauswirt seligen hersey.

Urtel. Zwischen Jacob Berlern, Dietrich Blannckhen, an ainem und Wilhelmen Plintzig aines siedens halben, andersteils ist auf mitwochen post Petri / 911 / ad chatedra erkennt, das die beklagte von gethoner clage ledig erkannt worden seyn. Anno 1541.

In sachen sich zwischen Jacob Berlern und seinen mitverwandten clägern, ains und Wilhallm Blintzigen beklagten, andernseits ains halben erbs siedens halber haltendte ist erkannt, das Willhelm Blintzig uff diesmal vom sieden abzusteen und die cläger der ordtnung nach sieden zu laßen schuldig sein soll. Anno 1546.

Abschr. HA B 654 S. 905 ff. – Üs.: Zeugen zwischen Jacoben Berlern und den Planckhen ains und Wilhalmen Blintzigen anders tails. In beysein Hieronymi Schitten rats verhört, freytags, den 18. Februari anno etc. xli. 1541 – *Hv.:* Vide lit. DDD de anno 1541 et 1546 in der laden 515.

U 107

1542 Januar 26 (Do n Pauli Bekehrung)

Lutz Dötschmann alt, sein Schwager Jörg Beyschlag, Peter Dötschmann alt und sein Schwager Daniel Kolb vereinigen sich um ein Sieden.

Anno domine tausent fünf hundert vierzig zwey jahr uff dunnrstag nach Paulli bekerung haben sich mit einander veraint Lutz Dotschman alt und sein schwager Jerg Beyschlag, Peter Dötschman alt und sein schwager Thaniel Kolb, nemblich ein sieden betreffent, gelegen bei dem Sulfferthor im Geßlen, stest hinden an Jerg Seyfferheldts halhauß, das man nent Ehrnfridts halhauß und neben an Jerg Beyschlag, darin hat Lutz Dötschman ein halbs sieden erb und aigen, hat nach volgest Jerg Beyschlag auch ein viertel, auch erb und eigen, und das viert viertel ist der schwestern im bethauß, auch eigen, daran haben des alten Contz Dotschman seeligen erben, nemblich Peter Dötschman sein sohn, Georg Beyschlag von wegen seiner hausfrawn Katharina Dötschmönin, Daniel Kolb sein dochterman von wegen seiner hausfrawen Margretha Dotschmenin haben das erb an dem vierten virtel.

Derhalben haben sich die obgenanten partheien miteinander veraint, nämblich also, das Contz Dötschmans erben sein angestanden im zwey und viertzigsten jahr und haben gesoten zwey jahr, undt seindt erste, nach außgang diser zwey jahr ist angestanden Lutz Dötschman alt und hat gesoten 4 jahr und ist anderer und driterer, nun im acht und viertzigsten jahr stet Georg Beyschlag an und seudt zwey jahr und ist vierterer etc. nun laut ir verainigung das es fürohin also gehalten und vollendt soll werden, je ein parthey umb die andern, wie dan obstet.
Deß zue wahrer urkhundt haben sie mit fleiß erpeten die erbarn Hannß Botz, Michael Botz, Georg Seyfferheldt, Peter Löffler und Georg Müller, die meyster des Hallß, das sie dise verainigung in ir des des Hallß buech geschriben haben, geschehen und vollendt wie obstet.

Abschr. HA B 772 Bl. 5/5' – W. Abschr.: HA A 537.

U 108

1542 Dezember 14 (Do n Luciae)

Stättmeister und Rat entscheiden über die Klage der Kaspar Seckel und Jost Findimkeller gegen Hans Botz um das Erb an einem Sieden.

551 / Wür stättmeister und rath des heyligen reichs statt Schwäbischen Hall bekennen offentlich und thun kundt allermeniglich mit diesem briefe, als verschiner tagen unsere burgere Caspar Seckhel und Jos Find Im Keller, schwegere, als cläger eins und Hans Botz, antworter, anderstheils von wegen des erbs am sieden allhie zu Hall im halhauß am Sullfferthor gelegen und an das Gäslin am Sullfferthor stosendt, daran obermelte klägere sechs aymer minder ein sechßthail ains aymers, Hannß / 552 / Botz, der antworter, acht aymer und ein dritthail ains aymers, weiland Michel Haugen wittibe vier aymer minder ein viertheil eins aymers, und Michel Seuboth zween eymer sulen haben, welches erbs j[e]der theil zu hon vermeint, vor uns erschinen und vor uns in iren clagen, antworten, reden, widerreden und allem für bringen gnugsamlichen gehort sein;

das wür solchem allem nach und uff beeder theilen hindergange erkennt und sie entschaiden haben dergestalt, die weil kein theil nach des Haals recht einigen briefe umb das erbe obbestimbts siedes hat, das es dann derhalben des haalsbuch und also bleiben / 553 / und gehalten werden, wer an solchem sieden viel eigens, der soll auch deser mehr zue sieden haben, und wa sie sich des siedens hierinnen nit vergleichen mögen, sie derhalben wie gebreuchlich mit einander lössen.

Die[s] unsers spruchs und entschieds begehrt Hanns Botz ime besiglete urkundt mit zuetheihlen. Hierauf geben wür ihme des diesen briefe mit unser statt gemain secret insigel, doch uns, gemeiner unser statt und unsern nachkommen in allwege ohne schaden, besigelt uff dornstag nach Luciae als man zahlt nach Christi unsers lieben herrn geburt fünf zehen hundert vierzig und zway jahr.

Abschr. HAB 654 S. 551 ff. – Üs.: Urthelbrief von e. e. rath zwischen Caspar Seckhel und Jos Find Im Keller eins, dann Hanns Botz ander theihls wegen ains erbs ⟨am⟩ [a] sieden. 1542 *(a) gestr. – Hv.:* Vide A. nº. 4 a in der laden 404 zu finden.

U 109

1546 Dezember 24 (Fr n Thomae apostoli)

Vergleich im Erbsiedensstreit Vogelmann – Firnhaber.

637 / Kundt und wißendt sey menniglich mit diesem brief, daß, nach dem zwischen herrn Christoph Rotthannen, der rechten licentiat, von wegen Elisabeth Vogelmännin, seiner ehelichen hausfrawen, und weilund Ludwig Vogelmanns seeligen drey jüngst verlasene sohnen und töchtern mit nahmen Josephen, Maria und Elßen ainer, und Josen Firnhabern alt und Martin Firnhabers, seines bruders, seeligen söhnen und töchter, andern partheyen, sich spen und irrung erhalten haben umb das erb des siedens in dem kleinen haalhaus in der / 638 / Hohen haalgasen, unden an eines erbern raths haalhauß und sieden, oben an benants Christoph Rothanen hoffstetten und hinden an Hanns

Botz[en] höfflein stoßend, in welchem kleinen halhauß er, Christoph Rotthann, sechzehen aymer und zway drittheil eins aymers und gemelter Jos Firnhaber drey aimer und ein drittheil ains aymers am aigenthumb haben, sich gütlich mit einander vertragen, also und dergestalt,

das Jos Firnhaber alt und seine erben mit Martin Firnhabers seeligen erben benannt sieden vier jahr lang selbs sieden und verleyhen mögen und mit denen itzt das sechs und vierzigst jar anfahen / 639 / und darnach das sieben und vierzigst, acht und vierzigst und neun und vierzigst jahre. Und so die vier jahr der Firnhaber aus sein, alsdann sollen die Vogelmann und ire erben von Contz Vogelmanns und Elßbeth Firnhaberin, seiner ehelichen hausfrawen herkommendt, auch macht und gewalt haben, solch sieden vier jahr die nechsten selbs zu sieden oder verleyhen, mit nahmen das fünfzigst, ain und fünfzigst, zway und fünfzigst, und drey und fünfzigst jahre. Und so die vier jahr der Vogelmänner aus sein, als dann sollen die nechst volgenden vier jahr widerumb den Virnhabern und darnach vier nechstkommende jare an den Vogelmännern und iren erben sein, und dann furthin / 640 / alles in owigkeith also gehalten werden, das je ein parthey umb die andern vier jar selbs zu sieden oder zu verleihen haben, mann oder weibs persohnen, wer inen darzu gefellig ist, doch mit dem gedinge:

So der parthey[en] eine solch sieden ain oder mehr jahr jemandt verliehen, der das nit zue vergelten oder die rechnung darvon zu bezahlen hett oder güetlich bezahlen wöllte, das alsdann die parthey, welche das verliehen, denen, die das aigenthumb an dem sieden haben, gutt und burg sein für die jährlichen rechnung.

Und des zu wahrem urkundt sein dieser vertrag zween / 641 / gleich lautender brief aufgericht und jede parthey einen zu ihren handen genommen mit vorgenanter herrn Christoph Rothanen, licentiaten, Josephen Vogelmanns, für sich selbs, Michel Sültzers, an statt Maria Vogelmannin, seiner ehelichen haußfrawen, und dann mit Hanns Schnürlins alt, von bitt wegen Peter Schnürlins, an statt Elisabeth Vogelmännin, seines sohns und söhnerin, mer mit Joß Firnhabers alt für sich selbs und seine erben, Jos Firnhabers jung für sich, seine bruder, schwäger und miterben aignen insigeln befestet und geben freytag nach Thomae apostoli, als man zahlt nach Christi unsers lieben herrn gepurt fünf zehen hundert vierzig und sechs jar.

Abschr. HA B 654 S. 637 ff. – Üs.: Vertrag umb das erb des siedens im Kleinen halhauß in der Hohen halgasen – *Hv.:* junge vidimus. vide lit. A et B i b n°. 2 b laden 211. – *W. Abschr.: HA B 656 S. 1 ff. mit unwes. Abw., Hv.:* vid. eine collationirte und vidimirte copiam hiervon sub actis publicis B i b n°. 2 v. laden 211., *darunter:* Einen fast gleichmässigen vertrag de anno 1537 zwischen obiger frundtschaft findet sich im registratur buch No. 77 fol. 101 a et R. B. No. 81 fol. 18 a. *(R. B. No. 81 = HA B 773).*

U 110

1551 Dezember 29

Hans Maier und seine Hausfrau Dorothea Engel vermachen ihrem Vetter, dem jungen Mathis Maier ein Erbsieden (Testamentsauszug).

68 / Zum vierten, nachdem wir nit kinder oder andere notterben, noch auch unser beeder alters halber ainichen mer zu bekommen zu versehen, und aber unsern lieben vettern Mathißen Maiern jung, auch burgern zu Halle, von kindts wegen ufferzogen, der uns auch, die zeit und weil er bey seinen tagen gewest, vor andern unsern gesipten freunden

vill getreuer, erlichen dinsten und guthatten, reylichen und nutzlichen erzaigt und bewisen, auch mit der hilf und verleihung gottlicher gnaden uns fürthin die zeit unser beder lebens noch mer liebs und freuntschaften, deren wir uns ohne zweifel gentzlichen zu ime getrosten / 69 / und versehen, beweisen kan und mag, das wir neben itz erzelten auch andere mer redliche und erbare ursachen uns hierzu bewegendte und sonderlichen sein, seiner haußfrawen und kinder hohe notturft betracht und angesehen und haben derowegen zu schuldiger danckbarkait mit gutten freien willen, ainmuthiglich, wohlbedechtlich, nit verfurt, hindergangen, noch beredt, sonder allerdings unbegert, ungenött und ungezwungen aus aignen bewegnüßen legiert, geordnet und gemacht, legiren, setzen, schickhen, schaffen und ordnen hiemit dem obgenanten Mathissen Maiern jung, unserm lieben vettern, seinen erben und nachkomen unser erbe, recht und gerechtigkait, so wir bede haben an dem sieden alhie zu Halle im Hale gelegen, daran das aigenthumb der hailigen dreier / 70 / könig altars pfründe in der pfar kirchen alhie zu sanct Michel gehörig und unß verschiner jaren durch weylung den wirdigen herrn Kilian Kempffennagel, gemelter pfründe altaristen seligen, inhalt ains besigelten erbbriefs [1], den wir gedachtem unßerm vettern, Mathis Maiern jung algerait uberantwort und zugestelt haben, vererbt worden ist, also und dergestalt, das sich der merberürt unser vetter Mathis Maier jung, seine erben und nachkomen solichs erbs am obbestimpten sieden nach unser ains oder beeder absterben undernemen, daßelb fürthin zu urthat oewiglich für und als das ir inhaben nützen nießen und sich desselben nach Hals recht und irer notturft gebrauchen sollen und mogen, / 71 / ohne aller anderer unserer erben und meniglichs von iren oder unsern wegen verhinderung oder eintrag, in allwege.

Doch auch mit der sondern beschaidenhait, so es sich in künftigs uber kurtz oder lang zeit begeben, das mergedachter Mathis Maier jung, seine erben oder nachkomen solich obbestimpt sieden für sich selbst nit sieden würden oder wollten, sollen sie es alßdann niemanden andern sieden laßen oder zu sieden zu vergonnen macht haben dann andern unsern nechsten erben und denen, so es one das sunst, nach vermog obangeregts erbbriefs zu sieden hetten, alles getreulich sonder geverde, etc. etc. Datum Hall, am 29. Decembris 1551.

1) *U 92, 93*

Abschr. HA B 654 S. 68 ff. – *Üs.:* Extractus Hansen Mayers und Dorotheen Englin, seiner ehelichen hausfrawen beeder seeligen testaments, 1551. – *Hv.:* N. das original zu finden sub actis et signat. *(folgt Merkurzeichen)* in der laden 405.

U 111

o. D. (vor 1553)

Die Brüder Michael, Philipp und Daniel Seyboth einigen sich über die Verteilung von Siedrechten.

777 / Wir die hernach benanten brieder [a] Michael und Phillipp und Daniel die Seybolten [b], alle drey gebrüder [c], burger zu Schwäbischen Hall. Nach dem unser lieber vatter seelige etliche erbsieden und aigenthumb [d] im Haal [e] verlasen hat, haben mir drey brüder uns verainigt der erbsieden halben, die selben unverthaihlt mit einander

Lesarten M: a) *fehlt* b) Seyboth c) *fehlt* d) aigen e) in Hall

zu haben, wie hernach volgt. Aber das aigenthumb haben wir miteinandter gethailt wie [f] hernach folgt [g].

Zum ersten haben wür drey brüder miteinander das gantz erb im kleinen haalhauß, an der straßen am Sulfferthor gelegen, und Claus Crafft [h] und Ludwig Viernhaber / 778 / [haben] [i] das gantz aigenthumb in denselbigen haalhaus gelegen [j]. Zum andern haben mir drey brüder ein viertel erbsieden miteinander in der Ettin [k] haalhaus, und die Ettin hat in demselben haahlhauß ein halb sieden erb und aigen, nach folgendts hat unser bruder Michael Seybold das ander halbthail aigenthumb hat [l], und ein virtel erb für sich selbs in der Ettin hahlhauß hat [m], das Bad genant [n].

Zum dritten haben mir drey brüder miteinander [o] das gantze erb im grosen haalhauß, hinden an das Gäsle stosendt, an das Beckhen hauß. Und [p] in dem selben haalhauß hat unser bruder Philip Seybold das halb aigenthumb / 779 / hat, und [q] junckher Volckh [r] und Jorg Vogelmann j[e]der ain viertel aigenthum hat. Zum vierden haben wier drey brüeder miteinander das gantze erb in dem halhauß, das des [s] aigenthumb auf den heiligen drey könig altar gehört. Weiter haben mir drey bruder im grosen halhaus auf dem Birdemarckht mit einander [t] das halb erb [und Wendel Vogelman das ander halb erb] [u], und unser brueder Daniel Seybold das halb aigenthumb hat, das ander halb aigenthumb hat Clauß Crafft in [v] diesem haalhauß [w].

Zum fünften haben wür drey brüder miteinander auf dem Bürdenmarchkt in dem Huebhaintzen haalhauß ein viertel erb an eim sieden, Adam Guetman und Conrad Feierabend auch ain viertel erb, und Balthas / 780 / Eisenmanger und Heinrich Botz und Hanns Wiest [x] haben auch ein viertel erbs in diesem Hubhaintzen halben sieden.

Mer sollen die brüeder oder auch ire erben kein wexel machen oder sieden versprechen, dann es sey ihrer aller will und wißen darbey. Und [y] inhaber den brief underschriben und alle haubt brief aber solcher obgeschribener erbsieden [z], die findt man bey dem ältsten Seyboldten und stunden auf dem Pfleeger hauß in einer eysener truchen iber der Seybold trichlein, darinnen erbbrief liegen, und hat der el[t]st Seybold die schlißel.

f–g) *fehlt* h) krißis i) *erg. nach M* j) *fehlt*
k) Ötin l, m–n) *fehlt* o, p, q) *fehlt*
r) *M weiter:* der spithal des ein vierteil aigens haben. Zum vierten
s) da das t) *fehlt* u) *erg. nach M* v–w) *fehlt*
x) Wüest auch ein viertel erbs, Thoma Löffler auch ein viertel erbs dises Hubheinzen siedens.
y–z) inhabere der briefe etc. alle hauptbrief über solche obgeschrieben erbsieden . . .

Abschr. HA B 654 S. 777 ff. – Üs.: Der Seybolden erbsiedensbrief – *Hv.:* vide sign. lit G et n°. 4 in der laden 404 – *Vgl. U 120 (Inhalt d. hier gen. Truhe) – W. Abschr.: HA B 656 S. 77 f. (Wes. Abw. angeg.) m. Abschr. eines Beglv. des Limburger Vogts Albrecht Rößler in Oberroth v. 17. 1. 1630 auf einer Abschr. des* Daniel Schadens Schülins *(verschr., lies:* Schulm[eister]) alhier. – *Randv. S. 77:* Zu solchen sieden sein jeziger zeit die 2/3 herrn Johann Schaden, pfarrern zu Gerstatten *(?)*, das 3tel aber David Zweiffeln, burgern zu Hall zuständig, signat. den 18. novembris anno 74 – *Vgl. zu Schad: WL S. 550 – Zu den Seyboth: Michael WL 7160, Philipp WL 7161, Daniel WL 7163, alle Stammsieder, nach HA B 656 S. 77 Randv. Söhne des Michel S., zu diesem WL 7158 – Dat.: HA B 654 (Lackorn) o. Begründung: 1576. WL geben für Philipp und Daniel 1553 als letztes Jahr. – Ausf.: StAH 9/22 (Sign. rot:* L 404 G n°. 10, *schwarz:* 4), *Vorlage Lackorns!*

U 112

1554 Juli 24 (Di v Jakobi)

Nikolaus Stadtmann u. a. verzichten zugunsten und für die Lebenszeit Josef Stadtmanns auf ihr Erbsieden.

Wir mit nahmen m[agister] Nicolaus Stadtman und aus vollem gewalt meines bruders m[agister] Johannes Stadtmans, item Jörg Seckel und Conrad Seuter bekennen offentlich und thun kund allermänniglich mit diesem brief, daß wir mit gutem freyen willen, wohlbedachten sinnen und muth aus brüderlicher und schwägerlicher freyer gutwilligkeit uns verzeihen und verziehen wollen haben unwiederruflich aller gebührlicher rechten und spruch an das erbsieden, so unserm geliebten vatter und schwehr seel[iger] ged[ächtnus] Burckhardt Stadtmann und allen seinen erben vererbt und zugeeignet ist von Oswald, abt und herrn zu Murrhard, nach laut und inhalt des erbsieden brief verschrieben, aber hiemit nun übergeben alle unsere recht und gerechtigkeit solches erbsiedens, so uns erblich zuständig seyn möchte oder würde, unserm geliebten bruder und schwager Joseph Stadtmann, die von unserm obgenannten vatter und schwehr seel. dem Haal auch zu seinem lezten willen zugeeignet ist worden. Also daß, so lang ihm die tag seines lebens von Gott erstreckt, er solches erb-sieden wohl gebrauchen und in seinen besten nuzen wenden könnte, ohn allen unser obernannten einige einred oder verhindernus an solcher gerechtigkeit des erbs, noch andere exception, so er arg und hinderlistig wider diese verzeichnus möcht einführen.

Nach dem oben gestellten termin der verzeichnus [a)], das ist nach dem tod unsers geliebten bruders und schwagers, soll solches erbsieden nach laut, inhalt und kraft des gemelten erb-briefs wiederum im stammen bleiben und unsere geschriebene verzeichnus [a)] nichtig sein. Also daß der oftermelte erbbrief über das ofternannte erbsieden in aller kraft und macht, auch in seinem gewalt ein fortgang haben soll, ohne alle widerred und eintrag, auch gar und gänzlich ohne allen costen und schaden, alles getreulich und ungefehrlich.

Und desen zum wahren urkund und mehrer befestigung haben wir zwey ernannte gebrüder mit einem unsern gebräuchlichen pitschier, Jörg Seckel und Conrad Seuter ein jeder mit seinem gewohnlichen pitschier bezeugt zu end diß briefs, der geben ist am dinstag vor Jacobi, das ist am 24. July, als man zelt nach xsti unsers herrn geburt ein tausend fünfhundert und im vier und fünfzigsten jahr.

a) *v. frmd. Hd. m. Blei verb.:* verzeihung

Abschr. HA A 537 – S. 4 v. 2 Bll. – W. Abschr.: HA A 537 (Sign.: 14 *– Rv. v. frmd. Hd.:* M. Niclas Stattmann 1554. *– Unwes. Abw.). – Gelegentlich v. frmd. Hd. m. Blei verb.*

U 113

1559 Juli 4 (Di n Visitatio Mariae)

Die Eigentumsherren Philipp Büschler, Michel Sulzer, Martin Gronbach und Leonhard Mols verleihen Joachim Bühl und seinem ältesten Sohn Hans ein Sieden auf Lebenszeit.

608 / Zu wisen, nachdem Michell Krauß, Barbara Kreusin, Thoman Löfflers hausfraw, Ottilia, Adam Michelfelders witwe, ir son Mathes Michelfelder und zway irer

tochter kinder mit nahmen Jorg und Appolonia, als der zeit die nechsten bluts erben an der erbgerechtigkeith des gantzen siedens in Haal und halhaus uf dem Burdimarckht bey der Vordern schmidten, hinden an Peter Vogelmann, neben an Seitz Wagnern mit sambt einer hoffstatt allernechst darbey gelegen und darzu gehörig, laut eines inhabenden / 609 / erbbriefs, so weylund der holtzschuhmacher [1)] selliger iren der erben voreltern darüber zugestellt, sollich erb bis anhero underhanden gehabt und gesotten, an welchem sieden der zeit das aigenthum den nachgeschribenen zu gehörd, als mit nahmen Philipp Büschlern drey sechzehentayl, Michel Sultzern dem eltern zwey sechzehentail, Martin Gronbachen syben sechzehentayl, und Leonhard Molsen vier sechzehentail, welche obgemelde sechs erben zum thail gerührte erbgerechtigkeith angeregt siedens gegen den vorgenanten aigenthumbs herrn lenger nicht mehr zu vergelten oder zu verlegen vermocht und ains thaihls sunst nit gelegen gewest ist, das anzunemmen und zu sieden, dero/ 610 /wegen dann solche erb gerechtigkeith berürts siedens des Haals gebrauchs nach den aigenthumbs herrn haimgefallen, sie auch daselb erb inen diesmals guthwillig ufgetragen, demnach die aigenthumbs herrn mit irem, der erben guttem wißen solche erbgerechtigkeith vorgerürt siedens fürther zu sieden sambt der hoffstatt gelihen und gegonnt haben Joachim Büheln und seinem eltisten sohn Hannsen Büheln, samptlich und sonderlich, ir beeder leben lang aus und nit länger;

dergestalt, das die beede sollen und mügen solche erbrecht mit seiner zugehörde und die hoffstatt mit ainander oder ir ainer under inen für sich selbs nutzen, niesen, / 611 / gebrauchen und daselbig sieden uff iren selbs costen one der herrn schaden in guttem wesenlichem baw halten, auch die rechnung und das hoffstatt geldt, als nemlich vier gulden, daran Philipp Büschlern nichts gepürt, sonder seiner schwester Agatha Schentzin seeliger kinder mit den andern aigenthumbs herrn thail haben, jerlich zu rechter gewonlicher zeith innen den aigenthumbs herrn oder iren erben und nachkommen, jedem zu seiner gepühr alß obstat, davon entrichten.

Doch ist hierinnen sonderlich abgeredt und bedingt, wann unter den obgenanten sechß erben oder derselben erben ainer in zeit vorgemelter beeder / 612 / Bühel leben, in welchem jar das wäre, sollich erb gerechtigkeith ime selbst und sunst niemanden andern oder frembdten zue sieden begehren wurde, und daselbig wol zu verlegen und zu vergelten hätte, auch das bawgelt und anderst, so die beede Bühel biß auf solche zeith darauf gewendt und dargeliehen, des Haals geprauch nach bezahlet und erstattet, so soll alsdann demselbigen erben von dieser linien herkommendt solch sieden zu sieden mit sambt der hoffstatt von den beeden Büheln, dem vatter oder dem sohn, welcher dann daselbig dazumal under/ 613 /handen hette, ungewaigert uff gewonliche zait wider eingeraumpt und zugeaignet werdten; doch in alle weeg den aigenthumbsherrn ir recht und gerechtigkeiten gegen ir jedem im fall der notthurft, do sich ir ainer, der es sude, der erbschaft und Haals gebrauch nach gepürlich und gemes nit hielte, zu jeder zeit vorbehalten und ausgedingt.

So aber in beeder Bühel leben oder nach ihrem todt von den ehgedachten sechs erben oder auch von ihren nachkommenden blutserben kainem kein ansuchung, das vorgerürt erb sieden zu sieden, mer beschehe und als oblaut begehrt wurde, oder sunst kainer under ihnen daß/ 614 /selbig sieden zu vergelten und zu vergnügen hette, oder die und derselben erben von diesem stammen todts vergangen oder sunst auser landts weren und sesen, so soll alsdann das erb an dickh berürtem sieden sambt der hoffstatt wider an die gemelten aigenthumbs herrn und ire erben fallen, also das sie hinfüro mit erb und aigen beysammen thon schalten und walten mugen jederzeit nach irem gefallen, nutz und gelegenhait, ungeirt und unge[h]indert des obangeregten alten erb briefs und sunst meniglichs. Doch wo sich die beede Bühel, vatter und sohn, in zeit sie dies sieden / 615 / gesotten wol und ohne clag gehalten hetten und nach ihrem todt andere des alten Bühels kinder, doch als obstat unuffgefordert der obgenanten erben, darumb weiter zu sieden ansuchen würden, sollen sie desen vor andern frembden geniesen und bedacht werden.

Zu merer urkundt und warer gezeugnuß haben Phillipp Büschler und Michel Sultzer für sich und aus bitt der andern obgedachten zweyen mit aigenthumbs herrn, irer hierinnen beschehenen verwilligung und handtlung halb ir angebohrne aigne insigel an diese brief zween gleich lautendt, den ainen die egedachten aigenthumbs herrn, den andern Joachim Bühel und sein sohn zu gemainen handen genommen, wisentlich gehangen. Darzu wir / 616 / Michel Krauß, Thoman Loffler von unser selbst, unßer hausfrawen und anderer unserer vorbenanten miterben wegen, deren bevelch und gewalt wir gehabt, auch wür beede Joachim und Hannß die Bühel, vatter und sohn, mit ernstlichem vleis erpetten die erbern und vösten Georg Schwaben und Eberhardt Büschlern, das sie ire angebohrne aigne insigel an beede brief unß unsers thails irs inhalts damit zu besagen auch gehenckht, doch den ernannten aigenthumbsherrn an vorberürter ihrer gerechtigkeith, auch den andern siglern und allen iren erben sunst / 617 / one schaden. Beschehen sein diese ding dienstag nach visitationis Mariae, anno der wenigern jahr zahl Christi im neun und fünfzigsten.

1) *Randv.:* fol. 27 a[nn]o 1480. *Der »Holzschuhmacher« ist Hans Krauß, vgl. WL 4905 (1453/1503).*

Abschr. HA B 654 S. 608 ff. – Üs.: Bestandt brief aines siedens, den die aigenthumbsherrn mit sambt den rechten erben beeden Büheln, vatter und sone gegeben haben. – *Hv.:* Zu finden sub actis in der laden 403 bezeugnet mit lit. A n°. 9. – *W. Abschr.: HA B 935 Bl. 170' ff. – Abschr. d. 16. Jhdts.: StAH 9/11 Nr. 9 (Vorlage Lackorns!).*

U 114

o. D. (vor 1566)

Joachim Bühl befreit sich durch einen Eid vor Meistern und Pflegern des Haals von dem Verdacht, entgegen der Haalsatzung drei Pfannen zu sieden.

912 / Zu wißen, nachdem Jochem Bühel, welcher der zeith ein zwey pfanner gewesen, seinem sone Hannßen, ledigs stands, ein sieden gelaßen, und aber sie beede, vatter und sone, die sachen dermaßen so argwenig gehandlet, daß er, Jochem Bühel, nit allein bey mainstern und pflegern, sonder auch den allgemainen siedern verdacht worden, als ob er wider gemeines Haals satzung und ordtnung drey pfannen gesotten hette und allein seinen ledigen sone zu einem verdeckhten schein gebraucht haben sollte, daruf haben maister / 913 / und pfleeger aus schuldtigem pflichtigem ambt ine, Jochim Bühel, für sie erfordert und solcher handlung zu rede gestellt. Do er aber deselben gar mit nichten geständtig sein wollen, ist ime von maister und pfleegern dieser nachfolgender schriftlicher ayde als balden ertheihlt und ufferlegt worden, den er auch geschworen, von wort zu wort also lautend.

Joachim Büehel, ihr werdet schweeren einen leiblichen ayde zu Gott dem allmächtigen, mit aufgebottenen fingern, wie recht ist und ir solches am jüngsten tag vor dem gestrengen richter stul Gotes verantworten wöllet, das ir weder für euch selbsten, noch durch den / 914 / euren, oder jemandts andern von euerwegen, es seyen manns oder weibs personen, jung oder alt, niemandts ausgenommen, haimlich, noch offenlich, weder mit worten noch werckhen, wie das immer mag fürgenommen oder erdacht werden, an euers sons Hannsen sieden, die zeit, so lang er gesotten oder hin füron sieden würdet, jemals ainigen nutz oder genieß, auch weder thail noch gemain gehabt, noch fürohin haben wöllet oder werdet, in kain waiß, noch weege, sondern das ir an solch[em] unschuldig, und das auch die sachen in der warheit also geschaffen, inmasen ir dieselben vor mainstern und pfleegern dargeben und verantwort hapt, das soll nun angehört werden. Und ir thut solchem ayd oder nit, soll dannoch nichts destowinger ergeen und geschehen, was recht ist. Nach gethonem ayd ist Jochen Bühel ledig erkennt worden.

Abschr. HAB 654 S. 912 ff. – Üs.: Eyd wegen p[rae]sumirten siedens admodiation – *Hv.:* Vide lit. FFF laden 515. – *Dat.: Für Joachim geben WL 1085 die Steuerjahre 1537/81. Da Hans (WL 1089) 1566 heiratet, dürfte der Eid kurz davor liegen.*

U 115

1569 August 26

Napurg, Witwe des Hans Botz, übergibt ihren Kindern die Erbgerechtigkeit an zwei Dritteln eines Siedens.

2' / Ich Napurga, weil[andt] Hanß Botzen s[eligen] nachgelaßene wittib, burgerin zu S[chwäbisch] Hall, bekenne offentlich undt thue kundt allermenniglich mit diesem brief, daß ich mit gutem freien willen, wohlbedachten sinnen undt muhten von nach bemelten meinen fr[eundlichen] lieben kind[ern], söhn undt töchtern beßern nutzen undt frommens wegen uffrecht undt redlich übergeben undt zugestellt habe, übergibe undt stelle auch hiermit zu, wißentlich undt in kraft dis briefs, benandtlichen: Hanßen, Bastian, Danieln, Jacoben, Wolffen, Napurgen, Barbara undt Margarethen, allen den Botzen undt Bötzin geschwisterten undt allen ihren erben meine zwey dritheil erbgerechtigkeit an dem gantzen sieden im Haal undt haalhauß beim Sulpherthor zwischen Philip Seübodts undt Hanß Blintzigs erben sieden gelegen, an welchen ietz benanten zweien / 3 / dritheils erbß ich auch das aigenthum undt Michael Seifferheldt an solchem gantzen sieden den überigen halben dritheil erb und ein dritheil aigenthumbs hat, mit allen solcher obvermelter zweier dritheil erbß zuegöhrdten undt rechten, also undt dergestalt, das solch erb zu ewigen zeiten bei undt under zu vor gedachten meinen söhnen, töchtern undt ihren erben unverendert verpleiben, sie auch daßelbe zu jeden zeiten nach ihrem besten vermögen nutzen, nießen undt gebrauchen sollen undt mögen, unverhindert menniglichs. Doch sollen diejenigen, welche under bemelten meinen kinden undt ihren erben solche erbgerechtigkeit des Haalß gebrauch undt dem looß nach sieden werden, den unkosten, alß bawgelt undt anders dergleichen, so jährlich über solch sieden gehen würdt, auszurichten undt zu bezahlen schuldig undt verbunden sein, alles getrewlich undt ohne gefehrdte.

Des / 3' / zu wahrem urkundt hab ich mit sonderm fleiß erbetten die ehrnvesten wohlgelehrten undt ehrnhaften herrn magister Christoff Kuhn, stattschreibe[rn], undt Johann Bocken, rhatschreibern, beede zu besagtem Hall, daß sie ihr aigen insigel, doch ihnen undt ihren erben ohne schaden, offentlich hieran gehangen haben. Geben den sechs undt zwantzigsten tag Augusti nach Christi unsers lieben herrn gebuhrt fünfzehen hundert undt im neun undt sechzigsten jahr.

Abschr. HA A 341, Folioheft, 14 m. Blei num. Bll. u. 4 nnum. Bll., Sign. rot: Lit. D. ⟨15⟩. *(gestr.), Bl. 2' f. – W. Abschr.: HA B 658 S. 110 f. – Üs.:* Erbbrief über das haalhauß bey dem Sulfferthor, Hanß Botzen sel. erben besag[end]. 1569. – *Hv.:* Zu finden u. decopirt von fohl. (fasc.?) in 4to. no. 15, welchen ein jedesmahliger seckelmeister der lehenhern in verwahrung hat! *(= dies. Vorlage).*

U 116

1581 August 22

Hans Wirth und seine Ehefrau Elisabeth verkaufen Matthes Zweifel, Kaspar Groß und Sixt Schübelin ein achtel Eigentum und ein viertel Erb eines Siedens.

Ich Hannß Würth [a], burger zu Schwäb[ischen] Hall und mit ihme ich Elisabetha, seine eheliche haußfrau [b], bekennen offentlich und thun kund allermänniglich mit diesem brief, daß wir mit gutem vereinten willen, wohlbedachten sinn und muth [c], auch gemeiner that und handlung für uns und alle unsere erben recht und redlich verkauft und zu kaufen gegeben haben, verkaufen und geben auch jezo zu kaufen hiemit wissentlich und in kraft diß briefs dem ehrsamen Mathes Zweifel, Caspar Fischern [d] und Sixt Schübelen, allen auch burgern zu bemeltem Hall und allen ihren erben unsern achtel [e] eigenthum und ein viertel erb am sieden im Haal und haalhaus im Herlins [f] gäßlen [g], zwischen Peter Löflern [h] und eines erbarn raths haalhäußern gelegen, daran sie käufere hievor ein viertel eigenthum und sonsten das ganze erb desselben siedens haben mit allen sein des iezt [i] verkauften erb und aigenthums zugehörden und rechten [zu rechtem] [j] erb, eigen und steten [kauf um] [j] ein hundert und achtzig gulden rheinischer gemeiner landeswehrung, dero [k] wir von ihme käufer wohl gewährt, gänzlich und baar [l] bezahlt seynd [m].

Und also sollen und wollen wir und alle unsere erben obernannten Mathes Zweifeln, Caspar Fischern [d] und Sixt Schübelen und allen ihren erben den [n] obgeschriebenen achtel [n] eigenthum und viertel erb mit allen [k] ihren zugehördten und [m] rechten, als [k] vorgemelt und unterscheiden, fertigen und wehren für recht erb eigen und steten kauf und als erbs eigen und stethen kauf ist [m], ohne daß hiebevor solch gantz sieden dem Barfüßer closter allhier [o] jährlicher und ewiger gült vorgelds gültet. Alles getreulich und ohne gefährde.

Deßen zu wahrem urkund haben wir obgedachte beede eheleuth samtlich mit sonderm fleiß erbetten die ehrenhaften, weise und achtbare herrn Ezechiel Beyschlag des

a) Wirth *BC* b) *B weiter:* haben verkauft dem ehrsamen burger Matthes Zweifel
c) sinnen und muthen *C* d) Caspar Großen *C* e) achtentheil *B* f) Härlins *C*
g) Hörlisgäßle *B* h) Löfflers *BC* i) letzt *C*
j) *erg. B C, bei Einschub 2 läßt A eine Zeile frei.*
k–m) *fehlt B* l) gar *C* n) das ... achttheil *B* o) ... zehen batzen *BC*

raths und Johann Bocken [p], stadtschreibern, beede zu besagtem Hall, daß sie ihre eigene insiegel, doch ihnen und ihren erben, zuförderist aber obgedachtem closter an seinen vorgelten, rechten und gerechtigkeiten ohne schaden offentlich hieran gehangen haben. Geben den 22. tag Aug[usti] nach Christi unsers lieben herrn geburth fünfzehenhundert achtzig und ein jahr.

p) Becken *C*

Abschr. HA A 537 – Üs.: Kaufbrief über 1/8tel eigenthum und 1/4tel erb pro 180 fl. –. zwischen Hannß Würth als verkäufern und Mathes Zweifel, Caspar Fischern und Sixt Schübelin als käufern. – *W. Abschrr.: Zw. beiden Bll. dieser Abschr. (A) einzelnes Bl. mit zweiter, stark gekürzter Abschr. v. and. Hd (B). 3. Abschr. (C) ebenfalls in HA A 537 – Wes. Abw. angeg.*

U 117

1584 o. T.

Verzeichnis der Sieder und Lehensherrn mit Angabe der Siedensanteile.

727 / Verzeugnuß wo die sieder im Haal dieß 84 jar ire lehe herrn haben und ire rechnung hingeben haben [a].

Andreas Wartter gibt in spittal ain gantz sieden.

Bastion Büehel gib[t] 2/3 der alt Philipp Büschlerin – 1/3 der alte Augustin Feuerabendts wittibi – 1/2 herrn Joseph Feuchter zu Halbrun – 1/4 deß herrn Conrad Büschler verlasene wittibi – 1/4 Ehrwaldt Werner.

Caspar Groß 3 aymer 8 mas herrn Jopp Fürnhaber. – 5 aymer 16 mas dem doctor Fridrich Renngler zu Roteburg. – 11 aymer dem doctor Kaiser.

728 / Conrad Seyfferheld 1/2 dem herrn Zecher Beyschlag. – 1/2 Asmus Seyfferhelden erben.

Caspar Büehel 4/4 dem herrn Ezechiel Beyschlag.

David Botz 4/4 dem claser [b] zum Adelberg. – 1/2 dem Gilg Seyfferhelden – 1/4 Caspar Grätters verlasne witibin – 1/4 Veitt Eisenmännger.

David Schon 4/4 in spittal.

Daniel Botz jung 2/3 dem Wolff Botzen. – 1/3 dem Michel Seyfferhelden.

David Blintzig 4/4 gen kloster Gnadenthall.

Daniel Botz alt 4/4 ins closter Adelberg.

729 / David Büehel 1/2 herr stettmaister Mathes Hamberger. – 1/2 seiner mutter, alt Joachem [c] Bühels wittib. – 1/8 auch seiner mutter – 7/8 sein selbß.

David Feuerabeth 1/2 der Warttheußerin. – 1/2 Steffa Feuerabet zu Hallbrun erben.

David Wetzels wittibi 4/4 gehm Adelberg.

David Reitz 1/2 in spittal. – 1/8 dem Gilg Laidig. – 1/8 Jorg Schweickhern. – 1/8 Jorg Feuchter zu Otterbach. – 1/8 Caspar Rösler zu Althausen.

Herr Zecher Beyschlag im selbst.

730 / Fridrich Vogelmann 1/4 herr Zecher Beyschlag. – 1/4 herr Michel Botz. – 1/4 dem spittal. – 1/4 dem Clauß Vogelmann.

Gilg Seufferheld 4/4 herr Gilg Schübelis witib. – 4/4 herr Zecher Beyschlag.

a) *Randv.:* fol. 347 et 837 b) *lies:* closter c) *übergeschr.*

Gilg Wennger $1/2$ herr Jorg Müller. – $1/2$ der alt Philipp Büschler.

Hannß Botz jung $4/4$ Jorg Schweickher. – $4/4$ herr Zecher Beyschlag.

Heinrich Beyschlag $1/2$ des Joachem Bühels witibi – $1/4$ David Stadman, weißgerber – $1/4$ doctor Friderich Renngler zu Rotenburg.

Hannß Vlmer $3/4$ herr stettmaister Matthes Hamberger. – $1/4$ Michel Seyfferheldt.

731 / Hannß Seyfferheld $4/4$ dem spittal.

Hannß Schloszstein $3/4$ dem Michel Bechstain. – $1/4$ Merten Huesen seel. witib.

Hannß Blintzig $1/2$ Hanns Engel. – $1/2$ dem herr Zecher Beyschlag.

Alt Hannß Botzen witibi $4/4$ im spittal.

Hannß Maier $1/4$ e. e. rath. – $1/4$ Melcher Seiboth sel. witibi – $1/4$ im spittal. – $1/4$ Philipp Seubothen.

Hannß Wagner $4/4$ im spittal.

Hannß Dotschmann $1/2$ e. e. rath. – $1/2$ herr Michel Botz.

Hannß Botz $4/4$ gen Neuenstein.

732 / Jorg Seyfferheldt $3/4$ seiner mutter, Jorg Seuferhelden verlaßene wittibin – $1/4$ David Stadtman, weisgerber. – $2/4$ dem Michel Bechstain. – $1/4$ dem Thoma Beyschlag. – $1/4$ dem Keller von Krauten.

Herr Georg Müller.

Jung Jörg Müller $1/2$ seinem vatter, herr Jorg Müllern – $1/4$ Michel Seyfferheldt. – $1/4$ herr Zecher Beyschlag.

Herr Joseph Stadmann $1/2$ herr stettmeister Matheus Hamberger. – $1/4$ Claus Vogelmann. – $1/4$ des alten Augustain Feuerabends verlaßene witibi.

Josz Dotschmann $1/4$ dem herrn Michel Botzen. – $3/4$ ime selbst.

733 / Jorg Reitz jung 16 aymer dem closter Denckhendorff. – 4 aymer dem J. Wilhelm Sennfften, itz zu Backhnau.

Joß Schockh witibi $4/4$ in spittal.

Joseph Seyfferheld $4/4$ gen Gnadental.

Jorg Vlmer $4/4$ gen Newenstain.

Killian Blintzig jung $4/4$ dem herrn Zecher Beyschlag. – $4/4$ dem spittal.

Kilian Blintzig alt $4/4$ in spittal.

Claus Lauten witibi $4/4$ dem herrn Zecher Beyschlag.

Herr Melchior Wenger $1/2$ der praesenz – $1/2$ in selbß.

734 / Herr Michel Botz $3/4$ des Sixt Schübelins witibi – $1/2$ herrn Hanns Ernsten verlasene wittibi. – $3/4$ sein selbst.

Marx Wagner $4/4$ gen Gnadenthall.

Melcher Groß $4/4$ in spittal. – $3/4$ e. e. rath. – $1/4$ David Stadman, weisgerber.

Mathes Maiers witib $4/4$ dem Zecher Beyschlag. – $1/3$ Joseph Seifferheldt – $2/3$ irer selbst.

Michel Seyfferheld $4/4$ dem herrn Zecher Beyschlag.

Mathes Beyschlag $1/2$ Ehewaldt Werner. – $1/4$ Joachem Württ. – $1/4$ herrn Zecher Beyschlag. – ferner / 735 / – $1/4$ Hannß Fuchß. – $1/4$ David Stadtmann, weißgerber. – $1/4$ Ludwig Wetzel zu Beskain – $1/4$ Jorg Seyfferheldten alt seeligen verlasene witibi.

Michel Seuboth $1/2$ dem David Stadtmann, weißgerber, wegen des Trechsels zu Dunckhelspühl. – $4/4$ Gilg Laidig. – 3 aimer und acht mas dem David Zweiffel. – 6 aymer und 16 mas dem Johann Schatt, gewesenen pfarrer zu Haidelberg.

Melcher Buehel $4/4$ dem herrn Zecher Beyschlag.

Michel Botz alt 8 aymer herrn Zecher Beyschlag. – 7 aymer junckher Veitt von Rinderbach. – 5 aymer herr Melcher Wenger.

736 / Philipp Beyschlag $^{1}/_{2}$ dem herrn Zecher Beyschlag – $^{1}/_{2}$ dem David Stadtmann, weisgerber. – der alt Büschlerin da vor $^{3}/_{16}$. – xii $^{1}/_{2}$ aymer herr stettmaister Mathes Hamberger. – 5 aymer Joacham Büehls wittibi. – $2^{1}/_{2}$ aymer Michel Seufferhelden.

Peter Vogelmanns witibi $^{1}/_{2}$ herrn Gilg Schübeles witibi – $^{1}/_{2}$ dem David Stattmann, weißgerber.

Peter Vogelmann jung $^{4}/_{4}$ e. e. rath.

Peter Reitz w[itib] 8 aymer Thoma Beyschlag. – 8 aymer Peter Löfflers wittib. – 4 aymer Friderich Renngler, docter zue Rotenburg.

737 / Sein schwähr [d] bildhawer $^{4}/_{4}$ dem vogt Jacob Sall zu Gailndorff.

Six Schübelins witib $^{1}/_{4}$ Hannß Ehrnsten wit[ib.] – $^{1}/_{4}$ Thoma Beyschlag. – $^{1}/_{8}$ dem spittal. – $^{1}/_{8}$ Michel Feuerabeth. – $^{1}/_{4}$ herr Peter Fürnhaber als einem vormunder.

Steffan Seyfferheld $^{1}/_{2}$ dem herrn Michel Botzen. – $^{1}/_{4}$ dem herrn Michel Gräter. – $^{1}/_{4}$ dem Ludwig Wetzeln.

Thoma Beyschlag $^{4}/_{4}$ in spittal. – $^{1}/_{4}$ dem Kilian Blintzig – $^{1}/_{4}$ dem Bernhardt Werner. – $^{1}/_{2}$ sein selbst.

738 / Thoma Schön $^{4}/_{4}$ dem herrn Michel Botzen.

Wollff Botz $^{4}/_{4}$ sein selbst. – $^{1}/_{2}$ dem herrn stettmaister Mattheus Hainberger – $^{1}/_{2}$ Caspar Großen sambt seinen erben.

Wollff Seyfferheld $^{4}/_{4}$ dem herrn Zecher Beyschlag – $^{3}/_{4}$ herrn Gilg Schubeles verlasene wittibi – $^{1}/_{4}$ alt Peter Löfflers verlasene wittibi.

d) *und. übergeschr.; verb. zu:* Schlöhr

Abschr. HA B 654 S. 727 ff. – Hv.: Vide sign. FF in der laden 403. – *Sieder von neuer Hd. num. (1–63).*

U 118

1592 Juli 24

Konrad Nördlinger und seine Ehefrau Apollonia Seiferheld verkaufen den der Ehefrau angefallenen Erbteil an Sieden den seiferheldischen Geschwistern.

154 / Conradt Nördlinger von Mundelsheim und Appolonia Seyferheldtin, sein eheliche hausfraw, verkaufen Josephn, Gilgen, Salomon, Michel, Basti, Caspar, Jacoben, Marien, Magdalena, Barbara und Sibillen, den Seifferheldten geschwistert, ihr angebührendte erb gerechtigkeit ahn dem halben erb und dem halben dritthail erb in dem haalhauß / 155 / beym Sulferthor im Geslin ahn der Halberger erbgerechtigkheit stossendt, darinnen zwo stett, daran herr Georg Müller ein halb sieden erb und aigen, item ahn der andern stett Hanns Botzen erben zween dritthail erb und aigen und die Haugen den übrigen halben dritthail erbs haben, welches jetzt bemelt verkauft erb ihr schweher und vatter Michel Seyferheldt seeliger zu sambt dem aigenthumb kaufsweiß ahn sich gebracht; also daß sie sich eines solchen für sich und ihre erben und kinder und all derselben nachkommen in ewig zeit begeben haben wöllen. Kombt der kauf umb 28 fl. Und

soll hierdurch die rechtfertigung, so sie mit gedachten / 156 / iren schwägern und brüdern vor einem erb[aren] rath des und anders halber gehabt, hiemit allerdings gefallen sein, sie geschwistert aber beeden obvermeldten gebrüdern Gilg und Salomon die jenige 6 jahr, so ihme ihr vatter in seinen lebzeiten versprochen, von solchem jetzt verkauften sieden zum vordersten zu erstatten schuldig sein. Actum den 24. Julii anno 1592. S[cripsit] Michel Botz, stattschreiber.

Abschr. HA B 654 S. 154 ff. – Üs.: Conradt Nördlingers von Mundelsheim ehefrau Appolonia Seiferheldin übergibt und verkauft ihren geschwistrigten ihr angebührende siedens gerechtsame am halben und ainem halben drittel erb im haalhaus beym Sulferthor im Gäßlin. 1592. – *Hv.:* Zu finden sub. sign. ♀ n°. 13 in der laden 514.

U 119

Straßburg 1596 Juli 6

Barbara Vogelmann, Burgerin zu Straßburg, schenkt vor den Ratsverordneten der dortigen Kanzlei ihrem Vetter Philipp Krauß zu Hall ihr fünftel Erbsieden.

147 / Wir Georg Jacob Bockh von Erlenburg, der meister und der rhatt zu Straßburg thuen khund, das heut dato vor unsern verordneten in unßerer cantzley persönlich erschienen ist unser burgerin Barbara Vogelmännin mit beystandt Kilian Heyseck des schneiders, ires ehevogts, und hat in gegenwärtigkeit Philip Krausen, des gürtlers und burgers zu Schwebischen Hall, ires vettern angezaigt und frey offentlich bekandt, demnach ir ein fünfter theil für ir gerechtigkait an einer pfannen oder saltzsutt zu Schwebischen Hall von Petter Vogelmann, irem / 148 / altvattern erblichen gepürt, welcher sie aber der entseßen: und ungelegenhait halben, auch weiln sie bey unß verburgert und ohne leibliche erben, bishero nit zu geprauchen, noch umb einen heller zu nüessen gewißt,

das sie darauf hiemit und in craft dis wissentlich und wolbedächtlichen, ohngezwungen und ungetrungen, nicht darzu beredt, auch mit keinen listen noch gefehrden hindergangen, solche ire gehabte erb gerechtigkait in berüerter Hallen für sich und alle ire erben frey geschenckht und eigenthümblichen übergeben haben wölle vorgedachtem Philip Krausen, der auch ein / 149 / solches zu danckh angenohmen, also und dergestalt, das er oder seine erben nuhn hinfüro sich derselben erb gerechtigkait eigenthümblichen zue underziehen, zu nutzen, zu niessen und nach der endts gelegenhait und herkommen zu geprauchen craft dieser donation mögen und macht haben solle, ohne meniglichs hinderung oder intrag, auch als bald für sich und ire erben beneben obberüertem irem eheman gelobt und bey hand gebenden trewen versprochen, dise donationem und freywillige schenckhung steht und unwiderruflichen zu haben und zu halten, darwider nimmer zu sein, zu thun noch schaffen verhengen oder gestatten gethan zu werden, durch sich selbs oder jemand anders von iretwegen, / 150 / in kein weyß noch weg, ohne gefehrde.

Und dessen zu urkundt haben wir unßer statt kleiner insigel hiefür thun und lasen truckhen. Geschehen und geben zinstags, den sechsten monaths tag Julii, im jahr nach Christi unsers einigen mittler, erlösers und seligmachers gepurt, als man zahlte eintaußendt fünf hundert neuntzig und sechs.

Abschr. HA B 654 S. 147 ff. – Üs.: Barbara Vogelmännin schenckhet Philipp Kraußen ihr fünfteil erbsieden. 1596 – *Hv.:* Decopirt zu finden sub actis et sign. ♄ n°. 3 in der laden 514 so ein vidimus. – *Von Notar* Caspar Feyerabent *begl. w. Abschr. d. 16. Jhdts.: StAH 9/29 Nr. 3.*

U 120

1628 Mai 20 / 1695 September 25

Inhalt des »Trüchle« der Familie Seyboth.

783 / Extract auß Michel Seybothen saltzsieders seeligen verlasenschaften vertheylung de dato 20ten May 1628. In dem verschlosenen, denen vormundern eingehändigten trüchlen sein zu befindten.

1. Des vatters seeligen testament.
2. Zween siedens brief über ein halb aigenthumb sieden sub dato [1]601.
3. Zwenn siedens brief über ein viertel aigenthumb sieden, in welchem auch der andern viertel gedacht wirdt, so von herrn magister Philipp Seybothen seeligen wittibin herkommen sub dato [1]589.
4. Clara, Melchior Seubothen seligen witibin testament uffgericht anno [1]585.
5. Heinrich Seubothen seeligen testament uffgericht anno [1]545.
6. Des vatters seeligen hewrathbrief sub dato [1]610.

784 / 7. Quittungen über das Seybothische stipendium.

8. Herr m[agister] Philipp Seyboths testamonium.
9. Copia aus dem prothocoll anno [1]539 wegen des steinhauses.
10. Copia Elisabethin Keckhin et consorten über das halb Seybothische erb sieden.

781 / Designatio actorum, was nemlich in dem edirten Seubothischen trüchle den 25. September anno 1695 angetroffen worden.

1. Eine verzeuchnus der jenigen brief, so in dem kleinen verschlosenen trüchlein Daniel Seubothen brüdere in verwahrung gehabt haben.
2. Merstattischer bestandt brief über 1/4 ⟨viertel⟩ [a] Hubheinzen sieden anno 1501 [1].

2b. Herrn priester Johann Keuschers bestand brief.

3. Ein brief über ein gantz sieden hinter Balthas Löchners haalhaus gegen Michel Seubothen und seinen erben beschehen. 1493.
4. Ein brief des Heinrich Seuboths stipendium betreffend. 1529.
5. Peter Dürprechts bestand brief über ein gantz erbs sieden beym Sulfferthor gegen Michel Seubothen beschehen anno 1493.
6. Des Heinrich Seubothen testament, anno 1545.

782 / 7. Heinrich Seubothen codicill über die legata ad pias causas, anno 1547.

8. Elisabetha Keckhin bestandt brief über 1/2 erbsieden im halles zwischen Hermann Büschlers, Michael Senfften et consorten haalhäusern gelegen, gegen Michel Seubothen beschehen anno 1503 [2].

9 [b]. Sibillae Egnin, Hannsen von Rinderbachs seeligen wittib kaufbrief gegen Michel Seubothen über 1/2 erb uffm Bürdenmarckht anno 1510.

10. Drey Seuboth, alß Michel, Philip und Daniel, gebrüdere, siedens verglich, so wohl von pergament als copie sine dato. Ihr sieden und trüchle betrefend [3].

a) *unterstr.* b) *Randv.:* Cop.

1) *U 63* 2) *U 64* 3) *U 111*

Abschr. HA B 654 S. 781 ff. – Hv.: Vide sub actis G *(H?)* n°. 68 lit B in der laden 404. *(1628)* / Sub actis G(H?) n°. 41 laden 404. *(1695) – Ausf. Verzeichnis 1628: StAH 9/22/68.*

Anhang

o. D.

Verzeichnis von Haalhäusern und Siedberechtigten.

	Sieden
60 / Ein hochedler magistrat hat	20 ganze
Nun folgen die aigenthumbliche.	
Im Härlisgäßle	
Regina Gräterin	1
Bei den Bühl Adam Stadtman	1
h[err] Zweiffel	1
darbey Wollff Jacob Mayer	1
Vornen im Gäßle im Bürdenmarckh	
h[err] Conrad Beyschlag und	
Hanns Caspar Groß	1
Im neuen pfleeger haahlhauß uf dem Bürdenmarckh.	
Michel Hornung und	1/2
Jochem Bühl	1/2
darbey herr Zweiffel und Reiz	1
Oben im Bürdenmarckh	
Fridrich Heinrich Vogelman und	
h[err] rector Schübelin	1
Hannß Seufferheld	1/2
und Hanß Sixt Schübelin	1/2
60' / Bey dem Brünnle	
h[er]r Hannß Sixt Schübelin rector	1 ganz
Bey der Obern hoffstatt	
h[err] städtmeister Seufferheldt	1
Beym Neuen hauß	
h[err] Conrad Beyschlag	1/2
Adam Stadtmann	1/2
Bey der Müller haubt hahlhauß	
Hannß Seizinger	1

⟨Sind alßo der aigenthümblichen sieden mit 20 herrnpfannen⟩ [a] in allem 33 pfannen.

Die erbsieden auf dem Bürdenmarckh anfangendt.

Im zweyfachen halles oben am Eckh
alt Gilg Schübelin in der untern statt 1

in der obern statt
die Müller 1/3
die Bozen 1/3
die Reizen 1/3

Im zweyfachen Hubheinzen halles in der obern statt
h[err] Conrad Beyschlag 12 aymer
Michel Seyboths erben 8 aymer

61 / in der untern statt Sieden

die Botzen 1/4
Siber Schneid[er] [b] 1/4
die Feuerabend 1/4
die Seubothische 1/4

Uff dem Bürdenmarckh
die Vogelmänner 1/2
und Daniel Seuboths erben 1/2

Im Härlis gäßle
die Feuerabend 1/2
und David Seufferheld 1/2
darbey die Müller 1

Unten im Hörlis gäßle im Kleinen Suhlen hahlhauß
die Wezel 1/2
die Blumenhauer 1/4
die Ulmer 1/4

Im zweifachen hahlhauß uff dem Bürdenmarckh an der stadtmauer in der hindern statt
Michael Bayerdörffer und seine miterben 1
in der vordern statt
die Bühl 1/2
Gilg Wengers erben 1/2

Im zweifachen hahlhauß neben Wollff Jacob Mayers halles
die Wezel 1
die Bozen 1

61' / ober dießen Sieden
haben die Bozen 1
und Hannß Caspar Seufferhelds 2 söhn 1

a) *Mit roter Tinte geschr.* b) *Bühler:* Schmid.

Im zweyfachen Geist hahlhauß beym Pfleegerhauß	
die Virnhaber	2/3
die Vogelmänner	2/3
die Seufferheld	2/3
Im zweyfachen haahlhauß gleich über in der untern statt	
die Haahlberger	2/3
und Alexander Seufferheld	1/3
in der obern statt	
Wollff Jacob Mayer	1/2
Hannß Caspar Groß	1/4
und Hannß Schübele jung	1/4
Neben Fridrich Heinrich Vogelmans haahlhauß haben die	
Haugen	1/2
Seefried Wagners erben	1/2
und die Wezel	1
Am Weeg im Bürdenmarckh haben die Wagner	2
62 / Im einfachen halles bey der Vordern schmidten	
haben des alten Hannß	Sieden
Seufferhelds erben	1/2
die Vogelmänner	1/4
und Hannß Andres Schmids erben	1/4
Im zweyfachen Stäffelis halles haben	
die Blumenhauer	1/4
die Lauten	1/4
die Bühl	1/4
und die Wagner	1/4
In der vordern statt	
Peter Vogelmans erben	1 ganz
Im zwyfachen halles gleich im Gäßlin	
darbey haben die Geyer	1
von des alten Hanß Schübelins erben	1
Im einfachen halles in der Suhlen gaßen oben	
die Virnhaber	1/2
und die Vogelmenner	1/2
Im einfachen hahlhauß unten in der Suhlen hat	
Adam Stadtmann	1/2
und die Bozen	1/2
Im einfachen hahlhauß bey dem Gäßle	
die Blinzig	1/2
62' / daselbsten	Sieden
Hans Jerg Groß	1/4
und Hanß David Eisenmenger	1/4

Im einfachen haahlhauß gleich im Gäßle darneben
die Wezel — 1 ganz

Im einfachen hahlhauß bey der Suhlen hat
h[err] Hannß Jerg Groß — 17½ aymer
und die Wengerische — 2½ aymer

Im einfachen haahlhauß darneben im Gäßle haben
Hannß Seufferhelds erben — ¾
und Michel Seuboths erben — ¼

Im einfachen haahlhauß oben im Gäßle haben
Basti Vogelmans erben — 1 ganz

Im einfachen haahlhauß neben Hannß Seufferhelden halles haben
die Reizen — 1 ganz

Im zweifachen haahlhauß bey der Suhlen haben
Georg Seufferhelds erben — 2 ganze

Im zweyfachen haahlhauß gleich daneben
Hannß Schübelin — 14 aymer
Hanß Caspar Groß — 6 aymer
63 / in der untern stadt — Sieden
die Lauten — 1 ganz

Im einfachen Mahle[r]s hauß
die Grosen — 1 ganz

Im kleinen Brünlins haahlhauß
die Müller — ½
und Hanß Melchior Geyer — ½

Im zweyfachen haahlhauß darneben
die Dötschmenner — 1 ganz
und die Mayer — 1 ganz

Im zwyfachen haahlhauß über die Rinnen
die Geyer — 1
und — ½
und die Blinzig — ½

Das zwyfache haahlhauß darin
des alten Conrad Vogelmans erben die — 2 ganze

Im einfachen Brünlis haahlhaus
die Reizen — 1 ganz

Im einfachen haahlhauß beym Neuen hauß
die Blinzig, Köhlen oder Geyer — 1 ganz

Im zweyfachen haahlhauß bei dem Sulfferthor
die Blinzig — ⟨2⟩[c)] ganze

c) *Überschr.*

63' / Im zweyfachen haahlhauß gleich daran	Sieden
die Vogelmänner	1 ganz
und deß alten Heinrich Bozen erben	1
Im einfachen haahlhauß am Gäßle hinterwerts	
Philipp Seuboths erben	1
Im zweyfachen haahlhauß gleich hernach	
hat h[err] David Beyschlag	1/2
und Joß Schübelin	1/2
Gilg Eisenmenger	1/2
Georg Beyschlags erben	1/2
Im einfachen hahlhauß gleich dabey	
die Dötschmenner	1/2
und alt Georg Beyschlag von s[eine]r haußfr[au]	
Cathr[in] Dötschmenin	1/2
Im zwyfachen Lädlis haahlhauß	
Conz Dötschmans erben	1/2
Luz Dötschmans erben	1/2
Seefried Wagners erben	1/2
und Martin Blinzigs erben	1/2
Im zwyfachen Adelberg[er] hahlh[auß]	
h[err] Peter Wezel	2 ganze
Im einfachen darneben	
des alten Hanß Wezels seel. erben	1 ganz
64 / Im einfachen Baad [d] haahlhauß	Sieden
Wollff und Hannß Schübelin	1/2
und Michel Seuboths erben	1/2
Im zwyfachen haahlhauß vornen in der gaßen	
die Bozen	1/2
Haugen und Seufferhelden	1/3
in der obern statt	
die Müller	1/2
Im zwyfachen haahlhauß in der Gaßen aufwarts	
Luz Blinzigs erben	1 gan[z]
die Geyer	1/2
die Haahlberger	1/2
darneben haben	
Michel Seuboths erben	1 gan[z]
Gleich über bey des Beckhen hauß haben	
die Bozen	1 ganz

d) *Bühler:* Band.

Im Gäßle hin abwarts
die Müller — 1 ganz

Im zweyfachen Trüchlis[e] hahlh[auß]
Jacob Haahlberger — 1/2
und Wollff — 1/2
in der hindern statt
die Stadtmänner — 1 ganz

64' / Im zwyfachen haahlhauß über die Rinnen — Sieden
die Reizen — 1 ganz
und — 1/2
und die Vogelmänner — 1/2

Im einfachen hahlhauß gleich bey der Müller haahlhauß über
der Daniel Seuboths erben — 1 ganz

Im einfachen haahlhauß bey Martin Krebsen hauß
die Boozen — 1 ganz

Im zwyfachen haahlhauß bey der Staffel
haben Hannß Michel Löchners erben — 1 ganz
und Hanß Balthes Lochners erben — 1 ganz

⟨NB. Bemerckhte, von jenen separirte Lacorn und Romigische freundschafts sieden.⟩[f].

Im Neuen Pfleegerhauß uf dem Bürdenmarckh hat Jochem Bühl ⟨1/2 eigenthumb⟩[g].
⟨Die Bühlische erbsieden⟩[h].

Im zwyfachen haahlhauß auf dem Bürdenmarckh
an der stadtmauer in der vordern statt — Sieden
65 / die Bühl — 1/2

Im zweyfachen Stäffelis halles
die Bühl — 1/4

Im zweyfachen Hubheinzen halles in der obern statt
⟨die Feyerabendt⟩[i] — 1/4

Im Härlis gäßle
die Feuerabend — 1/2

Im zweyfachen Hubheinzen halles in der untern statt
die Feuerabend — 1/4
im Härlis gäßle — 1/2

⟨Firnhaber[ische] sieden⟩[j]

e) Truehlis? f) *Mit roter Tinte.* g) *Rot unterstr.* h) *Wie (f).* i) *Wie (f).* j) *Wie (f).*

Im zweyfachen Geisthaahlhauß beym Pfleegerhauß
die Virnhaber 2/3

Im einfachen haahlhauß in der Suhlen gaßen oben
die Virnhaber 1/2

⟨die Blinzig sieden⟩ [k)]

Im einfachen hahlhauß bey dem Gäßle
die Blinzig 1/2

65' / Im zwyfachen haahlhauß über die Rinnen Sieden
die Blinzig 1/2

Im einfachen haahlhauß beym Neuen hauß
die Blinzig, Köhlen oder Geyer 1 ganz

Im zwyfachen haahlhauß bey dem Sulferthor
die Blünzig 2 ganze

Im zweyfachen Lädlis halles
Martin Blinzigs erben 1/2 sieden

Im zwyfachen haahlhauß in der Gaßen ufwerts
Luz Blinzigs erben 1 ganz

⟨Welche aber mit siedens, erb, loß und baw *(gestr.:* und) briefle zu conferiren, und ohne der[en] legitimation keine freundschafts (*gestr.:* brief) sieden etc.⟩ [l)].

k) *Wie (f).*

l) *Wie (f).*

Abschr. HA B 935 Bl. 60 ff. – Üs.: Beschreibung aller haahlheuser im Haahl und was für stämm in denselben vererbt. *Folgt in roter Tinte:* Circa finem 1600ten jahrs. – *W. Abschr.: Bühler 3 S. 175 ff. – Datumsvermutung, Zwischenüberschriften und Bemerkungen in roter Tinte von Müller oder Lackorn.*

Personen- und Ortsregister

Die fast auf jeder Seite vorkommenden Orte Schwäbisch Hall und »Haal« mit ihren verschiedenen Schreibweisen sind nicht verzeichnet. Personennamen sind in der Regel in der Schreibweise von Wunder-Lenckner, Bürgerschaft (WL), angeführt und werden nicht identifiziert, d. h. bei gleichem Vor- und Nachnamen können sich hinter einer Nennung mehrere Personen verbergen. Umlaute suche unter dem Grundlaut. Abk.: Hfr. = Hausfrau, Stschr. = Stadtschreiber.

C siehe *K*

D, T

E

F, V

G

N

O

P siehe B

R

T siehe *D*

U

V siehe *F*

W

Sachregister

Die Stichworte sind regelmäßig nach der am häufigsten vorkommenden Schreibweise eingeordnet und nur mit den wichtigsten Varianten aufgeführt. Für nicht erläuterte salinentechnische Fachausdrücke wird auf die in der Einleitung genannten Werke von Uhland, Matti und Carlé (S. 11, Anm. 1–4) verwiesen.

A (siehe auch E)

erweisen, mit Eid und Recht 89
erwidern 143
erwirdig, erwurdig, ehrwürdig 35, 38, 40 f., 45, 47, 50, 53, 55, 57, 67, 74, 126, 133, 137, 150, 155
erwysen, mit sinem rechten – 52
evictio (lat. Entwehrung) 29
ewig (Erbe, Gült, Zins, Kauf) 45, 68, 146 f., 149–152, 154 f., 157, 172 f.
ewig zeit 176
ewig, zu -en tagen 151, 153, 156
ewiglich, eiwiglich, öwiglich 27, 92, 107 f., 118 f., 127, 133 f., 150 f., 153, 167
eygen s. aigen
eygenschafte 50
eygenthum s. aigenthum
eymer s. aymer
eynreden, gemeyn – 142
eynrede s. einred
exception (Einrede) 142, 169

F (siehe auch V)

fahren (s. a. gefahren) 150, 156
fail (feil, käuflich) 121, 162
fall (Fall) 110
fallen und ergehen (Nutzung) 40
fellig werden (fällig w., anheimfallen) 120
ferr, so (sofern; s. a. verr) 111
ferrer (ferner; s. a. verrer) 89
fertigen (Kauf; s. a. vertigung, wehren) 42, 44, 70, 87, 89, 120, 138
finger, aufgebottene (Schwurfinger) 172
firmitas perpetua (lat. stete Kraft) 29
forchte und zwyfelunge (Furcht u. Zweifel) 51
fordern (s. a. ervordern) 25, 39, 111–113
forderung 86, 110, 114, 120, 122, 145, s. a. vorderung
form 45; (Urkundenschema, s. a. statform) 132
formlich (förmlich) 141
formunder (Vormünder) 141, 143
Franziskanerorden 156
frävel (Frevel) 32, 37
frag (Urteilsfrage des Schultheißen an die Richter) 130
fragen, der rechten u. urtails 39, 52
fraus (lat. Betrug) 29
freiwillig (s. a. freywilliglich) 145
freunde, fründe (gesipte, Verwandte) 26, 37, 134, 166
freundt, frunt, guter, gutte 49, 135, 161
freund und geselle 109
freundtlich (s. a. gütlich) 55
freuntlich (verwandtschaftlich) 146
freundschaft, frundtschaft (regelm. Verwandtschaft) 109–111, 128, 143, 166
frwntschafte (Freundschaft) tun (zu Gefallen sein) 53
freundschafts sieden 184 f.
Frevel s. frävel
frey 65, 71, 134, 138, 145; abtreten (ohne Bedingung, Modalität) 115; fry aigen 68, 159; -williglich (freiwillig, s. a. unbezwungenlich) 115, 124 f., 154, 159
frieden, in stillem – sein 51
frist, friste 34, 102–106, 116, 136 f., 146, 148 f., 152, 155
frist und zil 40
Fristen s. acht Tage; jares friste; sechs Wochen und drei Tage; unum annum, ad; vierzehn Tage
fromm, frumm 49 f., 60
frommen (s. a. nutzen u. –) 45, 172
fry aigen s. frey
fryheyte (Freiheit, Privileg) 51
frylich (frei, privilegiert) 50
fug, fueg, fuog (Fug, Befugnis) 120, 123, 154
fugen, mit guten 142
füglich 37, 123
fund (s. a. ußzug, geverde) 68
fuog s. fug
fürbringen, furbringen, fürpringen (v. Gericht vortragen), s. a. recht, in – fürbringen) 51, 86, 89, 96, 99, 109, 112–114, 120, 124, 130, 142–144, 159, 165
furgänger, furgenger (der Sieder) 136 f.
fürgeben (Vorbringen vor Gericht) 87 f., 97, 111 f.
furgeen lassen (im Los) 134
furgehung (Übergehung) 143
furgenommen werden (vor Gericht, verklagt werden) 121
fur geschiden (vorgeschieden, geladen) 121
furkommen, fürkommen (vor Rat o. Gericht erscheinen) 50, 93, 120, 122, 144, 159
fürkommung (Vermeidung) 88
fürlaßen (vorlassen, zulassen) 122
fürnach, furnach (Fornich) 32, 95
fürnehm 156
fürnehmen, fürnemmen 120, 145; (einred, vorbringen) 123
furnemen, andere ordnüng (neue Ordnung aufstellen, s. a. machen, setzen) 94
fürnehmen (vor Rat, beim Rat, beim Rat verklagen) 122; mit recht – (einklagen) 120
fürpringen s. fürbringen
fürpringung 142
fursehen (versehen) 45
fürsichtig (Anrede) 140, 142
fürsprech(er) 37–39, 50–52, 85, 112 f.
fürsprech(er), angedingter 61, 85, 129
fürsprech, erlaupter s. erlaupt; zu recht angedingter 96, 109, 128

H

I, J, Y

ius (lat. Recht) 28
ius canonicum (lat. kirchliches Recht) 29
ius civile (lat. bürgerliches Recht) 29

K (siehe auch C)

kauf 27, 42, 45, 68–70, 86 f., 97, 109–112, 120, 122 f., 144, 173
kaufbrief, khaufbrieve 35, 45, 63, 87–89, 98, 109, 122 f., 138, 157, 178
kaufen 32, 39, 42, 46, 56 f., 83, 121, 145, 157
kaufen, zu – geben 26, 45, 68, 70, 86, 88, 97, 109, 120, 138, 144 f., 154, 173
käufer 62, 173 f.
kaufgelt (Kaufpreis) 141 f.
kaufmann (Käufer 161
kaufsweiß 176
keller 175
keyserlich s. cammergericht
keyserliche statt s. statt, k.
khauf brieve s. kaufbrief
kindt, von -s wegen aufziehen 166
kirchen, die – zu Denkendorffe 51
kirchhof(f) 91 f.
kisten, die (Kasten, Truhe) 110
klage, klagen, klägere s. clag
kloster s. closter
knecht (Siedknecht) 130
könig, römischer 50–52
königlich s. kuniglich
kost s. cost
kosten, kosten und schaden s. costen
kraft, kraft und macht s. craft
krieg 68
kund(t)schaft 130, 163
kunig, römischer s. könig
kuniglich 51 f.
kuntschaft 143

L

laden 162
laisten (leisten, erfüllen) 111
land(e)swe(h)rung, landtswehrung, gemeine 68, 70, 135, 145, 173
lands recht (Landrecht) 52
landt, auser – sein 170
lang herkommen s. herkommen
lang inhaben s. inhaben
lassen (Sieden; zu Erb) 53, 60, 87, 109 f., 135, 171
lassen und leihen 100
latere, ab (lat. auf der ... Seite) 28
latinisch (lateinisch) 51
lauf der jar, gemeiner – 78
läufe, läwf, lewf 31, 94
lauter, luter (rein, klar) 62, 98; (zusagen: ohne Bedingung) 110
lawb (Erlaubnis) 31, 95
lawt, lut (Laut) 62, 97, 109 f.
leben, ains menschen, lebtag, leptag (verleihen, auf-) 43, 53, 64, 67, 126, 132
ledig (frei, unvererbt) 71, 145; – erkennen (von Klage, Verdacht) 111, 122–124, 129, 159, 172; – werden (Sieden) 35 f., 42, 100, 163; s. a. stand
ledig und los (meist von Sieden: dem Herrn heimfallen) 25 f., 33, 46–50, 54, 58, 60, 64 f., 67 f., 126
lediglich 115
legata (Vermächtnisse) 178
legen, in recht-, s. recht
legiren (vermachen) 167
lehen 29, 110
lehenbrief 35, 133, 136
lehenherr (s. a. Seckelmeister) 44, 62, 67, 91, 93, 97, 110 f., 126, 132, 160 f., 174
lehenschaft, lehnschaft 153; (Befugnis zu verleihen) 96–98, 100; (Rechtsstellung des Beliehenen) 65
leibgeding, lipding, lyppding 33, 37, 39, 45 f., 162
leiblich s. ayd, -er
leiblich, leiplich (Erben) 177; (Kinder) 131
leihen, leyhen, lyhen (Sieden) 25 f., 33, 39 f., 42, 47, 54 f., 57, 61 f., 64 f., 67, 94, 96 f., 99–101, 114, 126, 130–133, 158, 160, 163 f., 170; (Geld) 140; s. a. lyhniß, verleihen
leinen (Holz stapeln) 154
leiplich s. leiblich
leptag(e) s. leben
letzen (verletzen, beeinträchtigen) 98
leutrung (Läuterung, Erläuterung eines Urteils) 162
lewf s. läufe
lewt, alt (alte Leute, Zeugen) 100
lewte, geistliche und weltliche 68
leyhen s. leihen
lib, in – sein (leben) 33; libe (Leiber, Leben) 37
libells form, libeles form (geheftet o. gebunden) 89, 101, 114
licentiat (akad. Grad) 104, 115, 126, 130 f., 137, 166; der rechten 165
lieb (s. a. gunst u. –) 146
lieb(e) (Anrede) 54 f., 65, 140, 142
ligendte güter s. güter, liegende
linie (s. a. stamm) 170
lipding, lip gedingde s. leibgeding
listen (s. a. gefehrden) 177
litera (lat. Urkunde) 29
loblich (s. a. gedechtnisze) 50, 141
locus (lat. Ort, Platz) 28
los, loß, looß (Los) 128, 163, 172, 185
los s. ledig u. –

nochgelt s. nachgelt
nochkommen, nochkumen s. nachkommen
nohen s. nach
notarius opidanorum (lat. Stadtschreiber) 28
notarius publicus (lat. öffentlicher Notar) 148
Notdurft s. notturft
notitia publica (lat.: öffentliche Kenntnis) 28
notten (»nötigen«, s. a. angreifen, pfänden) 69
notterben 166
notturft 27, 45, 112, 167, 170; rechtlich – 140, 142 f.
nüessen s. niessen
nutz, nutzen 27, 63, 120, 169, 171; nütz, gemains (gemeiner Nutzen) 94; nutz oder genieß 172; nutz und frommen, frwmen 46, 68, 135, 172
nutzen, nützen, nuzen (v.) 65, 115, 167, 170, 172, 177
nutzlich (nützlich, s. a. reylich) 167
nutzung 40, 120, 123
nyessen s. niessen

O

obdach 148 f.
oberkait 94, 125
oberschreiber (des Haals) 107
offembare s. offenbar
offen brief s. brief, offen
offenbar, offembar 47, 53
offenlich, offentlich 172; (bekennen, kundtun) 31, 34 f., 37 f., 40–43, 45 f., 48–50, 57, 60 f., 63–65, 67–70, 85, 91, 96, 102–109, 115–119, 124–128, 132, 135–137, 144–152, 154 f., 165, 169, 172 f., 177; (vergiehen, verjehen) 26, 28–30; (siegeln) 49, 66 f., 70, 92, 107 f., 115, 117–119, 124–127, 133, 138, 147–152, 155–157, 173 f.
official(is) (Offizial, bischöfl. Beamter) 29, 55
offnung (eines Urteils, Verkündung) 99
ohn schaden s. schaden
ohne Gefährde s. geverde
ohngefährlich, ohngevärlich 49, 115, 146, 153
ohngezwungen 177
ongeverde (s. a. geverde) 44, 46, 57, 67, 126
ongeverlichait 95
onschaden s. schaden, ohne
onwerden (veräußern) 110
opidum (lat. Stadt) 28
ordenlich s. richter, –
ordnen (verordnen: Satzung) 51, 125, 131 f., 158; (bestellen) 70; (Kind zum sieden –) 110; (in Testament, s. a. legiren, setzen, schaffen, schicken) 167
ordnung (Verordnung, Satzung; s. a. Haalsordnung) 94, 116, 144; (Bestellung; s. a. schickung) 102–106, 145; (in seiner – sieden, der – nach sieden) 128, 164
ordo cysterciensis (s. a. Cistorz, orden von) 28
ore, manu et calamo (lat. mit Mund, Hand u. Halm) 28
orte, an allen -n 150, 153, 156
owigkeith, in (Ewigkeit) 166
öwiglich s. ewiglich

P (siehe auch B)

paar s. baar
partes (lat. Teile, Parteien) 29
parthey (an Rechtsstreit oder Vertrag) 55, 61, 70 f., 89, 94, 101, 111, 113 f., 124, 134, 142 f. 157, 164–166
patella (lat. Pfanne) 28
paw, pawgelt, pawhaltung s. bau, bau-
pecunia, parata (lat. Bargeld) 28
perpetua memoria s. memoria
persohn, in eigner 78
pessern (bessern: Satzung) 94
pesserung (gemächde) 94
petere (lat. bitten; um Siegelung) 29
pette s. Bitte
pfaffe 30
pfänden, pfenden 35 f., 48, 61, 63, 69, 102–106, 116, 136 f., 146, 148 f., 152, 155, 159
pfanne 31, 49, 55, 67, 95, 107 f., 117–119, 124–127, 144, 171, 177, 180; s. a. saltzpfanne
pfannlose 39
pfarherr 78
pfarr, die 76 f., 82 f.
pfarrer 78, 91, 168, 175
pfarrkirche 91, 147, 149, 167
pfenden s. pfänden
pfleeg (Pflege) 157
pfleg kinder (Pflegekinder) 139 f.
pfleeger, pfleger 79; (der Franziskanerinnen) 156–158; (der geistl. Pfründen, Güter u. Einkommen) 151 f.; (des Spitals) 84 f., 102–106, 116, 145 f.; der statt des Hals (Haalspfleger) 72, 79–82, 84, 94, 171 f.
pfleegers weis (siegeln) 157
pfetin 131
pflicht 132; (des Ratsmitgliedes) 158, 163; (des Hintersassen) 162
pflichtig 49, 62, 135, 171
pfründt (Pfründe) 46, 147, 149, 151
piae causae (lat. fromme Zwecke) 178
pieden (bieten, zur kundschaft) 163
pitschier, gebräuchliches, gewohnliches 169
position (s. a. artikel) 143
possessio corporalis (lat. unmittelbarer Besitz) 28

schultheiß (Hall) 26, 28–30, 32, 34–38, 41, 43, 47, 50, 58, 61, 64 f., 69 f., 85, 89, 95 f., 101, 109, 114, 128, 130, 144, 155; – und gemeinde 51; (von Gnadental) 78, 129 f.
schwebende sache s. sache
schwellen 131
schweren, schwören 52, 99, 160–163, 171
schyrmen s. schirmen
sechs wochen und drei tag (Frist) 89, 99, 121, 123
seckelmeister (der Lehenherrn) 173
secret insiegel (Geheimsiegel; der Stadt) 165
seele heil (Seelenheil) 50
sehez, sehs (soviel) 25 f.
seitergass gelt 32
senator (Ratsherr) 107
seßhaft 66, 95
setzen 40, 88, 125, 129, 131 f., 167; (verordnen) 88, 92–94; (Pfleger bestellen) 151, 156; (Rechnung) 67, 126, 135; zu recht – 62, 89, 99, 111, 113 f., 123, 130
seulen 131
seumen (s. a. verziehen) 122
seumer 123
seumig, seymig s. säumig
sicherheit (zu guter, mehrer –; besiegeln) 29–31, 33, 43, 46 f., 58, 61, 130, 133
sieden, aigen s. aigen
siedensbrief 178
siedensgerechtsame 177
siedens verglich 178
siedensvertrag 71
sieder 29 f., 32, 37, 57, 63, 65, 70, 80, 93–97, 102–106, 116, 146, 161–163; siederin 161; gemaine-, die – gemainlich 31 f., 52, 94, 125 (s. a. allgemeine sieder)
siederschaft 95
siegel s. insiegel
sigillum (lat. Siegel) 29
sigler (Siegler) 171
sinn und mut, mit wohlbedachtem (meist pl.) 102–108, 115–119, 124 f., 127, 145, 147 f., 151, 154, 156, 169, 172 f.
sitzen, damit u. bey (Räte) 122; (im Rat) 62
sonderlich (s. a. samentlich) 50, 53, 118 f., 133, 170
span, (meist pl.:) spen(ne) 60, 70, 99, 101, 165
spännig 130
spärlin 154
sparren s. tach sparren
spitalmeister s. maister des Siechenspitals
spitalpfleger s. pfleeger
sprechen, mit, zu recht –, zum rechten – (urteilen) 39, 52, 62, 130, 142 f.
spruch 111; (Anspruch) 169; (Ratsentscheid) 109, 165; rechtlicher – 129
sriber (Schreiber) 27
stadhaft (redlich, beständig) 160 f.
stamm, stamb (Familienstamm) 132, 169, 185
stand, elicher 140; lediger 171
stät s. stet
stat, statt (Stätte) 30, 44; öde – 80; – und pfann 144; (im Haal) 94, 97; (Siedstätte im Haalhaus) 74, 76, 79 f., 83, 93, 96, 100, 110, 117, 176, 180–184; s. a. hofstatt
stat, statt (ze Halle, zu Hall; Stadt Schwäbisch Hall) 26 f., 32 f., 37–39, 43 f., 46 f., 49, 51, 53, 55, 57 f., 60, 65 f., 68, 70, 83 f., 86 f., 90–92, 95, 107 f., 111, 117, 119, 124 f., 127, 133, 138–140, 143, 146 f., 150 f., 153, 156, 177; gemaine – 94, 165; keyserliche 140; der – geprauch 98; der – recht, stattrecht 43, 131, 139, 141, 143; s. a. gewohnheit
stättmeister, stettmaister 65, 75 f., 84, 89, 115, 122, 175 f., 179; – und rat 65, 140, 156, 165
stat(t)schreiber, stadtschreiber, stetschreiber 26, 28, 34, 36, 38 f., 42, 44, 48, 52, 62, 65, 70, 89, 101, 115, 130, 144, 151, 155, 173 f., 177,
statt buch (Stadtbuch) 120, 123, 130
statform (gemeiner Stadt Form, Haller Urkundenschema) 132
statt thun (stattgeben, willfahren) 120
statut(um) (Satzung, s. a. gemächt, ordnung) 110, 132, 143 f.
steen, stehen, an kauf – lassen 109; an zil – 121; davon – 86, 88, 99 f.
steinhaus 178
stet, stett, stät (s. a. erbe, stetes) 25, 33, 40–42, 51, 68, 133, 173, 177
steten, an allen 45
stetgelt 73
stift 91, 107, 132 f.
stillschweigend 122, 142
stipendium 178
straffen (strafen, s. a. bůssen) 94
streithocken 131
stritt (Rechtsstreit) 162
strittig (streitig) 159
strowen, in die clag – (streuen, in die Klage; einwenden) 109
stuck, stuckh (Stück) 32, 98, 109, 120, 139, 141; s. a. glagstuckh
stul s. richter stul
subscription (Unterschrift) 148
sul, sule (Sole) 26, 33, 37–39, 44, 50–53, 59, 65, 94, 109, 165
sulambt (der Senfften) 53
sulbaw, sulnbawe, sulenpaw 72, 78, 91; sulenbaucosten 85
sümig s. säumig
swelz (welches, was) 26
swenne (wenn) 26
synn- s. sinn-

T

U

unterpfant recht zu Halle (s. a. underpfand) 46
unterziehen (Erbs, Siedens, Gerechtigkeit sich –; annehmen) 50 f., 86, 177
unum annum, ad (lat. für ein Jahr; Gewährfrist) 29
unverbunden (nicht verpflichtet) 130
unvererbt 138
unverhindert 86, 115, 172
unverkumbert (unverkümmert, unbelastet) 65, 68
unverletzlich 114
unvermogen (Unvermögen) 131
unverschult (unverschuldet) 52
unversetzt 68
unverthaihlt (Sieden) 167
unverzogenlich 35 f., 46, 48, 61
unvorschaidenlich (unverscheidenlich) 118
unwiderruflich 115, 169, 177
unzerteilt 135
unzulessigkeit 140
urkund 101, 114 f., 123, 130; brieflich – 86, 153; mit, ze, zu – 25, 28–31, 34–36, 43 f., 49 f., 52, 60, 68 f., 71, 89, 124 f., 127, 136, 144 f., 147–152, 155–157, 160, 164–166, 169, 171–173, 177; offene – 27; zu guter 38 f., 41–43, 45 f., 58; zu wahrem, wahrer 47 f., 54, 61–63, 65, 67, 69 f., 89, 92, 101–108, 114, 116–119, 126, 130, 133–135, 137 f., 146
ursach(e) 86, 98, 125, 142 f.; aus -en 88, 97; bewegliche -en 131; rechtmäsige 142 f.; redlich 89, 122; redliche und erbare -en 167
urtat s. urthat
urtail, urtheil, urtel 52, 62, 89, 99, 101, 113 f. 122, 124, 159, 162, 164; gesamentes 27; gesprochen 142; mit – erkennen 62; mit – erteilen 38; mit – und mit rehte beheben 37; – sprechen 27; urteyle fragen 52
urtailbrief, urthelbrief 39 f., 53, 62, 122, 124, 130, 165
urtailen, urteln 39, 99, 142
urthat, zu – inhaben 167
usbet (Beet, Vermögenssteuer) 37, 39–41
usprocht 64
usser (aus, praep., die Beziehung Rente und belastetes Grundstück bezeichnend, s. a. uff) 68
ussprechen (aussprechen, gütlich bescheiden, richten) 40
usspruch (Ausspruch, gütliche Streitentscheidung, s. a. rihtung) 41
ußrichten (s. a. ausrichten) 35 f., 38 f., 42, 47–50, 54, 58, 64, 69, 126
usstendig s. ausständig
ußwendige (auswärtige Siedensherren) 79
usztrage (Austrag) 52
ußzug (s. a. fund, geverde) 68 f.
utilitas, evidens (lat. offenbarer Nutzen) 28

V

vasnachthün (Fastnachthuhn) 44
vendere (lat. verkaufen) 28
venditor (lat. Verkäufer) 29
verainen, guttiglich (vereinen, schlichten) 154
verainen, verainigen, sich (um Sieden) 127, 134, 141, 164, 167
verainigung 134, 164
verainter wille s. wille
verändern, verendern (s. a. verwechseln, teilen) 139, 143, 150 f., 153
verantworten, verantwurten (in recht; Klage erwidern) 37, 39, 51 f., 61 f., 96 f., 109
veräusern 156
verbawen 134
verbieten 61, 63, 68, 102–106, 116, 131, 136 f., 146, 148 f., 152, 155, 159
verbinden, verpinden 54, 58, 60 f.
verbrieft 84
verbunden sein (s. a. schuldig s.) 172
verburgert 177
verdacht (verdächtig) 171
verdienen (das Sieden –, die Abgaben u. a. davon bezahlen, s. a. vergelten) 60 f., 91, 102–108, 116–118, 124 f., 127, 129–132, 136 f., 144, 146 f.
vereinigen s. verainen
verendern s. verändern
verer s. verrer
vererben (s. a. verleihen) 38, 46, 57, 60, 91 f., 102–108, 110, 116–119, 124 f., 127, 132 f., 136 f., 142, 146 f., 149–152, 155–157, 159, 167, 169
vererben, das (subst.) 92
vererbt (s. a. verfangen) 84 f., 139
vereyndt s. rat
verfallen (fällig) 54, 123; (Gült, Rechnung) 64, 67, 126; in Buße 31 f., 95
verfangen, zum aigenthumb – sein 139, 143
verfast, im rechten – 140
verfolgen, jmdem (zugesprochen erhalten, s. a. volgen) 111
vergangen und erschinen (fällig, Ziel) 123
vergeben (s. a. vergelten, bezahlen) 146
vergehen s. vergiehen
vergelten (das Sieden) 60 f., 91, 102–108, 116–118, 124 f., 127, 129–133, 136 f., 144, 147, 150, 152, 156, 166, 170
vergiehen, verjehen (aussagen, bekunden) 25 f., 28–30, 41
vergleichen 129, 140, 165
vergleichung 140
verglich s. siedens –
vergnügen (Sieden, s. a. vergelten) 170
vergnügung (Bezahlung, s. a. ausrichtung, Be-

W

Raimund J. Weber

DIE SCHWÄBISCH HALLER SIEDENSERBLEIHEN

Forschungen aus Württembergisch Franken

Herausgegeben vom
Historischen Verein für Württembergisch Franken,
dem Stadtarchiv Schwäbisch Hall
und dem Hohenlohe-Zentralarchiv Neuenstein

Band 14

Jan Thorbecke Verlag Sigmaringen
1981

Raimund J. Weber

Die Schwäbisch Haller Siedenserbleihen

Band 1

STUDIEN ZUR RECHTSNATUR UND ZUR BESITZGESCHICHTE

Jan Thorbecke Verlag Sigmaringen
1981

Einbandprägung: gekreuzte Auflegbretter oder Salzschaufeln im Wappenschild des »Haalgerichts« über der Eingangstür des heutigen »Neuen Hauses« (Im Haal 2). Mit solchen Schaufeln hoben die Sieder das fertige Salz aus dem Sud.

Auf Vorschlag der Juristischen Fakultät der Universität Tübingen ausgezeichnet und gefördert mit einem Preis der Reinhold und Maria Teufel-Stiftung, Tuttlingen. Gedruckt mit Unterstützung des Ministeriums für Wissenschaft und Kunst Baden-Württemberg, der Stadt Schwäbisch Hall, des Historischen Vereins für Württembergisch Franken e. V., Schwäbisch Hall, des Vereins der Siedensrentenberechtigten e. V., Schwäbisch Hall, der Stiftung zur Förderung der geistigen und künstlerischen Arbeit, errichtet durch die Württembergische Hypothekenbank AG, Stuttgart, und der Daimler-Benz AG, Stuttgart-Untertürkheim.

CIP-Kurztitelaufnahme der Deutschen Bibliothek

Weber, Raimund J.:
Die Schwäbisch Haller Siedenserbleihen / von Raimund J. Weber. – Sigmaringen: Thorbecke.
Bd. 1. Studien zur Rechtsnatur und zur Besitzgeschichte. – 1981.
(Forschungen aus Württembergisch Franken; Bd. 14)
ISBN 3-7995-7616-9 (Thorbecke)
ISBN 3-921429-14-5 (Histor. Verein für Württemberg. Franken)

NE: GT

D 21

Vorlage für die Deckelprägung: Udo Löffel, Utzstetten
Foto des Schutzumschlags und der Farbtafel nach Seite 12: Foto Weller, Schwäbisch Hall
Gesamtherstellung: M. Liehners Hofbuchdruckerei KG, Sigmaringen · Printed in Germany

ISBN 3-7995-7616-9 Jan Thorbecke Verlag KG
ISBN 3-921429-14-5 Historischer Verein für Württembergisch Franken e. V.

Vorwort der Herausgeber

Zu den lebendigen Geschichtsdenkmälern, zu den eigenartigen geschichtlichen Erscheinungen im württembergischen Franken gehören die Haller Salzsieder. Nicht nur die fortgeführten Bräuche, Siedertanz, Pfingstfest, Tracht stammen aus langer Vergangenheit, sondern auch Rechtsformen, nach denen die Erben der Sieder von 1812 vom Staat ihre Siedensrente beziehen. Die Frage, wie weit die alten Rechte am »fließenden Erb« der Sieder mit der heutigen Gesetzgebung zu vereinbaren sind, hat zu einer neuen und vertieften Untersuchung dieser Rechtsformen Anlaß gegeben. Denn wenn auch die Siedersrechte sich den zeitgemäßen Formen anpaßten und als fideikommißähnliche oder genossenschaftsähnliche Rechte behandelt wurden, so liegt ihr Ursprung in der mittelalterlichen Erbleihe. Der Verfasser hat sich nicht mit den späteren Ausdeutungen und Erläuterungen des Siedensrechtes begnügt, sondern die 64 »fließenden Erbsieden« in ihrer Besitzentwicklung verfolgt. Damit hat er nicht nur die Rechtswirklichkeit dargelegt, sondern auch einen Beitrag zur Personengeschichte, zur Sozial- und Wirtschaftsgeschichte geboten: Im Urkundenband werden erstmalig die wichtigsten Dokumente der Siedergeschichte veröffentlicht. Die Arbeit stellt einen gewichtigen Forschungsbeitrag zur Geschichte des württembergischen Franken und darüber hinaus zur Eigenart der Salinengeschichte dar.

Dr. E. Breit
Historischer Verein für
Württembergisch Franken

Dr. G. Taddey
Hohenlohe-Zentralarchiv
Neuenstein

Dr. K. Ulshöfer
Stadtarchiv
Schwäbisch Hall

Geleitwort

Die Schwäbisch Haller Siedrechte sind ein einzigartiges Rechtsdenkmal. In der jährlichen Siedensrenten-Austeilung lebt eine spätmittelalterliche Salinenverfassung fort, denn es wird »theoretisch« auch heute noch weiter gesotten. Daß sich diese Erbsiedrechte bis heute erhalten haben, liegt an ihrer Eigenart; die Vererblichkeit blieb auf den Stamm beschränkt und die Veräußerung der Siedrechte war allezeit verboten. An diesen rechtlichen Besonderheiten haben die Sieder und ihre rechtskundigen Vertreter nach 1800 bei der Abfassung der Verträge, die den Übergang der Saline an Württemberg regelten, streng festgehalten; man legte damals und legt noch heute größten Wert darauf, nicht von den alten Benennungen und Rechtssätzen abzuweichen. An das gute alte Recht der Erbsieden knüpfen auch die Statuten und Satzungen an, die sich die Rentenberechtigten (und einstigen Sieder) für die Verwaltung ihrer heutigen Berechtigungen gegeben haben. Daher erscheint die Frage auch heute noch sinnvoll, um welche Art von Berechtigungen es sich einst gehandelt habe. Waren diese alten Siedrechte »Lehen«, »genossenschaftliche Rechte« oder Rechte eigener Art? Für den Verfasser hat sich kein anderer gangbarer Weg gefunden, die Entstehung des Erbs aufzuhellen, als zunächst die Besitzgeschichte jedes einzelnen Siedens zu erforschen. Die sogenannten »fließenden Sieden« lassen sich, weil sie unveräußerlich waren und sind, bis ins 16. Jahrhundert hinauf in den genealogischen Büchern der Haller Sieder verfolgen.

Die Darstellung *Raimund J. Webers* ist aber weit mehr als nur eine lokalhistorische Untersuchung der Haller Sieden. Es geht dem Verfasser vielmehr um die grundsätzlichen Fragen der neuern Privatrechtsgeschichte (Sachenrecht, Erbrecht) und der Geschichte der Rezeption des gelehrten römischen und kanonischen Rechts, vielfach zudem noch vergleichend mit dem älteren englischen Recht. Das bestechendste Ergebnis ist der schlüssige Nachweis, daß sich das Haller Siedensrecht weitgehend an das Modell der gemeinrechtlichen Emphyteuse (Erbleihe) gehalten hat bzw. sich der Haller Magistrat und seine juristischen Räte an der gelehrten Literatur orientierten; das sogenannte »deutsche« Recht und das überlieferte örtliche Gewohnheitsrecht haben eine weit geringere Rolle gespielt.

Zum Schluß dieses Geleitwortes ist es mir ein besonderes Anliegen, darauf hinzuweisen, daß es sich bei der Haller Siedensrenten-Austeilung um ein in Europa einmaliges und auch in seiner althergebrachten Form erhaltenswertes Rechtsdenkmal handelt, für das nicht nur die Rentenberechtigten, sondern auch der Staat, vornehmlich das Land Baden-Württemberg, eine besondere Verantwortung tragen.

Rapperswil (Schweiz) *Ferdinand Elsener*

Inhaltsübersicht

B. STUDIEN ZUR BESITZGESCHICHTE

PARENTIBUS

Vorwort*)

Die vorliegende Untersuchung ist aus der Mitarbeit an einem Rechtsgutachten erwachsen [1]. Das Verfahren, in dem es erstattet wurde, gehört inzwischen selbst zur Rechtsgeschichte des Haals [2]. Im Sommer 1974 wandte sich die für die Auszahlung der Schwäbisch Haller Siedensrenten [3] zuständige Oberfinanzdirektion Stuttgart, offenbar durch die Anfrage eines einzelnen Rentenberechtigten dazu bewogen, an den Fideikommißsenat beim Oberlandesgericht Stuttgart. Der Senat sollte prüfen, ob die Renten von der Fideikommißgesetzgebung der Zeit zwischen den beiden Weltkriegen betroffen seien.

Im weiteren Verfahrensverlauf entschloß sich der Haalrat als Vorstand des Vereins der Siedensrentenberechtigten, ein rechtsgeschichtliches Gutachten einzuholen. Der Verein nahm im Frühjahr und Sommer 1975 durch die Vermittlung der Herren Stadtarchivdirektor Dr. Kuno Ulshöfer und Gymnasialprofessor a. D. Dr. Gerd Wunder, Schwäbisch Hall, die Verbindung zum Gutachter auf. Der Fideikommißsenat und sein Vorsitzender gewährten nach Ausräumen gewisser Bedenken großzügig die zur Erstellung eines Gutachtens nötige Frist. Es wurde am 21. April 1976 fertiggestellt und Verein und Oberlandesgericht zugeleitet. Nach weiteren ergänzenden Erhebungen endete das Verfahren am 9. August 1977 durch einen für den Verein günstigen Beschluß.

Während der Mitarbeit am Gutachten faßte ich den Plan für diese Arbeit. Mein erster Wunsch war, für jede der heute rentenberechtigten Siedersfamilien den oder die Erbbriefe zu ermitteln, auf denen das Siedrecht beruhte und in Gestalt eines Rentenrechtes heute noch beruht. Ob und wieweit dieses Anliegen erfüllt werden konnte, ist im Editionsbericht des Urkundenbandes nachzulesen. Darauf schloß sich der Wunsch nach einer Besitzgeschichte der Haller Erbsieden an. Zwar lag schon während der Gutachtenarbeit auf der Hand, daß die aufgefundenen Erbbriefe die Rechtsgrundlage der Erbsiedensgerechtigkeiten bildeten. Im einzelnen belegt war dieser Sachverhalt jedoch nicht. Das Ergebnis findet sich im zweiten Teil dieses Bandes. Der erste Teil befaßt sich mit der rechtsgeschichtlichen Einordnung der Erbsiedrechte auf der Grundlage der Urkunden und ihrer Klauseln.

Dabei werden wir uns fast ausschließlich im allgemeinen Vermögensrecht bewegen, genauer, im Liegenschaftsrecht. Die Schwäbisch Haller Sieden sind mit den Rechtsfiguren des Grundstücksverkehrs ausreichend zu beschreiben. Johann Heinrich Jungs Worte gelten auch für Schwäbisch Hall: Kein Zweifel – Salzwerke werden genauso erworben wie andere dem

*) Die Verdankungen, auf die ich nachdrücklich hinweise, befinden sich im Vorwort des zweiten Bandes. Die Bandnumerierung wurde, als der Urkundenband schon gesetzt war, auf Wunsch von Herausgebern und Verlag umgestellt. In meinen Dank schließe ich auch Frau Ingrid Kilger, Tübingen, ein, die mir bei den Schreibarbeiten für den Darstellungsband tatkräftig zur Hand gegangen ist. Herzlicher Dank gebührt ferner Herrn Assessor iur. Norbert Machheid für seine Hilfe bei den Arbeiten zum Register des Urkundenbandes.

1) Ferdinand Elsener, Gutachten über die Rechtsnatur der Schwäbisch Haller Erbsiedensgerechtigkeiten, erstattet im Auftrag des »Vereins der Siedensrentenberechtigten e. V.«, Schwäbisch Hall, in Zusammenarbeit mit Raimund J. Weber, Tübingen 1976 (fotomechanisch vervielfältigt).

2) Zu Verlauf und Bedeutung des Verfahrens vgl. Raimund J. Weber, Zur Rechtsgeschichte des Denkendorfer Siedens. Zugleich ein Nachwort zum Beschluß des OLG Stuttgart vom 9. 8. 1977 (FS I Nr. 185 I a – Schwäbisch Haller erbfließende Siedensrechte), in: Der Haalquell, Blätter für Heimatkunde des Haller Landes, 30. Jg. (1978), S. 1 ff.

3) Dazu sogleich in der Einleitung.

Rechtsverkehr nicht entzogene Güter[4]. Die vorliegende Arbeit hat ihren Platz nicht in erster Linie im Berg- und Salinenrecht. Sie gehört zu den regional begrenzten Untersuchungen zur Erbleihe, von denen die deutsche Rechtsgeschichte schon eine ganze Reihe besitzt. Auch Fragen der Regalität spielen, soweit ich sehe, in dem hier hauptsächlich behandelten Zeitraum von 1300 bis 1600 keine Rolle. Vor dem Erwerb durch Württemberg waren die Rechtsgrundlagen der Salinenverfassung, wie übrigens bei verschiedenen anderen deutschen Salinen, »rein privatrechtlich«[5].

Die Rechte der Erbsieder entstanden durch Verleihungen. Dabei gebrauchte man keine grundsätzlich neue oder eigene Rechtsform. Man benutzte das bekannte Institut der Erbleihe oder, gemeinrechtlich gesprochen, der Emphyteuse und paßte es den eigenen Bedürfnissen an. Ihre Besonderheit erhält die Schwäbisch Haller Siedenserbleihe weniger durch ungewöhnliche rechtliche Ausgestaltung. Die Siedrechte waren weder monströs noch singulär. Auch scheinbar rein Örtlich-Gewohnheitsrechtliches entsprach letztlich allgemeinen Rechten. Deshalb habe ich die Siedenserbleihen und die sie regierenden Rechtssätze nicht nur zu beschreiben versucht. Mir lag daran, sie durch häufige Vergleiche mit dem gemeinen Recht in den Rahmen gemeineuropäischer Rechtsentwicklung einzuordnen.

Siedenserbleihe gab es auch andernorts[6]. Das eigentlich Besondere an der Schwäbisch Haller Siedenserbleihe ist ihr Fortleben bis auf unsere Tage herab. Die Mitglieder des Vereins der Siedensrentenberechtigten e. V. sind unmittelbare Nachkommen der einstigen Haller Sieder und als solche selbst Erbbeliehene. Auch nach der Umwandlung des Siedrechts in ein Rentenrecht wird bei der Austeilung des Geldes nach den alten Regeln verfahren. Theoretisch wird noch gesotten. In der jährlichen Rentenausteilung leben damit Rechtsregeln und -einrichtungen fort, aber auch einzelne Rechte, die zu den ältesten in Deutschland ununterbrochen ausgeübten gehören. Eine mittelalterliche Saline und ihre Rechtsgeschichte sind hier noch lebendig.

Abwertung und Inflation haben den Kaufwert der Siedensrenten stark gemindert. Nur noch in Ausnahmefällen trägt das Siedersgeld, wie es beim Abschluß der Verträge zu Beginn des 19. Jahrhunderts gedacht war, zum Lebensunterhalt eines Rentenberechtigten bei. Desto stärker sind in unserem an Traditionen arm gewordenen Land der geistige und der Gemütswert der jährlichen Rentenausteilung gewachsen. Um diese Tradition zu erhalten, leisten die Vereinsmitglieder heute in Wahrheit schon materielle Opfer. Sie leisten diese Opfer in dem Bewußtsein, einer sehr alten Gemeinschaft anzugehören. Vielleicht kann mein Buch nicht nur einen bescheidenen wissenschaftlichen Gewinn bringen, sondern auch mithelfen, den erprobten siederschaftlichen Gemeingeist zu stärken.

R. J. W.

4) De iure salinarum, Göttingen, 1743, S. 152: *Nullum est dubium, quin Salinae iisdem modis acquirantur, quibus aliae res hominum commercio non exemtae. Sed quoad modos acquirandi Salinas pro varietate locorum maxima occurrit diversitas.* – Jung, 1715–1799, königlich großbritannischer und braunschweigisch-lüneburgischer Hof- und Konsistorialrat, ein antiquarischer Jurist, war Historiograph des Hauses Braunschweig-Lüneburg; Eisenhart, ADB 14, S. 695 f.; Ersch-Gruber-Hoffmann, Allgemeine Encyklopädie der Wissenschaften und Künste, 2. Sect., 27. Teil, Leipzig 1850, S. 431 f.

5) Vgl. Jung, a. a. O., S. 140–144 (*Exempla privatarum Salinarum;* zu Schwäbisch Hall: S. 143). Zur rechtlichen Entwicklung landesfürstlicher Salinen vgl. jetzt für die drei österreichischen Salzwerke Aussee, Hallstatt und Hall in Tirol Rudolf Palme, Die landesherrlichen Salinen- und Salzbergrechte im Mittelalter, Innsbruck 1974. – Mit der Betonung des »privatrechtlichen« Charakters der Siedrechte soll der erhebliche Einfluß des Rates auf die Saline im Wege der Statutengebung, als Inhaber eigener Sieden und später durch die Besetzung maßgebender Stellen des lehenherrlichen Kollegiums nicht übersehen werden.

6) Hallermann (Münster), S. 8: 1335, ungedr. Urkunde des Klosters Fröndenberg über die Verleihung einer *domus salinaria* in Werl zu Weichbildrecht (vgl. dort auch S. 15). – v. Inama-Sternegg, Verfassungsgeschichte, S. 32, und die dort (Fn. 1) beigebrachte Marsaler Urkunde von 1246. – v. Srbik, Studien, S. 224 f. (Beilagen II und III).

Die vorstehende Farbtafel zeigt einen Ausschnitt aus dem Ölgemälde mit der Ansicht von Hall und den Wappen der siederschaftlichen Beamten im Haalamt (»Hala Suevorum Civitas Imperialis 1643«) des Haller Malers Hans Schreyer (1596–1676). Im Vordergrund links ist der Rote Steg zu sehen, darüber, auf einem Vorsprung der Stadtmauer, das »Öshäuslein«. Bildmitte vorn: vor dem Oberen Türlein wird Floßholz aus dem Kocher gezogen, rechts davon das in sogenannten »Schränken« aufgestapelte Holz. Darüber, hinter der Stadtmauer, das Gelände des Haals. Zu erkennen sind die Dächer der niedrigen Haalhäuser (»Halleser«) und das Schöpfwerk über dem Solebrunnen (»Suhle«). Am rechten Bildrand der Sulferturm, noch mit dem hohen Fachwerkaufbau aus der Zeit vor dem großen Stadtbrand von 1728, links davon, unmittelbar an der Mauer, das im 15. Jahrhundert erbaute »Neue Haus«, der Verwaltungssitz der Haalmeister.

A. STUDIEN ZUR RECHTSNATUR

Et contractus iste secundum diversas terrarum consuetudines diversis nominibus nuncupatur. Dicitur enim emphiteosis, precaria, libellus, census, fictum, et aliis pluribus nominibus. Et fulcitur diversis pactionibus secundum diversas contrahentium voluntates.

Rolandinus, Summa totius artis notariae, pars I., cap. I. (de empt. et vend.), de emphiteoticis contractibus (Bl. 54'/55)

Einleitung

Zu Beginn des neunzehnten Jahrhunderts endete die alte Schwäbisch Haller Salinenverfassung[1]. Mit dem Erwerb aller Rechte an dem Salzwerk durch Württemberg[2] verloren die in jahrhundertelanger Entwicklung geformten »privaten« Rechte, aus denen sich diese Salinenverfassung aufbaute, ihre praktische und rechtliche Bedeutung für den Siedebetrieb[3] der zur landesherrlichen, staatlichen Anstalt gewordenen Saline. An Bedeutung büßten damit auch die Gewohnheiten und Rechtsgrundsätze ein, denen diese einzelnen Siederechte unterworfen waren. In wesentlichen Teilen entfaltet aber des »Haals Recht und Gewohnheit« bis heute rechtliche Wirkung. Seine Sätze bestimmen als »Normen der Austheilung«[4] nach wie vor

1) Vgl. dazu die in der Einleitung zum zweiten Band, S. 11, Anm. 1–4, genannten Arbeiten.

2) Die wichtigsten Urkunden über diese Rechtsakte sind als Beilagen in HUFNAGELS Beleuchtung, S. I–XXIII, abgedruckt. Die ersten Aktenstücke werden als »Hauptvertrag« bezeichnet. Sie liegen auch in einem o. J. (1804) bei David Ludwig Schwend, Hall, erschienenen Druck vor. Es handelt sich zunächst um einen Vertrag zwischen Kurfürst Friedrich, vertreten durch Hofkammerdirektor Parrot, und den Bevollmächtigten von Lehen und Erb. Ziffer 5 enthält den Übergang der lehenherrlichen Rechte an den Kurfürsten *(überlassen die Lehen-Besitzer Seiner Churfürstlichen Durchlaucht ihre bisher besessenen Lehen-Anteile mit allen damit verknüpften Eigenthums-Rechten im Boden des Haals und der Ober-Lehenherrlichkeit des Salzbrunnens)*. Den in Hall am 17. 8. 1804 ausgefertigten Vertrag unterschrieben: Hofkammerdirektor Parrot als kurfürstlicher Kommissar; für den Lehenrat: D. Johann Friederich Bonhöffer, Johann Jakob Braz; für das Haalgericht: aus Vollmacht des Haalhauptmanns Georg Carl Haspel und für sich selbst Johann Friedrich Hezel, Friedrich Franz Maier, Magnus Eberhard Harpprecht. Die von Hufnagel abgedruckte Abschrift ist von seinem als Stadtschreiber zeichnenden Vater beglaubigt. Die Aktenstücke II–IV enthalten die Genehmigung des Vertrags durch das lehenherrliche Kollegium (lehenherrliches Protokoll vom 18. 8. 1804), das Haalgericht (haalgerichtliches Protokoll vom 8. 9. 1804), und die kurfürstliche Ratifikation vom 11. 9. 1804. – Die Übernahme des Erbs, die endgültig die unbehinderte *Königliche Administration* der Saline ermöglichte, erfolgte durch königliches Reskript vom 9. 11. 1811, in Hall bekanntgegeben am 3. 12. (Aktenstück VI, XIII–XIX). Den Rechtsübergang bezüglich der freieigenen Erbsieden spricht Abschnitt I aus: *Seine Königliche Majestät übernehmen mit dem Anfang des Siedensjahrgangs 1808 das Siedrecht von den Besitzern der erbfreyeigenen Siedens-Antheile* (es folgt die Entschädigungsregelung). In Abschnitt II werden die erbfließenden Siedrechte übernommen. – Vgl. zum Übergang der Saline an Württemberg die einläßliche Darstellung bei UHLAND, Haalarchiv, S. 25*–29*.

3) Zum weiteren Schicksal des Salzwerks im 19. und 20. Jh. vgl. CARLÉ, Teil II, S. 130 ff., und neuerdings GOTTLOB JUNGK, Das Steinsalzbergwerk Wilhelmsglück 1824 bis 1900. Die letzte Saline in Hall, 1834–1924 (= Schriftenreihe des Vereins Alt Hall e. V., Heft 7), Schwäbisch Hall 1978.

4) § 4 des Vergleichs zwischen der königlich württembergischen Finanzverwaltung und den Salineberechtigten zu Schwäbisch Hall vom 27. 6. 1827, Druck der Fr. Schwend'schen Buchdruckerei, Schwäbisch Hall, o. J. (1827). – Der Vergleich ist zusammen mit den Reskripten von 1811 (vgl. Anm. 2) sowie den Erbbriefen und Loseinigungen Rechtsgrundlage für die Auszahlung der Siedensrenten. Zur Vorgeschichte des Vergleichs s. UHLAND, a. a. O., S. 28* f. Seine Bedeutung liegt vor allem darin, daß die Zahlung der Renten als vom tatsächlichen Ertrag und Betrieb der Saline unabhängig anerkannt wurde, vgl. § 1: *Die Leistungen der Staatsfinanzverwaltung gegen die Interessenten der Saline zu Hall sind . . . von dem Betriebe und dem Bestehen dieser Saline ganz unabhängig: sie haften für immer als Lasten auf dem allgemeinen Staatsgut, und können durch keinen Wechsel der Zeiten und der politischen Verhältnisse, durch keine Veränderungen, die sich an der Saline und an der Salzquelle durch Vorrichtungen, Bauten oder irgend ein Naturereignis ergeben würden, vermindert oder aufgehoben werden.* In § 2 werden die staatlichen Leistungen als *ohne alle Rücksicht auf das Bestehen oder die Benützung der Saline zahlbare Rentenschuldigkeiten des Staats anerkannt.*

Erwerb und Verlust des »Siedersgeldes«, jener Jahresrenten, die das Bundesland Baden-Württemberg in Rechtsnachfolge aller württembergischen Staaten seit dem Königreich den leiblichen Nachfahren der ehemaligen Haller Sieder vertragsgemäß zur Abgeltung für ihre Siedrechte zahlt[5)].

Zum Zeitpunkt des Übergangs an Württemberg waren die Arten der Salinegerechtsame fest ausgeformt. Die Rechtsentwicklung hatte im Schwäbisch Haller Salinenrecht längst einen gewissen Endzustand erreicht. Dieser Endzustand, wie er sich vor und im 16. und wohl auch noch im beginnenden 17. Jahrhundert gebildet hatte, fand seinen Niederschlag in zahlreichen Beschreibungen der Siedrechte. Sie vermitteln eine feste Terminologie bezüglich der Siedrechtsarten und eine klare Vorstellung von dem Rechtsinhalt, den diese verschiedenen Siedrechte gewährten. Alle neueren Darstellungen der Siedgerechtigkeiten des 19. und 20. Jahrhunderts[6)] schöpften dabei letztlich aus der praktisch-juristischen Literatur des 18. Jahrhunderts, das füglich auch als Jahrhundert der Siedensprozesse gelten kann. Zwar ist schon immer, urkundlich belegt bis hinauf in die erste Hälfte des 14. Jahrhunderts, um Siedrechte gerichtlich gestritten worden[7)]. Im 18. Jahrhundert kamen aber zu den Prozessen einzelner Berechtigter[8)] die 1721 beginnenden großen Auseinandersetzungen der am Siedwesen beteiligten Korpora, des Lehens und des Erbs. Sie wurden, unter zeitweiliger Einbeziehung der Reichsstadt als der dritten an der Saline beteiligten Kraft als Streitpartei, vor einem der beiden obersten Reichsgerichte, dem Reichshofrat zu Wien, geführt[9)]. Aus Anlaß dieser und der Prozesse einzelner Siedbeteiligter entstanden Beschreibungen der besonderen Schwäbisch Haller Siedensgerechtigkeiten, die dem Reichshofrat[10)], aber auch den häufig um Gutachten angegangenen Juristenfakultäten[11)] auswärtiger Universitäten zur Unterrichtung über das Haller Statutar- und Gewohnheitsrecht dienen sollten.

5) Uhland, a. a. O., S. 29* f.

6) Carlé, I, S. 92; Gmelin, S. 239; Hufnagel, S. 12–14; Matti, Dissertation, S. 79 f.; Ders., Besitzverhältnisse, S. 101; Uhland, Haalarchiv, S. 13*.

7) Vgl. etwa U 5 (1333).

8) Über die um 1700 aufkommende Prozeßsucht und ihre Gründe vgl. den bei Lackorn, Chronik, Bd. 17 (HA B 935 Bl. 49 ff.) enthaltenen Bericht über *Unruhiger Bürger bey höchstem Reichsgericht zu erzwingen gesuchter Siedens Jahr halber, Anno 1719.* Die regelmäßige Aussichtslosigkeit derartiger Verfahren war sprichwörtlich, vgl. Bl. 52'/53: *desperatio aut facit monachum, aut militem, aut salinaria quaerentem* (frei übersetzt: Wer völlig verzweifelt, wird Mönch oder Soldat, oder er fängt einen Siedensprozeß an). Bemerkenswert ist der Bl. 53 ff. geäußerte Verdacht der Korruption der Haalverwaltung, vgl. u. Teil B, Anm. 29.

9) Die Geschichte dieser Prozesse, die bis in die achtziger Jahre des Jahrhunderts fortdauerten, ist trotz einiger Hinweise bei Matti, Dissertation, S. 101–105, noch nicht geschrieben. – Vgl. zum Beginn des Prozesses der Lehenherren gegen die Siederschaft und den Rat der Stadt (1721) Raimund J. Weber, Der Schwäbisch Haller Siedensbestand. Ein Beitrag zum kollektiven Vertragsrecht im 17. und 18. Jahrhundert, in: Württembergisch Franken (Jahrbuch des Historischen Vereins für Württembergisch Franken) 1980, S. 73–88.

10) Vgl. etwa die lehenherrliche Klagschrift im Prozeß von 1721, Duplikat HA A 356/32.

11) Gutachten zu Siedenssachen liegen von den Juristenfakultäten Tübingen, Altdorf/Nürnberg und Ingolstadt vor. Für Tübingen ist zuerst das große Gutachten in Sachen Andreas Wagners sel. Erben gegen Johann Andreas Schmid und die Seiferheldischen Erben als Streitverkündete zu nennen, das sich eingehend mit der Rechtsnatur der erbfließenden Siedrechte (s. u. S. 76 ff.) und deren Unveräußerlichkeit befaßt (u. S. 62). Es ist bei Georg Bernhard Lackorn, Chronik, Bd. 5, (LbiblSt Cod. hist. fol. 666), S. 221–305, abgeschrieben. In der Sammlung der handschriftlichen Konsilien des UAT konnte ich das Gutachten nicht finden. – Ein weiteres Tübinger Gutachten des Michael Grass vom 20. 11. 1711 mit Ergänzungsgutachten vom 26. 2. 1712 (UAT 84/63, S. 674–677) nimmt zur Frage des Nichtehelichenerbrechts Stellung (s. u. S. 74). Das Gutachten vom 20. 11. 1711 ist auch in der Sammlung der »Consilia Tubingensia« abgedruckt, vgl. Michael Grass, Collectio nova Consiliorum Juridicorum Tubingensium, Bd. 5, Tübingen, Frankfurt, Gießen, 1733, S. 448–452. – Zur Bedeutung der Tübinger Konsiliensammlung jetzt wieder: Ferdinand Elsener, Fünfhundert Jahre Tübinger Juristenfakultät, JZ 1977, S. 617 f., und Ders., in: Lebensbilder zur Geschichte der Tübinger Juristenfakultät, hg. von Ferdinand Elsener aus Anlaß des

Unter den Salinenrechtsverständigen jener Zeit, die uns Beschreibungen der Siedrechte überliefert haben, ist vor allem der Lizentiat der Rechte Friedrich Sybäus Müller[12] hervorzuheben. Damals mußte zwar jeder, sei es als Ratskonsulent im Dienste der Stadt stehender, sei es als Assessor im lehenherrlichen Kollegium oder beim Haalgericht amtierender oder eine Advokaten- und Notarspraxis ausübender Haller Jurist das Recht der Siedensgerechtsame kennen. Müller, seit 1703 Ratskonsulent, hatte aber durch seine Tätigkeit als reichsstädtischer Registrator und Archivpfleger, zugleich als Angehöriger einer der alten Siedersfamilien eine seltene Kenntnis der Urkunden und Akten des Siedwesens. Seine vor allem in den *Collectanea*[13] niedergelegte Beschreibung der Haller Salinenverfassung reicht über die bloße Wiedergabe des damals geltenden Siedrechts hinaus. Müller bemühte sich, aufgrund seiner Archivkenntnis nicht ohne Erfolg, um die geschichtlichen Ursprünge dieser Siedrechte und ihrer Eigenarten und schuf damit in den Collectanea die früheste bekannte Rechtsgeschichte der Haller Saline[14]. Rechtsgeschichtliches enthält auch die *Historische Nachricht von dem Schwäbisch Hällischen Salz- und Siedens-Wesen*[15] des Ratsadvokaten und Archivars Jakob Friedrich Müller[16] aus dem Jahre 1776. Sie befaßt sich jedoch vorwiegend mit dem Verhältnis der lehenherrlichen und siederschaftlichen Korpora zueinander und bringt für die Beschreibung der Siedrechtsarten nichts Nennenswertes.

Eine weitere und auch wissenschaftsgeschichtlich bemerkenswerte Quelle zur Beschaffenheit der Haller Siedensgerechtsame stellen die aus dem 18. Jahrhundert bekannten Dissertationen Haller Jus-Studenten dar. Die früheste dieser Arbeiten, Johann Friedrich Schragmüllers[17]

500jährigen Bestehens der Fakultät, Tübingen 1977, S. XII, und ebenda Fn. 3 mit ausführlichen Literaturhinweisen zur Geschichte der Tübinger Konsiliarpraxis. – Ebenfalls in einer Abschrift bei Lackorn (a. a. O., S. 189–204) ist ein Gutachten der Universität Nürnberg/Altdorf vom 25. 4. 1718 in Sachen Horlacher/Mayer überliefert. Lackorn schreibt es in der Überschrift fälschlicherweise der Tübinger Fakultät zu. Ein schon am 20. 1. 1707 ergangenes Nürnberg-Altdorfer Gutachten in Sachen Hans Jörg Eisenmenger u. a. gegen Hans David Hornung ist in einer von Notar Heinrich Franz Josef Koch beglaubigten Abschrift erhalten, vgl. StAH 9/38. – Eine Abschrift des Ingolstädter Gutachtens vom 22. 2. 1721 findet sich in HA B 790 nach S. 1418.

12) Zu ihm: Band 2, S. 17, Anm. 22.

13) Ich benutze im folgenden die Lackornsche Abschrift im 17. Bd. der Chronik, HA B 935 Bl. 137 ff. Sie ist überschrieben: *Consulent Müllerische Collectanea. Von der Stadt Hall[,] hier Haahl und Siedens Sachen* und trägt unter der Überschrift den Vermerk: *decop[irt] im Julio 1723.*

14) Vgl. zu den Collectanea noch u. S. 24.

15) StAH 4/1032; eine etwas gekürzte und gelegentlich leicht variierende Fassung: StAH 4/1037 Bl. 1–33. Die *Historische Nachricht* war ein dienstlicher, *actenmäsiger* Bericht an den Magistrat.

16) Nach Pietsch ein Urenkel von Friedrich Sybäus, vgl. UB Hall, S. 66*.

17) Johann Friedrich Schragmüller, Lic. iur., reichsstädtischer Ratskonsulent, dem wegen Kränklichkeit und frühem Tod nachhaltiger Einfluß versagt blieb, * 2. 8. 1694, † 25. 10. 1729. – Vater: Lic. iur. Johann Nikolaus Schragmüller, Stättmeister und Steuerherr, Konsistorialis und Scholarch; Mutter: Maria Euphrosina Osiander. – Johann Friedrich besuchte das Gymnasium in Hall, wo er in allen Klassen Fleißpreise erhielt, und bezog 1712 die Universität Tübingen, an der schon sein Vater studiert hatte (Bürk-Wille, Matrikeln II, Nr. 25 137; III, Nr. 31 093); hörte philosophische und juristische Vorlesungen, diese bei Rößler, Mögling, Harpprecht (welcher?), Schoepff, Schweder und Grass, promovierte bei dem letzteren. Nach Rückkehr in die Vaterstadt 1717 außerordentlicher, 1718 ordentlicher Ratsadvokat, 1725 ordentlicher Ratskonsulent. Heiratete (7. 9. 1717) Katharina Elisabetha, älteste Tochter des Predigers und Dekans M. Johann Baltasar Beyschlag. Die Ehe blieb kinderlos. – Johann Friedrich hinterließ als Magistratsbeamter keinen fortwirkenden Eindruck. Die Amtsführung war offenbar blaß. Er wird als *getreu, gewißenhaft und rechtschaffen* bezeichnet. Das entspricht seinem durch gesundheitliche Belastungen geformten eingezogenen Wesen: *In seinem Leben war er ein gelehrter Jurist und frommer Christ, Gott und sein Wort liebte er über alles, und die Einsamkeit mehr, alß üppige Weltgesellschaft.* Er war kränklich (*schon von etlichen Jahren her inclinirte er ad scorbutum calidum* und zum *malum Hypochondriacum*). Diese Krankheiten nahmen immer stärker überhand, obwohl die *kostbarsten Arzneien* gebraucht wurden. 35jährig starb er (Quelle: Totenbuch von St. Michael, Bd. 6, 1718–1737, StAH 2/74, S. 692–694). – Zu den im Totenbuch genannten Tübinger Universitätslehrern Schragmüllers: Johann Eberhard Rösler, ein juristisch orientierter Professor der praktischen Philosophie, las Naturrecht, zu ihm: Stintzing-Landsberg, III/1, Noten,

Tübinger Dissertation (1716), steht deutlich unter dem Einfluß der Tübinger Gutachten zu Schwäbisch Haller Salinenrechtsfällen vom Beginn des 18. Jahrhunderts. Die 1720 entstandene Leipziger Arbeit Georg Bernhard Arnolds[18] entstammt einer Frühblüte germanistischen Denkens[19]. Parteinahme für die Siederschaft in ihrer Auseinandersetzung mit den Lehenherren prägt die Erlanger Schrift Georg Friedrich Jägers[20]. Alle diese Arbeiten geben nicht nur Beschreibungen der Siedensrechte, sie befassen sich auch mit deren Rechtsnatur. Auf letzteres wird aber erst später zurückzukommen sein.

Die Beschreibungen der Siedrechte unterscheiden nach dem Inhalt der Siedensgerechtigkeiten vier Gattungen[21], deren Kenntnis Voraussetzung jeder Beschäftigung mit der Rechtsgeschichte der Haller Saline ist. Dabei wurden in der ersten Hälfte des 18. Jahrhunderts

S. 18. – Zu Jakob David Mögling: ROTERMUND, HEINRICH WILHELM, in: ADELUNG-ROTERMUND, Fortsetzung und Ergänzungen zu Christian Gottlieb Jöchers allgemeinem Gelehrten-Lexikon, 4. Bd., Sp. 1839 f., und JÖCHER, 3. Teil, Sp. 568. – Bei Harpprecht wohl Ferdinand Christoph (1650–1714) gemeint, vgl. STINTZING-LANDSBERG II, S. 144, Anm. 3; III/1, Text, S. 160; Noten, S. 106; möglich auch Stephan Christoph (1676–1735), vgl. ebd., III/1, Noten, S. 106 f. – Über Wolfgang Adam Schoepff vgl. EISENHART, in: ADB, 32. Bd., S. 358; Gabriel Schweder: DERS., ebd., 33. Bd., S. 323 ff.; Michael Grass: STINTZING, ebd., 9. Bd., S. 591, und ELSENER, Die Doktorwürde in einem Consilium der Tübinger Juristenfakultät des 18. Jahrhunderts, in: Mélanges Philippe Meylan II, Lausanne 1963, S. 33 f., vor allem S. 34, Anm. 27.

18) Georg Bernhard Arnold, Doktor jur. utr., des Inneren Rats, Geheimen Rats Adjunkt, Konsistorialis und Scholarch, Amtmann im Rosengarten und Hauptmann des Gemeinen Haals, * 7. 1. 1699, † 30. 8. 1746. Vater: Johann Arnold, des Äußeren Rats und Rotgerber; Mutter: Marg. Barbara, geb. Wibel. – Georg Bernhard durchlief das Gymnasium in Hall (drei Fleißpreise) und studierte zunächst in Leipzig Zivil-, Lehen- und Öffentliches Recht. Er soll auch im kanonischen Recht und in *historicis* (Geschichte) gehört haben. In Leipzig entstand die im Text genannte Dissertation. Nach drei Jahren Leipzig bezog er die Universität Halle, wo er bei *Kanzler von Ludewig,* Böhmer, Gundling und Ludovici hörte. Anschließend begab er sich nach Wetzlar. Dort soll er seiner Vaterstadt (wohl beim Reichskammergericht) *ersprießliche Dienste* getan haben. Nach neun Jahren kam er wieder *in patriam,* wurde zunächst außerordentlicher, 1726 ordentlicher Ratsadvokat, erhielt 1729 die unterste, 1733 die zweite, 1739 die erste Konsulentenstelle. Seit 1740 war er im Inneren Rat, erhielt das Amt Rosengarten zur Verwaltung und die Haalhauptmannschaft. Öfters wurde er als Delegierter zu Kreistagen abgesandt, *in welchen verrichtungen allen er sich patriotisch und der Republic nützlich bezeiget hat.* Arnold lebte seit 1726 mit der Witwe Maria Magdalena Textor, Tochter des älteren Stättmeisters Heinrich Peter Bonhöffer, *in friedlicher und kinderloser Ehe 20 jahr beysammen.* – Quelle: Totenbuch von St. Michael, Bd. 7, 1738–1762, StAH 2/75, Bl. 169'/170; vgl. WUNDER, Ratsherren, 380. Zu den Hallenser akademischen Lehrern Arnolds vgl. STINTZING-LANDSBERG, III/1, Text, S. 117–122: Johann Peter (von) Ludewig (Noten S. 68–72); S. 122–125: Nikolaus Hieronymus Gundling (Noten S. 72–74); S. 135 f.: Jakob Friedrich Ludovici (Noten S. 80 f.); S. 145–149: Justus Henning Böhmer (Noten S. 89–92).

19) Arnold promovierte unter Christian Gottfried Hoffmann, seinem *patronus* und *praeceptor,* wie er ihn auf dem Titelblatt der Dissertation nannte. Hoffmann (1692–1735, seit 1718 Professor des Natur- und Völkerrechts in Leipzig, von 1723 an in Frankfurt/Oder, vgl. STINTZING-LANDSBERG, III/1, Noten S. 115 f.) vertrat früh den Gedanken, daß sich aus den partikularrechtlichen Gebräuchen und Gesetzen gemeinsame Prinzipien gewinnen lassen würden (gemeines Deutsches Recht, jus Germaniae commune). Wenn auch STINTZING-LANDSBERG, III/1, Text, S. 172 f., zufolge von *einer Ausführung dieses Gedankens oder auch nur von einem Beginn dazu* bei Hoffmann noch nicht die Rede sein konnte, es sich vielmehr nur um *einen Gedankenblitz* gehandelt haben soll, so ist hier doch bemerkenswert, daß der Hoffmann-Schüler Arnold bei der Ermittlung der Rechtsnatur der Schwäbisch Haller Erbsieden die *generalia juris germanici principia de Dominio utili* vor den *jura universalia* und dem römischen und kanonischen Recht beachtet wissen will, vgl. Diss., S. 52 f., und u., Anm. 506.

20) Über Georg Friedrich Jäger konnte ich trotz freundlicher Unterstützung des Haller Stadtarchivs bislang keine biographischen Angaben beibringen. Die Totenbücher von St. Michael erfassen ihn offenbar nicht mehr. Die Auswertung der Kirchenbücher im übrigen ist schwierig und undankbar, weil sie kein Namensregister besitzen und auch nicht die ausführlichen biographischen Angaben der älteren Totenbücher aufweisen.

21) Alle Siedensgerechtsame ihrerseits gehörten im Schwäbisch Haller Vermögensrecht zum »steuerbaren Hauptvermögen«. Das gesamte Vermögen wurde nach Haller Statutarrecht vor allem zu steuerlichen Zwecken, aber auch mit Bedeutung für ehegüterrechtliche Verhältnisse, in Haupt- und Mobiliarvermögen eingeteilt, d. h. in liegende und fahrende Habe *(statutarisch übliche objective distinktion und eintheilung des*

gewöhnlich drei[22], später vier Arten unterschieden. Es sind dies: (1) erb und eigene Sieden, (2) erbeigene oder freieigene Erbsieden, (3) fließende Erbsieden. Spätere Darstellungen nennen zusätzlich noch das Siedenseigentum oder die Siedensrechnung (4). Wir geben diese gebräuchliche Einteilung der Siedrechte und ihre Beschreibung hier im einzelnen wieder:

(1) Die freieigenen Sieden, auch erb und eigen Sieden genannt, werden als die umfassendsten und vollständigsten Siedrechte beschrieben – die *allerkräftigste* Art[23]. Bei ihnen waren das Eigentum, die *Proprietät*, das *dominium directum* einerseits, und das Recht der Nutznießung, der *Genüß*, das *dominium utile* andererseits beisammen und *ohnzertrennt*[24]. So seien, meint Friedrich Sybäus Müller in seinen Collectanea, ursprünglich alle Sieden beschaffen gewesen, *ehe ein oder das andere separirt worden, scil. ehe das erb vergeben oder die rechnung besonders davon verkauft oder zurückh behalten worden*[25].

Dieses vollkommenste der Siedrechte bestand im Eigentum an der Siedhütte oder der Siedstatt, in bzw. auf der das Salz herausgesotten wurde[26]. Hinzu kam die *waßer gerechtsame*, d.h. das Recht, jährlich 20 Eimer Haller Maßes Salzwasser aus dem Suhlbrunnen zu schöpfen[27]. Der Inhaber einer solchen Gerechtigkeit konnte entweder selbst sieden oder sein

vermögens). Das Hauptvermögen seinerseits zerfiel in steuerbares und nicht steuerbares. Zum steuerbaren Hauptvermögen gehörten (HEZEL, Statutarische Rechte, Bl. 14' ff.): 1. Häuser und Gebäude aller Art, 2. alle besetzten und unbesetzten Hofgüter, Feldlehen usf., 3. alle erblichen Realgerechtigkeiten, 4. alle lehen- und grundherrlichen Gerechtsame und Grundzinsen (Herrngülten, Vorgeldgülten, Heller- und schlechte Gülten usf.), 5. alle Siedensgerechtsame.

22) Von drei Arten geht aus *Kurtze beschreibung, was es alhier im Haahl für 3erley Siedens gattungen habe. Scil. 1mo Erb und aigen, 2do Erbaigen, oder frey eigenes Erb, und dann auch 3tens Erbfliesende Sieden.* Sie wird von Lackorn ohne Angabe des Verfassers mit dem Vermerk *lect[ura] in pl[eno] den 15ten 7bris* (September) *1710* im 17. Bd. der Chronik (HA B 935 Bl. 104 ff.) wiedergegeben. Als Original und Vorlage Lackorns dürfte die offenbar von der Hand Friedrich Sybäus Müllers stammende Abhandlung »Von dem Salzwesen« in StAH 4/1036, Bl. 1–14 (Siedrechtsarten Bl. 12'–14'), anzusehen sein. – Dieselbe Einteilung in drei Arten auch bei ARNOLD, Dissertation, S. 47. – Dagegen unterscheidet F. S. Müller in den »Collectanea« vier Arten, vgl. HA B 935 Bl. 153/153'. So dann auch HEZEL, a. a. O., und alle übrigen genannten. – JAEGER, a. a. O., S. 67, Fn. d, bemängelt, daß Schragmüllers Dissertation von 1720 die erbeigenen oder freieigenen Erbsieden übersehen hat. In der Tat nennt Schragmüller zwar ein *Erb=Aigen/ oder freyes Erb=Sieden*, behandelt es aber wie das freie Eigen- oder Erb- und Eigensieden, so daß nur zwei Arten unterschieden sind, vgl. SCHRAGMÜLLER, a. a. O., S. 10.

23) F. S. MÜLLER, Collectanea, HA B 935 Bl. 177'/178.

24) Die Terminologie des geteilten Eigentums war im 18. Jh. ganz herrschend. Von der Einheit des dominium directum und des dominium utile beim erbeigenen Sieden sprechen ausdrücklich: ARNOLD, Diss., S. 47 f.; HEZEL, a. a. O., Bl. 16; JÄGER, Diss., S. 65 f.; »Kurtze Beschreibung . . .«, HA B 935 Bl. 104; MÜLLER, Collectanea, a. a. O. (Anm. 23), und Bl. 153/153'.

25) A. a. O.

26) ARNOLD, a. a. O.: *proprietas salinarum deß Saal-Hauses oder Siedens-Hütten und Städte, ubi sal praeparari solet;* JÄGER, a. a. O.: *(proprietas) einer Salz=Pfanne, consequenter tam fundi ipsius, super quo sartago, et ipsa casa salinaria aedificata est* (S. 65); »Kurtze Beschreibung . . .«, a. a. O.: *grund und boden von dem so genandten hahlhauß, alß der siedens hütte oder städte, darinnen das salz gesotten wird.* – Vgl. auch die Beschreibung des Inhalts der Siedrechte auf einem beidseitig beschriebenen Blatt von der Größe 14,5 x 9 cm (Hand des 18. oder frühen 19. Jhs.), das dem Handexemplar der Haalordnung von 1683 des Haalamts beiliegt. Dort folgende Kennzeichnung des freieigenen Siedens: *sind solche, da die quota am salzbronnen, grund und boden, den haalhäusern, nebst dem recht salz zu sieden beysammen behalten worden, und da die eigenthümer ihren bestimmten antheil wasser jedes jahr, ohne auf irgend etwas zu warten, haalsmäßig versieden lassen können.*

27) ARNOLD, a. a. O.: *etiam jus quotannis viginti amphoras (mensurae Hallensis) aquae salinariae ex fonte salinario dem saltzbrunnen ad praeparandum sal hauriendi, iisque utendi fruendi;* JÄGER, a. a. O.: *etiam ipsius iuris, sartagini adhaerentis, partem CXI. aquae salinariae des Salzflusses, nach Haals-Recht und Gewohnheit coquendi, sibique omne deductis expensis damnisque, proveniens lucrum indistincte et privative vindicandi;* »Kurtze Beschreibung . . .«, a. a. O.: *sambt der waßer gerechtsame, das ist zue einem ganzen sieden oder einer salzpfannen ein fuder oder der hiesigen aymer 20 ;* MÜLLER, Collectanea, a. a. O.: *das waßer und die süds gerechtsame beysammen.*

Sieden für Geld andere versieden lassen[28]. Er konnte über sein Siedrecht beliebig verfügen, durfte es veräußern, verleihen usf. Er war mit einem Wort der *plenus dominus*, der sein Siedrecht ausüben konnte, *ohne auf irgend etwas zu warten*[29].

(2) Der Inhaber eines Erb und Eigensiedens kann das dominium utile, den »Nießbrauch« (»seu usum fructum«) »vereüßern, alieniren und hinweg geben«. In einem solchen Fall entsteht eine freieigenes Erb, auch erbeigenes oder freies Erbsieden genannte Siedensgerechtsame[30]. Dieses freieigene Erbsieden umfaßt lediglich das dominium utile, die nutzbare Gerechtigkeit[31]. Wer ein freieigenes Sieden besitzt, muß davon die jährliche Rechnung zahlen[32]. Im Unterschied zu den gleich zu besprechenden erbfließenden Siedensrechten ist aber das freieigene Erb durch volle Verfügungsfreiheit gekennzeichnet; es kann frei veräußert und vererbt werden[33].

28) Arnold, a. a. O.: *Aquae hujus usum ejusmodi possessor deinde vel ipse potest exercere, vel aliis pro certa pecuniae summa, quantum inter illos convenit, utendum relinquere, vulgo er kan es andere versieden lassen.* – Jäger, a. a. O.: Der erb und eigen – Berechtigte kann nach Haals Recht und Gewohnheit selbst sieden oder einem dritten Mitbürger gegen den »Jahrkaufschilling« zu sieden überlassen. – Der Jahrkaufschilling war an sich das Entgelt für den Verkauf von erbfließenden Siedensjahren. Er wurde in der Haalordnung von 1683, § 1 (S. 5 f.), nach oben auf höchstens 50 fl. begrenzt. – Anders als Jäger dagegen die »Kurtze Beschreibung...«, a. a. O., wonach der Inhaber des Erb- und Eigensiedens gegen wöchentliche oder jährliche Rechnung zu sieden überläßt: *ein welches* (scil. das freieigene Sieden) *entweder einer selbst sieden oder einem andern zue versieden überlaßen mag und dargegen in casu posteriori deren järlichen oder wochentlichen canonem . . . daraus zu erheben hatt.*

29) S. Anm. 26 a. E. – Zur Verfügungsbefugnis vgl. Arnold, a. a. O.; Jäger, a. a. O.; »Kurtze Beschreibung . . .«, a. a. O.: *Wer nun ein ganz erb und aigen sieden besitzt und innen hatt, scil. proprietatem cum usu fructu, der kan damit alß mit seinem aigenthümlichen guth nach gefallen schalten und wallten, wie ihme beliebig, und darvon entweder das so gen[ann]te aigenthumb oder dominium directum, . . . ohne hindernuß und einrede seiner kinder und erben verkaufen. Woraus der keuffer dann seinen jährlichen voran benanten canonem zue hoffen und zue gaudiren hatt, oder auch das sieden selbsten, scil. das dominium utile alß die salzsudsgerechtsame mit der pfannen und siedensstätt, alß worinnen das salz praeparirt und verkocht wirdt, seu usum fructum, wie obgemelt, auß seiner familie in ein andere vereüßern, alieniren und hinweg geben oder* (verschr., lies: ohne) *menniglichs hindern noch einreden, und sich hoc casu das dominium directum, nemblichen die gewohnliche järliche oder wochentliche rechnung als den canonem, reserviren und vorbehalten.* Schragmüller, Diss., S. 10, unter Hinweis auf § 11 der Haalordnung von 1683.

30) Entstehung der freieigenen Sieden hier nach: »Kurtze Beschreibung...«, a. a. O., Bl. 104 f.: *Ein welches* (scil. die Veräußerung des dominium utile durch den Inhaber eines erb und eigen Siedens) *dann die andere und 2te speciem von der Siedens Gerechtsame gebähren undt erweckhen thut.*

31) Arnold, Diss., S. 48 f.: *solo utili dominio gaudent, quod tamen amplissimum est.* – »Kurtze Beschreibung . . .«, a. a. O.: *an welchen sieden das erb alß utile dominium wie ein anders erb guth frey und aigen ist.*

32) Müller, a. a. O.: *nur das davon* (scil. von den erbeigenen Sieden) *alle jahr wie bey andern sieden üb und gebreuchlich die gewohnliche rechnung dem lehen oder eigenthumbs herrn entrichtet und bezahlt werde.*

33) Haalordnung von 1683, § 11, (S. 13 f.): *Was aber 11. die frei eigene Erb- und Rechnungs-Gerechtigkeiten betrifft / die sollen und mögen entweder sambtlich mit und bei einander / oder aber absonderlich / als benantlich die eigenthumliche Rechnung allein / und dann das frei eigene Erb gleicher gestalten besonders / gar wohl veralienirt, verkaufft / vertauscht / übergeben/ oder in andere Weg aus Handen gelassen werden: Inmassen auch derentwegen sonderbare Pacta, Contract und Testamenta, nach Ordnungen der Rechten / und hiesiger Statuten uffzurichten und zu machen / einem jeden Inhaber ohnverwöhrt / auch dieselben seinem Geschlecht / gleich den verliehenen Erb-sieden zu überlassen / in all Weg bevorstehen.* – Arnold, a. a. O., S. 48 f.; Hezel, a. a. O., Bl. 16; Jäger, a. a. O., S. 67; »Kurtze Beschreibung . . .«, a. a. O. *(daß man hinwenden und vergeben kan, wohin man will, welche beede species von sieden auch bey den erb vertheihlungen denen theilungs libellis ein verleibt werden, und wo dergleichen sieden bey denen verstorbenen vorhanden und verlaßen worden, einem jeden kind oder erben ab intestato vel testamento seine assignirter oder competirender antheilen zue geschrieben wirdt.)*; Müller, a. a. O., Bl. 173/173' u. ebd. Bl. 153/153' *(erb eigen, id est solche sieden . . ., die zwar nur das utile dominium alß das sieden zu versieden macht, jedoch aber darbey eine solche plenissimam dispositionem darüber in handen haben, daß sie solche ihre siedens gerechtsame wie ihre andere güther veralieniren und verkaufen können, wa sie nur immer wollen).*

(3) Die zahlreicheren[34] erbfließenden Siedrechte (fließendes Erb, Erbfluß) werden in den Beschreibungen des 18. Jahrhunderts als im Wege der Erbverleihung entstandene[35] und durch gewisse Verfügungsbeschränkungen[36] ausgezeichnete Siedensgerechtsame charakterisiert. Zur Kennzeichnung dieser Siedrechtsgattung werden auch die in den Erbbriefen genannten Bedingungen aufgezählt[37]. Die den Erbfluß bildenden Siedrechte stellen die typischen Schwäbisch Haller Siedenserbleihen dar. Sie werden unten eingehend behandelt.

(4) Die dem »Lehen«- oder Eigentumsherrn nach Verleihung des Siedens zu Erb bzw. dem Erb und Eigen-Berechtigten nach Veräußerung des Erbs verbleibende Rechtsstellung wurde Eigentum oder, nach dem wesentlichen Inhalt dieses Rechts, Rechnung genannt. Die Rechnungsgerechtigkeit bestand im dominium directum, im stets veräußerlichen[38] Obereigentum. Der Rechnungsherr konnte vom Erbinhaber den jährlich festgesetzten Bestand (die Rechnung) fordern[39].

Die genannten Autoren äußern sich in ihren Siedrechtsbeschreibungen mit allerdings wechselnder Ausführlichkeit über die naheliegenden Fragen, wie die Erbgerechtigkeiten entstanden seien, woher die charakteristische Unterscheidung in freieigene und fließende Erbsieden und woher die besonderen rechtlichen Eigenarten der letzteren stammten. Die gängige Vorstellung über die Entstehung des Erbs findet sich in Arnolds Dissertation: In unvordenklicher Zeit sei der Salzquell gefaßt worden. Die Erbauer des Brunnens hätten das Siedrecht allein beansprucht und es durch Knechte und bezahlte Arbeiter *(per domesticos suos*

34) Nach FISCHERS Haalhaus- und Siedensverzeichnis von 1720 (HA B 632) bestanden 68 Fuder (= Sieden), 7 Eimer und 4 Maß fließende, und 42 Fuder, 12 Eimer und 20 Maß erbeigene Sieden. Im Vergleich der Siedensrentenberechtigten mit der Staatsfinanzverwaltung von 1827 (vgl. o. Anm. 4) werden 68 43/120 erbfließende Sieden genannt (§ 2c).

35) »Kurtze Beschreibung . . .«, a. a. O., Bl. 105 ff.: *Wann aber 3tens von einem aigenthumbs oder lehenherrn einer familie durch gewiße verleyh- und erbbrief (das sieden) überlaßen und dieselben darüber investirt.* – ARNOLD, a. a. O., S. 49: *Quod si vero certae alicui familiae dominium ejusmodi utile a domino directo, mediantibus literis investiturae, fuerit concessum.* – JÄGER, a. a. O., S. 67.

36) ARNOLD, a. a. O.; HEZEL, a. a. O., Bl. 16; JÄGER, a. a. O., S. 67; »Kurtze Beschreibung...«, a. a. O.; SCHRAGMÜLLER, a. a. O., S. 10.

37) JÄGER, a. a. O.; »Kurtze Beschreibung . . .«, a. a. O., nennt Bauhaltung und Bezahlung der Rechnung; MÜLLER bringt zunächst (a. a. O., Bl. 153'–163') ausführliche Regesten von Erbbriefen, dann (Bl. 164/164') folgende Beschreibung: *So scheinet nun genugsam und überflüßig aus denen biß hier exempli loco angeführten und voran kürzlich angezogenen briefen, das dießes sonderlichen das haubtmerckhzeichen von den erbfließenden sieden seye, wann in der ersten belehnung investitur anforderist und 1. das wort erb zue finden, dann 2. das es einem und seinen erben 3. zue einem steten wahren ewigen und beständigen erbe seye verliehen, anbey 4to expresse ausgedüngt worden, das sieden in wesenlichem bau zu erhalten und daran keinen mangel anscheinen, mithin 5. ein solches ohne des lehen herrn costen und schaden thun und ihme daran nichts uf rechnen zu lasen, inmaßen und 6to, wann etwas so wohl an entrichtung der rechnung oder gült reichung oder 7. an wesentlicher bauhaltung der sieden oder haahlheuser erscheinen solle, so hätten 8vo die eigenthumbs oder lehenherren völligen gewalt, fug und macht, nach ihren verliehenen sieden widerumb zu greifen, selbige an sich zu ziehen und 9. solche hinwiderumb anderwertigen weg zu leihen, wie und wem sie wollen oder mügen, und 10. jedennoch zue pfänden und zwar ohn recht, aus eigener macht nach des Haahls gewohnheiten, so lang und viel, biß sie ihrer ausstehender rechnung halber gänzlich und gar vergnügt worden. Aber das 11to (!) wo in den briefen der hoffschülben gedacht, so aber wie vorangemerckht, nicht überal exprimirt wird, endtlichen 12mo, wann einer das hahlhauß uf seinen eigenen kosten gebaut, und ein solches dem herrn nicht abgezogen hatte.*

38) Haalordnung von 1683, vgl. Anm. 33.

39) Beschreibung der Siedrechte im Haalamt (Anm. 26): *Eigenthum oder rechnung, sind solche, da die eigenthümmer nur die wasser- und bronnengerechtigkeit eigenthümlich besizen, das recht und den ort salz zu sieden aber gegen eine jährlich zu determinirende pension an geld weggegeben haben. Und diese jährliche pension heist rechnung.* – JÄGER, a. a. O., S. 66: *Dominium directum consistit in iure de proprietate sibi competente disponendi et praecipue quotannis in proportionem totius proventus et lucri annui* (nach Bestandsverhandlung) *relictis domino utili duabus partibus lucri, tertiam eiusdem, canonis loco, sibi reservandi et iusto tempore exigendi.* – MÜLLER, a. a. O., Bl. 153': *woraus die rechnungen zue erkennen, wann allein der canon oder die jährliche rechnung oder das waßer und grund und boden, sambt der siedens städte verkauft worden.*

atque mercenarios) ausüben lassen. Im Lauf der Zeit sei der Eigenbetrieb den Besitzern aber lästig gefallen *(minime convenire viderent)*, vor allem in Anbetracht ihres Standes. Sie waren meist Adlige. So hätten sie ihre Siedrechte gewissen Familien in Erbrecht *(haereditario iure)* zur Ausübung überlassen, entweder mit der freien Verfügungsgewalt *(vel cum liberrima alienandi potestate)* oder unter Ausschluß einer solchen. Dabei hätten sie sich eine jährlich fällige, in der Höhe wechselnde Geldsumme *(Bestand=Geld, Rechnung) vorbehalten*[40)].

In dieser einfachen Schilderung erfahren wir zunächst nicht, weshalb aus den Verleihungen beim einen Sieden ein freieigenes, beim andern aber ein fließendes Erbsieden hervorgegangen sein soll. Im folgenden ergibt sich dann, daß die erbfließenden Siedrechte auf die *verleyh- und erbbrief* zurückgeführt wurden[41)]. Diese *litterae investiturae*[42)] und die später errichteten Loszettel (Loseinigungen)[43)] bewirkten, daß ein fließendes Erb entstanden sei. Dagegen werden die freieigenen Erbsieden aus Verfügungen von Inhabern erb und eigener Sieden (voller Siedrechte) hergeleitet[44)], die nicht mit den typischen Verleihungsurkunden erfolgten.

Friedrich Sybäus Müller hat sich in seinen Collectanea nicht mit mehr oder weniger knappen, historisch jedoch nicht belegten Hinweisen auf die Ursprünge der Erbsiedensgattungen beschränkt. Er stützt seine Äußerungen auf *exempli loco* angeführte Urkunden. Bei der Behandlung der erbfließenden Sieden bringt er über zwanzig sehr ausführliche Regesten von Erbbriefen[45)], um im Anschluß die rechtlichen Besonderheiten dieser Erbsieden nach den Urkunden darzulegen. Wir verfahren hier im Grunde genauso, wenn auch mit breiterer Quellengrundlage. Müller sind durch seine der modernen rechtsgeschichtlichen Methode nahestehende Arbeitsweise Einsichten geglückt, die seinen ohne oder nur mit zufällig ausgewählten Urkunden arbeitenden Zeitgenossen nicht gelingen konnten. Er bemerkte etwa, daß auch die Leihen auf Lebenszeit im Zusammenhang mit den Erbleihen zu sehen sind[46)], und er hat darauf hingewiesen, daß erb(fließende) Siedensgerechtigkeiten im 16. Jahrhundert noch, jedenfalls innerhalb der Verwandtschaft, *verkauft oder sonst auf eine andere weis übergeben worden*[47)].

40) ARNOLD, a. a. O., S. 47. – Vgl. dazu HUFNAGEL, Beleuchtung, S. 5 f.: *Anfänglich ließen sie, die Herren von Grund und Boden des Haals genannt, in ihren um den Bronnen herum aufgestellten Stätten oder Siedhütten ihre Antheile an der Sole durch ihre Siedknechte versieden, das gewonnene Salz verwerthen, und sich darüber Rechnung ablegen; da aber diese Selbst-Administration für sie nicht sonderlich ergiebig seyn mochte, so fiengen sie bald ... an, ... ihr nutzbares Eigenthum Bürgern, welche früher als Taglöhner das Geschäft Salz zu sieden, betrieben hatten, ... zu einem rechten Erbe zu verleihen.*
41) ARNOLD, a. a. O., S. 49 *(mediantibus literis investiturae ... concessum)*; »Kurtze Beschreibung ...«, a. a. O. (vgl. Zitat o. Anm. 35); SCHRAGMÜLLER, a. a. O., S. 10. – Vgl. auch MÜLLER, u. Anm. 45.
42) ARNOLD, a. a. O.
43) Ausdrücklich erwähnt in »Kurtze Beschreibung ...«, a. a. O.
44) So ausdrücklich »Kurtze Beschreibung ...«, vgl. Zitat o. Anm. 30.
45) F. S. MÜLLER, Collectanea, a. a. O., Bl. 153'–163' mit Hinweis auf U 9 und Regesten von (in der Reihenfolge wie bei Müller): U 13, 14/15, 20, 23, 26/27, 32, 34, 37, 39, 52, 59, 58, 70, 72, 73, 76, 83, 85, 81, 92, 94/95.
46) A. a. O., Bl. 165: *Zu welch dritten geschlecht, scil. den erbsieden, auch die jenige gattung an zu führen wäre, wann einer dies oder jenes sieden nur aus sondern gunsten seyn oder des verleihers leben lang zu genießen erhalten.* – Vgl. zu dieser Gleichstellung (»ein Erb auf Lebenszeit«) auch U 49 (421 ff., Nr. 2, 9, 12, 19, 24), u. S. 105 f.
47) Auf Bl. 165–173, a. a. O., werden neben U 36, 41, 69, 82, 99, 100, 113 (letztere im Wortlaut) folgende Urkunden regestenartig wiedergegeben: 1501 (Bl. 166): Konrad Vogelmann und seine Hausfrau Elisabeth Firnhaber übergeben ihrem Sohn Ludwig Vogelmann zu rechtem Heiratgut ihr Drittel am Sieden und der Hofstatt, die dazu gehört, im Haalhaus, darin und an dem allem Joß Firnhaber und Margaretha Firnhaber jedes auch ein Drittel haben. – 1503 (Bl. 166): Hans Müller übergibt seinem Vetter Jörg Müller sein Drittel am Erb des ganzen Siedens an Conz Dötschmanns und Hansen Blinzigs sel. Witwe Haalhäusern gelegen, in dem die Kinder des † Konrad Keck und Hans Wetzel ein ganzes Sieden haben, davon die Eigenschaft auch den genannten Wetzel und Keck gehört. – 1503, 1505 (Bl. 166' f.): Hans Klotz übergibt seinem Schwager

Der Ursprung der für erbfließende Sieden kennzeichnenden Verfügungsbeschränkungen[48] wird in den Darstellungen des 18. und 19. Jahrhunderts nicht einheitlich erklärt. Die »Kurtze Beschreibung...« von 1710 scheint davon auszugehen, daß durch die Loseinigungen (Loszettel) *auß solchen erbaigenen oder frey aigenen erb erbfliesende sieden wordten*[49]. Die Erbverleihungsurkunde selbst soll nach Arnold (1720) den Ausschlag geben. Wenn in den Erbbriefen nicht ausdrücklich von Verfügungsbefugnis die Rede ist *(neque in illis libera alienandi potestas expressa sit)*, dann soll ein erbfließendes Sieden mit seinen Beschränkungen entstehen[50]. Ist nach Arnold das Schweigen der Urkunde entscheidende Ursache für die Beschränkung, soll umgekehrt nach Jaeger ein erbfließendes Sieden gerade dann entstehen, wenn die Verfügungsbeschränkung ausdrücklich bei der Übertragung des dominium utile bestimmt wird[51]. An anderer Stelle ist dann wieder die Rede von dem »Fideikommiß«, mit dem die Erbrechte »belegt« worden seien. Dadurch wird der Eindruck erweckt, als seien zu Erb verliehene Sieden durch – im einzelnen nicht nachgewiesene – Rechtsakte nachträglich mit »fideikommissarischer Bindung« ausgestattet worden[52].

Bei meiner eigenen Arbeit bin ich davon ausgegangen, daß es keinen anderen zuverlässigen Weg gibt, die Entstehung des Erbs aufzuhellen, als zunächst die Besitzgeschichte jedes einzelnen Siedens zu erforschen. Für die freieigenen Erbsieden ließ sich das in angemessener Zeit freilich nicht durchführen[53]. So habe ich mich bemüht, wenigstens für jedes der rund 68

Jörg Seiferheld ¼, das er von seiner ersten † Hausfrau Klara Seiferheld ererbt hat, an der Erbgerechtigkeit der zwei ganzen Sieden, die an den Häusern der Jos und Peter Firnhaber liegen. – 1506 (Bl. 167): Peter Kemmerer übergibt seinem Schwager Jörg Seiferheld seinen Viertel, den er von Els Seiferheld, seiner Hausfrau, ererbt, an der Erbgerechtigkeit an den zwei ganzen Sieden an den Häusern der Jos und Peter Firnhaber *(oder nach der rubric beym Frauen hauß, allwo jezo das Pfleeger haus steht)* gelegen. – 1541 (Bl. 168' f.): Elisabeth Wetzel, † Jörg Merckhlins Witwe, schenkt mit Wissen und Willen ihres Sohns Jos und ihres Tochtermanns Jörg Glock aus sonderer Liebe und Freundschaft ihr Viertel Erbs eines ganzen Siedens im Haalhaus vor dem Neuen Haus über gelegen dem Jörg Seiferheld jung. An dem Sieden haben die Erben des Seitz Blank die Hälfte zu erb und eigen, Peter Wetzels Witwe ein viertel Eigentum und Jörg Seiferheld jung das übrige ¼ Erb und Eigen. – 1551 (Bl. 169 f.): Simon, Lienhard, Anna, die Rüdelin und Rüdlerin zu Obermünkheim, Hans Rüdelin zu Untermünkheim, Jerg Rutsch zu Wackhershoffen, Margretha Rüdelin, seine eheliche Hausfrau, Hans Hirt zu Obermünkheim, Anna Rüdlerin, seine Ehewirtin, und Konsorten übergeben Daniel Botz und seiner Hausfrau Katharina Rüdlerin ½ Erbsieden im Haalhaus auf dem Bürdenmarkt, daran das Eigentum halb Sebastian Krauß', ¼ Hans Schnürlins Witwe und ¼ Hans Botzen ist. – 1558 (Bl. 169' f.): Dorothea, Jakob Berlers Witwe, habe vor Jahren dem Klaus Kraft ¼ Sieden beim Sulfertor verkauft. An dem Sieden hatte Dietrich Blank von wegen seiner Ehewirtin Ursula Haug auch ¼ und Junker Volk von Roßdorf ½ Erb und Eigen. Beim Verkauf hat sie sich und ihren Erben das Erb ausdrücklich vorbehalten, das sie nun dem lieben Schwiegersohn Jakob Feierabend und seiner Hausfrau Ursula schenkt.

48) Vererbung nur auf ehelich geborene Abkömmlinge des ersten Beliehenen und Verbot der Veräußerung an außerhalb dieses Kreises stehende Personen. – Vgl. u. S. 61 ff. u. 71 ff.

49) A. a. O., Bl. 105.

50) Diss., S. 49.

51) Diss., S. 67 *(sub expresso vinculo fidei commissi perpetui)*. – An anderer Stelle, etwa bei SCHRAGMÜLLER, Diss., S. 10, erscheint der Gedanke, die erbfließenden Sieden seien einer bestimmten Familie verliehen worden *(si vero ipsum ius . . . certae cuidam familiae . . . fuerit concessum)*.

52) Eine Vorstellung, die zu Hufnagels Zeiten bestanden haben soll, vgl. HUFNAGEL, Beleuchtung, S. 12 f., Fn.: *Es war wohl seither eine irrige Meynung wenn man annahm, zuerst sey das nutzbare Eigenthum in Erbpacht gegeben und dann sey es erst als Fideikommiß von dem Erbsieder constituirt worden.* Nach Hufnagel soll der in den Leiheurkunden verwandte Ausdruck »zu einem ewigen Erb« das »Fideikommiß« begründet haben: *Beydes ist ohne Zweifel in Einer Acte, durch die Erbverleihung geschehen. Fideicommiß wurde das Recht dadurch, daß der Eigenthumsherr das Siedrecht dem Sieder und allen seinen Erben zu einem ewigen Erbe verlieh* (Hufnagels Sperrungen).

53) Dazu u. S. 111, 113. – Da ich diese Gattung der Siedrechte bewußt ausgeklammert habe, kann ich hier nur eine negative Feststellung treffen und eine Vermutung äußern. Mit Sicherheit sind die freieigenen Sieden nicht auf Erbverleihungen mit den zu besprechenden Erbbriefen zurückzuführen. Alle mir bekannten Erbverleihungsbriefe haben fließendes Erb erzeugt. Von freieigenen Erbsieden ist noch in der ersten Hälfte

erbfließenden Siedrechte zu ergründen, welchem Tatbestand das Erb seine Entstehung verdankte. Das Ergebnis der Bemühungen ist im zweiten Teil dieses Bandes festgehalten. Dabei konnte die alte Vorstellung, die Erbsieden des fließenden Erbs seien schlechthin durch Verleihungen mittels förmlicher Erbbriefe entstanden, in manchen Punkten ergänzt und insofern berichtigt werden. Im einzelnen sei dazu auf die Einleitung der »Besitzgeschichte« verwiesen[54]. Die besitzgeschichtlichen Einzeluntersuchungen haben aber auch ergeben, und hier können wir an die überlieferten Vorstellungen von der Entstehung der Erbsieden anknüpfen, daß wenigstens die überwiegende Zahl der fließenden Erbsieden auf Verleihungen zurückzuführen sind, die durch Erbbriefe beurkundet wurden. Nicht ohne Grund sprach schon die Haalordnung von 1514 von den Erbsiedern, die »Briefe nach der Stadtform« haben[55]. Dahinter stand offenbar die Vorstellung: kein Erbsieder ohne Erbbrief.

Diese Erbbriefe mußten zuerst herangezogen werden, um die Frage nach Entstehung und Rechtsnatur der Erbsiedrechte beantworten zu können. Die folgende Untersuchung beginnt daher mit einer Exegese der Erbbriefe und ihrer einzelnen Klauseln. Das Haalrecht weist aber in Bezug auf die fließenden Erbsiedrechte einige schon erwähnte Besonderheiten auf, die in den Erbbriefen selbst nicht oder nur ganz vereinzelt zum Ausdruck kommen. Sie müssen daher im Anschluß an die Erbbriefexegese gesondert behandelt werden. Schließlich sollen die so gewonnenen Einzelergebnisse in einen größeren Zusammenhang gebracht und die Rechtsnatur des fließenden Erbs erörtert werden. Dabei werden dann auch die älteren Antworten auf die hier entstehenden Fragen zu behandeln sein.

des 16. Jhs. nicht die Rede. Zwar ist in dieser und früherer Zeit schon das »freie« bzw. »eigene« Sieden bekannt; aber der Ausdruck »freieigenes Erb« fand sich noch nicht. Das würde darauf hindeuten, daß die freieigenen Erbsieden in Abgrenzung zu den fließenden, die ich als die ältere Form ansehe, im ausgehenden 16. und vielleicht noch 17. Jh. aus ursprünglichen Eigensieden bzw. aus Erb- und Eigensieden hervorgegangen sind, vgl. etwa die in Bg. zu Hh. 61, Anm. 691, aufgeführten Kaufbriefe. Dann wäre aber nicht, wie es bei Hufnagel, Beleuchtung, S. 12 (s. o. Anm. 52), anklingt, das freieigene Erb sozusagen das normale, d. h. nicht mit »Fideikommiß« belastete Erbsiedensrecht. Sondern es wäre umgekehrt das fließende Erb die ursprüngliche Form des Erbs, der später aus Eigensieden gebildetes freieigenes Erb entgegengesetzt wurde. Eine endgültige Klärung dieser Frage würde aber die vollständige Sammlung der Siedensbriefschaften auch des ausgehenden 16. und 17. Jhs. voraussetzen.

54) S.111, 116 ff.

55) U 80 (411).

I. Die Erbbriefe

1. SCHRIFTFORM

Der eigentlichen Auslegung der Erbbriefe seien zunächst einige Bemerkungen zur Frage der Schriftlichkeit vorangestellt. Die Haller Rechtsprechung und Statutarpraxis hatte sich Ende des 15. und Anfang des 16. Jahrhunderts mit der Formfrage bei Erbverleihungen zu befassen. Bemerkenswert ist dabei, daß zunächst in zwei Gerichtsentscheidungen ein Erb anerkannt wurde, obwohl kein urkundlicher Beweis für eine Verleihung vorhanden war, und daß am Ende durch Ratssatzung (Haalordnung) die Schriftform für Erbverleihungen vorgeschrieben wurde.

Die Leitentscheidungen bilden die Prozesse Klaus Stadtmann und Michael Seckel gegen Hans Geyer von 1482[56)] sowie Konrad Keck und Lienhart Wetzel gegen Ehrenfried Müllers Kinder von 1495[57)]. Die Fälle haben ähnlichen Sachverhalt, streckenweise tragen die Fürsprecher der Parteien dieselben Argumente vor, und beidesmal beruht die Entscheidung auf einem Parteieid. Die Verfahren sind nicht nur für die Formfrage der Siedensverleihung wichtig. Der Inhalt der Verhandlungen gibt nebenbei einen guten Einblick in Rechtsvorstellungen, die in der zweiten Hälfte des 15. Jahrhunderts über Eigen und Erb bestanden. In beiden Prozessen klagen Eigentumsherren gegen ihre Sieder; beidemale haben die Herren ihr Eigentumsrecht durch Kauf erworben[58)]. Sie oder ihre Nachkommen sagen dem Sieder auf. Der weigert sich, das Sieden zu verlassen, und beruft sich auf ein ihm bzw. schon seinen Vorfahren zustehendes Erbrecht[59)].

Zunächst geht es in den Verfahren darum, was es bedeutet, wenn ein Herr sein Sieden »für frey aigen« verkauft. 1482 lassen die Kläger Stadtmann und Seckel vortragen, sie hätten ihr Sieden *für frey aigen umb* (= von) *Götzen von Bachenstein erkauft*[60)]. Der Beklagte möge beweisen, daß er ein Erb an dem Sieden habe. Keck/Wetzel berufen sich 1495 ebenfalls auf die Wendung in ihren Kaufbriefen: Das Sieden sei verkauft für »eigen«. Wenn aber die Beklagten ein Erb hätten, wie könnte es dann »eigen« sein[61)]? Die Vorstellung ist anscheinend: Wird ein Gut (= Sieden) als »eigen« verkauft, dann sind andere Rechte daran ausgeschlossen, sonst kann man nicht von »eigen« sprechen. Man könnte auch sagen, die Kläger sehen das Eigen als unbelastetes, volles Recht an. Ganz anders legt dagegen 1495 der Beklagtenfürsprech die Klausel *erkauft... für aigen* aus: es bringe *kain verletzung am aigenthumb*[62)], wenn beim Kauf

56) Abschr. HA B 654 S. 710 ff.; wesentliche Auszüge HA B 935 Bl. 93/93'.
57) U 50.
58) HA B 654 S. 711. – Zu Bachenstein: WL 130 oder 140. – U 50 (681–692).
59) In diesem Punkt unterscheiden sich beide Fälle. Hans Geyer behauptet, zur Zeit des Verkaufs hätte seinen Eltern schon ein Erb zugestanden: Er und sein Vater hätten das Sieden *bey fünfzig jahren zu einem erb ingehabt und hetten das gebauen als ein erb* (HA B 654 S. 712). – Dagegen haben sich die Eltern der beklagten Müller-Kinder beim Verkauf des Siedens das Erb *ausgedingt und vorbehalten*. Zum Unterschied zu oben hatte hier also das Sieden ursprünglich ganz den Müller gehört, nicht bloß das Erb.
60) A. a. O. (Anm. 58).
61) U 50 (701).
62) U 50 (696). – Vgl. dazu, daß die Rechtsstellung des Emphyteuta durch das Eigentum (proprietas) betreffende Verfügungen nicht geschmälert werden soll: DURANTIS, de emph., nu. 96 (Bd. 2, S. 289): *nec pactum dominii directi debet in utili nocere*. Die Kehrseite dieses Satzes ist der im Text ausgedrückte Gedanke.

ein Erb vorbehalten werde. Die Auffassung von Eigentum und Eigentumserwerb ist hier offenbar eine andere. Der Erwerber erlangt durch einen Kauf »für frei eigen« nur das Eigen im Sinne einer Oberherrschaft (die später so genannte Rechnungsgerechtigkeit). Während daher die jeweiligen Kläger meinen, der Kauf für frei eigen schließe es aus, daß ein Erb an dem Sieden bestehe, drehen die Beklagten das Argument um: der Kauf für frei eigen kann auch stattfinden, wenn das Sieden zu Erb ausgetan ist, ja, der Verkauf »für frei eigen« meine geradezu nur die Gerechtigkeit des Herrn[63)].

Diese (Auslegungs-)Frage wird aber letztlich nicht entschieden. Die Rechtsmeinung der Kläger, mit dem Kauf für frei eigen ein von Erb unbelastetes Gut erworben zu haben, bildet im Prozeß nur den Anlaß für die weitere Frage nach dem Beweis des Erbs. Das wird sehr schön in dem Klägervorbringen von 1482 ausgedrückt: man gestehe keineswegs, daß der Beklagte ein Erb habe; er solle es beweisen. Wie, wird nicht im einzelnen ausgeführt; es heißt, der Beklagte solle beibringen, *wie recht wer, das im oder seinem vatter seeligen das obgenant sieden... zu einem erb geliehen wer...*[64)]. Ich vermute – ohne es geradezu beweisen zu können –, daß mit *recht* das gemeine Recht angesprochen ist und daß damit der Sache nach von dem Beklagten gemäß der für das gemeine Emphyteusenrecht geltenden Regel[65)] eine schriftliche Verleihungsurkunde verlangt wurde. Der Beklagte antwortete 1482 nicht mit einem Beweis[66)] für sein Erbrecht, sondern mit *guth anzeigung* (Indizien): Er hätte viel Geld an dem Haalhaus verbaut, auch hätten er und sein Vater das Sieden *alß ir erb so lange zeith ingehabt, das sie das in gewer hetten*[67)]. Bemerkenswert war die Reaktion auf das Ansinnen strengeren Beweises *(wie recht wer): Es wär vor zeiten im Haal nit gestandten als jetz, und sollt es die weeg ergreifen, so möcht maniger nit weißen, wie sein haus an in kommen.* Schließlich bietet er das Zeugnis von *biderleuthen*[68)] dafür an, daß er das Sieden *als ein erb* in Gewalt und Gewehr hat[69)]. 1495 hat sich die Rechtslage insofern verändert, als sich die Kläger nunmehr auf ein Statut berufen können, nach dem sich der Erbsieder eine Urkunde über sein Erbrecht ausstellen lassen muß[70)]. Freilich ist das Statut *neulich gemacht und gesetzt.* Die Beklagten können daher einwenden, es habe zur Zeit ihrer Eltern, als diese sich beim Verkauf ihres Siedens ein Erb vorbehalten hätten, noch nicht gegolten[71)]. Nachdem 1482 von einem solchen Statut noch keine Rede war, müßte es zwischen 1482 und 1495 errichtet worden sein. Auch 1495 wird von den Beklagten kein »Beweis« für ihr Erbrecht angeboten. Wieder sind es Anzeigen, Indizien, die vorgebracht

63) Zum Verhältnis Eigen und Erb in Kaufbriefen s. auch u. Anm. 157.
64) A. a. O., S. 713.
65) S. 31 f.
66) Nach gemeinem Recht wäre dieser Beweis nur mit einem »Brief«, d. h. einer Urkunde, zu führen gewesen, vgl. u. Anm. 89.
67) A. a. O., S. 714.
68) Der Ausdruck Biedermann meint hier am Ende des 15. Jhs. noch im engeren Rechtssinne die Qualifikation eines zeugenfähigen Mannes. Bieder als Attribut des Zeugen kommt im Wirt. Urkundenbuch häufig vor, vgl. etwa Bd. X, wo ich bei flüchtiger Durchsicht 17mal die Zeugenqualifikation bieder fand (Nr. 4200, 4204, 4245, 4271, 4357, 4381, 4435, 4504, 4545, 4560, 4567, 4577, 4600, 4632, 4803, 4870, 4916). – Der Biedermann entspricht dem probus, honestus, fidedignus, bonus vir der lateinischen Quellen. Zum Problem der probi, boni etc. vgl. neuestens FERDINAND ELSENER, Zur Rechtsgeschichte des Aussatzes und der Leprosenhäuser nach westschweizerischen Quellen. Mit einem Exkurs zur Geschichte der Probi homines, in: Festschrift für Franz Schad zum 70. Geburtstag, hg. von ROBERT WEIMAR, Düsseldorf 1978, S. 142 ff., und DERS. jetzt eingehend mit zahlreichen Nachweisen: Spuren der Boni viri (Probi homines) im Wirtembergischen Urkundenbuch, in: Bausteine zur geschichtlichen Landeskunde von Baden-Württemberg, hg. v. d. Kommission f. gesch. Landeskunde in Baden-Württemberg, Stuttgart 1979, S. 187 ff., 199 f.
69) A. a. O., S. 715.
70) Dieses erste Statut über die Schriftlichkeit von Erbsieden konnte ich nicht finden.
71) U 50 (695).

werden, und zwar zum Teil solche, die uns schon aus dem Verfahren von 1482 bekannt sind: Man beruft sich auf eine mündliche Zusage von Konrad Keck, der Mutter der Beklagten nach dem Tode Ehrenfried Müllers gegeben. Dann heißt es, man habe das Sieden seit dem Verkauf durch die Eltern der Beklagten in Handen gehabt und gesotten, *das lang jahr und zeith wer.* Auch habe man das Sieden in Wesen und Bau gehalten[72)].

Beide Prozesse wurden schließlich durch Eide entschieden; 1482 wurde der Eid dem beklagten Sieder, 1495 den klagenden Eigentumsherren auferlegt[73)]. Beide Male obsiegten die Sieder.

Nicht nur vor Schultheiß und Gericht, auch vor dem Rat[74)] begab sich in den achtziger und neunziger Jahren des 15. Jahrhunderts wiederholt Irrung um ein Erb. Zwischen 1485 und 1497 wurden Erbrechte in nicht weniger als sechs mir bekannten Fällen geltend gemacht, in denen dem jeweiligen Kläger kein Verleihungsbrief zur Seite stand[75)].

72) U 50 (697 f.). – Bemerkenswert ist das im Zusammenhang mit den Kosten für den Bau *an haalheusern und anderm* genannte Argument, die Beklagten hätten sich meineidig gemacht, wenn sie – ohne ein Erb zu haben – Baukosten aufgewendet hätten. In den mir bekannten Eidestexten findet sich ein ausdrückliches Verbot, nach dem nicht bauen dürfe, wer kein Erb habe, nicht, vgl. HA B 157 Bl. 15/15', 47/47', 48/48'. Ein solches Verbot dürfte aber aus der Bestimmung herzuleiten sein, wonach ein Sieder seinem Herrn keinen »Vorteil« geben oder nehmen darf. Vgl. a. a. O., Bl. 48: *Ir sollent auch kainen vortail von den sieden ewern herrn geben noch nemen, noch niemants von ewern wegen.* Vgl. auch U 11, 55, 56.

73) Der volle Beweis für ein Erb war nicht als erbracht angesehen worden, die »gute Anzeigung« genügte auch nicht. Das Haller Gericht greift im 15. Jh., wie auch andere Gerichtsbriefe zeigen, gern auf den Eid zurück, um schwierige, nicht liquide Beweislagen zu klären; diese Verfahrensweise war im gemeinen Prozeß ja seit langem üblich, vgl. etwa Azo, Comm. in lib. IIII. cod., de fide instr. l. 1, nu. 2 (S. 292): *ubi non manifestae sunt probationes, recurritur ad sacramenti delationem.* – Warum im ersten Fall das Gericht dem Beklagten, im zweiten den Klägern den Eid auferlegt hat, läßt sich natürlich nur vermuten, da bei der Verteilung von Eiden eine Reihe von Gesichtspunkten in Frage kommt. So könnte etwa im ersten Fall die Regel angewandt worden sein, daß im Zweifel freizusprechen bzw. der Besitzende zu bevorzugen ist, vgl. Durantis, lib. II, de iuramenti delatione, nu. 9 (Bd. 1, S. 742); zum Eid bei der Emphyteuse noch Valasco, qu. 7, nu. 26 (S. 65).

74) Das Verhältnis von Schultheiß und Gericht zum Rat behandelt am Schicksal der Kanzlei jetzt aufschlußreich Pietsch in UB Hall S. 17*–22*.

75) Lackorn (HA B 654 S. 984 ff.) hat Auszüge aus den Ratsprotokollen gefertigt. – (1) Am Aschermittwoch 1485 forderte *Cunz Blintzigs* Witwe ein Erb von *dem alten Blinzigen,* das er ihrem Mann übergeben habe und das jetzt ihren Kindern vererbt sei. Der beklagte Blinzig läßt einen Brief verlesen, wonach das Sieden ihm vererbt sei. Nach Verlesung und Verhör von sechs Zeugen entscheidet der Rat, daß Blinzig schwören soll, er habe seinem Sohn † *Cuntz* kein Erbe gegeben. Blinzig schwört. – (2) Ein Streit zwischen *Häuglin* und dem alten Blinzig *der erb halb an zwey sieden, die er seinem sohn, Häuglins vorfaren, gegeben und versprochen haben soll,* wird nach Verhörung schriftlicher und mündlicher Kundschaft entschieden, wie? – (3) Mi n Laetare 1486: *Clas Mair* hat *Cunzelmann* eines *siedens halb zugesprochen,* das ihm † *Heinrich Neyffer* zugestellt habe. Entscheid durch Peter Biermann und Konz Dötschmann als Taidingsmänner (Schiedsleute) in Beisein Fritz Schletz': *Cunzelmann* soll vier Jahre sieden, dann *Mair* ebenso. Der Rat behält sich *sein obrigkeit und gerechtigkeit(en?) an demselben sieden* vor. – (4) *Actum quarta Valentini* 1487. Wenger klagt gegen Hans Stadtmann, der ihm zugesagt haben soll, zwei Sieden auf Stadtmanns Lebenszeit sieden zu dürfen. *Hat Wänger viel zeugen gehabt . . . aber an keinem nicht erfinden mögen, solch zusagen beschehen sein.* Entscheid durch Eid Stadtmanns, daß er nicht zugesagt habe. – (5) *Actum 2a post exaltationis crucis* 1487: Streit zwischen *Bühlin* und *seiner kind vormund.* Bühl klagt *nach einer pfannen und gewördt, so sein zugeld seyn soll und seiner kinder sieden.* Die Vormünder antworten: Bühl habe *ihrem vatter dem alten Dötschmann 40 fl. enttragen* und sei *hinweg* gegangen. Da nahm *sein vatter* das Sieden zu seinen Händen. Die Vormünder gingen zu dem *alten Bühelin* und baten ihn: Weil sein Sohn die 40 fl. enttragen habe, *und hierunten von der kind alt vatter,* sollte er seinen Enkeln das Sieden und Gewöhrd lassen. Als sich der alte Bühl weigerte, haben sie ihn vor den Rat geboten und das Sieden *angewonnen,* und der Lehenherr habe das Sieden den Kindern *gelauen* (= geliehen). Der Rat läßt dem Kläger sagen: Der Rat wisse wohl, daß das Sieden den Kindern zugesprochen worden sei *(verthaidigt),* als er damals die 40 fl. enttragen habe. Damals habe der Kläger begehrt, man solle ihn *zu sein weib und kinden kommen zulaßen mitsieden, so wöll er sich erbarlich halten.* Darauf habe man *bethaidigt, . . . wolte er sieden, alß ein knecht und ein knechtslohn nehmen und seiner kind vormündern den gewalt und das geld einnehmen laßen, so will man ihn annehmen. Das hab er bewilligt und ein kurz zeit gesotten. Und so es ihm nit gefallen, hab er sich hinweg gefügt, uff solchs und so dann der lehenherr und er das bewilligt und der lehenherr den*

Dies veranlaßte den Rat 1497 zu verordnen, wer ein Erbe an einem Sieden beanspruche, solle eine besiegelte Urkunde, den »Erbbrief«, vom Herrn des Siedens erwirken. Wer das versäume, dem werde der Rat kein Sieden mehr zuerkennen[76]. Noch deutlicher und schärfer ist der entsprechende Abschnitt im Haalstatut von 1514. Dort wird das *alt gesetz* erneuert: Niemand dürfe länger sieden, als der Herr gestatte, es sei denn, er habe *brief und sigel.* Der Formzwang wird auch auf Verleihungen erstreckt, die nicht Erbleihen sind: Die Leihe auf eine bestimmte Anzahl Jahre oder auf *ains oder mer menschen leben oder wie das geschehe* soll nur mit Urkunden Bestand haben[77].

Für die Wirksamkeit dieser Verordnungen liefert das Zeugenverhör im Prozeß Hans Meißner gegen Hans Büschler (1537) schöne Belege. Die Zeugen, die der Sieder Meißner zum Beweis dafür bringt, daß Büschler ihm ein Sieden auf Lebenszeit zugesagt habe, berichten davon, wie der Sieder versucht hatte, seinem Herrn einen »Brief«, eine gesiegelte Urkunde, abzulocken[78]. Sie berichten aber auch, wie sich Büschler bei allem zeitweiligen Wohlwollen gegenüber seinem Sieder beharrlich weigerte, »sein Maul zu einer Taschen zu machen«[79], d. h. ein Pergament auszufertigen.

Nicht alle Siedensherren waren so hartnäckig wie Büschler. Wie die Statistik der Siedensverleihungen zeigt, ist in der Zeit der Statuten von 1497 und 1514 eine Reihe von Erbbriefen ausgestellt worden[80]. Diese Verordnungen zeitigten also auch praktische Wirkung. Ob freilich das Erfordernis der Schriftlichkeit allein den Ausschlag für die Zunahme der Erbverleihungen gegeben hat, ist fraglich. Der Formzwang für sich genommen konnte die Lehenherren ja noch nicht bewegen, Sieden zu Erb zu verleihen. Dafür waren je nach Lage des Einzelfalls andere Gründe maßgebend[81]. Immerhin zeigt der Fall Meißner/Büschler, daß die erwähnten Statuten die Sieder veranlaßten, bei ihren Herren verstärkt um Erbbriefe zu werben.

Auch in rechtlicher Bedeutung sollen die Statuten nicht überschätzt werden. Die erwähnten Prozesse von 1482 und 1495 und die Ratsentscheide zeigen zwar, daß es im 15. Jahrhundert wohl Fälle gab, in denen Erbsieden bestanden, ohne daß eine Verleihungsurkunde ausgestellt worden wäre. Aber diese Fälle waren doch nicht die Regel. Schon der Fürsprech Kecks und Wetzels beruft sich ja nicht nur auf das gesetzte Recht, das *gemecht,* als er die Beklagten zum Beweis mit einem Brief auffordert. Er spricht auch von einem *herkommen,* einer Gewohnheit,

kinden geliehen. Dabei solle es bleiben. – (6) Fr n *Invocavit* 1497: Im Streit zwischen Hubheinzen Kinder und Hans Merstatt entscheidet der Rat nach Verhörung der Klage, Antwort, Rede, Widerrede, Zeugen und eingelegter Briefe, daß die Kinder an dem strittigen Sieden ein Erb haben. S. u. S.148, Anm. 379. – Ob es Zufall ist, daß die Siedensherren vor Schultheiß und Gericht klagten, während sich die Sieder anscheinend lieber an den Rat wandten? Zur Gerichtsverfassung und insbesondere zum Verhältnis von Rat und Gericht in der Rechtsprechung einführend: Nordhoff-Behne, Gerichtsbarkeit und Strafrechtspflege, S. 62 ff. – Vgl. zu den Abschr.: Ratsbuch StAH 4/205 Bl. 42, 147, 172' (= 171' mit Blei), 421'. Bei der Entscheidung (3) von 1486 lautet die Originalstelle: *Das Cuntzelman das sieden noch vier jar sieden, darnach absten und Maiern sieden lassen sol, das hat der rat zugeben, doch im sein öberkait ⟨und gerechtigk[eit]⟩* (Einschub am Rand) *an dem selben sieden vorbehalten* (StAH 4/205 Bl. 45').

76) U 53, 54. – Bis auf die Fassung U 54 ist mir das Statut stets mit der sinnentstellenden Auslassung des *nit* begegnet; ob wohl sonst der Haalgeist die Hand der Schreiber geführt hat?

77) U 80 (411).

78) U 105 (922 ff.) Aussagen der Barbara Promm und Anna Meysner.

79) U 105 (923).

80) Vgl. u. S.123.

81) Ich habe im Einzelfall darauf verzichtet, die Motive der Erbverleihungen zu erforschen. Die Leihebriefe geben darüber regelmäßig keine Auskunft. – Die Klöster Adelberg und Denkendorf könnten durch württembergische Eingriffe zu Anfang des 16. Jhs. beeinflußt worden sein, vgl. dazu Knapp, ZRG GA 22 (1901), S. 82 f., nach dem die württ. Rentkammer seit 1524 von der Fall- zur Erbleihe übergegangen sein soll. – Zu den Motiven für die Erbverleihung bzw. allgemein die Leihe vgl. aus der bisherigen Literatur zusammenfassend Schmidt-Troje (Babenhausener Recht), S. 9 f.; dazu auch hier u. Text zu Anm. 214.

nach der bei Erbverleihungen *brieflich urkundt und schein* dargelegt werden sollten. Dieses Herkommen sei auch durchaus in Übung *(wurd auch also gehalten)*[82]. Die Verleihungspraxis gibt dem Recht. Betrachtet man etwa die Liste der Erbberechtigten im großen Verzeichnis der Salinebeteiligten von 1494/96, so wird man bei den meisten der »echten«[83] Erbberechtigten finden, daß ihre Berechtigung auf eine mit Brief und Siegel bekundete Verleihung zurückgeht[84]. Seit dem ersten erhaltenen Leihebrief von 1372 sind vor allem von geistlichen, aber auch von weltlichen Siedensherren Sieden schriftlich ausgetan worden. Daß Erbleihen schriftlich vollzogen zu werden pflegten, ist ja in der Literatur schon seit dem 18. Jahrhundert[85] bemerkt worden[86], ebenso wie die oft überwiegend kirchliche Herkunft der Erbbriefe[87].

Nun vollziehen sich solche Übungen nicht in einem rechtsfreien Raum. Soweit Klöster wie Gnadental oder Stifte wie Denkendorf Güter zu Erb oder auf Lebenszeit austaten, waren sie an kirchliches Recht gebunden. Das kanonische wie auch das (weltliche) gemeine Recht[88] sahen

82) U 50 (680), vgl. auch (681): *getrawten sie, es wurd mit ine alß mit andern gehalten.*

83) Die in U 49 (421 ff.) aufgeführten Personen sind keineswegs alle Erbsieder in dem Sinne, daß ihnen ein Sieden vererbt, das heißt ein auch auf die Nachkommen sich erstreckendes Recht verliehen worden wäre, vgl. etwa Nr. 2, Seitz Blank jung, der nur auf Lebenszeit siedet, oder Nr. 6, Konrad Dötschmann, dem ein Erb erst zugesagt, nicht schon verliehen ist, Nr. 8, Hans Reiz, der *uff der pfleeger oder spitalmeisters widerruffen* siedet, vgl. auch Nr. 9, 10, 11, 12, 13, 19, 20, 24, 26, 27, 28, 29. – Die Liste zeigt, daß man unter Erb keineswegs nur Verleihungen mit Wirkung für die Erben verstanden hat, sondern auch Leihen auf Lebenszeit. – Dazu u. S. 104 ff.

84) Vgl. a. a. O., Nr. 3 (Biermann), Nr. 4 (Wagenseyferlin), Nr. 14 *(Ludwig Plintzig)*, Nr. 22 *(Hanns Blintzig)*, Nr. 25 (Heinz Haug).

85) Vgl. etwa Buri, S. 939: *daß nicht allein durch die fast allgemeine Gewohnheit Teutschlands, sondern an einigen Orten auch durch ausdrückliche Gesetze es eingeführet und anbefohlen worden, daß der Erbleyh-Contract solle schriftlich auffgerichtet werden. Das erstere wird durch die häuffige Exempel, da unter zwantzig und mehr Erbleyh-Gütern insgemein kaum eines seyn wird, worüber die Besitzer nicht einen Brieff haben sollten, erwiesen.* Genannt werden die Solmser Landordnung, das kurzpfälzische und klevische Landrecht.

86) In der Literatur zur Erbleihe wird zumeist festgestellt, daß Schriftlichkeit üblich gewesen sei, oft mit dem Beifügen, es habe sich um Beweis-, nicht um Konstitutivurkunden gehandelt. Vgl. Arnold, S. 58; Beer (Elsaß), S. 12 ff.: *Ueber den Vorgang der Verleihung wurde regelmäßig eine Urkunde ausgestellt . . . lediglich Beweisurkunde;* Fein (Ansbach), S. 88 ff. *(Erbleihe vom Prinzip der Schriftform beherrscht)*; Hallermann (Westfalen), S. 16, führt Rietschels Meinung an, daß bei *privater Erbleihe* regelmäßig eine Urkunde aufgenommen worden sei. Er bezweifelt das mit dem Bemerken, dann hätten mehr Urkunden erhalten sein müssen, und in kleineren Orten hätte man sich ohne Schriftlichkeit begnügt. *Jedenfalls war die Leiheurkunde nur Beweisurkunde.* Gobbers (Köln), S. 171 ff.; Heusler II, S. 179: *finden wir in der That die Leihe regelmäßig durch Ausstellung des Leihebriefes begründet;* Jaeger, S. 15 f.: *wurde . . . in der Regel eine Urkunde aufgenommen, der sog. Leihebrief, . . . sollte nur der Beweis gesichert werden.* Kleinau (Braunschweig), S. 19 *(Beweisurkunde);* Mattli (Graubünden), S. 37 ff.: *Seit Ende des 13. Jahrhunderts scheint die Schriftlichkeit der bündnerischen Leihkontrakte allgemein üblich geworden zu sein . . . darf angenommen werden, daß die urkundliche Form mindestens gegen Ende des 15. Jahrhunderts feststehender Brauch im Sinne des Gewohnheitsrechts war;* Merk (Meersburg), S. 199: *Gemeinsam ist diesen Bauernlehen . . . die förmliche Belehnung sowie die Erteilung eines Lehenbriefes und Lehnsreverses;* Schwind, S. 38 ff.: *Urkunden . . . aufgenommen zu Beweiszwecken;* Stingl (Würzburg), S. 63 ff.; Winiarz, S. 23 f. – Außer bei Mattli, der Gewohnheitsrecht (Herkommen) annimmt, findet sich kaum eine Äußerung darüber, aus welcher Rechtsgrundlage Schriftlichkeit etwa vorgeschrieben gewesen sei; allenfalls wird auf örtliche Statuten verwiesen, wie bei Arnold auf das Münchener Stadtrecht oder bei Wopfner auf die Tiroler Landesordnung von 1532 (a. a. O.). Vgl. zur Schriftform noch Arlt (Heilsbronn), S. 16; Fischer (Köln), S. 29; Schmidt-Troje (Babenhausener Recht), S. 45 ff.

87) Schon Schwind, S. 39, hat unter Hinweis auf Heusler, a. a. O., das Übergewicht kirchlicher Quellen im Bereich der Erbleihe bemerkt *(überall hier handelt es sich um Rechtsgeschäfte kirchlicher Anstalten,* a. a. O., S. 41). Das trifft auch auf die Schwäbisch Haller Siedenserbleihen zu, vgl. u. S. 120 ff. Bezeichnend ist auch, daß die kirchlichen Einrichtungen auffallend selten in Rechtsstreitigkeiten um Erb verwickelt sind. Vgl. noch für Köln Fischer, S. 30: *Am häufigsten finden wir Leihebriefe vor, deren Aussteller kirchliche Institute waren.*

88) Das kirchliche Recht folgt auf dem Gebiet der Emphyteuse dem römischen, vgl. Naz, Dictionnaire 5, Sp. 334: *La réglementation de l'emphytéose admise par le droit canonique n'est autre que celle du droit romain.* Codex und Novelle enthalten eben eingehende Regelungen gerade für die kirchliche Emphyteuse.

aber für die Emphyteuse Schriftform vor[89]. Es ist hier nicht der Ort, die Lehre der Glossatoren und Postglossatoren zur Frage der Schriftbedürftigkeit der Emphyteuse auszubreiten, wie sie sich in der Auslegung der Codexstelle *scriptura interveniente*[90] entfaltet hat. Trotz der in sich widersprüchlichen Glosse[91] darf für das 15. und wohl auch für das 14. Jahrhundert als Ansicht des gemeinen Rechts festgehalten werden, daß der Emphyteusenvertrag der Schriftform bedurfte[92], und zwar *necessitate probationis*[93]. Der Beweis einer gültigen Erbpacht konnte ausschließlich mit einer Urkunde geführt werden. Daß ein Mann wie Dr. Johannes Mangolt[94], der spätere Beisitzer des Reichskammergerichts, Stadtschreiber in Hall zur Zeit der Haalordnung von 1514, diese Rechtslage gekannt hat, kann mit Selbstverständlichkeit angenommen werden. Daß auch dem klägerischen Fürsprech, der 1482 von Hans Geyer verlangte, sein Erbrecht *wie recht wer*[95] zu beweisen, die Textstelle *scriptura interveniente* vorschwebte, liegt nahe. So verstehen wir die Statutengebung um 1500 besser: War auch der Anlaß unzweifelhaft pragmatischer Art (Irrung vor Gericht und Rat), die daraufhin ergangene Regelung hatte ihr Vorbild im gemeinen Recht.

2. DIE VERLEIHUNGSFORMEL

Unter Verleihungsformel verstehen wir jenen Teil des Erb- oder Leihebriefs, der den Vorgang des Leihens (»Wir... verleihen, vererben« u.ä.) und den Modus, zu dem diese Verleihung erfolgt (»zu einem rechten, steten, ewigen Erb»), bezeichnet. Bevor wir auf die, wie wir heute sagen würden, materiellrechtliche Bedeutung dieser Formel und der in ihr verwandten einzelnen Ausdrücke eingehen, sei zunächst zu ihrer äußeren Erscheinung etwas gesagt. Betrachtet man die Erbbriefe von 1372 bis in das 16. Jahrhundert, so lassen sich neben Einzelfällen, die nicht weiter eingeordnet werden können, auch Gemeinsamkeiten in mehreren Urkunden finden, die eine gewisse Ordnung in bestimmte Formen oder Typen erlauben.

Nach dem Stil der Verleihungsformel können wir bei den Schwäbisch Haller Siedenserbleihen fünf Gruppen unterscheiden. Nicht in eine Gruppe einordnen läßt sich freilich der erste bekannte Erbbrief von 1372[96]. Die Verleihungsformel ist, wie die ganze Urkunde, knapp

Die Schriftlichkeit ist für diese noch besonders bestimmt, vgl. dazu etwa ODOFREDUS, prima sup. cod., lib. IIII, de iure emph., nu. 6 (Bl. 261); ebd., lib. I, hoc ius porrectum, nu. 7 (Bl. 15); GRATIAN, caus. X qu. II c. 2 § 11 (ed. FRIEDBERG, S. 619). Vgl. auch JACOBI, S. 29, Fn. 1. – WESENBECK, si ager vectig., Tit. III, C. 4.66, nu. 2 (Sp. 275 E): *alienationes(!) Ecclesiasticae omnes in scriptis fieri debent.*

89) Vgl. dazu (in Auswahl): ANSELMINUS DE ORTO, Summa, de emphyteosin (ed. JACOBI, S. 14); AZO, Summa in cod., l. quart., de iure emph. (S. 173): *Celebratur iste contractus scriptura interveniente non aliter.* ANDREAE, de loc. et cond., cap. IIII, nu. 7 (Bd. 3, Bl. 84') *in emphyteusi requiritur scriptura;* BALDUS in add. spec. (= DURANTIS 2, S. 302); JASON, de iure emph., ius emph., nu. 61 (Bl. 167): *memoria hominum est labilis, maxime in testibus ... ideo lex voluit, quod in isto contractu de necessitate requiratur scriptura. Et pro ista opinione, que censetur communis et quam ego teneo, multum facit textus noster in verbis scriptura interveniente.* – Eingehend zur Schriftlichkeit bei der Emphyteuse: FULGINEUS, praelud., qu. 14 (S. 12 ff.); VALASCO, qu. 7 (S. 48 ff.).

90) C 4.66.1.

91) Über den Streit, ob der Emphyteusenvertrag ohne oder nur mit einer schriftlichen Urkunde geschlossen werden kann, berichtet am ausführlichsten FULGINEUS, a. a. O., nu. 1–11; geistreicher VALASCO, a. a. O., nu. 2 ff.

92) FULGINEUS, a. a. O., nu. 9, 11; VALASCO, a. a. O., nu. 2; JASON, vgl. Anm. 89; DE LUCA, tom. 4, de emphyteusi, disc. 37, nu. 4 (S. 71 f.).

93) Aber nicht pro substantia actus, d. h. als »Wirkform« (FLUME § 15 I 1, S. 244); vgl. VALASCO, a. a. O., nu. 3.

94) Zu ihm: UB Hall S. 52* ff.

95) Vgl. Anm. 64.

96) U 9 *(verlihen haben und verlihen ... zů eynem rechtem erb Cůntzen ... und sinen erben unsere zway sieden).*

gefaßt und scheint, wo nicht im Inhalt, so doch im Stil nicht weitergewirkt zu haben. Ganz anders verhält es sich mit dem nächsten, 1397 für Hans Neuffer ausgestellten Erbbrief[97]. Darin heißt es, der Verleiher habe bekannt, daß er für sich und seine Erben *recht und redlich verlyhen habe und verleyhe... zu rechtem erbe... also und mit der beschaidenhait...* Man beachte hier die Wendungen *recht und redlich, zu rechtem erbe* sowie den Beginn der pacta, die mit *also und mit der beschaidenhait* eingeleitet werden. Die Urkunde ist von Stadtschreiber Friedrich (Erlebach)[98] mitgesiegelt; sie wird also auch von ihm geschrieben oder diktiert worden sein. Der ausführlicher gehaltene Erbbrief vom Mai desselben Jahres[99], den Äbtissin Elsbeth und der Konvent zu Gnadental für Kunz Snelbolt ausstellten, wiederholt diese Wendungen im wesentlichen: Wieder wird »recht und redlich« verliehen; das Prädikat ist im Perfekt und im Präsens wiedergegeben (»daß wir verliehen haben und verleihen«); der Leihemodus ist derselbe (»zu einem rechten Erbe«), und wieder wird der Gedingeteil der Urkunde mit »also und mit der Bescheidenheit« eröffnet. In diesem Stil ist die Verleihungsformel auch in Urkunden von 1403[100] (noch Stadtschreiber Friedrich) und in den Briefen von 1438[101] und 1453[102] in der Amtszeit der Stadtschreiber Burkart (Keller)[103] und Conrad Buman gehalten[104]. Da bis auf U13 alle Urkunden mit diesem Stil Verleihungen des nahe bei Hall gelegenen Klosters Gnadental verbriefen, können wir von der Gnadentaler Form sprechen.

Unter den Urkunden der Jahre 1496 bis 1534, der Zeit, in der die meisten Erbbriefe ausgestellt wurden[105], lassen sich vier verschiedene Formen unterscheiden. In dem 1496 über die Verleihung des Siedens des Lienhart-Altars ausgestellten Erbbrief[106] erscheint zum erstenmal eine Verleihungsformel[107], deren Eigenart in drei Wendungen besteht. Einmal wird der Verleihungsmodus ausführlich mit *zu einem rechten steten undt owigen erbe* angegeben; das nurmehr im Perfekt vorkommende Verb wird verdoppelt zu *verliehen und vererbt;* schließlich wird unmittelbar nach der Verleihungsformel noch die Zeitbestimmung beigefügt, *weyle er und sein erben das vergelten und verdienen mögen.* Eine zweite, ebenfalls in diesen Jahren einsetzende Art von Leihebriefen enthält diese zuletzt genannte Zeitbestimmung gleichfalls, nur wird sie hier nicht mit »weil« oder »dieweil« eröffnet, sondern mit »so lang«. Dieser Typ läßt auch das »stet« als Beifügung zu »Erbe« in der Angabe des Verleihungsmodus weg und beschränkt sich auf »rechtes ewiges Erb«. Diese letztgenannte Form könnte man auch als Spitalform bezeichnen. Sie erscheint zuerst und am häufigsten (fünfmal) bei der Verleihung von Spitalsieden im Jahr 1498[108].

In den Jahren 1524 und 1526[109] wechselt dann wieder die Verleihungsformel geringfügig die Gestalt. 1524 wird eine Verleihung in eine Wendung gekleidet, die der um 1400 üblichen

97) U 13.
98) Zu ihm: UB Hall S. 44*. Erste von ihm gesiegelte Urkunde 1389, letzte 1412.
99) U 14/15.
100) U 20.
101) U 26/27.
102) U 34.
103) Nach UB Hall S. 47* von 1436–1440 in den Steuerrechnungen.
104) 1441–1461.
105) Stadtschreiber waren zu dieser Zeit: Jörg Seybolt, 1485–1508, Johannes Mangolt, 1509–1522, Berchtold Nüttel, 1523–1532, Mathern (Maternus) Wurtzelmann, 1532–1546, vgl. UB Hall S. 50* ff. – Für die beiden gebräuchlichsten Formeln ist also Seybolt verantwortlich. Unter Mangolt wurde nach den alten Mustern weitergeschrieben.
106) U 52.
107) Sie kommt weiter vor in den Jahren 1501 (U 63), 1503 (U 64), 1508 (U 69), 1508 (U 70), 1509 (U 72/73), 1511 (U 76), 1517 (U 81), 1524 (U 91).
108) U 58, 59, 60, 61, 62. – Weitere Verleihungen des Spitals mit dieser Formel: 1506 (U 67), 1523 (U 90). Mit derselben Wendung auch Erbbrief Gnadental 1507 (U 68) und Denkendorf 1516 (U 84).
109) Amtszeit des Stadtschreibers Nüttel, vgl. Anm. 105.

Gnadentaler Form des Stadtschreibers Friedrich gleicht[110]. Daneben sind die drei Erbbriefe des Klosters Adelberg zu erwähnen, die sich an die 1496–1524 gebrauchte »Weil-Form« anschließen, nur ist hier statt des bloßen »weil« ein »dergestalten, dieweil« gesetzt[111].

Zusammenfassend läßt sich sagen, daß die Haller Kanzleipraxis einige wenige, nur geringfügig voneinander abweichende Muster für die Verleihungsformel kannte. Das erste mehrfach benutzte Schema (Gnadentaler Form) unterscheidet sich von allen späteren darin, daß das Verleihen im Perfekt und im Präsens und der Verleihungsmodus schlicht mit zu »rechtem Erb« ausgedrückt wird. Die Muster nach 1496 verwenden nur noch das Perfekt[112], fügen aber dem »rechten Erb« noch Zusätze wie »stet« und »ewig« bei; auch enthalten die Formulare von 1496 bis 1534 meist noch eine besondere Zeitbestimmung (»weilen er und seine Erben das vergelten und verdienen mögen...«).

Die Formel »zu rechtem Erbe verleihen« stellt die Eindeutschung des lateinischen »iure hereditario concedere«[113] dar. Diese Wendung kommt schon zu Anfang des 13. Jahrhunderts in Würzburg vor[114]. Nach dem Aufkommen des Ausdrucks Emphyteuse[115] in Süddeutschland wird regelmäßig die Verleihung »zu Erb«, »iure hereditario« und »in emphyteosin« gleichgesetzt[116]. Diese Gleichsetzung von ius hereditarium bzw. ius emphyteuticarium mit dem Erb findet sich nicht nur in der Urkundensprache. Sie setzt sich in der Gesetzgebungstätigkeit vor allem des 16. Jahrhunderts fort[117] und wird auch schon früh in der Lehre bemerkt[118].

Da die Frage nach der materiellen Bedeutung der Klausel »zu Erb« gleichbedeutend mit der Frage nach der Rechtsnatur der Siedenserbleihen überhaupt[119] ist, wird sie im dritten Abschnitt behandelt. Hier beschränken wir uns im folgenden auf die Beifügungen »recht« sowie »stet« bzw. »ewig«, die regelmäßig in der Verleihungsformel enthalten sind. Die Beifügung »recht« könnte einfach aus der Übersetzung des »iure« in »iure hereditario

110) Vgl. U 92 (1524): *recht und redlich zue ainem rechten ewigen erbe verliehen und vererbt . . . also und mit solcher beschaidenheit;* auch 1526 (U 92), 1533 (U 100), 1534 (U 102).

111) 1526 (U 94/95), 1528 (U 97), 1534 (U 101).

112) Beide Zeitformen aber etwa noch in U 104: *das ich . . . vererbt und ubergeben hab und ubergib.* – Im 15. Jh. kommen beide Tempora noch 1483 (U 40), 1466 (U 39) und 1464 (U 37) vor. Vgl. auch 1415, U 23.

113) Zu concedere: Nach Rainer von Perugia ist concedere zu setzen, wenn eine unbewegliche Sache *iure condititio* (= zu bedingtem Recht) übertragen wird, vgl. ars not., cap. VII (ed. Wahrmund, S. 21). Rainer unterscheidet zwei Arten der Übertragung unbeweglicher Sachen, jene, die *cum proprietate* (mit der Eigenschaft), und jene, die »bei zurückgehaltener Eigenschaft« *(proprietate retenta)* mit »bedingtem Recht«, iure condititio, erfolgt. Im letzteren Fall soll dem Herrn eine Abgabe gereicht werden, wie bei der Emphyteuse, beim Libellarkontrakt u. ä. *(iure condititio, hoc est, quod pensio sive redditus vel aliquid inde domino vel quasi solvatur sive prestatur, ut in emphiteosim sive libellum . . . et similibus modis)*. Andernfalls ist tradere statt concedere zu verwenden. – Vgl. zur concessio noch u. S. 85. – Zum Anwendungsbereich von »leihen« in der deutschen Rechtssprache vgl. Schmidt-Troje (Babenhausener Recht), S. 21 ff.

114) Rosenthal, S. 38 ff.: Urkundenbeispiele, etwa U von 1214: *concessimus iure hereditario sub annuo censu possidendam (vineam).* – Vgl. auch die um 1100 datierenden Beispiele bei Schwind, S. 23 f., 27.

115) Nach Hagemann, ZRG GA 87 (1970) S. 181 soll der Ausdruck um die Mitte des 13. Jhs. im alemannischen Gebiet aufgekommen sein. Vgl. Fn. 181 ebd. und Matzinger, S. 87 f. (Urkunden vom Anfang des 14. Jhs., vgl. etwa U von 1347 – Solothurn – *jure emphyteutico seu hereditario vulgariter dicto Erblehn).* Vgl. auch Stingl (Würzburg), S. 82 (seit dem 14. Jh. *emphiteotico iure dimittere*).

116) Vgl. für Straßburg Schreiber, U Nr. 1 (S. 245) von 1402: Vor dem Offizial wird verliehen (locavit et concessit) *in emphyteosim perpetuam, quod vulgo dicitur zu eime rehten erbe*, ebenso U Nr. 2, 6, 8, 9, 14, 15, 17, 28, 29; das Elsaß: Beer, S. 15 (deutsch), S. 16 (latein, vgl. u. a. die Formel *concedere et locare in enphiteosim sive iure hereditario tenere et possidere); Keutgen*, S. 128 *(Zu einem rechten Erbe wird lateinisch in emphiteosim ausgedrückt);* Jaeger (Straßburg), S. 18.

117) Vgl. dazu die Zitate bei Buri, S. 934–937 (kurpfälzisches Landrecht u. a.).

118) Schon Jacobi, S. 39, Fn. 3, hat auf Dumoulin hingewiesen, der nicht zwischen Emphyteuse und Leihe trennen mochte *(ubi dicitur, non satis elucere, quomodo concessio in certum annuum reditum ab emphyteusi differat).*

119) Vgl. Salatiele, lib. quartus, instr. emph., gl. (a) (Orlandelli 2, S. 247[35]): *(a) in emphiteosim vel iure emphyteotico, et nota quod ex hoc cognoscitur quis contractus sit iste.*

concedere« erklärt werden. Man würde aber eigentlich als Übersetzung von »iure hereditario« im Deutschen ein »zu Erbrecht« erwarten und nicht »zu rechtem Erb«. Auch kommt bei anderen Rechtsgeschäften der Zusatz »recht« gleichfalls vor. Es wird etwa zu »rechtem« Kauf verkauft[120]. So möchte ich in der Beifügung eher einen urkundlichen Reflex der gemeinrechtlichen conventio legitima[121] sehen. Die Frage ist aber anhand von Erbleihebriefen allein nicht abschließend zu klären. Die Klausel kommt, wie gesagt, auch bei anderen Rechtsgeschäften vor.

In den meisten Urkunden wird mit dem Zusatz »recht und redlich« verliehen. Auch hinter dieser Wendung könnte eine Schuleinteilung von Rechtsgeschäften des gemeinen Rechts stecken: die Unterscheidung von utilia und inutilia negotia. Erstere entsprechen den »Rechten« (fiunt secundum iura), letztere laufen ihnen zuwider (contra iura fiunt)[122]. Möglicherweise sollte die Klausel »recht und redlich« bekräftigen, daß das Geschäft nicht gegen Recht und gute Sitten verstieß. Betrachten wir noch die Beifügung »zu stetem und ewigem Erb«. Auch hier scheint uns ein Blick in das gemeine Recht nützlich. Bisweilen wird danach ein Emphyteusenvertrag auf eine (bestimmte) Zeit abgeschlossen, bisweilen für immer (in perpetuum), dann auch auf eine Anzahl von Generationen, etwa bis auf die dritte oder vierte[123]. Diese Vielfalt der Gestaltungsmöglichkeiten in Bezug auf die Dauer einer Verleihung[124] führte dazu, daß die Urkundenpraxis eine Klausel in den Leihebrief aufnahm, die ausdrückte, ob es sich im jeweiligen Fall um eine Zeitleihe, Leihe auf Lebenszeit einer oder mehrerer Personen oder um Ewigleihe handelte[125]. Daher wird bei der eigentlichen Erbleihe der Verleihungsmodus durch den Zusatz »stet«, »ewig«, »stet und ewig« ergänzt. Es handelt sich dabei um die Eindeutschung des »in perpetuam emphiteosin concedere«.

Eine Reihe von Urkunden fügt dem »zu stetem und ewigem Erb« noch das »quamdiu solverit pensionem« in Form eines ausdrücklichen Zusatzes bei: »weyle er und sein erben das vergelten und verdienen mögen«[126]. Mit dieser Klausel wird die Erfüllung der dem Erbsieder auferlegten Pflichten zum Bestandteil des Verleihungsmodus erhoben[127]. Daß sie auch praktische Bedeutung erlangen konnte, zeigt der Prozeß Heuser/Müller von 1514. Der beklagte

120) U 21: *ze rechtem aigen und steten kauf.* Vgl. auch U 6 *(iusto vendicionis tytulo).*

121) Vgl. dazu Wesenbeck, zu D 2.14.2,3 (de pactis), nu. 4 (Sp. 119 o.l.). Zu der für die Klagbarkeit wichtigen Einteilung: Bartolus, prima super dig. vet., de pactis, legitima (Bl. 81); Jason, comm. in primam dig. vet., de pactis, legitima, nu. 2 (Bl. 156'/157). – Zur hereditas legitima im mittelalterlichen englischen Recht vgl. Lyttleton, § 1, S. 3 sowie Fn. S. 4 f. mit Erläuterung des Herausgebers.

122) Rainerius Perusinus, cap. viii (Wahrmund, S. 22): *In pactis quoque diligenter est precavendum, ne fiant contra iura,* cap. I (S. 3): negotia *utilia sunt, que fiunt secundum iura . . . Inutilia sunt illa, que contra iura fiunt, et ista sunt penitus vitanda. Nichil enim est, quod non iure fit.* – Salatiele, lib. sec., de pactis utilibus et inutilibus (Orlandelli 2, S. 96 ff., 96: *Inutilia vero pacta dicuntur que inita sunt vel contra leges . . . vel contra bonos mores vel que dolo manifesto sunt inita).*

123) Durantis, lib. iiii, part. iii, de emph., nunc aliqua, nu. 5 (Bd. 2, S. 275).

124) Jason, de iure emph., ius emph., nu. 6 (Bl. 164) im Anschluß an Durantis; die eigentliche Emphyteuse ist freilich ewigdauernd *(proprie dicitur emphiteosis quando est perpetua).* – Valasco, qu. 4, nu. 8 (S. 28).

125) Vgl. Salatieles viertes Erfordernis (capitulum) einer Emphyteusenurkunde: »ad quod tempus« (Orlandelli 2, S. 247[17]). Vgl. auch die Glosse zu »in terciam . . . generationem«, ebd. S. 248(a), die ein Beispiel für die Umsetzung der Rechtslehre in das Formular enthält. Wenn die Verleihung für immer geschehen soll, d. h. wenn das Gut weder dem Emphyteuta noch seinen Erben genommen werden soll, solange sie die Rechnung zahlen, dann soll der Notar setzen: *dedit et concessit in perpetuam emphiteosim.*

126) Auffällig ist, daß die sehr frühen Erbbriefe den Zusatz noch nicht und die sehr späten ihn nicht mehr kennen. Die zusätzliche Bestimmung kommt vor in U 37, 52, 58–64, 67–70, 72, 73, 74, 81, 84/85, 90, 91, 94/95, 97, 101. Sie fehlt in U 9, 13, 14/15, 20, 23, 26/27, 34, 92/93, 96, 100, 102; mithin in der Zeit von 1372 bis 1453 und dann wieder von 1524 bis 1534.

127) Dies und die Formulierung der Klauseln erinnern an Wendungen, die im englischen Recht einen determinable interest begründen; vgl. dazu Burn, S. 362–365. Zu der oft schwierigen Abgrenzung

Müller beruft sich darauf, daß Heuser sein Sieden laut Erbbriefs nur so lange sieden dürfe, *die weil er das sieden vergolten habe*[128]. Bemerkenswert ist nun, daß die in diesem Stil errichteten Urkunden den Verleiher gleichsam doppelt absichern. Der Rückfall des Siedens bei Nichtzahlung durch den Sieder ist ja auch noch ausführlich in dem alsbald zu besprechenden Gedinge- oder Pactateil der Urkunde geregelt. Teil der Verleihungsformel ist ferner gelegentlich eine Wendung, die das Nutzungsrecht des Beliehenen umschreibt: ihm wird verliehen..., das Sieden zu *haben und niezen*[129] oder zu *haben und sieden*[130]. Meist jedoch erscheint das »haben« bzw. »haben und halten« in der Bauhaltungsklausel[131]. Diese letztlich wohl aus dem Vulgarrecht überkommenen[132] Paarformeln[133] sind auch sonst bei Erbleiheurkunden üblich[134] und stellen keine Besonderheit gerade der Schwäbisch Haller Siedenserbleihen dar[135], wie ganz allgemein der Gebrauch der hier behandelten Klauseln und ihrer Bestandteile regelmäßig nicht ortsgebunden war.

Im weiteren Sinne gehören zur Verleihungsformel auch die Angaben der Erbbriefe über die verleihenden und beliehenen Personen. Was die Parteien der Erbverleihungen anbelangt, so weisen die Erbbriefe im Vergleich zu anderen rechtsgeschäftlichen Urkunden wiederum keine Besonderheiten auf. In der Regel wird der beliehene Sieder[136] mit Name, Beruf (dem Sieder) und Status (Burger zu Schwäbischen Hall) bezeichnet. Meist erscheint in den Erbbriefen nur der Sieder, gelegentlich wird auch die Ehefrau mitbeliehen[137]. Inwiefern das rechtliche Bedeutung haben konnte, läßt sich schwer sagen. Für Schwäbisch Hall wird der Güterstand der allgemeinen Gütergemeinschaft angenommen, in die auch die Errungenschaft der Ehegatten eingegangen sein soll[138]. Demnach dürfte es in der Regel praktisch belanglos gewesen sein, ob nur der Sieder oder auch seine Ehefrau beliehen wurde. Bezeichnend ist die gelegentlich auftretende Beleihung von Erbengemeinschaften ohne Angabe der auf die einzelnen Mitglieder (Geschwister und deren Ehegatten) entfallenden Anteile[139]. Diese Praxis entspricht der Unteilbarkeit des Erbsiedens[140].

zwischen interests upon condition und limitations ebd., S. 367 f. Ich sehe nicht, daß das kontinentale Recht eine ähnliche Distinktion entwickelt hätte, wie hier das englische Recht, dessen Liegenschaftsrecht weithin auf Urkundenklauseln beruht (dazu Holdsworth III, S. 102 ff., vor allem die Bracton-Zitate S. 102 Fn. 4, 103 Fn. 6). Die Brücke zum festländischen Grundstücksverkehrsrecht bildet wohl der Begriff der conditio im Sinne der Übertragung condititio iure Rainers (vgl. dazu u. S. 107).

128) U 79 (302).

129) U 1/2, 12, 37.

130) U 31, 40.

131) Anm. 215 ff.

132) Anm. 602.

133) Dazu ausführlich Matzinger, Paarformeln, S. 70 ff., mit Hinweis auf D 46.4.18.

134) Etwa Mattli (Graubünden), S. 86.

135) Vgl. im übrigen zu »habendum« Anm. 602.

136) Für die Verleiherseite lassen sich allgemeine Aussagen ohnehin nicht treffen. Je nachdem eine natürliche Person oder ein Kloster, Spital etc. verleihen, ergeben sich verschiedene Personen- und Amtsbezeichnungen. Man vergleiche die Urkunden.

137) U 92/93; Ehefrau auf V e r leiherseite mitgenannt: U 76.

138) Das Haller Ehegüterrecht bedürfte einer neueren Darstellung. Vgl. bis dahin die Mitteilungen v. Waechters, Württ. Privatrecht I, S. 767–772, und die dort angegebene Literatur; Hezel, Statutarische Rechte (HA B 165), Bl. 25 ff. Nach Hezel trat bei *ungedingter* Heirat zweier lediger (= vorher unverheirateter oder kinderlos verheirateter) Personen Gütergemeinschaft ein (a. a. O., Bl. 25': *so heurathen sie stillschweigend auf Stadtrecht, das ist, sie heurathen Guth und Bluth zusammen, und es bestehet zwischen ihnen die hierorts hergebrachte allgemeine Güther-Gemeinschaft,* Bl. 26: solche Eheleute *formiren eine ungetrennte gemeinschaftliche Vermögens Masse, alles was sie active & passive zusammenbringen, was sie ererben, was ihnen während der Ehe irgend woher anfällt, steht ihnen gemeinschaftlich pro indiviso und in solidum zu).* – Man halte dagegen die Aussage Joß Haugs Hausfrau in U 106 (909 f.)! Freilich kann es sich dort um eine verdingte (mit Ehevertrag geschlossene) Ehe gehandelt haben.

139) U 63, 84/85.

140) S. 63 f.

Die Verleihungs- oder Übertragungsformel enthält auch regelmäßig einen Hinweis auf die Erben des Beliehenen: das Sieden wird dem X und (allen) seinen Erben verliehen. Die Erbenklausel war allgemein üblich[141]. Nicht nur empfing der Sieder, auch der Herr verlieh für sich und seine Erben oder als Organ juristischer Personen für seine Nachkommen[142]. Die Erbenklausel findet sich regelmäßig auch bei den Bestimmungen des Gedingeteils der Urkunden, ohne daß darauf im folgenden noch einzeln hingewiesen würde.

3. DER VERLIEHENE GEGENSTAND

Zur Verleihungsformel gehört auch die Bezeichnung des verliehenen Gegenstandes (res quae conceditur[143]). Ganz überwiegend heißt in den Leiheurkunden die verliehene Sache »Sieden«. Was ein Sieden ist, umschreibt der Kaufbrief Stadtschreiber Konrad – Kloster Gnadental von 1333 in lateinischer Sprache als *coctura salis unius patelle, vulgariter dictam ein syeden*[144]. Ein Sieden wird schon verliehen in den frühesten erhaltenen Erbbriefen von 1372, 1397 und 1409[145]; der Ausdruck kommt dann ständig vor. Er taucht aber auch früher in anderen Urkunden auf. 1313 wird eine Gült auf Wernlin Zurns (Zürns) Sieden bestellt[146], 1320 eine Gült *uf dem siedene bi herrn Anhawes türlin* vermacht[147]; 1357 ist die Rede von *anderhalp sieden*, die Peter Kercher *wilunt zu lehen hete*[148]. Im 14. und vereinzelt noch im 15. Jahrhundert wird zur Bezeichnung des verliehenen Gegenstandes auch der Ausdruck »Pfanne« oder »Salzpfanne« verwandt. In der Denkendorfer Urkunde von 1312 heißt es, das Stift verleihe *unser salzphannen ..., diu haizet ain fûrval*[149]. In einem Fall erscheint an Stelle von Sieden oder Pfanne auch »Suhle« (Salzwasser)[150]. Diese Ausdrücke werden sonst in Leihebriefen jedoch nicht verwendet; nur in Denkendorfer Urkunden tauchen sie auf. Ebenfalls in Denkendorfer und in einem Fall in Gnadentaler Urkunden wird als Gegenstand der Verleihung neben dem Sieden auch das Haalhaus ausdrücklich erwähnt[151].

Anfangs wird schlicht »das« oder »ein« Sieden verliehen; später, nachdem auch Bruchteile von Sieden verliehen werden[152], setzen die Schreiber gerne: ein »ganzes« Sieden[153]. In den

141) Zur Erbenklausel zuletzt Lutz, Handelsgesellschaften, Band 1, S. 188 f. Bedenklich ist die Schlußfolgerung S. 189. Wenn eine Vertragsklausel römisches Recht ausdrücklich bestimmt, bedeutet das nicht ohne weiteres, daß dieses *noch nicht als fest rezipiert angesehen* wurde. In pactis quoque diligenter est precavendum, ne fiant contra iura, vgl. Rainerius, cap. VIII (ed. Wahrmund, S. 22). – Zur Bedeutung der Formel »and his heirs« im englischen Liegenschaftsrecht vor 1882: Burn, S. 152; Megarry-Wade, S. 50 f. (*›Heirs‹ was the sacred word of limitation, and had a magic which no other word possessed).*

142) Zur Unterscheidung zwischen Erben und Nachkommen: Mattli (Graubünden), S. 55 f.

143) Der nach Salatiele zweite »Muß«-bestandteil der Leiheurkunde *(res inmobilis que conceditur)*, vgl. Salatiele, ed. Orlandelli 2, S. 247[17], Glosse e.

144) U 6. – Vgl. noch die Straßburger Urkunde U 119 von 1596, wo von der Gerechtigkeit an *einer pfannen oder saltzsutt* die Rede ist.

145) U 9 (Barfüßer), 14 (Gnadental), 22 (Denkendorf).

146) U 3, s. auch U 5.

147) U 4.

148) U 7.

149) U 1/2, noch einmal 1446, U 28/29 (wieder Denkendorf); vgl. u. Anm. 198.

150) 1396, U 12 – Denkendorf – *ùnser halhus und sul.* – Zum Ausdruck Suhle vgl. die lat. Urkunden UB Hall N 35 (1245, *aqua salsuginis cum pertinentiis)* und N 50 (1257, *ius quod habetis in aqua fontis).*

151) U 12, 45, 75 (Denkendorf), 26/27 (Gnadental), vgl. auch den Kaufbrief von 1403 (U 21). – Nicht als Verleihungsgegenstand, wohl aber zur Bezeichnung der Lage der Sieden werden Haalhäuser oft erwähnt, vgl. u. Anm. 182.

152) Halbe Sieden: U 13, 37, 42, 64, 70, 76, 91, 100, 101. – Viertelsieden: U 72, 73, 102, 104 (5/4). – Eineinhalb Sieden: U 61. – Ein Sieden weniger 1/5: U 81.

153) U 42, 52, 63, 69, 81, 84/85, 96.

frühen Leihebriefen finden wir noch keine rechtliche Einordnung des Siedens. Allenfalls weist die Beifügung »unser« oder »mein« darauf hin, daß es dem Verleiher gehört[154]. Bei einigen um 1500 ausgestellten Urkunden, vor allem bei den Urkunden des Spitaltyps, wird das verliehene Sieden als »aigen«-Sieden des Verleihers näher rechtlich bestimmt[155]. Im Lauf des 16. Jahrhunderts wird die Unterscheidung der Rechtsverhältnisse an den Sieden in Eigentums- und Erbsieden herrschend. Dies drückt sich auch im Sprachgebrauch der Haller Kanzlei aus. So wird etwa 1559 nicht mehr »das sieden«, sondern die *erbgerechtigkeith vorgerürt siedens* verliehen[156].

Auch in Kaufbriefen geht das 16. Jahrhundert dazu über, als Verkaufsgegenstand nicht mehr statt wie bisher schlechthin das Sieden, sondern das »Eigen und Erb« oder nur das »Eigen« am Sieden zu nennen[157]. Ist nur ein Teil eines Siedens zu verleihen, nennt die Urkunde regelmäßig auch den oder die Inhaber der andern Teile[158]. Bei diesen Mitberechtigten wird zunächst die rechtliche Qualifikation ihrer Besitzrechte nicht ausdrücklich hervorgehoben, jedoch ist in früher Zeit regelmäßig das Eigen gemeint. Später, im 16. Jahrhundert, wird bei den Mitberechtigten jeweils unterschieden, ob sie zu eigen, erb oder erb- und eigen berechtigt sind[159]. Liegt das Sieden in einem Haalhaus mit zwei Sieden, nennt die Urkunde auch den oder die Inhaber des zweiten Siedens[160].

Wurden die verliehenen Sieden oft schon durch die Angabe der Mitberechtigten gekennzeichnet, so war doch vor der Numerierung der Haalhäuser[161] eine Orts- oder Lagebeschreibung bei jedem einzelnen Sieden nötig, damit Klarheit über die Identität bestand.

Im allgemeinen enthalten diese Lagebeschreibungen (1) die Angabe der Stadt, (2) nennen sie die Produktionsstätte, das Haal, (3) bestimmen sie die Lage des Siedens durch eine bekannte Örtlichkeit im Haal näher und (4) führen sie die unmittelbaren Nachbarn an. Eine typische Formel wäre etwa: Das Sieden, das zu Halle im Haal am Bürdenmarkt zwischen des X und Y Haalhaus (oder Sieden) liegt. Von diesem Schema weichen Urkunden gelegentlich ab. Frühe Denkendorfer Leihebriefe begnügen sich mit der Angabe, das Sieden *ze Halle* werde verliehen. Denkendorf hatte nur ein einziges Sieden, so daß diese Angabe zur Individualisierung ausreichte[162]. Von diesen wenigen Ausnahmen abgesehen, sind die Kennzeichnungen der

154) U 1/2, 12, 14, 22, 28/29, 37, 39; vgl. aber auch U 13 *(halb sieden . . . das derselb Dietrich ligend hat ze Halle)*, U 20/21 (Sieden, *das die selben frawen und ir egenant closter ligend haben)*, U 31 (es wird verliehen *von irs teyls und irer rechte wegen, an dem sieden, daz sie dann habent hie zu Halle)*, U 40 *(an dem sieden unsern tail und unsere recht, so dan unserem gotzhus Denckendorf zü stat)*, ebenso U 75. – Diese das Recht des Verleihers hervorhebenden Beifügungen mögen bezweckt haben, ihm einen späteren Eigentumsnachweis zu erleichtern.

155) Vgl. etwa U 58 *(des genanten spittalls aigen sieden)*, so auch U 59–62, 67, 90, 92/93.

156) U 113.

157) Vgl. dazu den Prozeß Melchior Wenger gegen Philipp Büschler (1569/70, StAH 9/14). Wenger hatte ⅓ Sieden mit allen seinen Zugehörden und Rechten gekauft. Die Beklagtenseite bestritt, daß er damit auch das Erb erworben habe. Die daraufhin befragten Viermeister des Haals vertraten die Auffassung, der Kaufbrief umfasse auch das Erb: *Dan dise wort in sein des Wengers brief (mit allen desselben drittentheils zugehördten und rechten) halten sie so cräftig, das sie das erb und aigen in sich begreifen . . . Und sagt sunderlich Machnus (!) Maier alß der älter, wan einer schon vor jaren erb und aigen mit einander verkhauft oder khauft, sey es nit brüchig* ⟨*noch*⟩ (gestr.) *gewesen, das man beydes mit namen* ⟨*und*⟩ (über der Zeile eingef., gestr.) *in specie und underschidlich in vertigungs brief gesetzt, sunder allein: ich gib dir mein sieden etc. mit aller seiner zugehördten und rechten . . . itzund aber pfleg man in die brief zusetzen: ich gib dir erb und aigen oder aber eines allein zu khaufen* (a. a. O., Nr. d). – Vgl. zu der Frage, ob mit der Übertragung des Eigentums auch das Erb übergehe, den Prozeß StAH 9/11 (1565).

158) U 37, 64, 70, 72, 73, 76, 81, 84/85, 91, 96, 101.

159) U 42, 69, 100 (das ander Halbteil ist Autenriets *erbs und aigens*), 104.

160) U 41, 52, 59, 61, 63, 69, 70, 91, 104.

161) S. 115.

162) Vgl. 1/2, 12, 22, 28/29 und Weber, Denkendorfer Sieden, Haalquell, 1978, Nr. 1, S. 2; Nr. 2, S. 3 f.

Sieden durch die Ortsangaben sehr genau. Sie erlauben noch heute eine wenigstens ungefähre Vorstellung, wo die Siedstätten und Haalhäuser gelegen haben.

Im einzelnen beginnt die Lagebeschreibung mit der Nennung der Stadt, regelmäßig nur als Hall bezeichnet[163]; »Schwäbisch« Hall schreiben lediglich eine Gnadentaler und die Adelberger Urkunden[164]. Vereinzelt findet sich der Zusatz »zu Hall in der Statt«[165]. Darauf folgt ebenfalls regelmäßig[166] die Angabe »im Haal«[167]. Gelegentlich fehlt der Name der Stadt, dann heißt es nur »im Haal«[168]. Unter den zum Haal gehörenden Örtlichkeiten werden in den Lagebezeichnungen häufig genannt: der Salzbrunnen (Suhle, Suhlfluß)[169], die Hohe Gasse[170], Hohe Haalgasse[171] oder Suhlengasse[172], die Hennenschmiede[173], der Bürdenmarkt[174], der Block[175], das Sulfertor[176], das Obere[177], Untere[178] sowie das Stegtürlein[179], das Herlinsgäßle[180]. Schließlich umgrenzen die Urkunden die Lage des Haalhauses oder Siedens nach der bekannten und für Liegenschaften allgemein gültigen alten Notarsregel[181] durch benachbarte Sieden, Haalhäuser oder sonstige Örtlichkeiten[182]. Üblicher Bestandteil der Verleihungsformel war ferner die Zubehörklausel, meist in Gestalt des Zusatzes »mit allen Zugehörden und Rechten«[183].

163) Übliche Form: *ze Halle, zu Hall,* vgl. U 1/2, 9, 12, 13, 14, 20/21, 26/27, 28/29, 34, 37, 39, 52; die Urkunden des Spitaltyps U 58–62, 67, 90, 92/93. – Rückschlüsse auf den Ausstellungsort erlauben die Urkunden mit der Wendung »(all)-hie zu Hall«: U 64, 69, 70, 72, 73, 76, 96, 102.

164) U 68 (Gnadental), 94/95, 97, 101 (Adelberg).

165) U 12, 68.

166) Hinweis auf das Haal fehlt in U 1/2, 12, 22, 28/29, 40, (Denkendorf); 39, 76, 104, (113).

167) U 9, 14, 20/21, 26/27, 31, 34, 37, 52, 58–62, 67, 68, 69, 84, 85, 90, 92/93, 94/95.

168) U 41, 42, 45, 75, 81, 91.

169) Die geraden Zahlen bedeuten Leihebriefe, die kursiven sonstige Urkunden, in denen die aufgeführten Plätze zur Kennzeichnung von Sieden oder Haalhäusern erscheinen. In den Klammern werden die Verleiher genannt. U 39 (St. Franziskus-Altar, *bey der Sulen*), 41 (Blank, *ob der Sulen*), 45, 75, (Denkendorf, *am Suhlfluß*), 84/85 (Denkendorf, beim Öshäuslein am Suhlfluß), 91 (Schwab); *47, 83, 99.*

170) U *3, 5, 6, 25;* 58 (Spital).

171) U *109.*

172) U 100 (Eisenmenger).

173) U *48,* 70, 81, 96 (Martinsaltar), 102 *(Eckhaalhauß bey Hennenschmitten hinunter, zwischen denen gäßlen zu beedenseiten).*

174) U 14, 42, 60, 63, 70, 76, *87,* 104.

175) U 61 (Spital, *beim Block hin hinter),* 97 (Adelberg, *am Block*), 104 (Blank).

176) U 26/27, *46* (Gnadental), 52 (Lienhartsaltar, *oben in der gaßen bey dem Sulfer thor*), 59 (Spital, *bey dem Sulffer thor im gäßlin*), 62 (Spital), *107, 108, 115, 118 (beym Sulferthor im geslin).*

177) U *88,* 90 (Spital), 92/93 (Dreikönigsaltar, im Gäßlein beim Obern Türlein).

178) U *87 (zwischen dem Burdinmarkt und dem Vntern thürlin).*

179) U 9 (Barfüßer, Stegtürlein am Suhlfurt).

180) U *116.* – Vgl. noch U *4 (bi herrn Anhawes türlin).*

181) Rainerius Perusinus, ars. not., cap. XXX., Carta emphiteosis . . . (ed. Wahrmund, S. 39): *(dedit) talem rem in tali loco a mane cuius possidet talis, a meridie talis, a sero talis et desubtus talis;* Salatiele, instrumentum emphiteosis . . ., (ed. Orlandelli 1, S. 145 f.): *(concessit) rem positam in tali loco cuius hii sunt confines;* und ebd., S. 147, Glosse (n) zu confines: *ab uno latere possidet talis, ab alio talis, ab alio est via publica vel si qui alii sunt confines;* vgl. auch ebd. 2, S. 247 f. – Vgl. dazu etwa als Beispiel U 6.

182) In den meisten Fällen erfolgt die Eingrenzung mit »zwischen«: U 20/21 *(sieden . . . zwischen dez alten Schultheissen und Wernher Heyols sieden),* 26/27 *(zwischen dem sieden, das an st. Ottilien altar und pfründt in dem Siechen spithal zu Hall gehört und der statt zu Hall sieden),* 34, 37, 58, 60–62, 64, 67, 68, 76, 81, 90, 92/93, 94/95, 96, 97, 100, 102. – Vgl. weiter die Wendungen in U 13 *(einhalb an desselben Hansen Neyfers halbe sieden),* 52, 63 *(gelegen einerhalb an das Gäßle und anderhalb an des spithals sieden stoßend),* 69 *(haalhaus zu nechst bey Jorgen Müllers hauß gelegen),* 70, 84/85 *(in dem halhauß . . . ahn der Plintzing halhauß und hinden ahm Sulring stossendt),* 91 (Sieden, *das da hinden an der von Gnadental halhauß und vornen zu allen seiten an die Sule stosset),* 101, 104.

183) So in U 28/29, 41, 52, 58–64, 67–70, 72, 73, 76, 81, 84/85, 90–93, 96, 100, 102. – »Mit seiner Zugehörde«: U 12, 26/27, 34, 37, 104. – U 9: *mit allem dem, das darzů gehort, gesůcht und ungesůcht.* – U 13: *das halb sieden und was zu dem selben halben sieden gehört.*

Die Kennzeichnung durch Ortsbeschreibungen in den Leihebriefen deutet an, daß das verliehene Sieden als ein liegendes Gut gedacht und rechtlich als Grundstück, res immobilis, behandelt wurde (»das Sieden, gelegen im Haal etc.«[184]). Hufnagel hat das anschaulich ausgedrückt: Die Sieden wurden *real gemacht*[185]. Freilich ist es ungenau, wenn er schreibt, sie seien auf die »Hütte« (das Haalhaus) real gemacht worden. Die Sieden sind vielmehr mit den in den Haalhäusern befindlichen Siedstätten (loca) verknüpft gewesen[186]. Praktisch bedeutsam ist diese Unterscheidung freilich nur, wenn ein Haalhaus mehrere Stätten hatte. Die Verbindung mit einer Statt ist für alle Sieden bis zum Ende der alten Salinenverfassung nach 1800 beibehalten worden.

Die Siedstatt erscheint bereits in einer Urkunde von 1291 als *decoquendi sal locus,* der in Hall im Haalhaus belegen ist *(situm in civitate Hallis in nostra saline domo)*[187]. Das fragliche Haalhaus hatte drei dieser loca und sollte in Zukunft nur noch zwei enthalten. Zu jeder der drei Stätten gehörten vier Eimer Suhle. Die Urkunde spricht von Pertinenz *(eedem quatuor urne ad prescriptum locum aliquando pertinebant).* Aus ihr ergibt sich ferner, daß Eimer, die ursprünglich zu einer Statt gehört haben, einer oder zwei anderen Stätten »zugeschrieben« (assignare) werden können. Die Eimer der ehemals dritten Statt sollten künftig auf den beiden verbleibenden versotten werden[188].

Suhle, die keine Statt hatte, d.h. nicht mit einer Liegenschaft im Haal verbunden war, konnte nicht versotten werden. Ein solches Sieden besaß das Kloster Adelberg. Das Sieden (gemeint ist hier: die Sole) war *vül zeytt zue wasser geflossen.* Der dem Kloster zustehende Anteil Salzwasser konnte nicht genutzt werden. Adelberg schloß daher 1429 einen Vertrag mit dem Rat der Stadt Hall. Der Rat wollte das Sieden *bestettigen* und ihm *statt geben.* Als Gegenleistung erhielt er das halbe Sieden[189].

Wie beide Urkunden zeigen, waren die Eimer Suhle bzw. die Sieden als Pertinenzien, Zubehörstücke einer Statt im Haal angesehen worden. Dann konnte aber durch die bloße

184) Vergleichbare Verleihungsgegenstände aus dem Mittelalter wären etwa gewerbliche Kleinunternehmen wie Brot- oder Fleischbänke (macellae). Zu letzteren vgl. neuerdings Nikolaus Grass, Aus der Rechtsgeschichte des banngrundherrlichen Gewerbes im alten Tirol unter besonderer Berücksichtigung des Metzgerhandwerks, in: Festschrift Elsener, S. 118 f. – Schon sprachlich war natürlich das verliehene Sieden nicht gleichzusetzen mit der Siedstatt, auf der ein Solebezugsrecht ruhte. Der Ausdruck Sieden umfaßt wohl auch das Siedgeschäft selbst, den Produktionsvorgang oder das Siedwerk im Sinne des lat. opus. So könnte man in Anlehnung an den Begriff Bergwerk von einem »Siedwerk« sprechen; vgl. allgemein zur Unternehmens- und Bergwerksleihe Ebel, Über den Leihegedanken in der deutschen Rechtsgeschichte, Vorträge und Forschungen V, S. 18 f. Praktische Folgen hat diese Erkenntnis aber nicht, jedenfalls für Schwäbisch Hall. Die Sieden und später die verschiedenen Siedensgerechtsame wurden stets als Grundstücke bzw. grundstücksgleiche Rechte behandelt. Ob es in diesem Zusammenhang sinnvoll ist, von »Kuxen« und »ideellen Anteilen« zu sprechen (vgl. Matti, Besitzverhältnisse, S. 99), mag hier ebenfalls dahinstehen. Vgl. über Bergteile jetzt Klaus Kammerer, Das Unternehmensrecht süddeutscher Handelsgesellschaften in der Montanindustrie des 15. und 16. Jahrhunderts, Diss. iur. Tübingen 1977, S. 161 ff.

185) Beleuchtung, S. 14, Fn. – Vgl. auch die Suhlenbauliste U 49 (386): *Item es sind im boden des Hals von sieden i^c^xi sieden,* sowie U 50 (695): *sieden mit grund und boden* (innehaben). – Daß die Sieden als Liegenschaften behandelt wurden, beweist auch die Tatsache, daß sie mit Gülten belastet waren, vgl. U 49 (419 f.): *Die, so gültn und zinßgeld auf den sieden haben und sunst nichts im boden.*

186) Eine Statt im Haalhaus ohne Siedrecht ist eine »leere Statt«, vgl. den Kaufbrief Hans Merstatt/Hans Wetzel vom 17. 1. 1516: *ain lere stat, die nit suln hat . . . im halehauß* (Abschr. HA A 537, 2 Bll., Sign.: copia N. 3). – Zur Statt aus rechtssprachlicher Sicht vgl. mit reichem Material Karl S. Bader, stat. Kollektaneen zu Geschichte und Streuung eines rechtstopographischen Begriffs, in: Blätter für deutsche Landesgeschichte 101 (1965), S. 8–66.

187) WUB XI Nr. 5717.

188) Das Geschäft sollte die Zahl der Siedstätten im Haalhaus verkleinern und gleichzeitig deren Kapazität erhöhen – Rationalisierung im 13. Jh.

189) StAH 4/141 Bl. 4' (s. u. S. 144).

Übertragung einer solchen Statt zugleich auch die Suhle mit übertragen werden. Dergleichen scheint 1360 geschehen zu sein. In diesem Jahr übergab Kristin, Ulrich Schultheissen Tochter, dem Kloster Gnadental zwei Stätten und eine halbe Hofstatt[190]. Der alte Rückvermerk lautet: Kristin Schultheiß *ubergibt... zwo sieden.* Im Urkundentext selbst findet sich das Wort »Sieden« nicht. Demnach muß, wenn sich der Schreiber des Rückvermerks nicht geirrt haben soll, zum Zubehör der zwei Stätten jeweils ein Sieden gehört haben.

Aufschlußreich für das Verhältnis Siedstatt und Sieden (Suhle) ist die Harlung-Urkunde von 1415[191]. In einem Tauschgeschäft erwarb der Sieder Ulrich Harlung zwei Stätten *(Syferlin von Esslingen stat* und *Cuntzelmans stat)* ohne Suhle. Diese Suhle, die »vormals« auf die genannten Stätten gehört hat, wurde ihm aber zu Erb (zur Nutzung) verliehen. Das Zubehör Suhle konnte also von der Statt, auf der es ursprünglich lag, getrennt und gesondert verliehen werden. Immerhin blieb durch die Verleihung zur Nutzung auf den von Harlung erworbenen Siedstätten der Zusammenhang zwischen Suhle und Siedstatt gewahrt.

Das Recht auf den Bezug von Sole ist wohl richtigerweise als Schöpfgerechtigkeit (aquae haustus) anzusehen. Von hier aus ergibt sich auch eine Deutung der Verknüpfung von Wasserbezugsrecht und Anteil am Grund und Boden des Haals: Sie entspricht der gemeinrechtlichen Einordnung der Schöpfgerechtigkeit als einer Prädialservitut[192].

Spätestens seit der Zeit des großen Suhlenbaus von 1496 bestanden im Haal (»sind im Boden des Haals«) 111 Sieden, deren jedes 20 Eimer umfaßte[193]. Diese homogene Aufteilung der Siedrechte in gleichgroße Einheiten ist jedoch erst im 14. oder 15. Jahrhundert entstanden. Ursprünglich kamen – auch oder ausschließlich? – wesentlich kleinere Siedstätten als jene mit 20 Eimern vor. Eine Urkunde von 1225 erwähnt *septem furnalia cum viginti octo urnis salsuginis*[194], sieben Feuer- oder Siedstellen[195] mit insgesamt 28 Eimern Suhle. Hier hatte ein Siedplatz also nur vier Eimer. Nicht anders war es in der schon erwähnten Urkunde von 1291 (drei Stellen mit je vier Eimern)[196]. Offensichtlich bestand hier ein Vierersystem[197].

Aus der Vier-Eimer-Siedstelle hat sich möglicherweise die *fûrval*[198] genannte Pfanne mit 16 Eimern entwickelt, die 1231 auftritt[199]. 1312 verleiht Denkendorf ein solches 16 Eimer

190) U 8.
191) U 23.
192) D 8.3.20.3. – Vgl. dazu WESENBECK, de servitutibus rusticorum praediorum, Tit. III, dig. lib. VIII (Sp. 313 C/D), und de servitutibus et aqua, Tit. XXXIIII, Cod. lib. III (Sp. 189 C).
193) U 49. – Zur Zahl 111: Nach SIEBS, Weltbild, symbolische Zahl und Verfassung, S. 61 f., soll die Aneinanderreihung gleicher Zahlen Sinnbild einer größeren Menge sein. Vgl. dort auch zur Bedeutung der dreifachen Setzung ein und derselben Zahl (die Drei als Zahl, die »ihrerseits Erneuerung und Mehrung verbürgt«) und allgemein zur Dreizahl ebd. S. 51 ff.
194) WUB V S. 415 ff.; Reg.: UB Hall N 16. Die Eimer sind im Besitz des Klosters Elchingen gewesen, vgl. dazu auch U 18.
195) Anders als PIETSCH (UB Hall N 16) möchte ich »furnalia« lieber wörtlicher mit Siedstätten denn als Pfannen übersetzen. Pfanne entspricht dem lat. patella und bezeichnet später regelmäßig ein Sieden von 20 Eimern.
196) S. o. Anm. 187.
197) Vgl. etwa in der Liste von 1306 (UB Hall N 179) die Berechtigten, die 4, 8, 12 und 16 Eimer besaßen. Letztlich ist ja auch die 20 durch vier teilbar (5 x 4).
198) Vier x vier Eimer, vgl. dazu die Deutungsversuche bei PIETSCH, UB Hall, Anm. 1 zu U 9. Den Zusammenhang mit der Zahl vier halte ich für vertretbar, nicht aber die etwas gezwungene Vorstellung vom »Würfel«. Die Vier dürfte in der ersten Silbe »fûr« stecken; dann bliebe noch die zweite Silbe »-val« zu deuten; vgl. dazu HERMANN FISCHER, Schwäbisches Wörterbuch, Bd. 2, Sp. 1457 (»Feuerfall«). Die wahrscheinlichste, aus Einzelergebnissen der Versuche Pietschs und Fischers kombinierte Deutung ist wohl »Vierfall«, d. h. Sieden, gebildet aus der Zusammenlegung von vier kleineren, jeweils nur vier Eimer fassenden Sieden zu einem größeren, aus 4 x 4 = 16 Eimern bestehenden Sieden. »-fall« stünde dann für Recht, Siedensrecht, Sieden; vgl. dazu Fischer a. a. O.
199) Vgl. auch die Schenkung von 16 Eimern 1266, WUB VI Nr. 1865; Reg.: UB Hall N 64.

enthaltendes Sieden[200]. Die Festlegung aller Siedstätten auf durchweg 20 Eimer kann daher nicht vor 1291 bzw. 1312 erfolgt sein. Auch das Verzeichnis der Salineberechtigten von 1306[201] läßt eine solche Vereinheitlichung nicht erkennen. Dagegen ist spätestens 1447 aus dem 16-Eimer-Sieden *(fûrval)* Denkendorfs ein volles Sieden mit 20 Eimern geworden, von denen allerdings vier dem Geschlecht der Senfften zustanden[202]. Nachdem Denkendorf wegen der vier Eimer aber schon 1427 durch Vermittlung der Stadt Esslingen in Hall vorstellig geworden war[203], muß die Aufstockung des Siedens in der Zeit eines guten Jahrhunderts zwischen 1312 und 1427 erfolgt sein. Vielleicht ist in diesem Zusammenhang von Bedeutung, daß die Denkendorfer Leihebriefe den Ausdruck Sieden zum erstenmal 1409 gebrauchten[204], während es 1396 noch hieß: *unser halhus und sul*[205].

4. BAUHALTUNG

Der auf die Verleihungsformel folgende Teil der Leiheurkunden enthält die Gedinge oder pacta, die Bestimmungen oder Modalitäten, unter denen das Sieden verliehen wurde. Dazu gehört vor allem die Pflicht zur Bauhaltung und zur Zahlung der jährlichen Pacht, der Rechnung. Dieser Urkundenteil ist schon durch die Urkundensprache klar von der Verleihungsformel abgegrenzt. Er wird in unseren Siedensbriefen meist mit der Wendung »also, daß«[206] oder »also bescheidentlich«[207] eingeleitet. Unschwer erkennen wir im »also, daß« die Konjunktion »ita, quod« lateinischer Urkunden wieder[208]. »Bescheidenlich« dürfte die deutsche Entsprechung von »ea ratione« oder »ea conditione«[209] sein. »Sic«, schreibt der

200) U 1/2. – Man beachte den Unterschied in der Formulierung. Die von Propst und Konvent gesiegelte Ausfertigung spricht von der *saltzphannen, . . . diu haizet ain fûrval*, während der vor Schultheiß, Bûrgermeister und Rat zu Hall ausgefertigte Gegenbrief den Ausdruck Pfanne (korrekter?!) meidet: *ir sieden sehtzehen eimer sulen ze Halle, die da haizent ain furval.*

201) UB Hall N 179.

202) U 30. – Die Zusammenlegung von Siedrechten, so daß am Ende ein 20er Sieden entsteht, läßt sich auch bei anderen, etwa dem komburgischen Sieden, beobachten. Man vgl. nur den Stand nach UB Hall N 179 von 1306: 8 Eimer, und jenen von 1494: noch immer 8 Eimer, nun aber als Teil eines Siedens mit 20 Eimern; die übrigen 12 Eimer gehören Konrad Vogelmann, vgl. U 49 (363, 414).

203) HA B 935 Bl. 188'.

204) U 22.

205) U 12.

206) Also, daß; daß: U 1/2, 9, 42, 45, 63, 66 (keine Leihe!), 75, 83, 112; doch also, daß: U 94/95, 97, 101 (Adelberg!).

207) Die häufigste Konjunktion ist »also und mit der (solcher) bescheidenheit, daß«, »also bescheidenlich, daß« oder »und auch also bescheidenlich, daß«: U 13, 14, 15, 20, 23, 26/27, 34, 37, 41, 52, 58–62, 64, 67, 68, 69, 70, 72, 73, 76, 81, 84, 90, 92, 93, 96, 100, 102. – Besonderheiten in der Formulierung bieten U 12 *(also mit sölicher gedingde und beschaidenhait, daz)*, U 17 *(und also daz;* Gerichtsbrief), U 22 *(Und sol er die gûlt . . . geben)*, U 28/29 (verleihen *umb ein järliche gûlt)*, U 39 *(Auch haben sie mir mit hand geben trewen gelobt)*, U 40 *(bestanden also und mit solichem bedingk wie hernach volget)*, U 85 *(Und auch also mit der beschaidenheit und gedingen, das)*, U 91 *(doch also und der gestalt, das)*, U 110 *(Doch auch mit der sondern beschaidenhait* – Testament!), U 113 *(dergestalt, das . . . Doch ist hierinnen sonderlich abgeredt und bedingt).*

208) Frühe urkundliche Belege für das »ita, quod« und ähnliche Formen etwa bei Arnold, S. 316 f., U des Stifts St. Peter v. 1245: *iure hereditario in perpetuum concessimus possidendam, ita quod;* S. 310 (dasselbe Stift, U v. 1245): *concessimus . . . ita ut.* – Andere Formen: S. 319 (U v. 1250, St. Peter): *concessimus . . . tali addita pactione, quod;* S. 310 (U v. 1233, St. Peter): *concessit hoc pacto.* – »Ita, quod« und »hoc pacto« wurden also gleichbedeutend verwandt.

209) Vgl. wieder die Beispiele bei Arnold, S. 337, U v. 1270 – St. Albansstift: *Tali interposita condicione, quod;* S. 329, U v. 1267 – Domstift: *concessi . . . Est etiam condictum;* S. 326, U v. 1262 – Domstift: *concessimus . . . Hac condictione adiecta, quod;* S. 412 f., U v. 1305 – der Offizial beurkundet: *locavit sive concessit . . . sub pactis et condicionibus infra scriptis;* S. 407 ff., U v. 1303 – Schultheiß von Basel

Kommentator des savoyischen Statutarrechts Anton Sola, *sic, id est, hoc pacto.* [210]. Diese knappe Bemerkung bezeichnet die rechtliche Bedeutung der Urkundenklausel »also, daß« am treffendsten und zugleich am kürzesten. Der Gebrauch des »ita, quod« war auch nicht etwa auf das europäische Festland beschränkt; die englischen Urkunden begründeten damit einen estate upon condition[211]. Mit conditio, Bedingung, ist hier natürlich jeweils nicht das künftige ungewisse Ereignis der §§ 158ff. BGB gemeint, sondern eine *Festsetzung, Nebenvertrag, beigefügte Modalität* (von Waechter)[212].

Der Sieder mußte das Haalhaus und die dazugehörigen Gerätschaften in gutem Zustand erhalten. Die meisten Leihebriefe erwähnen diese Pflicht noch vor der Bestimmung über die Zahlung der jährlichen Abgabe (Rechnung)[213]. In der Übernahme der Bau- und Unterhaltungspflicht durch den Sieder dürften die geistlichen und ein Teil der weltlichen Siedensherren den wirtschaftlichen Vorteil gesehen haben, der sie entscheidend zur erblichen Vergabe ihrer Güter veranlaßte. Die Siedensherren haben ja durch die Verleihung nicht oder jedenfalls nicht nur eine Vermögenseinbuße erlitten. Der Verleiher hat zwar durch die Leihe etwas weggegeben (das nutzbare Recht, dominium utile), und seine Rechtsstellung war damit gemindert. Er bekam aber nach wie vor die Rechnung, die jährliche Abgabe. Darüber hinaus gewann er einen handgreiflichen Vorteil, die Befreiung von der Unterhaltungs- und Baulast, die mit der Verleihung dem Sieder auferlegt wurde. Wenn sich die meisten weltlichen Siedensherren trotzdem lange gegen eine Vererbung sträubten, dürften sie ihre Gründe gehabt haben. Vielleicht hielt sich der Stadtadel mit dem Gewähren dauerhafter Besitzrechte zurück, weil die Kündbarkeit ein politisches Machtmittel bedeutet haben mag. Ein Sieden erzielte auch beim Verkauf größere Summen, wenn es nicht mit dem Erbrecht eines Sieders belastet war[214]. Für die geistlichen Siedensherren war der Verkaufswert weniger wichtig. Sie konnten infolge des kirchlichen Veräußerungsverbots für Liegenschaften im Regelfall ohnehin an eine solche Verwertung ihres Siedensbesitzes nicht denken.

beurkundet: Es wird verliehen *ze einem rechten erbe . . . also das man den lehen herren ierlich davon geben solte.* – Bemerkenswert auch U v. 1303 – St. Leonhard (S. 406), wo der Ausdruck »modus« vorkommt (deutsch etwa: »dergestalten«?): es wurde verliehen *sub modis etiam et condicionibus infrascriptis.* – Zum Teil schon sehr frühe Beispiele auch bei SCHWIND, S. 23 f., 46 f.

210) De iure emph., glossa sexta, nu. 1 (S. 68).

211) Vgl. LYTTLETON, § 325 ff. über estates on condition; Worte, durch die ein estate upon condition erzeugt wird (§ 328): *Item, divers parolx entre les autres y sount, que per vertue deux mesmes fount estates sur condicion, un est le paroll de condicion: sicome A enfeoffa B. de certeyne terre, »Habendum et tenendum eidem B et haeredibus suis, sub condicione, quod idem B et heredes sui solvant seu solvi faciant praefato A. et heredibus suis annuatim talem redditum;* ebd., § 329: *Proviso quod (solvat); Ita quod . . . solvat.*

212) Wie heute noch im Vertragsrecht unter Bedingung die Vertragsnorm verstanden wird, vgl. FLUME, Allgemeiner Teil, II., Kap. 9, § 38 (S. 677). – Schon CARL GEORG VON WAECHTER, Geschichte des Württembergischen Privatrechts, S. 690 f., Fn. 6, hat bemerkt, daß der Ausdruck Bedingung im Württembergischen Landrecht selten gebraucht werde, wenn überhaupt, dann im Sinn von Verabredung, Festsetzung, Paciscíren; Geding werde gebraucht für *Festsetzung . . . Nebenvertrag, beigefügte Modalität.*

213) So in U 14/15, 20, 23, 26/27, 34, 39, 52, 58–64, 67–70, 72, 73, 76, 81, 83, 84/85, 90–97, 100–102, 104. Lediglich U 9 (Barfüßerkloster, 1372) und U 22, 28/29, 31, 40, 45, 75 (Denkendorfer Leihen) erwähnen zuerst die Zahlungspflicht. – Vgl. zur Bauhaltung in den Regionaluntersuchungen zur Erbleihe: BEER (Elsaß), S. 55 f.; FEIN (Ansbach), S. 160 ff.; JAEGER (Straßburg), S. 33; MATTLI (Graubünden), S. 125 ff.; ROSENTHAL (Wirzburg), S. 41 ff.; SCHWIND, S. 74 f.; STINGL (Würzburg), S. 151 ff.; WOPFNER (Deutschtirol), S. 151 ff. Vgl. noch FISCHER (Köln), S. 55 f.; SCHMIDT-TROJE (Babenhausener Recht), S. 57 f.

214) Die Geschwister Schwab bedingen sich bei der Erbverleihung ihres halben Siedens an Jörg Seiferheld (1524) aus, Seiferheld solle, wenn die Verleiher das Sieden verkaufen wollten, *allen fleiß . . . thun und verhelfen,* damit sie das halbe Sieden ohne ihren Schaden verkaufen könnten *(wie dann andere sieden der zeit im werd sein).* Die Klausel ist nur so erklärbar, daß das mit Erb belastete Sieden an Verkaufswert verliert und daß der Sieder im Verkaufsfall diesen Verlust ersetzen muß (U 91). Vgl. in diesem Sinne auch die Einlassung Büschlers im Prozeß Meißner/Büschler von 1537: Das Verleihen auf Lebenszeit hätte ihm, Büschler, *im verkaufen zu grossem nachtail geraicht* (StAH 9/7 Nr. 2). – Die Erbleihe war, wie im Text

Die Urkundenklauseln, in welche die Bauhaltungspflicht gekleidet wurde, lauten in den beiden am häufigsten vorkommenden Wendungen: der Sieder soll das Sieden mit seinen Zugehörden und Rechten »in gutem wesenlichem Bau haben«[215] oder »allwegen in gutem wesentlichem Bau haben und halten«[216]. Zu »gut« und »wesentlich« treten gelegentlich andere Beifügungen: »recht«, »redlich«, »ungefährlich«[217]. Was im einzelnen zum Bau gehörte, wird nicht gesagt; nur die beiden frühesten Erbleihbriefe sind hier ausführlicher. Das Barfüßerkloster legte 1372 seinem Sieder auf, das Haalhaus alle Jahre zu »bessern« und zu »machen«, wenn es not tue, *es si inwendig oder usswendig, es si an nohen, an butten oder wa es sin bedarf zů buwen*[218]. 1397 verlangte Gnadental von dem beliehenen Snelbolt, innerhalb eines Jahres nach der Verleihung neue Haalhäuser zu errichten *(söllen er oder sin erben die selben sieden inwendig diser jares friste als diser brief geben ist von niüwem bezimren mit niüwen halhüsern on unsern schaden)*[219]. Daneben ist der übliche Bauhaltungsvermerk angehängt (er und die Erben sollen die Haalhäuser allweg in *rehtem bůwe haben*); das Neubezimmern war also zusätzlich (ausdrücklich) in den Vertrag aufgenommen. Das eben genannte Beispiel zeigt deutlich, worum es den Siedensherren eigentlich beim Verleihen ging: um die Abwälzung der Investitions- und Unterhaltslast auf die Sieder. Auch der Harlung-Erbbrief von 1415[220] bestätigt diese These.

Die Schreiber begnügten sich nicht damit, die Pflicht zur Bauhaltung mit den genannten Wendungen in die Leiheurkunden einzuverleiben. Sie fügten regelmäßig auch noch hinzu, die Bauhaltung solle zu Lasten des Sieders gehen. Dazu wurde die Klausel »ohne unseren (scil. des Verleihers und seiner Erben) Schaden« angehängt. Häufig ist die »ohne Schaden«-Klausel in den Urkunden etwas weiter nach unten gerutscht. Sie steht dann nach der Bauhaltungs- und der Zahlungsklausel (»alles ohne unsern oder unserer Nachkommen Kosten und Schaden nach des Haals Recht und Gewohnheit«)[221].

Prozesse um Erb und Lehenschaft zeigen die Bedeutung der Bauhaltung als eines leicht nachprüfbaren Indizes für das Recht der streitenden Parteien. Die Frage, wer das Sieden in »Bau

gezeigt wurde, also nicht etwa schlechthin die für den Beliehenen günstigste Leiheform (KLEIN-BRUCKSCHWAIGER, Art. »Erbleihe«, in: HRG I Sp. 968). Das »bessere« Besitzrecht mußte mit hohen Kosten und gesteigertem Risiko erkauft werden. In diesem Zusammenhang ist auch zu sehen, daß andernorts Lehenherren ihre Erbleute mit Konventionalstrafen an das Leihegut zu fesseln trachteten, vgl. dazu letzthin ELSENER, Deutsche Rechtssprache und Rezeption, in: Tradition und Fortschritt im Recht, Tübingen 1977, S. 68 ff.

215) So vor allem in den Leihebriefen des Spitals, vgl. U 58–62, 67, 84/85, 90, 104; typisch etwa U 58: das Sieden wird verliehen, *also beschaidenlich, das der ehgenant . . . das vorgeschriben sieden . . . in guetem wesenlichen bawe haben . . . sollen.* – Kennzeichnend für diesen Stil ist die knappe Form; der Schreiber verwendet nur das Verb haben (habere) anstatt der sonst üblichen Paarformel »haben und halten« (habendum et tenendum). – Ist »wesentlich« Übersetzung von »substantialiter«? Vgl. PEGIUS, Bl. 15 B: *von wegen ainer wenig schlaipffung solle der contract . . . nit zertrennet werden.*

216) Kennzeichnend für dieses Schema ist, neben der in Anm. 215 schon erwähnten Paarformel, der Gebrauch des einleitenden »allwegen«: vgl. U 52, 63, 64, 69, 70, 76, 81, 91; typisches Beispiel U 76 (1511): *also beschaidenlich, das sie . . . das* (Sieden) *hinfüro allwegen in gutem wesenlichem baw haben und halten.* In U 81 tritt zu den Beifügungen »gut«, »wesentlich« noch »bestentlich«. Ganz leicht verändert der Schreiber der drei Adelberger Leihebriefe (1526–34): er dreht »haben und halten« um, vgl. U 94, 95, 101.

217) Die frühen Gnadentaler Urkunden verwenden »rechter Bau«, vgl. U 20, 26, 34. – »Guter, rechter, wesentlicher Bau« in U 96, 100, 102. – In den Denkendorfer Leihen von 1447 bis 1510 ist die Kombination »rechter, redlicher und ungefährlicher Bau« üblich, vgl. U 31, 40, 45, 75; 1446 heißt es bloß *recht und redlich,* 1409 nur *in rechtem bu,* vgl. U 22 und 26. – »Rechter und ungefährlicher Bau« im Harlung-Brief von 1415 (23).

218) U 9.

219) U 14/15.

220) U 23; vgl. u. Bg. zu Hh. 27.

221) Letzteres etwa bei den Urkunden nach Spitaltyp (U 58–62, 67, 84, 90, 104); hier folgt auf Bauhaltungs- und Zahlungsklausel: *alles nach des Haals recht und gewohnhait daselbs, ohn verzug, widerred und auch gar und gäntzlich, ohne allen des spitahls costen und schaden* (U 58). Ähnlich ist es bei

und Wesen« halte, war für die Entscheidung wichtig, ob dem Sieder ein Erb zustehe oder nicht, und welcher von mehreren Prätendenten der eigentliche Siedensherr sei. Die 1495[222] verklagten Kinder des Sieders Ehrenfried Müller stützten ihre Behauptung, die Eltern hätten sich beim Verkauf des Siedens ein Erb daran vorbehalten, vor allem darauf, daß die Eltern und sie, die Kinder, das Sieden *innengehabt, genoßen und gebraucht, auch darauf das sieden in wesen und baw uff ihr selbs costen ohne der herrn schaden gehabt und gehalten* (hätten), *alß dann des Haals recht ausweiße*[223]. Nur wer ein Erb habe, dürfe nach Haalsrecht bauen und in Wesen halten. Wer dagegen ohne ein Erb baue, werde meineidig (Verstoß gegen den Siederseid). Sie hätten, betonten die Beklagten, *merckhlich schwehr bew an haalheusern und anderm volbracht.* Wenn sie kein Erb gehabt hätten, so hätten die Siedensherren *solches nit gelitten*[224]. Die Bauhaltung auf eigene Kosten durch den Sieder diente hier als Indiz für sein Erbrecht, nicht anders als in dem 1482 entschiedenen Prozeß der Stadtmann und Seckel gegen Hans Geyer. Der Sieder Geyer berief sich darauf, er habe *an solchem sieden als seinem erb gebawen.* Hätte er kein Erb gehabt, dann hätte er auch nicht so viel Geld auf Sieden und Haalhaus gewandt: *dann er so viel geldts vergebens nit verbawen*[225].

Nur wer gebaut oder »Baugeld« gezahlt hatte, konnte Erbberechtigter sein. Darum erstaunt es nicht, daß die Frage, wer bauen sollte, sehr ernst genommen wurde. Es wurde geradezu darum gestritten, wer bauen durfte. Das zeigt die Auseinandersetzung zwischen Klaus Welling Maier und Hans Köhler jung, in der es nur vordergründig darum ging, wer die Lasten des Haalhausneubaus tragen sollte[226]. In Wahrheit stritt man sich um das Erbrecht selbst.

Aber nicht nur unter wirklichen und vermeintlichen Erbberechtigten konnte die Baulastfrage präjudizierend wirken. Auch im Kampf zwischen mehreren Siedensherren war dieser Gesichtspunkt unter Umständen prozeßentscheidend. Die Klage des alten Seifried Blank gegen seinen gleichnamigen Sohn und Hans Büschler um die Leihnis an einem Sieden scheiterte unter anderem offenbar daran, daß durch Zeugen bewiesen wurde, die Beklagten und ihre Rechtsvorgänger hätten ebenfalls an den Baukosten mitgetragen: Als das alte Haalhaus vor Jahren abbrannte, ist es *uff ir aller gemainen costen* neu erbaut worden[227].

den Urkunden der »allwegen«-Gruppe, vgl. o. Anm. 216; als Beispiel etwa U 76: nach Bauhaltungs- und Zahlungsklausel heißt es, *alles ohne schaden, nach des Hals der statt Hall gewohnhait und recht, ohne gevehrde.* Wieder weichen die drei Adelberger Urkunden ab. Hier wird die »ohne Kosten«-Klausel gleich bei der Bauhaltungsklausel angehängt, vgl. U 94, 97, 101. So verfahren auch die frühen Gnadentaler Urkunden (U 14, 20, 26, 34), U 9 (Barfüßer, 1372), U 22, 28/29 (Denkendorf), U 39 (Franziskusaltar, 1466), U 83 *(one alle unsere müe, costen und schaden).*

222) U 50.

223) U 50 (678).

224) U 50 (697/698).

225) Abschr. HA B 654 S. 710 ff., 713/714; vgl. auch S. 717: Geyer soll schwören, daß *sein vatter seeliger das sieden zue einem erb ingehabt, gebawen und das geldt ausgeben hab und im vom herrn nit abgezogen sey.* – Mit »Geld« ist das Baugeld gemeint. Was heißt hier aber, daß das Geld ihm vom Herrn nicht abgezogen sein darf? Die Stelle ist wohl so zu erklären: Die vom Sieder für den Bau verwandte Summe darf vom Herrn nicht bei der Rechnung wieder abgezogen werden, weil letzterer dann über die geringere Rechnungssumme doch die Baukosten trüge.

226) U 65 (271–273) – Der Rat entschied, daß Welling Maier, der das Sieden im Beisitz innehatte (d. h. zur Nutzung auf Lebenszeit seiner Frau), die entsprechende Haalhaushälfte bauen sollte. Allerdings wurde den Kindern ihre Erbgerechtigkeit ausdrücklich vorbehalten: *Und wann es zum fall kommpt,* d. h. mit dem Tod der Ehefrau Welling Maiers und dem Ende seines Beisitzes, *so soll jederman sein gerechtigkait vorbehalten sein.*

227) U 57 (252) – Blank jung trägt schon in seiner Klagerwiderung vor (230), er habe das Sieden *in baw gehalten . . . das auch ein anzeigen gebe seiner gerechtigkait.* Vgl. weiter die Zeugenaussage des Peter Vogelmann Botz (256), er hätte zu der *zeyt, da das halhaus abbrunnen were und widerumb gepawt und gemacht wurd, von wegen seiner herrn Caspar Eberhardts und Hanns Büschlers ir tail pawgelts allweg bezalt und wer uff gemainem costen gepawt worden,* und des Zimmermanns Clas Lang (259/60): Blank

Die Bedeutung der Baulast für die Frage, ob und für wen ein Erb an einem Sieden bestand, entspricht ganz der Regelung des gemeinen Rechts. Jason behandelt die »nützliche und jeden Tag vorfallende Frage« der Baulast. Danach ist der Erbberechtigte (emphiteota) auch zu großen Verwendungen auf die geliehene Sache gehalten, und er darf dafür nichts von seinem Herrn verlangen. Anders ist es beim »colonus« oder »inquilinus«, also dem nicht zu Erb Berechtigten[228]. Das Gut muß unterhalten, wer ein besseres Besitzrecht hat.

In der Haalordnung von 1514 findet sich die Bauhaltung statutarisch geregelt. Sie bestimmt für einen Sonderfall die Teilung der Baulast. Die Haalordnung geht davon aus, daß ein an sich Erbberechtigter wegen Minderjährigkeit, Krankheit o. ä. nicht selber sieden kann oder will und daß er gleichwohl auf sein Siedrecht nicht verzichten will[229]. Dann darf der Siedensherr das Sieden einem anderen zur Nutzung überlassen, solange das Hindernis bei dem eigentlichen Erbberechtigten andauert. Allerdings muß dieser Erbberechtigte auch in der Zeit, in der er selbst nicht siedet, den Bau tragen, sonst verliert er die Erbgerechtigkeit. Nur wird seine Baulast in diesem Falle auf die wichtigeren und grundlegenderen Bauteile und Geräte beschränkt. Er hat auch notfalls das Haalhaus von Grund auf zu bauen[230]. Andererseits muß er die dem ständigen Gebrauch und Verschleiß unterliegenden kleineren Gerätschaften nicht bezahlen. Dafür muß aufkommen, wer tatsächlich siedet. Diese Verordnung ist sachgerecht und ohne weitere Erklärung einleuchtend.

5. ABGABEN (RECHNUNG UND HOFSCHÜLPE)

Die Sieder mußten einen Teil des Ertrags der Pfannen in Form von Geld- und Naturalabgaben an ihre Herren abführen. Die wichtigste dieser Abgaben war die sogenannte Rechnung.

Die Erbbriefe verpflichteten nicht zur Entrichtung einer fest bestimmten Summe[231]. Sie verwiesen vielmehr zunächst auf die »gewöhnliche« Abgabe. Schon der erste Denkendorfer Leihebrief von 1312 bestimmte, daß die Siederin und ihr Sohn *jargelich da von suln geben ze sante Jacobs tage sehez salz, alz da gewonlich ist*[232] (»sehez salz« nach Pietsch: »soviel Salz«[233]). Das *gewonlich* erinnert an die »pensio debita et consueta« lateinischer Urkunden. Es bedeutet, daß der Sieder nicht mehr als andere geben soll. Der Zug zur gleich hohen Abgabe ist auch bei anderen Erbleihen[234] zu beobachten.

hätte das Geld (für den Bau) ausgegeben; wie er glaube und gehört habe, *in ir aller namen, und das Caspar und Büschler ire tail daran sollten geben han.*

228) Jason, de iure emph., ius emph., nu. 26–29 (Bl. 165); vgl. ebd., nu. 25: *unam non omitto, . . . que est utilis et cotidiana ad practicam, nam emphiteota tenetur ad impensam magnam et nihil pro ea potest a domino petere . . . secus est in colono vel inquilino, qui non tenetur.* – Vgl. schon Durantis, de iure emph., nunc aliqua, nu. 3, Randglosse f. (Bd. 2, S. 274): *Item iste* (scil.: emphyteuta) *domum reficit . . . aliud in conductore.* – Schließlich noch Wesenbeck, locati et conducti, Tit. II, C 4.65, Sp. 463 C/D: *aedificatio non recte fit et commode, nisi a domino . . . quare cui aedificandi jus conceditur . . . ita utile dominium concedi videtur.*

229) U 80 (409/410).

230) Vgl. U 80 a. a. O.; zu einigen der dort genannten Ausdrücke für Siedgerät und Haalhausteile vgl. Uhland, S. 16* ff.

231) So wäre der Vertrag nach Jason, de iure emph., ius emph., nu. 2 (Bl. 164), streng genommen keine Emphyteuse, wohl aber ein Innominatvertrag gewesen, der denselben Regeln wie die Emphyteuse folgte.

232) U 1/2.

233) UB Hall U 67 Anm. 2.

234) Vgl. etwa StAL B 186 U 804, Leihe eines Weinbergs 1421; vor der Beurkundungsklausel: *Auch han ich mir und allen min nachkommen allü rehte uff dem vorgenanten berge behalten und usz gedingt alz gewönlich ist andern herren an dem selben gebirge.* Über Gleichförmigkeit der Leihebedingungen und vor allem der Zinsleistungen berichtet ausführlich Stingl (Würzburg), S. 33 ff.

Ob sich aus dem *gewonlich* der Urkunde von 1312 auch schon auf die einheitliche Festsetzung einer jährlichen Abgabe in Form der Bestandsverhandlung späterer Jahrhunderte (dazu sogleich[235]) schließen läßt, ist zweifelhaft. Ebenfalls offen bleibt anhand der Urkunde, ob eine Natural- oder Geldabgabe geschuldet sein sollte. »Sehez« Salz deutet auf eine Naturalabgabe. Im folgenden ist aber nur von »Salzgeld« die Rede. Versteht man Salzgeld schlechthin als Salzgült, so konnte diese wohl auch in Form einer Naturalabgabe entrichtet worden sein. Letztlich ist das aus der Urkunde allein nicht zu klären. Immerhin lagen, wie ein Gültbrief aus dem folgenden Jahr 1313 zeigt[236], zu der Zeit auch schon Geldzinsen auf den Sieden. Sicher werden die oft weit von Hall entfernt gelegenen Klöster anfangs zur Deckung ihres Salzbedarfs die Abgabe in natura erhoben haben, die sich dann später in eine Geldrente umgewandelt hat. Auch bei der Hofschülpe ist ja aus einer ursprünglichen Naturalabgabe eine in Geld zu entrichtende Leistung geworden.

Etwas deutlicher umschreibt die Abgabe der 1372 vom Barfüsserkloster ausgestellte Erbbrief[237]. Hier sollte der Sieder jährlich soviel geben, *wie hohe die burger zů Halle andere sieden verlihen zů Halle.* Die Höhe der Abgabe wird also wieder an einen allgemein üblichen Betrag angelehnt. Offenbar bestimmten nur die *burger* von Hall über die Höhe der Abgabe, nicht etwa auch das Kloster bzw. andere Klöster. Das deutet auf die Bestimmung hin, nach der am alljährlichen Siedensverleihen nur die Haller Burger, nicht aber die geistlichen und auswärtigen Siedensherren teilnehmen durften[238].

In späteren Urkunden wurde für die hier behandelte Siedensabgabe der Ausdruck Rechnung[239] üblich. Zum erstenmal erschien er 1397 in einem Leihebrief. In diesem Jahr verlieh Dietrich Stieber dem Heinrich Neuffer ein halbes Sieden mit der Abrede, daß der Sieder *alle jar die rechnung geben* solle[240]. Die Urkunde sagt für sich genommen noch wenig darüber, wie diese Rechnung zustandekommen sollte. Sie läßt vor allem nicht erkennen, ob etwa schon Verhandlungen zwischen Lehenherren und Siedern stattfanden. Immerhin heißt es in dem Erbbrief, es sei die Rechnung zu geben, *die jedes jares gemacht wirt.* Dieses »Machen« (= setzen, bestimmen, verordnen) läßt sich so verstehen, daß eine einheitliche, für alle Sieden gültige Bestimmung der Rechnung erfolgte. Erst in der zweiten Hälfte des 15. Jahrhunderts häufen sich die Erbbriefe, die deutlicher sprechen. 1487 ist von einer *gemainen* Rechnung[241] die Rede. Eine Denkendorfer Urkunde von 1489 sagt von der Rechnung, daß sie *von den lehen herrn der sieden jarlichs gesetzt und gemacht würt*[242]. Ansonsten heißt es nur, es müsse die Rechnung bezahlt werden, die »gewohnlich« sei, die sich »gebühre«, »wie sie gemacht werde«.

235) S. 48ff.
236) U 3.
237) U 9.
238) Anm. 289.
239) Neben dem Substantiv Rechnung kommt auch das Verb rechnen vor, vgl. U 105 (922): Hans Büschler *het mit dem Meisner gerechnet.* – Rechnung dürfte dem lat. computatio entsprechen. Bei einer Erbleih-Abgabe würde man eigentlich eher die Bezeichnung Gült, Zins o. ä. (redditus, pensio, canon) erwarten. Diese Ausdrücke kommen ja auch, wenngleich nur ganz vereinzelt, vor (s. Anm. 240). Rechnung deutet auf eine zwischen Sieder und Herr getroffene Aufstellung von Einnahmen und Ausgaben, bei der vom Siedensertrag die für allfällige Verwendungen auf Haalhaus und Siedstatt entstandenen Kosten abgezogen wurden. Der Abzug von Aufwendungen (Baugeld) war im Haal offenbar bekannt, vgl. o. Anm. 225. In der Bedeutung von »Aufwendungen verrechnen« kennt den Ausdruck computare auch die gemeinrechtliche Literatur, vgl. Jason, de iure emph., ius emphit., nu. 28, (Bl. 165): *quod conductor non tenetur propria impensa facere purgari viam publicam ante domum conductam; et si fecerit, reficiuntur expense vel computantur in pensione.*
240) U 13. – Statt oder neben Rechnung kommen auch (selten!) die Bezeichnungen Gült oder Zins vor, vgl. U 28/29 (Gült, Zins und Gült), 31, 39 (Gült und Rechnung).
241) U 41. – Vgl. aber auch schon 1403 (Anm. 243 a. E.).
242) U 45; vgl. auch U 75 (1510).

Im einzelnen lassen sich nach der Formulierung unter den Leihebriefen wieder Gruppen bilden[243].

Die Höhe der Rechnung wurde bei der jährlichen Siedensverleihung, dem Bestand, festgesetzt[244]. Die Quellen, die über den Hergang des Bestands Aufschluß geben, fließen erst seit dem 16. Jahrhundert reichlicher. Friedrich Sybäus Müller hat sie am Beginn des 18. Jahrhunderts zusammengestellt[245].

Der Schwäbisch Haller Siedensbestand war die nach Ablauf der Siedzeit zu Beginn eines jeden Jahres stattfindende (Neu-)Verleihung der Sieden. Sie erfolgte gemeinschaftlich an alle Sieder und vollzog sich in einem durch Herkommen genau festgelegten Zeremoniell, dessen Höhepunkt der Handstreich war. Dem Handstreich ging die Unterhandlung voraus. Darin einigten sich Herren und Sieder über die Sieddauer, d. h. über die Zahl der im neuen Jahr zu versiedenden Haalwochen[246], und über den dafür zu entrichtenden Preis. Über die jeweiligen Angebote und deren Annahme mußte zunächst innerhalb der beiden Gruppen abgestimmt werden. Im Vorgang des Bestandes waren mehrere rechtliche Elemente verflochten. Körperschaftliche Willensbildung nach dem Mehrheitsprinzip in Form von Abstimmungen bei den Siedern und Beschlußfassungen bei den Lehenherren verband sich mit schuldrechtlicher Einigung (Konsens) in der gegenseitigen Vereinbarung über Rechnung und Siedwochen. Das Einschalten meist dem Rat angehörender Unterhändler verrät ein Element bürgerlicher Zwietracht, das im Nichteinigsein beider Teile lag. Das 16. Jahrhundert sprach von *thaidigung*[247]. Im Handstreich schien die Symbolik mittelalterlichen Leihe- und Lehenswesens in vereinfachter Form durch[248].

Für das 17. und 18. Jahrhundert sind wir durch Friedrich Sybäus Müllers Mitteilungen bis in die Einzelheiten über den Ablauf des Siedensbestandes unterrichtet. Aber auch aus dem 16. Jahrhundert besitzen wir Quellen. Wir verdanken sie u. a. dem Streit der Stadt Hall mit der Familie der Senfften von Suhlburg. Dieses alte Stadtadelsgeschlecht hatte bis dahin, vermutlich in der Nachfolge staufischer Ministerialen, das Suhlamt inne. Es bestand um 1500 neben

243) Am kürzesten formuliert der Spitaltyp: U 58–62, 67, 84, 90, 92/93, 96, 100, 102, 104. Beispiel (U 58, 1498): *und dem vermeldten spittal alle jahr davon raichen undt geben sollen die gewonnlich rechnung zu zway zihlen des jahrs.* – Ein von 1496 bis 1524 verwandtes Formular setzt zu »Rechnung« hinzu: »als sich von solchem (= Sieden) gebühret«, vgl. U 52, 63, 64, 68, 69, 70, 72, 73, 76, 81, 91. Kennzeichnendes Muster (U 91, 1524): *jarlichs davon raichen und geben sollen die gewonnlichen rechnung, als sich dann von sollichem halben sieden gepürt.* – Ganz leicht weicht wieder der Adelberger Typ ab; er fügt ein »zu jederzeit«: U 94/95, 97, 101. – Die Gnadentaler Urkunden weisen auf die Festsetzung der Rechnung hin und sprechen von der »gemeinen Rechnung«, vgl. U 20 (1403): *Und söllen auch er und sin erben von dem selben sieden . . . alle jar die rechnung geben, als die denne jedes jares die gemeyne rechnung von den sieden ze Halle ist und gemacht wirt;* vgl. auch U 14, 26/27, 34. – Der Ausdruck »gemeine Rechnung« erscheint auch in U 41, 42.

244) Über den Siedensbestand habe ich am 21. 6. 1978 in einem Vortrag der Veranstaltungsreihe des Alemannischen Instituts, Arbeitsgruppe Tübingen, berichtet. Der Vortrag mit dem Titel »Der Schwäbisch Haller Siedensbestand – Ein Beitrag zum kollektiven Vertragsrecht im 17. und 18. Jahrhundert« ist 1980 im Jahrbuch des Historischen Vereins für Württembergisch Franken erschienen. Darauf sei hier für die Einzelheiten des Bestandsvorgangs verwiesen. – Vgl. dazu auch UHLAND, S. 19*; MATTI, Dissertation, S. 91 ff.

245) Vgl. die Abschr. der Collectanea durch G. B. LACKORN, HA B 935 Bl. 137 ff. Die Bestandsverhandlungen, an denen Müller als Erbberechtigter selbst teilgenommen hatte, sind auf Bl. 184–88 beschrieben. – Müllers Quelle scheint ein in HA A 341 liegendes Heft gewesen zu sein, das folgendermaßen überschrieben ist: *Ordenliche verzaichnus desz process, so bey verleihung der sieden gehalten würdt, wie her stettmeister Adam Wehr, so mein vetter, in anno 1608, den 12. Martii, notirt, alß damaln director, ich Jacob Lackorn, stettmeister in anno [1]644.* – Weitgehend auf Müllers Arbeiten stützt sich BÜHLER, der Chronist des 19. Jahrhunderts, vgl. Chronik, Bd. IV (StAH 4/13), § 98 (Handstreich), vor allem S. 53 ff.

246) Zur Haalwoche vgl. CARLÉ, Salzgewinnung, II, S. 108.

247) HA B 935 Bl. 205'/206; Bl. 190'/191.

248) Vgl. dazu KOBLER, Art. »Hand«, und ERLER, Art. »Handschlag«, in: HRG I, Sp. 1927 f., 1974 f.

gewissen Ehrenvorrechten[249)] im wesentlichen darin, daß der jeweils älteste männliche Angehörige der Familie den Siedern jährlich die Sieden »von der Hand« lieh. Dafür bezogen die Senfften die Einkünfte aus vier Eimern Suhle[250)]. Im 16. Jahrhundert wurden sie von der Ausübung ihres Suhlamtes verdrängt. Das führte zu langwierigen rechtlichen Auseinandersetzungen mit der Stadt Hall[251)]. Den Schriftsätzen dieses Rechtsstreits verdanken wir frühe Einblicke in das Zustandekommen der *bestandt summa*. Wir erfahren, daß sich schon in der ersten Hälfte des 16. Jahrhunderts zwei in Hall Verbürgerte als Unterhändler einzuschalten pflegten, wenn sich Sieder und Herren nicht selbst um ihr Bestandsgeld vergleichen konnten[252)]. 1555 ist von zwei Ratsmitgliedern die Rede, die gewöhnlich von den Siedern gebeten würden, zwischen ihnen und den Lehenherren zu *handlen und (zu) theidigen*, damit man sich über die *bestandt summa* schneller einige[253)].

Die erschöpfende Darstellung des Bestandswesens gehört indessen nicht hierher. Wir werden auf Ursprung und Alter des Bestands noch zurückkommen, wenn wir das Verhältnis der jährlichen Bestandsverleihung zu den Erbverleihungen behandeln[254)]. Hier mag die Feststellung genügen, daß jedenfalls seit dem Beginn des 16. Jahrhunderts die Rechnung genannte Siedensabgabe im Zusammenwirken von Lehenherren und Siedern für alle Sieden einheitlich bestimmt wurde.

Die so festgesetzte Rechnung war halbjährlich zu zahlen. Eine Hälfte wurde auf Jakobi (25. Juli)[255)] und die andere auf Weihnachten fällig[256)]. Seit 1466 werden diese Termine in den Leiheurkunden als des »Haals Recht und Gewohnheit« entsprechend bezeichnet[257)]. In älterer Zeit kommen noch abweichende Zahlungsziele vor. Das Kloster Gnadental hat sich in seinen

249) Eine Aufstellung der für die Senfften aus dem Suhlamt fließenden Gerechtsame bei LACKORN, Chronik, UBT Mh 763, S. 465 f. Es handelt sich wohl um die Abschrift einer älteren Aufzeichnung; vielleicht aus der ersten Hälfte des 16. Jahrhunderts? Danach haben die Senfften folgende Rechte: (1) Die Meister des Haals müssen jedes Jahr dem ältesten unter dem Geschlecht der Senfften männlichen Stammes den Ertrag der gewohnlichen Rechnung von ⅓ Sieden reichen (vgl. dazu u. S. 133f.). (2) Weiter sei es von alters hergekommen, daß jedes Jahr am Walpurgentag (1. Mai) die acht alten und neuen Meister samt allen Siedern mit einer Pfeife vor des ältesten Suhlmeisters, bzw. später des ältesten Senfften, Haus gekommen seien und ihm vor seinem Haus einen Maien gesteckt hätten. Darauf habe immer der älteste Senfft den Siedern *ohngefehr* ein oder zwei Eimer Weins geschenkt, den sie miteinander ausgetrunken hätten. (3) Wenn die Sieder Hof gehalten hätten oder wenn man die Suhle gefegt habe, so hätten sie immer den ältesten Senfft *zue ihnen geladen und freygehalten*. (4) Wenn die Sieder *dänz* gehalten, so hätte man dem ältesten Senfften den Vortanz *(vordern danz)* gegeben. (5) Weiter sei es von alters hergekommen, daß alle Jahre, so man die Sieden hinleihe, der älteste Senfft allwegen *unterthediger* zwischen dem *städtmeister u[nd] der herrn der sieden (sei), u[nd] thuth auch der ältiste Senfft den handstreich*. – Der Diktion nach könnte ein Bericht der Haalmeister an den Rat vorliegen. Zu dem unter Punkt drei angesprochenen Fegen der Suhle vgl. RAIMUND J. WEBER, Die Suhlenfege von 1479. Gemeinwerk und Gemeinfest im Haal, in: Der Haalquell, Blätter für Heimatkunde des Haller Landes, 29. Jg. (1979), S. 29–32.

250) Vgl. u. Bg. zu Hh. 2.

251) Vgl. über den Streit F. S. MÜLLER, a. a. O., und MATTI, Dissertation, S. 106, Fn. 2.

252) Erwiderung der Stadt Hall auf eine Interpellation Ulms zugunsten MelchiorSenffts, der zu jener Zeit Ulmer Bürger war; auszugsweise Abschr. HA B 935 Bl. 190'/191.

253) Bericht der Lehenherren an den Rat als Antwort auf eine Supplik der Senfften an Kaiser Ferdinand, Abschr. HA B 935 Bl. 205'/206. – Vgl. noch die Instruktion für die Gesandten der Stadt bei einer gütlichen Verhandlung über die Senfftische Angelegenheit (1530), ebd., Bl. 197/197' *(rechnung gelds)*.

254) S. 99ff.

255) Jakobi wird schon im ersten erhaltenen Leihebrief von 1312 (U 1/2) erwähnt. – Zur Bedeutung von St. Jakob (Jakobskirche, Jakobimarkt) für die Stadtgeschichte von Hall vgl. HANSMARTIN DECKER-HAUFF, Die Anfänge des Jakobimarktes in Hall, in: Schwäbische Heimat, Sonderausgabe von Heft 3/4 (»800 Jahre Stadt Schwäbisch Hall, 1156–1956«), 1956, S. 12 ff.

256) U 22, 28/29, 31, 37, 39, 40, 45, 52, 58–64, 67–70, 72, 73, 75, 76, 81, 84/85, 90–93, 96, 100, 102, 104.

257) Vgl. U 39: *an zway zihlen, nemblich halb uf sanct Jacobs tag und der ander halb theyl uf weyhennachten . . . als dann Haals recht undt gebrauch ist;* ähnlich dann in allen späteren Urkunden. Beachte noch U 40: *zu rechten usprochten zilen, nemlich glich halbs uff sant Jacobs tag und den anderen halb tail zu wichennacht* (Hervorhebung des Verfassers).

frühen Verleihungen vierteljährliche Zahlung ausbedungen[258]. Die Denkendorfer Urkunde von 1312 nennt nur den Jakobstag, weist also auf eine Jahresfrist hin[259]. Respektsfristen geben lediglich die Adelberger Leihebriefe ausdrücklich an; sie mögen jedoch auch sonst eingeräumt worden sein[260].

Über sonstige Zahlungsmodalitäten erfahren wir aus den Erbbriefen wenig. Regelmäßig finden sich Bestimmungen wie jene, daß die Zahlung »gar und gäntzlich« bzw. ohne des Lehenherrn »Kosten und Schaden« zu erfolgen habe. Auswärtige Siedensherren mußten das Pachtgeld in Hall abholen. Die Denkendorfer Leihebriefe[261] erwähnen ausdrücklich den berittenen Boten, dem die Rechnung in Hall einzuhändigen war[262].

Wenn auch das Verleihen gegen die Rechnung seit dem 15./16. Jahrhundert die Schwäbisch Haller Siedenserbleihe beherrschte, hat es doch Verleihungen zu einem im vorhinein festen Tarif gegeben. Hier ist auf den Gerichtsbrief in Sachen Elchingen gegen Schletz hinzuweisen (1400)[263]. Der Fürsprech des Klosters trug in dem Prozeß vor, die umstrittenen Eimer Suhle und die dazugehörige Hofstatt seien dem verstorbenen Berchtold Wetzel und seinen Erben vor Zeiten und Jahren verliehen und vererbt worden, und zwar für eine jährliche Abgabe *(jahrlichs gelt)* von zwei Pfund auf Michaeli zu zahlender Heller.

Dem Termin der Elchinger Gült zufolge müßte es sich um ein Nachgeld gehandelt haben. Zu Michaeli wurden in Schwäbisch Hall im 15. Jahrhundert gewöhnlich die Nachgelder gezahlt[264]. Indessen bekam das Kloster vom Gericht die Leihnis des Siedens zugesprochen, so daß wir im Ergebnis vom »Eigentum« oder jedenfalls von einer Vorgeldgült[265] ausgehen müssen.

Mit Vorgeldern waren um 1400 auch sonst Sieden belastet[266]. Diese Gültart war mit einer Leihnis (ius locationis[267]) genannten Befugnis verbunden. Der Inhaber eines Vorgeldes durfte

258) Zu Pfingsten, Jakobi, Martini und Weihnachten, vgl. U 14/15, 20, 26, 34.
259) U 1/2. – Denkendorfer Urkunden enthalten noch die Bestimmung, daß zu zahlen ist, »wenn der Bote nach Hall kommt«, vgl. U 31, 45, 75.
260) U 94/95, 97, 101; zu zahlen ist an Jakob und Weihnachten *allweg in den nächsten 14 tagen vor oder darnach* (U 94).
261) Anm. 320.
262) Daß der Erbzins bei auswärtigen Herren Holschuld war, ist auch im gemeinen Recht bekannt. Vgl. dazu JASON, de iure emph., in emph., nu. 92 (Bl. 177'): Ein Abt im Gebiet von Parma hat Erbleute im Cremoner Land. Dann, so sagt Albericus nach Ubertus (von Bobbio), muß der Abt zu den Erbleuten schicken, um seinen Zins abzuholen *(tenetur mittere ad accipiendum)*.
263) U 18.
264) StAL B 186 U 1233 (Reg.: UB Hall U 2403).
265) Der Prozeßgegner Elchingens berief sich auf ein Vorgeldrecht. Bemerkenswert ist die Urteilsbegründung: Weil Elchingen verliehen habe und Schletz beim Verleihen nicht dabei gewesen sei, solle Elchingen weiter die Leihnis haben *(von ihrer gült wegen)*. Erheblich war also nur, wer faktisch verliehen hatte. Man halte daneben die Entscheidung des gemeinen Rechts im Falle mehrerer Zinsberechtigter; vgl. etwa JASON, de iure emph., cum dubit., nu. 46 (Bl. 193'): Ein Emphyteuta gibt mir jährlich 12 Denare zu Erbzins (pro canone emph.), dir aber einen Teil des Ertrages. Er will sein Erbrecht einem andern verkaufen. Wem muß er Ehrschatz (laudemium) zahlen und bei wem muß er Zustimmung zum Verkauf (consensus) einholen? Von mir, denn man muß darauf achten, wer der »mehrere Herr« *(maior dominus)* ist, d. i. der, von dem die Sache zu Erb verliehen worden ist *(a quo res fuerit in emphyteosim concessa . . . concessor debeat habere laudemium);* vgl. DURANTIS, lib. IIII, part. III, de emph., nu. 129 (Bd. 2, S. 294) – ders. Fall; in der populären Literatur: PEGIUS, Bl. 24 B: *solle alßdann der strit volgender massen entschiden und hingelegt werden, nämlich, das man fleissige achtung und auffsehung solle haben, wer dem bawrechter die bawrecht verlichen und also der grundtherr sey.* – Zum Ausdruck Vorgeld vgl. HERMANN FISCHER, Schwäbisches Wörterbuch, Bd. 2, Sp. 1655.
266) U 23, 24, 38; HA U 33; UB Hall U 454. – Die in U 49 (419 f.) aufgeführten Gülten und Zinsgelder lassen nicht erkennen, ob es sich um Vorgelder handelt.
267) Ein *ius locationis et depositionis* kommt 1271 in Hall vor, vgl. WUB VII Nr. 2213 (Reg.: UB Hall N 68); vgl. für die deutsche Urkundensprache etwa StAL B 186 U 925 (1432): der Käufer erhält ein Höflein,

das Gut verleihen und genoß die damit einhergehenden Gefälle[268]. Das Vorgeld war am Ende der Reichsstadtzeit noch bekannt[269].

Aus einem Gerichtsbrief von 1465 ergibt sich ferner, daß die Leihnis beim Vorgeld offenbar nicht frei ausgeübt werden konnte[270]. Der Vorgeld- und Leihnisberechtigte mußte vielmehr an die jeweiligen Erben des Inhabers des Vorgeldgutes verleihen. 1481 wurde dann auch das betreffende Vorgeld für 8 Gulden abgelöst[271]. Im Unterschied zum Vorgeld brachte die »schlechte Gült«, »Gattergeld« oder meist »Nachgeld« genannte Abgabe kein Leihnisrecht mit sich[272].

Zu einem festen Betrag, 8¼ Gulden jährlich, wurde 1396 das Denkendorfer Sieden (Haalhaus und Suhle samt Hofschülpe) an Klaus Mulfinger, seine Ehefrau und seine beiden Söhne auf ihrer aller Lebenszeit zu rechtem Leibgeding verliehen[273]. Der Vorgang bleibt jedoch einmalig. Die späteren Verleihungen Denkendorfs halten sich wieder an das übliche Schema[274].

Bei Erbleihen fielen häufig Abgaben unter mannigfachen Bezeichnungen an, wenn die Person des Beliehenen wechselte[275]: bei der Veräußerung des Erbgutes (Handlohn), beim Inhaberwechsel durch Tod oder bei einer jährlichen Erneuerung der Leiheverhältnisse[276]. Derlei Abgaben lassen sich bei der Schwäbisch Haller Siedenserbleihe anhand der Leiheurkunden nicht nachweisen. Keine Urkunde enthält eine Klausel, nach der Handlohn zu zahlen gewesen wäre. Im Brief des Würzburger Offizials Halberg von 1451 heißt es, sein Sieden bedürfe weder *uffgebens*, d. h. es mußte nicht vor einer neuen Verleihung rechtsförmlich erst

das ein Dritter *bawet und gilt*, das *zuhaben und zu nyeszen mit besetzen und entsetzen*. – Zur Leihnis, Leihenung vgl. auch Hermann Fischer, Schwäbisches Wörterbuch, 4. Bd., Sp. 1148; dort Hinweis auf das zweite württembergische Landrecht von 1567 (Reyscher, 4, S. 288) mit Definition der locatio. – Die Leihnis kann selbständiger Gegenstand des Rechtsverkehrs sein, vgl. StAL B 186 U 844 (1424).

268) StAL B 186 U 892 (1430); U 969 (1437). – Praktisch heißt Leihnis hier, daß dem Vorgeldberechtigten das Gut bei Ledigwerden (Fall) mit einer Maß Wein aufgegeben und von ihm mit einer Maß Wein bestanden werden muß, vgl. StAL B 186 U 1127, 1128, 1131 (1451); möglicherweise war im gewöhnlichen Vorgeldrecht auch ein Vorkaufsrecht enthalten. 1478 wird ein Streit geschlichtet; die fragliche Gült sollte Vorgeld sein, aber so, daß der Berechtigte nur den üblichen Wein beanspruchen darf. Dagegen sollte er *dehain lousung* (?) auf dem Haus und Garten haben, StAL B 186 U 1446. – Vgl. Ogris, Art. »Erbenlosung« in: HRG I Sp. 957.

269) Anm. 21.

270) Vgl. U 38.

271) HA B 654 S. 563.

272) Beispiele: StAL B 186 U 758, 922, 1334, 1231, 1363 und 482 (1392): Wenn die Gült bezahlt ist, haben die Pfleger *keine reht mer zü dem berg weder lyhnúzz noch sust dheinerley, wan daz ein nachgelt ist.*

273) U 12.

274) Vgl. den Gerichtsbrief U 17: Mulfinger weigerte sich, die Gült zu zahlen. Anscheinend war der Leihebrief im Haal auf Bedenken gestoßen; ob wegen der Gültverpflichtung, die von den üblichen Verleihungsbedingungen abwich? Mulfinger trägt jedenfalls dem Gericht vor, er habe die Urkunde seinen *fründen* gezeigt und Rat eingeholt, ob er mit *dem brief versorgt und eben were oder nit*. Die Prüfung fiel negativ aus *(Dez were im der brief nit füglich)*, so daß er die Urkunde dem Denkendorfer Stift wieder zurückbrachte. Die Verleihung und damit die Zahlungspflicht wurden allerdings von Schultheiß und Gericht anerkannt. Doch wird schon 1412 Hänslin Jörg als Sieder des Denkendorfer Siedens genannt, vgl. WL 4212.

275) Vgl. zu diesen Abgaben: Beer (Elsaß), S. 56; Fein (Ansbach), S. 123 ff.; Gobbers (Köln), S. 153 f.; Hallermann (Westfalen), S. 28 f.; Jacobi, S. 33, Fn. 2; Jaeger, S. 22 ff.; Knapp, ZRG GA 22 (1901), S. 61 ff.; Mattli (Graubünden), S. 71 ff.; Rosenthal (Würzburg), S. 58; Schreiber, S. 189, 198 ff.; Schwind, S. 76; Stingl (Würzburg), S. 134 ff.; Winiarz, S. 33, 79; Wopfner (Deutschtirol), S. 148 ff.; ferner Arlt (Heilsbronn), S. 16 ff.; Fischer (Köln), S. 50 f.

276) Zur Aufrichtung vgl. den Urteilsbrief StAL B 186 U 1148 von 1452: Vor Schultheiß und Gericht zu Hall hat Abt Ehrenfried von Komburg Hans und Peter Beischein verklagt. Den Beklagten ist von ihren Eltern ein Fischwasser anerstorben, dessen Eigenschaft des Klosters ist und das ihm gelthaft ist. Der Abt hat die Beklagten oft aufgefordert, das Fischwasser von ihm zu bestehen und Aufrichtung zu geben, wie es Gewohnheit und Recht wäre, ihm und jedem Lehenherrn. Die Beklagten wenden ein, sie hätten sich nie

dem Herrn zurückübertragen werden, noch gebe es *handt lons*[277]. Auch nach dem Tode eines Sieders scheint es keine förmliche, mit Kosten verbundene Neubelehnung gegeben zu haben. Im Prozeß der Kinder Ehrenfried Müllers (1495) ist davon die Rede, daß nach dem Ableben des alten Ehrenfried die Erben zu den (Lehen-)Herren Konrad Keck und Peter Gronbach gegangen seien und ihnen zu erkennen gegeben hätten, sie besäßen ein Erb und wollten sich *des unter ziehen*, d. h. die damit verbundenen Pflichten erfüllen. Die Herren hätten dies auch zugelassen und *bekannt*[278]. Ein »Fall«(-geld) wurde offenbar nicht entrichtet.

An das »Aufgeben und Bestehen mit einer Maß Wein«[279] erinnert aber die Zeugenaussage der Barbara Promm im Prozeß Meißner/Büschler von 1537[280]. Die Promm schilderte, Meißner, der Sieder, und Büschler, sein Lehenherr, hätten miteinander gerechnet, d. h. Meißner hat die jährliche Siedensrechnung bezahlt, wobei vielleicht allfällige Verwendungen auf das Haalhaus von der Pachtsumme abgezogen wurden. Dann habe man ein Maß Wein miteinander getrunken. Büschler habe nicht zugelassen, daß man die Zeche rechnen wollte; er wollte sie bezahlen. Offenbar durfte der Siedensherr zunächst erwarten, freigehalten zu werden. Vielleicht bestand doch ein Rechtsbrauch, daß der Sieder seinem Herrn nach der Rechnung ein Maß Wein zu offerieren hatte.

Neben und zusätzlich zur Rechnung kam in Hall eine Hofschülpe genannte Abgabe von den Sieden vor. Schülpe oder Schulp bedeutet Scholle, Klumpen[281]. Ein *schulbe saltz* taucht um 1357 im Gültbuch der Herrschaft Hohenlohe auf[282]. Georg Bernhard Lackorn beschreibt im fünften Band seiner Chronik einen Haller Salz-*Schilpen*[283]. Auch Leihebriefe erwähnen die Hofschülpen[284], aber nicht alle. Ältere Urkunden des 14. und 15. Jahrhunderts zeigen, mit wie

geweigert, das Wasser zu bestehen, sondern alle Jahre von Komburg gefordert und gebeten, es ihnen zu leihen. Doch hätte man nie von ihren Vorfahren etwas an Aufrichtung gefordert. Auch stehe in dem Leihebrief von 1385, den sie vorweisen, nichts davon. Dazu der Abt: Es sei damals noch nicht üblich gewesen, *daz man in brieffe setzen solte, ob man uffrichtunge davon geben solte oder nicht, dann es were on daz fürsichselbs lands rechte und gewohnheite, daz man daz und andere gute, die aim herren gelthafte weren, besteen und uffrichtunge davon geben solte.* – Die Urkunde ist mehrfach von Bedeutung; sie belegt den jährlichen Bestand von Erbleihgütern, die Gewohnheit und das Landrecht der »Aufrichtung« und berührt das Verhältnis Urkundenklauseln und Landrecht. Das Kloster meint, die Aufrichtung hätte nicht in die Urkunde aufgenommen werden müssen, weil sie sich von selbst verstehe; die Beklagten wenden ein, im »Brief« stehe alles, was sie schuldig seien zu tun. Entschieden wurde wie üblich durch – den Komburgern auferlegten – Eid.

277) U 32 (846).

278) U 50 (678, 679).

279) Anm. 268.

280) U 105 (922). – Noch zum Thema »Wein im Rechtsleben«: Herr Stadtarchivdirektor Dr. Ulshöfer, Schwäbisch Hall, weist mich nach Durchsicht des Manuskripts frdl. darauf hin, daß der Rechtsbrauch des »Weinkaufs« heute noch gelegentlich in Hohenlohe geübt wird. Die Parteien »besiegeln« ein getätigtes Kaufgeschäft dadurch, daß sie ein Viertel Wein miteinander trinken.

281) Hermann Fischer, Schwäbisches Wörterbuch, 5. Bd., Sp. 1181 – Stichwort »Schülp^{e}«. – Das Genus wechselt; in Haller Quellen kommt »der« und seltener »die« Schilpe vor.

282) Weller-Belschner, Hohenlohisches Urkundenbuch, Bd. 3, Nr. 110 (S. 159): *Ditz ist die pfeffer und die saltz gult zu dem Obernhal, die die nachgeschriben lute mines herren sullen entwurten zu wihennahten, als lange sie sin merckte suchen.* Es folgen sieben Namen von Leuten, die alle I (= unum) *talnum biperis* (= Pfeffers) *von eine[m] schulben saltzes* geben sollen. Unter den Aufgeführten ist auch ein *Ulrich Güter;* zu den im Haal ansässigen Güter vgl. WL S. 288.

283) LbiblSt Cod. hist. fol. 666, S. 796; dort die Abbildung eines Schülpen mit folgender Beschreibung: *und machen 90 biß 96 schülpen 120 mees salz, jedes ad 32 lb. gerechnet. Ein schilpen aber ist ins gemein 3 schuh hoch, 1 schuh breit und bey 6 oder 7 zoll dickh, und werden solche wie hieroben* ⟨*unten*⟩ (gestr.) *zue sehen, per instrumentum feriae* (?) *manualis von der neben der salzpfannen auf gesezten salz wand, wann das salz in der pfannen zur perfection gebracht, geschnitten.* – Nach dem »Bericht der hoffschülpen« (StAH 5/510a; dazu sogleich im Text) maß jede Hofschülpe 1/2 Schatz.

284) U 9, 12, 14, 20, 23, 26/27, 34, 92, 96, 100, 102, 104. – Vgl. etwa die erste Erwähnung in U 9 (1372): Der Sieder und seine Erben sollen dem Barfüßerkloster geben *von den vorgeschriben zwain sieden alle jar eynen*

vielen Hofschülpen einzelne Sieden belastet waren. 1365 übergab Conrad von Bachenstein mit Zustimmung seiner Kinder und eines Schwiegersohns der Meßpfründe der (Kloster-) Schöntaler Kapelle zu Hall eine Geldgült und 20 Hofschülpen aus zwei Sieden im Haal[285]. Von diesen 20 Hofschülpen waren 1494/96, beim großen Suhlenbau, noch 15 in der Hand des *Capellher* im Schöntaler Hof[286]. Neben dieser Schöntaler Hofschülpengült bestanden auch solche von 40 Hofschülpen. 1368 verkauften Cunrat Mangold und seine Hausfrau Agnes von Gebenhage für 114 Pfund Heller dem Hans Weinlin eine Geldgült und 40 Hofschülpen aus 17 Eimern Suhle aus dem Haalhause und den zwei Stätten bei dem Haalhause der Barfüßer[287]. 1428 verkaufte Craft von Enßlingen um 95 fl. rh. an Burgermeister, Rat und gemeine Stadt ein Vorgeld und 40 Hofschülpen, das er auf dem Sieden des alten Gerhart im Haal gehabt hatte[288].

1513 brachte die gemeine Siederschaft beim Rat verschiedene Beschwerden gegen die Lehenherren vor. Unter anderem forderten die Sieder, daß die Hofschülpen gemindert werden sollten. Der Rat bedachte jedoch, daß die Hofschülpen *nit von wuchen, sonder von eymern komen und geben werden.* Das will heißen, daß die Frage der Hofschülpen nicht unter die Kompetenz der Haller Siedensherren falle. Die in Hall ansässigen Herren konnten nur über die Zahl und den Preis der Siedwochen entscheiden. Die Hofschülpen durften offenbar ohne die Einwilligung auch der auswärtigen Siedensherren nicht gemindert werden. So sollte es bei dem alten Herkommen bleiben[289].

Einer etwa aus der Mitte des 16. Jahrhunderts überlieferten, im Rückvermerk als »Bericht der hoffschúlpen« bezeichneten Notiz entnehmen wir die genaue Zahl der auf die einzelnen Sieden entfallenden Hofschülpen. ...*nach anzaigung dess alten Hanns Blintzigs und Veiten Wetzels, beder alter sieder,* mußte jeder Sieder seinem Lehenherrn von einem ganzen Sieden jährlich 40, von einem halben 20 und von einem viertel Sieden zehn Hofschülpen geben, und zwar die eine Hälfte zusammen mit der halben Rechnung auf Jakobi und die andere mit der Weihnachtsrechnung[290]. Rechnen wir auf Eimer um, so mußten für jeden Eimer Sole im Jahr zwei Hofschilpen bzw. an jedem Zahlungstermin genau eine Hofschilpe für einen Eimer gereicht werden.

Im Lauf des 16. Jahrhunderts ist die ursprüngliche Naturalabgabe der Hofschülpe zu einer auch in Geld entrichtbaren Wahlschuld geworden und noch später zu einer reinen Geldschuld. Der Lehenherr konnte ein Quantum Salz oder einen festen Geldbetrag vom Sieder fordern. Aus dem von Friedrich Sybäus Müller gesammelten Material geht hervor: *anno 1562 hat man für*

schoffel saltz fur die hoffschullen. Zum Vergleich dazu die späte Erwähnung in U 92 (1524): Der Sieder und seine Erben sollen *alle jahr darvon raichen und geben ... die hoffschülben, auch die gewonlichen rechnung zw zwayen zihlen des jahrs.*

285) UB Hall U 454. – Zum Schöntaler Hof beachte auch ebd. U 452.

286) U 49 (419, 375) u. ebd. (377, 420). – Bemerkenswert ist, daß die Hofschülpen hier als gült- oder zinsartige Belastung nicht den Siedensherren (Biermann und Büschler), sondern einem Dritten zustehen. Vgl. dazu auch U 12.

287) UB Hall U 484. – Hofschülpen auch ebd. in U 438 erwähnt.

288) HA U 31 (UB Hall U 1646). – Vgl. auch HA U 33 (= UB Hall U 1670): Hans Sydelman verkauft um 120 fl. rh. ⅓ des Siedens und der Hofstatt, auf der die genannte Vorgeld- und Hofschülpengült liegt. Die restlichen ⅔ gehören Heinz Gerhart.

289) HA B 157 Bl. 41' (Abschr. HA B 935 Bl. 244). – Beachte: Blattnummer 41 kommt in HA B 157 doppelt vor. – Der Ratsentscheid lautet: *das sie* (die Hofschülpen) *auch on der außherren wissen und vergunsten durch ein erber rot oder die herren nit wol zuendern oder mynnern, sonder wol zu mererm onrot mocht ursach sein. Deszhalb im besten inrw* (= in Ruh) *und gestelt zupleiben wie von alter her komen.* – Randv. v. frmd. Hd.: *nit. gibt das gelt darfür.* Dazu sogleich im Text.

290) StAH 5/510a – Unter dem Rv. ist noch in Klammer zugefügt: *Da die Sieder vermainen nit mehr für aine* (scil. Hofschülpe) *zegeben dann 1 kreutzer.* – Vgl. zu den im Text genannten »alten Siedern« Hans Blinzig: WL 735 – Sieder 1521/53, Haalpfleger 1540/71; Veit Wetzel: WL 9163 – Sieder 1519/53, Haalpfleger 1562/71, † 20. 8. 1571.

eine hoffschilpen 10ß. gegeben; anno 1585 stehet, sambt den hoffschülpen, oder darfür ein pfund geldts, welches der leheherr will; anno 1586, sambt den 40 hoffschülpen, thun 10 schäz salz, oder aber an geldt darfür 16 bazen, welches dann dem lehen herrn zu nehmen gefällig[291]. 16 Batzen oder 1 Gulden 2 Schilling wurden im 17. Jahrhundert zur üblichen Taxe für die Hofschilpen. Die Höhe der für die Hofschilpe zu entrichtenden Taxe wurde in den Bestandsverhandlungen zwischen Lehenherren und Siedern festgelegt. Müller bestätigt im übrigen, was wir schon aus dem Bericht Blinzigs und Wetzels wissen: daß zu jeder Rechnung die Hofschilpen gehörten[292].

Die Quellen lassen Fragen zum Alter und zur Herkunft der Hofschilpenabgabe und der Bezeichnung Hofschilpe offen. Fest steht, daß es sich um eine recht alte Abgabe von den Sieden handelt. Sie ist seit 1365 nachgewiesen, reicht aber sicher bis in die erste Hälfte des 14. Jahrhunderts zurück. Im übrigen sind wir bei der Frage nach der Herkunft des Hofschilpen auf Mutmaßungen angewiesen. Der Hofschülpe ist eine Hof(natural)abgabe gewesen, die von einem Hof oder an einen Hof entrichtet worden sein könnte[293]. Es läge nahe, den Hofschülpen als eine der üblichen zusätzlichen Naturalabgaben anzusehen, vergleichbar den Fastnacht- oder Herbsthühnern, die von Häusern oder Hofstätten (areae) gewöhnlich gezahlt wurden. »Hof« wäre dann auf die Statt (Hofstatt) im Haal zu beziehen. Der Ausdruck Hofstätten (curtiles) kommt schon 1225 im Haal vor[294]. 1344 ist die Rede von einer Hofstatt im Haal, die »Losers Hof« genannt wird[295]. Gerade dieser Losers Hof wird aber nicht für einen Hofschülpen ausgeliehen, sondern, ganz gewöhnlich, um Geld und Huhn. Auch sonst gaben Hofstätten im Haal keine Hofschülpen[296]. Im übrigen sagt der Ratsentscheid von 1513 klar: Die Hofschülpen kommen von den Eimern.

So möchte man, wenn die Vorsilbe »Hof-« überhaupt etwas zu bedeuten hatte, diese eher auf den Hof des Empfängers beziehen. Er wäre dann, zunächst ganz allgemein gesagt, der Hof eines Siedensherrn, dem bzw. zu dessen Hof die Eimer gehörten. Die Feststellung wäre vor allem für die frühe Verfassungsgeschichte des Haals nicht unwichtig, spräche sie doch dafür, daß die Sieder irgendwann einem herrschaftlichen Hofverband eingegliedert gewesen sein könnten[297].

In der Zeit, in der die Hofschülpen quellenkundig werden (14. Jahrhundert), war der Salinenbesitz längst zerstreut. Schon seit dem 13. Jahrhundert teilten sich ja eine Reihe geistlicher Korpora und Stadtadelsgeschlechter die Siedrechte. Sollten es die Höfe dieser

291) HA B 935 Bl. 244'/245. – Müllers Angaben stammen wahrscheinlich aus den lehenherrlichen Protokollen. – Die Umrechnung von 1586 (40 Hofschülpen = 10 Schätz) stimmt mit dem im »Bericht« (vgl. Anm. 283) gegebenen Verhältnis 2 Hofschülpen = 1 Schatz nicht überein. Sind etwa die Hofschülpen, wenn schon nicht nach der Zahl, so doch dem Maß nach, »gemindert« worden?

292) HA B 935 Bl. 243: *Nebst dem jährlich veraccordirten geldtquanto gehören noch und werden auch zu einer jedwedern aigenthümblichen siedens rechnung die sogenante hoff schilben gereicht oder nun 16 bazen für dieselbe zue geben seynd.*

293) Vgl. DRWB V Sp. 1216, Stichwort »Hofgeld«.

294) UB Hall N 16.

295) HA U 1 = UB Hall U 197; zu Otto Löser vgl. UB Hall N 122, spätere Löser: WL S. 427.

296) U 49 (418/419).

297) Zum grundherrlichen Hof in diesem Sinne vgl. Bader, Dorf I, S. 22 f.; als Muster eines ländlichen grundherrlichen Hofes vgl. Elsener, Hof Benken, S. 7 ff., 34 f. – Mit einer möglichen Hofzugehörigkeit der Sieder im 11./12. Jh. stellt sich auch die Frage nach der Hörigkeit. Sicher hat es, wie eine Hirsauer Notiz aus den Jahren vor 1120 (UB Hall N 5 = WUB I Nr. 272) ergibt, um 1100 kirchliche Zinsleute *(homines censuales ecclesiae)* gegeben, die wir als Eigenleute anzusehen haben. Ob sich unter den Hirsauer homines Sieder befunden haben, verrät die Urkunde leider nicht. – Die das Haal betreffende schriftliche Überlieferung, die freilich erst um 1200 einsetzt, gibt keinen Hinweis auf Eigenleute im Haal. Soweit die Sieder daher einmal Hörige gewesen waren, scheinen sie sich früh eine verhältnismäßig freie Stellung gesichert zu haben; ähnliches berichtet von anderen Salinen v. Inama-Sternegg, Verfassungsgeschichte, S. 29 ff.

einzelnen Siedensherren gewesen sein, denen der Hofschülpe zu entrichten war und in deren Verband die Sieder mithin gehört hätten? Möglich wäre jedoch auch, daß der Hofschülpe aus einer Abgabe hervorgegangen ist, die ursprünglich dem Hof des staufischen oder vorstaufischen Stadtherrn zu entrichten war. Den engen Zusammenhang zwischen dem Haal und einem solchen *ältesten Herrenhof* aus spätottonischer Zeit (seit 1000–1020) hat Decker-Hauff hervorgehoben[298]. Es erscheint denkbar, daß der Hofschülpe an die Einordnung der frühen Sieder in den Hof des Stadtherrn oder besser: des Herrn der »villa, quae Hallis vocatur«[299], erinnert[300]. Aus dieser Zeit dürfte ja auch der für die Siedensabgaben übliche Zahlungstermin zu Jakobi stammen[301].

6. SÄUMNIS

Hielt der Erbsieder das Sieden nicht in »wesentlichem Bau« oder zahlte er die Rechnung nicht, drohte ihm Pfändung oder Heimfall des Siedens an den Herrn[302]. Pfändungs- und Heimfallklauseln treten in den Leihebriefen nicht vor dem Ende des 14. Jahrhunderts auf[303]. Noch die Urkunde des Barfüßerklosters von 1372 enthält keine Bestimmung für den Fall, daß nicht rechtzeitig gezahlt oder die Bauhaltung vernachlässigt wird[304]. Seit 1397[305] erscheinen Heimfall- und Pfändungsklauseln, die regelmäßiger Bestandteil der Siedensleihbriefe werden.

Wie bei den sonstigen Klauseln der Leiheurkunden lassen sich auch hier nach der Formulierung verschiedene Gruppen bilden. Die Urkunden des Spitaltyps[306] geben dem Herrn *vollen gewalt und guth recht, inen* (= dem Sieder und seinen Erben) *das vorgemeldt sieden uff zu sagen und zu des mehrgenannten spittalls handen zu nemmen und fürter zue verleihen, wem und wohin wür wöllen, und doch daruff zu pfänden und zu verbieten, so lang und viel, bis dem spittal umb sein ausständig rechnung vollkommene ausrichtung und*

298) Jakobimarkt, S. 13 ff., 17. – Decker-Hauff vermutet als Stätte des ältesten Herrenhofs den Bereich um die ehemalige Jakobskirche (heute: Rathaus). Die Entstehung der Haller Münze datiert er in spätottonische Zeit (vor 1024): *Diese Münzstätte ist im alten Hochadelshof bei St. Jakob zu suchen. Herrenhof, Haal und Hellerprägung gehören zusammen.* Als Herren von Hofbezirk, Haal und Hellermünze sieht er die *Besitzvorgänger der späteren Komburger – wohl ihre Ahnen von Frauenseite* (a. a. O., S. 17). – Zur Verbindung der Komburggrafen zu den Staufern durch die Heirat Konrads III. mit einer Komburgerin vgl. DENS., Konrad III. und die Komburg, in: WFr. Bd. 62 (1978), S. 3 ff.

299) In Anlehnung an die Formulierung in WUB I Nr. 272.

300) Indiz für das hohe Alter des Hofschülpen könnte auch sein, daß der Schülpe als Maßeinheit archaisch anmutet. Das gewöhnliche Haller Maßsystem kannte ihn nicht (mehr?), vgl. OTTO SPIEGLER, Alte Maße im heutigen Kreis Schwäbisch Hall, in: WFr. Bd. 61 (1977), S. 42 ff.

301) Außer der Hofschülpe kam in älterer Zeit noch eine Pfann(en)lose genannte Abgabe, meist ein kleinerer Geldbetrag, vor. vgl. UB Hall U 207, 215, 434. Die Abgabe spielte für die Siedenserbleihe offenbar keine Rolle. Vgl. dazu KREIL, Stadthaushalt, S. 143.

302) Über die Sicherung der Abgaben und die Folgen der Säumnis bei der Erbleihe vgl. in der deutschrechtlichen Literatur: BEER (Elsaß), S. 38 ff.; FEIN (Ansbach), S. 111 ff.; GOBBERS (Köln), S. 149 ff.; HALLERMANN (Westfalen), S. 25 ff.; JAEGER, S. 21; KNAPP, S. 68 f.; MATTLI (Graubünden), S. 104 ff.; SCHREIBER, S. 189; SCHWIND, S. 48 ff.; STINGL (Würzburg), S. 114 ff.; WINIARZ, S. 27 f., 44, 81; WOPFNER (Deutschtirol), S. 138 ff.; sowie noch SCHMIDT-TROJE (Babenhausener Recht), S. 68 f. ,und neuerdings für Graubünden CLAVADETSCHER, Römischrechtlicher Heimfall in der rätischen Erbleihe des Spätmittelalters, in: Festschrift Hermann Baltl, Innsbruck 1978, S. 123 ff.

303) Für die Pfändungsklausel deckt sich diese Zeitbestimmung mit den Beobachtungen FEINS (Ansbach), S. 115, und STINGLS (Würzburg), S. 122 ff.

304) U 9 – Vgl. auch noch U 13 (1397). – In U 1/2 geloben die Beliehenen, dem Propst und Konvent Schadensersatz zu leisten, wenn sie *von dez salzgeltes wegen in den hainen schaden kamen von unser wegen.*

305) U 14/15.

306) Anm. 108, 215, 243.

vergnügung beschehen ist, ohn allen sein costen und schaden, alles nach des Haals recht und gewohnhait, ungevehrlich[307]. Wesentlich kürzer fassen sich die mit dem Erbbrief des St. Lienhart-Altars von 1496[308] und eine mit dem Merstatt-Brief von 1501 beginnende Gruppe[309].

Die Urkunden nennen als Voraussetzung für Pfändung und Fall zunächst nur das Versäumen der Zahlungsfrist. Die Bestimmung lautet in den späteren Urkunden regelmäßig, wer auf *ainig oder mehr frist*[310] oder *uff ein oder mehr ziehl*[311] säumig werde, habe den Verlust seines Rechts oder Pfändung zu erwarten. Das heißt, es kann schon nach einem einzigen versessenen Termin gegen den Sieder eingeschritten werden, aber auch nach mehreren Terminen ist dies noch möglich. Lediglich die frühen Gnadentaler Leihebriefe bilden hier eine Ausnahme; sie kennen zwar mehrere Zahlungstermine im Jahr. Die genannten Sanktionen werden aber an die Säumnis zu Weihnachten geknüpft[312].

Diese Klauseln, die den Heimfall des Leiheguts schon nach einer versäumten Frist ermöglichten, verbesserten die Stellung des Siedensherrn gegenüber dem gemeinen Recht mit seinen Zwei- und Dreijahresfristen erheblich[313]. Die gemeinrechtlichen Fristen waren nicht eben praktisch – hätten sie doch den Siedensherrn genötigt, dem Vermögensverfall seines Sieders zwei oder drei Jahre tatenlos zuzusehen. In bäuerlichen Verhältnissen, wo die Ernte einmal ausfallen konnte, war die Dreijahresfrist noch erträglich, vielleicht sogar sinnvoll. In der Saline mit ihrer stetigen Produktion war sie es nicht.

Neben der Fristversäumnis war eine entsprechende Erklärung des Herrn an den Sieder nötig, damit das (Erb-)Siedrecht heimfiel. In einer Reihe von Erbbriefen kommt das darin zum Ausdruck, daß der Herr befugt sei, das Sieden »aufzusagen«[314]. Ob für das Aufsagen eine bestimmte Form gebräuchlich war, darüber schweigen die Quellen. Daß der Herr seinen Willen erklären muß, den Erbmann seines Rechts verlustig anzusehen, entspricht im übrigen

307) U 58. Ebenso U 59, 60, 61, 62, 67, 84/85, 90, 92/93, 96, 100, 102, 104.

308) U 52: *so haben herr Jacob Dierperg . . . macht und gewalt inen solch sieden ufzusagen, underzegiesen und damit zu gefaren, aber nach des Hals der statt Hall gewonnheith und recht.* – In dieser Form noch U 81, 91; drei Adelberger Erbbriefe U 94/95, 97, 101.

309) U 63: *so hab ich . . . macht und gewalt, solch sieden zu meinen handen zu nemmen und pfannen und gewöhrt scheiden zu lassen, nach des Haals der statt Hall gewohnheit und recht.* – So auch U 64, 68, 69, 70, 72, 73, 76. – Nur einmal kommt vor U 39 *(so mögen ich oder wem das befohlen wirdt in solch sieden uffsagen, auch uff unserm sieden pfendten und verbieten ohn claag und ohn recht, als lang und als viel, bis uns ein vollkommen gnug geschicht umb unsere schulde und allen schaden).* – Lediglich eine Pfändungsklausel hat U 37. – Vgl. noch die Gnadentaler (U 14/15, 20, 26/27, 34) und Denkendorfer (U 31, 40, 45, 75 – nur Heimfall) Urkunden.

310) U 58–62, 67, 84/85, 90, 92/93, 96, 100, 102, 104.

311) U 52, 63, 64, 68–70, 72, 73, 76, 81, 91, 94/95, 97, 101. – Vgl. auch die Formulierung in den älteren Urkunden: *eins yden jars und zyles* (U 31), *nach ydem ergangen und uberfarenden zyle* (U 37), *ains yeglichen jares und zils* (U 40). – U 39 schreibt schlicht: *wo sie des nit thetten.*

312) U 14/15 – Zahlung auf Weihnachten; U 20: *in den wyhennaht vyren je des ergangen jares,* so auch U 26/27, 34.

313) Zwei Jahre bei geistlichen, drei Jahre bei weltlichen Herren; vgl. zu diesen bekannten Fristen statt aller Fulgineus, de solut. can., qu. 1, nu. 1 (S. 276). – Die Dreijahresfrist war 1424 in Hall in einem Prozeß praktisch geworden. Die Pfleger des heiligen Kreuzes zu Erlach verklagten einen gewissen Schuchpeter, Burger zu Hall, der drei Jahre die Gült von einem Weinberg schuldig geblieben war. Nachdem die Pfleger den Prozeß gewonnen hatten, sprach das Gericht den Heimfall aus, weil *sie sulchs mit hertem rechten erobern und beheben müsten;* StAL B 186 U 846 (Reg.: UB Hall U 1591). Mitsiegler war Konrad Heiden, vgl. zu ihm Anm. 571. Das Urteil entspricht der gemeinrechtlichen Entscheidung, daß ein Emphyteuta, der Erbmann zu sein leugnet, das Gut verliert; so schon Durantis, vgl. dazu ausführlich Fulgineus, de variis cad., qu. 5, nu. 1–7 (S. 246).

314) Vgl. die in Anm. 306 und 307 gen. Urkunden und U 57 (251): *Und darumb, das Fogelman dieselbig hoffstatt zum sieden nit annemmen wöllt, het im Wunhart das sieden uffgesagt und vermainte das Martin Helblingen zu leyhen.*

gemeinem Emphyteusenrecht, das neben mora auch die declaratio domini directi für den Eintritt des Falles verlangte[315].

Unter den sonstigen Säumnisfolgen, die neben Heimfall und Pfändung in den Leihebriefen vorkommen, ist zunächst der Verlust der Melioration oder Besserung zu erwähnen. So bestimmt etwa der Gnadentaler Erbbrief für Snelbolt von 1397, er und seine Erben sollten das Sieden verlieren, *und sie söllten alle ir bůwe und arbeit verlorn han, die sie daruf gelegt heten*[316]. Diese Klausel ist aber selten. Sie kommt außerdem nur noch im Blinzig-Erbbrief von 1438 vor[317]. Wieder ist zu sagen, daß die Klausel gemeines Recht spiegelt: Der säumige Emphyteuta verliert die Melioramenta (Besserung)[318].

Die Denkendorfer Leihebriefe enthielten eine besondere Bestimmung für den Säumnisfall. Der Sieder mußte für die Kosten des Stiftsboten aufkommen, der nach Hall ritt, um den jährlichen Zins einzuziehen[319]. Was der Bote und sein Pferd während des Zahlungsverzugs beim Gastwirt verzehrten, mußte der Sieder bezahlen[320]. Die Klausel war geeignet, pünktliche Zahlung zu erzwingen, war also (auch) Druckmittel, nicht bloßer Schadensersatz.

Zwei Gnadentaler Leihebriefe fügen der Verfallklausel eine ausdrückliche Bestimmung an, nach der ein Sieder trotz Heimfalls verpflichtet bleiben sollte, die versessene (ausstehende) Rechnung zu zahlen[321]. Die Bestimmung entsprach insoweit gemeinem Recht, als dieses die Frage des Weiterbestehens der Zinspflicht nach dem Heimfall für die kirchliche Emphyteuse bejaht, bei der weltlichen aber grundsätzlich verneint hat[322].

Arduam et in practica quotidie occurrentem quaestionem, schwierig und täglich vorkommend nennt Fulgineus[323] die Rechtsfrage, ob nach erklärtem Heimfall der Herr aus eigener Macht *(propria auctoritate)* oder nur mit Hilfe des Gerichts *(aliqua citatione)* sein Gut besetzen und den Erbpächter daraus vertreiben darf. Die Glosse hat dem Herrn solche Befugnis zugestanden, allerdings schon mit dem Beifügen, es sei besser und sicherer *(melior et tutior)*, er komme mit Gerichtshilfe zu seinem Recht[324]. Hier ist nicht der Ort, die Entwicklung der gemeinrechtlichen Literatur seit Martinus und Bulgarus zu dieser Frage aufzurollen[325]. Der Hinweis auf jene Auseinandersetzung mag genügen. Sie dürfte den Hintergrund für die Urkundenpraxis gebildet haben. Die in der Rechtslehre vorkommenden Zweifel und Bedenken wurden durch klare Klauseln abgeschnitten.

315) Statt aller vgl. wieder Fulgineus, de variis caduc., qu. 11, nu. 1 (S. 257): *videndum . . . an requiratur declaratio domini directi, ut sit locus caducitati? Et videbatur dicendum, quod non requirebatur, quia ipso iure cecidit a suo iure emphyteuta . . . In contrarium tamen est veritas, quod cadit ipso iure domino tamen volente, ut omnes dicunt, in l. 2 Cod. de iure emph. per illum textum ibi, si Dominus voluerit.* Vgl. ebd. auch nu. 7 (gilt auch für die kirchliche Emphyteuse).
316) U 14/15.
317) U 27. Nur im Revers! Nicht in U 26.
318) Fulgineus, de melioramentis, qu. 1, nu. 1 (S. 159); Jason, de iure emph., in emphiteot., nu. 27 (Bl. 172'). – Zur Besserung vgl. H. R. Hagemann, HRG I, Sp. 394–396.
319) S.50.
320) U 1/2, 12, 28/29, 31, 40, 45, 75; der Erbbrief von 1514 erwähnt den Boten nicht mehr: U 84.
321) U 20 (1403: *und dannoht sölt er oder sin erben in die versessen rechnung usrihten und bezaln)*, U 34.
322) Baldus, de locato, in add. spec., = Durantis, de loc. et. emph. (Bd. 2, S. 303): *Emphyteuta ecclesiae licet cadat ab emphyteusi, tenetur tamen solvere pensionem: secus in emphyteuta privati;* Fulgineus, de variis caduc., qu. 15 (S. 264).
323) De variis caduc., qu. 10, nu. 1 (S. 251). – Vgl. auch die Bemerkung bei Jason, es gebe dazu so viele Meinungen wie Köpfe: *In hoc ergo puncto invenio tot varias doctorum sententias, quot pene dixerim scribentium capita;* de iure emph., in emphit., nu. 100 (Bl. 178).
324) Vgl. Jason, a. a. O.
325) Dazu ausführlich Fulgineus, a. a. O., nu. 1 ff. – Fulgineus neigt der Meinung zu, der Herr könne nicht aus eigener Macht den Pächter vertreiben. Anders sei es freilich, wo die Gewohnheit es erlaube, a. a. O., nu. 23, 24 (S. 255). Es fällt auf, daß gerade bei der Fall- und Pfändungsklausel in den Haller Urkunden stets ein Hinweis auf des »Haals Gewohnheit und Recht« angefügt ist.

Auch in den Schwäbisch Haller Siedenserbleihen finden wir die Bestimmung, der Herr könne aufsagen *ohn claag und ohn recht*[326)], ohne gerichtliche Schritte einleiten zu müssen – propria auctoritate. Die meisten Urkunden drücken dieses Recht zur Selbstvollstreckung in der Wendung aus, der Herr habe »Macht und Gewalt« bzw. »vollen Gewalt (= plenam potestatem) und gut Recht«, das Sieden »zu Handen zu nehmen« (den Besitz zu ergreifen), »unterzugießen« (das Feuer im Siedhaus zu löschen, den Sieder am Weitersieden zu hindern), »Pfannen und Gewöhrt scheiden zu lassen« (das Sieden zu beenden) und »damit (mit dem Sieden) zu gefahren« (nach Gutdünken zu verfügen)[327)]. Daneben oder zusätzlich kommt die Pfändungsklausel[328)] in der Form vor, wie sie Kisch[329)] richtig gedeutet hat: der Herr hat Macht und Gewalt, zu »pfänden und zu verbieten«, bis die ausstehende Rechnung vollständig bezahlt ist. Parata executio – liquide Vollstreckung ohne Prozeß war der Sinn all' dieser Klauseln[330)].

Ein Bild der Rechtspraxis bei Zahlungsverzug zu gewinnen ist nicht leicht. Obwohl es mehr gegeben haben muß[331)]: Nur wenige Fälle sind überliefert, in denen ein Sieder sein Sieden verlor, weil er es nicht vergelten konnte. Caspar Eberhart etwa berichtet als Zeuge im Prozeß des alten Seifried Blank gegen seinen Sohn und Hans Büschler (1498), *Metelman selig* habe von einem Sieden *steen* müssen, das er *armut halben* nicht zu sieden vermocht hätte[332)]. Wie das Abstehen vor sich ging, erfahren wir nicht. Etwas ausführlichere Nachrichten haben wir vom Fall des »Reuterhans«[333)]. Er verlor sein Sieden wegen Vermögensverfalls. 1511 entschied der Rat über die Gläubigerrangfolge[334)]. Im Urteilsbrief über den Prozeß Heuser/Müller von 1514[335)] sind weitere Angaben über die Verarmung und den Siedensverlust des Reuterhans zu finden. Bemerkenswert ist die Aussage des beklagten Jörg Müller, der Gnadentaler Schultheiß hätte vor dem Rat zu Hall um seine ausstehende Rechnung geklagt[336)]. Das würde bedeuten, daß zumindest in diesem Fall trotz der in den Leihebriefen abgesicherten Selbsthilfemöglichkeiten der Lehenherren doch gerichtliche Hilfe in Anspruch genommen worden wäre. Aber der im Urteilsbrief wiedergegebene Spruch war vom Gnadentaler Schultheißen, nicht vom Rat zu Hall erlassen und besagte nichts weiter, als daß Reuterhans auf Lebenszeit sieden durfte, solange er für Rechnung und Bauhaltung aufkommen konnte[337)]. Wichtiger ist daher Müllers Bemerkung in der Klageerwiderung, Reuterhans sei, als er die Rechnung nicht mehr zahlen konnte, *für die meister des Hals kommen.* Dort hätte er gesagt, er könne das Sieden nicht vergelten, Rechnung

326) U 39 (1466, Franziskus-Altar).
327) Vgl. zum Vorkommen der einzelnen Wendungen die Nachweise in Anm. 306–309.
328) U 37 und die Urkunden des Spitaltyps, vgl. Anm. 306.
329) ZRG GA 35 (1914), S. 41 ff., vgl. vor allem das Urkundenbeispiel S. 45, das die lateinischen Entsprechungen der deutschen Ausdrücke zeigt: *(potestas) arestandi, occupandi ac impignorandi* einer-, *(volle kraft und macht) aufhalden, hindern, und phenden* anderseits. – An dieser Stelle sei das von Kisch beigebrachte Bartolus-Zitat zum pactum de ingredienda possessione wiederholt: *Sicut ex sententia oritur actio judicati vel in factum, . . . ita potestas ingrediendi, quae competit creditori ex conventione aequiparatur illi potestati et licentiae sibi datae per judicem* (a. a. O., S. 50).
330) Die Pfändung ohne Klage, wie überhaupt die liquide Vollstreckung, war nicht auf das Haal beschränkt. Vgl. dazu StAL B 186 U 804–1421, Thomas von Dürn, Altarist am St. Georgs-Altar in St. Michael, verleiht Conz Kreber um ⅓ des Ertrags und Bauhaltung ein Erb an einem der Pfründe gehörenden Weingarten. Bei Säumnis kann der Altarist den Wein unter der Kelter ohne Klage und Schaden nehmen, bis der Schaden gekehrt und ausgerichtet ist.
331) Vgl. U 50 (700).
332) U 57 (251).
333) S. 171.
334) U 78.
335) U 79.
336) U 79 (302, 306).
337) U 79 (314/315).

und Baugeld nicht geben. Er habe darauf das Sieden denen von Gnadental »zugestellt«. Diese hätten es »angenommen« und danach das Sieden ihm, Müller, zu Erb verliehen[338].

Hier haben wir wohl den Normalfall eines Siedensverlustes vor uns. Von untergießen und von pfänden ist keine Rede. Der Sieder übergibt sein Sieden friedlich dem Herrn (»stellt zu«). Der verleiht es einem anderen, zahlungskräftigeren weiter. So war es auch 1559 bei der Verleihung an Joachim und Hans Bühl. In dem Leihebrief heißt es, die seitherigen Erbberechtigten, Angehörige der Familie Krauß, hätten das Sieden *lenger nicht mehr zu vergelten oder zu verlegen vermocht*[339]. Da nun die Erbgerechtigkeit deswegen den Herren heimgefallen wäre, hätten sie ihnen das Erb *auch... diesmahls guthwillig ufgetragen*[340].

In späterer Zeit scheinen Heimfälle wegen Zahlungsunfähigkeit nicht mehr vorgekommen zu sein. Gewiß hat es auch dann noch Sieder gegeben, die ihre Rechnung nicht pünktlich zahlen konnten. Es fand sich aber wohl immer ein Verwandter, der einsprang, um zu verhindern, daß das Erb an den Herrn zurückfiel. Auch die Korporation achtete durch Meister und Pfleger darauf, daß kein Erbsieden wegen Zahlungsverzugs verfiel. Schon 1518 ist ein solcher Vorgang bezeugt. Im Haalslosbuch ist vermerkt[341]: Als ein Sieden von Lorenz Ziegler[342] zu Hans Geyer geschieden wurde, hat Ziegler das *schaiden*, d. i. die Abgeltung für die zurückgelassenen und dem Nachfolger übergebenen Siedensgerätschaften, nicht erhalten, *damit der spital*[343] *bezalt mecht werden.* Die Geyer als die nächsten im Los hätten die übrige Schuld bezahlt *(die was 3fl., damit inen das erb blib, und nit den herrn heimfiel)*[344].

Wich diese Regelung der Säumnis vom sonst im Haller Gerichtssprengel geübten Recht ab? Im Erbbrief, den Jost Firnhaber 1464 Klaus Remlin ausstellte, heißt es: Der Verleiher hat, wenn der Beliehene seine Pflichten versäumt, *vollen gewalt und gut recht,* auf dem verliehenen halben Sieden zu pfänden und zu verbieten. Es folgt der Zusatz: *nach der statt und des Haals recht hie zu Halle*[345]. Die Säumnisklausel entsprach also nicht nur dem »Recht des Haals«. Es handelte sich vielmehr um »Gewohnheits«-Recht der Stadt schlechthin. Daß pfänden und verbieten ohne Gerichtshilfe auch sonst der »Stadt Recht« war, zeigt eine Schiedsurkunde von 1432[346]. Der Komburger Abt Gottfried hatte in einem Streit zwischen dem Gelbinger Kaplan Walter und einem gewissen Contz Kewsch mit dem Erfolg geschlichtet[347], daß sich die Parteien auf ein Schiedsgericht geeinigt hatten. Die Schiedsrichter, Pfarrer Johanns Velberger und Stadtschreiber Konrad Heiden, sprachen die umstrittene Gült dem Kaplan Walter zu. Für uns ist wichtig,

338) U 79 (302/303).
339) U 113 (609/610).
340) Zu dem Sieden vgl. Bg. zu Hh. 4a.
341) HA B 772 Bl. 10. – Zum Haalslosbuch s. Anm. 383 ff. – Vgl. zu dem hier betroffenen Sieden Bg. zu Hh. 29a.
342) Siederknecht 1517/53, Torwart in Kirchberg 1552/59, vgl. WL 9470.
343) Der Lehenherr.
344) Daß die »nächsten im Los« einsprangen, wenn ein Sieder nicht zahlen konnte, war anscheinend üblich. So schreiben am 16. 10. 1593 die Miterben am denkendorfischen Sieden (dazu u. Bg. zu Hh. 2) Jörg Reitz, Heinrich Beyschlag, Gilg Wenger und Jakob Botz dem Denkendorfer Klosterverwalter Jeremias Mögling, sie seien in Sorge, daß *Josepp Krauß, jetziger posessor* des Siedens, der schon die Jakobirechnung schuldig geblieben sei, nun auch die bevorstehende Weihnachtsrechnung nicht bezahlen werde. Das Kloster solle bei Meistern und Pflegern des Haals durch geeignete Mittel dahin wirken, daß Krauß zur Zahlung angehalten und gebracht werden möge. Die Petenten besorgen, daß sie sonst die Rechnung bezahlen müßten: Es könnte *an der bezahlung deren schuldigen ausstendigen rechnung ihme* (= Krauß) *felen, hergegen aber solche außsteende rechnung unß zubezalen uffgetrochen werden mochte.* – HStASt A 480 Bü 64.
345) U 37.
346) StAL B 186 U 922.
347) *vaste geteydingt.*

was der Schiedsspruch für den Fall bestimmte, daß die Gült verzogen würde. Dann sollte der Kaplan an der Nutzung der Wiese, die mit der Gült belastet war, pfänden oder die Nutzung darauf verbieten können, wie er wolle *(welhes ym eben ist)*, und zwar ohne Klage und Gericht. In Sache und Sprache finden wir hier dieselbe Bestimmung wie in unserem Erbbrief von 1464. Wir dürfen getrost annehmen, die Schiedsrichter – einer war ja der Stadtschreiber – hätten diese Regelung als der Stadt Recht gemäß angesehen.

Die Urkunden von 1432 und 1464 bezeugen nicht nur, daß die Säumnisregelung in Stadt- und Haalsrecht übereinstimmten. Sie gewähren auch in Verbindung mit den übrigen Erb- und Leihebriefen Aufschluß, wie des »Haals Recht und Gewohnheit«, örtliches Gewohnheitsrecht also, entstand. Seit 1496 enthielten fast alle Erbbriefe im unmittelbaren Anschluß an die Säumnisklausel (Aufsagen, Pfänden, Verbieten) den Zusatz »nach des Haals Recht und Gewohnheit«[348]. Vor 1464 fehlte jeder Hinweis auf Haalsrecht. In diesem Jahr wurde, wie eben erwähnt, die Klausel »pfänden und verbieten ohne gerichtliche Hilfe« als der Stadt und des Haals Recht gemäß bezeichnet. Die Angabe »nach der Stadt Recht« fiel in den Erbbriefen nach 1496 weg. Übrig blieb der Zusatz »nach des Haals der Stadt Hall Gewohnheit und Recht«. Die Säumnisklausel erscheint nun als »Gewohnheit des Haals«. Der Sache nach handelt es sich aber weiter um dieselbe Regelung, wie sie das »Stadtrecht« gleichfalls kannte. Als für das Haal typische Eigenart könnte man allenfalls ansehen, daß die eben geschilderte Regelung des Pfändens und Verbietens mit der für die Emphyteuse kennzeichnenden Säumnisfolge der Kaduzität, des »Falls« verbunden wurde. Bei näherem Suchen würde man vielleicht finden, daß auch diese Kombination bei anderen städtischen Erbleihen vorkam. Wie dem auch sei – des Haals »Gewohnheit und Recht« war, soweit es die Säumnis betraf, weiter nichts als die in Erbbriefklauseln gefaßte Verbindung bzw. wahlweise Zulassung zweier Gläubigerbehelfe gegen säumige Schuldner: des im gemeinen Recht bekannten Aufsagens (Fall) und des eigenmächtigen »Pfändens und Verbietens« des Stadtgewohnheitsrechts[349].

348) U 52, 58–64, 67–70, 72, 73, 76, 81, 84/85, 90–97, 100–102, 104.

349) Das hier letztlich auch nur älteres gemeines Recht spiegelt, vgl. Azo, summa cod., lib. quart., de iure emph. (S. 173): *liceat domino auctoritate sua emphiteotam expellere*. – Man fragt sich, weshalb ohnehin gemeinem Recht entsprechende Sätze so deutlich als »Gewohnheitsrecht« gekennzeichnet wurden. Vielleicht weil, jedenfalls um 1500, die gemeinrechtliche Lehre, was das eigenmächtige Pfänden angeht, vgl. dazu Anm. 323, selbst ins Schwanken geraten war? So wäre in diesen »Gewohnheiten« älteres gemeines Recht am Leben erhalten worden.

II. Einzelfragen zum Recht der Siedenserbleihen

1. VERÄUSSERUNG UND TEILBARKEIT VON ERBSIEDEN

Im Jahre 1451 richtete der Würzburger Offizial Johannes Halberg ein Schreiben an Bürgermeister und Rat der Stadt Hall[350]. Der Sieder eines Altarsiedens, *Heintz Pfyffer*, hatte das Sieden einem gewissen *Rawheintzen* übergeben. Welcher Art Pfyffers Besitzrecht war, wissen wir nicht. Es heißt nur, er habe das Sieden von dem Offizial und dem verstorbenen Herrn Heinrich Gellen, offenbar einem anderen Kleriker, *etwo mannich jor gesotten*. Da sich Pfyffer des Siedens *selbst geeüsert hott*, glaubt der Offizial ihn des Siedens entsetzen und es einem andern leihen zu dürfen[351]. Er hat es daher Berchtold Wetzel verliehen. Der Rat soll Pfyffer anweisen, das Sieden dem Wetzel zu überlassen, oder aber er soll zwischen den beiden gütlich entscheiden bzw. durch die Viermeister des Haals entscheiden lassen.

Der Sache nach handelte es sich um die Veräußerung eines, wenn auch offenbar schlechten Siedrechts durch den Sieder. Sie wurde, wie der Fall zeigt, als unzulässig angesehen und führte zum Heimfall des Siedens. Der Halberg-Brief und ein weiterer Beleg[352] ergeben: In der zweiten Hälfte des 15. Jahrhunderts durften Siedensbeliehene ihr Recht nur mit Wissen und Willen der Eigentumsherren veräußern.

In der ersten Hälfte des 15. Jahrhunderts erfolgten einzelne Verleihungen auf Lebenszeit und Erbverleihungen mit der ausdrücklichen Bedingung, das verliehene Sieden dürfe nicht auf andere übertragen werden. 1506 erteilte das Kloster Gnadental dem »Reuterhans« die Erlaubnis, auf Lebenszeit zu sieden, mit dem Bescheid, *das er das nit andern zu wenden soll*[353]. Ein Veräußerungsverbot in Gestalt einer eigenen Klausel im Leihebrief findet sich bei den drei Erbverleihungen des Klosters Adelberg aus den Jahren 1526 bis 1534[354].

Die Ratsverordnung von 1514 enthält dagegen kein ausdrückliches Verbot der Veräußerung von Erbsieden[355]. Im 16. Jahrhundert hat es Fälle der Veräußerung von Erbsieden gegeben. Parteien dieser Rechtsgeschäfte waren aber, soweit ersichtlich, meist Familienangehörige und enge Verwandte[356]. Erst die Haalordnung von 1608 und ein rund hundert Jahre später (1705)

350) U 32. – Vgl. Bg. zu Hh. 36.
351) Halberg führt aus, daß jeder, der nicht *zu zahlen* habe (die Rechnung nicht entrichten kann), entsetzt werden dürfe, auch wenn er ein Erb habe. Pfyffer habe sich des Siedens selbst entäußert, *das do noch wyter trifft*, a. a. O. (845).
352) U 57 (255). – Dem Peter Vogelmann Botz wird ein ihm (wie?) verliehenes Sieden von den Blank *mit wissen und willen der herrn abgewechselt*. – Vgl. zum Wechseln von Siedstätten: Haalordnung 1498, U 55.
353) U 79 (314).
354) U 94/95, 97, 101.
355) U 80. – Vgl. auch den von alter Hand (16./17. Jh.) stammenden Randvermerk zu dem Statut, in dem unter Bezug auf die Wetzel- und Seiferheld-Verträge von 1514 und 1530 (s. u. Anm. 356) gefolgert wird, daß die Erbsieden *alienabilia bona sive iura* seien. Die nach ihrer Diktion offenbar rechtskundige Hand hat also anders geurteilt als die spätere haalrechtliche Praxis.
356) U 66: Hans Klotz übergibt seinem Schwager Jörg Seiferheld seinen vierten Vierteil an einer Erbgerechtigkeit, den er von seiner Frau Clara Seiferheld *ererbt und überkommen* hat. – Unter Brüdern bzw. unter Geschwistern spielen die in U 82, 99, 118 bekundeten Abtretungen und Käufe. – Vgl. auch U 119: Barbara Vogelmann schenkt ihrem Vetter Philipp Krauß ⅕ Erbsieden, und U 115: Napurg Botz übergibt ihren Kindern ⅔ Erbgerechtigkeit. – Nicht hierher gehört dagegen U 86: Klaus Kraft vermacht

eingeholtes Gutachten der Tübinger Juristenfakultät[357] schrieben die Unveräußerlichkeit der fließenden Erbsieden endgültig fest.

Die Entwicklung des Haalrechts legt die Frage nahe, ob andere in Schwäbisch Hall zu Erb ausgetane Güter veräußert, d. h. in erster Linie verkauft werden konnten. Pietschs Haller Urkundenbuch enthält bis einschließlich 1479 nicht allzuviele[358] Urkunden über den Verkauf von Erb. Sie stammen alle aus dem 15. Jahrhundert. Die geringe Zahl der Urkunden muß nicht auf eine bestehende Verfügungsbeschränkung hindeuten, sie kann auch mit der schlechten Quellenüberlieferung zu erklären sein[359]. Zwischen 1456 und 1478 finden wir vier Kaufbriefe über Erb an Gütern aus geistlichem und weltlichem Besitz vor. Daraus ist immerhin zu entnehmen, daß das Erb zu jener Zeit grundsätzlich veräußerlich war. Ob es frei oder nur unter bestimmten Voraussetzungen (Zustimmung des Herrn) verkauft werden konnte[360], läßt sich

schencksweiß das Erb seinem Tochtermann; keine eigentliche Verfügung über das Erb, weil bei diesem Vorgang erst Erb und Eigen getrennt werden.

357) *Hochfürstl. Wirtemb. Tübing. Bedencken, die zwischen Andree Wagners seel. erben contra Johann Andream Schmiden salzsiedern etc. und sambtl. Seufferheldische erben als litis denunciaten, so wohl in prima als supplic. instantia über ⅙tel vereußerte fliessende siedens gerechtigkeit etc. etc. betr., d. d. 14.ten Dec. 1705.* – Abschr. LbiblSt Cod. hist. fol. 666, S. 221–305 (zur Quelle vgl. UB Hall S. 79*). – Vgl. o. Anm. 11. – Der Prozeß hatte folgende Vorgeschichte: 1667 verkaufte Johann Sebastian Firnhaber für 100 fl. ein halbes Drittel Sieden an Stättmeister Seiferheld (a. a. O., S. 254–260). Es handelte sich dabei um einen Anteil an dem Wagnerischen Erbsieden (vgl. Bg. zu Hh. 5). In dem Rechtsstreit verlangten die Wagnerschen Erben das halbe Sechstel mit der Revokationsklage zurück: Der 1667 getätigte Verkauf sei ungültig. Die Fakultät billigte *unanimiter* (einmütig) das Urteil erster Instanz, *daß das quaestionirte ⅙tel Wagnerischer Siedensgerechtigkeit in praejudicium liberorum . . . nicht habe vereusert werden können.* – Das umfangreiche Gutachten prüft (1.) die Rechtsnatur der fließenden Siedensgerechtigkeit (vor allem S. 231–254, vgl. dazu u. S.76 ff.), (2.) ob das ⅙ Sieden nur *ad dies vitae den verkeuffern seye vereusert worden* (S. 254–265), (3.) die eigentliche Hauptfrage, ob der Siedensanteil zur Praejudizierung der Kinder und Deszendenten, auch der übrigen Wagnerischen Familie habe veräußert werden können (S. 265–302), und schließlich (4.) die Verpflichtung der Erben des Verkäufers (S. 302–305). – Das Gutachten argumentiert unter Bezugnahme auf die Haalordnung von 1608 im wesentlichen mit dem Gedanken der Singularsukzession (S. 272) und kommt zu dem Ergebnis, daß das fließende Erbsieden *von denen eltern . . . dero kindern . . . weder . . . per contractum aut aliam dispositionem entzogen werden* könne. – Dort (S. 278) auch zur Haalordnung von 1608 und ein Hinweis auf einige Fälle der Veräußerung zu Beginn des 17. Jhs. (S. 301: *das beyschlägische de anno 1609 alß das vischerische contra Blinzing de anno 1614 und das hubheinzische de anno 1669 exempel).*

358) Die Zahl erhöht sich aber, wenn man die mit einem Vorgeld belasteten Güter hinzurechnet, vgl. etwa StAL B 186 U 897 (1430); U 785 (1420).

359) Vgl. dazu UB Hall, S. 4* ff., und besonders über Verluste ebd., S. 14*–17*.

360) Die Frage der Veräußerbarkeit von Erbleihgütern wurde, vor allem im 19. Jh., unter dem Gesichtspunkt einer Entwicklung von der Verfügungsbeschränkung hin zum »freien Grundeigentum« viel behandelt. Es galt eine »Dreistufentheorie« (Veräußerung nur durch Vermittlung des Herrn, dann nur noch Zustimmungserfordernis, schließlich freie Verfügbarkeit. Vgl. dazu LIVER, ZSR 65, S. 337 (referiert ARNOLD); GOBBERS (Köln), S. 154 f.; JAEGER, S. 29 f.; SCHREIBER, S. 184 ff., 186. – Gegen diese Entwicklungs- und die vor allem von Jaeger vertretene »Dreistufentheorie« wandte sich schon KEUTGEN, S. 126: *Nun aber sind seine Belege für alle drei Stufen aus derselben Zeit, so daß schon dadurch eine Entwickelung zweifelhaft wird.* – Im Anschluß an Arnold findet sich der Entwicklungsgedanke noch bei FEIN (Ansbach), S. 198 ff.; kritisch dagegen STINGL (Würzburg), S. 164 ff.: *Die einzelnen Stufen lösten sich nicht innerhalb kurzer Zeiträume ab, sondern bestanden oft jahrhundertelang nebeneinander.* – Vgl. zur Veräußerungsbefugnis bei Erbleihen neben den Genannten noch BEER (Elsaß), S. 57; BESELER, S. 763 f. (mit Hinweis auf die Anerkennung der Veräußerungsbefugnis in den preuß. und öst. Kodifikationen); CLAVADETSCHER, S. 33; HAGEMANN, ZRG GA 87 (1970), S. 182; HALLERMANN (Westfalen), S. 30 f.; KNAPP, ZRG GA 22 (1901), S. 60, 84; MATTLI (Graubünden), S. 75 ff.; MERK, ZRG GA 55 (1935), S. 197 ff.; ROSENTHAL (Würzburg), S. 48 ff.; SCHWIND, S. 32 f.; WINIARZ, S. 28 f.; WOPFNER (Deutschtirol), S. 112 ff. – Das in diesen Untersuchungen angesammelte Material bedürfte m. E. noch einer Überprüfung auf Einwirkung gemeinen Rechts auf die Urkundenpraxis. So scheint mir, um ein willkürliches Beispiel zu wählen, die von Clavadetscher, S. 34, beigebrachte Urkunde des Klosters Pfäfers von 1288 *(Adiectum, quod iuri consonum est, ut . . . prata sine voluntate nostra ac manu monasterii nostri . . . nullatenus alienetur)* ohne einen Blick auf C 4.66.3 nicht erklärbar zu sein. Auch Clavadetscher spricht hier von einem *Hinweis auf das römische Recht.* – Im Gesamtbild örtlich ganz unterschiedlicher Rechtszustände stellen die Schwäbisch Haller erbfließenden Sieden Erbleihen dar, die sich nicht in Richtung auf

aufgrund dieser Kaufbriefe allein nicht abschließend klären. Die Anzeichen deuten aber auf eine faktisch relativ freie Veräußerlichkeit hin, wobei allerdings manches für die Notwendigkeit der rechtlichen Mitwirkung seitens der Lehenherren spricht. Ganz unergiebig für die Beantwortung unserer Frage ist die zeitlich früheste Urkunde von 1456. Hier verkaufte der Erbmann sein Erbe gerade an den Herrn, so daß die Frage der Einwilligung naturgemäß nicht auftreten konnte[361]. Aufschlußreicher ist schon der nächste Kaufbrief. 1461 haben *Contz Heifenlin* und seine eheliche Hausfrau *Elszbeth* dem Sohn *Lienhart* das Gütlein, daran die Eigenschaft der Barfüßer zu Hall ist, *uffgeben, ergeben und gegeben,* und zwar *die erbschaft und alle unsere recht daran.* Der Kaufbrief ist von Guardian und Konvent der Barfüßer zu Hall gesiegelt – Zeichen einer etwa erforderlichen und erteilten Zustimmung oder bloß Beurkundungshilfe[362]? Während in den vorgenannten beiden Urkunden die Lehenherren als Käufer oder Siegler in Erscheinung traten, fehlt in den Verkäufen der Erbschaft eines Hofes zu *Vynau* (Veinau) von 1471[363] und der Scheffauer Mühle von 1478[364] jeder Hinweis auf die Mitwirkung oder Beteiligung der Lehenherren an dem Geschäft. Dafür enthalten diese beiden Urkunden eine ausdrückliche Klausel, die den Lehenherren ihre Rechte vorbehielt. Ihnen sollte der Kauf »unschädlich« sein[365]. Die Klausel erinnert an die schon bei Durantis behandelte Frage, ob der Emphyteuta, der das geliehene Gut verkaufen will, dies stets unter Vorbehalt des Rechts des Herrn tun muß *(debet vendere iure domini salvo).* Die Frage wurde vom Spiegler mit Hinweis auf C 11.62.1 bejaht[366].

An dieser Stelle können wir über die Veräußerbarkeit der Erbsieden zusammenfassen: Endgültig festgeschrieben hatten die Unveräußerlichkeit erst das Statut von 1608 und das Tübinger Gutachten von 1705. Die Rechtsüberzeugung, daß Erbsieden nicht übertragen werden dürfen, ist aber offensichtlich älter. Sonst könnten wir im 16. und 17. Jahrhundert mehr Veräußerungen nachweisen. Daß sie überhaupt vorkamen, überrascht angesichts der Rechtspraxis im Haller Land nicht. Im 15. Jahrhundert läßt sich schon der Satz nachweisen, daß Sieden ohne Willen des Herrn nicht übertragen werden dürfen. Hier haben wir wohl eine, vielleicht die wichtigste Wurzel der für die Erbsieden gültigen Regel von der Unveräußerlichkeit zu suchen.

Eine weitere Wurzel dürfte in der schon im 16. Jahrhundert nachweisbaren Gewohnheit zu sehen sein, daß die Erbrechte nicht ohne Zustimmung der mitbeliehenen Verwandten veräußert werden durften[367].

Das gemeine Recht hat die Teilbarkeit von Emphyteusengütern in engem Zusammenhang mit dem Recht zur Veräußerung (alienatio) behandelt[368]. Teilung (divisio) galt als Form der Veräußerung[369]. Auch die Literatur zur Erbleihe in Deutschland zeigt diese Verbindung beider

Veräußerungsfreiheit »entwickelt« haben, sondern bis zum Ende der alten Salinenverfassung die Verfügungsbeschränkung bewahrten. – Vgl. zu dem Themenkreis noch Fischer (Köln), S. 23, 31 ff.

361) StAL B 186 U 1189, Reg.: UB Hall U 2304.

362) StAL B 186 U 1225, Reg.: UB Hall U 2394.

363) StAL B 186 U 1371, Reg.: UB Hall U 2686.

364) StAL B 186 U 1448, Reg.: UB Hall U 2856.

365) Vgl. U v. 1471: *Doch sol diser kouff der obgemelten lehenfrawen an iren lehenschaften, gülten und rechten unnschedlich sin.* – U v. 1478: *da auch derselb kauf und dise verschreybung inen an lehenschafften, gülten und rechten unschedlich sein soll.*

366) Durantis, lib. IIII, part. III, de emph., nunc aliqua, nu. 114 (Bd. 2, S. 291).

367) Vgl. den Prozeß Hans Engel und Konsorten gegen Johann Bühl und Konsorten von 1565; in der Triplik Daniel Botz und Konsorten heißt es: *So ist auch offenlichen rechtens und auch allhie sonderlich im Haal sitt, brauch und herkommen, das die erbrecht[en] durch keinen freundt allein one deß andern wissen und willen können noch mog[en] begeben noch alienirt werden* (StAH 9/11 Nr. 5).

368) Vgl. beispielhaft etwa die Darstellung bei Jason, de iure emph., cum dubitabatur (Bl. 190 ff.).

369) de Luca, de haerede et haereditate, disc. XXX, nu. 6/7 (9. Bd., 2. Teil, S. 53): *aliud non est divisio, nisi reciproca alienatio, seu venditio tanquam species permutationis ... Nullaque congrua differentia*

Fragen. Sie schlug sich in Urkundenklauseln nieder, die in gleicher Weise sowohl Veräußerung als auch Teilung von Leihe- oder Zinsgütern verboten[370].

Die Klausel mit Teilungs- und Veräußerungsverbot findet sich unter den Schwäbisch Haller Erbleihbriefen nur bei den Adelberger Verleihungen[371]. Aber daß eine (Real-)Teilung der Erbsieden nicht üblich war, zeigt mittelbar auch die Urkunde des Stifts Denkendorf für Hans Wengers Erben von 1516[372]. Dort wird das Sieden den Beliehenen ohne Angabe der auf die einzelnen entfallenden Anteile verliehen. Bemerkenswert ist in diesem Zusammenhang auch der Seyboth-Vertrag von 1553[373], in dem die Seyboth-Brüder ihr väterliches Siedenserbe, soweit es das Eigentum betrifft, teilen, die Erbsieden aber *unverthailt mit einander haben* wollen[374].

Ein Sieden durfte gegen den Willen des Herrn nicht geteilt werden. Das ergibt ein 1465 vom Haller Gericht entschiedener Prozeß[375]. Götz von Bachenstein, der ein Vorgeld und damit die Leihnis[376] auf einem Sieden hatte, hatte sich geweigert, Heinrich Seiferheld und Heinz Firnhaber ihr Sieden, das ihnen von ihrer Schwiegermutter, der † Katharina Harlung, angefallen war, zu verleihen. Darum verklagt, ließ Bachenstein vortragen, er wolle den Klägern schon leihen, aber nur einem, nicht beiden. Das letztere zu tun sei er nicht schuldig. Wenn er das Sieden trennen lassen und es beiden leihen wollte, so *mocht im* (das) *irrung und abbruch siner gerechtigkeith deß vorgeldts bringen.* Im weiteren heißt es dann, es sei bekannt, *das man khein gut trennen sollt noch mocht ohn des lehenherrn verwilligen*[377].

Ungeachtet des Teilungsverbots mußte beim Tode eines Erbsieders eine Regelung gefunden werden, die es erlaubte, seine Kinder an dem Sieden teilhaben zu lassen. Das Sieden wurde zwar nicht real geteilt. Die Miterben regelten aber die Nutzung (Ausübung) des Erbsiedrechts in sogenannten Siedenseinigungen oder Loseinigungen.

dignosci videtur inter unam speciem alienationis et alteram. – Anders als beim Feudum, vgl. DURANTIS lib. IIII, part. III, de feudis, nu. 53 (Bd. 2, S. 324 f.), ist nach BALDUS (vol. IIII, cons. 234, nu. 2 = 2. Bd., Bl. 52': *quod autem res emphyteuticae possint dividi inter emphyteotas patet,* mit Hinweis auf die Gegenmeinung Wilhelms von Cuneo) und JASON (de iure emph., cum dubitabatur, nu. 114, Bl. 199) das Erbleihgut teilbar. Anders als bei der Veräußerung der Erwerber, erkenne nach der Teilung jeder Erbpächter den Herrn an und sei von ihm mit der Personalklage zu belangen. Daher entstehe dem Herrn durch die Teilung kein Schaden. Dazu auch CLARUS, qu. 14 (S. 147); FULGINEUS, de alienat., qu. 1, nu. 204 (S. 207).

370) Vgl. etwa U v. 1314 bei WOPFNER (Deutschtirol), S. 113: *niht tailen noch an werden an unsern willen;* U v. 1282 bei GOBBERS, S. 166: *nec vendent nec alienabunt nec distrahent nec in plures manus dividunt;* U v. 1279 bei BEER (Elsaß), S. 60. – Vgl. weiter zur Teilung von Erbleihegütern: ARNOLD, S. 180 ff., 420 (U v. 1320); BESELER, S. 767 ff.; FEIN (Ansbach), S. 163; GOBBERS, S. 165 ff.; JAEGER, S. 31 ff.; MATTLI (Graubünden), S. 90 ff.; ROSENTHAL, S. 58; WINIARZ, S. 43 f. (Erbteilung); WOPFNER (Deutschtirol), S. 109 ff. (Erbteilung); STINGL (Würzburg), S. 165 ff.; SCHREIBER, S. 200 (U v. 1397). Im allgemeinen wird vom Verbot der Teilung berichtet.

371) U 94/95, 97, 101.

372) U 84/85.

373) U 111.

374) Vgl. auch schon die Vogelmann-Erbteilung von 1525, HA U 72, u. Bg. zu Hh. 15b.

375) U 38.

376) Zu Vorgeld und Leihnis vgl. Anm. 267 f.

377) U 38 (851/852). – Vgl. dazu das Stadtrecht von Wimpfen v. 14. 2. 1404 (SCHRÖDER, S. 8), Nr. 20: Zinsbares Gut soll nie ohne Wissen und Willen des Zinsherren geteilt werden; mit Zusatz von 1416: *also daz keine teile darinn geeiginet werde.*

2. DIE LOSEINIGUNGEN

Das Los als Mittel gerechter Teilung bei Erb- und Gemeinschaftsauseinandersetzungen findet sich im gemeinen Recht des Kontinents[378)] ebenso wie im englischen[379)]. Auch in der Umgebung Schwäbisch Halls zeigen einzelne Beispiele[380)], daß Erbteilungen mit dem Los gebräuchlich waren. Nichts anderes gilt für die Stadt selbst[381)]. In diesem weiteren Zusammenhang sind auch die im Haal vorkommenden Loseinigungen zu sehen. Wenn nun zwar die Losteilung in der europäischen Rechtsgeschichte an sich keine ungewöhnliche Erscheinung darstellt: Die Schwäbisch Haller Siedensloseinigungen bilden doch einen der bemerkenswertesten Anwendungsfälle dieser Rechtseinrichtung. Die in seltener Fülle und Geschlossenheit überlieferten Loseinigungen aus dem 16. und 17. Jahrhundert bestimmten als wichtige Rechtsgrundlage die Siedensnutzung. Sie sind auch heute, nach der Umwandlung der Erbsiedrechte in Renten, noch für die Austeilung von Bedeutung.

Bevor anhand eines Beispiels Form und Inhalt der typischen Loseinigung dargestellt wird, sei eine kurze Vorbemerkung zur Überlieferungsgeschichte eingeschaltet. Die Hauptquelle zu den Siedenseinigungen bildet »des gemeinen Haals Siedens- und Losbuch«[382)]. Die Handschrift trägt das Datum vom 10. Januar 1614[383)] und enthält auf 434 durchnumerierten Blättern Verträge um Sieden, im wesentlichen Loseinigungen von 1499 bis 1660. Bis zum Blatt 297 schreibt, mit einer Unterbrechung[384)], durchgehend dieselbe Hand[385)].

Äußerlich beeindruckt der Band trotz starker Abnutzung noch heute[386)]. Die Schreiberhand ist kalligraphisch beachtlich. Gebrauchsspuren, die im Register sogar zu kleinen

378) JASON, super II^{a} cod., communia de legato et fideicommissis, si duobus, nu. 7 (Bd. 8, Bl. 191): *plures fratres, qui volunt venire ad divisionem, an divisio debeat fieri sorte an frater minor eligat prout vulgares credunt. Breviter dic, quod de iure . . . electio debet fieri sorte vel officio iudicis;* zusammenfassend WESENBECK, Sp. 337 B, D (Fam. herciscundae tit. II, C 3.36, nu. 6) und Sp. 341 A (communi dividundo, tit. III., C 3.37, nu. 5). Mit theologischer Begründung (Mose 4.34.12): Schwabenspiegel Landrecht § 148. – Vgl. jetzt allgemein zum Los in der Rechtsgeschichte A. ERLER, Art. »Los, losen«, in: HRG, 17. Lieferung, Sp. 41 ff.

379) LYTTLETON, III, cap. I, § 246 (S. 283 f.) – Teilung unter parceners.

380) Vgl. die hohenlohische Erbteilung vom 30. 5. 1708 bei ADOLF FISCHER, Geschichte des Hauses Hohenlohe, II. Teil 2. Hälfte, S. 237; Hinweis auf eine vellbergische Teilung mit dem Los: U v. 23. 2. 1463 (HStASt A 155 U 534), nach ungedr. Reg. von Christa Mack, Stuttgart. – Beachte in diesem Zusammenhang auch die Graubündener U bei MATTLI, S. 108, Fn. 177: *ein ietlicher, der das gůt nach dem looss in die henden hat,* und das Beispiel bei MICHAEL GRASS, Consilia Tubingensia, Bd. V, Cons. II, S. 10, nu. 11.

381) HEZEL, Bl. 59', erwähnt die Erbteilung *per Sortem oder Conventionem.*

382) HA B 772.

383) Das in roter Tinte ausgeführte Titelblatt lautet: *Desz Gemeinen Halls Buoch. Darinen Alle Erbsüeden begriffen, wie sie Gelöst auf alle erben. Ausz den vralten bisz auff die jüngsten Halls büecher herausz geschriben vnnd in disz buoch sampt einem ordenlichen Register verfast. Wa* (!) *jedes losz insonderheit zu finden, So woll in allten alsz auch in disem buoch. Geordnet und angebracht durch die ernueste, ersame vnnd weysze, auch wolachtbare herrn hauptman New vnnd alltt mayster vnnd pfleger desz gemeinen Hallsz. So damahlen geweszen H[err] Michael Botz, Hauptma[nn], Dauidt Büehel jung, Küllian Blüntzig, Dauidt Zweyffel, Märtten Dötschman, New, So dann H[err] Georg Fryderich Vogelman, Melchior Büehel, vnnd Dauidt Wennger, Al[t] mayster. H[err] Johann Christoff Grätter, H[err] Conradt Seyfferheldt vnnd H[err] Johann Stang pfleger, H[err] Georg Heinrich Feyrabet, oberschreyber, vnnd Hannsz Jäger, vnderschreyber. Actum den 10. Monatstag Januarii im eintaußent sechß ⟨zehen⟩* (gestr.) *hundert vnnd vierzehenden jahr.* – Darunter eine Vignette mit den vier Buchstaben HVSI in verschlungenen Bändern, etwa für: H[ala] V[rbs] S[acri] I[mperii]?

384) Bl. 277'/278.

385) Da es sich zumeist um Kopistenarbeit gehandelt hat, ist sie wohl dem im Titelblatt genannten Haalunterschreiber Hans Jäger zuzuschreiben.

386) Gebunden in hellbraunes Leder über Holzdeckeln mit zwei Schließen, eine besch.; Prägung auf Vorderdeckel: *DES HALS SIEDENS / VND LOS BVCH / 1614.*

Textverlusten an den Rändern geführt haben, zeigen, daß das Buch längere Zeit stark benutzt wurde. Mit Hunderten von Siedensloseinigungen nach dem in der zweiten Hälfte des 16. Jahrhunderts entwickelten Haller Muster ist die Handschrift eine bedeutsame rechtsgeschichtliche und genealogische Quelle[387].

Die Überlieferung der im Haalslosbuch von 1614 verzeichneten Siedenseinigungen läßt einen gewissen zeitlichen Einschnitt erkennen. Die Blätter 1 bis 22' enthalten Verträge aus der ersten Hälfte des 16. Jahrhunderts (1499 bis in die vierziger Jahre). Sie sind aus einem Sammelband der Zeit kopiert[388]. Vor 1499 fehlt eine geregelte Aufzeichnung[389]. Von Blatt 23 an beginnt eine neue Gruppe von Siedenseinigungen, die aus der zweiten Hälfte des 16. Jahrhunderts datieren. Darin überwiegen Urkunden aus den achtziger und neunziger Jahren

387) Durch die Angabe der Namen der Losparteien (Geschwister und Verschwägerte) und der Verwandtschaftsverhältnisse für die Genealogie bedeutsam.

388) HA B 157 – Auf dem ersten num. Registerblatt o. r. Vermerk von der Hand F. S. Müllers: *2tes looßbuch!* – Der Band enthält in der Hauptsache Haalordnungen, daneben chronikartige Berichte von Überschwemmungen, Suhlenreinigungen u. a. m. Dazwischen sind Verträge von Siedern, Vergleiche und Ratsentscheidungen eingestreut. Ein Großteil dieser Verträge wurde in das Losbuch von 1614 übernommen. – Die folgende Synopse läßt die Übertragung von HA B 157 nach HA B 772 erkennen: (In Klammer die Jahreszahl der Urkunde)

HA B 157 Bl.		HA B 772 Bl.	HA B 157 Bl.		HA B 772 Bl.
1/1'	(1542)	5/5'	81'	(1525)	12'/13
2	(1543)	5'/6	82	(1533)	(–)
2'	(1544)	6–7	82'	(1530)	(–)
3	(1546)	7/7'	83–85'	(1510)	(–)
46	(1545)	(–)	87'	(1531)	13/13'
56'/57	(1536)	(–)	88	(1530)	(–)
57'	(1529)	7'–9	88'	(1525)	13'/14
59	(1503)	(–)	89	(1525)	14/14'
59'	(1507)	3	89'–90'	(1525)	(–)
60/60'	(1511)	3/3'	90'	(1551)	15/15'
60'–62	(1514)	4/4'	91/91'	(1533)	(–)
62/62'	(1516)	9/9'	91'	(1533)	(–)
63	(1518)	9'/10	98'	(1534)	15'
63'	(1509)	(–)	100	(1542)	16/16'
64/64'	(1523)	10'/11	100'	(1538)	16'/17
64'/65	(1523)	11/11'	101	(1537)	17–18
65/65'	(1530)	(–)	101'	(1538)	18–19
70	(1538)	11'/12	102–103	(1529)	19–20'
70'	(1532)	12/12'	103'/104	(1541)	20'/21'
			105/105'	(1542)	21'/22'

Danach stammen nur die drei Urkunden HA B 772 Bl. 1/1' (Vereinigung Heinz Koller u. a., Di n Dreikönig 1499), Bl. 1'/2 (Verleihung Seiz Blank an den Schwiegersohn Hans Here v. selben Datum) und Bl. 2' (Vereinigung Stadtmann-Halberg v. Sa *an Thomis tag* 1499) nicht aus HA B 157.

389) Vgl. HA B 157 Bl. 45/45' – Freitag nach Dreikönig kommen alte und neue Viermeister vor den Rat und berichten, *wie vil und mangerlay hendel vor inen dess Hals halber, als sieden (und) heltz[er] schaiden, auch der floßbaurn und der saltz kercher zu handeln haben, das zuweilen bedadingt, darzů rechtlich sprůch darůmb außgand.* Diese Entscheidungen gerieten durch den Tod der Beteiligten in Vergessenheit: *Sollich auszsprůch, rechtspruch und dadigůng ins alt[er] der jor und durch abgang der leut in vergessenhait kompt und die lewt zů irrůng gefürt werden, deszhalb die lewt beyweiln mit aiden bekomert und belegt werden.* Um diese Streitigkeiten und Unsicherheiten zu vermeiden, wollen sie, *so solchs einem erbern rot gefiel . . . sollich hendel in ein buch aufschreiben.* Daraufhin verordnet der Rat entsprechend dem Anbringen der Viermeister, daß Rechtsakte, soweit erforderlich, aufgezeichnet werden sollen: *»Uff sollich anbringen ist ein erber rot zů rot worden und (hat) ernstlich befolhen, das man fleissig darob sein soll, wan etwas fůr sie kem, so sie bedůncken wolt nottůrftig sein aufzůzaichnen, es sey mit sieden, pfannen, gewerd, heltz oder anders zuschaiden, auch dadigung oder rechtlich sprůch, das alles vor den partheyen aufschreiben und lesen lossen und was also aufgeschriben wůrt, sol als dan volkomenlich von den partheyen und wen es berůrt unableßlich gehalten werden und kain tail da wider sein noch thůn noch schaffen gethon werden, alles getreulich und ungeverlich* (1499).

des Jahrhunderts. Wie die Überschrift auf Blatt 23 zeigt, stammen diese Verträge aus einem älteren, von mir nicht nachgewiesenen *Großen Hallß buoch.* Sie unterscheiden sich auch inhaltlich von den in Blatt 1–23' enthaltenen Urkunden.

Während die Verträge der ersten Jahrhunderthälfte nur insoweit übereinstimmen, als es darin stets um die Regelung der Siedensnutzung unter mehreren Beteiligten geht, ansonsten aber in Aufbau und Inhalt unterschiedliche Gestaltungen zutage treten, zeichnet die zweite Jahrhunderthälfte eine weitgehende Gleichförmigkeit aus. Unmittelbarer Vorläufer des hier zu erkennenden Formulars waren die Loszettel; zwei frühe, in ein Haalsbuch eingetragene Loszettel sind aus den Jahren 1542 und 1551 überliefert[390)].

An einem typischen, im übrigen aber willkürlich ausgewählten Beispiel möge eine Loseinigung vorgeführt werden[391)]. Am 28. Mai 1593 einigten sich die Erben des † David Wetzel[392)] *umb ihr väterlich und müeterlich erbgerechtigkheit, alß wetzlische und huebheintzische sieden*[393)]. Die Loseinigung zerfällt äußerlich in drei Teile. Der erste enthält die Verlautbarung, daß sich die Parteien über das Legen eines Loses geeinigt haben (Vertragsteil). Dieser Teil enthält oft noch besondere Abreden, die im späteren 16. Jahrhundert einem in der Regel nicht mehr einzeln bedachten Muster oder Formular entsprechen.

Der formelhafte Ingress läßt erkennen, daß sich die Einigung vor den Viermeistern des Gemeinen Haals als Beurkundungsbehörde abspielt: *Zu wüszen*[394)], *dasz wür hernach benante weylant Davidt Wetzels seeligen gelaßene erben uns vor new und alt viermeyster des gemeinen Hallß, umb und von wegen unser väterlichen und müeterlichen erbgerechtigkheit, alß wetzlisch und huebheintzische sieden verglichen, verainigt und umb ein stetiges imerwerendes loß gelöst* (haben). Nun wird der Zeitraum festgelegt, in dem jeweils eine der Losparteien sieden darf, in unserem Fall zwei Jahre. Am häufigsten sind Lose zu zwei oder drei Jahren, es kommen aber auch solche zu vier, fünf oder sechs usw., ja sogar Lose zu einem Jahr vor. Das Los soll für alle Zeiten gelten. Das bedeutet: Von Weihnachten 1594 an können die Losparteien und ihre Nachkommen bis in unsere Tage herein berechnen, wann sie bzw. ihre Nachfahren mit sieden an der Reihe sind.

Die schon erwähnten besonderen Abreden folgen. Sie werden formularmäßig in die Urkunde eingefügt und entsprechen inhaltlich dem Haalrecht: Es ist *sonderlich zuvor und ehe wir das loß gelegt, abgeredt und außgedüngt worden, das keines kein wechsel mit dem andern soll machen oder gebrauchen.* Die Parteien dürfen also ihre anfallenden Siedensjahre nicht vertauschen. Jeder muß sieden, *wan das los an einen khombt oder gelangt.* Die gerade durchs Los festgestellte Reihenfolge soll nicht durch nachträgliche Abmachungen wieder umgeworfen werden.

Wer selbst nicht sieden kann oder will – auch das eine regelmäßige Klausel –, der muß das Sieden *fürgehen laßen uff den nechsten im loß,* d. h. er soll den sieden lassen, der nach ihm an der Reihe ist. Dabei gilt aber eine Ausnahme. Wenn der Sieder eheliche Kinder hat, die nach dem

390) HA B 157 Bl. 105/105' (= HA B 772 Bl. 21'–22'; Druck: Hufnagel, S. 19–21, Fn.): *Copi ains losszettels der Vogelman, Schaubenn und Botzenn. 1542;* Bl. 90' (= HA B 772 Bl. 15/15'): *Copey eines loßzettels die Botzenn belangen* (1551).

391) Vgl. auch Raimund J. Weber, Denkendorfer Sieden, Haalquell 1978, S. 11/12.

392) WL 9172 – 1545/53 († 4. 10. 1569).

393) HA B 772 Bl. 162/162'.

394) In der Zeit häufigste Form des Eingangs; es kommt daneben auch das Datum an der Spitze vor, etwa HA B 772 Bl. 107: *Auf heut datto den 6. Apprilis anno 92 haben wür hernach benante . . . uns vor new und alt viermeister des Halß . . . verainigt und verglichen und umb ein stets loß gelöst.* – Vor allem in den siebziger Jahren des 16. Jhs. häufig die Einleitung mit »actum«, etwa HA B 772 Bl. 116: *Actum den 17. May 1576 haben die Seybots erben miteinander . . . gelöst.*

Haalsgebrauch sieden können und wollen: *dem oder denselben solle hierinnen nichts benomen oder entzogen,* sondern sie sollen *der selben erbgerechtigkeit vehig und theilhaftig sein*[395].

Damit endet der Vertragsteil. Die Erben schreiten zum Losen[396], und das Protokoll hierüber bildet den zweiten Teil der Urkunde (Losteil): *Darauf so ist einhellig das loß gelegt worden, und also das erste loß gefallen auf Joseph Wetzeln*[397], *das ander* (= zweite) *loß auf Anna Wetzlin*[398]..., *das drit loß auf Peter Wetzeln*[399] und so fort bis zum sechsten Los. Das Los dient nur zur Ermittlung der Reihenfolge, in der gesotten werden darf. Wenn auch die letzte Partei ihre zwei Jahre versotten hat, soll das Sieden wieder von neuem in der Reihenfolge des Loses gesotten werden *(soll es nach Halß gebrauch und ordnung dem loß nach wider umb vornen angefangen werden).*

Zuletzt folgen die Bitte um Beurkundung und der Beurkundungsvermerk durch die alten und neuen Viermeister des Haals, die stets namentlich aufgeführt sind[400].

Die hier dargestellte Siedenseinigung ist die späte, klassische Loseinigung unter Miterben einer Siedenserbgerechtigkeit. Ein Blick auf die erste Hälfte des 16. Jahrhunderts zeigt jedoch auch andere Formen. So behandelt zwar schon die erste Eintragung die Einigung unter Miterben (1499)[401]. Die Urkunde enthält auch schon die Bestimmung, daß das Sieden nicht von Fremden gesotten werden soll[402]. Ein Los ist darin aber nicht erwähnt; die Parteien haben sich anscheinend gütlich über die Reihenfolge des Siedens verständigt. Auch in anderen Urkunden vor 1550[403] finden wir, daß sich Parteien ohne Los auf die Reihenfolge einigen konnten. Dagegen wird später stets gelost.

Geeinigt und vertragen haben sich nicht etwa nur Erbberechtigte. (Los-)Einigungen fanden auch statt, wo etwa das Sieden halb einer Partei zu erb, halb der andern zu erb und eigen zustand, oder gar unter mehreren Eigentümern[404].

395) Vgl. die Ratsverordnung von 1514, U 80 (409).
396) MATTI, Diss., S. 81 (Fn.), beschreibt den Losvorgang nach BÜHLER, 2, S. 63: *wurden die Lose im Verwaltungsgebäude des Haalgerichtes aus einem spitzigen Filzhut spanischer Form, ›der schon sehr alt ist‹, gezogen.*
397) WL 9179–1575/99.
398) Hausfrau Konrad Mettmanns, WL S. 452.
399) WL 9181–1591/99.
400) Da am 28. 5. 1593 insgesamt drei Loseinigungen stattfanden, wurde hier betreffs der Namen nach oben verwiesen *(wie vor disem loß zue endt vermeldt).* Der Urkundsvermerk lautet dort (Bl. 161'): *Zue urkhundt und versicherung diser verainigung haben wir obnermelte erben sambt und sonders mit fleyß gebeten und erbeten die ehrnhaften weyßen new und alt viermeiste[r] deß gemeinen Halß, so damals gewesen herr Georg Müller des raths* (rot darüber: *alß haubtmann*), *Thoma Beyschlag, Joseph Seyfferheldt, Wolff Botz und Conradt Stadtman* (rot darüber: *alß neue*), *Daniel Botz und Davidt Zweyffel, Hannß Müller, Hans Botz* (rot darüber: *alß*) *alte meyster, das sie uns vergunt, dise loßung ins Hals buech einschreiben zu laßen. Actum den 28sten May anno* (rot: *15*) *93.* (Zusätze mit roter Tinte von fremder Hand).
401) HA B 772 Bl. 1: *nachdem inen* (= den Parteien) *das sieden, so ihr mueter Anna Eysemangerin, Georg Schwartz ehliche hausfrawen seellig biß her gesoten hat, erbfallig alß den recht natürlichen erben an solchem sieden heimgefallen ist.*
402) Ebd., Bl. 1/1': *wan aber geschehe, das ir einer, so die zeit der jahr an im weren, nit sieden wolte, soll dieselb parthey das sieden in kein frembdt handt keren noch wenden zu sieden, allein under inen und iren erben beleiben laßen.*
403) So fehlt ein Hinweis auf das Losen in der Blinzig-Einigung von 1523 (HA B 772 Bl. 10/11) oder der Botz/Gräter-Einigung von 1525 (ebd. Bl. 13'/14). Vgl. auch Vertrag v. 1529, Bl. 7'–9; 1534, Bl. 15'. Die Klausel »fürgehen zu lassen« findet sich auch im Blinzig-Vertrag von 1523 (Bl. 10'/11); ferner 1534 (Bl. 20'–21'); 1532 (Bl. 12/12'); 1544 (Bl. 6–7); 1546 (Bl. 7/7'); 1551 (Bl. 15/15').
404) Einigung von 1516 (HA B 772 Bl. 9/9'), Jörg Haug bzw. seine Mutter haben ein halbes Eigen und Erb, Seitz Wagner ein halbes Erb. Sie losen um 5 Jahre. Wagner hat *zue sieden macht,* Haug und seine Mutter können *sieden . . . oder solches leihen, wem sie wollten.* – Los zwischen Philipp Heilbronner, Els Mergelen und Dorlin Müllerin (1525); ein Teil der Parteien hat Erb und Eigen, der andere Teil nur das Erb (Bl. 12'/13). – 1534 (Bl. 15'): Einigung zwischen Konrad Büschler und Jobst Sültzer einerseits, Melchior Wetzel

Aufschlußreich sind die Daten der Siedenseinigungen. Sie liegen in aller Regel um Weihnachten, Neujahr und Dreikönig bis in den Februar[405]. Dies war die Zeit des alljährlichen Siedensscheidens, in der mit dem Sieden neu begonnen wurde, der natürliche Zeitpunkt, zu dem Vereinbarungen über die Siedensnutzung getroffen werden konnten. Es war freilich auch die Zeit, in der es am ehesten Zank gab, wer im neuen Jahr sieden durfte und wer nicht. Sehr bezeichnend heißt es 1546, es sei an Sebastian (20. Januar) zu Streit gekommen, *wann das sieden ist in gedachtem jahr angangen*[406]. Die Angehörigen oder Mitbesitzer eines Siedens werden von den Viermeistern zu einem Los »beredet«. Hier heißt es dann mit besonderem Recht, die Parteien hätten sich »verglichen« und »vereint«[407].

Bemerkenswert ist noch die Klausel, beim Ablauf der Siedensjahre solle der Sieder gutwillig abstehen und dem nächsten im Los das Sieden ohne Einrede überlassen; vor allem soll das Aufsagen, die vorherige Kündigung, unter den Losparteien nicht nötig sein[408].

Das Losen und die zugrundeliegende Vereinbarung der Miterben waren eine Folge der Unteilbarkeit der Erbsiedrechte. Wenn das Siedrecht nicht in der Weise unter die Erben verteilt werden konnte, daß A, B und C je ein Drittel der jährlich zu versiedenden Sole zu beanspruchen hatten, gab es nur zwei Möglichkeiten. Entweder konnte nur einer erben oder die Miterben einigten sich darauf, im Sieden abzuwechseln[409]. Diese Art Teilung war der Realteilung aber auch betriebswirtschaftlich überlegen. Aufgespaltene und damit kleinere Siedstätten wären zum Schaden der ganzen Saline unwirtschaftlicher zu betreiben gewesen.

3. BEFUGNIS ZUM VERLEIHEN – DER »MEHRERE TEIL«

Waren mehrere Siedensherren an einem Sieden beteiligt, stellte sich gelegentlich die Frage, wer verleihen durfte. Stimmten alle Herren überein, gab es keine Schwierigkeiten. Im übrigen galt bis ins 16. Jahrhundert, daß zu verleihen habe, wem der »mehrere Teil« zustehe[410]. 1498

anderseits. Beide Parteien haben ein halbes Sieden zu erb und eigen. Von einem Los ist keine Rede. Vgl. noch U 107, 108 (553): *wer an solchem sieden viel eigens, der soll auch deser mehr zue sieden haben und wa sie sich des siedens hierinnen nit vergleichen mögen, sie derhalben wie gebreuchlich mit einander lössen.*

405) HA B 772 Bl. 1, 1/2': Di n Dreikönig; Bl. 2/2': Sa *an Thomis tag;* Bl. 3: Fr n dem Obersten; Bl. 4/4': Di n Christtag; Bl. 9/9': Mi n Sebastian; Bl. 9'/10: Fr n Sebastian; Bl. 13'/14: So n Lichtmeß; Bl. 10'/11: Fr n Petri Kathedra; Bl. 11/11': So n Mathiae u. s. f.; ganz ausnahmsweise datiert ein Vertrag auch einmal im April (Bl. 12'/13, Mo v Philipp u. Jacobi) oder Juli (Bl. 3/3', in der Wochen nach Maria über das Gebirg). – Später wird auch häufig im März oder April gelost.

406) HA B 772 Bl. 7/7'.

407) Unter den frühen Siedenseinigungen sind häufig solche, denen Streitigkeiten vorausgingen (»Irrung« und »Spenn«): Blinzig-Einigung von 1523 (HA B 772 Bl. 10'/11); Gräter/Botz 1525 (Bl. 13'/14); Autenried/Blinzig 1525 (Bl. 14/14', die Viermeister haben die Parteien gütlich *veraint und vertragen*); 1531 (Bl. 13/13', die Parteien begehren eines gütlichen Vertrags; so werden sie von den Meistern und dem vom Rat dazu verordneten Jörg Seiferheld *vertragen und verainigt*); 1537 (Bl. 17–18); 1538 (Bl. 18–19, Irrung zwischen dem Spitalmeister und Niclas Kraft von Gailenkirchen. Der Rat verordnet von Gütigkeit wegen zwei Herren zu den Viermeistern, *damit nun jede parthey gewiß wer seines siedens*); 1546 Geyer-Einigung (Bl. 7/7', die Parteien wurden von den Meistern des Haals zu einem Los *beredet*).

408) HA B 772 Bl. 16/16' (1534), man soll den andern, wenn die eigenen Jahre um sind, *auch ohne uf khündt* sieden lassen. – Bl. 16'/17 (1538) – Blank/Autenriedischer *brief und vertrag.* Die eine Partei darf sechs Jahre sieden, dann soll sie *ohn ufgesagt abstehen.* – Bl. 15/15' (1551) – die Partei soll *guetwillig ohn alle einredt abstehen,* wenn die Losjahre um sind.

409) Zum Vergleich wäre hier auf die Aufteilung des Gebrauchs einer Dienstbarkeit (usus servitutum) nach der Zeit im römischen Recht zu verweisen (D 8.1.5; 43.20.5), vor allem beim aquarum iter (D 10.3.19.4).

410) Ein kleines Beispiel also aus dem bürgerlichen Recht für das Mehrheitsprinzip (pars maior), das gewöhnlich im Verfassungsrecht behandelt wird; vgl. zum Mehrheitsprinzip umfassend ELSENER, ZRG KA 42 (1956), S. 73–116, 560–570; 55 (1969), S. 238–281.

führte der alte Seifried Blank in dem Prozeß gegen seinen Sohn und Hans Büschler an, es wäre *der stat und des Hals gewohnhait und geprauch, auch ordnung und herkomen, so ainer den merern tail des siedens im halhaws, das er dasselb sieden zeleyhen hette*[411]. Diesen Satz bestätigen auch andere Urkunden. Hier ist vor allem der Urteilsbrief in Sachen Welling gen. Maier gegen Flurhey zu erwähnen[412]. Der Prozeß hat geradezu seinen Ursprung in jener Bestimmung vom »mehreren Teil«[413]. Wenn in dem Gerichtsbrief aber von einem *statut und gemächt* die Rede ist, so kann damit kein schriftliches Statut gemeint gewesen sein[414]. Denn in einem Prozeß von 1537[415] sagten mit dem Haalrecht vertraute Zeugen aus, der Brauch sei *nit ins halsbuch eingeschriben.* Aber sie hätten *das je und je also von iren eltern gehört*, d.h. in mündlicher Überlieferung bewahrt. Das Zeugenverhör von 1537 verrät auch, was als »Mehrheit« galt. Sicher genügten drei Viertel. Offenbar konnte aber auch schon die Hälfte eines Siedens ausreichen, wenn die andere Hälfte weiter geteilt war[416].

Dieselbe Quelle gibt ferner von einem Entscheid der Haalmeister Kunde. Er läßt erkennen, wie zu verfahren ist, wenn keine Partei die Mehrheit an einem Sieden hat. Dann muß wie unter mehreren Erbsiedern gelost werden[417]. Auch im Prozeß Blinzig gegen Berler und Blank von 1541 wird von einem solchen Losen berichtet[418]. Waren hier jeweils die Anteile der Siedensherren am Eigen offenbar gleich, so hatten Stättmeister und Rat in der Sache Seckel und Findimkeller gegen Hans Botz (1542) über einen Fall zu entscheiden, bei dem die Eigentumsverhältnisse nicht so einfach lagen. Die Kläger hatten zusammen sechs Eimer weniger ⅙. Der beklagte Botz besaß acht und ein drittel Eimer. Daneben gehörten der Witwe Michael Haugs vier Eimer weniger ¼ und Michael Seyboth zwei Eimer Suhle. Bestritten war, wem das Erb zustand. Der Rat entschied, man solle das Erb entsprechend dem Eigentum aufteilen *(wer an solchem sieden viel eigens, der soll auch deser mehr zue sieden haben).* Falls sich die Parteien darüber nicht einigen könnten, sollten sie, *wie gebreuchlich*, miteinander losen[419]. Überhaupt scheint die Möglichkeit, durch das Los die Interessen mehrerer Siedensbeteiligter (auch Siedenseigentümer!) auszugleichen, in der ersten Hälfte des 16. Jahrhunderts den alten Haalrechtssatz vom »mehreren Teil« verdrängt zu haben[420]. Später, im 17. und 18. Jahrhundert, als mit Ausnahme der städtischen an allen Sieden ein Erbrecht begründet war, erledigte sich die Frage nach dem Verleihungsrecht.

411) U 57 (222) und ebd. (244); bemerkenswert ist, daß auch der junge Blank in Anspruch nimmt, den »mehrern Teil« innezuhaben, vgl. (230/231). Blank alt begründet seine »Mehrheit« in dem zwei Sieden enthaltenden Haalhaus damit, daß ihm an drei Vierteln eines Siedens das Eigen und am letzten Viertel dieses Siedens ein Erb zustehe. Er habe also ein ganzes Sieden in dem Haalhaus. Ebenso wie der Vater rechnet der Sohn (falsch) Eigen- und Erbanteile zusammen und kommt so gleichfalls zu einer Mehrheit: Sein Vater habe ihm ein ganzes Sieden geliehen und dazu habe er ein halbes Eigentum. Derlei Rechnungen waren unrichtig. Mit »Mehr« war stets die Mehrheit am »Eigen« eines Siedens gemeint.

412) U 65.

413) Vgl. Bg. zu Hh. 19a.

414) U 65 (273): *Es wer auch ain statut und gemächt im Hal, wöllicher das merer tail hätte, das demselben das lehen zustünd.*

415) U 103 (897/898).

416) Vgl. die Aussage Leonhard Bechsteins, U 103 (898).

417) S. o. S. 65ff., 68.

418) U 106 (905–907).

419) U 108.

420) Vgl. dazu die Zeugenaussage des Hans Blinzig im Prozeß Melchior Wenger gegen Kaspar Büschler (1570): *dann vor alter der brauch gewest, welcher ahn eim sieden das merer thail inghabt, der hab auch das uberig thail neben dem seynigen zusieden hingelichen, solcher brauch aber sey erst innerhalb whenig jaren geendet worden* (StAH 9/14 Nr. 0). – In dem Verfahren wurde sowohl darum gestritten, ob der Kläger Wenger das Erb an dem erworbenen ⅓ Sieden erlangt habe (s. o. Anm. 157), als auch darum, ob die Büschler als Inhaber von ⅔ des Siedens allein befugt waren zu verleihen. Dem für Büschler günstigen Urteil ist nicht zu entnehmen, weshalb die Klage abgewiesen wurde. Nachdem Wenger aber unstreitig wenigstens

Übrig bleibt, eine rechtliche Einordnung des Satzes vom »mehreren Teil« zu versuchen. Auch wenn er in den Urkunden stets als dem Haalsrecht und der Haalsgewohnheit entsprechend bezeichnet wird, ist doch nicht zu übersehen, daß die Frage des Leiherechts bei mehreren Herren oder Eigentümern eines ungeteilten Gutes ein allgemeines Problem und keine Besonderheit eben des Schwäbisch Haller Siedensrechts gewesen sein muß. Die gemeinrechtliche Literatur des Mittelalters kannte gleichfalls den Gedanken, daß der Mehrheit der Herren bei der Leihe ein besonderes Gewicht zukomme. Johannes Andreae berichtet in einer Randglosse zu Durantis einen Fall aus den Konsilien des Oldredus[421]. Titius hält eine Sache von A, B und C zu Erb (in emphyteusim), und zwar zu ungleichen Teilen: von A zu zwei Teilen, von B und C zu je sechs – *tamen indivisis*, ungetrennt. Nun verkauft (überträgt) mir Titius sein Recht. Die Herren A und B stimmen zu, C nicht[422]. Oldredus entscheidet, daß C kein Vorzugs- oder Zurückbehaltungsrecht hat *(ego dico ipsum C ius praelationis vel retentionis non habere)*, sondern bei dem bleiben muß, was der »mehrere Teil« ins Werk gesetzt hat *(sed stare debere facto maioris partis)*. Diese Entscheidung besagt – ins Positive gewendet –: Der mehrere Teil entscheidet darüber, ob der Erbpächter das Gut weiterveräußern darf. Wenn aber die Mehrheit der Herren die sonst dem Einzelherrn zukommenden Zustimmungsrechte bei der Gutsveräußerung durch den Emphyteuta ausübt, ist der Schritt nicht weit bis zu dem Satz, dem »mehreren Teil« stehe auch das Leiherecht selbst zu. Die genannte Entscheidung ist zwar von Andreae und ihm folgend von der herrschenden Meinung abgelehnt worden, jedoch nur für die teilbaren Sachen, während für die unteilbare Sache (res indivisibilis) nach wie vor galt, daß der Widersprechende dem Willen der Mehrheit folgen müsse[423].

4. DIE BESCHRÄNKUNG DER VERERBLICHKEIT UND DER AUSSCHLUSS NICHTEHELICHER KINDER VOM ERBRECHT

Und soll ain jedes erbe an aim sieden, daruber brief nach gemainer statform vorhanden... anders nit, dann uff die erben fallen, die von dem stamb sein, der das erb und briefe daruber am ersten erlangt hat. Diese Bestimmung aus der Ratsverordnung von 1514[424] war für die Geschichte der Haller Siederschaft von großer Bedeutung: Die erbfließenden Siedrechte sollten stets auf blutsmäßige Nachkommen vererbt werden, nicht aber an außerhalb der Familie stehende Personen. Zusammen mit der Regel von der Unverkäuflichkeit solcher Siedrechte bildet dieser Satz des Haalserbrechts die Grundlage für die Geschlossenheit der Siederschaft.

⅓ am Eigentum des Siedens zustand, muß hier der Satz vom »mehreren Teil« nochmals die Urteilsgrundlage abgegeben haben. Anders als in dem Fall Seckel und Findimkeller gegen Botz von 1542 wurde hier das Erb nicht entsprechend den Eigentumsanteilen aufgeteilt, sondern Wenger ganz auf das bloße Eigentum beschränkt. Ausschlaggebend für die Entscheidung zugunsten Büschlers mögen die besonderen Verhältnisse des Falls gewesen sein, nachdem Büschler geltend machen konnte, daß sich die Inhaber des 3. Drittels nie *einiger gerechtigkheit der loßung oder verleihung angemast* und auch nicht zu den Baukosten des Haalhauses beigetragen hätten; vgl. die Defensionalartikel Kaspar Büschlers, a. a. O., Nr. g.

421) DURANTIS, de emphyt., nunc aliqua, nu. 93, Randglosse s (Bd. 2, S. 289). Der Quellenhinweis auf Oldredus findet sich fast am Schluß der langen Note *(Adde, quod haec quaestio supra relicta fuit, Old. consil. xxxiiii. incipiente, quaestio talis)*.

422) *C vult retinere, petens aestimari partem, quae ab ipso tenetur.*

423) DURANTIS, a. a. O. *(Et advertendum, quod hic non loquimur de re indivisibili, in qua tamen quandoque unus impedit alios, licet illis teneatur, . . . sed cogitur sequi voluntatem consortium)*. – Vgl. weiter JASON, de iure emph., cum dubitabatur, nu. 124 (Bl. 200) FULGINEUS, de alienationibus, qu. 1, nu. 73 und de laudemiis, qu. 25 (S. 193, 392 f.); PEGIUS, Bl. 27 A.

424) U 80 (411); vgl. auch Haalordnung 1683, S. 13 f. (Nr. 11).

Wer heute Siedersgeld empfängt, hat dadurch die Gewähr, vom ersten Siedbeliehenen abzustammen.

Wie kam es zu der Regel? Betrachten wir die Äußerungen Haller Juristen zu dieser Frage, so können wir dasselbe feststellen, was Bluntschli für die Erbleih- oder Pachtgüter allgemein ausgeführt hat: Ihre Vererbung wurde im Sinne des deutschen Rechts *früher immer nur als Singularsukzession der Familie des jeweiligen Erbpächters verstanden*[425]. In Hall sah man bis in unsere Tage hinein die erbfließenden Siedrechte als *fideikommissarisch gebunden* an[426].

Das war freilich eine Begründung mit dem zu Begründenden: Die erbfließenden Sieden konnten nicht frei vererbt (geteilt, verkauft) werden, weil sie mit einem »Fideikommiß« belegt waren. Aber gerade weil sie nicht frei vererbt, geteilt oder verkauft werden konnten, sah man sie als gebunden an. Denn eine echte fideikommissarische Anordnung für die Siedenserbgerechtigkeiten läßt sich nicht finden. Das hat auch Hufnagel bemerkt[427]. So berief man sich auf die Erbbriefe selbst: Eltern könnten nicht zum Nachteil ihrer Kinder über das Erb zu Lebzeiten oder von Todes wegen verfügen, *weilen die erb brief denselben in einem solchen beginnen schnurstrackhs entgegen seyn und stehen*[428]. Aber das war auch nur eine Scheinbegründung. Zwar gibt es einige wenige Erbbriefe, in denen Teilungs- und Veräußerungsverbote enthalten sind[429]. Die Verleihungsformel selbst lautet aber in allen Leihebriefen nur: »dem X und seinen Erben«, ohne daß sich damit in der Urkunde selbst ein Hinweis fände, daß etwa nur die Stammeserben gemeint gewesen wären[430].

Für die Frage nach dem Ursprung und damit letztlich auch nach dem Wesen des beschränkten Erbrechts sind die in Hall im 17./18. Jahrhundert aufgekommenen Vorstellungen einer Singularsukzession unergiebig. Wir müssen von der Ratsverordnung des Jahres 1514 ausgehen. Sie bestimmte zuerst und eindeutig, daß die Erbsieden im Stamm zu bleiben hätten. Wollte das Statut damit neues Recht schaffen oder stellte es nur fest, was ohnehin im Haal üblich war und als rechtens angesehen wurde? Wir möchten nicht annehmen, der Rat habe hier etwas gänzlich Neues einführen wollen. Ausschließen läßt sich das nicht. Eine solche Neuerung wäre aber grundstürzend gewesen. Das allein spricht schon dagegen, das beschränkte Erbrecht als im Jahr 1514 aus dem Nichts heraus entstanden anzusehen. Hinzu kommt die Praxis der Vererbung schon im 14. und 15. Jahrhundert verliehener Erbsieden. Die 1372 an die Vogelmann oder die 1438 an die Blinzig verliehenen Sieden befanden sich zu Anfang des 16. Jahrhunderts immer noch bei denselben Familien[431]. Wir gehen deshalb davon aus, daß für die vor 1500 verliehenen Erbsieden von Anfang an galt, was in späteren Haalordnungen immer wieder bekräftigt wurde: Nur die Nachkommen sollten das Sieden genießen.

Offenbar bestand über die Weitergabe von Erbsieden bzw. Sieden schlechthin eine bestimmte (Rechts-?)Anschauung, über die wir nicht unmittelbar unterrichtet sind, die wir aber an den Folgen erkennen können. Diese Anschauung war es wohl, die sich nach 1500 in die Form einer Haalordnung kleidete. Aber woher kam sie? Vielleicht lagen ihr vorrechtliche, in

425) Deutsches Privatrecht, S. 511 f.
426) »Kurtze beschreibung, was es alhier im Haahl für 3erley siedens gattungen habe« (s. o. Anm. 22), Abschr. HA B 935 Bl. 104 ff., 106'; Hufnagel, S. 12; Hezel, Bl. 16; die Verträge und Vereinssatzungen des 19. und 20. Jhs., vgl. Hufnagel, Beilage 6, II, S. 14; 7, S. 20; Satzungen 1918, Anhang, S. 8; Satzungen 1932 § 15 b, S. 10; Vertrag 1827 § 2 c, S. 5; dazu Elsener, Gutachten, S. 32–34.
427) Hufnagel, S. 12, Fn.: *Es war wohl seither eine irrige Meynung, wenn man annahm, der Erbfluß sey durch zwey Acte entstanden, zuerst sey das nutzbare Eigenthum in Erbpacht gegeben und dann sey es erst als Fideicommiß von dem Erbsieder constituirt worden.*
428) HA B 935 Bl. 106.
429) S. o. Anm. 353, 354.
430) So aber offenbar Hufnagel, a. a. O.
431) U 9, 26/27. – Vgl. auch Bg. zu Hh. 14 u. 24.

Überlieferung, Sitte und Brauch angesiedelte Verhaltensweisen zugrunde: »Man« hat einfach das Sieden den Kindern gegeben. Hier sei die an adlige Ahnenproben erinnernde Stelle im Halberg-Brief von 1451 erwähnt: Berchtold Wetzel bekam das Sieden verliehen, weil er von allen seinen vier Ahnen ein Erbsieder war[432]. Damit wäre das Haalerbrecht letztlich »soziologisch«[433] erklärt. Andererseits entsprach das beschränkte Erbrecht in seiner Wirkung dem (gemeinen) Recht der kirchlichen Emphyteuse. Die Klausel »und seinen Erben« wurde bei geistlichem Vermögen in der Weise ausgelegt, daß sie die heredes extranei (außerhalb der Deszendenz des Erblassers stehende Personen) nicht umfaßte[434]. Sie waren von der Erbfolge ausgeschlossen.

Zunächst scheint der Gedanke gesucht, daß diese gemeinrechtlichen Lehrsätze auf die Vererbungsgewohnheiten im Haal eingewirkt haben könnten. Urkundlich läßt sich nichts nachweisen. Man sollte aber mögliche Zusammenhänge nicht vorschnell ausschließen. Ein wenigstens mittelbarer Einfluß wäre vielleicht denkbar. In der rechtsgeschichtlichen Literatur ist gelegentlich bemerkt worden, daß die Quellen zur deutschen Erbleihe (Erbbriefe) großenteils kirchlicher Herkunft sind[435]. Zugleich wurde für die deutsche Erbleihe ein beschränktes Erbrecht angenommen[436]. Bei der Fülle kirchlicher Quellen zur Erbleihe hätte es aber doch nahegelegen, auch das kirchliche Emphyteusenrecht zur Erklärung von Erbbeschränkungen heranzuziehen[437]. Was hier allgemein gesagt wird, kann auch für die Schwäbisch Haller Siedenserbleihe gelten: Die Fülle gerade kirchlicher Leihebriefe[438] sollte eine Vermutung zugunsten eines Einflusses kirchlichen Emphyteusenrechtes nahelegen. Wir werden auf das Verhältnis der Schwäbisch Haller Siedenserbleihen zum gemeinen Recht noch zusammenfassend zurückkommen[439]. In bezug auf die Erbbeschränkung möchten wir bis zum Nachweis einer einleuchtenderen These bei unserer vorsichtigen Vermutung zugunsten eines, wenn auch vielleicht nur mittelbaren Einflusses gemeinen Emphyteusenrechts bleiben.

432) U 32.
433) Besser: rechtstatsächlich; vgl. zur Bedeutung der Rechtstatsachenforschung für die Rechtsgeschichte EUGEN EHRLICH, Soziologie des Rechts, S. 383 f.
434) DURANTIS, lib. IIII, part. III, de emphyt., nu. 139 in fine (Bd. 2, S. 295): *Secus autem, ubi ecclesia concessit alicui et haeredibus suis . . . nec extraneus haeres succedit;* vgl. dazu auch JASON, de iure emph., in emph., nu. 202 (Bl. 188); FULGINEUS, praelud., qu. 15, nu. 18 (S. 19), de cont. emph., qu. 1, nu. 5 ff. (S. 24 f.). – Über die drei nach der Glosse möglichen Bedeutungen des Begriffs extraneus vgl. FULGINEUS, de success., qu. 19, nu. 2 (S. 121). – Zum rechtlichen Hintergrund der Erbrechtsbeschränkungen bei der kirchlichen Emphyteuse vgl. ELSENER, Gutachten, S. 32 f.
435) Bezeichnend die Klage HEUSLERS, Institutionen II, S. 179: *Die Schwierigkeit* (scil. bei der Frage, ob landrechtliche Leihen gerichtlicher Bestellung bedurften) *liegt darin, daß wir aus dem Kreise des Landrechts nur solche Beispiele von Leihen haben, welche Güter geistlicher Anstalten betreffen.* – Das Übergewicht kirchlicher Erbbriefe heben ferner hervor: ARNOLD, S. 57; BEER (Elsaß), S. 28; FEIN (Ansbach), S. 74; GOBBERS (Köln), S. 133; JACOBI (Anselm), S. 55 (zur Prekarie); MATTLI (Graubünden), S. 48, dessen ebd. Fn. 52 gegebene Erklärung nicht überzeugt; SCHREIBER, S. 191; SCHWIND, S. 39 f. – Der Grund für das erdrückende Übergewicht kirchlicher Emphyteusen ist nicht bessere Quellenüberlieferung (so aber MATTLI, a. a. O.), sondern das kirchliche Vermögensrecht, vor allem das Veräußerungsverbot; in diesem Sinne MERK, ZRG GA 55 (1935), S. 198. – Vgl. dazu die folgende Stelle bei Rolandinus, für den die Emphyteuse so sehr kirchliche Rechtseinrichtung war, daß er ausdrücklich betonte, auch Laien dürften Güter zu Erb austun: *licet ab ecclesiis fieri possint traditiones ad proprium, quia tamen contractus iste videlicet emphiteosis saepius ab ecclesiis celebratur . . . Et potest constitui haec emphiteosis non solum ab ecclesia vel locis religiosis, sed etiam laicis: quibus est alienare permissum* (pars I., cap. I., de empt. et vend., de emphiteoticis contractibus, Bl. 54'). Die Stelle belegt auch den ursächlichen Zusammenhang zwischen Bevorzugung der Erbleihe bzw. Emphyteuse durch die Kirche und dem Veräußerungsverbot für kirchliche Liegenschaften.
436) BURI, S. 945.
437) Allgemeine Hinweise auf die Bedeutung des Klerus für die Erbleihe immerhin bei HAGEMANN, ZRG GA 87 (1970), S. 181, und JACOBI (Anselm), S. 25.
438) S. 120 ff.
439) S. 88 f.

Nichteheliche Kinder waren vom Genuß erbfließender Sieden ausgeschlossen[440]. 1712 stellte das ein vom Haller Rat erlassenes Dekret fest[441]. Es war im Anschluß an einen Rechtsstreit und nach Einholung von Gutachten der Tübinger[442] und Ingolstädter[443] Juristenfakultäten ergangen. Auch bei diesem Satz des Haalrechts hat es sich aber um wesentlich älteres Recht gehandelt. Das 1733 gedruckte Rechtsgutachten des Tübinger Professors Michael Grass[444] berichtet, es sei *zumalen... das bekandte Sprichwort unter denen Saltzsiedern zu hören, daß man wohl Frühbirn, aber keine Banckert im Haal habe*[445]. Das Vorhandensein eines solchen Rechtssprichworts[446] weist auf längere Überlieferung hin. Es bedeutet: Wohl können Kinder in den Erbfluß eintreten, wenn sie vor der Ehe gezeugt, aber in der Ehe geboren bzw. durch nachfolgende Eheschließung legitimiert worden sind (Frühbirn)[447]. Nichteheliche erben dagegen nicht.

Fragen wir nach dem Ursprung des Nichtehelichenausschlusses. Das Statut von 1712 berief sich auf die *Anweisung der alten Verleihungs-Brieffe,* nach der die fließenden Erbsieden nur den *eheleiblichen Kindern und Erben* gehören sollten. Sucht man in den Leihebriefen nach solchen »Anweisungen«, wird man wenig finden. Die Erbbriefe sprechen nicht ausdrücklich von ehelichen oder leiblichen Erben. Wir konnten nur in einer Leiheurkunde überhaupt die Beifügung »ehelich« bei einem Beliehenen entdecken. Ein Blick in das Grass'sche Gutachten löst das Rätsel. Der Rat scheint die Worte »und seinen erben« in den Leihebriefen so ausgelegt zu haben, daß damit nur die ehelichen Leibeserben gemeint gewesen seien.

Diese Auslegung beruht auf der Haalordnung von 1514. Sie spricht mit auffallender Deutlichkeit davon, daß ein Sieder Macht haben solle, sein Sieden den *leiplichen elichen kinden oder enckel* oder den *elichen leiplichen brudern oder schwestern oder der selben elichen kinden* zu leihen[448]. Der Nachdruck, mit dem hier gegen die »Bastarde« Stellung genommen und

440) Hufnagel, S. 17.

441) »Obrigkeitlich Decret vom 30. Junii An. 1712. Von ausschliessung der unehelichen Kinder bey denen fliessenden Erbsieden«, Druck im Haalamt.

442) Michael Grass, Consilia Tubingensia, Bd. 5, 49. Gutachten, S. 448 ff. – In diesem gedruckten Gutachten gesteht Grass der nichtehelichen Petentin nach gemeinem Recht die Hinterlassenschaft ihrer Mutter zu (nu. 3, 4), einschließlich der Emphyteusengüter, wenn sie von Privaten herstammten (nu. 8); solche seien die Erbsieden (nu. 9). Auch das Statut von 1514 ergebe nichts anderes. Weil es nur von »Erben« spreche, nicht aber *praecise* von den *ehelichen* (nu. 13), werde nach dem Grundsatz, *jura correctoria* seien *stricte* zu interpretieren (nu. 16), das gemeine Recht nicht ausgeschlossen (nu. 17). Auch in der Frage der Legitimation entscheidet Grass zugunsten der Petentin. – Das Gutachten entsprach im Ergebnis nicht der Erwartung der ratholenden Reichsstadt und wurde von Grass durch ein ergänzendes Gutachten vom 26. 2. 1712 (nicht gedruckt! UAT 84/63 S. 674–677) korrigiert.

443) Das bei Hufnagel, a. a. O., Fn. k, erwähnte Ingolstädter Gutachten konnte ich im Haalarchiv nicht im Original ermitteln; vgl. Anm. 11 a. E.

444) Zu Grass vgl. o. Anm. 17 a. E.

445) Nicht bei Albrecht Foth, Gelehrtes römisch-kanonisches Recht in deutschen Rechtssprichwörtern, Tübingen 1971.

446) Vgl. allgemein zum Forschungsstand in der Lehre von den deutschen Rechtssprichwörtern: Ferdinand Elsener, »Keine Regel ohne Ausnahme«. Gedanken zur Geschichte der deutschen Rechtssprichwörter, in: Festschrift für den 45. Deutschen Juristentag, Karlsruhe 1964, S. 23 ff.

447) Nach Hermann Fischer, Schwäbisches Wörterbuch, Bd. 2, Sp. 1795, ist »Frü-bir« die im Juli reifende Birne, übertragen: ein vor der Ehe erzeugtes, aber durch nachherige Heirat der Eltern legitimiertes Kind. – Wenn das Kind nur vor der Ehe gezeugt, aber in der Ehe geboren ist, ist es ohne weiteres ehelich; ist es dagegen vor der Ehe erzeugt und geboren und später durch Eheschließung legitimiert, so war es eine Zeitlang nichtehelich. Aus der Formulierung bei Fischer – einerseits »vor der Ehe erzeugt«, andererseits »legitimiert« – geht nicht klar hervor, was gemeint ist. Wenn wir den zweiten Fall annehmen (Frühbirn = durch nachfolgende Heirat legitimiertes Kind; so auch Hufnagel, S. 17, u. ebd. Fn. k), dann spiegelt das Sprichwort genau den Rechtszustand bei der kirchlichen Emphyteuse, bei der Nichteheliche nicht nachfolgen konnten, auch nicht durch legitimatio per rescriptum principis, wohl aber die durch matrimonium subsequens Legitimierten, vgl. Fulgineus, de success., qu. 5, nu. 1 (S. 100).

448) U 80 (409).

zugleich die eheliche Geburt hervorgehoben wurde, überrascht angesichts eines zeitgenössischen Ratsbeschlusses nicht, der Nichtehelichen auch die Aufnahme ins Bürgerrecht der Stadt verwehrte[449)].

Bürgerrecht und Befugnis zu sieden waren aber schon 1488 und 1498 verknüpft worden: Nur noch der in Hall ansässige Burger durfte sieden[450)]. Wieweit bei diesen Maßnahmen gegen Nichteheliche um 1500 Gesichtspunkte städtischer Wirtschaftspolitik (Beschränkung der Zahl Erwerbstätiger) oder Ehrbarkeitsvorstellungen bestimmend waren, ist Aufgabe sozialgeschichtlicher Forschung und gehört nicht hierher. Daß die Ratsverordnung von 1514 aber das Recht der Schwäbisch Haller Siedenserbleihen in der Frage des Nichtehelichenerbrechts stark beeinflußt hat, darf als gesichert gelten.

Wir sollten uns indessen, wie schon eben bei der Frage der Erblichkeit im Stamm, nicht mit dem Statut von 1514 begnügen. Auch beim Nichtehelichenausschluß läßt sich weiterfragen, ob von heute auf morgen eine so einschneidende Maßnahme hätte erfolgen können, wäre sie nicht in älteren und schon bestehenden Rechtsanschauungen und -gewohnheiten gegründet gewesen. Dafür gibt es zumindest einen Anhaltspunkt. 1483, dreißig Jahre vor der Haalordnung von 1514, ist in einem Denkendorfer Leihebrief davon die Rede, der Propst habe das Sieden verliehen, das *vormals Hanns Jerg, Conrat Jergen elicher süne hant ingehebpt und... bestanden*[451)]. Wenn wir sonst in älteren Leihebriefen keinen Hinweis auf eheliche Abkunft der Beliehenen finden, mag das daran liegen, daß kein Anlaß bestanden hat, diesen Sachverhalt besonders hervorzuheben.

Da dies dafür spricht, daß schon im 15. Jahrhundert die Beleihung Nichtehelicher mit Sieden nicht üblich war, stellt sich erneut die Frage nach dem Ursprung solcher Rechtsanschauung und -übung. Daß ein *elicher süne* gerade in einer Denkendorfer Urkunde erwähnt wird, lenkt unsere Aufmerksamkeit wieder dem kirchlichen Bereich zu. Die rechtliche Benachteiligung Nichtehelicher war ja für das Kirchenrecht kennzeichnend[452)]. Es mag nun ein Zufall sein, ist aber zumindest auch auffällig, daß im Ergebnis der Rechtszustand des im Dekret von 1712 festgehaltenen Herkommens der Regelung bei der emphyteusis ecclesiastica, der kirchlichen Erbleihe, sehr nahesteht[453)]. Dort waren nämlich die filii naturales von der Erbfolge ebenfalls ausgeschlossen[454)].

449) StAH 4/206 (Ratsprotokolle) Bl. 132: *Ist ernúet, das man hinfůro kein basthart mer, er sei, wes er wol, hie zů burger ufnehmen, und ob er joch in der jünger burger recht geschworen het, sol er dannot hie meisters weise zu erbeiten nit zu gelassen werden. Ist daruff Linhart Kelern, wie wol er in der junger burgerrecht geschworen, hie versagt.* Vgl. auch HUFNAGEL, S. 18, Fn. 1.
450) U 44, 56.
451) U 40. – Hervorhebung des Verfassers.
452) *Huiusmodi enim filios ex legitimo* (lies: illegitimo) *coitu conceptos Ecclesia maxime abhorret, et ideo non videtur de illis cogitasse,* JULIUS CLARUS, recept. sent., lib. IIII, § emph., qu. 30 (S. 160).
453) Vgl. auch die Übereinstimmung mit dem Rechtssprichwort, o. Anm. 447 a. E.
454) BALDUS, in add. ad Spec., lib. IIII, part. III, de locato et emphyteusi (DURANTIS Bd. 2, S. 305); JASON, de iure emphyt., in emph., nu. 205 (Bl. 188). – Einen Überblick über die ältere Literatur gibt FULGINEUS, de success., qu. 6, nu. 1 (S. 105), qu. 5 in princ. (S. 100 ff.). – Zur Beschränkung auf eheliche Nachkommenschaft bei der Erbleihe vgl. WOPFNER (Deutschtirol), S. 105, 110; SCHWIND, S. 30.

III. Rechtsnatur

1. ANSICHTEN DES 18. JAHRHUNDERTS – DAS TÜBINGER GUTACHTEN VON 1705 UND DIE DISSERTATIONEN SCHRAGMÜLLERS, JÄGERS UND ARNOLDS

Versuchen wir, die Rechtsnatur der Schwäbisch Haller erbfließenden Siedensgerechtigkeiten zu bestimmen. Wegen der Fortgeltung der aus den Erbverleihungen erworbenen Rechte[455] und der sie regierenden Bestimmungen[456] darf diese Einordnung nicht nur historischen Erkenntniswert, sondern auch praktische Bedeutung beanspruchen.

Neuere Darstellungen aus juristischer Feder fehlen[457]. Wir müssen in das 18. Jahrhundert zurückgreifen, um einläßliche Erörterungen zur Rechtsnatur der Siedenserbgerechtigkeiten zu finden. Ganz überwiegend sah das 18. Jahrhundert in den Siedenserbgerechtigkeiten Emphyteusen, Erbpachtrechte, wenn auch »unregelmäßige«, d. h. von der Emphyteuse des römischen Rechts abweichende. *Omnes enim,* heißt es etwas übertreibend bei Jäger[458], *qui de rebus salinariis Suevo – Halensibus scripserunt hinc nostrum contractum salinarium pro contractu emphyteutico, hicet* (= wenn auch) *irregulari, declararunt.* Die höchste Autorität unter den Stimmen des 18. Jahrhunderts dürfte dem umfangreichen Tübinger Gutachten vom 14. Dezember 1705 zukommen[459].

Sein erster Teil enthält eine ausführliche Prüfung der Rechtsnatur der Siedenserbgerechtigkeiten. Sie nimmt ihren Ausgang von der Feststellung, die Salzquelle sei als Zubehör des Grund und Bodens, auf dem sie entspringe[460], der freien Verfügung der Eigentümer unterworfen gewesen[461]. Diese seien befugt gewesen, die Quelle zu veräußern oder anderen eine *beliebige siedensgerechtigkeith aufzutragen und zu gestatten.* So hätten vor *etlich seculis solche proprietarii auß seinen ursachen zum theil sich entschloßen und es auch würckhlich zum stand gebracht,* die Sieden zu Erb zu verleihen[462].

Dem folgt die Verwahrung, daß es sich bei der Verleihung nicht etwa um Miete (locatio/conductio) oder Lehen gehandelt haben könne. Eine locatio/conductio könne zwar durchaus *in*

455) Man könnte meinen, diese Rechte wären mit der Übernahme des Erbflusses durch königliches Reskript vom 9. 11. 1811 (vgl. o. Anm. 2) auf die württembergische Krone übergegangen und es wäre dort mit den schon seit 1804 in königlicher Hand befindlichen lehenherrlichen Anteilen Konsolidation zu vollem Eigentum eingetreten. Der Erbfluß wäre damit erloschen und die Siedensrenten stünden in keiner rechtlichen Beziehung mehr zu den Erbverleihungen. Gegen diese Vorstellung wandte sich aber schon HUFNAGEL, Beleuchtung, S. 78 f. Er vertrat die Auffassung, daß die Reskripte der Sache nach einen Kaufvertrag darstellten und daß das Erb nur den *Ertrag oder die Ausübung seines Rechtes an die Regierung verkauft* habe, weil das Erb an sich ohnehin unverkäuflich gewesen sei. Diese Ansicht ist in § 4 Absatz 2 des Vergleichsvertrags von 1827 (vgl. o. Anm. 4) von der Finanzverwaltung akzeptiert worden und seither unbestritten Grundlage der Vertragsbeziehungen zwischen Staat und Siederschaft; vgl. dazu auch ELSENER, Gutachten, S. 36.

456) Vgl. dazu o. Einleitung und ELSENER, Gutachten, S. 35 ff.

457) Die letzte bei HUFNAGEL, S. 8, Fn. d: »Erbpacht«. Darauf beruhend: BÜHLER, I, N 10, S. 475; MATTI, Dissertation, S. 80; UHLAND, Haalarchiv, S. 13* f.

458) Dissertation, S. 95. – Jäger führt hier auch Arnold an, der die Siedenserbgerechtigkeiten gerade nicht unter die römischrechtliche Emphyteuse einordnen wollte, vgl. u. S. 81 ff.

459) Vgl. o. Anm. 11, 357.

460) *appertinens und antheil deren praediorum, worinnen sie erfunden worden,* vgl. Abschr. LbiblSt Cod. hist. fol. 666, S. 229.

461) A. a. O., S. 230.

462) A. a. O., S. 231. – Derlei dürfte der Fakultät von der anfragenden Stadt berichtet worden sein.

perpetuum (auf unbegrenzte Zeit) eingegangen werden; niemals aber könne durch sie ein *dominium utile* (nutzbares Eigentum) auf den Konduktor übertragen werden[463]. Als *kundtbares merckhmahl* (Anzeichen) dafür, daß keine locatio/conductio vereinbart worden sei, habe man die »Disproportion« zwischen der Rechnung und dem *Genuß aus solchem fließendem erbsieden* anzusehen. Letzterer übertreffe bei weitem die Rechnung. Bei der locatio/conductio pflege sich aber die merx (Miete, Entgelt) dem Ertrag anzupassen. Ein Lehen könne das Erbsieden auch nicht sein, weil in den Erbbriefen keine Spur von einem *nexus fidelitatis* (Band der Lehenstreue) zu finden sei[464].

Das Gutachten stellt fest, die Siedenserbgerechtigkeit sei ein »Erbrecht«, »Erbzinsgut«, »Erblehen«, *und mit dem gewohnlichen termino zue nennen ein vera emphyteusis*[465]. Begründet wird das zunächst mit dem Willen der ersten Verleiher und Beliehenen. Die *constituentes* der Siedensgerechtigkeit seien der *meinung und intention* gewesen, das utile dominium auf *diejenige, mit welchen sie sich derhalben verglichen, zue transferiren.* Beim Erwerber sei die *gleichförmige intention, das utile dominium mediante eiusmodi conventione* sich zuzueignen, vorhanden gewesen[466]. Diese Erwägung wird mit einem Hinweis auf die Schriftlichkeit und den Gegenstand der Verleihung (unbewegliche Sache) abgestützt[467].

Die Erbbriefe enthielten ferner die Verpflichtung zu Bauhaltung und Rechnungszahlung. Es sei aber gerade die Besonderheit eines Emphyteusenvertrags, daß das nutzbare Eigentum unter der Bedingung der Besserung (Bauhaltung, melioratio) sowie einer jährlichen Abgabe, die zum Zeichen der Anerkennung des Obereigentums zu leisten sei, übertragen werde. Die Rechnung, die von den Erträgen des Erbsiedens *um ein Großes* übertroffen werde, sei in diesem Sinne *in recognitionem domini* gezahlt[468].

Zuletzt werden drei Einwände zurückgewiesen. Wenn die jährliche Rechnung in der Höhe nicht ein für allemal feststehe, so sage das nichts gegen das Vorliegen einer Emphyteuse; es genüge die Bestimmbarkeit[469]. Ebenfalls sei unerheblich, daß der Herr weder Hauptrecht noch

463) A. a. O., S. 231/232 (»231« zweimal!).
464) A. a. O., S. 234. – Zur Lehenstreue als hauptsächlichem Unterscheidungsmerkmal zwischen Lehen und Erbleihe vgl. Besold, Thesaurus Practicus, S. 412 f.; v. Weber, Handbuch, II, S. 6; v. Schwerin, Grundzüge, S. 150.
465) A. a. O., S. 235.
466) A. a. O., S. 237. – Die im Gutachten zugrundegelegte Definition der Emphyteuse *(ein contractus consensualis de utili rei immobilis dominio transferendo sub lege meliorationis et annuae pensionis in recognitionem dominii directi,* vgl. a. a. O., S. 235 f.) entspricht wörtlich der bei Lauterbach, Compendium, VI, 3 (S. 120). Nur das Attribut »certae« vor »annuae pensionis« fehlt im Gutachten!
467) A. a. O., S. 240: *ratione obiecti* – das *obiectum contractus* sei ein praedium oder eine res immobilis. Emphyteusen können nur an unbeweglichen Sachen bestellt werden. Die Saline sei aber, da sie auf dem Grund von Privatleuten gefunden wurde, *propter cohaerentiam* als unbewegliche Sache anzusehen.
468) A. a. O., S. 242 f. – Es sei die *forma specifica eines contractus emphyteotici,* daß *das dominium utile sub lege meliorationis et praestandi annui canonis in recognitionem dominii directi sollte transferirt werdten.* – Das war freilich ein bedenkliches Argument. Ein Drittel der Erträge, in dieser Größenordnung hielt sich die Rechnung (Matti, Dissertation, S. 203 ff.), wäre im Sinne des Schrifttums der Zeit wohl kaum als »modica pensio in recognitionem dominii directi« anzusehen gewesen. Die Rechnung war vielmehr eine »magna pensio fructibus correspondens«, ein Zins, der einen erheblichen Teil des Ertrags bildete. – Zur Unterscheidung der Emphyteuse und locatio/conductio nach der Höhe der Abgabe vgl. Valasco, qu. 1, nu. 8 (S. 5 f.). – Zum Problem der Rechnung s. u. S. 104.
469) A. a. O., S. 244. – Die Gewißheit über die Höhe der Abgabe könne *per relationem . . . hergehohlet werdten, wie all hier, da man sich auf dieses was die publici aestimatores in dem Haahl dießfalls jährlich determiniren, beziehet.* Solche »öffentlichen Schätzer« gab es aber in Hall, jedenfalls zur Bestimmung der Siedensrechnung, nicht. Vielleicht hatte der Gutachter die bei dem jährlichen Bestand auftretenden Unterhändler im Auge und sie jenen *taxatores publici domuum vel publici aestimatores* gleichgesetzt, die er bei dem von ihm zitierten Valasco gefunden hatte, vgl. Valasco, qu. 11, nu. 10 (S. 129 f.).

Handlohn zu genießen habe. Das könne nach Vertrags- oder Gewohnheitsrecht ausgeschlossen sein und gehöre nicht zu den *essentia* der Emphyteuse. Es sei bloß ein *naturale* (negotii)[470].

Wenn schließlich das Erbsiedrecht nicht, wie bei der Emphyteuse üblich, auf alle Erben falle, sondern nur auf solche, die vom Stamm seien, und wenn, anders als bei der Emphyteuse, die Siedrechte nicht veräußerlich seien, so liege darin eine Abweichung vom Bild der gewöhnlichen Emphyteuse, die deren Wesen jedoch nicht berühre: *daß die ordinaria natura emphyteoseos nicht zuegegen, sondern in etwas alterirt seye, es hindert aber jedannoch solches nicht, daß praesentibus essentialibus requisitis, dießes dominium utile nicht sollte pro vera emphyteusi geachtet werden*[471].

Auf das Gutachten und darin angesprochene Fragen werden wir noch zurückkommen[472]. Zur Bewertung sei einstweilen soviel festgehalten, daß der Tübinger Gutachter von 1705 die ihm vorgelegten Erbbriefe zielsicher eingeordnet hat. Gewisse in der Tat für die Emphyteuse wesentliche Züge in den Erbbriefen, wie etwa die Verpflichtung zur Bauhaltung, sind richtig beobachtet. Daß die Abweichungen vom gesetzlichen Schema der Emphyteuse großzügig als durch Gewohnheiten und Einzelabreden (pacta) bedingte und das Wesen der Emphyteuse nicht berührende örtliche Besonderheiten angesehen werden, stellt einen Vorzug des Gutachtens dar. Die Emphyteuse stand eben wie kaum ein anderes Rechtsinstitut der vertraglichen Gestaltung offen[473].

Die Argumente des Tübinger Gutachtens für die Emphyteusennatur der Haller Siedenserbgerechtigkeiten erscheinen großenteils in den Dissertationen Schragmüllers und Jägers wieder[474]. So sehr sich beide in Stil[475] und Anlage ihrer Arbeiten unterscheiden, wandeln sie doch auf rechtlich bereits gebahnten Wegen. Zumal der Tübinger Schragmüller führt schon im ersten Satz des einschlägigen Abschnitts aus, die Haller Sieden seien *per contractum Emphyteuticarium* vergeben worden. Im weiteren begründet er das in stark geraffter Form mit schon im Gutachten zu findenden Erwägungen und Zitaten[476]. Die Arbeit beruht, wie nicht zu übersehen ist, auf dem Gutachten[477].

Das gilt in gewisser Weise auch für die 40 Jahre jüngere Arbeit Jägers. Die Anlage ist hier aber selbständiger. Der Verfasser bringt auch eigene Gedanken. Jägers Dissertation fiel mitten in die Zeit der Prozesse zwischen Lehenherren und Siedern[478]. Er nahm für die letzteren Partei und bekämpfte die in lehenherrlichen Prozeßschriften vorgetragene These, die Sieder seien nur conductores (Mieter), nicht Erbpächter[479].

470) A. a. O., S. 245ff.
471) A. a. O., S. 247ff., 251.
472) Vgl. u. S. 84ff., 87. – Allgemein zum Stil der Tübinger Gutachten unterrichtet GEIPEL, Konsiliarpraxis, S. 71 ff.
473) Vgl. a. a. O., S. 251 f.: *Valent enim omnia pacta contractu emphyteuseos adjecta, eidemque insunt, modo non eius substantia perimant;* dazu u. Anm. 534 f.
474) Zu den Dissertationen s. o. Einleitung.
475) Jägers gelegentlich mit polemischen Tönen (vgl. etwa u. Anm. 488, Nr. 6, 7) durchsetzte Arbeit spiegelt die Parteinahme des Autors mit der Siederschaft in einer bewegten Zeit (vgl. dazu weiter unten im Text), läßt aber wohl auch auf einen lebhaften Charakter schließen. Schragmüller schreibt dagegen ohne erkennbare persönliche Teilnahme.
476) Dissertation, S. 8 ff. – Das Kapitel ist überschrieben: »De Emphyteusi in Salinas«. § 1 (S. 8/9) enthält einen Überblick über private Salinenrechte an anderen Orten. § 2 (S. 9/10) zur Rechtsnatur wie im Text angegeben. Die restlichen fünf §§ (S. 10–19) behandeln die Abweichungen der Haller Erbsiedrechte vom römischen Recht; der Sache nach handelt es sich also um Differentienliteratur.
477) Vgl. etwa das auch bei Jäger (u. Anm. 486) auftauchende Valasco-Zitat (s. o. Anm. 469) qu. 11, nu. 10 auf S. 10. – Das Gutachten von 1705 ist erwähnt auf S. 15.
478) S. o. Anm. 9.
479) Vgl. etwa die lehenherrliche Klagschrift an den Reichshofrat von 1721 (HA A 356/32).

Jäger beginnt seine Untersuchung zur Rechtsnatur *(maximi momenti quaestio)* mit einem Bericht über den Ursprung der Erbsiedrechte *(de origine contractus salinarii)*[480]. Die ersten »Finder« des Brunnens seien vollberechtigte Herren der Sieden gewesen *(plenosque salinarum dominos)*, hätten den Brunnen auf ihre Kosten gefaßt, die Haalhäuser gebaut und darin durch in Dienstmiete genommene Siedkundige die Sole versieden lassen. Wie es aber kommen kann *(ut fit)* – die Siedknechte erwiesen sich als etwas heikle *(difficiliores)* Leute. Sie hätten höheren Lohn verlangt (sic!). Das und andere Gründe, wie etwa die Mühe des Salzgeschäfts und die Sorge für den Verkauf, hätten den Herren Verdruß bereitet. Sie hätten auf Wege gesonnen, das nutzbare Eigentum und alle damit verbundenen Lasten und Kosten anderen zu übertragen. So sei es, vielleicht um das Jahr 1372[481], vielen Herren in den Sinn gekommen, ihr Siedrecht auf die Lohnsieder und andere im Siedgeschäft geschickte Mitbürger und allen ihren Erben gegen einen jährlichen, in zwei Terminen zu zahlenden Kanon etc. zu verleihen[482]. Dies alles geschah zum Vorteil der Herren, weil von nun an die Lasten des Siedgeschäfts allein dem Erbpächter oblagen *(cum onera non dominos amplius sed solum emphyteutam premant)*.

Erst jetzt kommt Jäger auf die Rechtsnatur zu sprechen[483], und wir sehen, wozu er seinen historischen Exkurs vorausschickte. Da die Herren einen Weg gesucht hätten, von der täglichen Gefahr und Last des nutzbaren Eigentums befreit zu werden, könne der Kontrakt keine locatio/conductio sein. Mit letzterer hätte man das gewünschte Ziel nicht erreichen können, weil durch sie das dominium utile, an dem die onera (Lasten) untrennbar hafteten, nicht hätte übertragen werden können. Es handle sich vielmehr um eine Emphyteuse, deren einzelne Voraussetzungen Jäger aufführt und als erfüllt ansieht[484]. Sie weise freilich auch einige nicht zu leugnende Besonderheiten auf[485].

Er widerlegt nun vier Einwände der Lehenherren gegen diese These. Sie gaukeln nämlich vor *(fingunt enim)*, die Herren des Haals hätten seinerzeit bei ihren Verleihungen nichts anderes im Sinn gehabt, als die Lohnsieder, die sie sich bis dahin durch Lohn *(mercede)* verpflichtet hatten, mit ihren Nachkommen für immer an sich zu binden *(perpetuo in salinis adstrictos sibi vinculo retinerent)*. Den Siedern sollte aber nur soviel vom Ertrag zukommen, als zum Leben gerade nötig wäre. Das übrige hätten sich die Herren vorbehalten wollen. Damit, wendet Jäger ein, unterstellten die Lehenherren ihren Vorfahren das Falsche *(alienam mentem)*. Es sei nicht zu glauben, die ersten Sieder hätten sich etwa darauf einlassen können, alle Lasten zu tragen und dafür den ganzen Gewinn anderen zu gönnen. Schließlich könne das Siedgeschäft nur von wohlhabenden *(locupletibus)* und fachkundigen Leuten ausgeübt werden, nicht aber von solchen, die gerade das Lebensnotwendige besäßen. Auf das nächste Argument der Lehenherren, der Kanon sei bei den Erbsieden nicht fest bestimmt *(certus)*, antwortet Jäger mit dem Argument des Tübinger Gutachtens[486]. Das Verhältnis zwischen Ertrag und Rechnung (ein Drittel) sei ja bekannt und so der Kanon leicht zu berechnen. Sicher hätten die Vorfahren ihre

480) Dissertation, S. 81–83.

481) Auf das Datum kam Jäger natürlich durch den Erbbrief der Barfüßer für Vogelmann, vgl. U 9 u. Text zu Anm. 490.

482) An dieser Stelle werden die Bedingungen der Verleihung kurz zusammengefaßt wiedergegeben.

483) Das folgende a. a. O., S. 83 f.

484) A. a. O., S. 83: *Nam adsunt in eo omnia essentialia sive substantialia emphyteuseos. Adest mutuus partium consensus. Adest translatio dominii utilis, retento dominio directo. . . . Adest res immobilis sub lege meliorationis.* – Hier werden also wieder die Bestandteile der zeitgenössischen gemeinrechtlichen Emphyteusendefinition (dazu o. Anm. 466) behauptet.

485) A. a. O., S. 84: *Quod vero ad indolem et naturam emphyteuseos romanae attinet, abnuere non possum, contractum nostrum esse emphyteusin irregularem.*

486) Vgl. Anm. 469; es handelt sich um das auch bei Schragmüller (Anm. 477) genannte Valasco-Zitat.

Gründe für diese Regelung gehabt und nicht gedacht, damit einen Vorwand für Haarspaltereien *(sophismatibus)* zu liefern. Im dritten und vierten Argument folgte die Dissertation wieder dem Gutachten[487].

Nachdem er solcherart vier Einwände der Lehenherren gegen die Emphyteusennatur der Siedenserbgerechtigkeiten abgefertigt hat, bringt Jäger acht (!) Gründe, die seine Ansicht stützen sollen[488]. Einige sind wegen der Methode berichtenswert, mit der sie gewonnen wurden. Jäger entnahm sie den Erbbriefen. Wenn es darin etwa heiße, man verleihe aus »sonderer Gnade und Gunst«[489], so folge daraus, die ersten Lehenherren seien den Siedern geneigt gewesen und sie hätten ihnen Gutes tun wollen. Eine bloße Vermietung (locatio/conductio – *contractus ex utraque parte maxime onerosus*) hätten die Sieder aber nicht als Wohltat auffassen können. Da ihnen ferner durch die Erbbriefe die Bauhaltung auferlegt worden sei, müßten sie auch das nutzbare Eigentum genießen. Die in den Erbbriefen vorkommende Privationsklausel sei eher bei der Emphyteuse als bei der locatio/conductio gebräuchlich, wie auch der Ausdruck »verleihen« meist in Lehen-, Emphyteusen- und ähnlichen Verträgen vorkomme.

Auch wenn Jäger die Klausel »aus sonderer Gnade und Gunst« mißverstanden haben dürfte, bemerkenswert bleibt, wie stark er zur Beurteilung der Rechtsnatur auf die Erbbriefe zurückgegriffen hat. Neu freilich war dieses Verfahren nicht. Schon das Tübinger Gutachten, schon Friedrich Sybäus Müller, auch Schragmüller und Arnold hatten Erbbriefe benutzt und zur Grundlage ihrer Untersuchungen gemacht. Jäger hat sich aber, wie der Urkundenanhang seiner Dissertation zeigt, um breitere Quellengrundlage bemüht und dabei erstmals auch den ältesten Erbbrief von 1372 gedruckt[490]. Bei alledem blieb er in seiner Beurteilung der Rechtsnatur auf dem sicheren Rechtsboden der »römischen« Emphyteuse und nahm von den neuen »germanistischen« Gedanken seines Landsmannes Arnold keine Kenntnis.

Arnolds[491] Leipziger Dissertation von 1720[492] durchweht rationalistischer Zeitgeist. Er denkt naturrechtlich und betont das nationale Recht. Das zeigt schon sein programmatisches, den Aufbau der Arbeit begründendes Vorwort. Man müsse bei der Vielfalt der an deutschen Gerichten angewandten Rechte (römisches und kanonisches Recht, vaterländische Rechte und Gewohnheiten) erst forschen, die Geltungskraft welchen Rechtes in dieser oder jener Materie vorherrsche. Alle diese Rechte unterschieden sich oft erheblich. Nun folgt das Lob des

487) Das vierte Argument betraf das fehlende laudemium (Handlohn). Für das freieigene Erb berief sich Jäger auf die Gewohnheit, weil das laudemium nicht essentiale, sondern naturale negotii sei. Bei den erbfließenden Sieden könne wegen der Veräußerungsbeschränkung ein laudemium ohnehin nicht anfallen. Schließlich zu den Verfügungsbeschränkungen: Der vorliegende Kontrakt entbehre der *ordinaria emphyteuseos natura*, daraus folge aber nicht, daß er keine wahre Emphyteuse sei. – Ebenso das Tübinger Gutachten, oben Text zu Anm. 470, 471.

488) Vgl. Dissertation, S. 92–96. Im Text werden im folgenden die »rationes« 3–5 gegeben. Nr. 1 war ein erneuter Hinweis auf den Ursprung des Salinenvertrags wie oben geschildert; Nr. 6: Die Lehenherren hätten sich in ihren Rechtsstreitigkeiten mit den Siedern selbst auf die iura feudalia et censitica berufen. Wer aber *(cui est mens sana in corpore sano)* würde in einer Mietsache jene Rechte heranziehen? Nr. 7: Der Kanon entspreche nicht dem Ertrag, sondern bilde nur den dritten Teil; er werde *in recognitionem dominii directi* gezahlt. Er werde auch nicht erlassen, wenn schlechte Erträge und Verluste vorkämen, auch wenn, wie man es oft versucht habe, die Lehenherren *per omnes Deos* gebeten worden seien. Bei der locatio/conductio werde aber der Zins bei fehlendem Ertrag des Gutes *(pro sterilitatis qualitate)* nachgelassen. Nr. 8: Jäger beruft sich auf die Autorität aller, die sich zu der Frage literarisch geäußert haben (vgl. das Zitat zu Eingang dieses Abschnitts), *exempli gratia* auf Arnold, Schragmüller, Hezel (Dissertationen) und die Gutachten der Juristenfakultäten Tübingen und Ingolstadt.

489) Jäger hat hier U 9 im Auge (Barfüßer-Erbbrief).

490) Dissertation, S. 102.

491) Vgl. zur Person o. Anm. 18.

492) Anm. 19.

Naturrechts. Die Gesetze der einzelnen Nationen hätten eine gemeinsame Mutter, das natürliche Recht *(naturalem illam et perpetuam Legem)*, von dem alle besonderen Rechte wie Bäche abgeleitet seien. Arnold will deshalb zunächst die allgemeinen, einfachen Grundsätze (*generalia* und *simplicia... principia*, – allgemeiner Teil!) des begrenzten Eigentums abhandeln, dann in einem zweiten Abschnitt das römisch-griechische Recht, drittens das kanonische, viertens aber die Anwendung *(usus)* der römischen Gesetze und das Wesen des begrenzten Eigentums in Deutschland *(naturam Dominii limitati in foro Germaniae)*, letzteres unter besonderer Berücksichtigung der Haller Salinengüter.

Die Abhandlung selbst beginnt mit einer Untersuchung des Eigentums *(origo et justitia Dominii)*[493]. Mit dem Eigentum muß sich der Naturrechtler Arnold befassen, weil es ihm den Grundbegriff seines Systems liefert[494]. Die Emphyteuse und ihr von Arnold postuliertes deutschrechtliches Gegenstück sind ja nur Erscheinungsformen des »begrenzten Eigentums« (S. 7: *species dominii limitati, minus pleni et utilis*). Nachdem so das naturrechtliche »Fundament«[495] gelegt ist, handelt der Autor das beschränkte Eigentum in Form der Emphyteuse des römischen, kanonischen und deutschen Rechts ab.

Da Arnold die Haller Erbsieden als Muster einer von »deutschen Gebräuchen« beherrschten Güterart vorführen will, ist für uns vor allem das vierte Kapitel wichtig *(De dominio utili secundum mores Germanorum...)*[496]. Er wendet sich zunächst dagegen, bei den um Zins ausgeliehenen Gütern stets an die Emphyteuse zu denken, sobald nur die Grundvoraussetzungen dieses Rechtsinstituts erfüllt seien. An dieser Stelle wird der Unterschied zum Tübinger Gutachten und zu Schragmüller deutlich. Diese hatten ja die Emphyteuse eben mit dem Argument bejaht, die essentialia (bei Arnold: generalia) seien vorhanden. Wenn einzelne naturalia oder accidentialia fehlten, so schade das nichts[497]. Umgekehrt meint nun Arnold, nichts sei ja natürlicher, als den Besitz und die Nutzung einer Sache anderen einzuräumen, von diesen dafür eine Abgabe zu erheben, die Veräußerungsbefugnis einzuschränken usf., wie es bei der Emphyteuse geschieht. Emphyteuse dürfe in Deutschland daher nicht genannt werden, was in diesen »generalibus principiis« mit dem römischen Recht zusammenpasse, sondern erst, was in der Einzelregelung genau dem römischen Recht folge[498].

493) Dissertation, S. 3 (§ 1).

494) Arnold beklagt (Dissertation, S. 8) etwa das Fehlen einer Eigentumsdefinition bei den alten Schriftstellern. Es ist nicht klar, ob er die klassischen römischen oder die mittelalterlichen Autoren meint. Sie hätten in kaum zu entschuldigender Weise versäumt, das Eigentum zu bestimmen, was doch zum Aufstellen von Prinzipien und zur Erkenntnis nötig sei. Diese Klage steht im bezeichnenderweise mit *Obscuritas doctrinae de dominio* überschriebenen ersten Paragraphen, der sich mit dem justinianischen (römischen) Recht befaßt. Die Eigentumsdefinition des Autors findet sich in § 12 *(Emphyteusis est species dominii limitati): Hanc hodie non attendimus subtilitatem Juris Romani, sed Dominium illud omnino dicimus, ubi adest plenissima rei possessio conjuncta cum transferendi & ad heredes transmittendi facultate* (Hervorhebungen Arnolds). – Das Bemühen um den Eigentumsbegriff war für die Zeit des Naturrechts typisch; vgl. zuletzt die Ausführungen FEENSTRAS auf dem Tübinger Jubiläumssymposion 1977. S. dazu den Bericht von WEBER, Das Eigentum und seine Schranken. Internationales Symposion des Fachbereichs Rechtswissenschaft der Universität Tübingen, in: JZ 1978, S. 208.

495) Vgl. die Überschrift zu Cap. I. (S. 3): *De Dominii limitati et emphyteuseos, quae hujus dominii species est, fundamento in aequitate naturali, ex qua convenientia legis naturalis et positivae demonstrari potest.*

496) Dissertation, S. 39 ff.

497) Vgl. o. Anm. 487.

498) Vgl. Dissertation, S. 41: *concludimus: Emphyteusin in Germania non statim dicendam esse, quae in generalioribus superius adductis principiis, cum dispositione juris Romani convenit: sed illam demum, quae in specialibus illis casibus, a nuda impositione legum dependentibus, romanas leges sequitur.* – Arnold folgt hier einem Lehrsatz, den nach STINTZING-LANDSBERG, III/1, Text, S. 81, Thomasius vertrat: Wo Rechtsvorschriften, die das römische Recht mit dem natürlichen oder deutschen Recht gemein hat, in Deutschland gelten, ist für sie nicht das römische, sondern das Natur- oder deutsche Recht Geltungsgrund.

In Deutschland gebe es viele Güter, die ihren Besitzer zu den verschiedensten Leistungen verpflichteten *(obligatum tenent)*, so daß es ihnen am vollen Eigentum gebreche. Dennoch liege keine Emphyteuse vor. Leider sei das fremde römisch-griechische Recht in unseren Gerichten stillschweigend übernommen worden *(per tacitam receptionem)*, und jene, die alle Entscheidungen aus diesen fremden Rechten ableiteten, hätten die heimischen Gebräuche vernachlässigt oder verkannt. Dagegen betont Arnold, eine Anwendung des römischen Rechts, hier in der Gestalt des römischen Emphyteusenrechts, komme nur in Frage, wenn offen zutageliege, daß eine Emphyteuse begründet worden sei: *Quando igitur non liquido patet, emphyteusin esse constitutam, pro emphyteusi non temere erit pronunciandum.* Offen zutage liege das aber nur, wenn die (gemeint ist: alle) Bedingungen, zu denen das betreffende Geschäft geschlossen worden sei, mit den Regeln des römischen Rechts übereinstimmten. Im Zweifel sei gegen die Emphyteuse zu entscheiden[499].

Verlangt man, wie hier unser Autor, daß eine Leihe in jeder Hinsicht der rechtlichen Disposition des Kodex entsprechen müsse, also auch in den durch Vertrag oder Gewohnheit abänderbaren, nicht essentiellen Bestimmungen, so wird es in der Tat im damaligen Deutschland nicht viele Emphyteusen gegeben haben. Die so ihrem herkömmlichen rechtsdogmatischen Standort entzogenen Leihegüter, darunter auch die Haller Erbsieden, ordnet Arnold nun nach einer rechtsgeschichtlichen Vorbetrachtung einem System der deutschen Güterarten ein.

Über die wahre Natur dieser deutschen Güter hätten bisher Unsicherheit und Zweifel bestanden, weil früher oft die Grundsätze des römischen Rechts mit den deutschen Gebräuchen vermengt worden seien. Oft könne man in deutschen Verträgen (Urkunden) und Gesetzen den Ausdruck Emphyteuse finden, wo in Wahrheit von ganz anderen Dingen die Rede sei, die mit den Emphyteusengütern der Römer gar nicht verglichen werden könnten[500]. Da in den ältesten Zeiten die Kleriker nach dem römischen Recht gelebt hätten, seien vor allem durch sie die *jura et immunitates* der Kirchengüter, d. h. das Recht der kirchlichen Emphyteusen, verbreitet worden. Als sie begonnen hätten, Verträge in lateinischer Sprache niederzuschreiben, hätte sich diese mit den römischen und den Kirchengesetzen »sehr vertraute Stimme« in die Verträge der Deutschen leicht »einschleichen« können[501].

Aus all dem seien Unsicherheit und Zweifel entstanden *(non levis orta est incertitudo circa dijudicandum naturam praediorum germanicorum)*. Deshalb lohne es wohl die Mühe, eine Einteilung der in Deutschland bestehenden Güterarten zu entwickeln. *(Hinc operae pretium est, ut diversitatem praediorum in Germania excutimus.)* Möglicherweise im Anschluß an Schilter[502] unterscheidet Arnold drei solcher Güterarten[503]: (a) die Allode *(bona, quae libera et*

499) Arnold zieht hier (S. 41 ff.) die Bestimmungen einiger Partikulargesetze und Schriftsteller heran (Constitutio saxonica, Carpzow, ein ihm von seinem Praeses Hoffmann übergebenes Manuskript oder einen Druck von 1572 über eben die Sächsische Konstitution, die Nassau-Katzenelnbogische Landesordnung), wonach ein Lehnherr einen Zinsmann wegen versessener Zinse nicht vertreiben dürfe, weil die Güter im Zweifel nur für schlichte Zinsgüter und nicht für Emphyteusen zu halten seien.

500) Dissertation, S. 44 f.

501) A. a. O., S. 43 f. – Über Du Canges Glossar hatte Arnold erfahren, daß die Lex Langobardorum die Emphyteuse erwähnt. Weiter bringt er eine bei Wencker gedruckte Straßburger Urkunde von 1410. In den *leges provinciales* finde man die Emphyteuse öfter namentlich genannt (Brandenburgisches Landrecht, Nassau-Katzenelnbogische Landesordnung).

502) Vgl. Institutiones Juris Feudalis, S. 24 f., besonders Fn. d. – Die Einteilung entspricht den Gegenständen, mit denen das Lehenrecht zu tun hat (Schilter: *Res, in quas feudalis qualitas induci potest*). Das sind nach Schilter zunächst die Allodialia und die Feuda. Den Ausdruck »Feuda« gebraucht er in weitem Sinn; er nimmt auch die *Feuda rustica, Bona Emphyteutica itemque Censitica* mit hinein. Feudum im eigentlichen Sinn ist aber nur (Fn. d) das *Bonum sub lege fidelitatis alii traditum.* Dann ergibt sich eine dritte oder mittlere Güterart *(Tertium et medium genus bonorum)*; Güter, die weder jemandem zu vollem

pleno ac illimitato iure possidentur), (b) die *bona feudalia* (Lehengüter) und (c) die *bona, quae partim laudemium, partim alia onera praestare et ferre tenentur.* Diese »teils zins-, teils anderspflichtigen« Güter werden wieder untergliedert in Emphyteusen *(si iuxta leges romanas fuerint composita)* und in andere Zinsgüter, die durch Verträge eigener Art und Gewohnheitsrecht geregelt sind *(alia a singularibus pactis et consuetudinibus dependentes).* In diese zuletzt genannte Unterart der dritten Güterklasse ordnet Arnold die erbfließenden Sieden ein. Das Emphyteusenrecht passe nicht. Die Römer hätten ein solches Geschäft wie jenes, um das es *in contractu salinario*, bei der Siedensverleihung gehe, nicht gekannt[504)]. Das Emphyteusenrecht könne außerdem nicht angewandt werden, weil der Emphyteuta, anders als der Erbsieder, sein Gut veräußern dürfe, wenn er das nur dem Herrn vorher angezeigt habe. Ferner gehe das Emphyteusengut an alle Erben über, auch die außerhalb des Stammes stehenden[505)]. Schließlich: Warum sollte er auch das Recht der Salinengüter unter irgendeinen Titel des römischen Rechts bringen? Ohnedies seien schon ganze Bände von Differentien und Konvenientien aufgehäuft worden. So scheine es ihm das Beste, diesem Geschäft (den Erbsieden) eine besondere, aus Verträgen und Gewohnheiten entspringende Natur zuzuschreiben[506)].

Georg Bernhard Arnold setzte mit seiner Dissertation die deutschrechtliche Gegenthese zu der sonst herrschenden Einordnung der Erbsieden unter das römische Emphyteusenrecht. Die naturrechtliche[507)] und zu ihrer Zeit moderne Schrift war von der biederen Welt der Digestenjurisprudenz weit entfernt, der Schragmüllers und Jägers Arbeiten angehörten. Man mag es als reizvolle Fügung betrachten, daß die Schwäbisch Haller Erbsieden das Muster einer früh als solcher entdeckten »deutschen« Güterart abgeben durften. Die Schwäbisch Haller Siedenserbleihen können die Ehre in Anspruch nehmen, zum ältesten Bestand germanistischer Rechtswissenschaft zu gehören. So durfte sein Lehrer Hoffmann dem Schüler Arnold zu Recht für die klar durchdachte und gegliederte Arbeit mit einem vorgedruckten Gratulatorium

Recht gehören, noch unter dem Treuband verliehen wurden. Das sind die Prekarien, Emphyteusen, Zinsgüter *(Censitica bona)*, *Superficies, Bona Libellaria, Bona Solidorum, Bona Vitalitia Sueviae & c.*

503) Dissertation, S. 45. – Arnold erwähnt hier Schilter, allerdings nicht die Institutiones, sondern die Dissertation »de bonis laudemialibus« (vgl. dazu Stintzing-Landsberg, III/1, Noten, S. 36).

504) Dissertation, S. 53. – Ähnlich Hufnagel, Beleuchtung, S. 9, Fn. d. Das hallische Salinenrecht sei älter als die Kenntnis und Rezeption des römischen Rechts in der Reichsstadt Hall: ... *insbesondere aber mußte das Salinenrecht im J. 1231, wo die Saline schon Bedeutsamkeit hatte, also zur Zeit der Blüthe der accursianischen Schule, bereits ausgebildet seyn.* Dazu u. S. 87.

505) A. a. O., S. 54 f. (§§ 16 u. 17). – Im nächsten, dem vorletzten (!) Paragraphen der Dissertation wendet er sich gegen die Argumente des Tübinger Gutachtens bzw. Schragmüllers, ohne diese Gegner auch nur der Namensnennung zu würdigen. *(Nos igitur non movent illorum rationes, qui, bona salinaria emphyteuses esse, docent.)* Es trage zur Sache überhaupt nichts bei, daß an den Sieden geteiltes Eigentum bestehe, daß es sich um unbewegliche Sachen handele, usf.; auch die Verpflichtung zur Bauhaltung führe nicht dazu, eine Emphyteuse anzunehmen, denn diese Bedingung sei *ex singulari prudentia et laudabili instituto his contractibus* eingefügt worden. Das alles fließe aus dem Wesen *(ex natura et condicione)* dieser Güter.

506) A. a. O., S. 53. – Nach Arnold sind daher bei der Entscheidung von Streitfällen als Rechtsquelle in dieser Reihenfolge maßgebend (a. a. O., S. 52 f., § 14): (1) die Erbbriefe *(primo quidem literas investiturae ante omnia inspiciendas)*, (2) das Schwäbisch Haller Statutenrecht *(ad ordinationem salinariam vulgo die Haals=Gerichts=Ordnung aliaque statuta Inclytae Reipublicae Svevo-Hallensis recurrendum erit)*, (3) die Haalsgewohnheit *(consuetudines salinarias)*, (4) die allgemeinen Grundsätze des deutschen Rechts über das nutzbare Eigentum *(ad generalia juris germanici principia de Dominio utili recurrendum)*, (5) die allgemeinen Grundsätze des Vertragsrechts *(jura universalia de pactorum natura agentia)* und (6) subsidiär das römische und kanonische Recht.

507) Man beachte die dem Geist des Schriftchens angemessene Vignette vor dem ersten Kapitel. Dargestellt ist der erste Schöpfungstag. Die durch ein Dreieckssymbol bezeichnete Dreifaltigkeit vertreibt mit ihren Strahlen das nach links und rechts weichende, von Wolken versinnbildlichte Dunkel, darunter die Erde, durch einen halb beleuchteten, halb dunklen Hügel bezeichnet, links die Sonne (Tag), rechts der Mond (Nacht).

(Glückwunsch) an den »hochvornehmen und hochgelehrten Herrn Respondenten« in herzlichen Worten öffentlich Lob spenden[508]. Über die sachliche Berechtigung der Arnoldschen Thesen wird indes noch zu sprechen sein.

2. EMPHYTEUSE UND ERBLEIHE

Auch heute, mehr als ein Vierteljahrtausend nach dem Tübinger Gutachten von 1705 und Arnolds Dissertation von 1720, kommen nur zwei Rechtsinstitute für die Einordnung der Schwäbisch Haller fließenden Erbsieden in Frage: die »römische« Emphyteuse (Erbpacht) und die »deutsche« Erbleihe, die Arnold zwar noch nicht mit dieser Bezeichnung, wohl aber der Sache nach kannte. Das Lehen soll dagegen hier nicht erörtert werden[509]. Daß es sich bei den Erbsieden um Lehen im eigentlichen Sinn des Wortes gehandelt haben könnte, ist allenfalls in einigen Parteischriften der Lehenherren im 18. Jahrhundert behauptet worden[510], ohne daß diese Ansichten mehr an Widerhall hervorgerufen hätten als den Spott auf der Gegenseite[511]. Ihrer Bezeichnung als Lehenherren ungeachtet, bestand zwischen den Herren des Haals und ihren Erbsiedern kein Lehensband[512]. Auf die Frage der locatio/conductio (Miete) wird noch zurückzukommen sein[513].

Die Grundstruktur der Emphyteuse[514] ist bei den Siedenserbleihen mit der erblichen Überlassung zur Nutzung vorhanden. Die *substantialia* der gemeinrechtlichen Emphyteusenliteratur können allerdings nicht so unbedenklich bejaht werden, wie es im Tübinger Gutachten von 1705 oder bei Schragmüller und Jäger geschah. Nach Valasco[515] waren diese *substantialia*, jene Erfordernisse, die wenigstens vorhanden sein mußten: der Konsens der Parteien, eine unbewegliche Sache als Gegenstand des Vertrags, die Bestellung einer Abgabe, die Übertragung des Nutzeigentums und die Schriftlichkeit, wobei für die letztere umstritten war, ob Schriftform zur Gültigkeit schlechthin oder nur als Beweiserfordernis nötig sei.

Beginnen wir mit dem aus der Kontraktsnatur der Emphyteuse hergeleiteten Erfordernis des Konsenses. Die Siedenserbleihen sind großenteils durch Verleihung entstanden. Daraus könnte man Zweifel herleiten, ob in diesem Fall noch von Konsens oder Kontrakt gesprochen werden kann.

508) A. a. O. – Der behandelte Stoff zeige das Verlangen des Respondenten, das vaterländische Recht zu untersuchen. Das juristische Studium kranke daran, daß man sich viel um fremde Rechte bemühe und selten vaterländische und heimische Gewohnheiten behandle.

509) Vgl. dazu schon o. Anm. 464. – Gewiß soll nicht übersehen werden, daß wir hier Leiherechte vor uns haben, so daß man die Siedrechte auch unter dem Gesichtspunkt eines »allgemeinen Leihegedankens« erörtern könnte; vgl. dazu besonders Wilhelm Ebel, Über den Leihegedanken in der deutschen Rechtsgeschichte, Vorträge und Forschungen V, S. 11 ff. Dort auch zur Scheidung von Ritterlehen und bäuerlicher Leihe, S. 14 ff. Für die Zeit der Entstehung unserer Siedenserbgerechtigkeiten ist jedoch in der Urkundenpraxis schon zwischen Lehen und Erb zu unterscheiden.

510) Darüber berichtet Jäger in seiner Dissertation, vgl. o. Anm. 488.

511) Jäger, Dissertation, S. 88 ff.

512) Vgl. Anm. 509.

513) S. 103f.

514) Vgl. zur Emphyteuse des nachklassischen römischen Rechts Kaser, Römisches Privatrecht, 2. Abschnitt, S. 308 ff.; zur Dauerpacht im Vulgarrecht Levy, Obligationenrecht, S. 251 ff.; Ders., Law of Property, S. 17 ff., 47 ff., 94; über die Emphyteuse im mittelalterlichen und späteren gemeinen Recht neben den hier ständig benutzten Werken noch zuletzt v. Waechter, Pandekten, S. 265–271, Windscheid-Kipp, Lehrbuch des Pandektenrechts, S. 1107–1119. – Zur heutigen Bedeutung und Problematik der Emphyteuse: Feenstra, Robert, L'emphytéose et le problème des droits réels, in: La formazione storica del diritto moderno in Europa, atti del terzo congresso internazionale della società italiana di storia del diritto, vol. III, Florenz 1977, S. 1295 f.

515) Valasco, qu. 4, nu. 10 (S. 29).

Bluntschli hat unter den »wichtigsten« Unterschieden zwischen der »römischen Emphyteuse« und der »deutschrechtlichen Erbleihe« an erster Stelle angeführt, die Emphyteuse entstehe durch Vertrag u. a., die Erbleihe nur durch briefliche Verleihung, Verbriefung[516]. Es wird aber nicht möglich sein, jedenfalls nicht für die Zeit unserer Erbbriefe, einen Gegensatz zwischen Verleihung und Vertrag zugrundezulegen und damit Emphyteuse und Erbleihe gegeneinander abzugrenzen. Im Verständnis schon der Glosse war »concessio« ein »verbum generale«, das Kauf, Miete, Lehen, Emphyteuse und dergleichen bedeuten konnte[517]. Die Formelbücher, etwa Rainer von Perugia, schreiben vor, bei Emphyteusenkontrakten »concedere« (= leihen) zu setzen[518], ohne daß ihnen eingefallen wäre, deshalb die Kontraktsnatur des so begründeten Geschäfts zu leugnen. Nachdem der Sprachgebrauch der vom gemeinen Recht bestimmten Formelbücher, wie noch zu zeigen sein wird[519], unsere Erbbriefe bestimmt hat, kann nicht gegen die Emphyteusennatur der Erbsieden eingewandt werden, sie seien durch »Verleihung«, nicht durch »Vertrag« entstanden. Durch »concessio« (Verleihung) konnte wohl ein »contractus« begründet werden.

Neben solchen nur scheinbaren gibt es jedoch auch echte Unterschiede. In bezug auf die jährliche Abgabe weicht die Schwäbisch Haller Erbsiedensgerechtigkeit von der Regel des Kodex ab[520]. Die Abgabe war in der Höhe nicht ein für allemal fest bestimmt, sondern sie richtete sich nach dem im jährlichen Bestand festzusetzenden Anteil der Lehenherren am Ertrag. Diese Rechnung war stets höher, als daß sie noch als modica pensio im Sinne gemeinrechtlicher Emphyteusenliteratur hätte gelten können[521], sie war pars fructuum. Auf die eigenartige Verzahnung des Erbsiedrechts mit dem jährlichen Bestand wird indessen weiter unten eingegangen werden[522].

Für die Schwäbisch Haller Siedenserbgerechtigkeiten lassen sich aber auch die wesentlichen Voraussetzungen und Eigenschaften der »deutschen Erbleihe»[523] bejahen. Wir geben im folgenden die Beschreibung der Erbleihe nach Buris Erläuterung des Schilterschen Lehenrechtslehrbuchs[524]. Danach hat der »Erbbeständer« folgende Rechte und Pflichten:

1. Er erlangt ein Erb- und dingliches Recht auf das Gut *(Es scheinet zwar einen Widerspruch in sich zu fassen / daß einer nur ein Pächter einer Sache seyn / und doch ein Dingliches Recht darauff haben solle. Allein eben diese Schwierigkeit war bey denen Römischen agris vectigalibus auch vorhanden / und dennoch haben die Römischen Rechts-Lehrer denen Besitzern ein ius reale zugestanden).*
2. Er genießt alle Nutzungen des Guts.
3. Er kann die Erbleihe verpfänden und veräußern, letzteres jedoch nur mit Wissen und Willen des Verpächters.

516) Deutsches Privatrecht, S. 506.
517) Vgl. dazu FULGINEUS, praelud., qu. 1, nu. 19 (S. 2).
518) S. o. Anm. 113.
519) S. 89ff.
520) S. o. Anm. 231.
521) Zur Höhe der in ihrem Verhältnis zum Reinertrag des Siedens im Lauf der Zeit schwankenden Rechnung vgl. ausführlich MATTI, Dissertation, S. 203 ff.
522) S. 103f.
523) Zur Rechtsnatur und Dogmatik der Erbleihe im Deutschen Privatrecht vgl. die Lehrbücher von BESELER, S. 751 ff., 758; BLUNTSCHLI, S. 503 ff.; GIERKE, S. 625 ff.; HEUSLER, S. 167 ff.; HÜBNER, S. 347 ff.; HUBER, IV, S. 761 ff.; REYSCHER, S. 216 ff.; STOBBE, S. 461; sowie die Grundrisse von v. SCHWERIN, S. 140 ff., und MITTEIS-LIEBERICH, S. 98 f.; ferner KLEIN-BRUCKSCHWAIGER, HRG I, Sp. 968 f., sowie nach dem heutigen Forschungsstand zusammenfassend zu den Arten und der Entwicklungsgeschichte der Bodenleihe: W. OGRIS, Art. »Leihe«, HRG II, Sp. 1820ff.
524) BURI, S. 940–954.

4. Er vererbt die Erbleihe, jedoch nur auf die Leibeserben, gleich ob männlich oder weiblich.
5. Der Erbbeständer muß jährlich einen Erbzins (Pacht, Erbpacht, Gülte, pensio, census, Bestand) davon geben, der in Geld, aber auch in Früchten und anderen Sachen bestehen kann.
6. Der Beständer trägt die Steuern und Lasten des Grundstücks.
7. Er muß das Gut in »gutem Bau und Besserung« erhalten.
8. Buri folgert aus der Unveräußerlichkeit der Erbleihgüter und aus Bestimmungen kurpfälzischen und Solmser Rechts, daß der Beständer das Gut nicht ohne rechtmäßige Ursache verlassen darf.
9.–11. Der Beständer verliert das Gut, wenn er die Bezahlung versäumt oder überhaupt eine Bedingung der Leihe nicht erfüllt.

Aus dieser Beschreibung geht hervor, daß Buri das dogmatische Bild der Erbleihe weithin den in Erbleihurkunden üblicherweise vorkommenden Klauseln entnommen hat. Man beachte etwa Punkt 5 (Zinszahlung), 7 (Meliorationsklausel) und 9–11 (Heimfallklausel). Im übrigen ist offenkundig, daß die von Buri genannten Merkmale der Erbleihe auf die fließenden Erbsieden zutreffen. Das ergibt der Vergleich mit unseren Erbbriefen und den mehrfach genannten Besonderheiten der fließenden Siedrechte. Kleinere Abweichungen ändern an diesem Ergebnis nichts. So findet sich etwa für die Bestimmung, daß der Erbmann sein Gut nicht verlassen darf, im Haalsrecht kein Anwendungsbeispiel, obwohl die Sache selbst in Hall bekannt war[525)].

3. EMPHYTEUSE ODER ERBLEIHE?

Wenn wir die Schwäbisch Haller fließenden Erbsieden in gleicher Weise dem römischen Emphyteusenrecht wie dem Recht der deutschen Erbleihe zuordnen, so bedeutet das keinen Widerspruch. Die deutsche Erbleihe als eigenständige Güterart und als Rechtsinstitut eines deutschen Privatrechts ist eben nicht älter als das »gemeine, positive Deutsche Privatrecht« selbst, wie es im 17./18. Jahrhundert nach einem Wort Ernst Landsbergs *künstlich zu construieren* war, weil es *thatsächlich* bis dahin *kein solches gegeben* hatte[526)]. Vordem blieb nur die Einordnung ins gemeine Emphyteusenrecht[527)].

525) StAL B 186 U 1532 Beilagen I, S. 326–328; 1410 Do v St. Ulrich-Schultheiß *Vlrich Schulthaiss* zu Hall bekennt, daß *Cunrat Sennfft*, Bürger zu Hall, Meister *Hannsen*, den Vordern Bader, angesprochen hat. Der Beklagte und sein Sohn *Cünlin* haben *zü ain andernn inen baiden unverschaidenlich* ein Erb an seiner (Senffts) Badstube zu Hall, die bei der Hinteren Badstube gelegen ist. Er, Sennft, *hetten (?) in daran gepuwen und geton, was er in daran buwen und tün sölt, als dieselben brief sagend, d[a]z sie nü fürbas an derselben badstuben und an huse und an hofraite büwen sollent . . . Des mainte im derselbe maister Hanns sich von züziehen und d[a]z Cünlin sin sun allain zülaussen.* Meister Hans bestreitet den Sachverhalt nicht *(. . . hette er willen, hinweg züvaren)*; er hat sein Teil und sein Recht dem Sohn gelassen. – Die Richter geben Konrad Senfft mit dem Mehr Recht: . . . *als recht was, diewyle er in züainandernn die badstuben unverschaidenlich ze ainem erbe gelyhen hette, d[a]z si denne das also haben solten, als si in verlyhen ist und d[a]z maister Hanns vorgenant nicht davon varen sol,* es sei denn mit Konrad Senffts Willen und Worten. (Vgl. auch dasselbe in Beilage II, S. 761 ff., und Regest UB Hall U 1327.) – Hier wird also die »Residenzpflicht« des Leihmanns oder besser seine Gebundenheit an die Abmachungen des Erbbriefs *(d[a]z si denne das also haben solten, als sie in verlyhen ist)* ausgesprochen.

526) STINTZING-LANDSBERG, III/1, Text, S. 55.

527) Wie es in der sogenannten »populären« Literatur geschah, vgl. Richterlich Klagspiegel, Bl. 46–47. Unter der Überschrift *De rei vendicatione (!) que datur emphiteote* wird die Emphyteuse gleichgestellt mit dem »Erbe« behandelt (*sein gerechtigkeit, das ist sein erbe,* Bl. 46'). – PEGIUS, Bl. I, Überschrift: *De iure emphyteutico. Baurecht die man sonst nendt Erbrecht;* vgl. dort auch zur Terminologie: Bl. II'/III, VI/VI' mit rechtssprachlich bemerkenswerten Ausführungen. Pegius trat für die Eindeutschung von Emphyteuse als »Baurecht« ein (. . . *wer es anders Teütscht / der thůt der bedeüttung / unnd würckung dises Tittels de iure emphyteutico . . . gewalt und unrecht / und mag für unkündig gehalten werden / Er sollte doch das*

Für die Schwäbisch Haller Erbsieden hat man Ausschließlichkeit in dem Sinne behauptet, daß eine Emphyteuse nicht vorliegen könne. Dafür wurden zwei Argumente vorgetragen. Arnold meinte, ein Geschäft wie dieses hätten die Römer noch nicht gekannt[528)]. Das besagt freilich wenig. Natürlich kannten »die Römer« die Haller Erbverleihungsformulare nicht. Damit ist aber nicht ausgeschlossen, daß man sich im 14.–16. Jahrhundert in Hall zur Siedensverleihung einer Rechtsform bediente, die im Kodex Justinians enthalten ist. Nach Hufnagel haben das Haller Salzwerk und das Haalrecht schon bestanden, als durch die accursische Glosse das römische Recht wieder in Europa verbreitet wurde[529)]. Diese Behauptung stimmt nur in bezug auf das Salzwerk, nicht für das Haalrecht. Die Siedensverleihungen setzten bekanntlich erst im Jahr 1372 ein. Sie datieren mit ihrem Schwerpunkt um das Jahr 1500[530)].

Gegen die Emphyteusennatur der Siedenserbleihen wandte Arnold weiter die Abweichungen des materiellen Siedensrechts von den Vorschriften des Kodex ein. Während sie vom Tübinger Gutachten und anderen als Unregelmäßigkeiten erklärt wurden, die am eigentlichen Wesen dieser Rechte als Emphyteusen nichts änderten, sollten sie nach Arnold die Emphyteuse ausschließen. Gemeint sind mit diesen Abweichungen die Besonderheiten bei der Erbfolge (Vererbung nur auf eheliche Abkömmlinge) und der Veräußerung. Auch an das fehlende Laudemium und die nicht fest bestimmte Rechnung wäre zu erinnern. Schließlich ist hier auch die Regelung der Erbbriefe für den Säumnisfall zu erwähnen. Bei der klassischen Emphyteuse ist, je nachdem, ob es sich um eine weltliche oder geistliche Emphyteuse handelt, drei- oder zweijährige Säumnis Voraussetzung für den Fall, den Verlust des Erbpachtrechts[531)]. Dagegen bestimmen die Siedenserbbriefe den sofortigen Verlust des Siedens bei Zahlungsverzug. Derlei Abweichungen vom Kodex haben auch der deutschrechtlichen Literatur des 19. Jahrhunderts Abgrenzungskriterien zwischen Emphyteuse und Erbleihe geliefert. Bluntschli, um ihn wieder als Gewährsmann für ein Beispiel zu nennen, unterschied die beiden Rechtseinrichtungen u. a. danach, daß das *römische Laudemium* auf *2 Procent des Werthes der Emphyteuse normirt* sei, während der *deutsche* Ehrschatz *sehr mannichfaltig bestimmt* sei und zuweilen ganz wegfalle[532)]. Ob nun solche nach Art der Differentienliteratur zusammengestellten Abgrenzungsmerkmale hinreichen, ein eigenes Rechtsinstitut zu begründen, oder ob es genügt hätte, diese Abweichungen vom Kodex wie im mittelalterlichen gemeinen Recht und im Usus modernus als durch pacta und Gewohnheiten bedingte Besonderheiten zu erklären und es im übrigen bei der Einordnung ins Emphyteusenrecht zu belassen, ist letztlich eine Frage des Standorts des Betrachters[533)].

wörtel emphyteuo erwegen / ob es nit mit sich bringt die bedeütung des anbawens / einpflantzens / oder ansåens . . . , Bl. II'). – In der Pegius-Ausgabe der Haller Ratsbibliothek (Fol. 178) findet sich eine Reihe zeitgenössischer handschriftlicher Glossen, so etwa Bl. VI: *Emphyteusis, das haißt ain baw oder Erbrecht;* Bl. VII': (über *bawrechter) Mayern oder gültman;* Bl. VIII: (über *bawrechter) Mayer oder Erbbeständer;* Bl. IX: (über *dem Grundtherrn) Aygentumbsherrn.* – Vgl. zur Geschichte der Ratsbibliothek Karl Konrad Finke, Die ehemalige Ratsbibliothek in Schwäbisch Hall, S. 5 ff.

528) Anm. 504.

529) Beleuchtung, S. 9, Fn. d.

530) S. 122ff.

531) Die Dreijahresfrist erscheint in Hall in einem Prozeß von 1424, vgl. o. Anm. 313.

532) Deutsches Privatrecht, S. 507.

533) Bemerkenswert ist in diesem Zusammenhang, daß der BGB-Gesetzgeber, vom Ewigrechten feindlichen liberalen Zeitgeist beherrscht, unterschiedslos gegen Erbleihen wie gegen Emphyteusen eingestellt war. Man vergleiche die Polemik des Redaktors des Allgemeinen Teils, Gebhard, gegen Erbpachtrechte aller Art, vgl. Vorschläge zu dem Entwurfe eines BGB, bearb. v. Standpunkte des Allg. Teils, Vorlage des Redaktors Dr. Gebhard, Berlin, 1887, S. 224 f.; dazu Elsener, Gutachten, S. 37 f. Gebhard wies in der Redaktorvorlage (a. a. O., S. 220) auf die Vielfalt der Terminologie hin und zählte unter Bezugnahme auf

Wo für Leihegüter Vorschriften galten, die vom Kodex abwichen, kann nicht ohne weiteres davon ausgegangen werden, es habe sich nicht um Emphyteusen im Sinne mittelalterlichen gemeinen Rechts gehandelt. Diese Rechtsform war der Gestaltung durch Verträge und Gewohnheiten ganz besonders zugänglich. Das zu betonen wurde die ältere gemeinrechtliche Literatur nicht müde: Die Emphyteuse empfange ihre Natur aus den Verträgen, durch die sie begründet werde[534]. Fulgineus nannte sie geradezu einen »formlosen Stoff«, der seine Gestalt erst durch die Abmachungen der Beteiligten erhalte[535].

4. MATERIELLRECHTLICHE ÜBEREINSTIMMUNG ALS INDIZ FÜR DEN EINFLUSS GEMEINEN RECHTS?

Für die rechtshistorische Erkenntnis ist wenig gewonnen, wenn man sich streitet, ob die Erbsieden als Emphyteusen mit einem durch pacta und Gewohnheiten von der Emphyteusenregelung des Kodex abweichenden Erscheinungsbild anzusehen sind, oder ob man die ganze Rechtseinrichtung für eine eigenständige, durch besondere Verträge und Gewohnheiten begründete halten will. In beiden Fällen bleibt ja die Frage dieselbe: Woher kommen jene pacta und Gewohnheiten[536]? Wir haben daher die einzelnen Erbbriefklauseln und Besonderheiten des Haalrechts nicht nur beschrieben, sondern auch versucht, sie zu erklären und einzuordnen. Dabei sind wir mehrfach darauf gestoßen, daß sie inhaltlich (materiellrechtlich) mit gemeinem Recht übereinstimmten. Eine völlige Übereinstimmung war hinsichtlich der Rechtszustände des Haalrechts in bezug auf die Bauhaltung festzustellen[537]. Auf Kenntnis im gelehrten Recht behandelter Fragen deuten hin bzw. vor dem Hintergrund gemeinen Rechts zu sehen sind die Regelungen für den Säumnisfall[538], der Grundsatz der »mehrer Teil« habe zu leihen[539], die Anordnung der Schriftform für Erbverleihungen[540], das Verbot der Teilung für Erbsieden[541] und der Gebrauch des Loses bei den Erbeinigungen[542].

Nicht immer mußte dabei ein unmittelbarer Einfluß gemeinen Rechts gerade auf das Haalrecht vorliegen. Gewisse Regelungen, etwa den Säumnisfall betreffend, der Gebrauch des Loses und wohl auch die Frage der Bauhaltung waren allgemein im Haller Stadtrecht bekannt

Stobbe auf: Erbgüter, Erbpachtgüter, Erbzinsgüter, Bauernlehen, Koloniegüter, Baurecht, Erbrecht usw. Im folgenden nennt er diese Rechte dann unterschiedslos »Landleihen«, »erbliche Überlassungen von Grundstücken«, »Emphyteusen«, »Erbleihen«.

534) Fulgineus, de var. caduc., qu. 1, nu. 1 (S. 232): *quod emphyteusis nullam quasi propriam naturam habet nisi ut partes conveniunt et recipit quamlibet pactionem;* Valasco, qu. 4, nu. 3 (S. 24): *in hoc contractu, ita pacta partium valere, & observari debere, tanquam si naturalia essent eiusdem contractus.* Über die Bindung an pacta auch Jason, de iure emph., ius emph., nu. 11 (Bl. 164') und ebd., in emphiteot., nu. 1 (Bl. 171).

535) A. a. O.; *emphyteusis est quaedam veluti materia informis, recipiens formam ex placito contrahentium.*

536) Die Erklärung Arnolds (o. Text zu Anm. 498) genügt nicht. Ist wirklich nichts »natürlicher«, als daß Güter zu Erb ausgetan werden, daß damit eine Zahlungs-, Besserungs- und Heimfallklausel etc. verbunden wird und daß obendrein noch bestimmte Regelungen für Erbrecht und Veräußerung gelten? Diese Verträge und Gewohnheiten setzen ein hochentwickeltes Rechtsdenken und -wissen voraus. Sie mit der »Natur« dieser Güterarten, der »Natur« der Sache o. ä. begründen zu wollen, ist wertloses naturrechtliches Raisonnement. Erklärt ist damit nichts.

537) S. 46.

538) S. 57f., 60 Anm. 349.

539) S. 71f.

540) S. 31f.

541) S. 63f.

542) S. 65.

und dürften von dort übernommen worden sein[543]. Auch über Statutengebung wurden Rechtszustände, die dem gemeinen Recht entsprachen, zu »Haalsrecht«. Ein Beispiel dafür bot die Anordnung der Schriftform. Sie wurde aus praktischem Anlaß als Beweiserfordernis statuiert, wobei die Kenntnis gemeinen Rechts bei den Beteiligten zu vermuten ist[544]. Kirchlicher Einfluß wirkte auf diese Statuten von 1497 und 1514 nicht ein, jedenfalls nicht unmittelbar. Aber bei der Bildung jenes »alten Herkommens«, wonach Erbverleihungen schriftlich zu erfolgen hätten[545], dürfte kirchliche, auf gemeinem Recht beruhende Verleihungspraxis nicht ohne Bedeutung gewesen sein.

Weitere Besonderheiten des Haalsrechts, wie die Erblichkeit im Stamm und das Erbrecht nichtehelicher und legitimierter Kinder, stimmen im Ergebnis mit der Regelung des gemeinen Rechts bei der kirchlichen Erbpacht (emphyteusis ecclesiastica) überein[546]. Bei den Punkten Veräußerungsbefugnis und nichteheliche Kinder könnte aus gewissen Anzeichen auf unmittelbaren kirchlichen Einfluß geschlossen werden[547]. In der Beschränkung der Erbfolge auf Stammesangehörige ist ein solcher unmittelbarer Einfluß nicht nachzuweisen; er läßt sich allenfalls über etwa bestehende Gewohnheiten vermuten. Um diese Fragen abschließend zu klären, sollten die frühen Quellen des Schwäbisch Haller Erb- und Sachenrechts allgemein untersucht werden, eine Aufgabe, die den Rahmen unserer Untersuchung sprengen würde. Eine solche Untersuchung müßte auch das fränkische Landgericht bzw. die Würzburger Bischofskurie berücksichtigen. Mit der Befreiung der Haller Bürger vom Landgericht durch König Rudolf 1276[548] hörte ja der Würzburger Einfluß auf das Haller Recht nicht auf. Vor allem Rechtsgeschäfte zwischen Geistlichen und Laien wurden nach wie vor an der Bischofskurie beurkundet[549].

5. VERLEIHUNGSMODUS – RECHTSSPRACHE UND MATERIELLES RECHT

Nicht nur der Rechtsinhalt, das materielle Recht der Siedenserbgerechtigkeiten, kann uns Hinweise auf ihre Rechtsnatur geben. Vielleicht noch ergiebiger ist in dieser Hinsicht die »forma«, mit der jene Rechte begründet wurden: Klauseln, Rechtswörter und Aufbau der Leiheurkunden. Auch darauf sind wir passim schon bei der Besprechung der einzelnen Klauseln eingegangen. Betrachten wir zunächst noch einmal die Verleihungsformel »zu einem (rechten etc.) Erbe verleihen«[550].

543) Vgl. etwa für die Säumnis S. 59f.
544) Vgl. Anm. 540.
545) S. 30f.
546) S. 73, 75.
547) S. 61, 75.
548) WUB VII, Nr. 2560; Reg.: UB Hall U 31. – Noch im 15. Jh. mußte Hall um die rechtliche und tatsächliche Anerkennung der Befreiung vom Würzburger Landgericht kämpfen; vgl. darüber etwa PIETSCH, UB Hall, S. 45* f. (im Zusammenhang mit dem Wirken des Stadtschreibers Heiden) und im Überblick NORDHOFF-BEHNE, Gerichtsbarkeit und Strafrechtspflege, S. 24 ff.
549) Vgl. etwa die Schenkung des Haller Bürgers Wunnehard an die Deutschherren in Mergentheim 1284. Aussteller der Urkunde ist Bischof Bertold von Würzburg; das Geschäft wird vollzogen *in curia honorabilis viri Alberti decani nostre ecclesie* (WUB VIII, Nr. 3341, S. 453 f.). – Vom Würzburger Offizial gesiegelt ist auch die Urkunde über den Verkauf eines Siedens durch den Haller Stadtschreiber Konrad und seiner beiden Priestersöhne Johannes und Conrad von 1333 (U 6). Die Urkunde beruht auf Formularen der »Tabula formarum curie episcopi«, vgl. WENDEHORST, Nr. 173 (S. 106 ff., »Forma contractus super vendicione«) und Nr. 181 (S. 116 f., »Contractus super venditione«).
550) S. 34 ff.

Nach Rainer von Perugias Notarslehre wird durch die Beifügung von Ausdrücken wie »in emphiteosim«, »in feudum«, »in locationem« der »modus« einer Vergabe oder Verleihung angegeben[551]. Salatiele bemerkt, der Zusatz von »in emphiteosim« oder »iure emphyteotico« beim Verb »verleihen« (concedere) zeige an, um welchen Vertragstyp es sich handele, *quis contractus sit iste*[552]. Die nach diesen Regeln errichteten Formulare geben also die Rechtsnatur des in ihnen beurkundeten Geschäfts ausdrücklich an.

Die Floskel »zu einem Erb« steht in den Siedenserbbriefen an der Stelle, wo Rainer und Salatiele in ihren Formularen das concedere »in emphiteosin« setzten. So kann wohl auch das »zu Erb« unserer Urkunden Aufschluß über die Rechtsnatur der Siedenserbgerechtigkeiten bringen.

Was mit »zu Erb« verleihen gemeint ist, stellt zunächst eine rechtssprachliche Frage dar. Sie ist nicht schwer zu lösen. Zwar bringen unsere Siedenserbbriefe allein keinen weiteren Anhaltspunkt. Sie sind alle verhältnismäßig jungen Datums (seit 1372), durchweg in deutscher Sprache abgefaßt und lassen daher unmittelbar keine Rückschlüsse auf die Entstehung und Bedeutung des Rechtswortes »Erb« oder besser: der Klausel »zu Erb verleihen« zu.

Dazu müssen ältere Urkunden aufgesucht werden. Aus ihnen ergibt sich, daß »zu Erb verleihen« die in lateinischen Urkunden verwandte Klausel »iure hereditario concedere« eindeutscht. Gleichbedeutend wurde der Ausdruck »iure emphiteotico concedere« gebraucht. Das gilt für Urkunden des Basler Domstifts schon im 13. Jahrhundert[553], für Urkunden der Straßburger Bischofskurie[554] und für die Beurkundungspraxis der in bezug auf Schwäbisch Hall besonders wichtigen Würzburger Kurie in der ersten Hälfte des 14. Jahrhunderts[555]. Dieser rechtssprachliche Befund ließe sich aus anderen Quellen noch breiter untermauern. Indessen wird die Übersetzungsgleichung »iure hereditario concedere« gleich »zu Erb verleihen« gleich »iure emphiteotico concedere« nicht angefochten werden. Hätte ein Schreiber des 14. oder 15. Jahrhunderts Siedenserbbriefe in lateinischer Sprache abzufassen gehabt, so hätte er

551) Kap. VII, ed. Wahrmund, S. 21.

552) Anm. 119.

553) Arnold, Geschichte des Eigentums, Urkundenanhang. – Das Petersstift verwendet in seinen Urkunden den Ausdruck »iure hereditario«, vgl. die Urkunden v. 1237 (S. 312 f.), 1245 (S. 315), 1245 (S. 316), 1245 (S. 316 f.), 1249 (S. 318 f.), 1250 (S. 319), 1255 (S. 320 f.), 1258 (S. 323 f.) usf. – Die hier gebrauchten Wendungen erinnern an die in Ernst Levys vulgarrechtlichem Material zu findende Nomenklatur. Vgl. etwa *iure hereditario libere possidet* (U. v. 1237, S. 312) oder *sub iure hereditario . . . perpetuo possidendam* (U. v. 1250, S. 319) einerseits und andererseits die von Levy, property, S. 64–66, beigebrachten Zitate, vor allem INT lin. 167: *Integram hereditatem . . . possideant;* CT 10. 8. 3 (326): *possidentium proprietate, quibus . . . in perpetuum quaesita est firmitas possidendi;* CT 11.7. 4 = CJ 10. 21. 1 (327): *data firmitate perpetua possidendi;* INT 20: *perpetuo iure possideat* u. a. m. (Auflösung der Abkürzungen: CT = Codex Theodosianus, ed. Theodor Mommsen et Paul Krüger, Berlin, 1920; INT: Interpretatio Novellarum Theodosii, ed. Paul M. Meyer, Berlin 1905). – Urkunden des Domstifts sprechen von »ius emphiteoticum«: U v. 1262 (S. 326): *sub iure emphiteotico sive hereditario quod vulgo dicitur erbirecht;* 1267 (S. 328 f.): *sub eodem iure hereditario sive emphiteotico et censu prenominato.*

554) Anm. 116. Dort auch weitere Belege für die Übersetzungsgleichung.

555) Nach den von Hoffmann bearbeiteten Regesten des Klosters Himmelspforten sind in den zwischen 1300 und 1350 vom Würzburger Offizial gesiegelten oder mitgesiegelten Leiheurkunden die Verleihungsmodi in etwa 20 Fällen mit »ius hereditarium« und 14 Fällen mit »ius emphiteoticum« angegeben, zum Teil kumulativ. Je zweimal kommt der deutsche Ausdruck »erbereht« bzw. »erbe« vor, einmal »ius utile« und »ius locationis«. Vgl. »ius hereditarium« in den Urkunden von (in Klammer nach der Jahreszahl die Regestennummer) 1302 (108), 1303 (111–113), 1314 (129), 1320 (136), 1325 (139), 1338 (200), 1339 (207), 1339 (214–216), 1340 (219, 235), 1341 (242, 244), 1344 (259), 1345 (267), 1346 (272), 1347 (276); »ius emphiteoticum«: 1313 (126, 127), 1328 (142), 1330 (156), 1337 (196), 1339 (209), 1340 (218, 231), 1343 (252), 1344 (259, 262); kombinierte Angaben in U. v. 1316 (130): *nomine locacionis et iure hereditario;* 1334 (176): *ius hereditarium seu utile;* 1337 (195): *iure hereditario sive emphiteotico,* 1340 (233): *ius emphiteoticum sive hereditarium; erbereht:* 1342 (251), 1347 (274); *zu erbe:* 1349 (283), 1350 (296).

in Übereinstimmung mit dem älteren Sprachgebrauch der südwestdeutschen Bischofskurien »concedere iure hereditario« oder »concedere iure emphiteotico« in das Pergament gesetzt. Er hätte damit zugleich das verliehene Recht als »ius hereditarium« oder »ius emphiteoticum« bezeichnet.

Hinter dem rechtssprachlichen Problem verbirgt sich jedoch die anschließende Frage, ob aus der synonymen Verwendung von »ius hereditarium« oder »ius emphiteoticum« in den älteren Urkunden geschlossen werden kann, daß damit auch wirklich eine Emphyteuse gemeint war. Mit anderen Worten: War den Urkundenschreibern oder den Verfassern der Formulare nicht nur der Sprache, sondern auch der Sache nach das gemeine Emphyteusenrecht bekannt, aus dem sie ihre Rechtswörter schöpften?

Schon der Schwäbisch Haller Arnold hat 1720 diese Frage berührt und sie verneint: *negare non possumus, saepius hanc vocem in contractibus imo & legibus germanicis observari, etiam quando de negotiis sermo est, quae nulla ratione cum Emphyteuticis comparari possunt*[556]. Oft genug könne man in deutschen Urkunden und Gesetzen den Ausdruck Emphyteuse finden, wo es um Dinge gehe, die in nichts den römischen Emphyteusengütern verglichen werden könnten. Hier klingt ein bis in unsere Tage bei deutschrechtlichen Schriftstellern vorzufindender Gedanke an: Wo mittelalterliche Schreiber Urkunden errichteten und darin Ausdrücke des gemeinen Rechts verwandten, seien diese nicht ernstzunehmen. ... *es war eine harmlose und unschuldige Anwendung römischer Ausdrücke, eine Art Übersetzung in das Lateinische, wobei man stets das Original vor Augen behielt...*, urteilte Arnolds berühmter Namensvetter im 19. Jahrhundert, als er auf Ausdrücke wie eben »iure emphiteotico concedere« in mittelalterlichen Basler Leiheurkunden gestoßen war[557]. Dabei ist Arnolds Urteil noch verhältnismäßig milde, billigte er doch den Basler Schreibern zu, sie hätten die Emphyteuse (d. h. den Ausdruck und das Rechtsinstitut) in *richtigem Tact* gewählt[558]. Strenger schreibt Liver, der doch ansonsten die bemerkenswerte Übereinstimmung zwischen dem spätmittelalterlichen deutschen bzw. Schweizer Erbleihtyp und der Emphyteuse feststellt[559]. Nach ihm war die Verwendung der Termini des römischen Rechts und die *formelhafte Bezugnahme auf dieses* in den Urkunden *meistens keinem eigentlichen Verständnis* entsprungen. Sie habe *bloß den Anschein juristischer Bildung und Gelehrsamkeit erwecken sollen*[560]. Andere wiederum führten aus, die Urkundensprache des Mittelalters habe einer *fest ausgebildeten Terminologie* entbehrt[561], in den Urkunden fänden sich *farblose* Bezeichnungen[562]. Planitz warf einem Mann wie Fichard vor, er habe *überall... den Versuch gemacht, die deutschrechtlichen Institute auf das Prokrustesbett der romanistischen Begriffsjurisprudenz* (!) *zu strecken*[563]. Aus alledem spricht Geringschätzung mittelalterlicher Kautelarjurisprudenz. Die deutschen Stadtschreiber und das beurkundende Personal der Offizialate müßten nach diesen Urteilen jahrhundertelang harmlose und unschuldige, naive Menschen gewesen sein, die Urkunden mit Ausdrücken errichteten, die sie nicht verstanden, sie aber gleichwohl anwandten, um sich den Anstrich juristischer Bildung zu geben. Gegen diese traditionelle Abwertung haben in neuerer Zeit Ferdinand Elsener[564] und

556) Dissertation, S. 44.
557) Das Urteil betraf die geistlichen Gerichte, vgl. ARNOLD, Geschichte des Eigentums, S. 144 f.
558) A. a. O.
559) ZSR 65 (1946), S. 345 f.
560) A. a. O., S. 355.
561) JAEGER, Straßburg, S. 31.
562) HALLERMANN, Westfalen, S. 13.
563) PLANITZ, ZRG GA 56 (1936), S. 467.
564) An RODERICH STINTZING anknüpfend und über ihn hinausgehend; vgl. Notare und Stadtschreiber, S. 22 f.

Winfried Trusen[565] ein grundsätzlich freundliches Bild der alten deutschen Kautelarjuristen gezeichnet.

Die Rechtskundigen (iuris consulti) hat Quintilian als Menschen bezeichnet, deren höchstes Streben auf die »proprietas verborum« gerichtet sei[566], auf das »mot propre« oder, wie man ins Deutsche annäherungsweise übersetzen könnte, auf den »korrekten Ausdruck«. Unserer mittelalterlichen Urkundenpraxis dürfte dieser Gedanke nicht völlig fremd gewesen sein. Das gemeine Recht betont in bezug auf Urkundenklauseln und pacta immer wieder, daß Worte und Klauseln etwas be»wirken« müssen. *Verba in contractibus debent aliquid operari, imo in contractibus nedum clausule, sed quidem minimum verbum non debet esse sine virtute* (Jason)[567]. Der Grundsatz, daß auch das kleinste in eine Urkunde gesetzte Wort eine Bedeutung haben müsse, ist gewiß auch nördlich der Alpen vernommen worden. Jedenfalls hat er offenbar im englischen Recht zu einer noch heute verbreiteten Auslegungsregel Anlaß gegeben[568].

Die Klauseln sollten daher ernst genommen werden. Das gilt ebenso für die lateinischen, offensichtlich dem gemeinen Recht entstammenden Ausdrücke, wie für jene deutscher Urkundensprache. Sie müssen in rechtssprachlichem Bemühen nötigenfalls ins Lateinische rückübersetzt werden, um den, wo nicht immer sicheren, so doch denkbaren und möglichen Bezug zum gemeinen Recht zu entdecken[569]. Freilich muß aus dem Vorkommen des Ausdrucks »ius emphiteoticum« in einer mittelalterlichen deutschen Urkunde nicht ohne weiteres auf die Vertrautheit des Urkundenschreibers oder des Formularverfassers mit dem gemeinen Recht, seinen Lehren von Emphyteuse, locatio/conductio usf. geschlossen werden. Hier kommt es auf Zeit und Umstände an. Schließlich war auch das gemeine »gelehrte« Recht keine feste Größe, sondern in ständiger Entwicklung begriffen. Von dem lakonisch kurzen Emphyteusentraktat des Anselminus ab Orto bis zur breiten Kommentardarstellung eines Jason, die Hunderte von Einzelfällen und Auslegungsfragen behandelte, war ein langer Weg. Ob und wie weit deutsche Urkundenschreiber und Formularverfasser von gemeinrechtlichen Lehren und Streitfragen Kenntnis hatten und diese beim Setzen von Urkunden- oder

565) Anfänge des gelehrten Rechts in Deutschland, S. 92–101. – Wir stimmen hier der Ansicht Trusens bei, daß jeweils geprüft werden muß, ob eine Formel *nicht doch einen rechtlichen Wert* hat. – Vgl. dort auch weitere abwertende Stimmen über das ältere Formularwesen.

566) Inst. 5.15.34, zitiert nach Schulz, History of Roman Legal Science, S. 98.

567) Hier zitiert nach dem in bezug auf die Fundstellen nicht immer zuverlässigen Repertorium der Ausgabe, vgl. Jason, comm. in sec. Digesti novi partem, de verborum obligatione, Decem hodie, nu. 4 (Bd. 6, Bl. 154'); vgl. weiter dens., comm. in primam Digesti veteris partem, quod quisque iuris, Hec autem verba, nu. 6 (Bd. 1, Bl. 86'): *verba debent intelligi cum effectu;* comm. in sec. Digesti veteris partem, si certum petatur, Creditum, nu. 24 (Bd. 2, Bl. 8'): *nullum verbum et nulla syllaba debent intelligi superfluo* (in repertorio: *superflua) in instrumento;* comm. in sec. Infortiati partem, de legatis primo, Hec verba, nu. 38 (Bd. 4, Bl. 11'): *Verba debent semper intelligi, ut non sint superflua, sed aliquid operentur.* – Zu »pacta« vgl. auch Durantis, lib. I, part. I, de arbitro et arbitratore, § 7, nu. 38 (Bd. 1, S. 122): *pactum aliquid debet operari.* – Freilich konnten Klauseln auch erläuterungshalber gesetzt werden, vgl. Durantis, ebd. *(saepe plura ponuntur tollendae dubitationis causa);* Fulgineus, de var. caduc., qu. 14, nu. 35 (S. 264). – Unter den Regeln der englischen Kautelarjurisprudenz befindet sich noch heute der Satz, daß der gesetzlichen Regelung ohnehin entsprechende Klauseln keine Rechtswirkung entfalten und nur der Belehrung Rechtsunkundiger dienen, vgl. schon Lyttleton, s. 331 (S. 376): *pur declarer et expresser a les laies gentes que ne sount appris de la ley, la matere et la condicion de le feoffement;* Goulding-Taylor in Halsbury's Laws of England, Nr. 1477 (S. 611). – Vgl. noch: Consilia Tubingensia, Bd. 6, Consilium XXI, Randn. 19 (S. 154).

568) Goulding-Taylor, a. a. O., Nr. 1469 (S. 602): *Effect must, as far as possible, be given to every word and every clause;* vgl. dazu die oben gegebenen Stellen bei Jason, comm. in primam Dig. vet., quod quisque, Hec autem, nu. 6 (a. a. O.).

569) Wie wir das oben passim bei der Klauselexegese versucht haben. – Zum Verhältnis gemeines Recht und deutsche Rechtssprache vgl. jetzt grundlegend Ferdinand Elsener, Deutsche Rechtssprache und Rezeption, S. 54 ff. und das dort S. 56 wiedergegebene Zitat von Künßbergs.

Formularklauseln verwerteten, läßt sich nur in der Einzelauslegung feststellen. Fragt man aber in diesem Sinne ernsthaft, was der Ersteller mit einer Klausel bewirken wollte, so wird man selbst bei oft nur kursorischer Suche in den Artes notariae oder in den Werken zeitgenössischer »gelehrter« oder »populärer« Autoren bald den Sinn vieler Ausdrücke und Klauseln finden.

6. EXKURS – KONRAD HEIDEN ALS VERFASSER DES »RICHTERLICH KLAGSPIEGELS«?

Kehren wir von dieser allgemeinen Betrachtung nach Schwäbisch Hall zurück. Wir hätten einen schönen Beleg für die Kenntnis gemeinen Rechts in der Haller Kanzlei zu Beginn des 15. Jahrhunderts, wenn sich einmal die von Pietsch vermutete[570)] Urheberschaft des Stadtschreibers Konrad Heiden[571)] für den 1516 von Sebastian Brant im Druck herausgegebenen »Richterlich Klagspiegel«[572)] zur Gewißheit erhärten ließe.

Manche Wendungen im Emphyteusenrecht des Klagspiegels kommen in der Urkundenpraxis der Haller Kanzlei vor. Für den Klagspiegel sind »Erbe« bzw. die »Gerechtigkeit des Erbs« Synonyma für Emphyteuse[573)]. Der Verfasser des Rechtsbuchs verwendet Ausdrücke wie »rechter Bau«[574)] und »zu Erb bestehen«[575)]. Die Abgabe bezeichnet er als »Gült«[576)]. Diese Ausdrücke finden sich in derselben Bedeutung wieder im Erbbrief für Ulrich Harlung von 1415[577)]. Auch fällt auf, daß die Harlung-Urkunde die Zahlungstermine mit »zu rechten zeiten«

570) UB Hall, S. 46* f. – Streng genommen hat nicht BURGER, Südwestdeutsche Stadtschreiber, S. 279, Anm. 349, Heiden zuerst als Verfasser des »Klagspiegels« genannt, wie Pietsch schreibt. Burger hat in dieser Anmerkung lediglich kommentarlos v. SCHWERINS Satz zitiert, wonach »ein Stadtschreiber« in Schwäbisch Hall 1425 eine Schrift »clag, antwort . . .« verfaßt habe (Grundzüge der deutschen Rechtsgeschichte, 1. Aufl., München u. Leipzig 1934, S. 238). In Wahrheit ist es Pietsch selber gewesen, der zum erstenmal deutlich auf Heiden hingewiesen hat. Zu der Zeit, in der Stintzing den Verfasser vermutete, war Stadtschreiber in Schwäbisch Hall eben Konrad Heiden.

571) Zur Person Heidens vgl. WL 3460 und S. 74; BURGER, Südwestdeutsche Stadtschreiber, S. 46, 279; und vor allem jetzt die auf archivalischen Quellen beruhende eingehende Beschreibung und Würdigung von Leben, Charakter und Werk Heidens durch PIETSCH in UB Hall, S. 44*–47*. Pietsch hat darin auch einen, wie mir scheint, wichtigen und bisher unbekannten Beleg beigebracht (a. a. O., S. 47*, Anm. 71), der geeignet ist, die Annahme einer Urheberschaft Heidens für den Klagspiegel bzw. für Rechtstraktate schlechthin zu stützen: *er* (scil. Heiden) *forderte 1425 Juni 11 (feria secunda ante Viti) von dem Stadtschreiber zu Nördlingen seine Sexternen, die ›Auctoritäten‹ und ›de regimine domus‹, die dieser genützt habe, zurück. Damit aber erhält die Zuschreibung des ›Klagspiegels‹ an ihn eine Stütze.* – Pietsch kennzeichnet Heiden als einen kundigen und wissenden Mann, *mehr Gelehrtentyp als Diplomat,* einen *Mann des sauberen Rechts* eher als *der Hintertüren.*

572) Dazu noch immer, vor allem zur Frage der Verfasserschaft, grundlegend RODERICH STINTZING, Geschichte der populären Literatur, S. 337–407; zu Ort und Zeit der Entstehung: S. 352 ff. – Stintzings Vermutung für Schwäbisch Hall als Entstehungsort (a. a. O., S. 353) und das erste Viertel des 15. Jhs. als Entstehungszeit (a. a. O., S. 359) ist bis heute nicht angefochten worden, vgl. v. SCHWERIN, Grundzüge der dt. Rechtsgeschichte, S. 238; PLANITZ-ECKHARDT, Dt. Rechtsgeschichte, 3. Aufl., S. 256; KOEHLER, Art. »Klagspiegel« in HRG II, Sp. 855; dort auch weitere Literatur (Sp. 857). – Zur Bedeutung des »Klagspiegels« vgl. das Urteil VINOGRADOFFS, Roman Law in Medieval Europe, S. 130 ff., 131: *The German author endeavours . . . to give a plain and useful statement of Roman rules and avoids pedantic subtleties. . . . his attempt is of the utmost importance, in that it shows that the introduction of such technical machinery as the Roman scheme of actions was, as early as the fifteenth century, not merely a subject for booklearning, but directly affected practitioners.*

573) Richterlich Klagspiegel, Bl. 46: *zů einem erbe gelühen; der herr sol etwas nemen für das erbe,* usf.

574) A. a. O., Bl. 46', unten: *so er das erbe nit in rechtem bauw helt.*

575) A. a. O., Bl. 46', oben: *dasselb erbe hat ers von einem weltlichen entpfangen oder bestanden.*

576) Ebd.: *ob der herr die gült nit geheischen hett, . . . und vordert die gült . . . uff wőlchen tag die gült geben solt werden.* Ebenso weiter im Text passim.

577) U 23. – *Es hat auch derselb Vlrich Harlunge . . zu einem rechten erbe bestanden und besteet auch . . . dasselb halbus in rechtem ungeverlichem baw haben und halten . . . den obgenanten lehenherren . . . die vorgeschriben gulte . . . jerlichs richten und bezaln* (man vergleiche mit Anm. 573–576).

bezeichnet. Sonst war in Schwäbisch Hall, etwa 1438 unter Stadtschreiber Burkhart[578)], der Ausdruck »Ziel« für Termin üblich. Dafür redet aber auch der Klagspiegel von der »Zeit«, die dem Erbmann gesetzt ist[579)].

Dieser punktuelle Vergleich der Wortwahl des Klagspiegels mit einer einzigen von Konrad Heiden mitgesiegelten Urkunde reicht freilich nicht entfernt aus, um die Verfasserschaft endgültig zu klären. Immerhin sollte hier ein kleines Gewicht zugunsten Heidens in die Waagschale gelegt werden. Weiteren Aufschluß könnte eine breiter angelegte Vergleichung der Urkunden Heidens mit den einschlägigen Stellen des Klagspiegels bringen. Ein Nachweis der Urheberschaft Heidens für den Klagspiegel wäre für die Frage der Kenntnis gemeinen Rechts durch die Urkundenverfasser in Schwäbisch Hall nützlich. Er wäre geeignet, den ohnehin schon bestehenden Eindruck zu verstärken, daß gemeines Emphyteusenrecht nicht nur dem Namen, sondern auch der Sache nach bekannt war und praktisch in Formulare und Urkunden umgesetzt wurde. Nach dem Rechtsverständnis der Schreiber und ihrer Kanzleivorsteher wäre dann mit der Verleihung »zu Erb« eine Emphyteuse im Sinne zeitgenössischen gemeinen Rechts begründet worden.

7. DAS ERBBRIEFSCHEMA (»FORMA«)

Der Leihebrief kann nicht nur durch ein bestimmtes Rechtswort (»zu Erb«) Aufschlüsse über die Rechtsnatur vermitteln. Neben der einzelnen Klausel ist auch das Urkundenschema als Ganzes[580)] zu betrachten. Wir stellen daher einen Erbbrief dem Emphyteusenformular des Durantis[581)] gegenüber. Diese Gegenüberstellung ergibt, daß die Schwäbisch Haller Siedenserbbriefe der »forma« einer gemeinrechtlichen Emphyteuse entsprechen. Ein Vergleich örtlich und zeitlich so weit auseinander liegender Quellen mag auf den ersten Blick willkürlich erscheinen. Doch soll mit der Gegenüberstellung ja nicht bewiesen werden, daß unsere Erbbriefe gerade aus Durantis abgeschrieben sind. Wir haben ihn nur als bekannten und besonders einflußreichen Vertreter praktischer gemeinrechtlicher Literatur ausgewählt[582)]. Nicht weniger bekannt – um die Einrede des zeitlichen Abstands abzuwehren – ist die konservative Art der Urkundenverfasser[583)].

578) Burkart Keller. Zu ihm: PIETSCH in UB Hall, S. 47*; WL 4348; BURGER, Südwestdeutsche Stadtschreiber, S. 279, Anm. 350.
579) Vgl. U 23 *(jerlichs davon geben und reichen sollen zu rechten zeiten)* einerseits, U 27 *(ußrichten und geben . . . uf yedes zile)* andererseits, und Richterlich Klagspiegel, Bl. 46', oben zu Randnote *Dies interpellat pro homine: die zeyt heischt und vordert die gült für den menschen so die zeit uff gesatzt ist.*
580) Mehr oder weniger ausführliche Schemata von Erbleiheurkunden finden sich bei BEER (Straßburg), S. 14 f.; FEIN (Ansbach), S. 91 f.; MATTLI (Graubünden), S. 40; SCHREIBER (Straßburg), S. 221 ff.; SCHULTE, Urkundenbuch der Stadt Straßburg, III, S. XLI-XLIII; STINGL (Würzburg), S. 68 ff.
581) Spec. IIII, part. III, de locato, § 2, sequitur, nu. 2 (Bd. 2, S. 260). Die forma ist bezeichnet als *Instrumentum conceßionis alicuius rei ab ecclesia, vel monasterio in emphyteusim, quale esse debeat.* Das Formular entspricht weithin dem des ROLANDINUS, vgl. ebd. die Noten (d) und (e) sowie zum Formular Rolandins die folgenden Anm. 584, 587, 589, 599, 602, 606.
582) Über Person und Wirkung des Durantis vgl. jetzt ELSENER, Schweizer Rechtsschulen, S. 14, Text, und vor allem dort Anm. 25 mit weiteren Nachweisen. – Zum Speculum neuerdings: KNUT WOLFGANG NÖRR, Die Literatur zum gemeinen Zivilprozeß, in: COING, Handbuch I, S. 394; BADER, KARL S., Arbiter arbitrator seu amicabilis compositor. Zur Verbreitung einer kanonistischen Formel im Gebiet nördlich der Alpen, in: ZRG KA 77 (1960), S. 239 ff., 273.
583) BRUNNER, Zur Rechtsgeschichte der römischen und germanischen Urkunde, S. 1: *Unter den conservativen Mächten der Rechtsgeschichte war aber die Zunft der Urkundenschreiber von je die conservativste.* – Das, soweit ich sehe, wohl verblüffendste Beispiel dieser Beharrlichkeit findet sich in dem leider nur schwer zugänglichen Aufsatz von FRITZ SCHULZ, The writ ›Praecipe quod reddat‹ and its continental models, in: Juridical Review 54, Edinburg 1942, S. 1 ff.

Wer die folgende Synopse überliest, sollte weniger auf Übereinstimmungen und Abweichungen bei den einzelnen Klauseln achten. Der Leser sollte sein Augenmerk auf die Parallelität im Aufbau der Urkunden richten. Um sie besser hervortreten zu lassen, habe ich die Einzelklauseln getrennt, auseinandergezogen und nebeneinandergesetzt. Die Reihenfolge blieb natürlich unverändert.

U 26	Durantis[584]
	Noverint universi praesentes pariter & futuri[585],
	quod cum ecclesia … (Motiv der Verleihung)[586]
Wir, Margaretha von Stetten[587], *aptissin,*	*idcirco venerabilis pater dominus P.*[587] *Dei gratia*[588] *abbas ecclesiae eiusdem*
	licentia … (Einwilligung des Bischofs)[589]
und der convent gemeiniglich des gottshauß zu Gnadenthale[590]	*de consensu & voluntate*[589] *expressa fratrum et canonicorum suorum…*
bekennen und thun kundt offentlich mit diesem brief vor allermenniglich, das wir	

584) S. Anm. 581. – Vgl. dazu die Formulare bei Rainerius, cap. XXX (Carta emphiteosis . . .), ed. Wahrmund, S. 39 f.; Rolandinus, pars. I., cap. I. (de empt. et vend.), instrumentum concessionis in emphiteosin (Bl. 56'); Salatiele, lib. quart., Instrumentum Emphiteosis Renovationis Concessionis Precarie Et Libelli (ed. Orlandelli I, S. 145–151; II, S. 246–251, Instrumentum Emphiteosis Renovationis et Venditionis Emphiteotice Rei).
585) Schon der Ingress deutet auf die objektive Form des Notarsinstruments hin, ebenso die Stelle in der Mitte des Formulars, in der vom Beisein dazu besonders erbetener Personen die Rede ist *(ad hoc specialiter, ut moris est, vocatorum et praesentium);* vgl. auch am Ende die Ausfertigungsformel und Anm. 604.
586) Die Bezahlung von Schulden, so etwa aus einer von einem Legaten auferlegten Kollekte; zum Wiederaufbau einer durch Überschwemmung zerstörten Mühle. Die deshalb aufgenommene Schuld ist in einem offenen Instrument von einem Notar beurkundet; der Gläubiger drängt, und die Kirche muß zahlen; andere Mittel, von der Schuld loszukommen, sind nicht vorhanden. – Zur rechtlichen Begründung dieser Klausel s. Durantis, a. a. O., nu. 3.
587) Bezeichnung der *contrahentes cum verbis aptis* – das erste der zwölf »capitula«, aus denen nach Salatiele (a. a. O., ed. Orlandelli II, S. 247[16–20]) das Emphyteusenformular besteht. – Zweites der nach Rolandinus, a. a. O., Bl. 57 (nova additio), acht capitula (erstes dort: »proemium«).
588) »Von Gottes Gnaden« – vgl. etwa U 14.
589) Vgl. dazu Rolandinus, a. a. O., Bl. 56', Randnote; Ermächtigung des Bischofs gehört *secundum ius canonum* zu den Erfordernissen der kirchlichen Emphyteuse. – Fehlt in den deutschen Urkunden.
590) In der deutschen Urkunde tritt der Konvent als Mitverleiher auf, in der lateinischen als Zustimmender.

einmüthiglich mit gutem rhate[591]*, den wir darüber gehabt haben, und mit wolbedachtem muth*[592]*,*	*habito pluries solenni tractatu*[591] *super ipsa concessione, vel alienatione per capitulum antedictum, et ab eis plena deliberatione*[592] *proviso,*
durch unsers und des ehegenanten unsers closters bessern nuze und frommen willen[593]*,*	*dictam alienationem, vel concessionem eidem monasterio, vel ecclesiae expedire, ut de ipso tractatu et provisione constat...*[593]
für unß und alle unsere nachkommen	*pro se suisque successoribus, vice et nomine ipsius ecclesiae*
recht und redlich	
verliehen und vererbt haben, verleihen und vererben auch mit diesem brief[594]	*dedit atque concessit*[594]
Hansen Blinzing, burger zu Halle, und seinen erben[595]	*P. pro se suisque haeredibus recipienti*[595]
zu einem rechten erbe[596]	*in emphyteusim*[596]
	usque in ipsius tertiam personam[597]
unsers und unsers ehgenanten gotteshauß zwey sieden und haalhauß[598]	*domum talem in burgo ipsius ecclesiae*[598]

591) Zu den verschiedenen Bedeutungen von »tractatus« vgl. Du Cange, Glossarium, VI., S. 627 f.; hier (S. 628): Rat (»consilium«). – Zur jurist. Begründung des »tractatus« vgl. Durantis, a. a. O., nu. 3.
592) Etwa rechtssprachliche Entsprechung (Übersetzungsgleichung) »plena deliberatione« = »mit wohlbedachtem Mut«?
593) Vgl. zur »utilitas Ecclesiae«: Fulgineus, praelud., qu. 16, nu. 3, 4 (S. 21); Index.
594) Weshalb die Verben in der deutschen Urkunde in Perfekt und Präsens gesetzt sind, konnte ich noch nicht ergründen. Immerhin hielt Durantis den Hinweis für angebracht, es liege nichts daran, ob die Gegenwarts- oder die Vergangenheitsform gebraucht werde, vgl. lib. II, part. II, § Breviter, nu. 17 (Bd. 1, S. 635) und ebd. § Instrumentum (S. 669), nu. 14.
595) Für P. müßte eigentlich H. (der Beliehene, vgl. weiter unten im Text) stehen; P. kann als Abt auch keine Erben haben. Es ist also zu lesen: dem H. und seinen Erben.
596) Dazu o. S. 34, 90.
597) Capitulum drei bei Salatiele (a. a. O., vgl. Anm. 587): *ad quod tempus;* dazu u. S. 106 f.
598) *res inmobilis que conceditur,* Salatiele, a. a. O., zweites capitulum; vgl. o. Anm. 143.

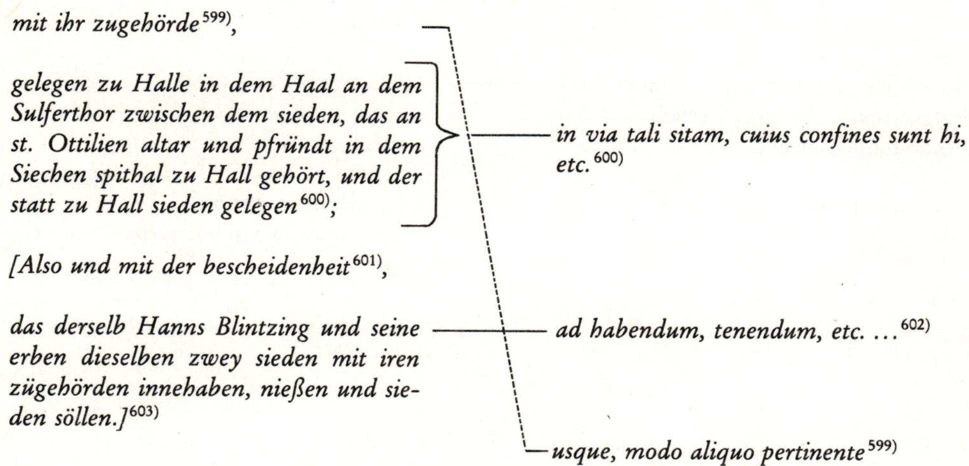

mit ihr zugehörde[599],
gelegen zu Halle in dem Haal an dem Sulferthor zwischen dem sieden, das an st. Ottilien altar und pfründt in dem Siechen spithal zu Hall gehört, und der statt zu Hall sieden gelegen[600];
in via tali sitam, cuius confines sunt hi, etc.[600]
[Also und mit der bescheidenheit[601],
das derselb Hanns Blintzing und seine erben dieselben zwey sieden mit iren zügehörden innehaben, nießen und sieden söllen.][603]
ad habendum, tenendum, etc. ...[602]
usque, modo aliquo pertinente[599]

599) Von der Pertinenzformel führt Durantis hier nur (auf das »habendum . . .« folgend) die Schlußworte an *(usque, modo aliquo pertinente)*; die vollständige Formel lautet bei ROLANDINUS, a. a. O., Bl. 56': *Cum omnibus et singulis quae infra praedictos continentur confines vel alios siqui forent. Cum accessibus et egressibus suis usque in viam publicam, et cum omnibus et singulis quae habent super se vel infra se seu intra se in integrum. Omnique iure et actione, usu seu requisitione ipsi rei modo aliquo pertinente.*

600) Zur Ortsbezeichnung vgl. o. Anm. 181.

601) Einleitung der pacta, vgl. o. Anm. 208 ff. – Die Einleitung, der das lateinische »ita, quod« bzw. »ea conditione« zugrundeliegt, ist wesentlich kürzer als etwa die bei DURANTIS in der »forma« (vgl. weiter unten im Text) verwendete. Vgl. auch die »forma« für die Verleihung eines Weinbergs bei DURANTIS, a. a. O., nu. 1 (Bd. 2, S. 259): *Idem vero B. promisit et convenit stipulatione solenni.*

602) Das »habendum« (vgl. auch o. Anm. 133) ist bei Durantis wiederum verkürzt, vgl. ausführlich ROLANDINUS, a. a. O., Bl. 56': *(domum) ad habendum, tenendum, possidendum et quicquid ei et suis haeredibus salvo iure dominii et proprietatis et salvis conditionibus in hoc instrumento insertis, deinceps placuerit perpetuo faciendum.* – Das dem »habendum . . .« entsprechende »innehaben, nießen und sieden« der deutschen Urkunde steht im pacta-Teil, wie auch sonst ganz regelmäßig bei den Erbbriefen. In derselben Position wie bei Durantis findet sich dagegen das »habendum . . .« in der Urkunde des Würzburger Domherrn Gangolf Dienstmann von 1466 (U 39); er verleiht sein Sieden, *das fürter zu niesen, zu haben und zu gebrauchen.* Diese Wendungen stehen ansonsten nach »also, bescheidenlich«. Sie lauten: *haben, niessen und sieden* (U 14, 27); *nutzen und sieden* (U 42); *inhaben, prawchen, nützen, nyessen und sieden* (U 41); *zu niesen, zu haben und zu gebrauchen . . . nach des Haals recht und gewohnhaith* (U 39); meist sind »haben und halten« in die an erster Stelle unter den pacta stehende Bauhaltungsklausel verschlungen, also etwa: »daß sie das Sieden in rechtem etc. Bau haben und halten«: U 23, 31, 40, 45, 52, 63, 64, 68, 69, 70, 72, 73, 75, 76, 83, 91, 94/95, 96, 97, 100–102; auch: »haben und bauen« (U 20, 26, 34); »haben und erhalten« (U 81). – Urkundenbeispiele für die Habendum-Klausel auch bei BADER, Dorf, III, S. 8, Fn. 29. – Wie diese Beispiele zeigen, beschreibt die Klausel formelhaft den Inhalt des verliehenen Rechts; sie sagt, was der Beliehene tun darf. – »Habere« und »tenere« (auch »possidere«) schon in den Urkunden der Vulgarrechtszeit, vgl. dazu die Zitate bei ERNST LEVY, prop., S. 92 f., 93 f. – Zu den genannten Termini im klassischen und nachklassischen röm. Recht: KASER I, S. 550 f., 554 f.; II, 391 (habere), I, S. 386 (tenere und possidere). – Das englische Recht kennt das »Habendum« als Fachausdruck für jene Klausel in Urkunden, die eine Liegenschaft übertragen. In der Klausel wird das übertragene Recht (estate) umrissen, »begrenzt« (to limit): *in doing this the grantee is mentioned again, and any liabilities or incidents subject to which the property is conveyed are mentioned,* GOULDING-TAYLOR, Halsbury's Laws of England, Bd. 12, Nr. 1534 (S. 658). Vgl. auch Stroud's Judicial dictionary (ed. JOHN S. JAMES), 4. Aufl., London 1972, Bd. 2, S. 1203; JOWITT-WALSH, CLIFFORD (ed.), The dictionary of English Law, Bd. 1, London 1959, S. 887, dort auch die alte Form: »to have (habendum) and to hold (tenendum)«. – Zur Stellung des Habendum in der älteren »deed« vgl. ANONYM (Matthew Hale), Analysis of the Law, London 1713, S. 103 ff., 104. – Zur Geschichte der Habendum-Klausel vgl. HOLDSWORTH III, S. 228 f.; reichen Stoff für die geschichtliche Rechtsvergleichung böte wohl das bei Holdsworth zitierte, mir leider nicht greifbare »Formulare anglicanum« von Madox.

603) In eckiger Klammer: aus dem Gegenbrief (U 27) ergänzt.

(Zahlung einer »Anleit«)[604]

(Es folgen Bauhaltungs-[605] und Zahlungsklausel, Termine, Verfall- und Beurkundungsklausel.)

hanc autem concessionem et omnia et singula supra scripta fecit idem dominus abbas expresse acto inter eum et dictum H. quod ab ipso H. ... annis singulis in festo tali unus denarius ... nomine pensionis eiusdem rei ipsi ecclesiae persolvetur[606].

(Renovations- und Ausfertigungsklausel)[607]

604) *pro centum marchis sterlingorum. quam quidem pecuniae quantitatem idem emphyteuticarius coram me notario et testibus infra scriptis . . . dedit et solvit.*
605) Bei Durantis fehlt die Bauhaltungsklausel in der forma über die Verleihung eines Hauses, vgl. aber die vorangehende Verleihung eines Weinbergs (s. o. Anm. 601): *B. promisit et convenit stipulatione solenni . . . dictam vineam colere, conservare, iura sua manutenere, et ea uti et frui.* – Zu manutenere = handhaben vgl. U 75 *(hanthaben, schirmen und behalten)*, 45, 40, 31 (Denkendorf).
606) Bei Rolandinus ist Weihnachten als Zahlungstermin angegeben, vgl. a. a. O. (Bl. 57) u. o. Anm. 256.
607) Es sollen zwei Instrumente ausgefertigt werden, eines für den Empfänger des Hauses und eines für die verleihende Kirche. Derlei Klauseln sind etwa auch in den Urkunden der Straßburger Kurie üblich gewesen, vgl. Schreiber (Straßburg), Urkundenanhang, U 1 (S. 245 f.) ff. – Vgl. dazu Salatiele, F19 ed. Orlandelli, II, S. 254, Note (c).

IV. Andere Rechtsformen der Siedensnutzung

1. DER BESTAND

Erbleihe war nicht die einzige Rechtsform der Siedensnutzung. Sie prägte zwar der Haller Saline besondere rechtliche Eigenarten auf, die noch heute die Austeilung der Siedensrenten beeinflussen[608]. Daher stand sie bisher im Vordergrund der Betrachtung. Die anderen Nutzungsformen dürfen wir darüber aber nicht vergessen: den jährlichen Siedensbestand, das Sieden nach Hofrecht, die Verleihung auf Widerruf, mehrere Jahre und auf Lebenszeit.

Wir haben den Bestand schon bei der von den Erbsiedern zu entrichtenden Abgabe (Rechnung) behandelt[609]. Um das Verhältnis zwischen jährlichem Bestand und Erbverleihung zu klären, müssen wir uns jetzt noch einmal mit Ursprung und Alter des Bestandes beschäftigen. Die Quellenlage erlaubt es freilich nicht, das Alter der Bestandsverhandlungen genau zu bestimmen. Es ist ganz offen, ob die in der Urkunde von 1291[610] erwähnte *computatio urnarum et locorum*, von Pietsch mit *Rechnung über die Eimer und Salzplätze* übersetzt[611], in diesen Zusammenhang gehört. Computatio könnte eine Geld- oder Abgabenrechnung bedeuten. Ebenso kann man darunter eine geordnete Aufstellung von Siedensbesitzern durch die Stadt verstehen, wie es etwa in dem bekannten Verzeichnis von 1306 geschah[612].

Einzelne Leiheurkunden des 14. und 15. Jahrhunderts sprechen von »gewohnlicher Rechnung«. Diese Angaben bieten aber keinen hieb- und stichfesten Beleg für einheitliche Festsetzung im Sinne des späteren Bestandswesens[613]. Erst der Gerichtsbrief in Sachen Denkendorf gegen Senfft von 1447[614] zeigt zweifelsfrei, daß die Sieden schon in der ersten Hälfte des 15. Jahrhunderts durch einen jährlichen Kollektiv- oder Gesamtakt verliehen wurden. In der Urkunde heißt es, die Senfften hätten den gemeinen Siedern seit alters die Sieden *von der hende gelihen.* Diesem Verleihen muß, so dürfen wir annehmen, eine Einigung zwischen den Siedern und ihren Herren über die Dauer der Siedenszeit und die Höhe der dafür zu entrichtenden Abgabe vorausgegangen sein. Wieweit die Sieder dabei tatsächlich Verhandlungsmöglichkeiten hatten oder ob ihnen Siedzeit und -preis einseitig von den Herren bestimmt (gesetzt) wurden, läßt sich mangels aussagekräftiger Quellen nicht sagen[615].

Um weiteren Aufschluß über den Ursprung des Bestands zu gewinnen, müssen wir kurz auf die Geschichte der am Siedensbestand beteiligten Korpora, vor allem der Siedersgemeinde, eingehen. Kollektive oder Gesamtverleihung setzt schon eine gewisse Organisation, einen

608) S. o. Einleitung.
609) S. 48f.
610) S. o. Anm. 187.
611) UB Hall N 122.
612) UB Hall N 179. – Vgl. dort auch die Anm. PIETSCHS bezüglich der Datierung.
613) S. o. Anm. 244.
614) U 30.
615) 1513 lehnte der Rat das Begehren der Sieder ab, das sogenannte Fürsieden aufzuheben. Fürsieden wurde die Praxis genannt, auf den städtischen oder sonstigen Eigensieden mit dem Sieden zu beginnen, auch wenn der Bestand noch nicht abgeschlossen war. In dem Entscheid des Rats heißt es, ein Abschaffen des Fürsiedens könnte *verhinderung besteens und ursach . . . zu widerwillen zwischen den herren und siedern* bringen, vgl. HA B 157 Bl. 41' (doppelt!). – Das Fürsieden gab also den Herren ein Druckmittel, ihre Vorstellungen durchzusetzen. Die Stelle zeigt aber auch, daß die Sieder durchaus über eigenen Willen verfügten und den Herren Widerstand entgegensetzen konnten.

Zusammenschluß unter den Siedern, voraus. Zumindest dürften, vorsichtiger formuliert, Korporations- oder Gemeindebildung und Gesamtverleihung in engem Zusammenhang stehen. Eine gewisse Wahrscheinlichkeit spricht dafür, daß die Anfänge gemeinschaftlicher Verleihung in jener Zeit zu suchen sind, in der auch die einheitliche Leitung des Salinebetriebs durch die Viermeister und damit das gemeine Haal als Korporation oder Handwerker(teil)gemeinde begann.

Das früheste urkundliche Auftreten der Viermeister fällt ins letzte Viertel des 14. Jahrhunderts. 1385 gaben sie sich und dem Haal die erste bekannte Haalordnung[616]. Daß sie dabei ohne ersichtliches Mitwirken des Rates handelten, läßt eine schon recht starke Stellung der Viermeister und damit der Siederskorporation erkennen. Andererseits enthält diese Haalordnung Bestimmungen, die ein Schutzbedürfnis zu verraten scheinen. Sie sollen offenbar die Autorität der Meister und den Zusammenhalt der Korporation sichern. Man verordnete, kein Sieder dürfe »mit Gewalt«, d.i. ohne der Meister Zustimmung, sieden. Stärkte dieser Artikel die Autorität der Haalleitung, so schützte das Verbot an die Sieder, untereinander Gemeinschaften zu bilden, die gemeine Siederschaft als Korporation vor der Auflösung durch Unterverbände. Das Verbandsmonopol der Siederschaft sollte erhalten werden, Siederskonspirationen unterbleiben.

Beide Bestimmungen bezweckten offenbar die Sicherung der Korporation Siederschaft nach innen, gegenüber den einzelnen Siedern. Das Haalstatut von 1393 sollte die Geschlossenheit der

616) U 10 – Die Haalordnungen geben Aufschluß über die verfassungsrechtliche Stellung des Haals in der Stadt. Nach der Verteilung der Bußgelder 1385 (halb dem Schultheißen, halb dem Haal, vgl. U 10/436/) scheint das Haal damals noch rechtlich und tatsächlich den Schultheißen und damit (nur) den Vertreter des ehemals königlichen Stadtherrn als unmittelbare Obrigkeit anerkannt zu haben. Auch der Ingress zeigt noch keinen Hinweis auf den Rat. Die Viermeister handelten allein. Daraus ließe sich folgern, daß das Haal im letzten Viertel des 14. Jhs. noch nicht zum Machtbereich der »communitas« oder »universitas civium« gehörte und nicht dem Rat, sondern dem Schultheißen unterstand, wenngleich Bürgermeister, Rat und Bürger 1382 das vom Reich verpfändete Schultheißenamt – ebenfalls zu Pfandbesitz – erwerben konnten, vgl. UB Hall U 735. Ich nenne das Haal deshalb im Text eine (Teil-)Gemeinde. Der in der Literatur immer wieder anzutreffende Satz, die Siederschaft sei keine Zunft gewesen, vgl. etwa ROSENBERGER, Entwicklung des Rates, in: WFr. 30 (1955), S. 47, ist halbwahr und irreführend. Das Gemeine Haal war als Teilgemeinde nach dem Grad juristischer Selbständigkeit, Verfaßtheit und Handlungsfähigkeit (vgl. etwa HA U 16: Vertrag mit dem Schenken zu Limpurg von 1419) gegenüber der Gemeinschaftsform Zunft eher ein Mehr als ein Weniger. – Ob die Entwicklung zur Haalgemeinde parallel zu jener der bürgerlichen Gemeinde verlaufen ist? Dann entspräche der »Emanzipation« der »communitas civium« vom Schultheißen, die Pietsch aufgrund einer Siegelumstellung in einem revolutionären Vorgang zur Zeit des Interregnums zwischen 1268 und 1271 vermutet (UB Hall S. 17* ff., 19*), die Selbstorganisation der Sieder unter ihren Viermeistern. Dabei wurde möglicherweise, ebenso wie in der Stadt der Schultheiß, der dem alten Ministerialenstand entstammende Suhlmeister als Aufsichtsorgan des Stadtherrn über die Saline zurückgedrängt. In diesen Zusammenhang könnte die eigenartige Zeugenliste von UB Hall N 122 (1291) gehören. – Vgl. allgemein zur Genossenschaftsbildung der Salzsieder v. INAMA-STERNEGG, Verfassungsgeschichte, S. 32 ff., und in Parallele die Herausbildung und Emanzipation ländlicher Gemeinden und Landschaften aus Hofverbänden im 13./14. Jh.; dazu ELSENER, Hof Benken, S. 24 ff. – Diese Emanzipation war aber, wie es zu geschehen pflegt, nur eine kurze Freude. In das Machtvakuum, das die Zurückdrängung des altministerialen Suhlmeisters und die relative Selbständigkeit des Haals unter einem von »communitas« und Rat bedrängten und entmachteten Schultheißen geschaffen hatten, schob sich nach dem endgültigen Sieg über den Schultheißen der Rat: Schon das Haalstatut von 1393 ist *beschehen mit des ratz willen*, ebenso jenes von 1398. Die Haalordnung von 1498 erläßt dagegen der Rat selbst; die Siederschaft und ihre Vertreter werden nur noch angehört. In der Haalordnung von 1514 ist auch davon keine Rede mehr: Der Rat hat *der erb sieden halb . . . geordent, gesezt, gemacht und beschlossen.* Vgl. U 10, 11, 16, 56, 80. – Damit war die Unterordnung des Haals unter die Satzungsgewalt des Rats der Stadt ohne jede Einschränkung vollzogen. – Freilich muß, um keine einseitige Beurteilung aufkommen zu lassen, angefügt werden, daß in dieser Zeit Bürgerliche und damit maßgebend auch Sieder in Ratsstellen einrückten und politischen Einfluß gewannen, vgl. dazu WL S. 49 ff., WUNDER, Ratsverstörung, WFr. 30 (1955) S. 62 ff. Diese Bemerkungen sollten im übrigen nicht etwa eine Verfassungs- oder Korporationsgeschichte des Haals ersetzen, sondern eher eine erneute ausführliche Untersuchung anregen.

Korporation nach außen, gegen die Herren, gewährleisten[617]. Es verbot den Siedern, ihren Herren »Vorteile« zu geben. Von der gemeinschaftlich festgesetzten Rechnung abzuweichen und etwa höhere oder zusätzliche Abgaben zu entrichten oder Kosten zu tragen als die andern Sieder, war damit untersagt[618].

Fassen wir zusammen. In der zweiten Hälfte des 14. Jahrhunderts verfügte das Haal über eine einheitliche Leitung (Viermeister), die mit starker Machtbefugnis ausgerüstet war. Andererseits waren Einheitlichkeit und Geschlossenheit der Siederskorporation noch nicht so unangefochten, als daß sie nicht durch Bußdrohungen gegen abweichendes Verhalten einzelner Sieder hätten geschützt werden müssen. So waren in der zweiten Hälfte des 14. Jahrhunderts die organisatorischen Voraussetzungen für einheitliche Verleihung und Festsetzung der Siedensbedingungen vorhanden. Das spricht dafür, daß gemeinschaftliches Verleihen schon zu einer Zeit stattfand, in der allenfalls ein kleiner Teil der Sieder erbberechtigt im Sinne späterer Erbverleihungen war. Der jährliche Bestand kann deshalb gegenüber der Erbverleihung als die ältere Rechtsform der Siedensnutzung bezeichnet werden[619]. Wir kommen im übernächsten Kapitel auf die Folgerungen zu sprechen, die sich aus dieser Erkenntnis für das Verhältnis von Bestand und Erbleihe zueinander ergeben, und werfen hier abschließend einen Blick auf zeitgenössische Urteile über die Rechtsnatur des jährlichen Siedensbestands.

Die früheste Äußerung über die Rechtsnatur des Bestands und der damit begründeten Rechte stammt aus der Mitte des 16. Jahrhunderts. Im Streit um das senfftische Suhlamt haben ihn Haller Juristen als »freien, willkürlichen Kontrakt« und als »locatio/conductio« bezeichnet[620]. Der rechtssprachliche Befund mit Ausdrücken wie Bestand[621] und Rechnung läßt eine solche Einordnung als vertretbar erscheinen. Das ältere gemeine Recht sah den Unterschied zwischen locatio/conductio und emphyteusis wesentlich in der Dauer beider Rechtsverhältnisse[622]. In diesem Sinne konnte das 16. Jahrhundert die Verleihung auf ein Jahr nur als solche »ad modicum tempus« betrachten[623]. Es mußte sie damit als locatio/conductio einordnen. Bezeichnenderweise nennt dagegen Jakob Friedrich Müllers »Historische Nachricht« aus dem Jahre 1776 den jährlichen Siedensbestand einen »Contract des deutschen Rechts«[624].

617) U 11, vgl. auch noch U 56.
618) Aus dem Siederseid, in den diese Bestimmung ebenfalls aufgenommen wurde, ergibt sich, daß mit »Vorteil« geben nicht etwa die Belastung der Sieden mit Zinsen gemeint war, vgl. U 11, Apparat.
619) Über die Zeit der Erbverleihungen s. u. Einleitung zur Bg.
620) HA B 935 Bl. 205'/206, 220.
621) Vgl. die Beispiele für Bestand im Sinne von Miete und Pacht im DRWB, Band 2, Sp. 166; dort allerdings erst von 1443 an, vgl. dagegen hier schon U 14/15 (1397). – Vgl. zu »bestehen« noch SCHMIDT-TROJE (Babenhausener Recht), S. 25 f.
622) Dazu u. S. 106ff.
623) Vgl. zur Jahresfrist etwa WESENBECK, locati et cond., Tit. II, Cod. 4.65, nu. 8 (Sp. 463). – Bei Handwerken war auch sonst die jährliche Verleihung üblich, vgl. für die grundherrlichen Lebensmittelgewerbe in Tirol neuerdingsNIKOLAUS GRASS, Aus der Rechtsgeschichte des banngrundherrlichen Gewerbes im alten Tirol unter besonderer Berücksichtigung des Metzgerhandwerks, in: Festschrift für FERDINAND ELSENER, Sigmaringen 1977, S. 118 ff., 132 (mit Hinweisen auch auf München). Grass spricht treffend von einem *gewerblichen Gegenstück zum bäuerlichen Freistiftrecht*. Die Parallele zum jährlichen »Bauding« auf dem Lande drängt sich in der Tat auf. – Vgl. zu letzterem etwa FEIN, Ansbach, S. 36 ff. Man beachte vor allem die dort genannten Termine des Baudings, das zwischen Oberstentag (Dreikönig) und Septuagesima abgehalten wurde (S. 37). Das entspricht der Zeit, in der auch in Hall der jährliche Bestand stattfand.
624) StAH 4/1032 Bl. 34 (II. Abschn. § 17), vgl. auch die Fassung StAH 4/1037 Bl. 9. – Der namentlich nicht näher bestimmte »Contract« wird seinem Inhalt nach beschrieben: . . . *nach welchem der Herr des Salzwaßers das jährlich in gewißen Wochen zu versiedende Salzwaßer quantum seinem mit diesem Recht nach Briefen belehnten Erbmann um ein gewißes jährliches Geld, worüber sich beide Theile vorhero zu vergleichen haben, das Jahr vorhero hinleihen, dieser aber alsdann auf seine Gefahr und Kosten solches versieden und ohne alle weitere Rücksicht eines Gewinn oder Verlusts dem Herrn des Waßers zu bestimmten Zeiten das von beiden Theilen vestgesezte Geld quantum oder sogenannte Rechnung entrichten muß.*

2. SIEDEN ZU HOFRECHT

Sieder und Herren mußten sich vor dem Handstreich erst über Siedenszeit und Rechnung einigen. Die Frage liegt nahe, was geschehen sollte, wenn diese Einigung einmal nicht zustandekam[625]. Dann wurde »zu Hofrecht« gesotten. Über Sieden zu Hofrecht besitzen wir wesentlich weniger Quellen als über den Bestand. Das liegt wohl daran, daß sich Sieder und Herren um des *reciprocirlichen* (beiderseitigen) ... *interesse(s) halber* (Friedrich Sybäus Müller)[626] regelmäßig einigten. Soweit ich die Quellen übersehe, waren die Nichteinigung und damit das Sieden nach Hofrecht seltene Ausnahme. In den 1720er Jahren scheiterte der Bestand mehrfach[627], so etwa auch 1723. Die Vorgänge dieses Jahres seien anhand der lehenherrlichen Protokolle kurz nachgezeichnet[628]. Sie geben ein Bild davon, was im 18. Jahrhundert Sieden zu Hofrecht hieß.

Nachdem sich Herren und Sieder in einer Bestandsverhandlung am 30. Januar nicht hatten einigen können, ließen die Lehenherren das erste (Siedens-)Los *in abschlag* herumsieden, *weil kein hofnung zum bestand anscheinet.* Am 12. Februar zeigten lehenherrliche Deputierte dem Kollegium der Lehenherrn an, daß auch das zweite Los auf Hofrecht unter der vorigen Bedingung verwilligt worden sei. Am 5. August wurde im lehenherrlichen Kollegium berichtet, daß demnächst die vierte Woche herausgesotten werde und daß die Siederschaft um *continuation* (Fortsetzung) der fünften *anmelden dörfte.* Was bei gegenwärtigen Umständen zur Antwort zu erteilen sei? – *Man weiß nichts anderes alß auch die 5.te wochen mit vorigen bedingungen fortsieden zu laßen.* Ebenso wurde am 8. Oktober für die sechste Woche entschieden.

Das Beispiel des Jahres 1723 zeigt den wesentlichen Unterschied zwischen Sieden im Bestand und Sieden zu Hofrecht. Beim jährlichen Bestand erwarben die Sieder das Recht, ein ganzes Jahr zu sieden. Das Sieden zu Hofrecht war dagegen durch eine kürzere Dauer gekennzeichnet. Es mußte von einer Siedwoche zur andern bewilligt werden. Darin lag für die Siederschaft der Nachteil eines schlechteren Besitzrechts. Auch die fast komische Hilflosigkeit der Siedensherren von 1723 darf darüber nicht hinwegtäuschen. Um das für die Stadt, die Siederschaft und nicht zuletzt die Lehenherren selbst ganz unmögliche Stillstehen des Siedebetriebs zu verhindern, konnten sie nicht anders, als das Fortsieden von Woche zu Woche zu gestatten.

Leider besitzen wir keine Quellen, die über das Sieden zu Hofrecht im Mittelalter Auskunft geben könnten. Hofrecht als Rechtsbegriff[629] dürfte im Haal der Stadt Hall aber schon früh

625) Von *verhinderung besteens* und *ursach . . . zu widerwillen zwischen den herren und siedern* war schon 1513 die Rede. Die Stadt behielt sich damals trotz Beschwerden der Siederschaft *zu versehung des gemainen mans* vor, daß sie und des Rats Pfleger *zu zeiten, so die sieder sich mit besteen seumen und das saltz im saltzhauß oder sunst zerrinnen will,* einige Wochen oder Pfannen ohne Behinderung durch die Meister und Sieder sieden lassen wolle, HA B 157 Bl. 41', vgl. o. Anm. 615. – Zerschlagen hatten sich die Verhandlungen 1570, als die Sieder vom Rat verlangten, er solle von Oberkeit wegen zwischen Lehenherren und Siedern *leidenliche trägliche tax und mäsigung* geben, *wie dann etwan hievor auch beschehen,* vgl. HA B 935 Bl. 118' ff.

626) HA B 935 Bl. 185.

627) Der Anlaß für den ersten großen Prozeß der Lehenherren gegen Rat und Siederschaft vor dem Reichshofrat in Wien; vgl. über die Vorgänge meinen Aufsatz (o. Anm. 244). – Zu den Prozessen des 18. Jhs. berichtet kursorisch Matti, Dissertation, S. 101–105.

628) Hier nach Auszügen aus den lehenherrlichen Protokollen, die den Prozeßakten des 1721 begonnenen Rechtsstreits vor dem Reichshofrat beiliegen (HA A 351 II). Das Aktenstück trägt die Überschrift: *Beylagen zu dem den 16. ten May 1728 fortgeschickten lehenherrlichen gegen bericht.* Die Auszüge stehen unter der *N°. 37* mit der Überschrift: *de anno 1719. 20. 21. et seqq., den ganzen verlauf der sachen in dem bestandtwesen betreffend.* – Der Ausdruck Hofrecht (unterstr.) findet sich ebd. S. 46.

629) Vgl. zum Hofrecht zusammenfassend: Werkmüller, Art. »Hofrecht«, in: HRG II, Sp. 213 ff.

bekannt gewesen sein. Über den Ursprung des Siedens zu Hofrecht können wir aber nur mutmaßen. Nicht ausgeschlossen ist, daß wir hier die älteste, vor dem Aufkommen des jährlichen Bestands übliche Rechtsform der Siedensnutzung vor uns haben. Sie mag in der Rechtserinnerung der Stadt weitergelebt haben und in den seltenen Fällen des Scheiterns des Bestands jeweils wieder zu Ehren gekommen sein. Das Fehlen schriftlicher Quellen aus älterer Zeit müßte nicht gegen eine solche Vermutung sprechen. Frühe Hofrechtsleihen sind erfahrungsgemäß nicht schriftlich festgehalten worden. In der Zeit aber, in der solche Vergaben zu Hofrecht hätten schriftkundig werden können, hat im Haal schon der jährliche Bestand vorgeherrscht.

3. ERBLEIHE, BESTAND, SIEDEN ZU HOFRECHT – DAS VERHÄLTNIS DIESER RECHTSFORMEN ZUEINANDER

Die beiden zuletzt genannten Rechtsformen der Siedensnutzung, Sieden zu Hofrecht und Sieden im Bestand, schlossen sich aus. Wo sich Herren und Sieder auf Dauer und Preis der gesamten jährlichen Siedzeit geeinigt und den Handstreich vollzogen hatten, brauchte nicht von Siedwoche zu Siedwoche verlängert zu werden. Anderes gilt für das Verhältnis Sieden in Erbleihe einerseits, Sieden im Bestand (oder, ausnahmsweise, Sieden zu Hofrecht) andererseits. Beides konnte nebeneinander auftreten. So ergibt sich ein dem heutigen Rechtsdenken zunächst widerstrebendes Bild. Die zu ewigem und stetem Erb verliehenen Sieden wurden gleichsam noch einmal Jahr für Jahr im Bestand verliehen. Oder noch befremdlicher: Wenn sich Herren und Sieder einmal über den jährlichen Bestand nicht einigten, konnte es geschehen, daß das zu ewigem und stetem Erb als in der beständigsten und »besten« Rechtsform ausgeliehene Sieden zugleich im Rechtszustand des theoretisch völlig ungesicherten, äußerst kurzlebigen und für den Sieder »schlechten« Hofrechts gesotten wurde[630]. Zu erklären ist das durch die historische Entwicklung.

630) Derlei Kombinationen kurz- und langdauernder Rechte an einer Sache waren nicht ungewöhnlich. Eine schöne Urkunde hat FEIN, Ansbach, S. 54 ff., beigebracht, in der sich jährliches Bauding, Lebenszeitleihe und Erbleihe verbinden. Es handelt sich um den Revers über die Verleihung eines Fischwassers auf Lebenszeit *(Nyessen, prauchen . . . mein leben lang, allein uff meinen leyb und nit lenger)*. Der Beliehene muß das Wasser aber doch jährlich auf dem Bauding dem Herrn aufgeben *(mit mundt, handt und halm)*, um es nach *bitt umb lehen meines vischwassers* wieder verliehen zu bekommen *(sol mir sein gnad leyhen dozumal)*. Das Lehen kann versagt werden, wenn der Leihmann Abgabe *(mein petersgelt zwen guldin rh.)* und Dienst *(mein jar dienst an den körben)* versäumt. Schließlich folgt die Erblichkeit: Wenn einer der Erben des Beliehenen das Fischwasser nutzen will, soll ihm der Abt gegen angemessenen Handlohn leihen *(Wo aber einer meiner erben das vischwasser selbst besitzen wolt und lehen begeret, demselben sol vor aller welt aus gunst und vor andern umb ein zymlich hantlon gelihen werden)*. – Vgl. ähnlich U 113. – Die Scheidung: entweder Leihe auf Lebenszeit oder von Jahr zu Jahr oder zu Erb versagt hier; vielmehr bestehen Leihe nach Baudingsrecht neben der Leihe auf Lebenszeit, und gleichzeitig daneben besteht der übrigens gemeinem Recht – vgl. BALDUS, de locato, in add. Spec. lib. IIII, part. III (Bd. 2, S. 305): *Emphyteusis debet potius renovari posteris eius, qui quondam fuit emphyteuta, quam aliis, et si aliter fit, committitur iniuria;* JASON comm. in primam cod. part., de iure emph., in emphiteot., nu. 22 (Bl. 172'); ebenso Schwabenspiegel, Lehenrecht § 158 I, ed. LASSBERG, S. 223: *Vnd stirbet der bawmann vnnd lat hynder im weib vnd kinde. sy seyen sun oder tochter die sol der herre lan besiczen. als es ir vater hette* – gemäße Anspruch der Erben auf Wiederverleihung. – Feins Würdigung seiner Quelle (*theoretisch haben wir noch Baudingsleihe, faktisch jedoch . . . bereits Leibgedingsleihe bzw. sogar Erbleihe,* a. a. O.) wird den spätmittelalterlichen Rechtszuständen nicht gerecht und ist modern gedacht. Alle drei Rechtsverhältnisse bestanden eben nebeneinander. – Zu der hier zuletzt angesprochenen sogenannten »faktischen Erblichkeit« von Leiherechten vgl. in der deutschrechtlichen Literatur noch KNAPP, ZRG GA 22 (1901), S. 85. Der Ausdruck ist nicht zu billigen. – Zum Verhältnis Zeit- und Erbleihen vgl. auch noch unten im Text.

Mit der Verleihung der Sieden zu Erb im 14.–16. Jahrhundert entstand eine neue Rechtsform der Siedensnutzung, die sich über weiterbestehende ältere Formen wie das Sieden im Bestand oder zu Hofrecht schob. Mit dem daraus sich ergebenden Nebeneinander von Rechten, die zwar dieselbe Sache ergriffen, sonst aber geradezu gegensätzliche Rechtswirkungen aufwiesen, müssen wir uns abfinden. Dieses Miteinander des Gegensätzlichen kann durch begrifflich-konstruktive Anstrengungen nicht beseitigt werden. Die spätmittelalterlichen Rechtsgenossen haben, was modernem sachenrechtlichem Denken als Widerspruch erscheint, nicht als solchen empfunden. In der Denkendorfer Urkunde von 1409 heißt es, man verleihe dem *Hansen Jergen... sin lebtag (!) und nit langer jerlich (!) nach der stat recht*[631)].

Als in den Prozessen des 18. Jahrhunderts zwischen Lehenherren und Siedern auch um die Rechtsnatur der Siedensgerechtigkeiten gestritten wurde, betonten die Sieder, einseitig auf die Erbbriefe abstellend, den Emphyteusencharakter. Dabei mußten sie den jährlichen Bestand übersehen. Die Lehenherren verfuhren umgekehrt und behaupteten unter Hinweis auf die jährliche Verleihung, es handele sich um locatio/conductio[632)]. Beide hatten recht, nur war es falsch, die eine Rechtsform gegen die andere auszuspielen und in ein Verhältnis der Ausschließlichkeit zu bringen. Freilich konnte oder wollte diese Zeit systematischen Rechtsdenkens solche Verschränkungen verschiedener Rechtsverhältnisse an einer Sache, wie sie das Spätmittelalter noch ohne jede Kritik hingenommen hatte, nicht mehr verstehen.

Wir können das Verhältnis des jährlichen Bestands zu den Erbverleihungen als ein aus historischem Nacheinander entstandenes organisches Nebeneinander auffassen. Damit löst sich auch das Problem der Rechnung[633)]. Sie stammte nicht aus dem Recht der Emphyteuse oder Erbleihe, sondern wurde bei der Vererbleihung schon vorgefunden und als ursprünglich dem jährlichen Bestandswesen angehörendes Element in die Erbbriefe übernommen. Mit ihrer Bezugnahme auf die jährlich neu festzusetzende Rechnung fehlte den Erbbriefen ein nach gemeinem Recht zur Emphyteuse gehörendes Merkmal, die in der Höhe fest bestimmte Abgabe (certus redditus). Diese Unregelmäßigkeit ist Folge der Verschränkung der Erbleihe mit dem jährlichen Bestand, des Ewigrechts der Emphyteuse mit dem kurzdauernden Nutzungsrecht der locatio/conductio.

4. SONSTIGE LEIHEARTEN

Sieden im Bestand und zu Hofrecht waren kurzdauernde Siedgerechtigkeiten. Zwischen ihnen und der Erbleihe gab es noch Siedensrechte, die zwar einerseits kein theoretisch zeitlich unbegrenztes Recht wie die Erbleihe gewährten, deren Dauer aber über die genannten kurzfristigen Rechte hinausreichte. Wir finden die Verleihung für eine bestimmte Anzahl Jahre. 1493 wurden Jörg Legler zwei Sieden auf fünf Jahre überlassen[634)]. Weiter erscheint die Verleihung »bis auf Widerrufen« (1488)[635)] und ohne jede Zeitbestimmung (1466)[636)]. Häufiger wurde auf Lebenszeit verliehen. Dabei war regelmäßig die Lebenszeit des Beliehenen gemeint;

631) U 22.
632) Vgl. o. S. 79f.
633) S. 85.
634) U 48.
635) U 42. – Vgl. auch U 49 (423, Nr. 8 – *Hanns Reitz,* Nr. 10 – *Hanns Geyr;* 427, Nr. 26 – *Hanns Horneckh,* Nr. 27 – *Lorenz Brünle,* Nr. 28 – *Contz Beyschlag*).
636) U 39 *(das fürter zu niesen).*

aber auch Leihe auf Lebenszeit des Siedensherrn kam vor[637]. Meist wurde auf die Lebensdauer einer Person verliehen[638], daneben gab es Leihen auf zwei[639] und vier Leiber[640].

Wie sind diese Siedrechte auf mittlere Dauer von den Erbsieden rechtlich abzugrenzen? Der unbekannte Ersteller eines Verzeichnisses der Siedbeteiligten zur Zeit des großen Suhlenbaus von 1496[641] faßte unter der Rubrik *die so erb... haben* nicht nur die eigentlichen Erbberechtigten zusammen. Hier werden auch Personen angeführt, denen ein Sieden auf Lebenszeit verliehen war[642], ja sogar solche, die nur auf Widerruf sotten. Es erstaunt zunächst nicht wenig, auch diese letzteren unter die Erbberechtigten gezählt zu sehen. Man möchte das auf den ersten Blick mit der Unwissenheit des Verfassers der Liste erklären. Bei näherer Untersuchung stellt sich aber heraus, daß dieser Unbekannte möglicherweise ein recht guter Jurist war. Daß es innerhalb der Gruppe der Erbberechtigten Unterschiede gab, war ihm bekannt. Nach einem Zusatz in der Überschrift sollte die Liste nicht nur schlechthin die Erbberechtigten angeben, sondern auch, *wie die erb daran haben*.

Als er die auf Lebenszeit Beliehenen unter die Erbberechtigten einordnete, könnte unseren Gewährsmann die gemeinrechtliche Lehre beeinflußt haben. Danach stellte die Leihe auf Lebenszeit (ad vitam locantis) eine locatio ad longum tempus dar. Diese übertrug, nicht anders als die eigentliche Emphyteuse, das dominium utile und folgte auch sonst weithin den Emphyteusenregeln[643]. Schwieriger scheint es zunächst zu erklären, weshalb auch jene unter die Erbberechtigten aufgenommen sind, die nur auf Widerruf sotten. Wir wären eher geneigt, zwischen Leihe auf Widerruf und solcher zu Erb einen völligen Gegensatz anzunehmen[644]. Im gemeinen Recht indessen wurde eine locatio ad longum tempus nicht nur bei der Verleihung auf Lebenszeit angenommen, sondern auch, wenn die Leihe mit der Zeitbestimmung des »quamdiu ipse voluerit« (solang er will) erfolgte. Nach Valasco begründete zwar diese Klausel nur dann eine locatio ad longum tempus, wenn sie sich auf den Entleiher (conductor) bezog[645]. Die eben genannte Auslegungsregel wurde aber mit der u. a. auf D 12.6.56 gestützten »vulgaris traditio«[646] begründet, nach der »zweifelhafte und ungewisse« Verhältnisse als »immerwährende« angesehen werden *(dubia et incerta presumuntur esse peremptoria et perpetua, et sic dispositio dubia interpretatur perpetua)*[647]. Diese Unsicherheit konnte aber sowohl in der Person des Verleihers wie in der des Beliehenen liegen. Nichts hindert die Annahme, ein unkritischeres Denken als jenes Valascos habe das »quamdiu ipse voluerit« auch auf den Willen des Verleihers beziehen können[648].

Als Ergebnis läßt sich festhalten, daß der Ersteller unserer Liste unter den Begriff Erb einmal

637) U 105, vgl. das Urteil (928): *erkannt, das Hanns Büschler gemeldtem Hannsen Meysnern das beklagt sieden sein, des Büschlers leben lange sieden lasen . . . soll.*
638) U 22, 28/29, 31, 36, 40, 41, 45, 75.
639) U 1/2, 113.
640) U 12.
641) U 49 (421 ff.).
642) Vgl. schon U 36: ein Sieden auf Lebenszeit zu Erb haben (1462).
643) Vgl. Jason, de iure emph., ius emph., nu. 34 (Bl. 165'): *inter emphiteotam et conductorem advertendum est, quod ille differentie procedunt in locatione simplici facta ad modicum tempus.* – Die locatio ad modicum tempus übertrug das dominium utile nicht, vgl. Valasco, qu. 29, nu. 1 (S. 329). Dort auch zur Frage, was locatio ad modicum tempus ist (nu. 2 ff.). Vgl. auch u. Anm. 650.
644) Vgl. aber U 42: Das Sieden wurde *mir und meinen erben gelihen und verlihen . . . also das ich und mein erben das gemelt halb sieden nun hinfüro nutzen und sieden söllen . . . bis uff ir widerrüffen und nit lenger.*
645) A. a. O., nu. 4.
646) Ausdruck nach Valasco, a. a. O.
647) Jason, comm. in sec. Dig. veteris part., de cond. indeb., sufficit, nu. 2 (Bd. 2, Bl. 188).
648) Davon geht offenbar der von Jason, a. a. O., berichtete Fall des Bartolus aus: *Facit quod officialis positus ad beneplacitum equiparatur perpetuo propter dubium secundum Bartolum.*

jene Verleihungen faßte, die sich wirklich auch auf die Erben erstreckten, dann aber auch jene im gemeinen Recht als locatio ad longum tempus bekannten und als solche weithin der Emphyteusenregelung unterstellten Fälle. In der deutschen Rechtssprache mochte wohl alles, Emphyteuse oder Erbleihe ebenso wie locatio ad longum tempus, sprich Leihe auf Lebenszeit oder Widerruf, unter den Ausdruck Erb gefaßt werden.

Die Zeiträume, die eine locatio ad longum tempus begründeten, waren damals in Hall bekannt. Das dürfte der Schiedsspruch im Streit zwischen Jungfrau Magdalen von Bachensteins Vormündern und Konrad Dötschmann (1493) hinreichend belegen[649]. Die Taidingsmänner Senfft und Dürbrecht sprachen Dötschmann das Erb an den umstrittenen Sieden ab und bestimmten zugleich, daß sein Schwiegersohn Legler fünf Jahre hintereinander sieden dürfe. Die fünf Jahre erinnern an das »quinquennium«. Jenseits dieses Zeitraums ging nach einem Teil der gemeinrechtlichen Literatur die locatio (simplex) in eine locatio ad longum tempus über[650]. Sie wurde also nach Haller Sprachgebrauch zu Erb. Um letzteres zu verhindern, mögen die Schiedsleute die Überlassung zum Sieden auf fünf Jahre begrenzt haben.

SCHLUSSBETRACHTUNG: DIE DAUER MITTELALTERLICHER LEIHERECHTE ALS SACHENRECHTLICHES ORDNUNGSPRINZIP

Wir haben die verschiedenen Rechtsformen der Siedensnutzung geordnet und zum Maßstab dieser Ordnung unwillkürlich die Zeit (tempus) oder Dauerhaftigkeit des jeweiligen Nutzungsrechts gewählt. Größere oder geringere Dauer vor allem unterscheidet die einzelnen Leihearten. Eine Stufenfolge führt von dem von Woche zu Woche dauernden Sieden nach Hofrecht über den jährlichen Bestand bis zu den zuletzt geschilderten mittleren Siedrechten und bis zum eigentlichen Erb. Diese Beobachtung beruht nicht auf einer Besonderheit des Haalrechts; sie ließe sich bei anderen Leihen wiederholen und verallgemeinern. Die Dauer von Besitz- und Nutzungsrechten war auch im mittelalterlichen gemeinen und gelehrten Recht wichtiger, als die dort übliche Einordnung dieser Rechte in die Begrifflichkeit von Emphyteuse und locatio/conductio auf den ersten Blick erkennen läßt.

Die Frage nach der Verleihungsdauer war weithin gleichbedeutend mit jener nach der Rechtsnatur. Das kommt noch bei Wesenbeck zum Ausdruck. Die locatio/conductio könne für immer (in perpetuum) oder auf Zeit (ad tempus) erfolgen. Wenn sie aber längere Zeit, etwa mehr als fünf oder zehn Jahre dauere, pflege sie in eine andere Rechtsform überzugehen: *transire solet in aliud contractus nomen… ut Emphyteusin, libellum, censum etc.*[651,652].

649) U 48.

650) Für gewöhnlich wurden zehn Jahre verlangt; vgl. dazu mit zahlreichen Allegationen seit der Glosse: Valasco, a. a. O., nu. 5, auf den auch Fulgineus, praelud., qu. 5, nu. 19 (S. 5), verweist, vgl. dort noch de alienat., qu. 1, nu. 82 (S. 194); Wesenbeck, Locati et conducti, Tit. II., C. 4.65, nu. 8 (Sp. 463). – Vier- oder Fünfjahresfrist als typisch für den »simplex colonus« erwähnt etwa bei Jason, comm. in prim. Cod. part., de sacrosan. eccle., qui rem huiusmodi, sec. add., nu. 12 (Bd. 7, Bl. 24').

651) Locati et conducti, Tit. II, C. 4.65, nu. 8 (Sp. 463), dort auch schon die abweichende Ansicht des Conannus erwähnt.

652)Dazu, daß die Unterschiede zwischen Emphyteuse und loc./cond. im wesentlichen nur für die kurzfristige »locatio simplex« gelten sollten, vgl. Jason, o. Anm. 643. – Zur inneren Verwandtschaft von Emphyteuse und loc./cond. auch Hostiensis, de locato et conducto, rubr. quoniam locatio, et quales sint (Bl. 202): *tamen semper magis similis est* (scil. emphiteosis) *locationi cum dominium retineatur, et aliquid certum annuatim recipiatur.*

Den Hintergrund solcher Lehren scheint die zeitgenössische Urkundenpraxis gebildet zu haben. Wenn Azo etwa unter den verschiedenen Arten, in denen ein Emphyteusenkontrakt geschlossen werden kann, folgende aufführt: *(ita ut) ad certum tempus resideat penes emphiteotam vel heredem eius; in perpetuum, ita ut neque emphiteote vel heredibus eius auffertur quamdiu solverit pensionem; in certas personas*[653], so klingen hier aus Urkunden bekannte Wendungen durch. Dies war keine ursprünglich schuljuristische Einteilung. Augenscheinlich sind hier aus der Urkundenpraxis stammende Geschäfte, und zwar, genauer, gängige Erscheinungsformen von Grundstücksübertragungen oder -leihen begrifflich zusammengefaßt und geordnet worden.

Wohl nicht zufällig finden wir gerade in den mittelalterlichen Notarslehren der Dauer des verliehenen Rechts ein besonderes Gewicht beigemessen. Rainerius hat die Grundstücksübertragungen »zu eigen« von jenen zu »bedingtem Recht« (condititio iure, Leihe) danach abgegrenzt, ob sie mit einer *diffinitio temporis* erfolgten[654]. Unter diesen zeitdefinierten Übertragungen und den daraus entspringenden Rechten waren von der concessio in perpetuum bis zur concessio zu jedwedem certum tempus alle Abstufungen denkbar. Ebenso galt Salatiele *(nulla datio ad proprium potest fieri ad tempus)* die Emphyteuse als Inbegriff aller zeitlich bestimmten Rechte[655].

Das zeitlich bestimmte Nutzungsrecht scheint einen sachgerechten Oberbegriff für die Einteilung und damit für das Verständnis mittelalterlicher Leiherechte bzw. der locatio/conductio und der Emphyteuse nach älterem gemeinem Recht zu bieten. Hier darf zum Abschluß historisch rechtsvergleichend noch angemerkt werden, daß in der Einteilung der Leiherechte nach ihrer Dauer und, darauf gegründet, in der Lehre vom »estate« das englische Liegenschaftsrecht einen[656] seiner Grundbegriffe gefunden hat[657]. Suchte man in der älteren

653) Summa super codicem, lib. quat., de iure emph. (S. 173).

654) Ars notariae, ed. Wahrmund, S. 21 *(VII. Generalia et specialia quarundam rerum): quandoque proprietate retenta dantur iure condititio, hoc est quod pensio sive redditus vel aliquid inde domino vel quasi solvatur sive prestetur, ut in emphyteosim . . . Si vero iure condititio dantur, debet poni: do et concedo vel in perpetuum vel in tertiam generationem sive personam vel in XL annos vel in XXVIIII annos vel aliud tempus, de quo inter paciscentes convenit.*

655) Ed. Orlandelli, I, S. 145[10/12] *(ad minus vel maius tempus vel aliis conditionibus)*, 149[21–23]; II, S. 248 Noten 5 ff.

656) Neben der aus der Systematisierung der Dienste (services) entstandenen Lehre von der tenure; vgl. zu den mittelalterlichen Diensten Lyttleton, book II (ed. Tomlins, S. 117 ff.); Burn, Real property, S. 17 ff.; Megarry-Wade, Real property, S. 15 ff. – Rechtssprachlich zum Begriff der tenure: Tomlins, Lyttleton, S. 1, Fn. a. Zum Verhältnis von tenure und estate vgl. Megarry-Wade, a. a. O., S. 15: *the tenure answers the question ›upon what terms is it held?‹, the estate the question ›for how long‹*. Vgl. noch zur Entstehung Holdsworth, II, S. 168, 183 f.; III, S. 29 ff., und Burn, a. a. O., S. 15 ff.

657) Mit estate wird im englischen Recht das Recht oder rechtliche Interesse bezeichnet, das einer Person an einer Liegenschaft zustehen kann und als solches Gegenstand des rechtsgeschäftlichen Verkehrs ist. Zur Lehre vom estate vgl. allgemein Burn, a. a. O., S. 28 ff.; Megarry-Wade, a. a. O., S. 40 ff. (vgl. auch o. Anm. 656). – Das Wort estate wird von dem auch in England ursprünglich personenrechtliche Verhältnisse kennzeichnenden lat. status abgeleitet, Pollock-Maitland, I, S. 408; Holdsworth, II, S. 350 ff., 351, 263 ff.; ebd. (III, S. 101 ff.) zur Entstehung der Lehre vom estate. Es bezeichnet die nach ihrer Dauer klassifizierten Liegenschaftsrechte; vgl. dazu die bei Burn, a. a. O., S. 33, Fn. 1 zitierte Definition aus dem Jahre 1579 (Walsingham's case): *an estate in the land is a time in the land, or land for a time;* ebenso Pollock-Maitland, II, S. 10 *(Proprietary rights in land are, we may say, projected upon the plane of time. The category of quantity, of duration, is applied to them.)* und S. 11 *(a term . . . to bring the various proprietory rights in land under one category, that of duration.)*; vgl. auch Burn, a. a. O., S. 32 *(estates vary in size according to the time for which they are to endure.)* und Megarry-Wade, a. a. O., S. 40 *(the different kinds of estate, i. e., the various possible interests in land classified according to their duration).*

deutschen Rechts- und Urkundensprache nach einem Wort, das dem Element der Dauer in den Leiherechten auch sprachlich Ausdruck verleiht, böte sich am ehesten »bestehen« oder substantivisch »Bestand« an[658]. Im Bereich der Haller Siedensgerechtigkeiten wurden damit sowohl die jährliche als auch die Verleihung auf Lebenszeit und zu Erb bezeichnet[659]. Aber diese Fragen nach den Grundbegriffen des mittelalterlichen Liegenschaftsrechts führen über den Rahmen, der unseren Studien zur Rechtsnatur und Besitzgeschichte der Schwäbisch Haller Siedenserbleihen beschieden sein muß, weit hinaus.

658) S. o. Anm. 575, 577, 621.

659) Für jahrweises Verleihen vgl. U 30 (1447) und weiterhin vielfach, s. o. »jährlicher Bestand«. – Auf Lebenszeit verliehen bekommen: U 29 (1446); zu Erb verliehen bekommen: U 15 (1397), 20 (1403), 23 (1415), 27 (1438). – Der Ausdruck ist damit in Erbbriefreversen der Haller Kanzlei unter den Stadtschreibern Friedrich Erlebach, Konrad Heiden und Burkart Keller im Sinne von »etwas verliehen bekommen« verwandt worden. Danach verliert sich, jedenfalls in den Siedensleihebriefen, der Ausdruck »bestehen« im genannten Sinn. 1447 (U 31) und ähnlich 1453 (U 34) heißt es: *bekennen, . . . daz wir . . . ùberein kummen sein mit;* später bekennt der Beliehene mit der Formel »mir . . . gelihen und verlihen haben« (U 42–1488, 45–1489, 85–1516, 95–1526: »verliehen und vererbt«).

B. STUDIEN ZUR BESITZGESCHICHTE

Einleitung

Die folgenden besitzgeschichtlichen Untersuchungen sollten der Erforschung jener Rechtstatsachen dienen, deren Kenntnis allein die zuverlässige Beurteilung von Entstehung und Ausprägung der Rechtsverhältnisse im Haal erlaubt. Auf den Anlaß dieser Studien habe ich bereits in meinem Vorwort hingewiesen. Ziel war es, die Entstehungstatbestände der Erbsiedrechte zu erhellen, einfacher ausgedrückt, zu untersuchen, in welcher Zeit die Erbsieden verliehen wurden, wer verliehen hat und in welcher Form, ferner: wieweit die Erbsieden überhaupt durch Verleihung und nicht auf anderem Wege entstanden sind. Dabei habe ich mich auf die erbfließenden Siedrechte beschränken müssen. Die freieigenen werden hier zwar erwähnt, nicht aber bis zum Zeitpunkt ihrer Entstehung zurückverfolgt. Zu dieser Beschränkung haben mich aus der Quellenüberlieferung entspringende praktische Schwierigkeiten veranlaßt. Die freieigenen Erbsiedrechte waren der freien Verfügbarkeit unterworfen[1)]. Sie lassen sich daher nicht so ohne weiteres wie die erbfließenden Siedrechte durch ununterbrochene haalgenealogische Überlieferung auf den »ersten Acquirenten« in die Jahrhunderte hinaufverfolgen[2)]. Nicht erfaßt werden im folgenden auch die zur Gänze in städtischer Hand befindlichen Sieden, die vor allem in der ersten Hälfte des 15. Jahrhunderts vom Rat käuflich erworben wurden[3)]. Sie trugen zur Entstehung des fließenden Erbs nicht bei, weil sie entweder im Eigenbetrieb durch die Haalpfleger der Stadt bewirtschaftet oder kurzfristig verpachtet wurden[4)].

Auch die Erforschung der fließenden Erbsieden hat ihre Schwierigkeiten. Zwar reicht die genealogische Überlieferung in den haalamtlichen Aufzeichnungen (genealogische Bücher) bis zu den »Siedensverlassern« hinauf, die meist im 16. Jahrhundert lebten. Diese in der Haller Tradition als »Stammsieder« bezeichneten und in den genealogischen Büchern an der Spitze eines Geschlechts stehenden Personen[5)] sind in Wahrheit häufig nicht die wirklichen »ersten Acquirenten«, die zuerst mit dem Siedrecht beliehenen Personen. Oft finden sich Kinder und Kindeskinder der tatsächlich als erste von einem Herrn Beliehenen als Stammsieder angeführt[6)]. Der Grund wird darin liegen, daß man bei der Anlage dieser genealogischen Werke häufig nicht

1) S. o. S. 61 ff. zur Veräußerungsbeschränkung bei erbfließenden Sieden.

2) Dazu auch u. S. 113 .

3) Der städtische Siedensbesitz im 15. Jh. ist in U 33 und wohl auch in U 35 nachgewiesen; vgl. auch U 49 (347, 390). Über die einzelnen Erwerbsakte unterrichtet das Sultzersche Registraturbuch 3, 1 (4) = StAH 4/141 Bl. 1 ff. (dazu UB Hall S. 71*). Soweit die Sieden aus Klosterbesitz stammten, vgl. auch hier u. Anm. 77 ff. – Zur Bewirtschaftung der Stadtsieden: KREIL, Stadthaushalt, S. 35, 84 ff., 139 ff.

4) Dazu KREIL, a. a. O., sowie u. Anm. 18.

5) Vgl. die Liste bei WL S. 67. – Nachweise über die wichtigen Siederfamilien und eine Auflistung der Stammsieder und ihrer Kinder finden sich in der während der Drucklegung dieses Bandes erschienenen Sozialgeschichte Halls: GERD WUNDER, Die Bürger von Hall. Sozialgeschichte einer Reichsstadt 1216–1802 (Forschungen aus Württembergisch Franken, hg. vom Hist. Verein für Württ. Franken, dem Stadtarchiv Schwäbisch Hall und dem Hohenlohe-Zentralarchiv Neuenstein, Bd. 16), Sigmaringen 1980, S. 39–42, 277–282.

6) So werden etwa als Stammsieder die Brüder Daniel, Michel und Philipp Seyboth geführt, vgl. Gen. HB Bl. 634', 641, 643. Eigentlicher Stammsieder, jedenfalls für die meisten Seyboth-Sieden, ist jedoch der Vater Michel Seyboth alt. – Georg Seiferheld (WL 7027 – 1513/41) wird als Stammsieder u. a. für ⅙ Erb im »Geisthaalhaus« genannt (Gen. HB Bl. 550). Das Erb wurde aber schon hundert Jahre früher von Ulrich Harlung erworben. Vgl. zum Geisthaalhaus u. Bg. zu Hh. 27.

vom Erbbrief, der den Verleihungsakt dokumentierte, sondern von den Losbüchern ausging, die ja beim Haal geführt wurden, wogegen die Erbbriefe in Händen der Familienstämme waren[7]. Die Loseinigungen, die in den Losbüchern aufgezeichnet sind, wurden aber regelmäßig zwischen den Erben und Erbeserben der wahren »ersten Acquirenten« geschlossen.

Wer daher die Erbbriefe den einzelnen Siederstämmen, sprich: ihrem Siedensverlasser, zuordnen will, sieht sich der Schwierigkeit ausgesetzt, daß die Namen der in den Erbbriefen Belehnten in vielen Fällen nicht mit den in den genealogischen Büchern genannten Stammsiedern übereinstimmen. Erst muß ermittelt werden, welcher Erbbrief zu welchem Stamm gehört.

Das wäre einfach, würden die Ortsangaben, durch welche die Sieden in den genealogischen Büchern gekennzeichnet sind, mit der Ortsangabe in den Erbbriefen übereinstimmen. Nun sind aber die Lagebezeichnungen der im 14., 15. und 16. Jahrhundert ausgestellten Urkunden nicht immer jenen Bezeichnungen vergleichbar, mit denen die nach 1700 entstandenen genealogischen Bücher die einzelnen Haalhäuser belegen. Wo etwa ein Erbbrief die Lage des Siedens nur durch Angabe der benachbarten Siedenseigentümer kennzeichnet[8], ist oft schwer festzulegen, in welches der Haalhäuser mit den Bezeichnungen von 1700 dieses Sieden gehört. Die Lagebestimmung ist aber nötig, um die Sieden richtig einordnen zu können. So mußten oft mögliche Kombinationen und Zuordnungen aufgestellt, geprüft und wieder verworfen werden, bis Klarheit herrschte, und in einigen Fällen konnte doch nicht jeder Zweifel beseitigt werden. Dafür kamen aber auch klare Fälle vor. So war es etwa nicht schwer, die beiden Blinzigschen Erbsieden auf dem Bürdenmarkt dem Kloster Gnadental und der Verleihung von 1438 zuzuordnen[9]. Gnadental hatte sonst auf dem Bürdenmarkt keine zwei (zusammenhängenden) Sieden gehabt. Ähnlich verhält es sich mit dem Denkendorfer Sieden – das Stift besaß nur eines – oder mit den beiden Peter Wetzel verliehenen Adelberger Sieden[10].

Die Besitzgeschichte zu schreiben wäre leichter gefallen, hätten die genealogischen Bücher den jeweiligen Siedensverleiher angegeben. Das ist in der Regel nicht der Fall, und wenn es doch vorkommt, ist die Angabe mit Vorsicht zu gebrauchen[11]. Hilfe boten die Siedensverzeichnisse des 18. Jahrhunderts, die bei jedem Sieden Eigentümer und Erbsieder angeben[12]. Da die Siedenseigentümer jedoch häufig wechselten, konnten hier oft keine Rückschlüsse mehr auf die Eigentumsverhältnisse zur Zeit der Erbverleihungen gezogen werden[13]. Sehr hilfreich war die anläßlich des Suhlenbaus von 1496 erstellte Auflistung der Eigentümer und Sieder, die alle Sieder ihren Eigentumsherren unter Angabe der Siedanteile zuordnet, ebenso umgekehrt noch einmal die Eigentumsherren den Siedern[14]. Leider fehlen dieser Aufstellung die für die Einordnung der Erbbriefe so wichtigen Lagebezeichnungen der Sieden. Schließlich mangelte es an einer Grundkarte des Haals vor 1728, die trotz allen Suchens im Haalarchiv nicht aufzufinden war. Sie hätte die Nachbarschaftsverhältnisse unter den Sieden und Haalhäusern erkennen lassen und die richtige Zuordnung der Sieden wesentlich erleichtert.

7) Zu den Loseinigungen vgl. o. S. 65 ff.
8) Vgl. o. S. 38f.
9) Vgl. im folgenden Hh. Nr. 24.
10) Hh. Nr. 2, Nr. 23.
11) Vgl. etwa die Angabe Johannes Nordheims als Verleiher in Gen. HB Bl. 1, dazu Bg. zu Hh. Nr. 13, Anm. 360. Richtig dagegen Gen. HB Bl. 250 (Hans Merstatt – Hubheinz-Erben).
12) Verzeichnis von Fischer, dazu u. Anm. 17; Verzeichnis der nach dem Stadtbrand von 1728 neu eingeteilten Haalhäuser in HA A 461.
13) Aus der Nennung der Hohenlohe als Siedenseigentümer konnte auf früheren Besitz von Gnadental, von der Michaels- und Katharinenpflege auf früheren Altarbesitz geschlossen werden; im wesentlichen unverändert blieb auch der Spitalbesitz.
14) U 49.

Dieser Schwierigkeiten ungeachtet kann der Leser erwarten, im folgenden für die meisten erbfließenden Sieden zu erfahren, auf welche Weise sie zu Erb geworden sind. Im Falle einer Verleihung wird er über die Person des oder der verleihenden Eigentümer, über die Zeit der Verleihung und, wo bekannt, die näheren Umstände unterrichtet. Soweit der Erbbrief ermittelt werden konnte, ist selbstverständlich ein entsprechender Verweis auf die Edition im zweiten Band angebracht.

Angaben zur Vorgeschichte eines Siedens habe ich beigesetzt, soweit die Aufhellung ohne längeres Suchen möglich war. Dazu gehört vor allem die Frage, wie der Eigentumsherr zu seiner Berechtigung kam – seinerseits durch Verleihung, durch Kauf o. ä. Auf eine Darstellung der Besitzgeschichte nach der Verleihung habe ich verzichtet. Allenfalls ist noch, wo es zu sicherer Einordnung nötig schien, der Gang des Erbsiedens über eine oder zwei Generationen nach dem Erbbeliehenen verfolgt worden. Die weitere Besitzgeschichte bis in unsere Tage hinein bestimmt ja bei den fließenden Erbsieden die Genealogie. Eine vollständige Darstellung, die für das Ziel dieser Arbeit unergiebig gewesen wäre, hätte auf eine Wiedergabe der genealogischen Bücher hinauslaufen müssen. Das ist schon aus Platzgründen hier nicht möglich. Die weitere Besitzgeschichte der eigentums- oder lehenherrlichen Gerechtsame aber setzte eine vollständige Sammlung der Quellen voraus, die einen Besitzwechsel durch Rechtsgeschäfte unter Lebenden oder durch Erbschaft dokumentieren. Eine derartige Sammlung, die alle Quellen zur Geschichte der Rechtsverhältnisse an den einzelnen Sieden erfassen müßte, wäre auch Voraussetzung für eine endgültige Behandlung des Problems der freieigenen Sieden. Daß er ein solches Urkundenbuch des Haals, etwa als Gegenstück zu Pietschs großem Werk über das reichsstädtische Archiv, im Rahmen dieser rechtsgeschichtlichen Abhandlung nicht hat vorlegen können, sehe man dem Verfasser nach. Sollten wir eines Tages über eine derartige Arbeit aus der Hand des dazu berufenen Hilfswissenschaftlers oder Allgemeinhistorikers verfügen, werden die nachstehenden Untersuchungen ergänzt und, wo nötig, berichtigt werden können. Fürs erste mögen unsere Studien als Entwurf und Umriß des historischen Grundbuchs einer deutschen Saline die dann mögliche vollständige Besitzgeschichte ersetzen.

Für die Anlage der folgenden Besitzgeschichte boten sich drei Möglichkeiten. Zunächst konnte von den ursprünglichen Siedenseigentümern ausgegangen werden (Stadt, Spital, Klöster, Adel, etc.). Der Nachteil dieser Gliederung hätte im häufigen Wechsel der Eigentümer gelegen. Das Eigentum oder die Rechnung wurden ja gehandelt. Mehr oder weniger willkürlich hätte ein Stichtag gewählt werden müssen. Das Schema hätte aber schon wenige Jahrzehnte später nicht mehr gestimmt. Als zweites Ordnungsprinzip boten sich die einzelnen Siedersstämme oder -familien an. Der Aufbau dieser Besitzgeschichte wäre also dem der genealogischen Bücher gefolgt. Immerhin hätte die Ordnung nach Stämmen eine über Jahrhunderte feste Einteilung abgegeben. Es hätten sich aber in der Darstellung Schwierigkeiten gezeigt, wenn ein Stamm mehrere Sieden oder nur Teile eines einzelnen Siedens besaß. Waren etwa mehrere Stämme an einem Sieden beteiligt, hätte der Verleihungsakt an diesem Sieden mehrfach berichtet werden müssen, oder es wären Verweise nötig geworden.

Wir sind daher einem dritten Einteilungsprinzip gefolgt und haben nach Haalhäusern geordnet, innerhalb der Haalhäuser – falls sie mehrere Sieden enthielten – nach Sieden (Siedstätten) und hier wiederum, bei mehreren Berechtigten, nach Siedersstämmen. Es handelt sich um ein »Grundbuch« in der Form des »Realfolium«[15]. Als »Kataster« benutzten wir

15) Fritz Baur, Sachenrecht, § 15 V 3 (S. 128).

Oberhaalschreiber Johann Georg Fischers[16] *Project aller Haal Haüßer*[17]. Der »Project« verzeichnet alle Haalhäuser unter Angabe der darin berechtigten Eigentumsherren und Erbsieder (Stämme bzw. bei freieigenem Erb die gerade Berechtigten). Der besondere Wert der Aufstellung liegt im Datum. Sie ist 1720 vollendet worden und beschreibt damit die Haalhäuser vor dem großen Stadtbrand von 1728, dem auch die Bauten im Haal zum Opfer fielen.

Fischer führt insgesamt 64 Haalhäuser auf, davon 28 sogenannte zweifache, das sind solche mit zwei Siedstätten, die ihrerseits wieder nach der Lage im Haalhaus als vordere und hintere bzw. als obere und untere bezeichnet werden. Daneben nennt er 36 einfache Haalhäuser. Insgesamt ergibt das Raum für 92 Sieden. Die zur vollen Zahl von 111 fehlenden waren die »Herrenpfannen« genannten Sieden der Reichsstadt, an denen kein Erb bestand[18]. Die Zahl der Haalhäuser sank im Lauf des 18. Jahrhunderts[19]. Nach dem Stadtbrand wurden die Sieden neu eingeteilt und in neu erbaute, jetzt dreifache Haalhäuser gelegt, deren es 37 gab[20]. Um die Jahrhundertmitte verringerte sich mit dem Bau steinerner Siedhäuser die Zahl abermals. Die Sieden waren nun in 22 fünffachen Haalhäusern untergebracht[21]. Das war aber nicht die letzte

16) Johann Georg Fischer, Oberhaalschreiber und bedeutender Genealogist, * 19. 8. 1683 als Sohn des Oberhaalschreibers Johann David Fischer und seiner Ehefrau Maria Katharina Engelhardt, † 24. 1. 1740. – Besuchte die deutsche und bis zur dritten Klasse die lateinische Schule, dann Beginn einer Schreiberlaufbahn beim Vogt zu Vellberg. Muß aber abbrechen, um seinem *schwächlichen* Vater zu assistieren. Heiratet 1702 Maria Magdalena Klenck; ein Sohn gelangt in den Inneren Rat, vgl. Wunder, Ratsherren, Nr. 415. Betrieb zunächst die Wirtschaft zum »Goldenen Straußen«; 1706 Unter-, 1708 Oberschreiber des Haals. Litt schon einige Jahre vor seinem Tod unter Gedächtnisschwund und *Apoplexia*, so daß er amtsuntauglich wurde. – Fischer war, vor allem durch Anlage eines achtbändigen genealogischen Werks, ein um die Haalgenealogie hochverdienter und gerühmter (vgl. u. Anm. 29) Mann. Die Neueinteilung der Siedstätten nach dem Stadtbrand von 1728 beruht auf seinen Vorarbeiten (u. Anm. 23). Wie sein Vater wurde er bei den jährlichen Bestandsverhandlungen, erstmals 1708, als Unterhändler verwandt (Müller, Collectanea, HA B 935 Bl. 253). Fischer scheint sich im Amt aufgerieben zu haben. Es heißt von ihm, er habe *ein gantzes systema genealogicum in 8 voluminibus mit der Repartition der Siedensjahr, nach den Looß= und Scheid büchern auf die sämtliche Erbgerechtigkeiten verfertiget, worüber, u. auch nach dem Brand, da das Siedenswesen wieder u. andere einrichtung bekam, u. viel zu schaffen machte, seine kräften vor der zeit geschwächet worden.* (Quelle: Totenbuch von St. Michael, Bd. 7, 1738–1762, StAH 2/75, Bl. 55'/56).

17) Foliohandschrift mit 154 num. und 10 nnum. Bll.; Titelblatt: *Siedens Jahrs Eröfnung von 68 Fuder 7 aimer 4 Maas fließender und 42 Fuder 12 aimer 20 Maas Erbaigenthumblicher Siedens Gerechtigkeit oder Project aller Haalhaüßer von 1683 biß 1800 inclusive sambt einem vorstehenden Register über die Nahmen der Genießer, so wohl Aigenthumblich alß fliessenden Sieden, so auf Eines hoch Edlen und Hochw[eisen] Magistrats Gr[oß]g[ünstig] ertheilten Obrigkeitlichen befelch, elaborirt worden von Johann Georg Fischern p[ro] t[empore] Oberhaalschreibern. Anno 1720.* – HA B 632. In derselben Reihenfolge wie in HA B 632 sind die Haalhäuser auch im *Siedens-Buch zur hoch löblichen Steurstuben gehörig. Anno 1706* angeordnet, vgl. StAH 4/1030, jeweils 5. Spalte von links: *Haalhauß*. Das Siedensbuch der Steuerstube gibt über die zeitgenössischen Rechtsverhältnisse eingehend Aufschluß. – Amtliche Haalhausverzeichnisse hat es schon Anfang des 16. Jhs. gegeben. Das zeigt die Ratsverordnung vom 29. 12. 1518 über das Salzmessen, vgl. HA B 157 Bl. 67. Danach sollte zuerst das jeweils älteste Salz zum Verkauf zugemessen werden. War nur gleich altes Salz vorhanden, sollte *allwegen nach den vier virtailn des Hals und der halheuser ufzaichnůs* hingemessen werden. – Zur Vierzahl und Viertelsteilung im älteren Verfassungsleben vgl. Siebs, Weltbild, symbolische Zahl und Verfassung, vor allem S. 196 ff. (Vierteilung in Städten) und S. 253 ff. (»Vierer«).

18) Sie wurden durch die sog. Herrenbeständer oder herrschaftlichen Beständer gesotten. Nach dem Stadtbrand erhielten die Haalhäuser, in die Stadtsieden gelegt wurden, die niedrigsten Nummern: 1, 2, 3, 4, 5, 6, 7, 8 (vgl. u. Anlage 3). Es handelt sich um 21 Sieden, wobei in der Tabelle der Magistrat jeweils als Lehen- und Erbherr zugleich eingetragen ist (Ausnahme das Sieden im Hh. Nr. 1 in der oberen Statt).

19) Vor dem Stadtbrand scheint es »rotten boroughs« gegeben zu haben – Haalhäuser, die nur noch de jure bestanden. Uhland, S. 21*, spricht von 43 Haalhäusern, die 1728 abgebrannt seien. Das sind erheblich weniger, als die 64 bei Fischer genannten. Einem Schreiben des Haalgegenschreibers Joseph Friedrich Majer an den Magistrat aus der Zeit nach dem Brand (HA A 461) ist zu entnehmen, durch die Erweiterung der Gassen im Haal seien *viele vor der Zeit ohne dem öde Hütten in Abgang kommen.* – Bei Fischer findet sich leider kein Hinweis, ob ein Teil der bei ihm genannten 64 Haalhäuser faktisch nicht mehr vorhanden war.

20) Vgl. Tabelle in HA A 461; Uhland, a. a. O.

21) Uhland, a. a. O.; Gen. HB.

Zusammenlegung von Siedstätten. Auf der Seiferheldschen Haalkarte von 1804 finden sich noch elf, nun mit sechs bis neun Stätten bestückte Haalhäuser[22].

Die Haalhäuser werden hier in derselben Reihenfolge wie bei Fischer aufgeführt. Er hat zunächst überwiegend die zweifachen, dann die einfachen Haalhäuser behandelt. Die Numerierung stammt von mir; sie fehlt bei Fischer. Erst beim Wiederaufbau nach dem großen Stadtbrand erhielten die jetzt 37 Haalhäuser Nummern[23], mit denen sie bis zum Ende der alten Salinenverfassung bezeichnet wurden. Bei den noch vorkommenden Vergrößerungen der Haalhäuser wurde später nicht neu durchgezählt. Die Nummern der aufgelassenen Häuser fielen aus, bis die in der Seiferheldschen Haalkarte von 1804 enthaltenen Nummern 2, 3, 4, 8, 10, 15, 22, 23, 27, (28), 33 und 36 übrigblieben[24].

Von der Seiferheldschen Haalkarte ausgehend kann auch der frühere Zustand des Haals rekonstruiert werden. Im 18. Jahrhundert wurde genau festgehalten, welche Sieden in die immer größer werdenden Haalhäuser verlegt wurden. So enthält der »Genealogische Tomus« Seiferhelds (dazu sogleich) für jedes Sieden die Angabe der jeweiligen Belegenheiten, z. B.: »Konrad Beyschlag hat ein ganzes fließendes Erb im zweifachen Haalhaus beim Sulfertor im Gäßle, beim Bandhaus (falsch, lies: Badhaus) gegen über, in der hintern Statt, so nach dem Brand im dreifachen Haalhaus bei der Suhlen im Gäßle sub Nr. 31 in der unteren Statt, dann im fünffachen Haalhaus Nr. 17 in der hinteren Statt, jetzt aber im neunfachen Haalhaus Nr. 15 in der neunten Statt«[25]. Ich habe die Karte Seiferhelds und die den offiziellen Nummern zugeordneten Namen der Haalhäuser in einem Anhang beigefügt, ebenso eine tabellarische Übersicht, mit deren Hilfe der Weg der Sieden durch die einzelnen Haalhäuser verfolgt werden kann[26].

Die Stammsieder wurden dem »Genealogischen Tomus« des Haalschreibers und Genealogisten Seiferheld von 1808 entnommen. Es handelt sich dabei um eine »Privatstudie«, stellt also gerade kein haalamtliches Geschlechtsregister dar[27]. Im heutigen Haalamt wird der Band, der sich auf dem Neuen Haus befindet, als »Genealogisches Hauptbuch« bezeichnet und für genealogische Arbeiten benutzt. Ich habe diese Bezeichnung übernommen (Abk.: Gen. HB). Seiferhelds Band war *zu schnellerer Übersicht im Nachschlagen* bestimmt, rechtliche Beweiskraft konnte ihm aber nur beigelegt werden, *als in so fern er mit den authentischen haalgerichtlichen Geschlechtsregistern und den Looß-Büchern zusammen stimmt(e)*. Dieser amtliche Charakter ist dem Werk aber längst zugewachsen. Ich habe es den mehrbändigen genealogischen Büchern wegen seiner Handlichkeit vorgezogen[28].

22) Vgl. u. Anlage 1; Carlé, 2. Teil, S. 79; Gen. HB. – Dazu kommt noch als zwölftes, in dem bei Carlé wiedergegebenen Ausschnitt aus der Seiferheldschen Haalkarte nicht sichtbares Haalhaus das 9f. Haalhaus Nr. 28 (sog. Geisthaalhaus auf dem Bürdenmarkt).

23) Anlage 3 – Fischer, von dem der Entwurf für die Neueinteilung stammte, hat sich dabei von dem Gedanken leiten lassen, daß nach Möglichkeit die einem Stamm gehörenden Erbsieden in einem Haalhaus vereinigt würden, vgl. seinen am 15. 2. 1730 im Rat verlesenen Brief (HA A 461): *daß die einem Stammen zukommende Gerechtigkeiten in ein Haalhauß transferirt werden mögten.*

24) S. u. Anlage 1.

25) Gen. HB Bl. 1.

26) S. u. Anlage 2.

27) Vgl. die Voranmerkung: *Dieser von dem Genealogist Seiferheld privato studio zusammen getragene genealogische tomus ist bloß zu schnellerer Übersicht im nachschlagen bestimmt – es kann ihm aber, da er noch keiner revision unterzogen worden, keine rechtliche beweißkraft bey gelegt werden, als in so fern* (weiter wie im Text). – Das Werk trägt die Signatur HA B 806.

28) Vgl. die genealogischen Hauptbücher HA B 790, 797–804, 808–816, 820–828.

Eine kritische Überprüfung der haalgenealogischen Überlieferung lag nicht im Plan dieser Arbeit; dergleichen wäre auch nur im Lauf vieler Jahre zu bewältigen. So bin ich von der Zuverlässigkeit dieser Überlieferung als Regel ausgegangen und habe nur dort, wo mir von den Quellen her eine Ergänzung angebracht schien, diese vermerkt. Im übrigen verweise ich auf das Urteil Gerd Wunders: *Diese* (scil.: genealogischen) *Bücher sind unbedingt zuverlässig, wo es sich um die Vererbung von Siedensanteilen handelt; nicht wenige Prozesse sind um die Aufklärung strittiger Ansprüche geführt worden. Doch wo die Namen von Frauen genannt werden, die keine Siedensrechte zubrachten, wo später Zusammenhänge rekonstruiert wurden, die nur die Genealogie, nicht aber die Siedensrechte betreffen, da haben sich im 18. und 19. Jahrhundert manche Fehler in diesen Büchern eingeschlichen*[29].

Unter diesem Vorbehalt steht auch meine Gewähr für die im folgenden eingestreuten genealogischen Skizzen, soweit sie auf Seiferheld und nicht auf eigenen Quellen bzw. Angaben aus Wunder-Lenckner beruhen[30]. Zur Identifizierung und Überprüfung wurden die Personennamen regelmäßig bei Wunder-Lenckner nachgeschlagen. Die hinter den Namen genannten Jahreszahlen bedeuten wie dort nicht die Lebensdaten, sondern die Beet-, d. h. Steuerjahre[31].

Die Ergebnisse der Untersuchung für die rund 68 erbfließenden Sieden seien hier kurz zusammengefaßt. Zunächst war festzustellen, daß zwar die Mehrzahl dieser fließenden Erbsieden auf dem Wege der Erbverleihung durch einen Lehen- oder Eigentumsherrn mittels eines der oben beschriebenen Erbbriefe zu Erb gemacht wurde. Dies waren etwa 40 Sieden und damit doch nur vier Siebtel des ganzen Erbflusses. Insoweit muß die bisher gängige Vorstellung berichtigt werden, die erbfließenden Siedrechte seien schlechthin auf Erbverleihungen zurückzuführen.

Die nachstehende Übersicht zeigt die urkundlich belegten oder doch wahrscheinlich auf diese Weise erfolgten Erbverleihungen. Die Nummern in der ersten Spalte der Tabelle

29) WL S. 67 – Auch bewußte und gewollte Fälschung drohte. Ein Anonymus berichtet zu Anfang des 18. Jhs. von Mißständen unter der Siederschaft nebst anderem, man müsse mit ansehen, *wie sich einige die sieden durch so viele jahr mit zuschanzung von den vorstehern, alß N. N. sich appropriiren, andere auß den genealogien eradiciren, (3.) hierzu sich wohl unterstehen dörffen, blätter auß den verträg, loß, scheid, und andern hahlsbüchern zu reißen, (4.) falsche außtheilungen, looß und genealogien zu machen, (5.) kirchen, tauff, todt, hochzeith und andere bücher durch mösner und andere officianten zu verfälschen, (6.) die siedens brieff auß denen bey den familien befindlichen siedens trüchle zue stehlen, und der posterität das ihrige hierdurch in aevum hinein zu entziehen.* Unser Gewährsmann gibt aber zu, daß nicht alle so korrupt waren: *will ich . . . nur die jenige gemeint haben, die es angehet, Gott kennts, und bekehre sie auch.* Sollten sie sich aber nicht bessern, so habe das Haal *schlieme* (!) *zeith zue erwarten – solche eigennüzige sieder aber das höllen feüer zu gewartten haben, welches ihnen das salzwaßer nicht außlöschen wirdt.* Andererseits werden die Haalschreiberei unter Haalschreiber Johann Georg Fischer *(fleiß des haalschreibers, so von seinem vatter hierinnen nicht wenig instruirt worden)* und die genealogische Arbeit anderer, vor allem Friedrich Sybäus Müllers, gelobt *(die genealogien und siedens jar außtheihlungen experimentirter männer, allß 2er herren Müller, eines consulenten und eines andern senatoris, vorherigen steuer secretär Müllers)*; vgl. o. Teil A, Anm. 8.

30) Wegen der Zweifel an Seiferhelds Verläßlichkeit habe ich vor der Drucklegung Herrn Gymnasialprofessor i. R. Dr. Gerd Wunder gebeten, die Besitzgeschichte zu überlesen. Seine dankenswerten Berichtigungen sind in Form von Anmerkungen an entsprechender Stelle beigefügt. Betrachtet man die Mängel der nach Seiferheld erstellten genealogischen Tafeln, vgl. etwa Bg. zu Hh. 27, wird Wunders kritisches Urteil verständlich: *Den Genealogisten Seiferheld würde ich nicht so hoch einschätzen und auch nicht als Quelle angeben. Er arbeitet ohne Daten und würfelt daher die Generationen großzügig durcheinander. Was bei seinen Angaben nicht Siedererbe betrifft, läßt sich sehr oft, ja meist als falsch erweisen* (schriftl. Mitteilung an den Verf.). – Wenn ich mich gleichwohl nicht entschließen konnte, auf die nach Seiferheld gefertigten Tafeln zu verzichten, so deshalb, weil sie, zumal mit den Berichtigungen Wunders, wesentliche genealogische Zusammenhänge veranschaulichen und gerade auch mit den offengelegten Mängeln ein Dokument der Haalgenealogie bilden.

31) WL S. 16 f., 89.

verweisen auf die entsprechend durchgezählten Haalhäuser meiner nachstehenden Besitzgeschichte. Dann folgen die Parteien der Verleihung (vor dem Schrägstrich der Verleiher oder Eigentumsherr, dahinter der Beliehene) und der Nachweis des Erbbriefs. Die rechte Spalte gibt die Zahl der damit verliehenen Sieden an.

Haalhaus	Verleiher/Erbsieder	Erbbrief	Sieden
2	Denkendorf/Wenger	U 84/85	1
3	Gnadental/Snelbolt	U 14/15	2
4	Martinsaltar/Bühl	U 81, 96	⅘
4	Krauß/Krauß	U 69	1
5	Goldschmied/Wagner	U 70	½
6	Gronbach, Seßler/Dötschmann	o. U.	2 (?)
8	Schwab/Seiferheld	U 91	½
10	Spital/Dötschmann	U 90	1
10	Dreikönigsaltar/Mayer	U 92/93	1
11	Adelberg/Halberg	U 101	½
11	Erhardtsaltar/Stadtmann	o. U.	1 (?)
12	Spital/Botz	U 60	1
13	Spital/Beyschlag	U 59	1
14	Barfüßer/Vogelmann	U 9	2
15	Merstatt/Hubheinz-Erben	U 63	1
17	Spital/Vogelmann	U 62	1
17	Ottilienaltar/Botz	o. U.	1
19	Stieber/Neuffer	U 13	½
22	Spital/Reiz	U 61	½
22	Spital/Reiz	U 61	1
23	Adelberg/Wetzel	U 94/95	2
24	Gnadental/Blinzig	U 26/27	2
25	Lienhartsaltar/Zoller	U 52	1
25	Franziskusaltar/Geyer	U 39 (?)	1
27	Stadt-Spital/Harlung	U 23	2
29	Spital/Geyer	U 58	1
31	Dürbrech/Seyboth	o. U.	1
33	Dreikönigsaltar/Seyboth	o. U.	1
34	Vogelmann/Seiferheld	U 76	½
35	Franziskanerinnen/Platnerin	U 102	¼
36	Leonhards- u. Franziskus-Altar/Wetzel	U 32	1
38	Vogelmann, Biermann/Botz	U 83	½
40	Eisenmenger/Blinzig	U 100	½
42	Gnadental/Müller	U 68	1
46	Keck, Merstatt/Seyboth	U 64	½
50	Büschler u. a./Bühl	U 113 (?)	1
51	Adelberg/Botz	U 97	1
53	Gnadental/Urlamacherin, Reiz	o. U.	1
55	Spital/Müller	U 67	1
56	Blank/Vogelmann	U 104	½

Etwa ein weiteres Siebtel des Erbflusses ist den ersten Erbberechtigten durch Verkauf des Siedens bzw. des Siedenseigentums unter Vorbehalt des Erbs, durch Tausch oder auf dem Prozeßweg zugekommen. Sieden wurden unter Vorbehalt des Erbs 1522[32], 1542[33], 1564 und 1569[34] verkauft. In solchen Fällen kann man sagen, daß mit dem Verkauf ein Erb neu entstand. Anders liegen die Fälle des Verkaufs von Sieden bzw. Siedensanteilen, bei denen einem Dritten, dem Sieder, ein schon bestehendes Erb vorbehalten wird[35]. Dies ist zwar für uns ein willkommener Hinweis, daß an dem betreffenden Sieden eine Erbgerechtigkeit besteht. In solchen Fällen wird aber durch den Verkauf kein neues Erb geschaffen.

Hier beginnen die Grenzen allerdings zu verfließen. So verkauft etwa 1524 Jörg Seiferheld seinem Schwiegervater Hans Wetzel ¼ Sieden im zweifachen Suhlenhaalhaus. In dem Kaufbrief[36] heißt es, der Verkäufer habe das Erb an dem jetzt verkauften *vierthail siedens.* Liegt darin ein Vorbehalt, der dazu führt, daß das zunächst noch »ungeteilte« Recht des Seiferheld an diesem Viertel getrennt wird und damit ein Erb daran entsteht? War diese Trennung schon vorher eingetreten und gegebenenfalls wann? Das Verzeichnis der Erbberechtigten von 1494 weiß von einem Erb Jörg Seiferhelds nichts[37]. Oder war die Rechtsvorstellung zu Beginn des 16. Jahrhunderts schon die, daß in jedem Siedensrecht Eigen und Erb stecke? Immerhin wird 1524 noch ein Teil »des Siedens« verkauft, nicht ein Teil des »Eigen(tum)s« am Sieden. Es scheint hier eine Übergangszeit gegeben zu haben, in der einerseits die Teilung der Siedrechte in »Eigen« und »Erb« schon bekannt und üblich, andererseits noch das Sieden selbst Gegenstand des rechtsgeschäftlichen Verkehrs war und nicht, wie später, das »Erb«, die »Rechnung« etc.

Auf einen Vorbehalt des Erbs beim Verkauf eines Siedens beriefen sich auch die Beklagten im Prozeß Keck und Wetzel gegen Ehrenfried Müllers Kinder. Nach dem Vortrag der Beklagten sollen sich Hans und Heinrich Müller beim Verkauf ihrer Siedensanteile 1454 und 1456 an Konrad Keck und Kaspar Eberhard das Erb an dem Sieden vorbehalten haben. Nachdem im Prozeß die inhaltliche Richtigkeit dieses Vorbringens nicht bewiesen wurde, kann hier auch nicht gesagt werden, ob bei diesem Sieden das Erb wirklich durch Vorbehalt beim Verkauf entstanden ist. Jedenfalls wird das Erb durch Urteil den Beklagten zugesprochen[38]. Ähnlich verhält es sich mit dem Urteil im Prozeß des Hans Geyer von 1482[39]. Er behauptet sein Erb im Prozeß durch Eid. Schon sein Vater habe das Sieden seit 50 Jahren zu Erb gehabt. Auch hier ist letztlich die Entstehung des Erbs nicht mehr zu ergründen. Nicht weiter aufzuhellen ist auch die Entstehung des Erbs, das durch Ratsentscheide 1528[40] und 1531[41] den Kindern Gilg Wengers und Stefan Halbergs zugesprochen wird.

Um das Erb wird auch in den beiden Prozessen von 1537 (Jörg Seiferheld alt/Michael Seyboth)[42] und 1542 (Seckel, Findimkeller/Botz)[43] gestritten, wobei es im letzteren Fall ausdrücklich heißt, einen Erbbrief nach des Haals Recht habe keine Partei. Bemerkenswert ist

32) Wilhelm Blinzig und seine Geschwister verkaufen an Hans Neuffer, vgl. U 88 u. Bg. zu Hh. 18.
33) Vgl. Bg. zu Hh. 16, obere Statt: ¼ des Seiferheldschen Erbs stammt von Jakob Feierabends Schwiegermutter Dorothea Biermann, die es sich seinerzeit (1542) beim Verkauf des ¼ Siedens an Klaus Kraft vorbehalten hat.
34) Bg. zu Hh. 57: Peter Vogelmann verkauft je eine Hälfte Eigentums an Marg. Kraft und Gilg Schübelin unter Vorbehalt des Erbs.
35) Vgl. Bg. zu Hh. 1 (Vorbehalt zugunsten Gilg Wengers im Kaufbrief von 1507, s. u. Anm. 198 f.).
36) HA U 71. – Vgl. u. Bg. zu Hh. 8.
37) U 49 (421 ff. u. 355).
38) U 50. – Bg. zu Hh. 9 u. o. S. 27 ff.
39) S. o. S. 27 ff.; Bg. zu Hh. 18.
40) Bg. zu Hh. 1.
41) Bg. zu Hh. 28.
42) Bg. zu Hh. 60.
43) Bg. zu Hh. 7.

hier, daß Inhaber von Eigentumsanteilen an den Sieden das Erb beanspruchen. Schließlich kann auch ein Erb, das später fließendes Erb wird, durch Tausch erworben worden sein, wie es etwa bei den dem Stammsieder Wendel Vogelmann zugeschriebenen Anteilen der Fall war, die in Wahrheit erst seine Witwe Anna 1570 von Ezechiel Beyschlag eingetauscht hat[44].

Rechnet man die eben erwähnten Gruppen der Entstehung von Erb zusammen, so kommt man für die Prozesse auf 4⅔ Sieden[45], falls der Prozeß der Ehrenfried Müller-Kinder auch hierher gerechnet wird, auf 5⅔. Die Verkäufe von Sieden bzw. Eigen unter Vorbehalt des Erbs ergeben (soweit bekannt) 3 Sieden[46], zusammen mit Anna Vogelmanns eingetauschten ¾ Erbsieden also insgesamt 8⅔ und ¾ Sieden.

Für ein weiteres knappes Siebtel der erbfließenden Siedrechte gilt die Eigenart, daß sich die entsprechenden Anteile bzw. ganzen Sieden zunächst in ungetrenntem Eigentum (zu erb und eigen) in der Hand eines Inhabers befanden und daß sie später anläßlich der Erbteilung getrennt wurden. Ein Beispiel dafür ist das Schübelinsche Sieden im zweifachen Haalhaus auf dem Bürdenmarkt am Eck in der oberen Statt[47]. Zunächst zu eigen und erb erworben, kam es bei der Teilung des Otterbachschen Nachlasses zur unterschiedlichen Behandlung des Eigens und des Erbs; während letzteres von allen Erben genutzt werden sollte, wurde das Eigen geteilt[48].

Ähnlich dürfte es sich bei der Herausbildung eines (fließenden) Erbs aus dem Haugschen halben Sieden im zweifachen Haalhaus hinter der Hennenschmiede[49] verhalten haben. Auch die ⅔ Sieden, die 1565 den Mayerschen Erben im zweifachen Haalhaus auf dem Bürdenmarkt zu erb und eigen zustanden, dürften auf diese Weise in Eigen und Erb getrennt worden sein[50], ferner das ursprüngliche Erb und Eigen der Dötschmann am Sieden im einfachen Haalhaus beim Ladlis Haalhaus über[51], die Seyboth-Hälften am einfachen Haalhaus auf dem Bürdenmarkt[52], im Badhaalhaus und am Sieden im großen Seyboth-Haalhaus bei des unteren Becken Haus beim Sulfertor[53], das von Jörg Müller 1565 und 1571 zu erb und eigen erworbene Sieden im Müllers-Haalhaus beim Block[54] und das Sieden der Konrad-Vogelmann-Erben im einfachen Haalhaus in der Hohen Suhlengasse[55], die Müllersche Hälfte des Siedens in der oberen Statt des zweifachen Haalhauses in der Sulfertorgasse[56] und die Bühlsche Hälfte am Sieden im zweifachen Haalhaus auf dem Bürdenmarkt an der Stadtmauer (vordere Statt)[57], schließlich die

44) Vgl. Bg. zu Hh. 22 und 61.
45) Bg. zu Hh. 1: 1 Sieden (Büschler/Wenger-Kinder), Hh. 7: 1 Sieden (Seckel, Findimkeller/Botz), Hh. 18: 1 Sieden (Seckel, Stadtmann/Geyer), Hh. 28: ⅔ Sieden (Halberg), Hh. 60: 1 Sieden (Seiferheld/Seyboth).
46) Bg. zu Hh. 8: ¼ Sieden (Seiferheld/Wetzel), Hh. 9: 1 Sieden (Müller/Keck, Eberhard, U 50), Hh. 16: ¼ Sieden (Biermann/Kraft), Hh. 18: ½ Sieden (Blinzig/Neuffer, U 88), Hh. 57: 1 Sieden (Vogelmann/Kraft, Schübelin).
47) Bg. zu Hh. 19.
48) Vgl. u. Anm. 441; bemerkenswert ist, daß ein älteres Erb (1397 durch Verleihung an Hans Neuffer entstanden) im Lauf des 16. Jhs. offenbar wieder verlorenging.
49) Bg. zu Hh. 5, hintere Statt.
50) Bg. zu Hh. 12, untere Statt.
51) Nach U 102 v. 1534 gehörte der Rest des Siedens den Dötschmann zu erb und eigen, vgl. dazu Bg. zu Hh. 35.
52) Bg. zu Hh. 56; Michael Seyboth hatte die Hälfte zu erb und eigen; beachte die Erbteilung unter seinen Söhnen.
53) Die eine Hälfte des Siedens wurde (wie beim Sieden Anm. 52) durch Verleihung zu Erb, die andere Hälfte gehörte Michael Seyboth (zu eigen). Das Erb dieser letzteren Hälfte wurde erst durch den Seyboth-Vertrag unter seinen Söhnen für gemeinsamer Nutzung unterworfen erklärt und damit wurden, wenn man will, Erb und Eigen getrennt, vgl. Bg. zu Hh. 46 und 58.
54) Bg. zu Hh. 59.
55) Bg. zu Hh. 44; vgl. Teilung des Konrad Vogelmann-Nachlasses.
56) Sie stand Wendel Müller noch 1592 zu erb und eigen zu, vgl. Bg. zu Hh. 16.
57) 1570 zu erb und eigen bei Joachim Bühl, vgl. Bg. zu Hh. 1.

Jörg Seiferheld gehörenden Teile der beiden Sieden im zweifachen Suhlenhaalhaus[58]. Auf diese Weise ist fließendes Erb bei 7¾ und ⅔ Sieden entstanden.

Für weitere 9½ Sieden und acht Eimer, und damit ein letztes Siebtel der erbfließenden Siedrechte, konnte der Entstehungsgrund des Erbs nicht geklärt werden. Doch darf man vermuten, daß sich hier die bereits angeführten Entstehungsgründe wiederfinden. Vier dieser Erbsieden, für die sich eine Verleihung nicht nachweisen ließ, hat Hans Wetzel hinterlassen. Eines der Sieden hat er 1516 von Hans von Merstatt[59] (zu vollem Recht, nicht nur zu Erb) gekauft, bei einem weiteren ist der Erwerb eines Viertels zu belegen[60]. Die beiden übrigen Sieden gehörten mehrheitlich Angehörigen der Familie Rinderbach[61].

Nicht klären ließ sich der Erwerb von acht Eimern fließenden Erbs am Sieden im zweifachen Hubheinzen- Haalhaus durch Michael Seyboth[62]. Diese komburgischen Eimer können im Wege der Erbverleihung vergeben worden sein, ohne daß jedoch ein Erbbrief bekannt wäre. Es ist aber auch möglich, daß Seyboth an das Sieden über die Vogelmann kam, denen die restlichen zwölf Eimer gehört hatten und die damit nach dem alten Haalrechtssatz vom »mehreren Teil«[63] zur Verleihung befugt waren. Unklar ist auch, wie Hans Botz das Erb an ⅔ des Siedens der unteren Statt im zweifachen Haalhaus in der Sulfertorgasse erwarb. Es heißt nur, Botz sei in das Haalhaus von alt Michael Seiferheld *gelassen* worden[64]. Offen bleiben weiterhin die Entstehung des Erbs bei dem Müllerschen Erbsieden im zweifachen Haalhaus auf dem Bürdenmarkt am Eck[65], dem Schübelinschen Erbsieden im zweifachen Haalhaus in der Hohen Suhlengasse[66], dem Erbsieden des Hans und Daniel Botz[67], den ²⁄₄ Erbsieden Hans Seiferhelds Erben im einfachen Haalhaus bei der Vorderen Schmiede[68] und die Entstehung des Erbs am Sieden im Mahlers Haalhaus bei der Suhle[69].

Das fließende Erb entstand also auf mannigfaltigere Weise als bisher angenommen. Die Rechtsformen wechselten. In diesem auf den ersten Blick etwas verwirrenden Bild läßt sich aber ein charakteristischer Zug erkennen. Betrachtet man die geistlichen und die weltlichen Siedensherren je für sich, so fällt auf, daß sich erstere ausschließlich der klassischen Erbverleihung bedienen. So gut wie alle geistlichen Sieden sind durch überlieferten, nach dem im ersten Teil dieser Arbeit behandelten Schema aufgebauten Erbbrief vererbt worden. Das gilt bis auf

58) Für eines der Sieden gilt dasselbe, wie in Anm. 53 über ein Seybothsches Erbsieden gesagt. Die Hälfte wurde zu Erb verliehen. Der Rest gehörte Seiferheld. Vgl. dazu die sogenannte Seiferheldische Erbeinigung von 1551, in der auch das hier genannte Sieden erfaßt wird, Abschr. HA B 654 S. 575 ff.

59) Vgl. Bg. zu Hh. 52. – Hier wäre also, entsprechend den Vorgängen bei den Familien Seiferheld und Seyboth, die Entstehung des Erbs im Wege der Erbteilung oder Erbeinigung denkbar.

60) Bg. zu Hh. 5.

61) Bg. zu Hh. 30: ¹¹⁄₁₂ Rinderbach, ¹⁄₁₂ Rormüller; Haalhaus 39: 12 Eimer Barbara von Rinderbach, 8 Eimer Maria Magdalena-Altar.

62) Bg. zu Hh. 15.

63) S. 69 ff.

64) Bg. zu Hh. 16.

65) Bg. zu Hh. 19.

66) Bg. zu Hh. 29.

67) Bg. zu Hh. 30.

68) Bg. zu Hh. 61.

69) Bg. zu Hh. 62.

ganz wenige ungeklärte Fälle[70] für sämtliche im Verzeichnis der Siedberechtigten von 1494 aufgeführten[71] Stifts- und Kloster-[72], Altar-[73] und Spitalsieden[74].

Freilich griffen auch weltliche Siedensherren des Stadtadels und der übrigen Bürgerschaft zum Mittel der Verleihung in dieser Form[75]. Setzt man aber die Zahl der so zu Erb gemachten Sieden zu der Gesamtzahl aller diesen privaten weltlichen Siedensherren und -eigentümern gehörenden Sieden ins Verhältnis, bilden die ersteren nur einen vergleichsweise unbedeutenden Bruchteil, der sich als noch unbedeutender darstellte, bezöge man die freieigenen Sieden mit in die Betrachtung ein. Ob und in welcher Weise auf diesen Sachverhalt Folgerungen für die Entstehung und Eigenart der Besonderheiten des Haalsrechts gegründet werden, gehört freilich nicht in den Rahmen besitzgeschichtlicher Untersuchungen[76].

70) Unter den Klostersieden konnte lediglich der Erbbrief über die Verleihung Gnadental-Urlamacherin (vgl. Bg. zu Hh. 53) nicht nachgewiesen werden. Die Verleihungsgeschichte des Spitals ist vollständig. Bei den Altären fehlen mit dem Erbbrief der Erhartsaltar in St. Katharina (Bg. zu Hh. 11), der Ottilienaltar im Spital (Hh. 17) und der Dreikönigsaltar in St. Michael (Hh. 33) sowie der St. Nikolausaltar ebd. Die Verleihung des Leonhards- und Franziskusaltar-Siedens (Hh. 36) ist durch einen Brief belegt, der kein Verleihungsformular im üblichen Sinn darstellt. Zu Komburg vgl. Hh. 15.

71) Zu älterem, 1494 nicht mehr bestehendem geistlichem Besitz vgl. u. Anm. 77–83.

72) Vgl. zu den Sieden der Barfüsser, U 49 (416 Nr. 71): Bg. zu Hh. 14; von Adelberg, U 49 (416 Nr. 72): Bg. zu Hh. 11, 23, 51; Denkendorf, U 49 (416 Nr. 73): Bg. zu Hh. 2; Komburg, U 49 (417 Nr. 74): o. Anm. 70; Gnadental, U 49 (417 Nr. 75): Bg. zu Hh. 3, 24, 42, 53 u. o. Anm. 70.

73) Vgl. zu den Sieden folgender Altäre – Erhartsaltar in St. Katharina, U 49 (413 Nr. 63): Bg. zu Hh. 11; St. Martins-Altar im Spital, U 49 (414 Nr. 64): Bg. zu Hh. 4; Dreikönigsaltar in St. Michael, U 49 (414 Nr. 65): Bg. zu Hh. 10 u. 33; St. Ottilienaltar im Spital, U 49 (414 Nr. 66): Bg. zu Hh. 17; St. Lienhartsaltar in der Feldnerkapelle, U 49 (414 f. Nr. 67): Bg. zu Hh. 25 u. 36; St. Nikolausaltar in St. Michael, U 49 (415 Nr. 68) o. Anm. 70; St. Maria-Magdalena-Altar in St. Michael, U 49 (415 Nr. 69): o. Anm. 70; St. Franziskus-Altar in der Feldnerkapelle, U 49 (415 f. Nr. 70): Bg. zu Hh. 25 u. 36.

74) Vgl. zu den Spitalsieden, alle nach U 49 (391 f. Nr. 2), Peter Biermann jung: Bg. zu Hh. 27; Peter Vogelmann Botz: Bg. zu Hh. 17; Hans Reiz: Bg. zu Hh. 22; Jörg Ulrich: Bg. zu Hh. 10; Hans Geyer: Bg. zu Hh. 29; Hans Horneck: Bg. zu Hh. 12; Lorenz Breunlin: Bg. zu Hh. 55 (?); Konrad Beyschlag: Bg. zu Hh. 13. – Die beiden zusätzlich genannten Sieden, die von den Haalpflegern der Stadt gesotten wurden, sind offenbar nicht verliehen worden. Zum Erwerb der Siedrechte vgl. die von Lackorn abgeschriebenen Urkunden in StAH 4/67, S. 319 ff., u. a.: 1338, Konrad Schultheiß und Frau Gute von Klingenfels verk. 1 Pf. H. jährl. Geld auf ihrem Sieden, das Walter von Stade siedet, gelegen zu Halle im Haal in der Niedern Gassen, für 9 Pf. H.; 1350, Konrad Schultheiß verk. Konrad Peter 2 Pf. jährl. Heller Geldes und 1 Fastnachthuhn auf seinem Sieden, gelegen zu Halle in der Niedern Gassen, das Konrad Gyr siedet und das † Seyfrieds, seines Bruders, war, um 20 Pf. H.; 1354, Konrad Peter d. Ä. verk. die 2 Pf. H. dem Spital (S. 319–325). – 1363, Margretha Wetzlin verk. das Sieden, gelegen zu Halle im Haal bei Herrn Anhauß Türlin in dem Engen Gäßlin, und eine Hofstatt davor an dem Tolen für 7 Pf. jährl. H. Gelds und 20 Hofschülben (S. 326 f.). – 1373, das Spital gibt Pfaffe Peter ein Sieden (S. 328–331, vgl. u. Anm. 412). – 1392, Kunz Kleinkunz und Hausfrau Kathrin geben dem Spital ein Sieden zu Halle in dem Haale an Negelhildin Sieden, das etwan † Klaus Helben gewesen ist; dafür gibt das Spital Haus und Hofrait zu Hall vor St. Michaels Kirchhof über (S. 334–338). – 1395, Heinrich Eberhard kauft von Hans Bachenstein ein Sieden, gel. zu Hall in dem Haal, hinten an Hansen Nyffers Haus; das Sieden gültet an St. Nikolaus' Altar 5 Pf. H. Vorgeld. 1403, Heinrich Eberhard stiftet für die Badstube im Spital u. a. das Sieden zu Hall im Haal gel., das Stürner siedet und zu einem Erbe hat, und das jährl. an St. Nikolaus'Altar zu St. Michael 5 Pf. H. gültet. 1410, Konrad v. Stetten verk. Heinrich Eberhard u. a. ein Sieden zu Hall in dem Haale, das jetzt Heinrich Besserer siedet und einhalben an desselben Spitals Sieden liegt, an die Badstube im Spital (S. 339–368). – 1411, Ulrich Harlung verk. Endris Hund das Haalhaus mit seiner Zugehörde zu Hall im Haal an dem Suhlfluß, einhalb bei des Spitals Haalhäusern gelegen, um 40 rh. fl.; 1412, Hund verk. dass. dem Spital (S. 373–377).

75) Stadtadel: Verleihung ½ Sieden Geschwister Schwab/Jörg Seiferheld, U 91 (Bg. zu Hh. 8); 1 Sieden Merstatt/Hubheinz-Erben, U 63 (Bg. zu Hh. 15); ½ Sieden Keck, Merstatt/Seyboth, U 64 (Bg. zu Hh. 46). – Sonstige Bürgerliche: 1 Sieden Krauß/Krauß, U 69 (Bg. zu Hh. 4); ½ Sieden Goldschmied/Wagner, U 70 (Bg. zu Hh. 5); ½ Sieden Stieber/Neuffer, U 13 (Bg. zu Hh. 19); ½ Sieden Vogelmann/Seiferheld, U 76 (Bg. zu Hh. 34); ½ Sieden Vogelmann, Biermann/Botz, U 83 (Bg. zu Hh. 38); ½ Sieden Eisenmenger/Blinzig, U 100 (Bg. zu Hh. 40); 1 Sieden Büschler u. a./Bühl, U 113 (Bg. zu Hh. 50). – Insgesamt 6½ Sieden.

76) Vgl. dazu S. 73 f.

Beachtliche Teile geistlichen Besitzes trugen zur Verleihungsgeschichte und Entstehung des bis heute fortdauernden Erbflusses unmittelbar nicht bei. Diese meist auswärtigen und abgelegenen Klöstern gehörenden Siedrechte waren bereits etwa zwischen 1350 und 1450 »säkularisiert« worden. Die Reichsstadt hatte 1425 Anhausener[77] und Schöntaler[78], 1431 Rechentzhofener Sieden gekauft[79], der Stadtadel 1442 Elchinger[80] und schon 1346 der Mergentheimer Deutschherren Besitz[81]. Lichtensterner Sieden konnte die bürgerliche Siederfamilie der Peter (Kercher) erwerben (vor 1352)[82]. Unklar ist der Verbleib der Neresheimer und Celler Sieden[83]. Eine Kontinuität alten, an diesen ehemals geistlichen Sieden bestehenden Erbs bis zu dem späteren Erbfluß scheint es nicht gegeben zu haben[84].

Werfen wir als nächstes einen Blick auf die Zeit, in der verliehen wurde. Der früheste erhaltene Erbbrief[85], mit dem die Barfüßer ihre beiden Sieden an Konrad Vogelmann zu Erb vergaben, stammt aus dem Jahr 1372[86]. Bis 1400 folgten die Verleihung zweier Gnadentaler

77) Der Benediktinerabtei St. Martin zu Anhausen (Bolheim bei Heidenheim) werden 1306 (UB Hall N 179) 16 Eimer Suhle zugeschrieben; 1425 durch Abt, Prior und Konvent an den Rat zu Hall verkauft, UB Hall U 1597. – Vier weitere Eimer, die zu den 16 gehören, kauft die Stadt 1428 von den Geschwistern Bachenstein, UB Hall U 1643.

78) Das Zisterzienserkloster Schöntal, Hohenlohekreis, wird 1237 mit einer *salina* in Hall erwähnt; 1231 erhielt es Steuerfreiheit für sein Salz aus Hall, UB Hall N 28, U 10. – 1306 mit 2 Pfannen und 8 Eimern Suhle angeführt, ebd., N 179. – Dieser Besitz wird 1425 um 700 fl. rh. an Bürgermeister, Rat und Bürger zu Hall verkauft, HA U 24 = UB Hall U 1601.

79) Das Zisterzienserinnenkloster Marienkron zu Rechentzhofen, Hohenhaslach bei Vaihingen, verkauft sein 1306 (UB Hall N 179) nicht genanntes, 1374 erwähntes (UB Hall U 582) Sieden 1431 an die Stadt Schwäbisch Hall, HA U 34 = UB Hall U 1725.

80) Schon 1225 bestätigt Papst Honorius III. der Benediktinerabtei (Ober-)elchingen bei Ulm den Besitz von sieben Siedstätten *(septem furnalia)* mit 28 Eimern Suhle *(cum viginti octo urnis salsuginis)*, UB Hall N 16 u. o. Anm. 194. – 1306 werden Elchingen 32 Eimer mit zwei Hofstätten zugeschrieben, UB Hall N 179. – 1400 führt Elchingen einen Prozeß mit Hans Schletz wegen der Lehenschaft an den Sieden; der Klagvortrag ergibt, daß Elchingen 2 Pf. jährliches Geld auf 32 Eimern Suhle und zwei dazugehörenden Hofstätten hatte, vgl. U 18. – 1442 verkauft das Kloster an Michel Schletz und Ludwig Säßler 15 Eimer aus dem Salzschopfen, aus dem die Schletzin 1 Pf. 15 h. Vorgeld gültet; 10 Eimer Sieden aus den Hofstätten, die dazu gehören, woraus Ludwig Säßler 1 Pf. minder 15 h. gültet, UB Hall U 1974. – Vgl. auch Bg. zu Hh. 52 (Merstatt-Sieden).

81) Die dem Deutschherrenorden 1306 zugeschriebenen zwei Pfannen (UB Hall N 179) verkauft er 1346, und zwar eine an Walter Senfft, die andere an Konrad (von) Bachenstein, UB Hall U 207.

82) Das 1257 erwähnte *ius . . . in aqua fontis*, das Recht am Salzbrunnen, des Zisterzienserinnenklosters Lichtenstern, Löwenstein bei Heilbronn, wird 1306 mit 3½ Pfannen angegeben, vgl. UB Hall N 50, 179. – 1352 verkauft Hartmann Peter eine Gült aus 1½ Sieden, die er von denen von Lichtenstern gekauft hat, UB Hall U 289. – 1357 gibt Heinrich Peter, der Sieder, Conrad Mangolt 1½ Sieden auf, mit denen sein † Vater Peter Kercher von den Klosterfrauen von Lichtenstern belehnt war und die ihm vom Vater zu Erbe geworden sind (U 7 = HA U 3 = UB Hall U 332, vgl. auch UB Hall U 326, dasselbe Geschäft). – 1372 verkauft Elß Hardmenin, Tochter des Peter, dem Vetter Klaus Peter ihren Teil an 1½ Sieden, die denen von Lichtenstern gülten (UB Hall U 542, 560). – Nachdem 1352 und 1372 dieselbe Lagebezeichnung (Lösersgäßlein) vorkommt, möchte ich annehmen, daß alle drei Geschäfte dieselben Sieden betreffen. Lichtenstern dürfte insgesamt nicht mehr als anderthalb Sieden besessen haben. Die Angabe 3½ in UB Hall N 179 wird auf einem Versehen des Abschreibers beruhen.

83) Das Benediktinerkloster St. Ulrich und Afra auf dem Härtsfeld soll 1306 (UB Hall N 179) acht Eimer Suhle gehabt haben, die *frawen von Celle* 32 Eimer. Celle wird von Pfeifle als Prämonstratenserkloster Unterzell, Zell a. Main, Kreis Würzburg, eingeordnet, vgl. UB Hall, Register, S. 464. Dem Register sind auch die übrigen Ortsangaben in Anm. 77–82 entnommen.

84) Vgl. aber Bg. zu Hh. 52.

85) Damit ist natürlich nicht gesagt, daß vorher kein Erb bestand. Bis in die 1. Hälfte des 14. Jhs. reicht die in U 7 erwähnte Verleihung Lichtenstern/Peter Kercher hinauf (vgl. o. Anm. 82). – Vgl. auch U 1/2 (Erb in der Terminologie des Schreibers der Liste von 1494/96, dazu sogleich im Text). – Das in U 18 genannte Erb Berchtold Wetzels an den Elchinger Eimern stammt möglicherweise aus der Mitte des 14. Jhs. – Vgl. auch noch Spitalarchiv Hall, U 476 (vorläufige Nummer): Heinrich Eberhard stiftet 1403 dem Spital ein Sieden, das *Stürmer siedet und zue einem erbe hat.* – Von diesem »Alterb« führt aber keine bislang nachweisbare Brücke zu den am Anfang des Erbflusses stehenden Verleihungen.

86) U 9, vgl. Bg. zu Hh. 14.

Sieden[87] und die eines halben Siedens durch einen Bürgerlichen (Stieber/Neuffer)[88]. Aus der ersten Hälfte des 15. Jahrhunderts ist die Verleihung zweier städtischer oder Spitalsieden an Ulrich Harlung[89] und der beiden Blinzigschen Sieden durch Gnadental zu erwähnen[90]. Auch die zweite Jahrhunderthälfte bringt zunächst nur wenig Erbleiheurkunden. Das Schreiben des Offizials Halberg an den Rat von 1451 gibt Auskunft über die Verleihung eines Siedens an Berchtold Wetzel[91], 1466 wurde ein Altarsieden vererbt[92].

Gegen Ende des 15. Jahrhunderts fertigte die Haller Kanzlei zunehmend mehr Erbbriefe aus. Die Masse der Erbbriefe wurde in den 40 Jahren zwischen den Verleihungen an Michael Seyboth 1493[93] und der Leihe an Jakob Halberg 1534[94] ausgestellt. Die Gründe für diese zunehmende Schriftlichkeit sind schon genannt worden; in der Hauptsache war dafür die durch Prozesse um Erb ausgelöste Ratsverordnung von 1497 verantwortlich[95].

Das anläßlich des großen Suhlenbaus von 1496 erstellte Verzeichnis aller Siedberechtigten enthält auch eine Aufstellung über jene Sieder, die »ein Erb« haben bzw. »wie« sie das haben. Ihr ist zu entnehmen: 1494/96[96] bestand Erb an 25 Sieden, wobei das Erb an zwei Sieden erst zugesagt war. Der Schreiber führt unter den Erbberechtigten auch jene Sieder auf, denen ein Sieden auf Lebenszeit[97] oder auf Widerruf[98] verliehen war. Zusammen mit den eigentlichen Erbsieden ergibt das 36 Sieden. Damit bestanden an etwa einem Drittel aller Sieden mehr oder weniger gefestigte Besitzrechte.

Bis 1500 änderte sich an dieser Zahl wenig. Die Spitalsieden, in der Liste noch als »auf Widerruf« verliehen bezeichnet, wurden 1498 zu Erb verliehen. Die Verleihung der 5½ Spitalsieden am 6. und 12. Juli 1498[99] stellt einen Ausnahmefall dar; weder vorher noch nachher sind von einem einzelnen Siedensherrn so viele Sieden in wenigen Tagen vergeben worden. Ansonsten ist noch die Verleihung des Siedens des Lienhartsaltars (1496) zu erwähnen; das Sieden war aber schon in der genannten Liste als Erbsieden aufgeführt[100]. Bis 1510 sind wieder verhältnismäßig wenige Verleihungen zu melden. 1501 stellt Hans Merstatt der Alte den Hubheinz-Erben einen Erbbrief aus, wozu ihn schon 1497 ein Ratsentscheid verpflichtet

87) U 14/15, vgl. Bg. zu Hh. 3.
88) U 13.
89) U 23, vgl. Bg. zu Hh. 27.
90) U 26/27, vgl. Bg. zu Hh. 24. – Das 1403 an Kunzelmann verliehene Erb scheint keinen Fortgang im Erbfluß gefunden zu haben, vgl. U 20.
91) U 32, vgl. Bg. zu Hh. 36.
92) St. Franziskusaltar, U 39, vgl. Bg. zu Hh. 25.
93) Vgl. Bg. zu Hh. 31 u. 33.
94) U 101; Bg. zu Hh. 11.
95) S. 30.
96) U 49 (421 ff.) – Vgl. zu den dort genannten Siedern Martin Helbling (Nr. 1): Bg. zu Hh. 62; Peter Biermann (Nr. 3): Bg. zu Hh. 27, 30, 14; Wagenseiferlin (Nr. 4): Bg. zu Hh. 3; Conrad Totsmann (Nr. 6): Bg. zu Hh. 6; Hans Geyer (Nr. 10): Bg. zu Hh. 18; Ludwig Blinzig (Nr. 14): Bg. zu Hh. 25; Ernfried Müller (Nr. 17): Bg. zu Hh. 9; Contz Blinzig (Nr. 18): Bg. zu Hh. 25; Hubheinz jung (Nr. 20): Bg. zu Hh. 33; Peter Bruder (Nr. 21): Bg. zu Hh. 53; Hans Blinzig (Nr. 22): Bg. zu Hh. 24; Lautenclaus (Nr. 23): Bg. zu Hh. 4; Haug (Nr. 25): Bg. zu Hh. 24; jung Conz Totsmann (Nr. 29): Bg. zu Hh. 6; Hans Reuter (Nr. 30): Bg. zu Hh. 42; von mir nicht einzuordnen waren: Cleinhans Blest (Nr. 5); Jörg Müller (Nr. 7); Jos Stubner (Nr. 15); Burkhart Botz (Nr. 16). – Vgl. zu den übrigen in der Liste genannten Nummern die folgenden Anm.
97) U 49 (421 Nr. 2, 423 Nr. 9, 424 Nr. 11 – vgl. dazu Bg. zu Hh. 2; Nr. 12, 13, 425 Nr. 19, 426 Nr. 24 – Bg. zu Hh. 15).
98) Es handelt sich um die wenig später zu Erb verliehenen Spitalsieden, vgl. folgend Anm. 99. – U 49 (423 Nr. 8), Hans Reiz: vgl. Bg. zu Hh. 22; (423 Nr. 10), Hans Geyer: Bg. zu Hh. Nr. 29; (427 Nr. 26), Horneck: Bg. zu Hh. 12; (427 Nr. 27), Brünle: Bg. zu Hh. 55 (?); (427 Nr. 28) Beyschlag: Bg. zu Hh. 13. – Vgl. auch o. Anm. 89.
99) U 58–62. Zur Bg. vgl. die vorige Anm. 98.
100) U 52. – U 49 (424 Nr. 14), vgl. Anm. 96.

hatte[101]. In diese Zeit fallen überhaupt einige Erbverleihungen durch Bürgerliche und Stadtadel[102]. Zwischen 1510 und 1520 ist vor allem die Erbverleihung des Denkendorfer Siedens an die Hans Wengerschen Erben zu nennen, mit der die große Zahl der Verleihungen auf Lebenszeit bei diesem Sieden schließt[103].

In den 1520er und 30er Jahren wurden noch einzelne Spital- und Altarsieden vererbt[104]; wichtig ist in dieser Zeit die Verleihung aller Sieden des Klosters Adelberg in den Jahren 1526[105], 1528[106] und 1534[107]. In dieser Überschau wurden bisher nur die Erbverleihungen mittels Erbbriefs berücksichtigt. Es zeigte sich, daß diese Verleihungen über einen langen Zeitraum vom 14. bis zum 16. Jahrhundert verstreut sind. Der Schwerpunkt lag, wie schon gesagt, in der Zeit um 1500. Die Entstehung des Erbs auf anderem Wege (durch Verkauf unter Vorbehalt des Erbs, Erbteilung, Prozeß u. s. f.)[108] läßt sich nur vereinzelt bis ins 15. Jahrhundert zurückverfolgen[109], fällt aber in der Hauptsache erst in das 16. Jahrhundert[110].

Am Ende dieses kurzen Überblicks auf die Zeit der Erbverleihungen ist ein Vorbehalt anzubringen. Nicht in jedem Fall darf die Ausfertigung eines Erbbriefs mit der Entstehung des Erbrechts gleichgesetzt werden. 1514 erhielt Hans Bühl durch förmliche Urkunde das Sieden des St. Martin-Altars im Spital zu Erb verliehen[111]. Das Erb an diesem Sieden wurde Bühl aber schon 1494/96 zugeschrieben[112]. Der Sieder hat sich offenbar erst durch die das Schrifterfordernis für Siedenserbleihen erneut bekräftigende Ratsverordnung vom 29. Oktober 1514 bewogen gefunden, die am 17. November desselben Jahres ausgestellte Urkunde zu erwirken.

Das Erb ist also nicht immer mit dem Datum des Erbbriefs entstanden[113]. Komburg stellte den Bühlschen Erbbrief für ein schon vorhandenes Recht aus. Man halte die Verleihungsbriefe aber auch nicht bloß für verhältnismäßig späte schriftliche Niederlegungen längst bestehender und auf in Wahrheit ganz anderen Tatbeständen ruhender Erbrechte. Davor warnt ein Blick in das Verzeichnis von 1494/96. Für die meisten der dort genannten Erbsieden lagen ja Leihurkunden vor. Das Bühlsche Sieden scheint eher Ausnahme als Regel gewesen zu sein. Für die weit überwiegende Zahl der fließenden Erbsieden können wir bis zum Nachweis des Gegenteils weiter sagen, sie seien durch Ausstellung von Erbbriefen, d. h. durch Erbverleihung, entstanden.

Gerd Wunder hat in der Einleitung zur Haller »Bürgerschaft« die Namen der 40 Stammsieder angeführt und dabei vermutet, die Zahl der Namen und Geschlechter ließe sich durch Rückführung auf gemeinsame ältere Stammväter weiter verkleinern[114]. Faßt man die

101) U 63; vgl. Bg. zu Hh. 15.
102) 1503: ½ Sieden Keck, Merstatt/Seyboth, U 64; 1508: 1 Sieden Krauß/Krauß, U 69; ½ Sieden Goldschmied/Wagner, U 70; 1509: ¼ Sieden Haug/Seiferheld, U 72; ¼ Sieden Kemmerer/Seiferheld, U 73. – Zur Bg. s. o. Anm. 75.
103) 1516, U 84. – Vgl. Bg. zu Hh. 2.
104) 1523: Spital/Dötschmann (U 90), vgl. Bg. zu Hh. 10; 1524: Dreikönigsaltar/Mayer (U 92/93), vgl. Bg. zu Hh. 10; vor 1526: Erhartsaltar/Stadtmann, vgl. Bg. zu Hh. 11.
105) U 94/95 – vgl. Bg. zu Hh. 23.
106) U 97 – vgl. Bg. zu Hh 51.
107) U 101 – vgl. Bg. zu Hh. 11.
108) S. 118ff.
109) Vgl. Bg. zu Hh. 9 – Ehrenfried Müllers Sieden; Bg. zu Hh. 18 – Hans Geyers Sieden.
110) Vgl. dazu die Daten der o. S. 118ff. genannten Vorgänge.
111) U 81, vgl. Bg. zu Hh. 4. – Eine neue Urkunde über dasselbe Sieden wurde 1526 ausgestellt, U 96.
112) U 49 (426 Nr. 23) und die Erbeinigung von 1507, vgl. auch Bg. zu Hh. 4, Anm. 263.
113) Als ein weiteres Beispiel ließe sich die Verleihung Merstatt/Hubheinz-Erben von 1501 nennen, die aufgrund 1497 gefällten Ratsentscheids erfolgte, vgl. Bg. zu Hh. 15, oder jene von 1534 an Konz Dötschmanns Witwe (derselbe Vorgang), vgl. Bg. zu Hh. 35.
114) WL S. 67.

verschiedenen Stämme der Familien zusammen, bleiben in der Tat nur gut 20 Namen übrig. Diese Familien sind nun wieder in ganz unterschiedlichem Ausmaß an der Entstehung des Erbs beteiligt gewesen. Sie lassen sich in drei Gruppen einordnen. Zur ersten Klasse gehören acht Familien, die jeweils mehr als vier Erbsieden erwerben konnten. Diese Gruppe führen die Wetzel mit sieben Sieden an, darauf folgen die Botz und Vogelmann mit ebenfalls knapp sieben und die Müller mit sechs fließenden Erbsieden.

Für die Wetzel erwarb Berchtold 1451 das Erb am Sieden des Leonhards- und des Franziskusaltars[115]. Sein Sohn Hans vermehrte das Wetzelsche Erb um vier Sieden, darunter zwei, die mehrheitlich den Rinderbach gehörten[116], um eines der Angelloch und Rotermund[117] und eines von Hans von Merstatt[118]. Peter Wetzel schloß die Erwerbungen 1526 mit den beiden Adelberger Sieden[119].

Durch mehrere Träger dieses Namens errangen die Botz ihre Erbsieden, so durch Hans 1498 ein Spitalsieden[120], durch Heinrich das Sieden des Ottilienaltars im Spital (vor 1511)[121], durch Michael ein halbes Sieden von Vogelmann-Biermann (1515)[122], durch Heinrich 1528 ein Adelberger Sieden[123]. Dazu kommt je ein von Hans und Daniel sowie von Klaus und Hans erworbenes Sieden[124]. Hans Botz' Erben genossen zwei Drittel eines ursprünglich Seiferheldischen Siedens[125]. Heinrich Botz erwarb ein Viertel an dem Hubheinz-Sieden[126]. Dabei ist freilich zu beachten, daß der Stamm des Heinrich Botz und jener der Hans und Michael Botz zwei verschiedene Familien darstellen[127], so daß wir die Sieden strenggenommen nicht als Vermögen einer Familie ansehen dürfen. Es geht uns hier aber auch nicht darum, geschlossenen Familienvermögen nachzuspüren. Wir wollen lediglich in Form einer statistischen Übersicht die Verteilung der Sieden auf die im Erb vorkommenden Namen darstellen. Mit dieser Einschränkung können wir die beiden Botz-Stämme beieinander stehen lassen. Immerhin ist ja auch unter diesen später selbständigen Familienstämmen ein älterer, im einzelnen nicht mehr zu ermittelnder Zusammenhang anzunehmen.

Die ältesten Erbsieden der Vogelmann erwarb Konrad Vogelmann 1372 von den Barfüßern[128]. Es folgten über die Harlung-Erbschaft zwei Drittel Erb im »Geisthaalhaus«[129]. 1498 wurde Peter Vogelmann Botz ein Spitalsieden vererbt[130]. Ein weiteres Erbsieden tritt bei der Nachlaßteilung unter den Konrad-Vogelmann-Erben von 1525 ans Licht[131]. Von Blank erhielt Wendel Vogelmann 1537 ein halbes Sieden[132], ein ganzes kaufte Peter Vogelmann im selben Jahr von Büschler[133]. Weitere drei Viertel wurden von Ezechiel Beyschlag eingetauscht

115) Bg. zu Hh. 36.
116) Bg. zu Hh. 30 u. 39.
117) Bg. zu Hh. 5.
118) Bg. zu Hh. 52.
119) Bg. zu Hh. 23.
120) Bg. zu Hh. 12.
121) Bg. zu Hh. 17.
122) Bg. zu Hh. 38.
123) Bg. zu Hh. 51.
124) Bg. zu Hh. 30 u. 7.
125) Bg. zu Hh. 16.
126) Bg. zu Hh. 15.
127) Frdl. Hinweis von Gerd Wunder.
128) Bg. zu Hh. 14.
129) Bg. zu Hh. 27.
130) Bg. zu Hh. 17.
131) Bg. zu Hh. 44.
132) Bg. zu Hh. 56.
133) Bg. zu Hh. 57.

(1570)[134]. Auch bei den Vogelmann gilt, was wir von den Botz sagten. Sie sind keine einheitliche Familie, vielmehr bilden die Vogelmann Botz einen selbständigen Stamm.

Bis 1452 hinauf läßt sich das älteste Müller-Erbsieden verfolgen. Ehrenfried Müllers Kinder behaupteten es 1495 in einem Prozeß gegen Keck und Wetzel[135]. Georg Müller erwarb je ein Stadt- und Spitalsieden[136], ebenso ein Gnadentaler Sieden[137]. Zwei weitere Sieden gehörten den Müller ursprünglich zu erb und eigen, wurden aber später fließendes Erb[138]. Zu den an Erbbesitz reichsten Siederfamilien zählen weiter die Seiferheld, Seyboth, Blinzig und Dötschmann.

Die Seiferheld waren ebenfalls mit zwei Dritteln Sieden am »Geisthaalhaus« beteiligt[139]. Das Erb an zwei Sieden, teilweise durch Verleihung seitens der Geschwister Schwab, geht auf Jörg Seiferheld zurück[140], ebenso die drei Viertel Sieden, die er in einem Prozeß 1537 erfolgreich verteidigte[141]. 1511 erhielt Hans Seiferheld ein halbes Sieden von Vogelmann[142], zwei weitere Viertel haben seine Erben vom Spital und von Firnhaber[143]. Michel Seiferheld und Jos Haugs Erben teilten sich ein Drittel[144], eine weitere Hälfte hinterließ ebenfalls Michel Seiferheld[145].

Zwei Sieden erwarb Michael Seyboth der Alte zu Erb, eines davon vom Dreikönigsaltar[146], dazu kommen die acht Komburg-Eimer[147]. Über seine Ehe mit Anna Hub kam seinen Söhnen ein Viertel des Hubheinzen-Siedens zu[148]. Von ihm stammt auch das Erb an einem weiteren Sieden, das zur Hälfte Keck-Angenloch und Merstatt gehörte, zur Hälfte Seyboth selbst[149]. Michael Seyboth jung verließ drei Viertel[150], Daniel und Philipp teilten sich zwei ursprünglich erbeigene Viertel[151].

Das Blinzigsche Erb beginnt 1438 mit der Verleihung zweier Sieden durch Gnadental an Hans Blinzig[152]. Allerdings sotten Familienangehörige schon vorher für Gnadental. Vom Lienhartsaltar rührt ein weiteres Erbsieden her (1496)[153] und ein halbes von Eisenmenger (1533)[154]. Dazu kommt das Erb an einem Sieden, das zur Hälfte den Blinzig gehörte[155].

134) Bg. zu Hh. 22 u. 61.
135) Bg. zu Hh. 9.
136) Bg. zu Hh. 19 u. 55.
137) Bg. zu Hh. 42.
138) Bg. zu Hh. 16, 19, 59.
139) Bg. zu Hh. 27.
140) Bg. zu Hh. 8.
141) Bg. zu Hh. 60.
142) Bg. zu Hh. 34.
143) Bg. zu Hh. 61.
144) Bg. zu Hh. 16.
145) Bg. zu Hh. 16.
146) Bg. zu Hh. 33 u. 31.
147) Bg. zu Hh. 15.
148) Bg. zu Hh. 15.
149) Bg. zu Hh. 46.
150) Bg. zu Hh. 58 u. 60.
151) Bg. zu Hh. 56.
152) Bg. zu Hh. 24.
153) Bg. zu Hh. 25.
154) Bg. zu Hh. 40.
155) Bg. zu Hh. 18.

Die zwei durch Konrad Dötschmann vererbten Sieden stammen von Gronbach und Seßler[156], das Erbsieden Ludwig Dötschmanns vom Spital (1498)[157], ein letztes Dötschmann-Sieden von Feierabend[158].

Auf diese acht Familien folgt eine zweite, mittlere Gruppe von Inhabern fließenden Erbs, die mehr als zwei, aber weniger als vier Erbsieden zusammenbrachten. Dazu gehören die Geyer, die ein Spitalsieden (1498)[159] und ein Altarsieden (1466)[160] verliehen bekamen und ein weiteres Sieden im Prozeß 1482 bewahren konnten[161].

Die Bühl sotten je ein Sieden vom Martinsaltar[162] und später eines von Büschler u. a.[163]. Ein weiteres halbes Sieden gehörte 1570 den Bühl zu erb und eigen[164]. Die Reiz verdankten anderthalb Sieden dem Spital (1498)[165] und eines Gnadental[166]. Seitz Wagner hatte das Erb zweier Gnadentaler Sieden, die einstmals Snelbolt verliehen worden waren[167]. Ein halbes Erbsieden erlangte er 1505 von Goldschmied[168]. Schließlich rechnen zur Mittelgruppe die Wenger, die 1516 das Denkendorfer Sieden zu Erb erhielten[169] und 1528 vom Rat das Erb an einem Büschler-Sieden bestätigt bekamen[170]. Dazu tritt ein weiteres halbes Sieden (von Vogelmann?)[171].

In die dritte und letzte Gruppe der Erbflußbeteiligten fallen Stämme, die weniger als zwei Sieden vererben, die meisten sogar nur ein ganzes Sieden oder weniger. Die erste Stelle nehmen hier die Mayer ein. Hans Mayer erhielt 1525 das Erb des Dreikönigsaltar-Siedens[172]. Matthes Mayer vermehrte das Erb um weitere, ursprünglich erbeigene zwei Drittel Sieden[173]. Auf Gilg Schübelin geht ein halbes[174], auf Hans Schübelin alt ein ganzes Erbsieden zurück[175]. Seit der Mitte des 15. Jahrhunderts besaßen die Halberg (Sebold) zwei Drittel Sieden[176]. 1534 brachte Jakob Halberg zu dem Besitz ein weiteres halbes Erb von Adelberg[177]. Nun folgen vier Namen, die mit je einem ganzen Erb verbunden sind: Beyschlag[178], Helbling[179], Krauß[180] und Stadtmann[181]. Nur Teile fließender Erbsieden hatten die Firnhaber (zwei Drittel am

156) Bg. zu Hh. 6.
157) Bg. zu Hh. 10.
158) Bg. zu Hh. 35.
159) Bg. zu Hh. 29.
160) Bg. zu Hh. 25.
161) Bg. zu Hh. 18.
162) Bg. zu Hh. 4.
163) Bg. zu Hh. 50.
164) Bg. zu Hh. 1.
165) Bg. zu Hh. 22.
166) Bg. zu Hh. 53.
167) Bg. zu Hh. 3.
168) Bg. zu Hh. 5.
169) Bg. zu Hh. 2.
170) Bg. zu Hh. 1.
171) Bg. zu Hh. 1.
172) Bg. zu Hh. 10.
173) Bg. zu Hh. 12.
174) Bg. zu Hh. 19.
175) Bg. zu Hh. 29.
176) Bg. zu Hh. 28.
177) Bg. zu Hh. 11.
178) Bg. zu Hh. 13.
179) Bg. zu Hh. 62.
180) Bg. zu Hh. 4.
181) Bg. zu Hh. 11.

»Geisthaalhaus«)[182], Haug[183], Feierabend[184] und die Nachkommen der Hubheinz-Erben Hans Hub, Mengoß und Feierabend[185].

Betrachten wir den Anteil dieser Familien am fließenden Erb im Überblick, so ergibt sich für die drei Gruppen folgendes Bild. Die acht Familien mit dem größten Siedensbesitz, im einzelnen die

(1) Wetzel	mit 7,
(2) Botz[186]	mit knapp 7,
(3) Vogelmann[186]	mit knapp 7,
(4) Müller	mit 6,
(5) Seiferheld	mit 5¼,
(6) Seyboth	mit 4½,
(7) Blinzig	mit 4½,
(8) Dötschmann	mit 4 Sieden,

besaßen zusammen etwa 45¼ Sieden oder bezogen auf eine Gesamtzahl von annähernd 68¾ Sieden rund 66 % oder zwei Drittel des Erbflusses.
Die fünf Familien der Mittelgruppe, und zwar die

(1) Geyer	mit 3,
(2) Bühl	mit 2½,
(3) Reiz	mit 2½,
(4) Wagner	mit 2½,
(5) Wenger	mit 2½ Sieden,

vereinigten 13 Sieden auf sich, wieder bezogen auf das ganze fließende Erb knapp 20 % oder ein Fünftel.
Die letzte Gruppe bringt es dagegen nur auf insgesamt zehn und ein halbes Sieden oder 15 % des Erbs; im einzelnen haben die

(1) Mayer	1⅔,
(2) Schübelin	1½,
(3) Halberg	½ + ⅔,
(4–7) Stadtmann, Beyschlag, Helbling, Krauß je 1 Sieden:	4,
(8) Firnhaber	⅔,
(9) Haug	½ + (⅓)[187],
(10) Feierabend	½,
(11) Hubheinz-Erben	½ Sieden.

In der ersten Gruppe sind bis auf die Seyboth, die aber durch die Heirat des alten Michael Seyboth die Tradition der Familie Hub fortführen, ausschließlich die schon von Wunder so genannten »alten« Siedersfamilien vertreten[188]. Bei einzelnen dieser Familien ist Erbsiedensbe-

182) Bg. zu Hh. 27.
183) Bg. zu Hh. 5 u. 16.
184) Bg. zu Hh. 34.
185) Bg. zu Hh. 15.
186) Die verschiedenen selbständigen Stämme sind hier zusammengerechnet, vgl. dazu oben im Text.
187) Mit Michel Seiferheld, vgl. Anm. 145.
188) WL S. 67.

sitz schon im 14. Jahrhundert nachweisbar, so bei den Vogelmann oder den Wetzel[189]. Von Berchtold Wetzel heißt es 1451, er sei von allen seinen vier Ahnen (Großeltern) her ein Erbsieder[190]. Zu diesen alten Familien zählen auch noch die in der Mittelgruppe führenden Geyer und Bühl. Auf sie entfallen zusammen rund 50 Sieden oder drei Viertel des Erbflusses. Dagegen finden sich in der unteren Hälfte der Mittelgruppe und in der letzten Gruppe die Namen von Handwerkerfamilien, die zu Siedensbesitz kamen[191]. Sie müssen sich in das verbleibende Viertel teilen. Die Besitzgeschichte des Erbflusses weist damit bereits zu Beginn der Neuzeit einen ausgesprochen konservativen Zug auf; die Angehörigen der damals schon alten Siederfamilien sicherten sich und ihren Nachkommen den weitaus größten Teil des Erbs.

189) Vgl. Anm. 128 (Vogelmann) und WL S. 68; U 18.
190) U 32.
191) WL S. 67.

Die Haalhäuser

1. ZWEIFACHES HAALHAUS AUF DEM BÜRDENMARKT AN DER STADTMAUER[192)]

Von den beiden in diesem Haalhaus belegenen Sieden stand das Erbrecht an dem einen ganz und an dem anderen zur Hälfte der Familie *Wenger* zu, das letzte halbe Erbsieden den *Bühl*. Seiferheld nennt als Stammsieder Gilg Wenger den Jüngeren und – für die Bühlsche Siedenshälfte – Joachim Bühl[193)]. Nach Fischers Haalhausverzeichnis befand sich in der hinteren Statt ein ganzes Erbsieden des alten Gilg Wenger und seiner Erben, in der vorderen Statt ein halbes Erbsieden des alten Gilg Wenger und ein halbes des alten Joachim Bühl[194)]. Von den drei bei Wunder-Lenckner für das 16. Jahrhundert verzeichneten Wenger dieses Vornamens kommen nur die beiden älteren in Betracht: der von 1500 bis 1527 verbeetete Sieder Gilg Wenger (Kemmer)[195)] und sein Sohn, der Sieder Gilg Wenger Kemmerer (1529–1581)[196)]. Wie sich gleich zeigen wird, war schon der älteste Gilg erbberechtigt, so daß man ihn als Stammsieder ansehen kann.

Vom Anfang des 16. Jahrhunderts liegen drei Kaufbriefe vor, die Sieden im *halhaws am Bürdinmarckht und an der statt mawer* betreffen. Aus diesen Kaufbriefen ergeben sich folgende Rechtsverhältnisse. 1502 stand eines der Sieden Hermann Büschler zu, das Eigentum am andern teilten sich mit je einem Viertel Veronika, Tochter des Klaus Vogelmann alt, und ihr Bruder Klaus Vogelmann jung sowie mit einer Hälfte Ludwig Hofmann[197)]. Von einem Erb an diesen Sieden ist in der Urkunde nicht die Rede. Der nächste Kaufbrief (1507) erwähnt ausdrücklich Erbberechtigte. In der Urkunde verkauft der Priester Niclaus Vogelmann dem Lienhart Seckel sein Viertel Sieden *one das ... Gilg Wennger der sieder das erb daran*[198)]. Der Kauf erstreckte sich also nur auf das Eigentum; dem Gilg Wenger[199)] wurde das Erb vorbehalten, indem es ausdrücklich aus dem Kauf ausgenommen wurde. Damit hatten die Wenger spätestens seit 1507 das Erb, jedenfalls an dem verkauften Viertel; ob an dem ganzen Sieden, läßt sich anhand der Urkunde allein nicht entscheiden.

Das Eigentum des Siedens wird ursprünglich ganz in der Hand der Vogelmann gelegen haben. Die in den Kaufbriefen als im Besitz Ludwig Hofmanns genannte Hälfte stammt von

192) Lagebezeichnung nach HA B 632 Bl. 1'/2; so auch U Anhang (61). Auch »Haalhaus beim Untern Türle« genannt, vgl. Gen. HB Bl. 98, 765'. In StAH 9/6 Nr. 2 (vgl. u. Anm. 208): *haalhauß beim Vndern thürlin zwischen der stattmauren und eins ehrbarn rhatts haalhauß gelegen.* – Zuletzt 8 f. Hh. Nr. 22, 6. St., und 9 f. Hh. Nr. 36, 7. St.
193) Gen. HB a. a. O.
194) HA B 632 a. a. O.
195) WL 9103.
196) WL 9105; vgl. noch den dritten Gilg: WL 9109 – 1579/97. – Vgl. auch Genealogische Tafel Wenger bei Raimund J. Weber, Denkendorfer Sieden, in: Haalquell 1978, S. 11.
197) HA U 62 – 1502, Veronika verkauft ihr Viertel an Cunrat Vogelmann.
198) HA U 63.
199) Aus der U geht nicht klar hervor, wer das Erb hat. Sie behält nämlich weiter unten im Text auch noch Hans Wenger das Erb vor. Der Kauf soll *Hannsen Wennger an seinem erb unschedlich sein.* – Vgl. zum Eigen noch HA U 65: 1509 verkauft Ludwig Schab seinem Schwager Hans Firnhaber seinen halben Vierteil an dem halben Sieden, daran er, Schab, noch anderthalb Vierteil hat *(an dem sieden, daran Cunrat Vogelman ain viertayl und Lienhart Seckel auch ain viertayl haben, in dem halhaws, darinnen Herman Buschler ain ganzes sieden hat).* In der U werden Vorgelder erwähnt, denen der Kauf unschädlich sein soll, aber kein Erb.

seiner Mutter Dorothee Vogelmann[200]. Aber nicht nur das Eigentum, auch die unmittelbare Nutzung hatten noch wenige Jahre zuvor die Vogelmann. Ulrich Vogelmann sott zur Zeit des großen Suhlenbaus (1494/96) ein ganzes Sieden von Bartholme Büschlerin[201], ein halbes von *Clausen Vogelmans*[202] *saligen verlasen kinde* und noch ein halbes von *Claus Hoffmanns*[203] *kind vormunder*[204]. Das sind die beiden Sieden im zweifachen Haalhaus an der Stadtmauer. Unter den Erbberechtigten ist Ulrich in dieser Zeit nicht aufgeführt[205].

Ursache für den Erwerb des Erbs durch die Wenger dürfte die Heirat Hans Wengers mit Katharina Vogelmann gewesen sein[206]. Sie war Tochter und Erbin Klaus Vogelmanns alt, aber anders als ihre Geschwister Veronika und Claus jung nicht mit einem Anteil Eigentums an dem halben Sieden der *Clausen Vogelmans saligen verlasen kinde* bedacht[207]. Möglicherweise war ihr das Erb an dem ganzen Sieden oder einem Teil als Heiratsgut oder bei der Erbteilung zugeschieden worden.

Die Bühlsche Siedenshälfte stand 1570 Joachim Bühl zu, und zwar zu erb und eigen[208]. Die Wenger und Bühl waren zu dieser Zeit verschwägert. Sebastian (Bastian, Basti) Bühl, Joachims Sohn, hatte Veronika Wenger, Gilgs Tochter, geheiratet[209].

Unklar ist, wie Gilg Wenger das Erb an dem Sieden in der hinteren Statt erwarb. Aus der Urkunde von 1570[210] geht hervor, daß er und seine Frau möglicherweise schon das Erb an diesem Sieden besaßen; sie sprechen von *unserm halhaus*. Herren des Siedens dürften zu der Zeit noch die Büschler oder Büschler-Erben gewesen sein. In derselben Urkunde treten als Siegler Jörg Schwab und Caspar Büschler auf *(meine günstige junckhern)*. Jörg Schwab[211] war mit Barbara von Roßdorf vermählt. Ihr Vater Volck von Roßdorf war Schwager Philipp Büschlers[212]. Es dürfte sich daher um jenes Sieden handeln, dessen Erb 1528 vom Rat den Kindern Gilg Wengers zugesprochen wurde[213].

200) Vgl. WL S. 239 Jz. 1482; ebd. zu Claus und Ludwig Hofmann: 3857, 3863. – Vgl. auch Ratsbucheintrag von 1486 (StAH 4/205 Bl. 160/160' = 159 mit Blei): Nachdem er vor etwieviel Jahren und Zeiten Dorothee Vogelmennyn geheiratet hat, die ihm *ain mercklich hab und gůt zugebracht*, verschreibt er ihr 600 fl. rh. wegen der ihm bisher bewiesenen Liebe und Freundschaft auf verschiedenen Gütern, darunter an erster Stelle auf einem halben Sieden an dem ganzen in dem Haalhaus an der Stadtmauer gelegen, darin Bartholome Büschler ein ganzes Sieden hat und der Gegenhalbteil Clas Vogelmanns seligen Kinder ist, die er mit Katharina Wetzlin selig gehabt hat. Das Sieden ist frei eigen, ohne daß es jährlich Petter von Rinderbach 15 Pfennig Vorgeld gültet. Mitverschrieben wird eine Hofstatt, die an dem Haalhaus liegt.
201) Sie ist die Witwe des Bartholomäus Büschler, vgl. WL 1146–1461/91; ihr Sohn Hermann: WL 1149–1497/1543; Gerd Wunder, Rudolf Nagel von Eltershofen († 1525) und Hermann Büschler († 1543). Stättmeister der Reichsstadt Hall, in: Lebensbilder aus Schwaben und Franken, 7. Band, Stuttgart 1960, S. 30 ff.
202) WL 2277 – 1444/84.
203) Vgl. o. Anm. 200.
204) U 49 (348) und (398 Nr. 18).
205) U 49 (420 ff.).
206) Gen. HB S. 715.
207) Vgl. oben im Text und die Angaben über das Eigentum in den Kaufbriefen von 1502, 1507 und 1509 (Anm. 197–199).
208) Ausf. Papier StAH 9/6 Nr. 2, Abschr. HA B 654 S. 526 ff. (529). Möglicherweise ist die Siedenshälfte mit der ebd. S. 522 ff. genannten gleichzusetzen.
209) Vgl. die Urkunden StAH 9/6 Nr. 1 (1566; Abschr. HA B 654 S. 531 ff.) und Nr. 4 (1575; Abschr. HA B 654 S. 537 ff.) sowie die in Anm. 208 gen. – Über diese Urkunden vgl. auch den Bericht der Haalmeister an den Rat, StAH 9/6 Nr. 5. – Auf diese Ehe geht auch Michael Bayerdörfer zurück, der in U Anhang als Erbberechtigter für das ganze Sieden genannt wird; zu ihm auch: HA B 658 S. 22 (Urteil von 1677).
210) Vgl. Anm. 208.
211) WL 8014 – 1547/79.
212) WL 6678.
213) Vgl. Ratsprotokoll StAH 4/206 Bl. 173: *In spennen und irrtúmben sich zwúschen Gilg Wengers verlaßen kinder[n] und der selbigen vormúndern und freúntschaft als clagender parthey an ainem und*

2. BRÜN(N)LIS HAALHAUS[214)]

Das Sieden im Brünnlis Haalhaus gehört zu den bestdokumentierten im Haal. Seine Besitzgeschichte läßt sich vom Jahr 1231 an in den für die Entwicklung der Rechtsverhältnisse wesentlichen Abschnitten verfolgen[215)]. 1231 erhielt das Chorherrenstift Denkendorf von dem Staufer Heinrich VII. eine Salzpfanne als Seelgerät[216)]. Das Stift verlieh die Pfanne im 14. und 15. Jahrhundert mehrfach in Temporalleihe. Die erste Verleihungsurkunde stammt aus dem Jahr 1312[217)]. Im 15. Jahrhundert erscheint die Familie Jörg als Nutznießer des Siedens. 1446 erhielt Peter Jörg[218)] das Sieden auf Lebenszeit verliehen[219)]. Aber schon sein in der Verleihungsurkunde genannter Vater Hans Jörg hatte das Sieden inne[220)]. Als letzter aus der Familie Jörg siedet Konrad Jörg. Er hat noch wenige Jahre vor seinem Tod einen Leihbrief, wieder auf Lebenszeit, erhalten[221)].

Nächster Beständer war Haalschreiber Daniel Bömlin (Böhmler). Er scheint das Sieden, wenn überhaupt, nur kurz mit eigenen Händen gesotten zu haben. 1490 schreibt er sich an der Universität Tübingen ein[222)]. Im Verzeichnis der Sieder aus der Zeit des großen Suhlenbaus erscheint dann zum erstenmal Hans *Wenger* als Sieder der Denkendorfer Pfanne[223)]. Bei ihm

Herman Búschlern antwo[r]tern am andernthaile von wegen aines erbß an ainem sein Herman Búschlers sieden, nach fúrgewendt[er] clag, antworth, verhörter kúntschaft und eingelegten brieflichen urkúnden, ouch des Hals bůch, erkennt ain erbar rathe, das solch erb den vermelten kindern zůgehörig, und Herman Búschler inen an dem selbigen dhein ferner verhindrung oder eintrag thůn, sonder dwyl sie solch sieden nach des Hals brauch verdienen und vergelten könden, dabey gerüwiglich und ungeirrt pleiben lassen, actum mitwoch nach purificat[ionis] Marie a[nn]o [15]28 (Abschr. HA B 654 S. 993). – Die Entscheidung gibt Rätsel auf. Die angeführte »Kundschaft« (Zeugenverhör) ergab für die Wenger-Kinder nichts, vgl. StAH 9/6 Nr. 1. Die Zeugen wußten nichts von dem Erb zu sagen. Dem Verhörprotokoll liegt dementsprechend ein Entscheidzettel bei, in dem Büschler von der Klage freigesprochen wird. Wie kam es, daß im Unterschied dazu im Ratsprotokoll den Wenger-Kindern das Erb zugesprochen wurde?

214) HA B 632 Bl. 3'. Lagebezeichnung in den Leihebriefen: 1516 – *bei dem Ößhäuslin am Suhlfluß*, 1510 – *am Suhlfluß*, ebenso 1489. Vorher keine Ortsangabe, die auch überflüssig war, weil Denkendorf nur ein einziges Sieden hatte, vgl. U 1, 2, 12, 22, 28, 29, 45, 75, 84, 85. – Die Nähe des Haalhauses zur Suhle läßt erkennen, daß der Name von dem sog. Wilden Brünnle herstammt, einer nicht Sole führenden Quelle in unmittelbarer Nähe der Salzquelle, vgl. die Karte des Haals von Seiferheld (1804), abgedruckt bei Walter Carlé, Salzgewinnung in Schwäbisch Hall, in: Jahreshefte des Vereins für vaterländische Naturkunde in Württemberg, 121. Jg. (1966) S. 79 u. hier u. Anlage 1 (»Brünnlein«). Ein Zusammenhang mit der Siederfamilie Braun (Prün, Prun), vgl. WL S. 147 f., dürfte nicht vorliegen. – Zuletzt 6 f. Hh. Nr. 2, 5. St.

215) Raimund J. Weber, Denkendorfer Sieden, in: Der Haalquell 1978, S. 1 ff.

216) Vgl. zu den Ausfertigungen der Schenkungsurkunde und der Bestätigungsurkunde von Schultheiß und Bürgergemeinde (civitas) sowie der Überlieferungsgeschichte: UB Hall U 7–9; Weber, a. a. O.

217) U 1, 2 (Revers) – an Lugart Wägin und Sohn Cunrat, also eine Leihe auf »zwei Leiber«. U 1 ist die früheste Leihurkunde der Haalsgeschichte.

218) WL 4214 – 1442/56.

219) U 28, 29.

220) U 22. Zu Hans: WL 4212 – 1422/46 (hat 1412/44 ein Denkendorfer Sieden). Der Leihebrief wurde 1409 ausgestellt. – Vor den Jörg sott Walter Harlung, vgl. WL 3289; vgl. auch Ulrich Harlung, WL 3290. – Unmittelbar davor (1399) wird Gerhus oder Gernolt Stölzelhiltin mit einem Denkendorfer Sieden genannt, vgl. WL 8478.

221) U 40. – Die U mit der Jahrzahl 1483 ist zwar im Rückvermerk als Kopie bezeichnet, erweckt aber mit ihren Abkürzungen und Streichungen bzw. Ergänzungen eher den Eindruck einer Vorlage. Möglicherweise ist das Pergament erst 1485 ausgefertigt worden, vgl. den Vermerk in HA A 539, wonach Propst Peter dem ehrbaren und wohlbescheidenen Conrad Jörg eine Pfanne auf Lebenszeit verliehen hat. Vgl. auch HA B 790 S. 1213. – Zu Konrad Jörg: WL 4215 – 1442/88.

222) U 45 und StAH 4/67 S. 378–383. – Zu Bömlin: WL 814 – 1477/1507; Heinrich Hermelink, Die Matrikeln der Universität Tübingen, 1. Bd., Stuttgart 1906, S. 80: *Daniel Bömler de Hallis dedit 1 ß quia pauper* (3. Juni); WL S. 140 Jz. 1490. – Bömlin bezog im Alter das Spital, daher kam die Verleihungsurkunde in die Spitalregistratur, vgl. Eintrag im Rep. des Spitalarchivs (StAH) S. 480: *von Denkendorff hatte Daniel Bämler haalsschreiber genoßen von 1481 biß 1503.*

223) U 49 (416, 371); zu ihm: WL 9101 – 1469/1513.

und seinen Nachkommen verblieb die Siedensnutzung endgültig. 1510 erhielt er das Sieden, das er bereits seit über 15 Jahren sott, durch einen Leihebrief auf Lebenszeit. Hans Wenger starb schon drei Jahre darauf. Der Grund für diese späte Verleihung lag darin, daß zunächst der Tod Bömlins (1507) abgewartet werden mußte, ehe das Sieden erneut vergeben werden konnte. Es läßt sich aber auch in anderen Fällen der Leihe auf Lebenszeit beobachten, daß nicht gleich bei Beginn der Siedenszeit dem Sieder ein Leihebrief erteilt wird. Oft vergehen Jahre, ehe dieser Schritt erfolgt, manchmal, wie hier, erst am Lebensabend des Sieders.

Der Schritt von der Temporal- zur Erbleihe vollzog sich bald nach dem Tode Hans Wengers. 1516 erhielten seine Erben von Propst Johannes zu Denkendorf das Sieden zu Erb. In der Urkunde wurden bedacht – ohne Angabe der auf die einzelnen entfallenden Anteile – Hans Wengers Kinder Gilg und Anna, sie zugleich mit ihrem Ehemann Blasius Wirt[224)], und ein Enkelkind, Else, Tochter des verstorbenen Hans Wenger jung[225)]. Im späteren Erbgang erscheinen Anna Wenger und ihr Ehemann Wirt bzw. deren Nachkommen nicht mehr. Eine Hälfte des Siedens vererbt sich unter den Nachfahren Gilg Wengers, die andere unter den Erben Hans Wengers jung. Von den vier Kindern Gilgs alt erhielt Gilg jung ein Viertel, mithin ⅛ des ganzen Siedens[226)]. Die übrigen ¾, bzw. auf das ganze Sieden bezogen ⅜, werden unter den Nachkommen der Anna Maria Englin vererbt[227)]. Sie war eine Nachfahrin der Margaretha Wenger und ihres zweiten Ehemanns, des Bildhauers Sem Schlör[228)]. Die übrigen zwei Kinder Gilg Wengers alt, Burkart und Agnes, sind aus dem Erbgang ausgeschieden[229)]. Die andere Hälfte vererbt sich bis heute unter den Nachkommen der Enkelin des alten Hans Wenger, Elisabeth, und ihres zweiten Ehemanns Hans Reiz[230)].

Zwei Besonderheiten des Denkendorfer Siedens verdienen noch Erwähnung. Zum einen die auf die Schenkung Heinrichs VII. zurückgehende Steuerfreiheit, mit der das Sieden begabt war. Sie hat sich offenbar bis zum Ende der Reichsstadtzeit gehalten[231)].

Eine weitere Eigenart dieses Siedens war, daß dem Stift nur 16 der gewöhnlich eine Pfanne ausmachenden 20 Eimer gehörten, die übrigen vier aber dem Geschlecht der Senfften von Sulburg (»Senfftenfünftel«). Der Ertrag aus diesen vier Eimern stand den Senfften als den

224) WL 9279 – 1506/19 – ein Schneider.
225) U 84/85.
226) Gen. HB Bl. 765', HA B 632 Bl. 3'.
227) Gen. HB a. a. O.
228) Zu Schlör: WL 7529 – 1573/91; Werner Fleischhauer, Renaissance im Herzogtum Württemberg, Stuttgart 1971, S. 133 ff.
229) Vgl. auch den Entscheid im Rechtsstreit Michael Bayerdörfer und Consorten gegen David Reiz vom 16. Mai 1667, HA B 658, S. 22 f.
230) Vgl. Anm. 229 und Gen. HB Bl. 498'.
231) Gen. HB Bl. 498' : *½ beetfreies fl. erb.* – Um die Steuer- und Abgabenfreiheit scheint es auch bei dem in U 1232 Mai 11 (WUB III 813) beurkundeten Geschäft gegangen zu sein. Das Kloster will sich vor königlichen Abgaben sichern: (ambiguitas futura) *si forte dominus rex . . . super eadem* (scil. patella) *speciali solutione ipsos* (scil. fratres) *gravare vellet et inquietare.* Man schützt sich, indem die »Lösung«, d. h. hier wohl die Einziehung des Zinses, dem Langenburger übertragen wird: (fratres) *solutionem super patella . . . nobis* (scil. W. de Langinberc) *exhibentes.* Zur Sicherstellung des Stifts räumt Langenburg dem ehrbaren Bürger Lutfrid von Esslingen, wohl einem Vertrauensmann des Stifts, 2¼ andere (so wohl hier die Übersetzung von »residuas«) Sieden ein: *cautionem . . . facientes, duas patellas residuas et unius quartam partem honorabili viro Lutfrido civi Ezzelingensi omnimodo resignavimus.* – Andere Deutung bei Pietsch (UB Hall N 21 Anm. 3) und in der Überschrift im WUB. – Vgl. zur Steuerfreiheit des Denkendorfer Siedens noch HA B 935 Bl. 212/212': Am 15. März 1586 erscheint Albrecht Senfft mit einem *Procuratore* persönlich vor dem Rat und läßt im Namen seines Vetters, des Neuenstädter Amtmanns Melchior Senfft, vorbringen, daß ihm 1½ Gulden von seiner Siedensrechnung abgezogen wurden. Er will die Ursache wissen. Der Rat sagt Untersuchung zu. Darauf wird am 13. April der Denkendorfer Erbbrief für die Wenger von 1516 im Rat verlesen. Die Beet- und Schatzungsherren geben außerdem Bericht, daß von diesem Sieden nie dergleichen (Abgaben) gegeben wurden. Der Rat beschließt, dem Sieder das Einbehaltene zurückzugeben; von diesem möge es Melchior Senfft wieder holen.

»Fürgängern« der gemeinen Sieder zu, d.h. als Abgeltung dafür, daß der jeweils älteste Angehörige des Hauses die Sieder bei den jährlichen Bestandsverhandlungen mit den Lehenherren vertrat[232]. Denkendorf hat im 15. Jahrhundert versucht, in den Genuß auch des Senfftenfünftels zu kommen, zuletzt durch Klage beim Gericht zu Hall[233]. Sie blieb erfolglos, nachdem Konrad Senfft den ihm auferlegten Eid leistete, daß er und seine Vorfahren die vier Eimer seit unvordenklichen Zeiten unverklagt besessen hätten[234]. Das Eigentum am Denkendorfer Sieden gelangte zusammen mit jenem an den dreieinhalb Adelberger Pfannen Ende des 16. Jahrhunderts in Privathand[235].

3. ZWEIFACHES HAALHAUS AUF DEM BÜRDENMARKT[236]

Das Erb an beiden Sieden in diesem Haalhaus hatten die *Wagner*. Je ein Drittel stand den Erben der Gilg, Marx und Seitz Wagner zu, die ihrerseits – nach Seiferheld – ihr Recht von Seitz (Seefried) Wagner herleiteten[237]. Eigentumsherr der Sieden war das Kloster Gnadental. Im Verzeichnis der Sieder und Eigentumsherren aus der Zeit des großen Suhlenbaus wird ein »Wagenseiferlin«[238] genannt. Von ihm heißt es, daß er zwei Sieden von Gnadental siede[239]. Auch unter den Erbberechtigten ist er aufgeführt: *Wagenseyferlin und seine geschwistrigt haben ein erb an baiden sieden, so er sewt*[240]. Damit stellt sich die Frage nach dem Verleihungsakt. Ein auf einen Wagner ausgestellter Erbbrief ist nicht nachweisbar. Da die Verleihung vor der Erstellung des Siederverzeichnisses von 1494 erfolgt sein muß, müßte ein solcher Erbbrief jedenfalls in dem 1507 angelegten Gnadentaler Kopialbuch auftauchen.

232) Das Amt wurde von den Senfft bis ins 16. Jh. hinein ausgeübt. Auch nach dem Entzug dieser Amtsbefugnis blieb das Fünftel bei der Familie. Fischers Haalhausverzeichnis schreibt (1720) vier Eimer *Ihro Gnaden, Herrn Senfft von Sulburg* als Eigentumsherrn zu, HA B 632 Bl. 3'. – Vgl. zum Senfftenstreit auch o. Anm. 251.

233) U 30, vgl. auch die Denkendorfer Prozeßakten mit vorprozessualem Schriftwechsel (HStASt A 480 Bü 64) sowie StAH 9/1 und 2.

234) Schon die Verleihungsurkunde von 1312 weist nur 16 Eimer für Denkendorf aus, vgl. Anm. 217.

235) Die Urkunde betr. den Rechtsübergang der Denkendorfer und Adelberger Sieden befand sich in der Sammlung Koenig-Warthausen, vgl. dazu Band II, S. 16 und ebd. Anm. 19. Nach meinem Aufenthalt in Warthausen gelang es dem Stadtarchiv Schwäbisch Hall, einige der dort liegenden und Schwäbisch Hall berührenden Urkunden käuflich zu erwerben. Diese Urkunde ist jedoch zunächst noch nicht gekauft worden. Da sie schwer zugänglich und von landesgeschichtlichem Interesse ist, gebe ich hier meinen auf Warthausen gefertigten Kurzregest: 1598 Januar 24 – Friedrich, Herzog zu Württemberg etc., bekennt, daß er mit den Erben seines Kammerrates *Balthassar Moser* als ehemaligen Mitgewerken des Eisenbergwerkes zu Ober- und Unterkochen einen Tausch und Wechsel getroffen hat und den Erben für die gehabte Eisenbergwerksgerechtigkeit andere Güter in- und außerhalb des Herzogtums zukommen lassen will. Er übergibt deshalb dem Sohn Mosers, *Balthassar Moser*, Stättmeister zu Schwäbisch Hall, und dem Tochtermann *Sebastian Thomassen*, Burger daselbst, die 3½ Pfannen des Klosters Adelberg und ⅕ Sieden des Klosters Denkendorf mit allen Briefen und Dokumenten für 6000 fl. – Ausf. Perg., Sammlung Koenig-Warthausen, Schachtel 12a, Nr. 49 – 52,5 x 30,5 cm, mit eigenhändiger Unterschrift Friedrichs, 1 S in Holzkapsel an schwarz-rot-goldener Schnur. Rv.: *Ubergab der Saltzgefäll zu Hall.* – Zu den Moser vgl. WALTER BERNHARDT, Die Zentralbehörden des Herzogtums Württemberg und ihre Beamten 1520–1629, 1. Band, Stuttgart 1972, S. 505 ff.; WL 5953. – Nach Fertigstellung des Manuskripts dieser Anmerkung teilt mir Frau Stadtarchivamtmann H. Beutter freundlich mit, daß die Urkunde von 1598 dem Stadtarchiv Schwäbisch Hall inzwischen zum Kauf angeboten worden ist. Das Stadtarchiv will sie erwerben und unter der Sign. 17/U 1224 a verwahren.

236) In U Anhang (178) als *Haalhaus am Weg im Bürdenmarkt* bezeichnet. – Zuletzt 9 f. Hh. Nr. 15, 7. St., und 8 f. Hh. Nr. 23, 6. St.

237) HA B 632 Bl. 4'/5, Gen. HB Bl. 742. – Die Drittelung geht auf die Loseinigung der Erben der im Text genannten drei Brüder vom Jahr 1589 zurück, vgl. HA B 772 Bl. 75'.

238) Vgl. zu Seitz Wagner: WL 8708 – 1492/1553.

239) U 49 (363, 422).

240) U 49 (422).

So müssen wir auf die 1397 ausgefertigte Urkunde zurückgreifen[241], mit der Cuntz Snelbolt[242] zwei Gnadentaler Sieden verliehen wurden. Darin heißt es, daß dem genannten Snelbolt die zwei Sieden verliehen werden, die *in dem Hale an dem Bürdinmarkt an einander* gelegen sind. Nachdem Gnadental sonst im Bürdenmarkt keine zwei nebeneinander gelegenen Sieden hatte, muß es sich um die Wagner-Sieden handeln. Das Erbrecht der Wagner dürfte mit großer Wahrscheinlichkeit auf den für Snelbolt ausgestellten Erbbrief zurückzuführen sein. Freilich ist der genealogische Zusammenhang zwischen Snelbolt und den Wagner unklar, über den das Erbrecht auf die letzteren gekommen sein muß[243].

4. ZWEIFACHES STÄFFELIS HAALHAUS BEI DER VORDEREN SCHMIEDE

a) Vordere Statt[244]

In der vorderen Statt hatten die Nachkommen des Georg (Jörg) *Krauß* das Erb[245]. 1508 verliehen[246] Georgs Kinder und Erben[247] das Sieden[248] an zwei ihrer Miterben und Geschwister, die Brüder Konrad und Mathis Krauß, die beide das Siedehandwerk ausübten[249]. Die Verleiher hatten das Sieden ebenso wie ihre beliehenen Mitgeschwister *von ihren eltern aigenthumlichen ererbt*[250]; ihnen stand also ursprünglich nicht nur das Erb zu[251]. Somit bietet

241) U 14/15.
242) Zu ihm: WL 7771 – 1395/1432.
243) Über die Bechstein? Vgl. WL 326: Hans Bechstein . . . hat zwei Gnadentaler Sieden 1443/88. – Zum weiteren Schicksal des Eigentums an den beiden Sieden: 1706 gehörte das Sieden in der oberen Statt der Grafschaft Schillingsfürst, in der unteren der *Grafschaft Öringen oder Waickersheim*, vgl. HA B 632 Bl. 4'/5.
244) Zuletzt 6 f. Hh. Nr. 4, 5. St.
245) Gen. HB Bl. 417; HA B 632 Bl. 6'; vgl. zu Jörg Krauß: WL 4907 – 1464/1513.
246) U 69.
247) Die Urkunde nennt auf Verleiherseite sechs Parteien: die Brüder Jörg, Lienhardt und Endris Krauß, die von Vormündern vertretene Schwester Clara, ferner Hans Engel, der mit einer Krauß-Tochter verheiratet war. Nach der Klagschrift im Prozeß von 1565 (s. u. im Text u. Anm. 255) war es eine Elisabeth, vgl. StAH 9/11 Nr. 1. Nach WL 2280 ist auch Konrad (Contz) Vogelmann mit einer Elisabeth Krauß verheiratet gewesen – war es die Witwe Jörgs alt?
248) Die Identität des Siedens der U mit dem hier belegenen ergibt sich aus der Lagebezeichnung: Haalhaus, *darinnen gemaine statt Hall und st. Marttins altar alhie in dem spital auch ain sieden haben;* dazu sogleich unter (b).
249) Vgl. zu Konrad: WL 4913 – 1505/39, Mathis: WL 4911 – 1499/1521.
250) StAH 9/11 Nr. 1.
251) StAH 9/11 Nr. 2: *damaln sie solch sieden erbßweiß verlihen, selbiger zeit ain jeder zu seinem thail erb und aigen samentlich mit und beyeinander gehapt.* – Wie kam das Sieden an die Krauß? Im Leihebrief für Joachim und Hans Bühl von 1559 (U 113; vgl. u. im Text u. Anm. 252ff.) ist von einem Erbbrief die Rede, den *weylund der holtzschuhmacher selliger* den Voreltern der damals lebenden Krauß-Erben zugestellt habe. Der Holzschuhmacher war Hans Krauß (WL 4905, 1453/1503). Lackorn bezog diese Bemerkung auf einen Kaufbrief aus dem Jahr 1480, mit dem Eberhard Nagel *mit gutem willen . . . und auch mit rath, willen, wißen und vergünsten meiner kind ⟨und⟩ (gestr.) nechsten fründe mit namen Fridrichen Schletzen, Casparn Eberhardten, Micheln Senfften und Conradt Keckhen* dem Hans Krauß ein halbes Sieden um 280 fl. rh. *für recht aigen und als unverkümerts aigens recht ist* verkauft, Abschr. HA B 654, S. 27 ff. Die andere Hälfte gehörte damals Heinz Feierabend; Sieder war Thoman Botz (auch noch 1494, vgl. U 49 – 369). – Nach den Lagebezeichnungen der Urkunden von 1480 und 1559 könnte es sich tatsächlich um dasselbe Sieden handeln, vgl. 1480: *im Haal ain halb an Hanßen Neiffers und anderhalb an der frawen von Gnadental sieden stossend* (a. a. O., S. 28), 1559: *uf dem Burdinmarckht bey der Vordern schmidten, hinden an Peter Vogelmann, neben an Seitz Wagnern . . . gelegen.* Neuffers Haalhaus lag auf dem Bürdenmarkt. Seitz Wagner sott Gnadentaler Sieden, vgl. Bg. zu Hh. 3. – Wenn der Kaufbrief von 1480 wirklich der in U 113 genannte »Erbbrief« ist, bleibt noch offen, wann und wie das Sieden von Hans auf Jörg Krauß kam und wie die Krauß die zweite Siedenshälfte erwarben. Der Erbbrief von 1508 zeigt, daß die Krauß wohl nie das Eigentum am ganzen Sieden hatten, vgl. das dort erwähnte, Peter Kemmerer gehörende Achtel.

das Krauß-Sieden im Haalhaus bei der Vorderen Schmiede einen bemerkenswerten Sonderfall der Entstehung des Erbs. Nicht ein Herr verlieh hier an seinen Sieder, sondern die Miterben eines (Eigentums-)Siedens gaben das Erb einzelnen, das Siedegeschäft betreibenden Geschwistern aus ihrer Mitte, wobei das übliche Leiheformular verwandt wurde.

Die weitere Besitzgeschichte erhellen vor allem die Akten zweier Prozesse, die 1565 und 1585 von Abkömmlingen der Siedensverleiher von 1508 wegen des Zugangs zum Sieden geführt wurden. Zunächst sotten Konrad und Mathis Krauß. Um die Mitte des 16. Jahrhunderts konnte der Siederknecht Thoman Löffler, der als Ehemann der von Konrad Krauß abstammenden Ottilie Krauß das Sieden weiterbetrieben hatte, dieses nicht mehr vergelten und in Bau halten[252]. Da die übrigen in jener Zeit lebenden Nachkommen des Konrad und des Mathis nicht sieden konnten oder wollten[253], verliehen es 1559 die Eigentumsherren an Joachim und Hans Bühl[254]. Sie sotten für einige Jahre und konnten zusammen mit den Eigentumsherren das Sieden auch 1565 gegen eine Klage verteidigen, die Krauß-Abkömmlinge aus den im Erbbrief von 1508 nicht beliehenen Linien angestrengt hatten[255]. Später mußten sie das Sieden aber wieder abgeben. Rechtsgeschichtlich sind die Verleihung an die Bühl von 1559 und deren späterer Verlust erwähnenswert, weil der Vorgang ein Beispiel für den in der Ratsverordnung von 1514[256] geregelten Fall gibt. Dort war bekanntlich vorgesehen, daß ein Siedensherr das Sieden einem anderen verleihen konnte, wenn der Erbsieder aus irgendwelchen Gründen nicht sieden konnte oder wollte. Das Sieden mußte aber wieder zurückgegeben werden, wenn jemand aus dem erbberechtigten Stamm auftauchte, der willens und in der Lage war zu sieden. Insofern überrascht es nicht, daß die Bühl das Sieden wieder verloren.

Bemerkenswerter ist schon, daß in den Prozessen von 1565 und 1585 Nachkommen jener Krauß-Geschwister mit einem Anspruch auf das Erb vortraten, die 1508 auf der Verleiherseite gestanden hatten. Daher war auch die Frage zu entscheiden, ob diese Nachkommen[257] für alle Zeiten vom Erb ausgeschlossen bleiben oder ob sie neben oder mit den Nachkommen der Konrad und Mathis Krauß am Erbe teilhaben sollten. Der Rat lehnte beide Male die Beteiligung der weiteren Krauß-Sippe am Erb ab[258]. Die besonders hartnäckige Margarethe Krauß kam in

252) StAH 9/11 Nr. 2: Löffler hat die gewohnliche Rechnung und das Hofstattgeld für drei Ziele nicht bezahlt, und das Haalhaus war *allerdings in abgang und unbaw.*

253) Ebd.: *und dis siedens mit fehigen erben, als nemblich Michael Krausen und der Kupfferschmidin gelegenhait nit sein wollen das anzunemmen.*

254) U 113.

255) Kläger waren Hans Engel, Sohn der † Elisabeth Krauß, Daniel Botz für seine Ehefrau Margaretha Krauß, Tochter des † Jörg Krauß, ferner Ludwig Truchtelfinger und Mathes Mayer als Vormünder von Marte oder Merte Grunbachs Kindern *mit namen Karle und Hanns*, die Grunbach mit Dorothea Engel gezeugt hat (StAH 9/11 Nr. 1). Vgl. zu den Abstammungsverhältnissen ebd. Nr. 8. Danach stammten die Kläger Hans Engel (jung) und die Grunbach-Kinder von Hans Engel (alt) und seiner Ehefrau *Elßa Kreußin*, während Margaretha, Ehefrau des Daniel Botz, eine Tochter des Jörg und Enkelin des Endreß Krauß war. Die Kläger sind also Nachkommen des im Erbbrief von 1508 als Verleiher auftretenden Hans Engel (alt) und Endris Krauß. – Die Bühl wurden durch das am 17. 8. 1565 publizierte Urteil von der Klage ledig erkannt. Den Klägern wurde das Erb insoweit vorbehalten, als sie Anteil am Eigen hätten (*vermög deß Haalß brauch und recht*, vgl. dazu o. Anm. 420), was offenbar nicht der Fall war. Den in U 113 genannten Krauß-Erben und ihren Nachkommen sollte an der Erbgerechtigkeit nichts benommen werden, *wenn sie zue besserem vermögen khümmen und das sieden zue vergelten haben werden* (StAH 9/11 Nr. 14).

256) U 80.

257) Die Kläger im Prozeß 1565 s. o. Anm. 255. – 1585 klagten Margaretha Krauß, Ehefrau des Daniel Botz, und Clara, *Leonhardt Kraussen des Jüngern eheliche hausfrau*, StAH 9/19 Nr. 1.

258) Zum Urteil von 1565 s. o. Anm. 255. – 1585 erging der Bescheid, die Klägerin (Margarethe Krauß) sei *noch zur zeit und solang gedachts Jorg Weidners döchterlin und derselben eheliche leibs erben in leben sein werden, weiter nit zu hören, sonder vom gericht abzuweisen*, StAH 9/19 Nr. 6.

dieser Sache 1565 sogar wegen Ungebühr ins Gefängnis[259]. Dagegen war das Haal offenbar geneigt gewesen, das Erb nicht nur auf die Nachkommen der Konrad und Mathis Krauß zu beschränken[260]. Auch die Ratsurteile schließen freilich nicht aus, daß nach dem Aussterben dieser Linien die anderen Krauß-Nachkommen wieder Anteil am Erb erlangen konnten.

b) Hintere Statt[261]

Schon zur Zeit des großen Suhlenbaus von 1496 hatten Klaus *Laut* und sein Schwager Hans *Bühl* das Erb an diesem Sieden, das zu vier Fünfteln dem St. Martin-Altar im Neuen Spital zu Hall, zu einem Fünftel der Stadt Hall gehörte[262]. 1507 kam es zwischen beiden zu einer Einigung, aus der wiederum hervorgeht, daß sie das Erbe an dem Sieden hatten[263], und zwar je zur Hälfte. Es scheint, als sei das Sieden ursprünglich ein Erbsieden der Bühl gewesen, denn Klaus Laut war mit Margarethe Bühl verheiratet und hat das Erbe wohl über diese Heirat erhalten. Später wurden zwei Erbbriefe ausgestellt. Dechant Erhardt von Schaumberg und das Kapitel des Komburger Stifts als Lehenherren des St. Martin-Altars verliehen 1514 mit *wisen und willen* des Altaristen Kaplan Johann Hoffmann dem Hans Bühl ein ganzes Sieden *minder eines fünftails* zu Erb[264]. Den, wie wir sahen, gleichfalls erbberechtigten Klaus Laut bzw. seine Ehefrau Margarethe Bühl erwähnt dieser Erbbrief nicht. Hans Bühl war im Jahr der Verleihung gemäß der erwähnten Einigung von 1507 an der Reihe zu sieden, nutzte also das Sieden allein. Erst nach dem Tode Klaus Lauts erlangte seine Ehefrau Margareth als Witwe einen Erbbrief, und zwar zusammen mit ihrem Bruder. Er wurde jetzt nicht mehr von Komburg ausgestellt, sondern von der städtischen Pfründenpflege[265].

In der Folgezeit bildete sich der noch heute maßgebliche Erbfluß aus. Die Siedenshälfte Klaus Lauts wurde nochmals unterteilt in zwei Viertel, deren eines sich unter den Erben Hans Lauts, das andere unter den Erben Paul Blomenhauers und des *Lauten Mergele* (Margarethe Laut), seiner Ehefrau, weitervererbte[266]. Bei der Siedenshälfte Hans Bühls liegen die Dinge anders. Er erscheint – obwohl mit dem Sieden beliehen – nicht als Stammsieder. Der Grund

259) Ebd.: Weil sie zum zweitenmal gegen sie ergangene Urteile *temere und freventlich zu handlen sich understanden, dartzu auch sich hin und wider allerlay ungebürlicher verclainerlichen reden, ein e[hrbaren] rhat und die irigen betreffend, vernemen lassen*, sollte sie in das *hetzennest eingezogen und also mit der gefengknús gestrofft werden*. – Hetzennest ist wörtlich das »Elsternest«, vgl. Hermann Fischer, Schwäb. Wörterbuch III 1541; hier offenbar übertragen zur Bezeichnung eines Gefängnisses für schwatzhafte und streitsüchtige bzw. diebische Personen. Das Hetzennest erwähnt – ohne Erläuterung des Ausdrucks und der Belegenheit – Nordhoff-Behne, Gerichtsbarkeit und Strafrechtspflege, S. 177.

260) Vgl. die Klagschrift von 1565 (StAH 9/11 Nr. 1): Die Haalmeister haben erkannt und gesprochen, daß *die cleger sampt und sonder neben Michel Krausenn und Jorigen Huoberß khinden gleiche erbgerechtigkait laut Haals buoch und geprauch, auch sonderlichen obangezognen erb briefs dess siedens halben haben*. Die Beklagten von 1565 hielten diesen Spruch der Haalmeister für *nichtig und unwirdig*, vgl. ihre Stellungnahme StAH 9/11 Nr. 2.

261) Zuletzt 6 f. Hh. Nr. 3, 6. St.

262) U 49 (379 f., 390, 414, 426). Das Eigentum kam nach der Reformation an die St. Michaelspflege, vgl. HA B 632 Bl. 7.

263) HA B 772 Bl. 3 – 1507 Januar 8 (Fr n Obersten), *Bülhanß* und *Lauta Claß* einigen sich über das Sieden, das im *Bürde marckht* im Halles liegt, da *Jerg Khrauß* auch ein Sieden hat *und ein halb ligt an der von Gnadenthall sieden, deß sie bede erb haben*. Sie wollen im Wechsel je sechs Jahre sieden.

264) U 81, vgl. die Lagebeschreibung im Erbbrief und jene von 1507 (Anm. 263).

265) U 96. – Der Komburger Besitz in Hall ging nebst anderen Gütern bekanntlich 1521 an die Stadt über, vgl. Rainer Jooss, Kloster Komburg, S. 105.

266) Ein Los zu drei Jahren von 1566 (HA B 772 Bl. 92'). – HA B 632 Bl. 6'/7; Gen. HB Bl. 446. Hier findet sich zu Clas Müller Laut der Vermerk: *wegen seiner lauthen aussprach gen. Lauthen Clas*, eine Namensdeutung, die nach frdl. Hinweis Gerd Wunders eine alte Familiensage ist. Die Familie hieß schon immer Laut. Vgl. zu Klaus Laut: WL 5276 – 1485/1521.

hierfür mag in seiner Hinrichtung wegen Diebstahls knapp anderthalb Jahre nach dem zweiten Erbbrief liegen[267]. Sein halbes Erbsieden wurde von Joachim Bühl (Sohn?) und Seitz Wagner (je ein Viertel) weitervererbt[268].

5. ZWEIFACHES HAALHAUS HINTER DER VORDEREN- ODER HENNENSCHMIEDE

Das Erb an dem Sieden in der vorderen Statt[269] hatten die Nachkommen Hans *Wetzels,* des Haalmeisters und bedeutenden Ratsherren der Reichsstadt[270]. Die insgesamt 4½ Erbsieden, die er zu seinen Lebzeiten erwarb, zeigen ihn als den Erbsieder mit dem eindrucksvollsten Siedensbesitz überhaupt. Leider fehlen gerade bei Hans Wetzel die Erbbriefe. So läßt sich auch bei diesem Sieden nicht angeben, wann und auf welche Weise es an Wetzel kam. Lediglich eine Kaufurkunde konnte ermittelt werden, aus der sich ergibt, daß er nicht nur das Erb erworben hatte, sondern sich auch zeitweilig einen Teil des Eigentums sichern konnte. 1505 kaufte er von dem Riedener Kaplan Seifried Rotermund ein Viertel des ganzen Siedens, an dem ein weiteres Viertel der Schwester des Verkäufers Rotermund, Mergelin, und die restliche Hälfte der »Angellöchin« zustand[271]. Die von Angelloch oder von Braubach, ein Adelsgeschlecht, und die Rotermund erscheinen als (Eigentums-)Herren des Siedens bereits 1493. In diesem Jahr entschieden vom Rat ernannte Schiedsleute einen Streit um das Erb an dem Sieden derer von Angelloch und Rotermund sowie an dem benachbarten Sieden, das der Jungfrau Magdalen von Bachenstein gehörte. Der Sieder Jörg Dötschmann, der beide Pfannen bis zu dem Streit sott, »stand vom Sieden ab«. Daraufhin beanspruchte der Bruder Konrad Dötschmann das Sieden unter Berufung auf eine ihm angeblich zustehende Erbgerechtigkeit. Die Schiedsleute *(taidingsmanner)* sprachen jedoch Konrad Dötschmann kein Erbe daran zu. Es sollte an den Sieden überhaupt keine Erbgerechtigkeit bestehen, vielmehr wurden sie den Eigentumsherren *frey*

267) Am 26. 9. 1527, vgl. WL 1077.
268) HA B 632 a. a. O., Gen. HB Bl. 98 (Bühl), 744 (Wagner). Vgl. zu Joachim Bühl: WL 1085 – 1537/81, Seitz Wagner (Gen. HB a. a. O.: *der III.*): WL 8721 – 1543/53.
269) Zuletzt 9 f. Hh. Nr. 15, 5. St.
270) Gen. HB Bl. 768, 768'. Vermerk Bl. 768: *Nota. Dieser Hans Wetzel, welcher nunmehro der alte genannt wird, ist geb. 1464, verheiratet sich 1488 mit Apoll. von Rinderbach, nach deren absterben er Margaretha Gräterin, herrn Caspar Gräters des rats tochter geheiratet, welche nach seines, Hans Wetzels absterben, so anno 1530 geschehen, herrn m. Johannes Brenzius, der Haller kirchen reformator anno 1531 geheuratet. Er, Hans Wetzel, war erstlich viermeister des gemeinen Haals, dann des rats und in die ausgeber oder steuer – stuben gezogen, anno 1512 aber in der ersten zwietracht wieder die geschlechter nebst anderen als ein gesandter zu kaiser Maximilian Imo nach Cöln am Rhein geschickt, und von diesem mit dem Wetzelschen wappen begnadigt worden;* vgl. zu Hans Wetzel weiter: WL 9159 – 1488/1529; ebd., S. 68. – HA B 632 Bl. 15'. – Die hier erwähnte Heirat Hans Wetzels mit »Apollonia von Rinderbach« ist, wie Wunder überzeugend nachgewiesen hat, eine Erfindung des 18. Jhs., vgl. eingehend GERD WUNDER, Hans Wetzel und Apollonie von Rinderbach. Zur Lösung eines genealogischen Problems, in: Südwestdeutsche Blätter für Familien- und Wappenkunde, hg. vom Verein für Familien- und Wappenkunde in Württemberg und Baden e. V., Stuttgart, 1954 (6. Jg.), S. 293–299; dort auch die Kinder und Enkel Hans Wetzels. Zu Hans Wetzel vgl. noch DENS., Hans Wetzel. Salzsieder und Ratsherr in Schwäbisch Hall, † 1530, dies. Zeitschrift, 1973 (Bd. 14), S. 2–7.
271) HA A 537 (Sig.: *Copia N. 16*) – Das Viertel wird verkauft minder ⅛, das der Witwe des Bäckers Hans Eckhart zusteht, zu ihm: WL 1711 – 1478/1503. Daß das Sieden unvererbt ist, wird in dem Kaufbrief auffallend deutlich herausgehoben: *ganz frey ledig eigen unzinsbar unverpfandt und unversetzt;* möglicherweise ein Nachklang der Dötschmann-Streitigkeit. Vgl. dazu die folg. Anm. 272. – Die Angellöchin ist Elsbeth Keck, Witwe Philipps von Brobach, gen. von Angenloch, vgl. WL 63. – Zu Rotermund: WL 6754 – 1461/1507; Schwester Mergelin, Tochter Hans Rotermunds: ebd. 6752. – Das Viertel erwarb später Konrad Vogelmann *kraft ains wechßels* (durch Tausch), vgl. HA U 72.

undt ledig zue erkännt. Der einzige Erfolg für die Dötschmann bestand darin, daß Konrad Dötschmanns Schwiegersohn Jörg Legler fünf Jahre lang sieden durfte, dann jedoch das Sieden den Herren zu freier Verfügung stellen mußte[272].

Stammsieder des in der hinteren Statt[273] belegenen Siedens waren je zur Hälfte Joß *Haug*[274] und Seitz *Wagner*[275]. Eigentumsherrin war, wie aus der eben erwähnten Schiedsurkunde hervorgeht, die Jungfrau Magdalen von Bachenstein[276]. Ihre Vormünder haben das Sieden in den Jahren nach dem Schied verkauft. 1505 erscheinen Jörg Goldschmied und Michel Haug als Inhaber[277]. Jörg Goldschmied und seine Hausfrau Elisabeth verliehen drei Jahre später ihre Siedenshälfte an Seitz Wagner zu Erb[278]. Wie und ob es bei dem »Gegenhalbteil«, der Haugschen Hälfte, zu einer Erbverleihung kam, wissen wir nicht. Fest steht, daß Michel Haug nicht etwa nur ein Erb besaß. Er hatte vielmehr die Siedenshälfte zu eigen. Sein Sohn Joß erscheint indes als Stammsieder und Inhaber eines fließenden Erbs[279].

6. ZWEIFACHES HAALHAUS AN DER VORDEREN SCHMIEDE, SOGENANNTES LADLIS HAALHAUS[280]

Das Erb an den beiden Sieden im »Ladlis Halles« stand *Konrad (Contz) Dötschmann* zu[281]. Seine Kinder und ihre Nachkommen teilten sich die Sieden; in der oberen Statt hatten je zur Hälfte Lutz Dötschmann[282] und Martin Blinzig ein Sieden, letzterer als Ehemann der Klara Dötschmann[283]. In der unteren Statt besaß Seitz Wagner als Ehemann Katharina Dötschmanns gleichfalls ein halbes Erb[284]. Bei diesen drei Siedenshälften erscheinen als Stammsieder mit Lutz *Dötschmann,* Martin *Blinzig* und Seitz *Wagner* ein Sohn und die Schwiegersöhne des alten Konrad Dötschmann. Die verbleibende Hälfte wurde über das vierte Kind des alten Konrad, Konrad Dötschmann jung gen. Rapp[285] weitervererbt. Sein Schwiegersohn Daniel *Kolb,* der Ehemann seiner Tochter Margareth, hinterließ ¼ Sieden[286], sein Sohn Peter ⅛ Sieden[287]. Stammsieder des verbleibenden Achtels war nach Seiferheld Georg *Reiz,* Ehemann der Anna Schübelin[288]. Hier ist aber wohl eine Generation übersprungen.

272) U 48. – Das Ergebnis des Schiedsspruchs spiegelt sich im Verzeichnis der Sieder und Eigentumsherren aus der Zeit des großen Suhlenbaus, vgl. U 49 (353/354 – Laegler, 395 f., 408).
273) Zuletzt 9 f. Hh. Nr. 36, 6. St.
274) Gen. HB Bl. 385; HA B 632 Bl. 16; zu Jos: WL 3343 – 1513/37 (Kürschner).
275) Gen. HB Bl. 752; HA B 632 Bl. 16; zu Seitz: WL 8708 – 1492/1553. Bemerkenswert ist, daß Seitz mit einer Dötschmann verheiratet war. So kommt nun mit dem Erbbrief von 1508 doch ein Teil der beiden Sieden, deren Erb 1493 den Dötschmann abgesprochen wurde, mittelbar wieder an diese Familie.
276) Vom Spital durch Tausch 1479 erworben, vgl. maschinenschr. Rep. des Spitalarchivs U 714. Nach der Urkunde wurde das Sieden, *das Jörg Tötschman sewdet . . . für frey, ledig und unverkůmbert* hingegeben. Es wurde gegen den halben Theurershof eingetauscht.
277) HA A 537 (Anm. 271), zu Michel: WL 3339 – 1473/1511.
278) U 70; zu Goldschmied: WL 2847 – 1462/1509 (Krämer).
279) Denkbar wäre also, daß durch testamentarische Anordnung oder sonst bei der Erbteilung Eigentum und Erb getrennt worden sind.
280) Zuletzt 6 f. Hh. Nr. 10, 6. St., und 6 f. Hh. Nr. 3, 5. St.
281) Gen. HB Bl. 212; zu Konrad: WL 1427 – 1463/93.
282) Gen. HB Bl. 230; zu Lutz: WL 1433 – 1511/53; HA B 632 Bl. 17'.
283) HA B 632 Bl. 17'.
284) Gen. HB Bl. 752; zu Seitz Wagner vgl. o. Anm. 238.
285) WL S. 180 Jz. 1510.
286) Gen. HB Bl. 498'; HA B 632 Bl. 18.
287) Gen. HB u. HA B 632 a. a. O.
288) A. a. O.; zu ihm: WL 6455 – 1579/99.

Wie kam dieser Reiz zu einem Anteil an dem Dötschmann-Sieden? Contz Dötschmann Rapp hatte eine weitere Tochter, Katharina, die sich mit Georg Beyschlag vermählte[289]. Wohl aus dieser Ehe ging jene Ursula Beyschlag hervor, die Georg Reiz[290] heiratete und ihm das Dötschmann-Achtel mit in die Ehe brachte.

Es fragt sich nun, wie die Dötschmann beide Erbsieden erworben haben. Die schon genannten Brüder Konrad und Lutz Dötschmann sowie ihre Schwäger Seitz Wagner und Martin (Merti) Blinzig vereinigten sich wegen dieser Sieden im Jahr 1511[291]. In der Loseinigung ist zu lesen, daß sie die beiden Sieden zu Erb besaßen. Einen Erbbrief konnte ich nicht ermitteln. Das Verzeichnis über die Erbberechtigten aus der Zeit des großen Suhlenbaus gibt allerdings Hinweise. Dort heißt es, *Conrat Totsmann* habe ein Erb, das ihm von *Gronbachen* zugesagt sei und das er von Gronbachs Witwe siede[292]. Von dem jungen Contz Totsmann wird am gleichen Ort berichtet, er siede ein Sieden von Wilhelm Seßler, *daran hat er im ein erb zu gesagt*[293]. Wir dürfen annehmen, daß diese beiden Sieden zwischen 1494 und 1511, dem Jahr der Loseinigung, an die Familie Dötschmann verliehen wurden[294].

7. EINZIGES HAALHAUS BEI DES UNTEREN BECKEN HAUS[295]

Nach Fischers Haalhausverzeichnis hatten *Clas und Hanß Botzen beeder gebrüeder seel. erben* das Erb an dem Sieden in diesem Haalhaus[296]. Seiferhelds genealogisches Werk nennt als Stammsieder einen der Söhne Heinrich Botz I., *N. Botz,* der mit Margaretha Müller verheiratet war[297]. Ein Erbverleihungsbrief über dieses Sieden wurde nicht ermittelt, wahrscheinlich ist auch nie einer ausgestellt worden. Es dürfte sich hier um jenes Sieden handeln, das 1542 Gegenstand eines Ratsentscheids wurde[298]. In dem Entscheid heißt es, das streitbefangene Sieden liege im Haalhaus am Sulfertor, das an das Gäßlein am Sulfertor stoße. Das untere Beckenhaus, bei dem unser Sieden liegt, befindet sich aber gleichfalls beim Sulfertor[299]. Freilich gibt es noch ein weiteres Botz-Sieden, das am Sulfertor belegen ist; dieses wird jedoch von Seiferheld Heinrich Botz I. zugeschrieben, dem Vater des »N. Botz«. An diesem Botzischen Sulfertorsieden waren nach der Loseinigung von 1551 auch noch andere als die Stämme der Hans und Klaus Botz beteiligt[300].

Dem erwähnten Entscheid liegt eine Klage der miteinander verschwägerten Jos Findimkeller und Kaspar Seckel gegen Hans Botz zugrunde. Kläger und Beklagter hatten Eigentumsan-

289) WL wie in Anm. 285.
290) WL 6434 – 1527/43.
291) U 77. – Von dieser Loseinigung stammt die Quotelung der Sieden in vier Siedenshälften.
292) U 49 (422). – Zu dem Tucher Peter Gronbach: WL 2979 – 1447/92, seine Witwe 1493/94. Sein Sieden ist auch in U 51 (24 Spalte 1) erwähnt.
293) U 49 (427, 428). – Zu Wilhelm Seßler: WL 7110 – 1469/1507 und S. 39. Sein Sieden auch in U 51 (23 Spalte 2) erwähnt.
294) Vielleicht hätte die bei WL S. 180 angeführte Urkunde von 1510 Aufschluß geben können. Sie war aber nicht mehr zu ermitteln.
295) Lagebezeichnung nach HA B 632 Bl. 19. »Einziges« Haalhaus bedeutet nicht, daß dort kein anderes Haalhaus gestanden hat, vgl. etwa u. Hh. 46, sondern daß es sich um ein einfaches, das heißt nur mit einem Sieden bestücktes Haalhaus handelte. – Zuletzt 6 f. Hh. Nr. 2, 2. St.
296) HA B 632 a. a. O.
297) Gen. HB Bl. 191' mit zwei Loseinigungen, vgl. HA B 772 Bl. 46', 95.
298) U 108.
299) Vgl. u. Hh. 46: Haalhaus beim Sulfertor bei des Untern Becken Haus, HA B 632 Bl. 89'.
300) HA B 772 Bl. 191. – Die Loseinigung ergibt, daß »N. Botz« = Hans und Klaus sind; beide bilden zusammen eine von fünf Losparteien.

teile an einem Sieden. Gestritten wurde darum, wem das Erb zustehen sollte. Einen Erbbrief nach »des Haals Recht« hatte keine Partei vorzuweisen. So wurde erkannt: Wer an dem Sieden *viel eigens* (habe), *der soll auch deser mehr zue sieden haben.* Das bedeutete einen Sieg für Hans Botz, dem mit 8⅓ Eimern der größte Anteil zustand. Wenn sich die Parteien nicht über das Sieden vergleichen wollten, so sollten sie laut Entscheid um das Erbe losen. Einen solchen Losbrief konnte ich aber nicht ermitteln[301].

8. ZWEIFACHES SUHLENHAALHAUS[302]

Stammsieder für beide Sieden war Georg (Jörg) *Seiferheld*[303]. 1524 erhielt er von den Geschwistern Philipp, Jörg und Anna Schwab ein halbes Sieden zu Erb verliehen[304]. Die andere Hälfte gehörte ihm und seinem Bruder Hans Seiferheld, so daß hier eine Verleihung überflüssig war. Wie aus dem Erbbrief weiter hervorgeht, stand Jörg Seiferheld auch an dem anderen Sieden eine Hälfte zu eigen zu, sodann ¼ seinem Schwiegervater *Hans Wetzel*[305] und ¼ *Hans Büschler*[306]. Das Hans Wetzel gehörende Viertel hatte dieser im selben Jahr für 200 Gulden von Jörg Seiferheld gekauft[307]. Aus dem Kaufbrief geht hervor, daß der Verkäufer Seiferheld an dem Viertel das Erb hatte.

301) Vgl. zu den Eigentumsanteilen U 108. Daß der Entscheid als Erfolg des Hans Botz angesehen wurde, geht auch daraus hervor, daß er um eine besiegelte Urkunde bat. – Verwandtschaftliche Beziehungen zwischen den streitenden Parteien konnte ich anhand von WL nicht feststellen. Zu Seckel: WL 6968 – 1535/77, Findimkeller: WL 2123 – 1537/73.

302) Zuletzt 6 f. Hh. Nr. 8, 1. St., und 8 f. Hh. Nr. 22, 4. St.

303) Gen. HB Bl. 550; HA B 632 Bl. 25'/26; zu Jörg Seiferheld: WL 7027 – 1513/41 und die nachstehende Tafel:

Genealogische Tafel – Quelle: Gen. HB Bl. 549

Agnes Harlung ∞ Klaus Vogelmann | Katharina Harlung ∞ Heinrich Firnhaber | Margaretha Harlung ∞ Heinrich Seiferheld

Kinder von Margaretha Harlung ∞ Heinrich Seiferheld:
Hans Seiferheld[1)] (stirbt ohne Nachkommen) | Georg Seiferheld ∞ I. N. Krauß[2)] ∞ II. Marg. Ulrich | Elisabeth Seiferheld ∞ Peter Kämmerer

Kinder von Georg Seiferheld:
Georg Seiferheld (aus I. Ehe) ∞ Naburg Wetzel[3)] | Hans Seiferheld (aus II. Ehe)

1) Er war Geistlicher. 2) richtig: Ottilie Maybach 3) richtig: Walburg Wetzel
(Anm. 1–3 nach frdl. Hinweisen von Gerd Wunder)

304) U 91.

305) Zu Wetzel s. o. Anm. 270.

306) Ursprünglich dürfte das ganze zweite Sieden den Büschler gehört haben. Zur Zeit des Suhlenbaus von 1496 sott Jörg Seiferheld alt, der Vater des hier gen. Jörg Seiferheld, ein Sieden von Konrad Büschler (WL 1147 – 1469/98), dem Vater des Hans (WL 1151 – 1501/39), ein halbes von Klaus Vogelmann, seinem, Jörg Vogelmanns des Älteren Schwager, und eine Hälfte *ime Seyfferhelden*, d. h. die eine Hälfte gehörte ihm selbst, U 49 (355). Unter den Erbberechtigten ist Jörg S. alt nicht aufgeführt, vgl. U 49 (421 ff.).

307) HA U 71 – 1524 Mi n Bartholomä, *Gorig Seyfferhilt* der Jung, Sieder und Burger, verkauft vor Gericht dem ehrsamen *Hanns Wetzelnn*, Burger und des Rats, seinem Schweher, ein viertel Sieden zu rechtem eigen und steten Kauf, *an wellichem jetzt verkauften vierthail siedens er Gorig Seyfferhilt das erb hat.* – Das Viertel ist später wieder an die Seiferheld gekommen. Wie sich aus der Seiferheldschen Erbeinigung von 1551 ergibt, war Walburg Wetzel, die Witwe Jörg Seiferhelds, Eigentümerin von einem halben bzw. drei Vierteln Sieden im Suhlenhaalhaus, vgl. StAH 9/12 Nr. 16, Abschr. HA B 654 S. 575 ff.

Der Erbbrief, den die Geschwister Schwab ausstellten, läßt verwandtschaftliche Beziehungen zu dem Beliehenen erkennen. Er erhielt das halbe Sieden *aus freuntlicher* (= verwandtschaftlicher) *gunst und lieb.* Jörg Seiferhelds Tante, Elisabeth Seiferheld, ist mit Peter Kemmerer verheiratet gewesen; die Schwab-Kinder stammten aber aus der Ehe Friedrich Schwabs mit Margarethe Kemmerer[308)].

Die beiden Seiferheld- Sieden geben ein Beispiel dafür, daß ein Erb nicht nur durch eine Verleihung seitens eines Eigentumsherrn, sozusagen von oben herab entstehen konnte. Auf diese Weise ist in unserem Fall nur das von den Geschwistern Schwab verliehene halbe Sieden zu einem Erbsieden geworden. Für die übrige Hälfte und für das zweite Sieden bleibt aber die Frage, wie auch sie zu Erb wurden. Eine Antwort kann in dem Kaufbrief liegen, mit dem Jörg Seiferheld ein Viertel seines Siedens(eigentums) an den Schwiegervater Hans Wetzel verkauft hat. Das Sieden wurde hier ausdrücklich nur »zu eigen« verkauft, mit dem Zusatz, daß an diesem Viertel dem Verkäufer Jörg Seiferheld ein Erb zustehe.

9. ZWEIFACHES HAALHAUS BEIM NEUEN HAUS ÜBER

Das Erb an dem Sieden in der hinteren Statt[309)] fließt unter den Nachkommen der Elisabeth *Müller*, Hausfrau Lienhart Geyers (½), des Valentin (Velte) *Köhl* (¼) und des Abraham *Schweicker* (¼)[310)]. Ich vermute, daß es sich bei diesem Sieden um jenes der Kinder des Ehrenfried Müller handelt, das 1495 Gegenstand eines Rechtsstreits vor dem Gericht zu Hall war. Elisabeth Müller, die schon erwähnte Ehefrau Lienhart Geyers, wird in der Loseinigung ihrer und Lienharts Erben von 1546 als Elß Ehrnfridin genannt. Sie hat auch ein Sieden mit in die Ehe gebracht, denn die Loseinigung unterscheidet zwischen den Geyer-Sieden und eben jenem *irer mueter seeligen sieden, Elß Ehrnfridin*[311)]. Ein weiteres Indiz für die Identität ist die Lage des Siedens[312)].

Nun zur Verleihungsgeschichte. 1495[313)] verklagten Konrad Keck und Lienhart Wetzel als Herren eines Siedens *Ehrenfried Müllers seeligen eheliche Kinder*, die namentlich leider nicht alle erwähnt sind[314)]. Den Klägern wurde vom Gericht auferlegt zu schwören, weder zu wissen noch zu glauben, daß Ehrenfried Müllers Kinder ein Erb hätten. Sie weigerten sich, da ihre Eltern, *bey denen diese ding gehandelt solten seyn, vor langem aus dieser zeit verschieden.* Das

308) Vgl. WL 8007 – Friedrich (Fritz) Schwab – 1462/98.

309) Gen. HB Bl. 349'; HA B 632 Bl. 28. In der vorderen Statt hatten freieigenes Erb: ½ *herr Hieronymus Lacorn des innern und geheimen rats et cons.*, ½ *herrn Georg David Reitzen, gewesenen obermeisters des gemeinen Haals sel. witwe;* Eigentumsherren: *herr pfleger Lacorn, des innern u. geh. rats* (½), *herrn pfleger Ludwigs zue Hohnhardt sel. Witwe* (½). – Zuletzt 9 f. Hh. Nr. 28, 7. St.

310) Zu Geyer: WL 2706 – 1491/1505; Köhl = Keel: 4316 – 1541/53; Schweicker: 8097 – 1573/99 (Schneider). Genealogische Verbindung zu Elisabeth Müller konnte ich anhand WL nicht ermitteln. Elisabeth Müller *(Elß Ehrenfridin)* war die Tochter Ehrenfried Müllers, zu ihm vgl. Anm. 314.

311) HA B 772 Bl. 84'/85.

312) Das Urteil selbst enthält keine Lagebezeichnung. Sie läßt sich aber den in dem Rechtsstreit vorgelegten Kaufbriefen, vgl. U 50 (681–692), entnehmen. Sie ergibt sich auch aus der Randnote des Kopisten Müller (HA B 656 S. 59 o. l.): *Copia 3. kauf und eines urtheilbriefs über Ehrenfried Müllers seel. kinder erb siedens gerechtigkeit, im haalhauß beym Sulpherthor an der Neuen Schmitten.* Sulfertor und Neues Haus liegen benachbart.

313) U 50. Vgl. auch StAH 9/4.

314) Vgl. aber das Verzeichnis der Erbberechtigten zur Zeit des Suhlenbaus von 1496: U 49 (425 Nr. 17) und WL 1912 (Erenfried Müller) – 1461/87. – Der Gerichtsbrief nennt als Sohn Ehrenfried Müllers Hans Ehrenfried Müller, als Schwiegersohn Hans Geyer jung, die übrigen, noch unmündigen Kinder werden durch Vormünder vertreten, vgl. U 50 (675 f.).

Gericht erkannte daraufhin den Kindern Ehrenfried Müllers das umstrittene Erb zu, allerdings auf Antrag der Kläger mit dem Zusatz, alles zu tun, *was des Haals gewohnheit und recht sey,* also vor allem das Sieden in Bau zu halten und die jährliche Rechnung zu bezahlen. Für Ehrenfried Müllers Kinder ersetzte nach 1495 dieser gewonnene Urteilsbrief die fehlende Erbverleihungsurkunde[315)].

10. ZWEIFACHES HAALHAUS AM OBEREN TÜRLE[316)]

In diesem Haalhaus waren in der oberen Statt die Dötschmann, in der unteren die Mayer an je einem Sieden erbberechtigt[317)]. Für beide lassen sich die Erbverleihungen nachweisen. Ludwig *Dötschmann* erhielt sein Sieden am 4. März 1523 vom Siechenspital zu Erb[318)]. Als eines der Nachbarsieden wird in der Urkunde jenes des Drei-König-Altars zu St. Michael erwähnt. Vikar Kilian Kempfennagel[319)], der Altarist, verlieh es 1524 Hans *Mayer* und seiner ehelichen Hausfrau Dorothea Engel[320)]. Das kinderlose Ehepaar vermachte sein Erbsieden durch testamentarische Verfügung 1551 dem *lieben vettern* Mathis Mayer jung wegen seiner treuen Dienste und Guttaten[321)].

Betrachten wir die Vorgeschichte, so ergibt sich aus dem Verzeichnis der Siedenseigentümer zur Zeit des großen Suhlenbaus von 1496, daß der Dreikönigsaltar zwei Sieden hatte, deren eines Jörg Ulrich, das andere Hubheinz jung sott[322)]. Zu dieser Zeit war eines der beiden Altarsieden schon vererbt, das von Hubheinz gesottene[323)]. Es muß also das andere, von Jörg Ulrich genutzte sein, das 1524 Hans Mayer und seiner Ehefrau vererbt wurde. Von Ulrich heißt es bei Wunder-Lenckner, daß er 1515 ausgelöst wurde; 1528 ist er als Pfründner im Sondersiechenhaus erwähnt[324)]. Jörg Ulrich wird aber auch der Vorgänger Ludwig Dötschmanns am Spitalsieden gewesen sein. Das ist zwar nicht ganz so eindeutig zu belegen wie im Falle des Mayerschen Siedens; wir wissen aber aus der Suhlenbauliste, daß ein Spitalsieden von Ulrich gesotten wurde[325)]. Die Liste gibt zwar den Ort dieses Siedens nicht an. Eine gewisse Wahrscheinlichkeit spricht aber dafür, daß es jenes Sieden war, das dem Dreikönigsaltarsieden benachbart lag, daß Ulrich also die beiden Sieden in einem Haalhaus sott.

315) Zur Bedeutung des Verfahrens für die Rechtsgeschichte des Haals s. o. S. 27 ff.
316) Lagebezeichnung wie immer nach HA B 632; in U Anhang (180): Haalhaus neben dem kleinen Brünlins Haalhaus. Vgl. auch die Ortsangaben in den Erbbriefen (Anm. 318, 320). – Zuletzt 8 f. Hh. Nr. 23, 2. St., und ebd., 3. St.
317) Gen. HB Bl. 230 u. 424; HA B 632 Bl. 29'/30.
318) U 90.
319) WL S. 365; EDUARD KRÜGER, Schriftdenkmale am Michaels-Münster zu Schwäbisch Hall, in: WFr. 47, NF. 37 (1963), S. 62 f.
320) U 92, 93 (Revers). Eigentumsherr 1716: St. Michaelspflege, vgl. HA B 632 a. a. O. – Das Sieden kam als Teil der Ausstattung schon bei der Errichtung an den Altar, vgl. die Urkunden vom 23. 6. 1374 (Reg.: UB Hall U 582) und vom 18. 2. 1377 (Reg.: UB Hall U 624). Stifter war Nycolaus Hell, Burger zu Hall. Es muß sich hier wegen der Nachbarschaft zur Spitalsiede um jene handeln, die des Conrad Mangolt Siede genannt wurde (*zwischen des Johannes Faber und des Neuen Spitals,* vgl. UB Hall a. a. O.). Das zweite Sieden des Altars: vgl. Hh. 33.
321) U 110.
322) U 49 (414).
323) U 49 (426 Nr. 20). – S. Hh. 33.
324) WL 8633 – 1489/1539.
325) U 49 (391).

11. ZWEIFACHES TRILLIS HAALHAUS

a) Vordere Statt[326)]

Jakob *Halbergs* (Halbergers) Erben besaßen hier ein halbes fließendes Erbsieden[327)]. Halberg erhielt es 1534 vom Kloster Adelberg[328)]. Aus dem Erbbrief geht hervor, daß die andere Hälfte des Siedens der Stadt Hall gehörte *(unsere herrn stättmeister und rath)*. Noch am Anfang des 15. Jahrhunderts stand das Sieden ganz dem Kloster Adelberg zu. Es konnte jedoch längere Zeit nicht genutzt werden, weil mit dem Siedrecht keine Statt verbunden war, auf der es hätte ausgeübt werden können. So schloß Adelberg 1429 mit dem Rat zu Hall einen Vertrag, um das Sieden, *das vor nit statt gehapt hatt,* (zu) *bestettigen und statt* (zu) *geben*[329)]. Als Gegenleistung erhielt der Rat die eine Hälfte des Siedrechts[330)].

Zur Zeit des großen Suhlenbaus von 1496 wurden beide, die städtische wie die adelbergische Hälfte, von Klaus Stadtmann gesotten[331)], der auch das benachbarte Sieden betrieb.

b) Hintere Statt[332)]

In der hinteren Statt war Stammsieder Burkhart *Stadtmann*, Sohn des eben erwähnten Klaus Stadtmann[333)]. Der Erbverleihungsbrief selbst konnte nicht ermittelt werden. Dafür lassen sich einer späteren, dieses Sieden betreffenden[334)] Urkunde Hinweise auf den Eigentumsherrn entnehmen[335)]. In der Urkunde bekennen (1554) ein Sohn des Burkhart Stadtmann, der Magister Nikolaus Stadtmann, zugleich im Namen seines Bruders Magister Johannes handelnd, sowie ihre Schwäger Jörg Seckel und Konrad Seuter, daß sie ihrem Bruder und Schwager Josef Stadtmann das Erbsieden auf seine, Josefs, Lebenszeit überlassen. Aus der Urkunde ergibt sich, daß das Sieden dem verstorbenen Vater und Schwiegervater der genannten Parteien, Burkhart Stadtmann und allen seinen Erben von Abt Oswald zu Murrhardt *vererbt und zugeeignet* worden ist[336)].

Da Murrhardt unmittelbar nicht siedensberechtigt war, stellt sich die Frage nach dem Eigentumsherrn. Nach dem Verzeichnis von 1494[337)] kann es sich bei unserem Sieden nur um

326) Zuletzt 5 f. Hh. Nr. 33, 5. St.
327) Gen. HB Bl. 378'; HA B 632 Bl. 37'. Die andere Hälfte – ein freieigenes Sieden – gehörte zu ⅜ den Erben Wolf Seiferhelds und seiner Ehefrau Maria Barbara Löchnerin, zu ⅛ Johann David Walter, des äußeren Rats (1716, vgl. HA B 632 a. a. O.). Das Waltersche Achtel stand ursprünglich Wolfgang Friedrich Braz zu, vgl. Gen. HB a. a. O. – Zu Jakob Halberg: WL 3235 – 1537/53.
328) U 101.
329) StAH 4/141 Bl. 4' (Reg.), vgl. auch o. S. 40.
330) *Soll ainem rhate und der statt volgen, werden und pleiben das vorgenant sieden das halbtayl, das nit statt gehapt hatt, mit rechnungen, nutzungen, gewonhaidten und allen zuegehordten und das anderhalbtayl dem vorgenanten gotshauss* (StAH a. a. O.); vgl. UB Hall U 1668.
331) U 49 (356, 413 Nr. 63, 416 Nr. 72, 390).
332) Zuletzt 8 f. Hh. Nr. 22, 7. St.
333) Gen. HB Bl. 669; HA B 632 Bl. 38 (Eigentumsherr 1716: St. Katharinenpflege). – Der Vater Klaus Stadtmann sott schon 1481 (HA B 654 S. 91 ff., 92): *herr Hannsen von Bachensteins pfründ unser lieben frauen altars in sant Katharina pfarkirchen zu Hall, jenhalb Kochens, das Klauß Stadtmann seudet.*
334) Die U enthält keine Lagebezeichnung. Ein anderes Sieden als dieses kommt aber nicht in Frage. Die Stadtmann haben sonst kein Erbsieden.
335) U 112.
336) Mit »Zueignung« ist hier nicht gemeint, daß Stadtmann das Sieden zu vollem unbeschränktem Eigentum erhielt.
337) U 49 (413 Nr. 63) – Eigenartig ist, daß 1481 (vgl. o. Anm. 333) von einem Sieden des Liebfrauenaltars in St. Katharina die Rede ist. Zur Zeit des Suhlenbaus hat aber nur ein Altar in St. Katharina, eben der genannte Erhardts-Altar, ein Sieden.

jenes des St. Erhardt-Altars zu St. Katharina handeln. St. Katharina war Filialkirche von Westheim, das seinerseits dem Kloster Murrhardt inkorporiert war[338]. 1526 übergab das Kloster, angeblich wegen Schuldenlast und geringen Einkommens[339], St. Katharina mit den zugehörigen Kaplaneien der Stadt Hall[340]. Die Übergabeurkunde weist aus, daß Murrhardt die Lehenschaft über den St. Erhardts-Altar gehabt hatte. Als Datum der Verleihung an Stadtmann gibt Seiferheld das Jahr 1521 an[341].

12. ZWEIFACHES HAALHAUS AUF DEM BÜRDENMARKT

a) Obere Statt[342]

Bei dem Sieden in der oberen Statt dürfte es sich um jenes gehandelt haben, das 1498 das Siechenspital dem Hans *Botz*[343] zu Erb verlieh[344]. Kurze Zeit davor, während des großen Suhlenbaus, erscheint Hans Botz noch nicht unter den Spitalsiedern[345]. Seine Vorfahren am Sieden waren Hans Mettelmann und Hans Horneck[346].

b) Untere Statt[347]

Hier hatten die Nachkommen des Mathis *Mayer*[348] ein fließendes Erb[349], jedoch nur an zwei Dritteln des Siedens. Die Anteile waren ursprünglich als »Erb und Eigen« in die Hand Mathis Mayers gekommen und durch Kauf erworben worden. 1545 veräußerte der Lizentiat Christoph Rothan[350] ein Drittel des Siedens *im haalhaus, darin daß spithal auch ein gantz sieden hat, unden an Biermans erben und an daß Eckhalhaus stoßend*[351]. Zu der Zeit standen die übrigen Drittel Ludwig Schaub und Thoman Botz erbeigentlich zu. Vermutlich von Schaub hat Mathis Mayer auch sein zweites Drittel erworben (wann?). 1565 jedenfalls werden Mayers Erben als Inhaber der beiden Drittel erwähnt, die sie zu erb und eigen besitzen[352]. In einer rund einhundert Jahre später ausgefertigten Urkunde erscheinen aber Erb und Eigen getrennt. 1662

338) Frdl. Mitteilung Gerd Wunders.
339) Nach Johann Herolts Chronik war die Armut des Klosters *simulirt*, vgl. Christian Kolb (Bearb.), Geschichtsquellen der Stadt Hall. 1. Band, Stuttgart 1894, S. 110 f.
340) Reg.: Maschinenschr. Rep. StAH U Nr. 564 – 1526 Februar 16 – Bemerkenswert ist, daß zur Zeit der U Michael Gräter Verweser von St. Katharina war (WL 2931 – Pfarrer St. Kathrin 1521). Burkhart Stadtmann war mit einer Gräter (Barbara) verheiratet, vgl. Gen. HB a. a. O.; zu Stadtmann: WL 8273 – 1515/49.
341) A. a. O.
342) Zuletzt 6 f. Hh. Nr. 3, 2. St.
343) Zuletzt 9 f. Hh. Nr. 28, 8. St.
344) Zu ihm: WL 870 – 1483/1517.
345) U 60; vgl. Gen. HB Bl. 144, HA B 632 Bl. 39'.
346) U 49 (391).
347) HA B 656 S. 98; U 49 (391). – Zu Horneck: WL 1341 – 1455/95, Mettelmann: WL 5845 oder 5847.
348) S. o. Hh. 10.
349) Gen. HB Bl. 424, HA B 632 Bl. 40.
350) Zu ihm: WL 6755 – 1525/53 (stirbt 1560).
351) Abschr. HA B 654 S. 73. – Der Verkäufer wird *fertigen und weren für recht erb aigen und steten kauf und als erbs aigen und steten kaufs recht ist.*
352) HA U 86, s. Anm. 354.

haben *die zwey drittel erb aber die Mayerischen erben und die zwey drittel aigenthumb frau Maria Catharina, weyl. herrn Lorenzen von Berg, obrist leutenandts seel. frau wittibin*[353].

Das restliche Siedensdrittel wird freieigenes Erb[354].

13. ZWEIFACHES HAALHAUS BEIM SULFERTOR IM GÄSSLE (BEIM BADHALLES)[355]

Zur Zeit des großen Suhlenbaus von 1496 sott Contz *Beyschlag* ein Spitalsieden[356]. Ein Erb stand ihm noch nicht zu; er *seuts* auf der Spitalpfleger oder -meister *widerrufen*[357]. Aber schon kurz danach, 1498, als das Spital mehrere seiner Sieden zu Erb verlieh, erhielt auch Konrad Beyschlag seinen Erbbrief[358]. Aus der Lagebeschreibung *beim Sulfertor im Gäßlin* ergibt sich, daß es sich um ein Sieden in diesem Haalhaus handeln muß[359]. Im Haalhausverzeichnis Fischers sind als Stammsieder mit je einer Hälfte angeführt Georg Beyschlag und Gilg Eisenmenger; letzterer war Schwiegersohn, verheiratet mit Apollonia Beyschlag, erstgenannter Sohn Konrad Beyschlags[360].

1522 verkaufte Gilg Eisenmenger den Erbteil seiner Frau, Konrad Beyschlags Tochter, an ihre Geschwister[361]. Der Kopist Lackorn überschreibt seine Abschrift: *Kaufbrief Gilg Eisenmängers wegen Georg Beyschlags verkauften erbsiedensgerechtigkeit, von seiner hausfrawen Apollonia, Contzen Beyschlags tochter herrührend* (= alter Rückvermerk ?). Danach wäre der Erbsiedensanteil (½) mitverkauft worden. Nun ist allerdings in der Urkunde selber das Erbsieden nicht ausdrücklich erwähnt *(ihren angebührenden erbtaile ahn desselben Contz*

353) HA U 105, s. folg. Anm.

354) HA B 632 Bl. 40 – 1565 verkaufen Melchior Wenger, Thomas, Michel und Philipp Botz (Gebrüder), sowie Burckhard Seckel und Hans Krauß als Vormünder für die Schwestern Marta und Anna Botz dem ersamen Jörg Seiferheld jung ein Drittel Sieden *erb und aigen* (HA U 86). Jörg verkauft das Drittel 1572 seinem Vetter Joseph (HA U 90). 1660 verkaufen die Brüder Johann Caspar und Johann Adam das von ihrem Vater Caspar Seiferheld ererbte Drittel dem Adlerwirt Wolfgang Jakob Mayer (HA U 105). 1716 erscheinen als Inhaber des Drittels *Joßias Christian Hocheichers* Erben (HA B 632 Bl. 40); in dem 1808 angelegten Genealogischen »Tomo« Seiferhelds der Goldarbeiter Waldmann mit 3 Eimern und 10 Maß und Gradierwasserabgeber Rethel *uxorio nomine* mit 3 Eimern 6 Maß, zusammen einem Drittel freieigenem Erb (Gen. HB Bl. 424).

355) Gen. HB Bl. 1: *beim Badhaus gegen über.* – Zuletzt 9 f. Hh. Nr. 15, 9. St.

356) U 49 (391).

357) U 49 (427).

358) U 59; zu Konrad: WL 527 – 1473/1517.

359) Es ist das einzige ganze Erbsieden der Beyschlag.

360) HA B 632 Bl. 42, hintere Statt (In der vorderen haben 1716 *Ihro Herrlichkeit Herr Stättmeister Seyferheld seel. Erben* ½ und Johann Sixtus Schübelin, des Innern Rats ½ freieigenes Sieden. Um 1600: David Beyschlag ½ und Joß Schübelin ½, vgl. U Anhang [181]). – Gen. HB Bl. 1: Dort findet sich folgender Vermerk: *Johannes Nordheim, Magister der Theologie und gewesener Kaplan zu Heidelberg bei St. Peter, verleiht* (Konrad Beyschlag ux. 1 ganzes fließendes Erb). Nachdem das Sieden eindeutig vom Siechenspital stammt, muß es sich um ein Mißverständnis handeln. Über die Verbindung Northeims zu der Familie Beyschlag bin ich durch einen frdl. Hinweis Gerd Wunders unterrichtet. Daraus ergibt sich auch eine mögliche Erklärung für das Mißverständnis, daß Northeim das Sieden verliehen haben soll: Nach FABER, Familienstiftungen, Nr. 120, war eine Tochter des gewesenen Kaplans Johann Nordheim mit Konrad Beyschlag verheiratet und Mutter von Georg und Apollonie. Nach Wunder kann dies aus Altersgründen nicht stimmen. Beide sind wohl Kinder des Metzgers Hans Northeim. Der Kaplan Johannes Schmidkauf, gen. Nordheimb, hat aber 1509 in Heidelberg die erste Haller Familienstiftung errichtet, welche die Beyschlag genossen haben. Ich vermute nach diesem Hinweis, daß Stiftungsgenuß und Erbverleihung verwechselt wurden und auf diese Weise das Mißverständnis entstand, Kaplan Northeim habe das Sieden verliehen. Die weitere von Wunder angedeutete Möglichkeit, der Kaplan Northeim habe schon das Sieden innegehabt, scheidet angesichts der Quellenlage (vgl. Anm. 355 u. 356) aus.

361) U 89.

Beyschlagen und seiner hausfrawen ... verlasen hab und güetern), aber auch nicht vom Kauf ausgenommen. Wenn in diesen Kauf wirklich der Erbsiedensanteil Apollonias eingeschlossen war, so dürften Gilg Eisenmengers Erben nicht mehr als Inhaber dieser Siedenshälfte erscheinen. Letzteres ist jedoch der Fall; die genealogischen Bücher nehmen von dem eben angeführten Rechtsgeschäft keine Kenntnis[362], wie auch die Erbeinigung unter Gilgs Erben von 1611 gegen ein Ausscheiden aus dem Erbgang spricht[363].

14. ZWEIFACHES HAALHAUS BEIM OBERN TÜRLE[364]

Beide Sieden standen seit dem 14. Jahrhundert der Familie *Vogelmann* zu Erb zu. Der Erbfluß begann in der oberen Statt mit Bernhard (½) und Konrad (½) Vogelmanns Erben, in der unteren Statt mit den Erben der Klara (½) und des Ulrich (½) Vogelmann[365]. Diese Einteilung geht auf eine Loseinigung von 1573 zurück[366]. Eine frühere »Vereinigung« von Vogelmann-Erben hatte bereits 1529 stattgefunden[367].

Die eingangs genannten vier Stammsieder waren nach den genealogischen Büchern und der Loseinigung von 1573 Erben des alten Konrad Vogelmann[368]. Zur Zeit des großen Suhlenbaus von 1496 wurden beide Sieden von Klaus Vogelmann gesotten[369]; das Erb hatten, wie es im Verzeichnis der Erbberechtigten heißt, Peter Biermann und seine Schwäger[370].

An die Vogelmann gelangten die Sieden durch den frühesten erhaltenen Erbbrief[371]. 1372 verliehen Johann Junckherre, Guardian, und der Konvent der Barfüßer zu Hall dem Kuntz Vogelmann[372] und seinen Erben die zwei Sieden zu Erb, *die da gelegen sin zů Halle in dem Hal in eynem halhus, das da gelegen ist bey dem Stegturrlin am Sulfurt*[373]. Daß es sich um dieselben Sieden handelt, geht u. a. aus der erwähnten Vereinigung von 1529 hervor: *des erbs halben, das sie haben an den zweyen Sieden in dem halhauß bey dem Ößheußlin, welche beide sieden vor jahren der herrn im Parfüeßer closter gewest und jetzt der zeit einem erbarn rath alhie zue Hall zu steen*[374].

362) Anm. 355.
363) HA B 772 Bl. 258. – Vgl. dazu den Prozeß um das Beyschlag-Sieden StAH 9/25.
364) Lagebeschreibung nach HA B 632 Bl. 49'/50. In HA B 772 Bl. 112': *bey dem Obern thürle und Ößheußlen gelegen.* Vgl. Anm. 373. – Zuletzt 9 f. Hh. Nr. 28, 9. St., und 6f. Hh. Nr. 2, 1. St.
365) Gen. HB Bl. 693; HA B 632 a. a. O.
366) HA B 772 Bl. 112' f. Danach sollen sieden, 1574 beginnend, in der einen Statt *Bernhart Vogelmans* seeligen Erben *alß die im los ersten*, die andere (zweite) Statt *Biermans erben* (Peter Biermann war mit Klara Vogelmann verheiratet). Nach zwei Jahren sollen, wiederum jeder eine ganze Statt, die Erben des jungen Konrad Vogelmann und des Ulrich Vogelmann für zwei Jahre sieden; und so fort *ewiglich*.
367) HA B 772 Bl. 7' ff. Es haben sich vereinigt und vertragen *weylundt Conradt und Vlrich Vogelman gebrieder und Clara Büermenin ihr schwester seeligen ehelich khündt und kindtß khündter.* 1. Partei (Konrad Vogelmanns Kinder): Ludwig Vogelmann, vertreten durch Lic. Christoph Rothan, letzterer ebenfalls für seine Ehefrau Elisabeth Vogelmann handelnd. 2. Partei (Klara Biermanns Nachkommen): Jos Haug für Hausfrau Dorothea Biermann, Sebastian Krauß für seine Kinder und Kindeskinder, die er mit weil. *Walburga Biermenin* (Klara Biermanns Tochter) erzeugt hat. 3. Partei (Ulrich Vogelmanns Nachkommen): Hans Ortlin für Hausfrau Margaretha Vogelmann (Ulrich Vogelmanns Tochter), Ludwig Dötschmann und Georg Seiferheld der Junge als vom Rat vorordnete *trager* für *Stasala Huebnerin*, Witwe Ulrich Vogelmanns (= Sohn des Ulrich Vogelmann).
368) Vgl. Anm. 365 f. – Nach Seiferheld (Gen. HB a. a. O.) der mit Elisabeth Firnhaber verheiratete Konrad Vogelmann (zu ihm: WL 2280 – 1477/1525).
369) U 49 (416 Nr. 71).
370) U 49 (421 Nr. 3).
371) U 9.
372) Etwa Ehemann der *Vogelmenin* (WL 2273 – 1395/1403)?
373) Die Sieden wurden also von 1372 bis zum Stadtbrand von 1728 am selben Ort im Haal versotten.
374) HA B 772 a. a. O.

15. ZWEIFACHES HUBHEINZEN HAALHAUS

a) Obere Statt[375)]

Das hier belegene Sieden verlieh der adlige Hans Merstatt[376)] 1501 an Hans *Hub,* Michel *Seyboth,* Heinz *Botz,* Burkhart *Mengoß* und Margaretha, Witwe des Hans *Hein,* zu Erb[377)]. Bei den genannten Personen handelt es sich um die Erben jenes Hubheinz[378)], der das Merstatt-Sieden zur Zeit des großen Suhlenbaus sott[379)]. Der Erbfluß begann mit der Loseinigung von 1568[380)]. Dabei erhielten die Erben der drei erstgenannten je ein Viertel des Siedens, die Nachkommen von Mengoß und der Heinin je ⅛.

b) Untere Statt[381)]

Aus einem 1537 geschlossenen Vertrag gehen die zu dieser Zeit bestehenden Rechtsverhältnisse hervor[382)]. Das Eigentum stand den drei Kindern des verstorbenen Ludwig Vogelmann[383)], Hans, Joseph und Else[384)], mit acht Eimern zu. Vier Eimer gehörten Michel Sultzer dem Älteren – von seiner Ehefrau Maria Vogelmann herstammend. An Ludwig Vogelmann waren die zwölf Eimer 1525 bei der Teilung des Nachlasses des Konrad Vogelmann gekommen[385)]. Das Erb an den zwölf Eimern teilten sich (1537) je zur Hälfte Christoph *Rothan,* der mit Elisabeth, Tochter des Konrad Vogelmann, verheiratet war, und die schon genannten drei Kinder Ludwig *Vogelmanns.*

375) Zuletzt 9 f. Hh. Nr. 36, 5. St.
376) Zu ihm: WL 5819 – 1470/1509. Vgl. zur Genealogie der an diesem Sieden Beteiligten eingehend: GERD WUNDER, Das Merstatt-Sieden, in: Der Haalquell 1975, S. 37–39.
377) U 63.
378) Zu ihm: WL 4077 – 1453/1501. Hans Hub (WL 4079 – 1488/1519), Sohn des Hubheinz; Margaretha Hein war Tochter, vgl. WL S. 346 Jz. 1479; Michel Seyboths Ehefrau war Anna Hub (WL 7158), gleichfalls Tochter des Hubheinz; verwandtschaftliche Beziehungen dürften auch zwischen den Hub und Botz bzw. Mengoß bestehen.
379) U 49 (382), kein Erb! Vgl. (421 ff.), aber: Einen Streit um das Erb zwischen den Kindern des Hubheinz und Hans Merstatt entscheidet der Rat am 17. 2. 1497 zugunsten der Kinder, vgl. WUNDER, a. a. O. S. 37; LACKORN (HA B 654 S. 991): *Zwischen Hubhaintzen kinder eins und Hanns Merstatten anders thails, eines erbs halb an einem sieden, entschaidt ein rath nach verhörung clag, antwort, red, wiederred, kundschaft und ingelegt briefe, das Hubhaintzen kinder an dem angezogen sieden ein erb haben.* Üs.: *Extract raths protocolli 1502. Actum uff freytag nach invocavit anno 1497. pag: 421ᵇ.* (S. o. S. 29 f., Anm. 75).
380) HA B 772 Bl. 129 f. Das erste Los fiel auf *Hueb Heintzen* (Schreibfehler, lies: Hans) Erben, das zweite auf Michael Seyboths Erben, das dritte auf Heinrich Botzen Erben und das vierte auf *Burckhart Mengoßen* und *Margaretha Hannen* (sic!) Erben. Nach diesem Stand: Gen. HB Bl. 250 u. 198 (Botz), 634' (Michael Seyboth 1/12), 641' (Daniel Seyboth 1/12), 643 (Philipp Seyboth 1/12), vgl. dazu Seyboth-Vertrag (U 111), HA B 632 Bl. 51'.
381) Zuletzt 6 f. Hh. Nr. 4, 3. St.
382) HA B 772 Bl. 17 f.
383) WL 2290, studierte in Heidelberg, später Stadtschreiber in Memmingen, dort am 9. 1. 1531 hingerichtet.
384) Von Lic. Christoph Rothan und Daniel Firnhaber als *trager* vertreten.
385) HA U 72 – 4. 12. 1525, Ludwig erhält u. a. *zwölf aymer sulen an dem syeden in dem hallhaws am Burdinmarckt, dar in Dieterich Plannck von dem stift zu Camperg herruerend acht aymer hat.* Gemeint ist hier offensichtlich das Eigen. Über das Erb an diesem und anderen Sieden bestimmt die Teilung: *Deßgleichen so sollen alle erb und erbßgerechtigkaiten, die wir auf den obbestimpten unser bederthail zugethailten und andern sieden im Hal haben, uns bedenthailen auch gemain sein, auf unsern gemainen costen underhalten und mit unser beyderthail gutem wissen und willen verlihen werden.*

Das Erb an den verbleibenden acht Eimern hatte Michael *Seyboth*[386]. Diese acht Eimer blieben auch künftig bei den Seyboth als fließendes Erb[387]. Eine Verleihungsurkunde konnte ich nicht nachweisen. Zur Zeit des großen Suhlenbaus am Ende des 15. Jahrhunderts sott Michel Seyboth das ganze Sieden: acht Eimer von den Herren *zu Camberg* (Komburg), 12 Eimer von Konrad Vogelmann[388], ohne daß Seyboth zu der Zeit schon unter den Erbberechtigten aufgeführt worden wäre[389]. Zwischen 1496 und 1537 müssen ihm also die acht Eimer verliehen worden sein, ob von Komburg oder von Dietrich Blank, der die acht Eimer später erwarb[390], ist unbekannt. Bei den zwölf Eimern der Vogelmann verlief die Entwicklung anders. Hier wurde das Erb nicht zu fließendem, sondern zu freieigenem Erb[391].

16. HAALHAUS IN DER SULFERTORGASSE

a) Obere Statt[392]

Wendel *Müllers* und Michel *Seiferhelds* Erben hatten in der oberen Statt je ein halbes Erbsieden[393]. Seiferheld kaufte seine Hälfte samt einem Viertel am Eigen 1562 von Jakob Feyerabend[394]. Der hatte 1558 ein Viertel vom hier verkauften Erb von seiner Schwiegermutter Dorothea Biermann geschenkt erhalten. Das übrige Viertel, wohl Erb und Eigen, stand ihm offenbar schon vorher zu[395]. Die zweite Siedenshälfte gehörte 1592 Georg Müller zu erb und

386) Praktisch wirkte sich die Quotelung 3/5 und 2/5 so aus, daß abwechselnd die Vogelmann drei Jahre, dann ein Seyboth zwei Jahre lang sotten.
387) Gen. HB 634'; HA B 632 Bl. 52. Nicht im Seyboth-Vertrag, vgl. U 111. Der Grund dafür ist wohl in dem genannten Vertrag mit den Vogelmann zu suchen, der die Siedensnutzung regelte.
388) U 49 (362/63). Komburg und Vogelmann werden auch im Merstatt-Erbbrief erwähnt, vgl. o. und U 63.
389) U 49 (421 ff.).
390) Vgl. Vogelmann-Teilung, Anm. 385. – Der Komburgische Siedensbesitz ist schon um 1300 nachgewiesen, vgl. dazu RAINER JOOSS, Kloster Komburg, S. 116. – UB Hall U 596 (1375).
391) Gen. HB und HA B 632 a. a. O. (Anm. 380).
392) Zuletzt 8 f. Hh. Nr. 23, 7. St.
393) Gen. HB Bl. 462 – Müller, 551 – Seiferheld; zu Müller: WL 6034 – 1533/41; zu Seiferheld: WL 7031 – 1541/91 (in erster Ehe mit Apollonia Haug verheiratet); HA B 632 Bl. 53'.
394) Abschr. HA B 654 S. 46 ff. An dem Sieden *bey dem Sulffferthor, zwischen Hannß Botzen und Michel Botzen seeligen wittibin gelegen,* hatten neben Feyerabend noch folgende Personen Anteil: Volk von Roßdorf 3/4 Erb und Eigen, 1/4 Erb Klaus Kraft, vgl. Anm. 395. – Die hier erkaufte halbe Erbgerechtigkeit betrifft auch U 118, in der eine Tochter Seiferhelds und ihr Ehemann den ihnen angefallenen Erbteil an die Geschwister verkaufen. – Nach der genannten Urkunde ist der Kauf eines halben Erbs durch Michael Seiferheld wirksam geblieben. In einem 1599 geführten Prozeß gegen die *Seyfferheldischen erben* (HA B 654 S. 756 ff.) ist dagegen von der Nichtigkeit dieses Kaufs die Rede. Es heißt in der nicht näher gekennzeichneten *Specification und verzeichnuß der haalheüßer,* an denen Kläger und Beklagte *in noch unerörterter rechtsfertigung gestandten: Item so sein in dem hahlhaus im Gäßlin hinab beym Sulfferthor oder Löchners hauß zwo stett darein Hannß Botz von alt Michel Seyfferhelden gelasen worden, in der ainen statt, da die Botzen 2 drittheil oder acht jahr, beede parthey aber miteinander ein drittheil, also die Seyfferhelden die zwey jahr und dann die clägere sambt Hanns Botzen auch 2 jahr zu sieden haben,... aber in der andern statt soll das erb und aigen sein, das durch weilandt alt M. Seyferhelden von Jacob Feüerabenden, doch vermög rechtlicher deduction nichtiglich und kraftlos, erkauft sey, also anjetzo von den Seyfferheldischen erben für ihr aigenthumb fürgegeben, und doch dem zu wider von Hannß Botzen gleich den andern gesotten worden.*
395) Abschr. HA B 654 S. 741 ff. Die anderen Anteile haben Dietrich Blank von wegen seiner Ehewirtin Ursula Haug (1/4 Eigen) und Volk von Roßdorf (1/2 Erb und Eigen). Die Schenkerin hat sich seinerzeit beim Verkauf eines Viertels an Klaus Kraft das Erb vorbehalten. Das Erb an diesem Viertel schenkt sie jetzt Jakob Feyerabend und Ursula, seiner ehel. Hausfrau. Die Eheleute sollen das Erb ewiglich *neben und mit sambt ihrem obgemelten andern viertel erbs und aigen, so ihr Ursula, meiner tochter, hievor zue ihme Dietrich Planncken obgenannt zu einem hewrathguth gegeben worden* (S. 743 f.). – 1542 hatte Dorothea Biermann

eigen. Eine Loseinigung fand 1609 statt[396]. Es handelt sich um die 1562 noch Volk von Roßdorf gehörende Siedenshälfte[397].

b) Untere Statt[398]

Zwei Drittel des fließenden Erbs haben die Erben des Hans *Botz*, das übrige Drittel je zur Hälfte die Erben des Michel *Seiferheld* und Joß *Haug*[399]. Napurg, die Witwe des Hans Botz, übergab 1569 ihren Kindern das Erb an den zwei Dritteln, an denen sie auch das Eigentum hatte[400]. Hans Botz hatte die zwei Drittel von Michel Seiferheld[401] erhalten. Über diesen Vorgang konnte ich jedoch keine Urkunde nachweisen[402].

17. ZWEIFACHES HAALHAUS BEIM SULFERTOR

a) Obere Statt[403]

Das Sieden stand den Erben des Sebastian (Basti) *Vogelmann* zu[404]. Es wurde am 12. Juli 1498 vom Siechenspital am Bach dem Peter Vogelmann gen. Botz (= Vater des Sebastian?) zu

Klaus Kraft ein Viertel Sieden verkauft, wobei sie sich das Erb vorbehielt, Abschr. HA B 654 S. 44 ff.: Klaus Kraft bekennt. Als ihm vor vergangenen Jahren Dorothea Biermann, Joß Haugs Witwe, ein Viertel eines ganzen Siedens, beim Sulfertor gelegen, daran Dietrich Blank auch ein Viertel und Volk von Roßdorf das andere Halbteil Erbs und Eigens haben, verkauft hat, hat sich die Verkäuferin für sich und ihre Erben das Erb an dem verkauften Viertel vorbehalten.

396) U 118; Gen. HB a. a. O.; HA B 772 Bl. 254.

397) Vgl. Anm. 394; zu Volk von Roßdorf: WL 6679/6680.

398) Zuletzt 9 f. Hh. Nr. 28, 6. St.

399) Gen. HB Bl. 173 *(Hans Botz der 2.)*; 551 (Seiferheld, vgl. Anm. 393); HA B 632 Bl. 54.

400) U 115.

401) Vgl. Anm. 394. – HA B 654 S. 760: *darein Hannß Botz von alt Michel Seyfferhelden gelasen worden.*

402) 1547 wurde die Verlassenschaft Michel Haugs und seiner Ehefrau Barbara Mangolt verteilt (Abschr. HA B 654 S. 53 ff.). Dabei erhielten die Nachkommen und Schwiegersöhne eines der drei Söhne Michels, des Jos, u. a. das Eigentum an dem Viertel Sieden minder 1/16 im Haal *bey Sulferthor*, jedoch ohne das Erb *(doch daß erbe hind angesetzt und ausgeschloßen)*, dazu ½ Sieden ebenda, *das jetzund Philipp Seyboth seut* (vgl. o. die Seiferheld-Hälfte des Siedens in der oberen Statt). Die so begünstigten Erben des Jos Haug waren: Michel Haug, Jakob Feierabend für seine Hausfrau Ursula Haug, Michael Seiferheld für seine Hausfrau Apollonia Haug, die noch ledige Barbara Haug (Vormund Kaspar Gutenberger). Das Erbe soll von allen Parteien gesotten werden, d. h. auch von den Erben des Jörg und der Dorothea (Ehefrau Ludwig Firnhabers) Haug, den beiden andern Kindern Michel Haugs *(daß jeder tail dieselbigen erbe, wan sie an uns fellig, die anzal gepürender zeit und jare zu sieden macht und gewalt haben soll)*. – Das hier erwähnte Viertel weniger 1/16 wurde 1564 Gegenstand eines Rechtsstreits zwischen Michel Seiferheld und Ludwig Firnhaber (Kläger) und Napurg Botz, Beklagte. Der Rat entschied, daß es wegen der Nutzung *bey dem vertrag, in vermeltem Haals buch einverleibt pleiben* (solle), *dergestalt, das bede klägere und ire mitverwandten das strittige sieden nach ausweisung gedachten vertrags jetzo widerumb ii jahr sieden und furter durch alle thail in öwig zeit gesotten werden, wie in angezogenem vertrag verleibt ist.* Abschr. HA B 654 S. 547 ff. – Ein Viertel weniger 1/16 ergibt etwas mehr als ein halbes Drittel. Auch von der Lagebeschreibung her könnte es sich um das Drittel handeln, das sich nach Gen. HB Seiferheld und Haug teilten.

403) Zuletzt 9 f. Hh. Nr. 36, 2. St.

404) Gen. HB Bl. 714 (mit Angabe der Ehefrau: *ux*[*or*] *Anna Gutjährin*); HA B 632 Bl. 61' (Eigentumsherr 1716: *Der löbl. hospithal*); zu Basti Vogelmann Botz: WL S. 237 unten u. Nr. 888 – 1494/1539. Erbfluß nach Loseinigung 1555 zu 3 Jahren (HA B 772 Bl. 103'). Lose: 1. Peter, 2. Basty, 3. Wendel, 4. Agnes, 5. Michael, 6. Katharina, Georg Baumaysters ehel. Hausfrau. Um 1700 erscheinen nur noch die Stämme Katharinas, Wendels und Peters, vgl. HA B 632 a. a. O.

Erb verliehen[405]. Peter Vogelmann Botz ist aber schon 1481[406] und dann wieder zur Zeit des großen Suhlenbaus von 1496 als Sieder dieses Spitalsiedens erwähnt[407].

b) Untere Statt[408]

Wie Vogelmann Botz wird auch der Stammsieder des Nachbarsiedens schon 1481 genannt – Heinrich *Botz*[409]. Eigentumsherr seines Siedens war der St. Ottilien-Altar im Siechenspital[410]. Die Verleihungsurkunde konnte nicht ermittelt werden; eine Loseinigung fand 1551 statt[411]. An ihr waren zumeist schon die Enkel des Heinrich Botz beteiligt. An den Altar kam das Sieden am 5. Dezember 1373, als die Vormünder des Siechenspitals, Peter von Stetten und Sitz Schmit, sowie Spitalmeister Heinrich Stemler dem Altar und seinem Altaristen *phaffe Petern* das Sieden als Widerlegung für eine Schuld von 275 Pfund Heller übergaben[412].

18. ZWEIFACHES HAALHAUS BEIM OBERN TÜRLE ÜBER DIE RINNEN HINEIN

In der vorderen Statt[413] hatten die Erben des »ältern[414] Lutz *Blinzigs*« und des älteren Hans Blinzig je ein halbes fließendes Erb[415]. Das Erb an dem Sieden in der hinteren Statt stand des »ältern Hanß *Geyers*« Erben zu[416]. Zur Zeit des großen Suhlenbaus von 1496 wurden beide Sieden von Wilhelm Blinzig gesotten; er hatte aber kein Erb[417]. Aus dem Verzeichnis ergibt sich die Verteilung der einzelnen Eigentumsanteile; ein halbes Sieden gehörte Blinzig selbst zu eigen[418]. Dieses halbe Sieden verkauften Wilhelm und seine Geschwister 1522 an Hans Neuffer[419], dabei behielten sich die Verkäufer das Erbe vor. So kam es bei dem verkauften halben Sieden zur Trennung von Eigen und Erb. Eine Erbeinigung fand im folgenden Jahr 1523

405) U 62: (Das Sieden) *im Hale bey dem Sulferthor zwischen Hansen Blintzigs und dem sieden, das an st. Ottilia altar in dem obgenanten spithal gehort, gelegen.* Vgl. zum Blinzig-Sieden unten Hh. 24, zum Sieden des St. Ottilien Altars sogleich. Vgl. noch die Ortsangabe in der Loseinigung (Anm. 404): (Erbsieden), *das da ligt bey der straßen am Sulfferthor im zwyfachen halhauß an der obern statt.* – Zu Peter Vogelmann Botz: WL 867 – 1466/1523.

406) HA B 654 S. 91 ff., 93, Götz von Bachenstein und Elisabeth von *Eurhauszen* verkaufen Anteil an einem Sieden im Haalhaus, das *hinden an des spittals zway sieden, so Petter Vogelmann und Haintz Botz sieden,* stößt.

407) U 49 (366, 391).

408) Zuletzt 9 f. Hh. Nr. 36, 3. St.

409) Gen. HB Bl. 191 – *Heinrich Botz der 1.*; HA B 632 Bl. 62 – Eigentumsherr war 1716 die Michaelspflege; zu Botz: WL 868 – 1469/1511. – Erwähnung 1481: Anm. 406. Im 16. Jh. vgl. noch HA B 654 S. 16 ff. – 1547, »Heinrich Botzen seeligen Erben« Haalhaus erwähnt – dieses Sieden?; ebd., S. 931 f., 932.

410) U 49 (361, 414 Nr. 66), Altarist 1494: Jörg Widmann.

411) HA B 772 Bl. 15 – Los zu drei Jahren: 1. Clas und Hans Botz, 2. Kinder der † Barbara Botz, 3. Kinder des † Jakob Botz, 4. Kinder des † Heinrich Botz, 5. Kinder der † Katharina Botz.

412) Maschinenschr. Rep. StAH U 1013. Lage des Siedens: *in dem Hale gein dem Sulfurt an dez alten Arnoldez seiligen huse* in dem Haalhaus, wo das Spital ein weiteres Sieden hat.

413) Zuletzt 9 f. Hh. Nr. 15, 1. St.

414) S. dazu u. Anm. 476.

415) Gen. HB Bl. 37 – Hans, 55 – Lutz; HA B 632 Bl. 63'. Zu den Blinzig u. Anm. 471 ff.

416) Gen. HB Bl. 348; HA B 632 Bl. 64. Zu Hans Geyer: WL 2699 – 1471/1507.

417) U 49 (421 ff.).

418) U 49 (352/353). Daß es sich um die Eigentümer dieser beiden Sieden handelt, ergibt der Vergleich mit den in U 88 (vgl. unten Anm. 419) gen. Eigentumsanteilen und Eigentümern.

419) U 88. – Vgl. dort auch die Eigentumsanteile im übrigen. Die beiden Achtel Eigen des *Eckhardi* und Hans Blinzig sind nun bei Jos Mangold. Vgl. dazu den Kaufbrief von 1493 PergU Hist. Ver. -unverz.-: Hans Blinzig verkauft Hans Eckhart, dem Becken, einen halben Vierteil des Siedens, daran das andere halbe

statt[420]. An dem Sieden in der hinteren Statt[421] hatte Hans Geyer schon zur Zeit des großen Suhlenbaus (1494/96) das Erb[422]. Eigentumsherren waren Michel Seckel und Klaus Stadtmann[423]. Eine Verleihungsurkunde über dieses Sieden ist nicht ausgestellt worden. Hans Geyer mußte sein Erb vielmehr in einem 1482 entschiedenen Rechtsstreit vor Schultheiß und Gericht erringen und behaupten[424]. Klaus Stadtmann und Michel Seckel hatten ihn verklagt, er möge von dem Sieden abstehen, da sie ihm aufgesagt hätten. Sie hätten des Sieden *für frey aigen* von Götz von Bachenstein gekauft. Dagegen behauptete Geyer, er und sein Vater hätten das Sieden *bey fünfzig jahren zu einem erb in gehabt.* Nachdem Geyer den ihm vom Gericht auferlegten Eid leistete, *daß er es dafür gehabt, das sein vatter seeliger das sieden zue einem erb ingehabt, gebauen und das* (Bau-)*geldt ausgeben hab, und im vom herrn nit abgezogen sey,* erhielt er das Erb vom Gericht zuerkannt[425].

19. ZWEIFACHES HAALHAUS AUF DEM BÜRDENMARKT AM ECK[426]

a) Obere Statt[427]

Im Jahr 1397 verlieh Dietrich Stieber dem Hans Neuffer ein halbes Sieden zu Erb[428]. Aus dem Erbbrief geht hervor, daß Neuffer die andere Siedenshälfte gehörte: *einhalb an desselben Hansen Neyfers halbe sieden, das Hans Neyfer da hat.* In den Verzeichnissen der Ratssieden um oder nach 1450 erscheint unter den Siedern, die Siedensanteile von der Stadt sotten, auch Heinz Neuffer. Er sott in *Heintz Nyffers halhausz* vier Eimer von der Stadt[429]. Am Ende des 15. Jahrhunderts versuchte Klaus Welling (Wölling) gen. Mayer, der Heinrich Neuffers Witwe geheiratet hatte[430], das Erb an dem Sieden zu erlangen. Aber er verlor den entscheidenden Prozeß. Seine Stiefkinder, die Kinder Heinrich Neuffers, erhielten das Erb zugesprochen.

Viertel Hans Blinzig gehört. Zwei gehören Wilhelm *(Wilhalm)* Blinzig, ein Viertel Peter Biermann jung. Das Sieden liegt im Haal zwischen der Barfüßer und dem Sieden, das an die Pfründe des St. Franziskus-Altars in der Feldner-Kapelle gehört (Reg.: Masch. Rep. StAH Hist. Ver. 6).

420) HA B 772 Bl. 11 (zu Hans vgl. Gen. HB Bl. 37): Vertrag *über der Bl̈üntzig erbsieden und ihrer schwäger*; es einigen sich die Kinder des verst. *Casper Hickler, Michel Kayßapel* der Schmid, *Hanß und Wilhelm Blinzig*, Gebrüder, *Hannß Geyer, Vlrich Trüller* und *Lautahanß, ihr schwager.* Hans Blinzig soll zwei Jahre sieden, danach *sollen sie all in das loß stehn und ir jeder oder ire erben, wie sie nacheinander geschriben sein, 3 Jahr sieden.* – Ebd. Bl. 10' (zu Lutz alt vgl. Gen. HB Bl. 37): *Lutz Plüntzig* und *Clar Dötschmänin, Merte Blüntzigs* Witwe, einigen sich, nachdem sich Irrungen begeben haben, ihr Erbsieden betreffend. 1523 soll Klar Dötschmann sieden, 1524 Lutz Blinzig. Um das folgende dritte Jahr sollen beide losen. Nach Ablauf dieser drei Jahre sollen – in der Reihenfolge, wie sie nacheinander geschrieben stehen – Gilg, Merti, Lutz, Hans und Contz, die Blinzig *alle gebrieder* je drei Jahre hintereinander sieden u. s. f.

421) Zuletzt 9 f. Hh. Nr. 15, 2. St.

422) U 49 (423 Nr. 10).

423) Je zur Hälfte, vgl. U 49 (369/370) und Anm. 422. – Daß das Stadtmann-Seckelsche Sieden das hier belegene ist, ergibt sich aus U 88: Im Haalhaus, in dem das Blinzig-Sieden liegt, befindet sich auch noch *ein statt und pfann . . ., daran Lienhardt Seckhels seeligen erben ein halb theil . . . haben.* Lienhart war Michels Sohn und wie der Vater Metzger, vgl. WL 6954 – 1497/1517. – Zu Stadtmann: WL 8269 – 1477/1519.

424) Abschr. des Gerichtsbriefs bei Lackorn, HA B 654 S. 710 ff.

425) Zur rechtsgeschichtlichen Bedeutung des Verfahrens vgl. o. S. 27 ff.

426) Bis 1558 in Urkunden »Großes Haalhaus am Bürdenmarkt« genannt, vgl. u. Anm. 450 und HA B 656 S. 43. – 1600 wird das Sieden in der oberen Statt als *uffm Bürdenmarck am Eck* erwähnt (HA B 656 S. 68).

427) Zuletzt 8 f. Hh. Nr. 22, 1. St.

428) U 13.

429) U 33, 35 (837). Vgl. UB Hall U 2537. 1466 hat Heinrich Neuffer noch 6 Eimer Suhle.

430) StAH 4/141 Bl. 18' (s. u. Anm. 450). U 49 (351): Klaus Mayer siedet 13 Eimer von Peter Baber zu Sulm, – (412 Nr. 56): von seinen Stiefkindern drei Eimer, – (396): von der Stadt vier Eimer. – Zu Heinrich

Die Vorgeschichte des Prozesses begann 1492. In diesem Jahr bekannte Klaus Welling, daß er mit dem ehrbaren Hans von Buch und seiner Hausfrau Walburga Schellin einen Kauf über 13 Eimer eines Siedens »beschlossen« habe. Die Eimer hatten ursprünglich dem Priester Peter Bäber zu Neckarsulm[431] gehört und waren der genannten Schellin erblich zugefallen. Darüber sei ein »Brief« errichtet worden. Weiter bekannte Welling, daß er *Leenharten Flurer* (Flurhay) *gen. Husse*[432] zu sich *in eegemelten vertrag und vereynung zum halben thail solchs kaufs aus merklichen ursachen angenommen, entpfangen und zugelassen* habe[433].

Zwei Jahre später verkaufte nun wirklich Hans von Buch, Schultheiß zu Kochendorf, seine 13 Eimer Suhle an Flurhay und Welling (28. Juli 1494)[434]. Wenige Tage darauf, am 1. August 1494, verkaufte Welling seinen Anteil an den 13 Eimern an Flurhay weiter, der damit die 13 Eimer allein – zu eigen – innehatte[435]. Wie die Prozeßakten ergeben, lag der Sinn dieser Geschäfte darin, daß Flurhay aufgrund des erworbenen Siedenseigentums dem Hans Welling ein Erb an dem ganzen Sieden verleihen sollte. Denn Flurhay hatte jetzt mit 13 Eimern den »mehrern Teil« des Siedens und war damit an sich nach Haalsrecht zur Verleihung befugt[436]. Flurhay weigerte sich aber in der Folgezeit, Welling das zugesagte Erb zu verleihen[437]. 1504 von Welling deshalb verklagt, verteidigte er sich, er habe das Erbe nur unter der Bedingung versprochen, daß nicht schon ein anderer erbberechtigt sei. Es stellte sich heraus, daß Heinrich Neuffers Kinder Hans und Genova, Hans Kolers (Köhlers) Hausfrau, ein Erb an dem Sieden hatten. Sie wiesen es mit dem eingangs erwähnten Erbbrief von 1397 nach und erhielten das Erb zugesprochen[438].

Neuffer: WL 6187 – 1421/71 u. S. 474 ganz unten o. J.; Klaus Welling Mayer: WL 9084 – 1474/1519 u. Jz. 1490. – Die Familienverhältnisse ergeben sich aus einer Urkunde v. 1. 3. 1476 (UB Hall U 2794):

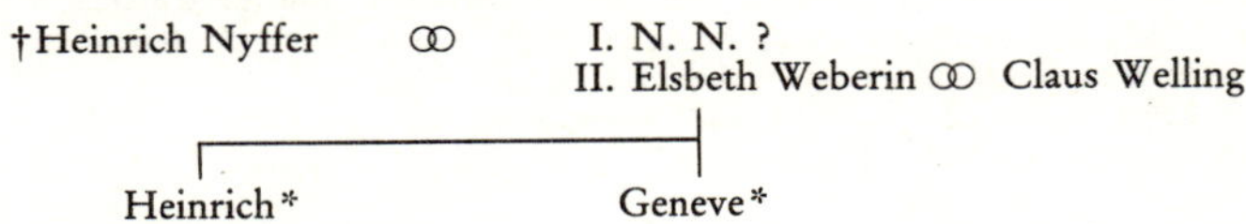

* = Kinder des H. Nyffer und der Weberin.

431) S. Anm. 430. Zu Hans von Buch: WL S. 155 Jz. 1494.
432) Zu Flurhay: WL 4135 – 1466/1513 – Tucher.
433) Die Urkunde fährt fort: *also das ich und meine erben, auch er und seine erben sollen und wollen solch egerürt treyzehen eymer an dem sieden obgemelt, so es laut des gedachten vertrags zu valle kommpt, miteinander gleich hals durchaus, eyn taile als viel als der ander daran haben, geben und bezalen, auch zu gewinn und zu verlust tragen.* Flurhay hat 93 fl. rh. an die verkaufenden Eheleute bezahlt. Abschr. HA B 656 S. 19 f. Die Abschr. trägt den Hv.: *Das original ligt bey den Müllerischen briefschaften;* dieser Vermerk regelmäßig auch bei den folgenden Abschrr. aus HA B 656. – Reg.: Maschinenschr. Rep. StAH Nr. 412.
434) Abschr. HA B 656 S. 23 f. – Mo n Jakob, Mayer siedet, weitere Eigentümer: Stadt (4 Eimer), † Heinrich Neuffers Kinder (3 Eimer); die Stadt hat in dem Haalhaus noch ein Sieden. Das Sieden hat *Walpurg Schölling* ererbt von Herrn Peter Bäbern, Priester und *früemesser* zu Neckarsulm.
435) Abschr. HA B 656 S. 21 f. – St. Peterstag Kettenfeier. Das Haalhaus stößt an Hans Stadtmanns und der Stadt anderes Haalhaus.
436) U 65 (273).
437) U 65 (268). – Welling ersuchte Flurhay um das Erb, als das baufällige Haalhaus neu erstellt werden mußte. Er baute, obwohl er das Erb später nicht bekam, – nicht ohne vorherigen Rechtsstreit mit Köhler, der, um seine bzw. seiner Frau Rechte an dem Neufferschen Erbsieden wahrzunehmen, zum Bau der einen Hälfte des Haalhauses beitragen wollte, a. a. O. (271 ff.). Der Rat entschied: Nicht Köhler, sondern Welling Mayer sollte »am Bau helfen«, d. h. den Beitrag des Sieders an den Baukosten tragen, weil Mayer und seiner Frau der Beisitz, die lebenslange Nutzung durch den überlebenden Ehegatten, zustand. Nach dem »Fall«, womit wohl der Tod der Eheleute gemeint ist, und dem damit eintretenden Ende des Beisitzes sollte dann erneut entschieden werden.
438) U 65.

Die Besitzlage, aus der sich der bis heute bestehende Erbfluß bildete, entstand aber erst um die Mitte des 16. Jahrhunderts. Es war der reiche Gilg Schübelin[439)], der in den Jahren 1552 bis 1583 planmäßig die zerstreuten Anteile aufkaufte, bis er das ganze Sieden – Erb und Eigen – innehatte[440)]. 1600 wurde sein und seiner Witwe Margarethe Otterbach Nachlaß verteilt[441)], darunter auch dieses Sieden. Vom Eigen erhielt ein Viertel Georg Müller[442)], Margarethes Sohn aus ihrer ersten Ehe mit Wendel Müller[443)]. Drei Viertel entfielen auf Klara, Tochter des verstorbenen Melchior Stadtmann, und auf Ezechiel, Gilg Schübelins Sohn[444)]. Das Erb an dem Sieden ging an *Gilg Schübelins und Margretha seiner haußfrau obgedacht beeden seeligen hierin vermelten erbnemmen.* Außer den schon genannten gehörte zu diesen »Erbnehmern« noch als dritte Partei an dem Teilungsvertrag Hans Bratz, der Ursula, Gilg Schübelins Tochter geheiratet hatte[445)]. Seiferheld schreibt je eine Hälfte fließenden Erbs Wendel *Müller* und seinen Erben und Gilg *Schübelins* Erben zu[446)].

b) Untere Statt[447)]

Am Erbfluß des Siedens in der unteren Statt sind je mit einem Drittel die Nachkommen Georg *Müllers* »des 1.« beteiligt: sein Sohn Georg Müller »der 2.« mit Hausfrau Elisabeth Ulrich und die Schwiegersöhne Botz und Reiz[448)]. Das Sieden war um die Mitte des

439) WL 7883 – 1543/81.
440) Vgl. die sechs Kaufbriefabschriften bei F. S. Müller, HA B 656 S. 31 ff.: 1549 – Jobst Haug verwechselt, d. h. tauscht 13 Eimer an Hans Köler (S. 31); 1552 – Anna Heroltin, Hans Kölers Witwe, und ihre Tochtermänner und Stiefsöhne verkaufen Sixt Schübelin 12 Eimer Erb und Eigen (S. 35); 1552 – Sixt Schübelin verkauft seinem Bruder Gilg Schübelin 8 Eimer Erb und Eigen (S. 38); 1555 – Sixt Schübelin verkauft Gilg 5⅓ Eimer Erb und Eigen (S. 41); 1588 – Apollonia Kölerin, † Ulrich Vogelmanns Witwe, verkauft Gilg 2⅔ Eimer Erb und Eigen (S. 43); 1583 – Der Rat verwechselt dem »Mitratsfreund« Gilg Schübelin vier Eimer (S. 47; Reg. StAH 4/141 Bl. 20).
441) StAH 9/41 Nr. 17, Abschr. HA B 656 S. 67 ff.
442) WL 6043 – 1573/99, Ratsherr 1575–1607.
443) WL 6034 – 1533/41.
444) Zu Stadtmann: WL 8293 – 1591/99, heiratete am 28. 11. 1592 Marie Schübelin. Ezechiel nicht mehr bei WL; er war 1600 noch minderjährig und durch Vormünder vertreten. Wohl Sohn Gilg Schübelins jung, WL 7887 – 1573/81.
445) Zu Bratz: WL 932 – 1573/99.
446) Gen. HB Bl. 462 – Müller; Bl. 531 – Schübelin; HA B 632 Bl. 65' – Wendel Müllers Erben und Hans Bratzen Erben. – Vgl. auch HA B 772 Bl. 37: 1585 – Vereinigung und Vergleich zwischen des † jungen Gilg Schübelins Erben, Georg Müller und Ursula Schübelin, Hans Bratzen ehel. Hausfrau, zu je drei Jahren.
447) Zuletzt 8 f. Hh. Nr. 22, 2. St.
448) Vgl. die folg. Tafel:

Genealogische Tafel – Quelle: Gen. HB Bl. 460ff.; vgl. auch HA B 632 Bl. 66.

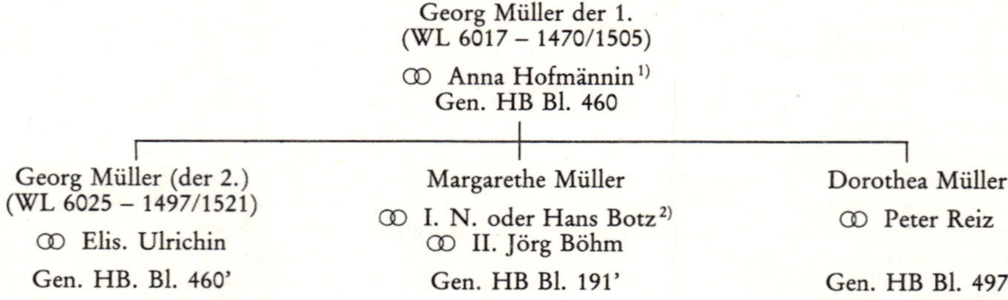

1) Richtig: I.) ... Hofmännin, II.) Anna ...
2) Die Unsicherheit »N. oder« ist unbegründet; es handelte sich eindeutig um Hans Botz.
Anm. 1 u. 2 nach frdl. Hinweis von Gerd Wunder.

15. Jahrhunderts im Eigentum der Stadt Hall und wurde zu der Zeit von *Cüntzelman* gesotten[449]. 1486 vertrugen sich Klaus Welling gen. Mayer und Hans Kontzelmann, nachdem sich zwischen beiden *spehn und irrung* gehalten hatten. Die vom Rat dazu verordneten Schlichter und die Vertreter der streitenden Parteien *(und andern von beeden thaylen)* einigten sich, daß Hans Kontzelmann, der das Sieden bisher von der Stadt gesotten hatte, noch weitere vier Jahre sieden sollte. Dann sollte er Welling das Sieden *haimstellen* und ihn sieden lassen. Das Sieden wurde als *gantz frey aigen* bezeichnet. Welling mußte ausdrücklich bekunden, daß er an dem Sieden kein Erb habe oder haben wolle[450].

Es fällt auf, wie stark der Schied *(thaidigung)* betont, daß kein Erb an dem Sieden bestehe. Auch noch um 1500 heißt es in einem Ratsentscheid, daß man an des *rats sieden, das jetzo Claus Mayer* (Welling) *sewdet ... Claus Mayers stiefkindern kains erbs gesteet*[451]. Das können die im Rechtsverkehr zeitüblichen Verwahrungen sein. Vielleicht hatte aber der Rat in diesem Fall besonderen Grund, das Bestehen eines Erbrechts zu leugnen. Wie dem auch sei, jedenfalls erscheint der um diese Zeit lebende Georg Müller »der 1.« in den genealogischen Hauptbüchern als Inhaber eines Erbs an dem Sieden[452].

20. ZWEIFACHES HAALHAUS UNTEN AM BÜRDENMARKT

In dem Haalhaus befanden sich zwei freieigene Erbsieden[453].

21. ZWEIFACHES HAALHAUS BEI DER SUHLEN

Wie Nr. 20[454].

449) U 33: *Cüntzelman seudt i sieden gelegen uf dem Bürdenmarkt in Heintz Nyffers halhausz.* Das Sieden war von der Stadt dem Spital zur Nutzung überlassen worden, vgl. Üs. in der U. Zu Hans Kontzelmann: WL 4772 – 1442/88.

450) Reg. StAH 4/141 Bl. 18'. Lagebezeichnung: (Sieden) *im Haal in dem Grossen haalhauß uff dem Burde marckht, stoßent neben ahn der statt Hall haalhauß, darinnen der alt Durprecht seudet, ahn Hannß Statmanns und Seboldt Halbergers halheussern gelegen.* – Aus dem Haalhaus, in dem das Sieden gesotten wird, zahlt die Stadt jährlich 1½ fl. Stettgeld an Heinrich Neuffers Kinder. – Der Rat willigt in den Schiedsspruch, *doch ahn irer gerechtigkhaidt unschedlich, darumb gemelter Mayer fur sein erben und sich verpindt und verspricht, das ehr oder sie ahn solchem sieden, wo es ime als obstett heimgesteldt wirt, khein erb oder gerechtigkhaidt haben sollen oder wollen, sonder wan ein rhatte will und ime ebnet, so hat er macht, sollich sieden zue sein handen zuenemen, verehr* (= verrer, ferner) *wehm oder wohin sie wollen zuvererben oder zuverleichen.*

451) U 65 (271).

452) Vgl. Anm. 448 (Gen. Tafel).

453) HA B 632 Bl. 73' – Inhaber des freieigenen Erbs um 1720, vordere Statt: Johann Jacob Sielber *nomine* seiner Stiefkinder (¼), Georg David Reiz und Joh. Ezechiel Seyferheld (½), Johann Wilhelm Engelhardt, des Innern Rats und Amtmann im Rosengarten (¼). – Bl. 74, hintere Statt: *Ein hochedler Magistrat,* von David Zweifels Erben ausgelöst (½), des jungen Hans Blinzigs Erben (½).

454) HA B 632 Bl. 75' – Inhaber des freieigenen Erbs um 1720, obere Statt: *der weyland Catharina Grätterin seel. hinterlaßene Kinder und erben, so sie mit Clas Lauthen, David Wetzeln und Joß Schübelin ehelich erzeugt hatte. Nunc herr ambtmann Engelhard ½ erkauft.* Die übrigen Anteile gehörten: *Peter Seyferheld* (1/7), *Anna Magdal. Wezlin* (1/7), *Johann Balthas Löchner* (1/7), *Peter Seyferheld* (ein halbes Siebtel). Bl. 76, untere Statt: Johann Andreas Groß (6 Eimer), Hans Schübelins Erben miteinander (14 Eimer, *nunc Hanß Jerg Schübelin 4 aimer, Jos. David Schübelin 4 aimer, Jerg Conrad Gros et cons. 6 aimer*).

22. ZWEIFACHES HAALHAUS ÜBER DIE RINNEN HINEIN[455)]

Die Familie Reiz besaß anderthalb fließende Erbsieden in dem Haalhaus – ein halbes in der vorderen und ein ganzes in der hinteren Statt[456)]. Der Eigentumsherr, das Siechenspital, verlieh 1498 an Hans *Reiz* zu Erb[456a)]. Reiz sott schon vorher, aber ohne gefestigte Rechtsstellung *uff der pfleeger oder spitalmeisters widerrufen*[456b)]. Die erste Loseinigung von 1552 ergab, daß Andreas, Peter und Klas Reizen Erben – in der angegebenen Reihenfolge – je drei Jahre sieden sollten[456c)].

Das halbe fließende Erb in der vorderen Statt genossen Wendel *Vogelmanns* Erben[457)]. Erworben hatte es Anna Vogelmann, die Witwe Wendels, durch Tausch. 1570 erhielt sie u. a. zwei Viertel Erb eines Siedens von Ezechiel Beyschlag, dem sie dafür im Wechsel eigene Siedenserbrechte übertrug[458)]. Beyschlag selbst dürfte die beiden Viertel sehr wahrscheinlich über seine Ehefrau Ursula Kraft erhalten haben. Denn 1537 hatte Klaus Kraft von Gailenkirchen (Ursulas Vater?) diese Siedenshälfte – und zwar zu erb und eigen[459)]. Letztlich handelt es sich wohl um jenes halbe Sieden, das Hans Reiz zur Zeit des großen Suhlenbaus (1496) von *Peter*

455) Die Lagebezeichnungen wechseln, hier nach HA B 632 Bl. 77'/80. Erbbrief (s. u. Anm. 456a): (Im Haalhaus) *bei dem Block hin hinder, zwischen der statt und dem sieden, daß da gehört an der heyligen dreyen könig altar in st. Michels pfarrkirchen, gelegen.* Gen. HB Bl. 487: Zweifaches Haalhaus in der Hohen Suhlen Gassen über die Rinnen hinein. Losbuch, 1538 (Anm. 459): *im halhauß, das da leit hinder der stat halhauß an der Sull in* (Sulln?), *stost hinden an Michel Seybots sieden.* Vgl noch Anm. 458. – Zuletzt 9 f. Hh. Nr. 15, 8. St., und 8 f. Hh. Nr. 22, 5. St.
456) Gen. HB Bl. 487; HA B 632 Bl. 77'/80.

Genealogische Tafel – Quelle: Gen. HB Bl. 487

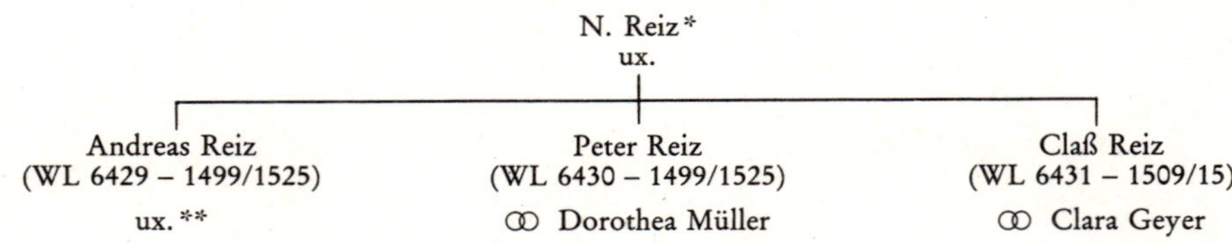

* = Hans, WL 6427 – 1477/1513 ** = Katharina Botz (frdl. Hinweis von Gerd Wunder)

456a) U 61.
456b) U 49 (367, 391, 423 Nr. 8).
456c) HA B 772 Bl. 85' – Vereinigung über *drithalben erb sieden* (= 2½); die üblichen Bestimmungen bei einer Loseinigung (*weyter ist auch außgedungt und abgeredt, das die parthein, so stets dem los nach sieden, eine als lang und viel sieden, und auch eine alß lang feyern als die ander, auf das meniglich mag erkhennen, das in solchem los recht und billich und gleich zu gehe, doch niemandt nichts an seinem los genomen).*
457) Gen. HB Bl. 731; HA B 632 Bl. 77'. Zu Vogelmann: WL 2292 – 1531/53, heiratet 1531 Anna Klotz.
458) Unverz. PergU Hist. Ver. (1570 März 20), Abschr. Bühler 2 S. 1225 f. Die zwei Viertel liegen im Haalhaus *beim Trüelin*, das unten an des Rats und oben an Michel Seuboths Haalhaus stößt (vgl. Anm. 455). In dem Haalhaus hat die *Reitzin* ebenfalls zwei Viertel Erb. Das ganze Eigentum haben er, Beyschlag, und das Spital. – Ezechiel Beyschlag: WL 532 – 1545/91.
459) HA B 772 Bl. 18 – *Ain vertrag Niclas Krafften zu Gaylnkürchen und der Reytzalach* (!), *der fordern stat halb in irm halhauß.* Zwischen Spitalmeister *Wolff Fluorhauern gen. Huß* und *Niclas Krafft* hat sich Irrung zugetragen um die vordere Statt im Haalhaus (Lagebeschreibung s. Anm. 455), in dem der Spital anderhalb Sieden erb und eigen hat (sic!), *und das ander halb theil genanter Niclas Krafft, auch erb und aigen.* Nachdem sich beide Parteien um die vordere Statt *hefftig zanckhen,* hat der Rat *von güetigkheit wegen* Hans Kohler und Georg Seiferheld zu den Viermeistern des Haals abgeordnet. Diese haben die streitenden Parteien gütlich miteinander vereint: Der Spitalmeister soll von Amts wegen ein Los legen, ebenso soll Kraft ein Los legen *und welches loß am ersten heraus kheme, der solt macht haben, herfornen zue sieden . . . also gewan Niclas Crafft durchs loß die vordern stat.* Den Bau (Aufwand) wollen die Parteien *gleich mit einander* tragen, jeglicher seinem Anteil gemäß nach Haalsbrauch und Ordnung, und zwar soll Kraft immer *den vierten pfening* geben.

von Rinderbachs saligen verlasen kind sott[460]. In dem 1498 für Reiz ausgestellten Spitalerbbrief wird als Eigentümer Hans von Morstein genannt. Er war mit Barbara von Rinderbach, einer Tochter Peters, verheiratet[461].

23. ZWEIFACHES ADELBERGER HAALHAUS BEIM OBERN TÜRLE[462]

Wie schon der Name verrät, beherbergte dieses Haalhaus zwei dem Kloster Adelberg zustehende Siedstätten[463]. Beide Sieden verlieh 1526 Abt Leonhard dem Peter *Wetzel* zu Erb[464]. Bemerkenswert ist, daß Hans Wetzels Erbsieden dem Adelberger Haalhaus benachbart lagen[465]. 1574 vereinigten sich Peters Erben um ein stetes Los zu zwei Jahren[466]. Zur Zeit des großen Suhlenbaus sott *Slostein* – wohl Jörg Schloßstein[467] – die zwei Pfannen[468]. Vermutlich haben nach ihm noch seine Erben gesotten, bis die Sieden an Peter Wetzel kamen[469].

24. ZWEIFACHES HAALHAUS BEIM SULFERTOR[470]

Das Kloster Gnadental verlieh 1438 beide hier belegenen Sieden an Hans Blinzig zu Erb[471]. Die Blinzig, vordem schon die Weißkopf[472], betrieben seit der Erbverleihung diese Sieden[473].

460) U 49 (367, 395 Nr. 10).
461) U 61; zu Morstein: WL 5943 – 1497/1521.
462) Lagebez. nach HA B 632 Bl. 85'/86. Gen. HB Bl. 775: zweifaches Adelbergisches Haalhaus beim Edelmanns Bühl herein. Lagebez. im Erbbrief s. U 94/95. – Zuletzt 5 f. Hh. Nr. 33, 2. u. 3. St.
463) Der Adelberger Pfannenbesitz (4 Pfannen) wird schon 1306 erwähnt, vgl. UB Hall N 179. Vgl. auch o. Anm. 72.
464) U 94/95; beide Erbsieden auch erwähnt in U 101 (1534 Aug. 10).
465) Vgl. Lagebezeichnung im Erbbrief (U 94/95).
466) HA B 772 Bl. 134'. Das erste Los fällt auf Joseph Wetzel, das zweite auf die Erben David Wetzels, das dritte auf die ehelichen Kinder der † Apollonia Wetzel. In Fischers Haalhausverzeichnis wird das Sieden in der vorderen Statt David Wetzels Erben, das in der hinteren Apollonia Wetzels, Michel Horlachers Hausfrau Erben zugeschrieben. Der nach auswärts verzogene Joseph erscheint nicht mehr.

Genealogische Tafel – Quelle: Gen. HB Bl. 775.

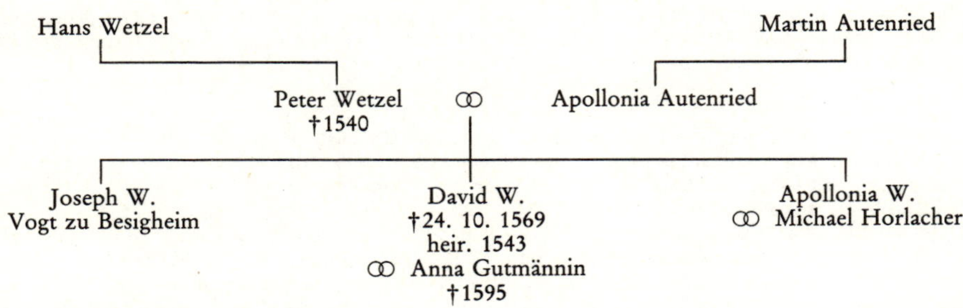

467) Zu ihm: WL 7538 – 1442/95.
468) U 49 (356, 416).
469) Seine Witwe bis 1507, vgl. WL a. a. O., danach Hans Apel Schloßstein (?), vgl. zu ihm: WL 7539 – 1507/23 (Sohn Jörgs?); oder, weniger wahrscheinlich, Els Schloßsteinin (WL 7540 – 1509/29).
470) Zuletzt 9 f. Hh. Nr. 27, 6. St., und 6 f. Hh. Nr. 8, 6. St.
471) U 26/27. – Zu Hans Blinzig: WL 715 – 1430/90.
472) Vgl. WL 9071 Cuntz Wyskopf – 1412/43, mit Hinweis, daß unter Hans Blinzigs Nachkommen der Beiname Weißkopf vorkommt.

1523 kam es zu zwei getrennten Verträgen, in denen die Nutzung der Blinzigschen Erbsieden geregelt wurde[474].

Der Tatsache zweier getrennter Einigungen für jedes der beiden Sieden ist zu entnehmen, daß zu der Zeit die Nutzung schon auf zwei verschiedene Stämme aufgeteilt war; dasselbe läßt sich bei dem einzelnen Sieden im Haalhaus beim Oberen Türle »über die Rinnen hinein« beobachten[475]. Als Stammsieder in der oberen Statt wird Lutz, in der unteren Hans Blinzig genannt[476]. 1485 waren die beiden Sieden dagegen noch ungetrennt in der Hand Hans Blinzigs (des Alten)[477]. Das Siedenseigentum ging später, wie bei allen Gnadentaler Sieden, auf das Haus Hohenlohe über; 1716 hatte Schillingsfürst das Sieden in der oberen Statt, das in der unteren Öhringen »oder« Weikersheim[478].

473) Vgl. zu den Siedern der Gnadentaler Pfannen in dieser Zeit die zahlreichen Angaben bei WL S. 134/135 und F. S. MÜLLERS *Genealogia Hansen Blintzigs, ersten acquirentens zweyer Gnadenthalischer sieden a°. 1438:*

Hans Blinzig alt
hat gesotten 50 jahr.

Cuntz Blinzig
hat gesotten 16 jahr.

Hans Blinzig jung
hat gesotten 48 jahr.

Peter Blinzig
hat gesotten 4 jahr.

Haintz Haug hat gesotten 10 jahr,
ist Peter Plinzigs nachfahre gewesen.

(Er war Peter Blinzigs Ehenachfolger; frdl. Hinweis von Gerd Wunder.)

Margretha, Hans Gayers haußfrau

Barbara, Caspar Hücklers haußfrau

Catharina, Michel Keeßapfels haußfrau

Hans Blinzig

Wilhelm hat gesotten 28 jahr.

Anna, Hanß Lauthen hfr.

Apolonia Ulrich Drüllers hfr.

Hans Huebner hat gesotten 4 jahr. Gilg Blinzig hat gesotten 2 jahr. Georg Beyschlag hat gesotten 6 jahr. Dise persohnen so zu underst verzeichnet, die mit Wilhelm Blinzig 12 jahr gesotten, sein nicht rechtmessige erben geweßt, sondern durch Hans Blinzig dem metlern wechsels weiß zu gelassen worden. Vide cit. process. H △ p[o]st num. 12 sign. ⊙ laden 403. – HA B 656 S. 119. Vgl. zu dem hier genannten Haug, der die Witwe Peter Blinzigs geheiratet hatte (WL 716), U 46 und U 49 (379, 417, 426 Nr. 22, 427 Nr. 25).

474) Anm. 420.

475) Hh. 18.

476) Gen. HB Bl. 37 – Hans, 55 – Lutz; HA B 632 Bl. 87'/88. Zu Lutz (»Lutz alt«, nach WL identisch mit Contz): WL 717 – 1461/79. Beachte zur Genealogie auch HA B 656 S. 86. Danach ist Lutz (jung?) ein Sohn Martin Blinzigs und seiner Ehefrau Clara Dötschmann, vgl. dazu Vertrag HA B 772 Bl. 10'. – Vgl. zu den Sieden der Blinzig auch den Prozeß StAH 9/24.

477) Lackorn bringt in seinen Auszügen aus dem Ratsprotokoll zwei Ratsentscheidungen aus diesem Jahr *(Actum uff den ascher mitwoch anno 1485. pag ibid. 42[a])*, vgl. HA B 654 S. 984 f. – Konz Blinzigs Witwe, die Schwiegertochter Hans Blinzigs, und *Häuglin*, d. i. Heinz Haug, hatten gegen den alten Hans Blinzig vor dem Rat um Sieden geklagt. Im ersten Fall (Konz Blinzigs Witwe) hatte Hans Blinzig einen Brief verlesen lassen, *das ihme vererbt sey.* Es dürfte sich wohl um die Verleihungsurkunde von Gnadental (1432) gehandelt haben. Die Witwe wurde abgewiesen, nachdem Blinzig geschworen hatte, daß er seinem Sohn Konz kein Erbe gegeben oder versprochen habe. – Im zweiten Fall (Häuglin) ging es um das Erb an zwei Sieden, die der alte Blinzig seinem Sohn, *Häuglins vorfaren,* gegeben und versprochen habe. Dieser Sohn ist Peter Blinzig, dessen Witwe Heinz Haug (Häuglin) geheiratet hatte. Die Entscheidung ist bei Lackorn nicht überliefert; es heißt nur, die Parteien seien *durch die rath entschaiden worden*, vgl. auch o. S. 29 ff., Anm. 75.

478) HA B 632 a. a. O.

25. ZWEIFACHES HAALHAUS BEIM SULFERTOR BEI DES UNTEREN BECKEN HAUS[479]

Die Sieden gehörten zum Vermögen zweier Altäre der bei St. Michael bestehenden Feldner-Kapelle.

a) Untere Statt

Der St. Lienhart-Altar erhielt bei seiner Stiftung im Jahre 1361 das Sieden in der unteren Statt[480]. Dieses ehedem vellbergische Sieden verlieh 1496 Propst Seyfried von Komburg als Lehenherr[481] des Altars mit Wissen und Willen des Kaplans Jakob Dierberg dem Schneider Hans Zoller zu Erb[482]. Aus dem Verzeichnis der Siedberechtigten zur Zeit des großen Suhlenbaus von 1496 geht hervor, daß das Sieden von »Ludle« (Ludwig) *Blinzig* gesotten wurde, das Erb aber bei *Heintzen, Hansen Kollern und Hansen Schmids frawen* lag[483]. Blinzig erscheint dann auch in Fischers Haalhausverzeichnis als Stammsieder[484]; in Seiferhelds genealogischem Werk konnte ich ihn mit diesem Sieden nicht finden. Wie Blinzig zu dem Köhlerschen Erbsieden kam, ist unklar; verwandtschaftliche Beziehungen konnte ich aus Wunder-Lenckner nicht ermitteln.

b) Obere Statt[485]

Laut Erbbrief über das Sieden des Lienhart-Altars in der unteren Statt lag im selben Haalhaus auch ein ganzes Sieden des St. Franziskus-Altars. Der Altar erwarb es 1365 infolge einer Schenkung der Elisabeth, Witwe des Heinrich Veldener[486]. Nach Seiferheld gehörte das fließende Erb zur Hälfte Hans *Geyers* Erben, je zu einem Viertel den Erben Sebold *Halbergs* und der Anna *Mengin*, der Ehefrau Meißners[487]. Seinen Anfang scheint dieser Erbfluß mit einer Loseinigung von 1518 genommen zu haben[488]. Halberg war mit einer Geyer, der 1506

479) HA B 632 Bl. 89'/90; Gen. HB Bl. 444: *beim Sulferthor bey der Schöckin haus.* – Zuletzt wo?

480) UB Hall U 389. – Stifter: † Johannes, Pleban in Hall, und † Katharina, Witwe des *Conrad von Velleberg.* Das gestiftete Sieden (coctura salis) lag zwischen den Sieden der Egenin und der Ysenmengerin. – Der Altar hatte außer diesem ganzen noch zwei Drittel eines Siedens, vgl. Hh. 36.

481) Komburg hatte seit der Stiftung das Kollationsrecht, vgl. UB Hall U 389, 391.

482) U 52.

483) U 49 (374, 414 Nr. 61, 424 Nr. 14). Vgl. zu Heinz Koller (Köhler): WL 4719 – 1471/1529; Hans Köhler: WL 4721 – 1495/1553. Der im Erbbrief beliehene Schneider Hans Zoller war mit Anna Köhler, Tochter Hans Köhlers alt und Anna Eisenmengers, verheiratet, vgl. WL S. 385 Jz. 1490. Als ihre Geschwister werden dort Hans und Heinz vermerkt. Die beiden dürften mit den in der Suhlenbauliste genannten identisch sein. Dagegen kann ich *Hans Schmids fraw* hier nicht einordnen. Sollte sich Lackorn verschrieben haben: wäre etwa »Schneid(er)« statt »Schmid« zu lesen? Dann wäre Hans Schmids Frau = Hans (Zoller) Schneiders Frau, also Anna Köhler. Der Erbbrief wäre dann hier wie auch in anderen Fällen nur an eines von mehreren erbberechtigten Geschwistern bzw. hier dessen Ehegatten ausgestellt.

484) HA B 632 Bl. 90: *haben deß ⟨alten⟩* (gestr.) *Lutz Blinzigs erben.*

485) Zuletzt 6 f. Hh. Nr. 10, 4. St.

486) UB Hall U 450 – Mit Einwilligung der Söhne Ritter *Johans, Peter* und *Willehelm von Steten*, des Tochtermanns *Eberhart* und der Tochter *Elyzabeth.* Das Sieden lag zwischen den Sieden des Heinrich Steigerlin und des Hermann Ysenmenger.

487) Gen. HB Bl. 348 – Geyer, 444 – Mengin, 378' – Halberger; HA B 632 Bl. 79'. Zu Halberg = Claußs Seboldt = Sewolt Halberg, Wirt: WL 3225 – 1479/1519; Meißner: WL 5764 – 1515/33.

488) HA B 772 Bl. 9'. – Es einigen sich (1) *Steffa Halberg und Mang des beckhen selligen verlaßne kindt an einem* und (2) *Lienhart und Hanß die Geyr,* letztere für sich selbst und *andrer ir und ires vaters seeligen* (= Hans Geyer?) *geschwistrigt* handelnd, über ein Sieden beim Sulfertor. Der Altar der Heiligen Drei Könige zu St. Michael hat das Eigen. Die gen. Parteien haben das Erb. Sie wollen abwechselnd vier Jahre sieden.

gestorbenen Barbara, verheiratet[489]. Auch das Viertel der Mengin wird auf die Geyer zurückzuführen sein.

Das Sieden war schon zur Zeit des großen Suhlenbaus von 1496 ein Erbsieden. Damals sott Konz Blinzig. Vererbt war die Pfanne aber *Hansen Geyern, Hans Keslern und Rauten*[490]. Möglicherweise gehen die Rechte dieser Personen auf eine Verleihung im Jahre 1466 zurück. Damals verlieh der Würzburger Domherr Gangolf Dienstmann als Vikar des St. Franziskus-Altars den Brüdern Hans und Peter Geyer, beides Sieder, das Altarsieden, das bisher Konrad Hofmann gesotten hatte[491]. Es handelt sich dabei aber nicht um eine Erbverleihung; die Formel ». . . und ihren Erben« fehlt. Außerdem weicht die Lagebezeichnung von der unseres Haalhauses ab; das Sieden lag »bei der Suhlen«. Sulfertor und Suhle liegen freilich nicht allzuweit voneinander entfernt.

26. ZWEIFACHES HAALHAUS BEIM BLOCK[492]

In dem Haalhaus befanden sich zwei freieigene Erbsieden[493].

27. ZWEIFACHES GEISTHAALHAUS AUF DEM BÜRDENMARKT[494]

Das Erb an den zwei Sieden im Geisthaalhaus stand den Familien *Vogelmann, Firnhaber* und *Seiferheld* zu. Jede sott abwechselnd für drei Jahre beide Sieden zusammen[495]. Nach haalgenealogischer Überlieferung wurden diese Siedensanteile durch Heirat erworben. Ein

Das soll *also für hin gehalten werden.* Dat.: Fr n Sebastian des hl. Märtyrers 1518. – Das Sieden erscheint hier als Eigentum eines der Altäre in St. Michael. Vielleicht ist das Vermögen des St. Franziskus-Altars nach dem Abbruch der Feldner-Kapelle 1493 dorthin übertragen worden. 1716 war bei beiden Sieden die Michaelspflege Eigentümer, HA B 632 a. a. O.

489) Vgl. Anm. 487.

490) U 49 (378, 415 Nr. 70, 425 Nr. 18). Zu Hans (Wirt) Keßler: WL 4418 – 1438/99; Raut (Rot), welcher?: WL S. 486 f.

491) U 39.

492) Lagebezeichnung hier nach HA B 632 Bl. 97'/98. Vgl. auch U Anhang (183): Haalhaus bei der Staffel.

493) 1716 bestanden folgende Rechtsverhältnisse (vgl. HA B 632 Bl. 97'/98). In der oberen Statt hatten *Hanß Balthas Löchners seel. erben* ein ganzes freieigenes Erb. Diese Erben waren allesamt Töchter. In einer Fußnote von roter Tinte (S. 97' u.) heißt es: *Obiges ganze erb ist zu drey dritel verglichen und geniesens solches Georg D[avid?] Bühel uxorio nomine ⅓, herr Johann Melchior Bühel, oberm[eister], uxorio nomine ⅓, und Niclas Geiselbrecht uxorio nomine ⅓.* Eigentumsherren waren mit je einem Drittel Adam Köhler, des Innern Rats, Sebastian Heldt und Johann Sixtus Schübelin. In der untern Statt besaßen je zur Hälfte Haalobermeister Georg Salomo Löchners Erben und *Hanß David Löchners seel. hinterlaßenes söhnlein* das freieigene Erb. Eigentumsherren waren hier Wolfgang Kaspar Sanwald, des Innern Rats (⅘), und Jungfrau *Anna Margaretha Bohnhöferin* (⅕). – Zu dem Sieden in der unteren Statt: Der Vater Georg Salomon und Johann David Löchners, Johann Michel Löchner, starb 1683. Beide Brüder mußten nach letztwilliger Anordnung des Vaters das Sieden übernehmen und dafür ihren vier Schwestern bzw. deren Kindern 1600 Gulden bezahlen. Die Summe wurde von den beiden zunächst freiwillig je um 100 Gulden und nach einem durch Ratsdeputation geschlichteten Streit nochmals um 200 Gulden erhöht. Vergleichsprotokoll in zwei gleichlautenden Abschrr. ders. Hand.: HA B 537 (5 Bll., Rv.: *Siedensbrief und respective vergleich*).

494) Lagebez. vgl. HA B 632 Bl. 99'/100. – HA B 157 Bl. 102' (1529): *in dem grossen halhauss gegen dem pfleger hauß über.* – Zuletzt 9 f. Hh. Nr. 28, 1. + 2. St.

495) Vgl. Gen. HB Bl. 693 – Konrad Vogelmann, 261 – Heinrich Firnhaber, 615 – Hans und Georg Seiferheld; HA B 632 a. a. O. – Für den Seiferheld-Anteil gilt eine Besonderheit. Jörg Seiferheld der Ältere, Sohn Heinrich Seiferhelds und seiner Gemahlin Margarethe Harlung, bestimmte durch Testament vom 7. 11. 1517, das er gemeinsam mit seiner Gattin Margreth Ulrichin errichtete, daß sein Sohn Jörg aus erster Ehe

Vogelmann, ein Firnhaber und ein Seiferheld heirateten im 15. Jahrhundert weibliche Nachkommen des Ulrich Harlung. Agnes Harlung vermählte sich mit Klaus Vogelmann, Katharina mit Heinrich Firnhaber und Margaretha mit Heinrich Seiferheld[496]. Die zwei Harlung-Sieden kamen so, in Drittel aufgeteilt, an die genannten drei Familien[497]. Damit ist Ulrich Harlung gemeinsamer Vorfahre dreier bekannter und weitverzweigter Siederfamilien. Ihr Stammeszusammenhang spiegelt sich im gemeinschaftlichen Besitz der Sieden des »Geisthaalhauses«.

Ulrich Harlung erwarb das Erbe an beiden Sieden 1415 im Zuge eines Tauschgeschäfts mit der Stadt Hall[498]. Zunächst »verwechselte» (tauschte) und übergab Harlung an die Stadt sein neues Haalhaus und die Hofraite samt Zubehör, so weit die Mauer reichte *(als wyte die mawre*

mit N. Kraußin an dem Seiferheld-Anteil ¼, der Sohn Hans aus zweiter Ehe mit der gen. Ulrichin aber ¾ bekommen sollte, vgl. Auszug in Abschrift HA B 654 S. 463 f., Hv. Lackorns: *Nota solch vidimirte copia testaments ist zu finden sub actis in der laden 408 sub sign. Lit. C.*; vgl. auch HA B 657 Nr. 98. Infolgedessen werden in der vorderen Statt Jörg (Georg) Seiferhelds Erben ⅙ und Hans Seiferhelds Erben gleichfalls ⅙, in der unteren Statt Hans Seiferhelds Erben ⅓ zugeschrieben. Praktisch bedeutet dies, daß Hans' Erben dreimal hintereinander die Seiferheld-Jahre genießen, Georgs Erben aber beim viertenmal sieden, vgl. HA B 632 a. a. O. – Zu der hier erwähnten Ehe Jörg Seiferhelds mit »N. Kraußin« weist mich Gerd Wunder frdl. darauf hin, daß ein Jörg Seiferheld hundert Jahre später eine Krauß heiratete, aber als erste Frau dieses Jörg Ottilie Maybach gesichert ist.

496) Vgl. Gen. HB Bl. 549. Zu Klaus Vogelmann: WL 2277 – 1444/84; Heinz Firnhaber: WL 2148 – 1465/94 (Metzger); Heinrich Seiferheld: WL 7021 – 1451/88. Zu Ulrich Harlung: WL 3290 – 1396/1438. Vgl. auch die Genealogie bei Müller HA B 656 S. 73 (Dürbrecht/Harlung), S. 72 (Firnhaber), S. 74 (Vogelmann/Biermann), und die folg. – fehlerhafte! – Genealogie Seiferhelds:

Gen. Tafel Harlung – Virnhaber – Seiferheld – Vogelmann
Quelle: HA B 656 S. 73, Gen. HB Bl. 549
(Irrtümliche oder zweifelhafte Angaben Seiferhelds sind kursiv gesetzt.)

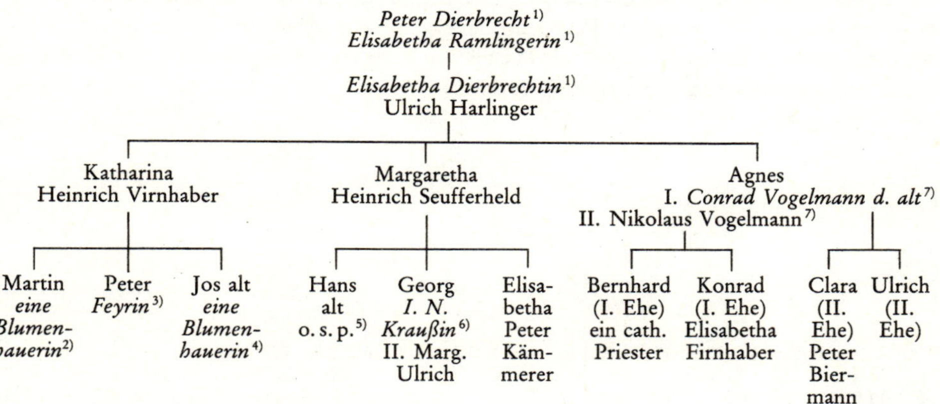

1) Peter Dürbrecht hinterließ keine Kinder; er lebte mehrere Generationen später als Ulrich Harlung, dessen Ehe mit Els Dürbrecht wohl als freie Erfindung gelten darf. Vgl. auch WL 1578.
2) richtig: Anna Flurhey (WL 2150)
3) richtig: Anna Rab (WL 2151)
4) richtig: Ursula Schüber (WL 2153)
5) Geistlicher!
6) Vgl. dazu Anm. 495 am Ende.
7) Zu Konrad und Nikolaus: Es handelt sich um Vater und Sohn. Die Kinder Klara und Ulrich sind wohl aus Klausens 2. Ehe mit Katherine Wertwein hervorgegangen, vgl. WL 2277. Mit Konrad war Agnes nicht verheiratet.
(Anm. 1–7 nach frdl. Hinweisen von Gerd Wunder).

497) Vgl. Verm. HA B 656 S. 73: (Von den drei Harlung-Töchtern) *rühren die 6 drittel sieden im Geisthalles am Bürdenmarck genant her, davon ein jedes 2 drittel alda zu suchen hat, als die Seuferhelden ⅔, die Virnhaber 2 drittel und Vogelmänner ⅔, welche alle 3 töchter von Ulrich Harlinger herrüren.*
498) U 23.

begriffen hat). Das Haalhaus hatte vorher einem gewissen Hans Schmid gehört. Dazumal war es noch ein gewöhnliches Haus gewesen, das offenbar von Harlung zu einem Haalhaus umgebaut worden war. Im Gegenwechsel erhielt Harlung von der Stadt zwei Stätten im Haal samt den Zugehörden, jedoch nicht die *suln,* die darauf gehört hatten. Das ursprünglich dazugehörende Siedrecht war also irgendwann von den beiden Stätten gelöst worden. Diese Stätten lagen, wie die Ortsbeschreibung in der Urkunde zeigt, nicht benachbart, sondern an verschiedenen Stellen im Haal.

Im zweiten Teil der Urkunde folgt nun die Erbverleihung, die dem Geschäft erst seinen wirtschaftlichen Sinn gibt. Die Stadt, die das Haalhaus mit Hofraite von Harlung erhalten hatte, verlieh es wieder an Harlung zu Erb. Dazu wurden ihm zwei Sieden verliehen, und zwar gerade jene Sieden, die vormals auf den Stätten belegen waren, die Harlung eben von der Stadt eingetauscht hatte. Damit erhielt Harlung für sein neuerbautes Haalhaus die zum Betrieb nötigen Siedrechte auf Dauer. Die Stadt wiederum konnte die beiden bisher offenbar ungenutzten Sieden verwerten, ohne eigens ein Haalhaus bauen zu müssen.

Rund 50 Jahre nach diesem Tauschgeschäft erscheint das Spital am Bach als Herr der beiden Sieden[499]. Eine um die Mitte des 15. Jahrhunderts anzusetzende Aufstellung von Stadt- und Spitalsieden[500] führt zwei Sieden in der folgendermaßen überschriebenen Rubrik an: »Die nachgeschriebene sieden hat das spital von der stat«. Bei diesen Sieden, die von der *alten Vogelmännin* gesotten wurden, dürfte es sich um die Harlung-Sieden handeln. Sie wären dann offensichtlich nach 1415 von der Stadt dem Spital übertragen worden. Das Repertorium des Spitalarchivs gibt darüber keinen Aufschluß.

Die Aufteilung beider Sieden in Dritteln unter die eingangs genannten drei Familien hängt, wie ausgeführt, mit den Ehen der Harlung-Töchter zusammen. Wann genau und wie es zu der bis heute gültigen Nutzungsregelung kam, läßt sich nicht sagen. Die in den genealogischen Büchern genannte Loseinigung von 1529 bezieht sich nur auf die Vogelmann-Jahre[501]. Sie setzt eine schon bestehende ältere Regelung voraus.

499) Vgl. zur Zeit des großen Suhlenbaus von 1496: U 49 (360, 391, 421 Nr. 2).
500) U 33.
501) HA B 157 Bl. 102 f.; Abschr. HA B 772 Bl. 19 f.: Folgende drei Parteien einigen sich am 15. 1. 1529; alles eheliche Kinder und Enkel der † Brüder Konrad und Ulrich Vogelmann und ihrer Schwester Klara Biermann: (1) Ludwig Vogelmann, vertreten durch Lic. iur. Christoph Rothan, letzterer auch für seine Ehefrau Elisabeth Vogelmann handelnd, = Kinder Konrad Vogelmanns. (2) Jos Haug für seine Hausfrau Dorothea Biermann, Sebastian Krauß für N., N., und N., seine Kinder aus der Ehe mit der † Walburga Biermann = Tochter und Enkel Klara Biermanns. (3) *Ot Klopffer* für Margaretha Vogelmann = Tochter Ulrich Vogelmanns, Ludwig Dötschmann und Jörg Seiferheld als Träger *für Stasala Huebnerin,* Witwe Ulrich Vogelmanns, Ulrich Vogelmanns des Älteren Sohns, und ihrer Kinder. Jede Partei soll ein Jahr sieden; wer nicht selbst sieden will, soll an die Vogelmann-Verwandtschaft weiterverleihen (Ludwig Vogelmann und Christoph Rothan haben ihr *jetzig jar frembden gelihen*). Die Parteien wollen das Haalhaus ihrem Anteil entsprechend in Bau halten *(auf gleichen pfennig underhalten).* – Der Vertrag ist vor dem Rat durch die *freuntschaft der Vogelman also bewilligt und angenommen und mit gunßt eines erbern raths in diss halbuech auf bit und beger der partheien geschriben und ir jeder darvon ein abgeschrift erkant und gieben worden. Actum Ottilie anno 38 ten.* – Der Vermerk in HA B 157 Bl. 102 u.: *junge hic supra schon einmal de anno 1537, jedoch etwas varirt, p. 57 b.* führt in die Irre; die hier angezogene Einigung bezieht sich auf die Vogelmann-Sieden des ehemaligen Barfüßerklosters.

28. ZWEIFACHES HAALHAUS AUF DEM BÜRDENMARKT

Das Sieden in der oberen Statt war zur Gänze freieigenes Erb, ebenso ein Drittel des Siedens in der unteren Statt[502]. Dort besaßen aber auch zwei Drittel in fließendem Erb Sebold *Halbergers* (Halbergs) Erben[503]. Schon 1489[504] und zur Zeit des großen Suhlenbaus von 1496 hatte Sebold Halberg ein Drittel Sieden zu eigen; gesotten wurde es von seinem Sohn Michel[505]. Weitere Drittel sott Michel Halberg von Hans Stadtmann und Michel Seckel. Möglicherweise ist aus dem Halberg-Drittel und dem Stadtmann-Drittel jenes hier zu behandelnde Erb hervorgegangen, und vielleicht haben dabei ältere verwandtschaftliche Beziehungen zwischen den Stadtmann und den Halberg eine Rolle gespielt[506].

Als Ersatz für einen Erbbrief kann wohl ein Ratsentscheid aus dem Jahr 1531 gelten, der den Halberg zwei Drittel Erb an einem Sieden zusprach: *das an dem gantzen erbe fürohin ihnen den vormündern und ihren pfleegkindern* (= Stefan Halbergs Kinder) *oder derselben erben die zway drittel und das dritt drittel vorgenantem Paul Plomenhawer zu gehorig und sein sollen*[507]. Zwar gibt der Urteilsbrief selbst den Ort des Siedens nicht an; Kopist Lackorn spricht jedoch in seiner Überschrift von *zween drittel erbs in der Halberger haalhauß uff dem Bürdenmarkt.* Nachdem sonst die Halberg auf dem Bürdenmarkt keine ⅔ Erbsieden besessen haben, muß es sich um unser Sieden handeln.

502) In der oberen Statt besaßen 1716 je ein Viertel freieigenes Erb: Adlerwirt Wolf Jakob Mayer, Stättmeister Seiferheld, Joßias Christian Hocheicher, Hans Kaspar und Johann Andreas Groß »miteinander«. Die wahren Besitzverhältnisse sind jedoch verwickelter, da einzelne Siedensjahre noch anderen Berechtigten zustehen. Dazu und zu den Eigentumsherren vgl. HA B 632 Bl. 101'. Das freieigene Drittel in der unteren Statt gehörte dem schon gen. Stättmeister Seiferheld, a. a. O. Bl. 102. – Für die Zeit um 1800 vgl. Gen. HB Bl. 378' (nur untere Statt). – Zuletzt 6 f. Hh. Nr. 3, 3. St.

503) Gen. HB a. a. O., HA B 632 a. a. O. Zu Claußs Seboldt = Sewolt Halberg, Wirt: WL 3225 – 1479/1519.

504) U v. 1489, vgl. Abschr. Bühler 1 S. 1146 ff. – Mit der U bekennen die Brüder Sebolt und Heinrich Halberg, Michel Riesser, der Schuhmacher, und Hans Kalb, der Beck: Peter Halberg, ihr Bruder und Schwager, ist vor vielen Jahren außer Landes gezogen. Da er für tot gehalten wird, haben sie Stättmeister und Rat gebeten, daß ihnen als den nächsten Erben Peters Gut ausgehändigt werde. Der Rat hat dem mit der Maßgabe entsprochen, daß sie für den Fall der Rückkehr des Verschollenen *bestand thün sollen.* Zur Sicherheit hat Sebolt Halberg Stättmeister und Rat ein Drittel Sieden *zü rechten für und underpfanden eingesetzt und versetzt.* Vgl. auch Anm. 506.

505) U 49 (376, 407 Nr. 38).

506) Vgl. WL 3216. – Nach U v. 1489 (Vgl. Anm. 504) bestanden in dem wohl mit dem hier besprochenen gleichzusetzenden Haalhaus folgende Eigentumsverhältnisse: ein ganzes Sieden bei Hans Stadtmann, je ein Drittel Sieden Halberg, Seckel und Stadtmann. – Seiferheld, Gen. HB Bl. 667, gibt zur Genealogie Stadtmann und zugleich zur Besitzgeschichte der beiden Sieden folgendes an. Als erste Generation wird ein verheirateter Hermann Stadtmann genannt *(hat gewohnt im alten Schuhmarkt, ein Salzsieder, 1363),* als zweite ein Heinrich Stadtmann, der mit einer *Catharina N., Sebald Halbergers Wittib* verheiratet gewesen sein soll. Von ihm wird vermerkt: *Ein Salzsieder, dieser hat anno 1396 Conz Steigerlin 1 ganzes Sieden im Haal um 180 rh. Goldgulden abgekauft, maßen der bei Herrn D. Johann Burkhard Stadtmann zu Culmbach liegende Siedensbrief ausweißt, ist gestorben anno 1412, dessen Hausfrau hat geheisen Katharina, wes Geschlechtes sie gewesen, ist ohnbekannt, sie ist zuvor schon verheurathet gewesen und hat einen Sohn, Sebald genannt, von ihrem 1ten Mann, ihre Verlassenschaft ist nach ihrem Tod anno 1446 unter ihre Kinder in 3 gleiche theile verteilt worden.* – Der Kauf von 1396 ist im UB Hall nicht nachweisbar; ein Sieder *Chuntz Steigerlin* kommt aber vor, vgl. UB Hall U 854; ebd. U 2088: Hans Wetzel und Hausfrau Anna Stadtmann verkaufen ⅓ an zwei Sieden, die ihr Schwager und Bruder Klaus Stadtmann siedet, u. a. Die Güter sind Erbe von ihrer Schwiger und Mutter Katharina Stadtmann. Die übrigen Drittel besitzen Klaus Stadtmann und die Witwe des Sebolt Halberg. – Die Witwe Halbergs kann demnach nicht, wie Seiferheld irrig angibt, Heinrich Stadtmanns Ehefrau Katharina gewesen sein.

507) Abschr. HA B 654 S. 862 ff. Kläger waren Reinhard Truchtelfinger und Michel Halberg als Vormünder für Stefan Halbergs Kinder; Beklagter war Paul Blumenhauer (WL 784 – 1515/47). Der Streit ging um ein halbes Drittel Erb, das der Beklagte von Bernhard Halberg gekauft hatte. Es wurde den Vormündern zugesprochen.

29. ZWEIFACHES HAALHAUS IN DER HOHEN SUHLENGASSE

a) Obere Statt[508)]

Das Sieden der oberen Statt gehörte dem Siechenspital am Bach. 1498 wurde es Hans *Geyer*[509)] zu Erb verliehen[510)]. Er sott es vorher schon, aber nur bis auf Widerruf durch Meister oder Pfleger des Spitals[511)]. 1546 kam es zur ersten Loseinigung unter seinen Nachkommen[512)].

b) Untere Statt[513)]

Die Erben Hans *Schübelins* des Älteren[514)] genossen in der unteren Statt ein fließendes Erb[515)]. Da kein Erbbrief vorliegt, muß zunächst der Eigentumsherr ermittelt werden, um Aufschluß zu erhalten, wie Hans Schübelin an das Erb kam. Nach der für Hans Geyer ausgestellten Urkunde lag das benachbarte Spitalsieden zwischen Michel Haugs, Lienhart Mangolts, Seyfried Blanks des Jüngern und Jakob Roßnagels Sieden[516)]. Der letztgenannte Jakob Roßnagel hatte zur Zeit des großen Suhlenbaus, wenige Jahre vor der Verleihung des Spitalsiedens an Geyer, ein einziges Viertel Sieden im Haal[517)]. Dieses Viertel taucht in einem Kaufbrief des Jahres 1516 auf. Darin verkauft der Zürcher Kaplan Johannes Blank seinem Vetter Dietrich zu Hall ein halbes Sieden, das in dem Haalhaus liegt, in dem auch noch Lienhart Mangolt und Jakob Roßnägli je ein Viertel Sieden haben. Vor allem die Nennung Roßnagels spricht dafür, das im Kaufbrief genannte mit jenem dem Spitalsieden benachbarten Sieden gleichzusetzen, das später Hans Schübelins Erben zu Erb innehaben sollten[518)]. Hans Schübelin dürfte sein Erb über die Blank erhalten haben. Er war mit Margaretha Blank verheiratet[519)].

508) Zuletzt 9 f. Hh. Nr. 15, 3. St.
509) Zu ihm: WL 2699 – 1471/1507.
510) U 58. – Gen. HB Bl. 348; HA B 632 Bl. 109'.
511) U 49 (370, 391, 423 Nr. 10).
512) HA B 772 Bl. 7. Nachdem sich Irrung gehalten hat zwischen folgenden Parteien, erscheinen sie vor den Viermeistern des Haals: (1) die Erben der *Clar Geyerin,* (2) die Erben des alten *Lienhart Geyer,* der eine *Ehrnfridin* gehabt hat, (3) die Kinder der *Elß Geyerin,* (4) die Erben der Dorothea Geyer. Die Parteien erscheinen zu Sebastian, *wann das sieden ist in gedachtem jahr angangen.* Sie werden von den Viermeistern zu einem Los *»beredt«,* das auf drei Jahre *gestelt* wird. Darüber hinaus ist abgeredet worden, daß jede Partei, wenn sie an die Reihe kommt, selbst sieden soll. Wer selbst nicht sieden kann oder will, der soll das Sieden *fürgehen laßen auf den nechsten im loß.* Ferner wird vereinbart, daß, *welcher under den erben obgenant drey jahr keme in ain gemuet samß* (?) *halhauß der drithalb erbsieden, der soll hernach, so es widerumb an in keme, drey jahr in einem ungemuetsamen halhauß sieden, damit eine jede parthey gleich ohne vortheil bey den andern bleiben möchte.*
513) Zuletzt 6 f. Hh. Nr. 10, 1. St.
514) WL 7882 – 1514/53.
515) Gen. HB Bl. 525; HA B 632 Bl. 110.
516) U 58.
517) U 49 (412 Nr. 54).
518) HA U 69. Das halbe Sieden wird verkauft für *gantz fry, ledig, unversetzt, unverkumbert und onvererbt, eigen nach eigens recht, hinfür allweg inzuhaben, zu nutzen, zu niessen und zu gebruchen und damit zuhandeln, zethun und zu lausen als mit anderm sein eigentlichen gut.* – Das Sieden ist nach dem Kaufbrief auf dem Bürdenmarkt belegen. Das schließt jedoch nicht aus, daß es sich um das hier behandelte Sieden in der Hohen Gasse handelt. Im Gen. HB Bl. 525 wird das Haalhaus, in dem Schübelins Sieden lag, als Haalhaus in der Hohen Suhlengassen bei der Vorderen Schmieden bezeichnet. Die Vordere Schmiede lag aber auf oder unmittelbar am Bürdenmarkt.
519) Gen. HB a. a. O; WL S. 585 o. J.

30. ZWEIFACHES HAALHAUS AUF DEM BÜRDENMARKT

a) Obere Statt[520]

Erbberechtigt waren hier die Nachkommen *Hans Wetzels* mit einem ganzen fließenden Erb[521]. Ein Erbbrief über die Verleihung ist nicht überliefert. Während des großen Suhlenbaus sott Hans Wetzel von Barbara von Rinderbach 11/12 eines Siedens. Das restliche Zwölftel gehörte dem Rormüller an der Or[522]. Daß es sich bei diesem Sieden tatsächlich um das Sieden im hier zu besprechenden Haalhaus gehandelt haben wird, läßt die Lagebeschreibung vermuten, die der über das benachbarte Spitalsieden im Jahr 1498 für Hans Botz errichtete Erbbrief enthält[523].

b) Untere Statt[524]

Das Erb am Sieden in der unteren Statt teilten sich je zur Hälfte die Erben von Hans und Daniel *Botz*[525]. Eigentumsherren dürften zur Zeit des großen Suhlenbaus, wiederum zur Hälfte, Peter Biermann[526] und die Stadt Hall gewesen sein. Das läßt sich aus Lagebeschreibungen benachbarter Sieden erschließen[527]. Peter Biermann hatte zu der ihm schon gehörenden Hälfte 1488 noch den städtischen Teil zu Erb verliehen erhalten[528]. Gesotten wurde das Sieden während des Suhlenbaus (1496) von Peter Ocker[529]. Später kam es an die genannten Hans und Daniel Botz; möglicherweise über Jörg Müller[530], der die Witwe eines Hans Ocker geheiratet hat und dessen Schwiegersohn Hans Botz war[531].

31. EINFACHES HAALHAUS BEIM SULFERTOR[532]

Nach Hans Wetzel[533] war Michael *Seyboth* der erfolgreichste Erwerber von Erbsieden. Er hat es auf drei ganze und ¾ Sieden gebracht[534], zu denen auch das hier belegene gehört. 1493 erhielt er es von Peter Dürbrech zu Erb[535]. Jene drei seiner Söhne, welche die Siedrechte

520) Zuletzt 9 f. Hh. Nr. 36, 9. St.
521) Gen. HB Bl. 768'; HA B 632 Bl. 111'. Zu Hans Wetzel s. o. Anm. 270.
522) U 49 (359, 394 Nr. 8, 417 Nr. 77).
523) U 60, vgl. die dort genannte Barbara von Rinderbach, Witwe Hans Sieders.
524) Zuletzt 6 f. Hh. Nr. 2, 3. St.
525) Gen. HB Bl. 144; HA B 632 Bl. 112. Zu Hans: WL 874 – 1495/1513, Daniel: WL 880 – 1519/41 (Hans' Sohn).
526) Zu Peter Biermann: WL 599 – 1451/96 († 8. 2. 1494).
527) Vgl. zunächst den Spitalerbbrief für Hans Botz (U 60). Dort ist unter den benachbarten Peter Biermanns Sieden genannt. In U 42 (vgl. Anm. 528 und im Text) wird ein Büschler-Sieden genannt, an welches das verliehene halbe städtische Sieden grenzt. Schließlich ziehe man die Ortsbeschreibung in HA B 654 S. 73 und 93 (1481 u. 1545) heran, wonach das Haalhaus mit dem mehrfach genannten Botzischen Spitalsieden *unden an Biermans erben und an daß Eckhaalhaus* stößt.
528) U 42 – Widerrufliche Erbleihe!
529) U 49 (375, 390 Nr. 1, 422 Nr. 3). Zu Peter Ocker: WL 6265 – 1467/1503.
530) Zu ihm: WL 6017 – 1470/1505.
531) Vgl. WL 6017: (Jörg Müller) *1489 mit Hans Öckerin* = Witwe des Hans Ocker (WL 6264 – 1442/86).
532) Lagebezeichnung HA B 632 Bl. 113'; vgl. auch U 111: kleines Haalhaus an der Straßen am Sulfertor. – Zuletzt 6 f. Hh. Nr. 8, 2. St.
533) S. o. Anm. 270.
534) Gen. HB Bl. 633.
535) Die Urkunde bzw. eine Abschrift konnte ich nicht ermitteln. 1695 war der Erbbrief noch im »Seybothischen Trüchle« aufgefunden und verzeichnet worden, vgl. U 120. Es müssen auch Abschriften angefertigt worden sein. Mehrere Verzeichnisse von Erbbriefen im Fasz. HA A 537 enthalten einen Hinweis auf die Dürbrech/Seyboth-Verleihung von 1493. – Vgl. zu Dürbrech: WL 1578 – 1455/94.

erbten[536], einigten sich in einer Urkunde ohne Datum, dieses und andere Erbsieden gemeinsam zu nutzen: *haben wür drey brüder miteinander*[537]. Gleichwohl kam es zur Aufteilung der Siedenserbschaft. In den genealogischen Büchern erscheinen die drei ganzen Erbsieden des alten Michael Seyboth auf seine Söhne Michael, Philipp und Daniel verteilt. Dieses Sieden wird Philipp Seyboth und seinen Erben zugeschrieben[538].

32. EINFACHES HAALHAUS BEIM BLOCK

Das Haalhaus enthielt ein freieigenes Erbsieden[539].

33. EINFACHES HAALHAUS BEIM BLOCK[540]

Das fließende Erbsieden gehörte zu den von Michael *Seyboth*[541] erworbenen. Eigentumsherr war der Altar der Heiligen Drei Könige zu St. Michael[542], Altarist in der Zeit des großen Suhlenbaus Hans Keusch[543]. Er verlieh das Sieden 1493 an Michael Seyboth[544]. Ausschlaggebend für die Verleihung gerade an ihn dürfte seine Vermählung mit Anna Hub gewesen sein, denn der Vorgänger Seyboths als Sieder des Dreikönigsaltar-Siedens war sein Schwager *Huebheintz der jung*[545].

536) Vgl. dazu die folg. Übersicht:

Gen. Tafel Michael Seyboth – Quelle: Gen. HB Bl. 633ff.

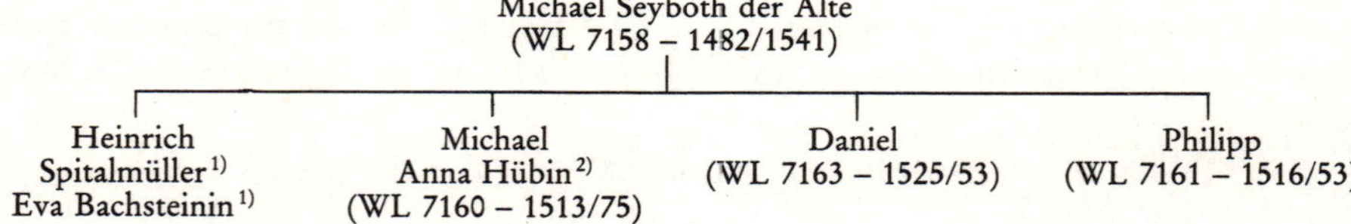

1) Nach Hinweis von Gerd Wunder ist diese Ehe unrichtig, weil Heinrich Geistlicher war; vgl. auch WL S. 540, Jahreszahl 1501.
2) nach WL mit M. Seyboth *alt* verh.

537) U 111. – In HA B 772 findet sich keine Loseinigung unter den drei Brüdern, erst unter ihren Nachkommen, aber dann je für sich und nicht unter den drei Stämmen gemeinsam.
538) Gen. HB Bl. 643; HA B 632 a. a. O.
539) HA B 632 Bl. 114'. Eigentumsherren zur Hälfte: *Niclas Jacob Firnhaber u. Johann Ezechiel Bohnhöfer*, des Äußeren Rats. Inhaber des Erbs: *Andreas Beltz.*
540) Zuletzt 9 f. Hh. Nr. 36, 8. St.
541) S. 126.
542) Stiftung des Nikolaus Hell 1374, vgl. UB Hall U 582, hier: das Sieden gen. Marders zwischen den des Conrad Münzmeister und der Frauen von Rechentzhofen. Vgl. o. Anm. 320. Später St. Michaels-Pflege, vgl. HA B 632 Bl. 121'.
543) U 49 (414 Nr. 65). Zu Keusch: WL 4442 – 1477/99.
544) Den Erbbrief selbst konnte ich, wie auch bei dem im selben Jahr verliehenen Dürbrech-Sieden, nicht ermitteln. Jedoch enthält ein Verzeichnis von Siedensbriefen (Kauf- u. Erbbriefe) folgenden Eintrag: *Joh. Keusch, prister und besizer der pfründe der heiligen 3 könig altar zu st. Michael, 1 ganz sieden im Eckhaalhauß anno 1493 laut briefs – Michel Seyboth*, HA A 537. – Vgl. auch das Trüchle der Familie Seyboth, U 120, Nr. 3, und U 49 (426 Nr. 20).
545) U 49 (379, 414 Nr. 65, 426 Nr. 20).

Die drei Sieder – Söhne Michaels hatten das Erb an diesem Haalhaus zunächst gemeinsam inne[546], später erscheinen Daniel und seine Nachkommen als allein Erbberechtigte[547].

34. EINFACHES HAALHAUS IM HÖRLIS GÄSSLE[548]

Das fließende Erb teilten sich hälftig[549] Hans *Seiferhelds* und Stephan *Feierabends* Erben[550]. Der Seiferheldische Teil wurde 1511 von Konrad Vogelmann und seiner Ehefrau Elsa Krauß dem Schwager Jörg Seiferheld und seinen Söhnen, dem alten Jörg und Hans zu Erb verliehen[551]. Daß später nur Hans als Stammsieder erscheint, geht auf das Jahr 1530 zurück. Damals tauschten die Brüder Hans und Jörg Seiferheld Siedeanteile[552]. Jörg gab Hans sein Viertel an dem Sieden im Feierabend-Haalhaus ab. Das Erb am »Gegenhalbteil« der Feierabend ist nicht aus einer Verleihung durch Dritte entstanden. Die Siedenshälfte war ursprünglich Eigentum der Feierabend[553]. Später wurden Eigentum und Erb getrennt, letzteres blieb in der Familie.

35. EINFACHES HAALHAUS BEIM LADLIS HAALHAUS[554]

Am fließenden Erb waren drei Parteien beteiligt: die Erben der Brüder Matthes, Ezechiel und Thoma *Beyschlag*, die Söhne Georg Beyschlags, mit ¼, die Erben Lutz *Dötschmanns* des Älteren mit ½ und die Erben der Katharina Dötschmann und ihres Ehemanns Georg Beyschlag mit ¼[555]. Nach einem Vertrag von 1542[556] standen zu dieser Zeit ¼ des Siedens Jörg Beyschlag[557] zu erb und eigen zu und Lutz Dötschmann[558] ½, gleichfalls zu erb und eigen. Das letzte Viertel gehörte den »Schwestern im Bethaus«. Das Erb daran hatten die Erben des Contz Dötschmann, sein Sohn Peter und die Schwiegersöhne Georg Beyschlag, der mit Katharina, und Daniel Kolb, der mit Margretha Dötschmann verheiratet war. Die Schwestern im Bethaus waren die Franziskanerinnen der dritten Regel zu Hall. Sie erscheinen zur Zeit des Suhlenbaus von 1496 noch nicht unter den Eigentumsherren. Das Schwesternhaus erhielt sein Siedensviertel 1518 bei der Teilung des Nachlasses der Eheleute Heinrich Feierabend und

546) U 111.
547) Gen. HB Bl. 641; HA B 632 a. a. O.
548) Hier nach HA B 632 Bl. 122'; auch »Herlins-Gäßle«, vgl. Üs. zu U 76. – Zuletzt 5 f. Hh. Nr. 33, 4. St.
549) Jeder Teil sott abwechselnd vier Jahre.
550) Gen. HB Bl. 615 – Seiferheld, 251 – Feierabend; HA B 632 a. a. O. Zu Stephan Feierabend: WL 2089 – 1516/47 = Sohn des Heinz (WL 2085 – 1471/72, 77/1517). Zu den Seiferheld: Jörg WL 7023 – 1485/1543; die Söhne Jörg: WL 7027 – 1513/41, Hans: WL 7028 – 1514/51.
551) U 76. – Es handelt sich wohl um das halbe Sieden, das Jörg Seiferheld 1494 von Klaus Vogelmann sott, vgl. U 49 (402 Nr. 27).
552) U 99.
553) U 76. – Vgl. schon zur Zeit des Suhlenbaus: U 49 (413 Nr. 62). Sieder war damals Thoman Botz.
554) Lagebezeichnung nach HA B 632 Bl. 123'. Vgl. auch Gen. HB Bl. 1', 230: beim Sulfertor beim Ladlis Haalhaus über, beim Gäßle. HA B 798 Bl. 458: Beim Bad gelegen, beim Ladlis über. HA B 772 Bl. 5: *bei dem Sulferthor im Geßlen, stest hinden an Jerg Seyfferhelts halhauß, das man nent Ehrnfridts halhauß und neben an Jerg Beyschlag.* – Zuletzt 6 f. Hh. Nr. 10, 3. St.
555) HA B 632 a. a. O.; Gen. HB a. a. O.
556) HA B 772 a. a. O.
557) Zu ihm: WL 528 –1517/53.
558) Zu ihm: WL 1433 – 1511/53.

Elsbeth Bechstein. Deren Tochter, Margaretha Feierabend, war Schwester der dritten Regel[559]. Schon damals hatte Contz Dötschmann ein Erb an dem Viertel.

1534 verliehen die Pfleger des Nonnenhauses, Hans Ott und Christoph Haas, das fragliche Viertel der Margaretha Platnerin, Contz Dötschmanns Witwe, zu Erb[560]. Dieser Verleihung war ein Rechtsstreit vorausgegangen, den der Rat zugunsten der Platnerin entschieden hatte[561]. Die Pfleger wurden angewiesen, einen Erbbrief auszustellen. Bei den übrigen drei Vierteln des Siedens waren Erb und Eigen 1542 noch in derselben Hand. Erst in der Folgezeit entstand das fließende Erb.

36. EINFACHES HAALHAUS IM HÖRLIS GÄSSLE[562]

Eigentümer des Siedens waren zwei Altäre in der Feldnerkapelle bei St. Michael. Der St. Leonhardsaltar (Lienharts-Altar) hatte zwei Drittel und der St. Franziskusaltar ein Drittel[563]. Die Altarkapläne hatten das Sieden 1385 von Heinrich von Bachenstein und seiner Hausfrau Peterse v. Stein gekauft[564]. Im Jahr 1451 schrieb der Würzburger Offizial Johann Halberg an Bürgermeister und Rat zu Hall, er habe dem Berchtold Wetzel ein Sieden verliehen. Dieser habe ihn darum gebeten. Außerdem seien alle Großeltern Wetzels Erbsieder gewesen: *angesehen, das er von allen seinen vier anen ein erbsieder ist*[565]. Der Brief enthält keine Lagebeschreibung. Aber es ist nicht zu bezweifeln, daß das von Halberg verliehene das Sieden der genannten Altäre ist. Lackorn gibt am Ende seiner Briefabschrift die Namen der Erzpriester Johann von Tunfeld und Johann von Gybe an, sicher die Altaristen. Wenn aber zwei Altaristen bei der Verleihung eines Siedens genannt werden, so muß es dieses sein. Keine anderen als die genannten beiden Altäre besaßen zusammen ein Sieden[566].

559) *Theilungsbrief zwischen den Feyerabendschen geschwistern, wornach Margaretha Feyrabend ¼ tel eines siedens im Haal am Eckhaus erhält,* vgl. Abschr. Bühler 2 S. 1115 ff. – Joseph Feierabend, *Licenciat, Canonicus und Scolaster zu Onoltzbach,* sein Bruder Stephan und der Schwager Hans Weidner zu *Oterbach,* verh. mit Martha Feierabend, übergeben ihrer Schwester und Schwägerin Margaretha und von *iren wegen* den Schwestern zu Hall zusätzlich zu ihrem schon ausgehändigten Erbteil noch zwei Güter, darunter das gen. Viertel Sieden *im Hale im Eckhalhauß bey Haimen schmitten hin hinder zwischen dem Geßlin zu beden seiten und hinden an dem halhauß, darin die Kecken und Linhart Wetzel zwey sieden haben . . . und daran Contz Dotschmann ein erb hat.* Das Viertel hat 1489 der Vater der Parteien von † Wilhelm Seßler dem Alten und Wilhelm Seßler dem Jungen gekauft.

560) U 102. – Zu Conz Dötschmann: WL 1430 – 1487/1519. Eigenartigerweise liegt das Sieden nach der Lagebeschreibung im Erbbrief nicht beim Sulfertor, sondern auf oder doch am Rande des Bürdenmarkts, vgl. auch die Lagebezeichnung im Teilungsbrief, Anm. 559. Es handelt sich bei dem verliehenen aber eindeutig um das hier behandelte Viertel Sieden im Haalhaus beim Ladlis Haalhaus über. Die Franziskanerinnen hatten im Haal nur ein Viertel Sieden. Noch 1716 wird als Eigentümer die *Nonnen pfleeg* genannt, vgl. HA B 632 a. a. O. So bleibt wohl nur übrig, eine Verlegung des Siedens anzunehmen.

561) U 103 (899), Aussage Hans Ott und Christoph Haas.

562) Zuletzt 9 f. Hh. Nr. 27, 7. St.

563) Nach Verlegung der Altäre beim Abbruch der Feldnerkapelle und nach der Reformation kam das Sieden, wie andere auch, unter Verwaltung der St. Michaelspflege, vgl. HA B 632 Bl. 124'.

564) Reg. UB Hall U 780. Die Kapläne waren Cunrad (Leonhards-) und Arnold (Franziskusaltar). Das Sieden lag oberhalb der *Suln* zwischen dem Sieden des Claus von Bachenstein, Heinrichs Bruder, und dem Weg. ⅔ der Nutzung sollten Pfaff Cunrad, ⅓ Pfaff Arnold gehören.

565) U 32. Der frühere Sieder, *Heintz Pfyffer,* hatte das Sieden *Rawheintzen* übergeben. Ihm, so hatten die Viermeister des Haals gebeten, sollte Halberg das Sieden überlassen. – Zu Berchtold Wetzel: WL 9153 – 1453/88 und GERD WUNDER, Hans Wetzel. Salzsieder und Ratsherr in Schwäbisch Hall, † 1530, a. a. O. (s. o. Anm. 270), S. 3, 7.

566) Vgl. U 49. – Die Suhlenbauliste nennt als Sieder der beiden Altäre Berchtold Wetzel U 49 (381 f., 415 f.). Gemeint ist die Witwe. Berchtold war zu der Zeit schon tot, vgl. WL 9153 – Witwe 1488/1513.

1514 einigten sich Berchtold Wetzels Erben, die Brüder Hans und Lienhart Wetzel und ihre Schwäger Hans Blumenhauer und Ulrich Ulmer über ihr väterliches Erbsieden[567]. In diesem Vertrag trat Lienhart Wetzel das ihm zustehende Viertel an dem Sieden seinem Bruder Hans ab. Damit waren die Anteile festgelegt: ½ für Hans *Wetzel* und seine Erben, je ¼ für Paul *Blumenhauers* und Ulrich *Ulmers* Erben[568].

37. EINFACHES HAALHAUS BEI DER SUHLEN IM GÄSSLE

Das Haalhaus enthielt ein freieigenes Erbsieden[569].

38. EINFACHES HAALHAUS IN DER HOHEN SUHLENGASSE[570]

Das hier belegene Sieden war zur einen Hälfte freieigenes, zur andern fließendes Erb. Letzteres stand den Erben des Michael *Botz* zu[571]. Ihm hatten 1515 Konrad Vogelmann und Peter Biermann das halbe Sieden samt einer Hofstatt am Ößhäuslein zu Erb »gelaßen«[572]. Die Hofstatt gehörte den genannten Vogelmann und Biermann zu eigen, nicht dagegen der Siedanteil. Er war Eigentum ihres Bruders und Schwagers Bernhard Vogelmann[573]. Konrad Vogelmann und Peter Biermann übertrugen Michael Botz daher nur ihre Erbgerechtigkeit an dem Sieden, die ihnen offenbar zuvor von Bernhard Vogelmann eingeräumt worden war. Demgemäß sollten Botz und seine Erben Rechnung und Bauhaltung dem *herrn bruder und schwager* Bernhard Vogelmann schulden. Vor Michael Botz hatte Jörg Ulrichs Witwe, Jörg Ulrichin Kupferschmiedin, das halbe Sieden gesotten[574]. 1525 schlossen der neue Erbsieder

567) U 82. – Zu Lienhart: WL 9158 – 1484/1527; zu Hans s. o. Anm. 270. Ulrich Ulmer (WL 8618 – 1492/1535) war mit Dorothea Wetzel verheiratet. – Das Siedrecht der Wetzel wird hier ohne weiteres als Erbsieden angesprochen. So klar ist das nicht. Der Brief Halbergs spricht zwar davon, daß Wetzel von seinen Ahnen her Erbsieder sei, das Altarsieden wird aber nur Berchtold verliehen. Jedenfalls ist in dem Brief von seinen Erben keine Rede. Für eine echte Erbverleihung wäre aber die Formel »und seinen Erben« unerläßlich. Auch in der Liste der Erbberechtigten zur Zeit des großen Suhlenbaus von 1496 finden wir Berchtold Wetzel oder seine Witwe nicht. – Vgl. noch Vertrag Wetzel/Ulmer v. 1530 (U 98).

568) So dann auch in den genealogischen Büchern, vgl. Gen. HB Bl. 768' – Wetzel, 141 – Blumenhauer, 681 – Ulmer; HA B 632 a. a. O. – Vgl. zur Abtretung des Siedensanteils durch Lienhart das Urteil StAH 9/21 von 1588.

569) Eigentumsherren 1716: Christoph Mayer, des Äußeren Rats. Das Erb hatten je zur Hälfte Johann Sixtus Schübelin, des Innern Rats, und Johann Michael Döllin. Bei der Jahreszahl 1715 ist eingetragen: *nunc Johann Sixtus Schübelin alß sohn ererbt.*

570) Zuletzt 6 f. Hh. Nr. 8, 5. St.

571) Gen. HB Bl. 145; HA B 632 Bl. 126'. Eigentumsherr des Siedens war 1716 Johann David Drexler, Steuersekretär, dem auch das freieigene Erb zustand. 1808 gehörte das freieigene Erb *herr geheime* (rat) *Johann Jacob Braz* (Gen. HB a. a. O.). – Zu Botz: WL 877.

572) U 83.

573) Zu dem Magister artium, Kleriker und Notar Bernhard Vogelmann: WL 2283 – 1485/1529. 1528 trat Bernhard das halbe Siedenseigentum seinem Sohn Jörg ab, vgl. Abschr. HA B 654 S. 139 ff. Das Sieden liegt *in dem haal hauß alhie an der Suln gasen, zwischen Hannsen Wetzels und Seitz Plannckhen haal heusern gelegen.* Obwohl der Siedensanteil vererbt ist, übergibt ihn Bernhard seinem Sohn als *gantz frey ledig und gegen menigelichem unversetzt, unbeschwerdt und unverkümmert, recht aigen.* – Nach Jörg Vogelmanns Tod verkaufen 1554 die Vormünder seiner Witwe und seiner Kinder die Siedenshälfte an Joß Firnhaber. Nach dem Kaufbrief liegt das Sieden im Haalhauß *an der Suln gaßen, unden an der stat und der Wetzel halhauß und oben an Hannß Schübelins halhauß.* In diesem Kaufbrief wird das Erb der Botz ausdrücklich erwähnt. Vgl. Abschr. HA B 654 S. 135 ff.

574) U 49 (361, 402 Nr. 26). – Zu Jörg Ulrichs Witwe: WL 8631 – 1490/1519. – Es fällt auf, daß sie gerade im Jahr 1515 die Beet versessen hat, d. h. schuldig blieb. War vielleicht eine Zahlungsnot der Ulrichin Ursache für den Verlust des Siedens und die Verleihung an Botz?

Botz und die Inhaber der anderen Siedenshälfte – Kaspar Gräter[575] und die Kinder des verstorbenen Hans Seitzinger[576] – nach Streitigkeiten einen Vertrag über die Siedensjahre[577].

39. EINFACHES HAALHAUS BEIM NEUEN HAUS ÜBER IM GÄSSLE[578]

Hier lag eines der Erbsieden, die Hans *Wetzel* erwarb[579]. Eigentumsherren waren zur Zeit des großen Suhlenbaus von 1496 mit acht Eimern der Maria-Magdalena-Altar zu St. Michael[580] und mit zwölf Eimern die *Syderin*, Barbara von Rinderbach, Witwe Hans Sieders[581]. Zu jener Zeit sott Berchtold Helbling[582]. Wohl unmittelbar nach seinem Tod um 1503 wird Hans Wetzel das Sieden zu Erb erhalten haben.

40. EINFACHES HAALHAUS IN DER HOHEN SUHLENGASSE[583]

Das Siedrecht in diesem Haalhaus zerfiel in zwei Hälften[584]. Davon war eine freieigenes[585], die andere fließendes Erb. Das fließende Erb stand den Erben des Lutz *Blinzig* zu[586], dem es 1533 von Michel Eisenmenger verliehen worden war[587].

575) Zu ihm: WL 2925 – 1495/1551. – Er besaß ein Viertel zu erb und eigen, ebenso Peter Seitzinger; 1528 gehörte ihm die ganze Hälfte, vgl. HA B 654 S. 141. – 1553 werden 7½ Eimer verkauft. Verkäufer sind: *Johann Brenntz,* Propst des Stifts zu Stuttgart, *Michel Grätter,* Pfarrer zu St. Katharina, *Bonifacius Gretter,* Pfarrer ... (Ort nicht abgeschrieben), *Jacob Gretter,* Pfarrer zu Michelbach, *Lorentz Gretter* sowie *Caspar Gretter* der Ältere und *Melchior Clauß,* Beck, als Vormünder für die Kinder des Hans Baumann und seiner † Hausfrau *Dorothea Gretterin.* Käufer: *Hanns Ernst* der Ältere und *Barbara Gretterin,* seine Hausfrau, die schon zuvor 2½ Eimer besessen haben.
576) Zu ihm: WL 7067.
577) HA B 157 Bl. 88' (Abschr. HA B 772 Bl. 14'). Michael Botz hatte zehn Jahre nacheinander gesotten. Nun wollte auch Kaspar Gräter so lange sieden. Schließlich einigen sich die Parteien, daß Michael Botz die nächsten vier Jahre nacheinander siedet, dann Kaspar Gräter neun Jahre; danach sollen Botz und Gräter abwechselnd sechs Jahre sieden.
578) Zuletzt 6 f. Hh. Nr. 4, 2. St.
579) Gen. HB Bl. 768', HA B 632 Bl. 127'. – Zu Wetzel s. o. Anm. 270.
580) 1365 statteten Johannes Lecher d. Ä. und seine Ehefrau Petrissa neben einer Reihe anderer Güter den Altar auch mit einem Haalhaus mit acht Eimern Sule aus, die einst der Brunin gehört hatten, vgl. Reg. UB Hall U 319, sowie ebd. U 281, 321.
581) Nach HA B 632 a. a. O. war Eigentumsherr mit acht Eimern die St. Michaelspflege. Da in der Michaelspflege die ehemaligen Altarsieden zusammengefaßt waren und nur ein einziger Altar gerade acht Eimer besaß, muß es sich um die Eimer des St. Maria-Magdalena-Altars handeln, vgl. U 49 (351, 415 Nr. 69). Die restlichen 12 Eimer sott Berchtold Helbling (vgl. Anm. 582) von Hans Sieders Witwe, vgl. U 49 (394 Nr. 8).
582) Zu ihm: WL 3533 – 1455/1503.
583) Vgl. die Lagebeschreibung im Erbbrief U 100 mit Angabe der Nachbarhaalhäuser. – Zuletzt wo?
584) Das bedeutet nach HA B 632 Bl. 128', daß das Sieden abwechselnd zehn Jahre von der einen und von der andern Partei gesotten wurde.
585) Vgl. HA B 632 a. a. O.; danach lag das freieigene Erb bei Johann David Eisenmenger und Elisabeth Romig. 1515 hatte Bernhard von Rinderbach die Hälfte an Martin Autenriet verkauft (HA U 68). 1695 verkauften Johann David Eisenmenger und seine Ehefrau ¼ an Johann Wilhelm Engelhardt, des Innern Rats und Amtmann im Rosengarten (HA U 106).
586) HA B 632 a. a. O., vgl. auch HA B 656 S. 86. Zu Lutz Blinzig: WL 725.
587) U 100; zu Michel Eisenmenger: WL 1793 – 1499/1543. – Wahrscheinlich handelt es sich um jenes halbe Sieden, um das 1541 die namentlich nicht genannten Erben des Lutz Blinzig ihren Schwager Michel Botz verklagen. Botz verteidigte sich damit, er habe das halbe Sieden vom Schwiegervater Lutz Blinzig *für ein heyrat gůt* erhalten *(wo im sein schweher das nit geben hette, wolt er die tochter nit genomen haben).* Leider enthält die Supplik der Blinzig-Erben keinen Hinweis auf den Ort des halben Siedens, vgl. StAH 9/9.

41. EINFACHES HAALHAUS AUF DEM BÜRDENMARKT

In dem Haalhaus befand sich ein freieigenes Erbsieden[588].

42. EINFACHES HAALHAUS BEIM OBERN TÜRLE[589]

Eigentumsherr des Siedens war seit 1333 das Kloster Gnadental. Es kaufte die *coctura salis unius patelle*, in der deutschen Volkssprache *ein syeden*, von dem Haller Stadtschreiber Conrad[590] und seinen Söhnen, den Priestern Johannes und Conrad[591]. Notar Conrad seinerseits hatte 1313 eine Gült auf dem Sieden erworben: *zwelf schillinge haller jerlicher gůlte uf Wernilin Zurne sieden*[592].

Gnadental lieh das Sieden wiederholte Male zu Erb aus. Insgesamt sind drei Erbbriefe überliefert. 1403 bekannte Hans Kunzelmann, von Äbtissin und Konvent zu Gnadental ein Sieden zu Erb erhalten zu haben[593]. Über den Fortgang des Kunzelmann-Erbs ist sonst nichts zu erfahren. 1453 kam es zu einer weiteren Erbverleihung, und zwar an Hans Mettelmann[594]. Mettelmanns Nachfolger als Sieder war Hans Jäger Reuter, der »Reuterhans«[595]. Er hat das Sieden bzw. das Nutzungsrecht daran über seine Ehefrau erhalten[596]; sie war wohl eine Tochter Mettelmanns.

Eine dritte und letzte Erbverleihung fand 1507 statt. In diesem Jahr verlieh das Kloster an Jörg *Müller*[597], allerdings mit dem Vorbehalt, das Erb nicht anzutreten, solange Reuterhans das Sieden noch *zu vergelten oder zu verdienen hat*, d. h. solange Reuterhans die jährliche Rechnung von dem Sieden entrichten konnte[598]. Diese Verleihung an Jörg Müller löste einen 1514 entschiedenen Rechtsstreit aus. Gegen Müller klagte die Ehefrau des Sieders Hans Heuser. Sie war die Tochter der Ehefrau des Reuterhans und als solche an dem Sieden erbberechtigt. Dieses Erbrecht bestritt der beklagte Müller an sich nicht. Er trug jedoch vor, die Rechnung sei nicht bezahlt worden. Tatsächlich war bei Reuterhans spätestens 1511 Vermögensverfall eingetreten[599]. Damit sei das Sieden dem Kloster heimgefallen und ihm, Müller, zu Recht verliehen worden[600]. Das Gericht sprach jedoch Heusers Ehefrau das Erb zu, solange sie das

588) HA B 632 Bl. 129' gibt als Inhaberin des Erbs Friedrich Heinrich Vogelmanns Witwe an. Hinter der Jahreszahl 1684 ist vermerkt: *nunc herr Johann Sixtus Schübelin deß i[nnern] r[ats]*, hinter 1715: *ererbt herr Wolfgang Caspar Sanwaldt deß innern raths im nahmen seiner jungfer tochter ½ und herr Johann Peter Hezel, stattschreiberey adj[unkt] wegen seiner frau eheliebsten ingleichen ½. Die Jahr aber werden noch zur Zeit gemeinschaftlich verkauft.* Hezel war 1716 auch Eigentumsherr.
589) Zuletzt 8 f. Hh. Nr. 22, 3. St.
590) Zu Conrad: UB Hall S. 41* f.
591) U 6.
592) U 3, 5 – dass. Sieden.
593) U 20. – Zu Kunzelmann: WL 4769 – 1396/1403.
594) U 34. – Zu Mettelmann: WL 5845 – 1438/91. Die Identität des in U 3, 5, 6, 20 und 34 genannten Siedens ergibt sich aus der Lagebezeichnung.
595) Zu ihm: WL 4163 – 1491/1515, hat ein Gnadentaler Sieden 1492/1511.
596) U 79 (304).
597) Zu ihm: WL 6025 – 1497/1521.
598) U 68. – Zur Vorgeschichte der Verleihung an Müller vgl. die Darstellungen der Parteien des Rechtsstreits von 1514.
599) U 78.
600) Wenn Müllers Vortrag richtig war, woran nicht zu zweifeln ist, wäre infolge der Nichtbezahlung der Rechnung durch Reuterhans an sich das Sieden an Gnadental zurückgefallen. Mit dem Tode von Reuterhansens Frau war aber das Erbsieden schon auf die Tochter, Hans Heusers Frau, übergegangen. Reuterhans war nur der Beisitz, die lebenslange Nutzung verblieben. Der Rat wird die Säumnis des Beisitzers nicht zulasten der Erbin und eigentlich berechtigten Tochter haben gehen lassen wollen.

Sieden in Bau halte und die Rechnung bezahle *(weyl sie das laut irs briefs in baw helt, verdint und vergilt)*[601]. Ungeachtet dieses Urteils scheint sich letztlich doch Müller als Erbsieder durchgesetzt zu haben. Seine Söhne Wendel und Kaspar werden in den genealogischen Büchern als Stammsieder genannt. Sie haben das Gnadentaler Sieden weitervererbt[602].

43. EINFACHES HAALHAUS BEI DER OBEREN HOFSTATT

Das Haalhaus beherbergte ein freieigenes Erbsieden[603].

44. EINFACHES HAALHAUS IN DER HOHEN SUHLENGASSE[604]

Elisabeth Firnhaber, Witwe des Jobst (Jos) Firnhaber, kaufte 1481 das Sieden von Götz von Bachenstein und seiner Hausfrau Elisabeth von Eerhaußen (Eurhausen)[605]. Stammsieder waren Heinrich *Firnhaber*, Sohn von Elisabeth und Jos Firnhaber, und Konrad *Vogelmann*, vermutlich Schwiegersohn Elisabeth Firnhabers. Beide waren je zur Hälfte am Erb beteiligt[606].

Bei der Teilung des Konrad Vogelmann-Nachlasses im Jahr 1525 erhielten eine Siedenshälfte Christoph Rothan und seine Ehefrau Elisabeth Vogelmann zu eigen. Als Inhaber des anderen Halbteils werden Jos und Daniel Firnhaber genannt[607].

Über das Erb an dem Sieden kam es 1546 zu einem Vertrag. Auf der einen Seite stand der schon genannte Christoph Rothan, zugleich für seine Frau Elisabeth Vogelmann und die drei Kinder seines verstorbenen Schwagers Ludwig Vogelmann, Josef, Maria und Else, handelnd.

601) U 79 (315 ff.).
602) Gen. HB Bl. 460', HA B 632 Bl. 130': Die Söhne Wendel und Caspar Müller sind je zur Hälfte erbberechtigt. Das Ergebnis überrascht angesichts des von Heuser gewonnenen Prozesses. Sollten die Eheleute Heuser am Ende nicht in der Lage oder willens gewesen sein, das Sieden zu vergelten?
603) Vgl. HA B 632 Bl. 131'. Das freieigene Erb hatte Stättmeister Seiferheld. Eigentumsherr war (1716) der Dekan und Prediger Magister Johann Balthasar Beyschlag. Hinter der Jahreszahl 1686: *nunc dero* (scil. Stättmeister Seiferhelds) *verlaßene erben.* Weitere Besitzwechsel in den Folgejahren.
604) Zuletzt 9 f. Hh. Nr. 28, 3. St.
605) HA U 52; Abschr. HA B 656 S. 4 ff. – Lagebezeichnung: Im Haal *ein halb an der statt haalhauß und sieden, so jetzo Hanß Bühl seudt und anderhalb an Claus Müllers seel. kinder hauß und hoffraithin gelegen und stoßt hinden an Thoman Botzen höfflin.* – Vgl. auch den Vermerk bei Lackorn (HA B 654 S. 562): *Gotz von Bachenstein git zu verkaufen Elsbethen Fürnhaberin, Josen Fürnhabers seeligen witwe sein sieden im Haul (!) oben in der Hohen gasen und die hoffstatt daran zwischen der statt halhaus, stost unden an Toman Botzen hoflin und sieden, das Hanns Bühel seudet, und Clas Müllers haus und hofreithe gelegen, das Peter Geyr seudet, fry aigen, kumpt umb vi^c xxiiii gulden 1481. Sig. Judex. – Extrahirt aus eim lang[en] büchlen, so oben signirt mit xx neben ⟨S. D.⟩* (gestr., darübergeschr.: *fol. 17) in der laden 502 de anno 1481.* (Vollständige Abschr. HA B 654 S. 562). – Zu Jos Firnhaber: WL 2147 – 1438/78; Götz von Bachenstein: WL 144 – 1467/80. – Dieser Kaufbrief wurde in einem durch Urteil vom 24. 3. 1578 entschiedenen Rechtsstreit eingelegt. In dem Verfahren – es klagte Elisabeth Blank gegen Joß Firnhaber – ging es u. a. um das Erb an diesem Sieden, vgl. Abschr. HA B 656 S. 10 f.
606) Gen. HB Bl. 261 – Firnhaber, 698 – Vogelmann. – Zu Heinrich Firnhaber: WL 2148 – 1465/94, Konrad Vogelmann: WL 2280 – 1477/1525. – Das Sieden dürfte zur Zeit des großen Suhlenbaus von Sebold Halburg gesotten worden sein, vgl. U 49 (357, 403 Nr. 29, 404 Nr. 31): *Sebold Halburg sewt von Conrad Vogelmann ½ sieden . . . aber von Heinrich Virnhabern ½ sieden.*
607) HA U 72 – Lagebezeichnung: *sieden in dem halhaws zu oberst an der Hohen gassen.* Zur Vogelmann-Teilung vgl. o. Anm. 385.

Die Gegenpartei wurde von Joß Firnhaber alt[608] und den Kindern seines verstorbenen Bruders Martin Firnhaber gebildet. Die Parteien einigten sich, nachdem es *spen und irrung* gegeben hatte, daß jede für vier Jahre sieden sollte oder das Sieden, wenn sie nicht selbst sieden wollte, solange verleihen konnte[609].

45. EINFACHES HAALHAUS BEI DEM EDELMANNS-BÜHL HEREIN

In dem Haalhaus lag ein freieigenes Sieden[610].

46. EINFACHES GROSSES SEYBOTH-HAALHAUS BEI DES UNTEREN BECKEN HAUS BEIM SULFERTOR[611]

Elisabeth Keck, Philipp von Angenlochs[612] Witwe, verlieh 1503 zusammen mit Hans Merstatt jung dem Michael *Seyboth* ein halbes Sieden zu Erb[613]. Die andere Siedenshälfte, so heißt es im Erbbrief, gehörte Seyboth. Daß es sich um das hier belegene Sieden handelte, läßt sich aus dem Vertrag der Seyboth-Brüder Michael, Philipp und Daniel erschließen. Dort heißt es von dem Sieden im Großen Haalhaus beim Beckenhaus, daß Philipp Seyboth ein halbes

608) Nicht zu verwechseln mit dem eingangs im Text genannten Jobst (Jos) Firnhaber. Der 1546 auftretende Jos alt ist Sohn des Heinrich (Heinz), vgl. WL 2153 – 1497/1547 und nachstehende gen. Tafel:

Genealogische Tafel Vogelmann – Firnhaber – Quelle: vgl. Anm. 605 und 609.

II. Konrad Vogelmann —— ∞ —— Elisabeth Suntheimer[1] —— ∞ —— I. Jos Firnhaber
WL 2280 – 1477/1525 WL 2147 – 1438/78

Heinz Firnhaber
WL 2148 – 1465/94

Elisabeth Vogelmann*
Christoph Rothan*

Ludwig V.
WL 2290

Josef* Maria* Else*

Jos Firnhaber »alt«*
WL 2153 – 1497/1547

Martin Firnhaber
WL 2150 – 1493/1521

(Kinder)*

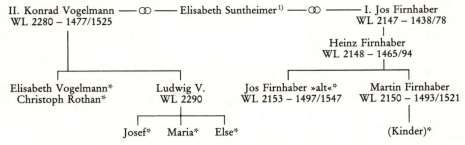

* = Teilnehmer an dem Vertrag von 1546, vgl. Anm. 609 und Text.

1) Els Suntheimer, die Mutter des Heinrich Firnhaber, kann aus Altersgründen nicht nach Jos Firnhabers Tod 1478 geheiratet und noch Kinder bekommen haben. Wahrscheinlich war die Frau des Konrad Vogelmann eine ganz andere, nämlich Tochter der Els Suntheimer, d. h. Schwester des Heinz Firnhaber (frdl. Hinweis von Gerd Wunder).

609) Abschr. HA B 656 S. 1 ff. Lagebezeichnung hier: Das Sieden im kleinen Haalhaus in der Hohen Gasse, unten an eines ehrbaren Rats und hinten an Hans Botzen Höflin stoßend (vgl. o. Anm. 605, beachte vor allem die Nachbarschaft zum Ratssieden und dem Botzischen Höflein). Aus dem Vertrag geht ferner hervor, daß 1546 Rothan 16⅔ Eimer und Joß Virnhaber 3⅓ Eimer Eigentum hatten. Wenn eine Partei nicht selber siedet, sondern weiterverleiht, so haftet sie dem Eigentumsherrn für die Rechnung.

610) 1716 war Eigentumsherr Magister Johann Balthasar Beyschlag, Archidiakon zu St. Michael; das freieigene Erb hatten Johann Georg Beyschlags Erben; hinter der Jahrzahl 1700 ist vermerkt: *nunc herr Julius Franciscus Otho, deß innern raths ½ und herr Johann Laurentius Drexler deß innern raths ½ beede als tochtermänner* (HA B 632 Bl. 133').

611) Zuletzt 9 f. Hh. Nr. 28, 5. St.

612) Zu ihm: WL 63 – 1486/92, seine Witwe 1493/1505, dann Volk von Roßdorf, s. u. Anm. 615.

613) U 64, vgl. auch U 120 – Truhe der Familie Seyboth.

Eigentum daran habe, je ein Viertel aber *junckher Volckh und Jorg Vogelmann*[614]. Junker Volk kann nur Volk von Roßdorf sein, Elisabeth Keck Angenlochs Sohn[615].

In der Zeit des großen Suhlenbaus, wenige Jahre vor der Verleihung an Michael Seyboth, dürfte das Sieden Hans Schneider Zoller gesotten haben. Das von ihm nach der Liste von 1494 genutzte Sieden gehörte zur Hälfte Wilhalm Ammanns Kindern, zu ¼ den Vormündern von *Merstats kind* (= Hans Merstatt jung) und zu ¼ der Angenlochin (= Elisabeth Keck)[616]. Demnach müßte Michael Seyboth seine Hälfte Eigentums zwischen 1494 und 1503 von Ammanns Kindern erworben haben. In der Folgezeit nutzten die drei Söhne Michael, Philipp und Daniel das Sieden gemeinsam, jedenfalls bestimmten sie es so in ihrem Vertrag[617]. Später erscheint aber nur Michael Seyboth jung als Stammsieder[618].

47. EINFACHES HAALHAUS AUF DEM BÜRDENMARKT

In dem Haalhaus lag ein freieigenes Sieden[619].

48. EINFACHES HAALHAUS BEIM BRÜNNLE

Wie Nr. 47[620].

49. EINFACHES HAALHAUS BEI DER SUHLE

Wie Nr. 47[621].

50. EINFACHES HAALHAUS IM BÜRDENMARKT BEIM UNTEREN TÜRLE[622]

Fischer nennt in seinem Haalhausverzeichnis folgende Beteiligte am Erb[623]: Des älteren Joachim *Bühls* Erben hatten ein halbes fließendes Erb. Das andere halbe Erb stand Johann David *Hornung* zu. Wie Fischer vermerkt, stammte es von Ulrich Blinzig her. Von dieser

614) U 111.
615) Zu ihm: WL 6678 – 1495/1553, vgl. auch a. a. O. Jz. 1522/30.
616) U 49 (372). Zu Ammann: WL 50 – 1479/86.
617) U 111 (778).
618) Gen. HB Bl. 634'; HA B 632 Bl. 134'. Zu den Seyboth s. o. Anm. 536.
619) Eigentumsherren 1716: Herrn Geheimen Schübelins sel. Wittib oder Herr Heinrich Peter Bohnhöfer, des Inneren Rats ⅝, Herrn Dr. Weinlins Erben ⅜, Christian Heinrich Bührner et Cons. ⅛. Inhaber des freieigenen Erbs: Der Rat 12 Eimer 6 Maß, Friedrich Albrecht Waldtmann uxorio nomine 5 Eimer 6 Maß, Martin Pfeifers Erben 2 Eimer 12 Maß (HA B 632 Bl. 135').
620) Eigentumsherr 1716: die Witwe des Archidiakons Joseph Bernhard Wiebel; freieigenes Erb: die Witwe Johann Sixt Schübelins, des Geheimen und Innern Rats. Verm.: *Anno 1715 herr Heinrich Peter Bohnhöfer, des innern raths und herrn Johann Georg Siebers, medic. d[octor]is hinterlasene frau wittib, jedes ½ erb aigenthum ererbt.* Vgl. HA B 632 Bl. 136'.
621) Eigentumsherren 1716: Kapitelpflege zu St. Michael ½, Erben Christoph Hezels, des Inneren Rats, ½; freieigenes Erb: Erben Hans Wengers = Erben Johann Georg Grossen, des Innern Rats, 6,5 Achtel *(siebend halb achtheil)*, Erben Georg Wengers 1,5 Achtel *(anderthalb achtheil)*. Vgl. HA B 632 Bl. 137'. – Nachdem die halbe Rechnung der Kapitelpflege von St. Michael zustand, könnte es sich um Siedensbesitz des ehemaligen St. Nikolaus-Altars in St. Michael handeln, vgl. U 49 (415): ½ Sieden, Sieder: Peter vom Berg. Der Altar ist erstmals 1401 urkundlich als Siedensinhaber erwähnt (UB Hall U 1133).
622) Zuletzt 9 f. Hh. Nr. 27, 4. St.
623) HA B 632 Bl. 138'; vgl. Gen. HB Bl. 98 – Joachim Bühl, 96 – Hornung/Blinzig.

zweiten Hälfte sind aber nur ⅛ (aufs ganze Sieden bezogen) freieigenes Erb, die restlichen ⅜ fließendes. Diese eigenartige Siedensaufteilung erinnert an Verhältnisse, wie sie im Siedensverzeichnis von 1584 bei David Bühls Sieden auftraten. Er sott u. a. *⅛ seiner mutter, sowie ⅞ sein selbß*[624]. Ein Erbbrief konnte nicht ermittelt werden. Nachdem das Sieden im Eigentum der Bühl stand, dürfte auch keiner ausgestellt worden sein.

51. EINFACHES HAALHAUS BEIM BLOCK[625]

Das hier belegene Sieden stand im Eigentum des Klosters Adelberg. Es wurde 1528 Heinrich *Botz* zu Erb verliehen[626]. Schon zur Zeit des großen Suhlenbaus findet sich ein Heinrich Botz unter den Adelberger Siedern[627], wohl der Vater des ersten Erbsieders[628]. Die erste Loseinigung erfolgte 1562[629].

52. EINFACHES HAALHAUS BEI DER SUHLEN IM GÄSSLE[630]

Hans *Wetzel* kaufte das hier belegene Sieden im Jahr 1516 von Hans von Merstatt[631]. Möglicherweise hat er damit altes Familiengut zurückerworben, denn das gekaufte Sieden könnte einst dem Kloster Elchingen gehört haben, das vormals den Wetzel Sieden verliehen hatte[632]. Hans von Merstatt hat Siedensbesitz von der Familie Schletz erhalten, und zwar über seine (erste) Ehe mit der *Dennerin*, Anna von der Tann[633]. Sie war eine Tochter der Dorothee Schletz und des Heinz von der Tanne[634].

Dorothees Vater wiederum war Hans Schletz[635]. Er führte 1400 einen Prozeß gegen Elchingen um die Lehenschaft an einem Sieden. Aus dem Urteilsbrief geht hervor, daß er von den 32 Eimern, die dem Kloster zugeschrieben wurden, 20 zu einem Leibgeding erkauft hatte. Weiter heißt es, die Eimer des Klosters seien vor Zeiten und Jahren Berchtold Wetzel selig und seinen Erben um zwei Pfund Heller jährlicher, auf St. Michael zu zahlender Gült verliehen und vererbt worden[636].

624) U 117 (729).
625) Zuletzt 9 f. Hh. Nr. 27, 3. St.
626) U 97. Vgl. die Lagebezeichnung in der U. Zu Heinrich Botz: WL 882 – 1521/43.
627) U 49 (381, 416 Nr. 72). Heintz Botz jung, noch nicht unter den Erbberechtigten, vgl. (421 ff.).
628) Zu ihm: WL 871 – 1486/1513.
629) HA B 772 Bl. 89. Von den sieben Losparteien werden später (HA B 632 Bl. 139') nur noch drei genannt, Daniel, Katharina und Margretha. – Gen. HB Bl. 203 – Heinrich Botz »der III.«.
630) Zuletzt 9 f. Hh. Nr. 15, 6. St.
631) Abschr. HA A 537, Sign.: *»copia N. 3«*. – 1516 Januar 17 (Anton): Merstatt verkauft mit *gunst, wissen und verhenkung* des ehrbaren und festen Bernhardten von Rinderbach, seines Schwiegersohns. Der Kauf betrifft ein *gantz sieden und ain lere stat, die nit suln hat.* Auf der Statt liegt eine Gült *(darauß man dann jährlich anderthalben guldin reinischer gült).* Lagebezeichnung des Siedens: *im halehauß hie zu Halle im Hale, ein halb an Michel Gronbachs wittiben, andern halb an Martin Autenrieds und Michel Eysenmengers sieden stossend, im Gäßlin bey der Hohen Sulen gassen gelegen.* Auf dem Sieden liegen noch *zehenthalben Haller pfanloß.* Kaufpreis: 830 fl rh.
632) WL S. 68 und Nr. 9143 (Wernlin Wetzel und seine Elchinger Sieden).
633) Vgl. zu Merstatt: WL 5819 – 1470/1509 und Jz. 1493; ebd. zu von der Tann: S. 167 Jz. 1470.
634) WL S. 565 Jz. 1475 (verdruckt, richtige Jahrzahl S. 167: 1435).
635) WL 7515 – 1396/1403.
636) U 18.

Ein weiterer Hinweis auf die Verbindung Merstatts zu den Elchinger Sieden ist einer Urkunde von 1442[637)] zu entnehmen. In diesem Jahr verkauften Abt Friedrich und der Konvent an Michael Schletz und Ludwig Seßler verschiedene Rechte, darunter 15 Eimer aus dem Salzschopfen und 10 Eimer Sieden aus den Hofstätten, die dazu gehörten. Auf diesem Kaufbrief befindet sich ein Rückvermerk, den Pietsch in die Zeit um 1500 datiert: *Sieden brief Hans Merstats.* Das bedeutet: Merstatt war im Besitz der Urkunde und damit der in der Urkunde erwähnten Siedrechte. Ob aus diesen 25 Elchinger Eimern jenes Sieden stammt, das Merstatt 1516 an Hans Wetzel verkaufte?

Das Erbrecht, das nach dem Urteilsbrief von 1400 dem Berchtold Wetzel eingeräumt war, läßt sich um 1500 nicht mehr nachweisen. Die Suhlenbauliste (1494) verzeichnet kein Sieden, das einem Wetzel zu Erb zustünde[638)]. Auch der Kaufbrief von 1516 erwähnt kein Erb. Das Sieden wird als *frey, ledig, unverkümmert und anderswo unversetzt* verkauft. Offen bleiben muß vorerst auch die Antwort auf die Frage, wie aus diesem für eigen gekauften Sieden fließendes Erb wurde[639)].

53. EINFACHES HAALHAUS BEI DER SUHLEN IM GÄSSLE[640)]

Als erster Inhaber aus der Familie *Reiz* wird bei Wunder-Lenckner Peter Reiz erwähnt: *hat 1525 ein Gnadentaler Sieden*[641)]. Eigentumsherr war das Kloster Gnadental, später die Grafschaft Hohenlohe-Schillingsfürst[642)]. Vor Reiz, zur Zeit des großen Suhlenbaus von 1496, sott Peter Bruder Röhler[643)]. Damals war das Sieden der *Urlamacherin* vererbt[644)]. Es dürfte sich um die Witwe des Mathis Horenmacher (Urlamacher)[645)] handeln, der ein Gnadentaler Sieden innehatte. Einen auf die Urlamacherin oder ihren Mann ausgestellten Erbbrief konnte ich jedoch nicht finden, ebensowenig eine etwa später für die Reiz ausgestellte Urkunde[646)]. Auch kann ich keine verwandtschaftlichen Beziehungen zwischen den Urlamacher und den Reiz sehen[647)].

54. EINFACHES HAALHAUS IM HÖRLIS-GÄSSLE[648)]

In dem Haalhaus befand sich ein freieigenes Erbsieden[649)].

637) UB Hall U 1974.
638) U 49 (421 ff.).
639) Vgl. HA B 632 Bl. 140'.
640) Zuletzt 6 f. Hh. Nr. 2, 4. St.
641) WL 6430 – 1499/1525.
642) HA B 632 Bl. 141'.
643) U 49 (379, 417, 426 Nr. 21). Zu Röhler: WL 6611 – 1487/97.
644) U 49 (426 Nr. 21).
645) WL 8665 – 1481/95.
646) Zumindest im Kopialbuch (GHA Bd. 48) hätte sich ein Hinweis finden müssen, da ein etwaiger Erbbrief für Horenmacher ja vor 1500 ausgestellt worden sein muß. Auch die frdl. Bemühungen des Hohenlohe-Zentralarchivs in Neuenstein blieben ohne Ergebnis.
647) Vor Horenmacher hatte Hans Roehler Köttenmann (1466/82) das Sieden inne, vgl. WL 6607 (1472–82 ein Gnadentaler Sieden). Aus WL läßt sich weiter entnehmen, daß vorher offenbar Conrat Vogellin dieses Sieden sott, vgl. WL 2264 (1438–71 ein Gnadentaler Sieden). – Ob die Urlamacherin eine geborene Kottenmann-Roehler war?
648) Wohl vom Familiennamen Herr(lin); etwa vom Sieder Hans Herr (Herrenhans, Herlin), 1489–1531 (WL 3663)?
649) Eigentumsherr 1716: Georg David Zweifel, des Gerichts; das freieigene Sieden lag bei Ursula Maria Gentnerin, Witwe Johann Jacob Stainbuchs, des Inneren Rats (¾), und Steuersekretär Johann David Drexler (¼), vgl. HA B 632 Bl. 142'. Vgl. auch U Anhang (60): Regina Gräterin.

55. EINFACHES HAALHAUS IM HÖRLIS-GÄSSLE[650)]

Eigentumsherr des Siedens war das Siechenspital. Es verlieh 1506 an Jörg *Müller* den Jüngeren oder »II.«[651)] zu Erb[652)]. 1566 vereinigten sich die Erben um dieses und das Müller-Sieden im einfachen Haalhaus beim Obern Türle[653)]. 1722 kam es zwischen den Nachkommen der an dieser Einigung beteiligten Parteien zu einem Vergleich, bei dem die Nutzung der beiden Müller-Erbsieden so geregelt wurde, daß das hier belegene Sieden künftig von den Erben der Juliana Müller (Ehemann Bernhard Groß) und des Georg Müller (Jörg III., Ehefrau Anna Ruppin) gesotten werden sollte[654)].

56. EINFACHES HAALHAUS AUF DEM BÜRDENMARKT[655)]

Das fließende Erb genossen zur Hälfte die Erben Wendel *Vogelmanns*; die andere Hälfte teilten sich Daniel (1/4) und Philipp (1/4) *Seyboths* Erben[656)]. Vogelmann erhielt das halbe Erb 1537 von Dietrich Blank[657)]. Zu dieser Zeit hatte Michael Seyboth, Vater der genannten Philipp und Daniel, schon die andere Hälfte, und zwar zu erb und eigen. Vermutlich hat Seyboth sie 1510 von Sybilla Egen, der Witwe Hans von Rinderbachs, erworben. Jedenfalls fand sich in dem »Seubothischen Trüchle« noch 1695 die Kopie eines Kaufbriefs über ein halbes Sieden auf dem Bürdenmarkt, ausgestellt von Sybilla Egen für Michel Seyboth[658)]. Nachdem die Seyboth sonst auf dem Bürdenmarkt kein halbes Sieden innehatten, dürfte es sich um das hier belegene gehandelt haben. Freilich ist es wenig wahrscheinlich, daß die Egnin nur das Erb an dem halben Sieden verkauft haben sollte, wie man aufgrund des Inventars der in der Seybothischen Siedenstruhe aufgefundenen Urkunden meinen könnte. Vielmehr wird Seyboth das halbe Sieden zu erb und eigen erworben haben[659)].

650) Zuletzt 6 f. Hh. Nr. 3, 4. St.
651) Zu ihm s. o. Anm. 448.
652) U 67. – Vgl. die Lagebeschreibung des Siedens im Erbbrief. Beachte etwa die Nachbarschaft zu dem Feierabend-Haalhaus, Bg. zu Hh. 34 und U 76: Das Feierabend-Haalhaus liegt zwischen des Siechenspitals und Gnadentals Sieden.
653) HA B 772 Bl. 95. Parteien sind neben den unten gen. Juliana und Georg noch Wendel und Kaspar Müller, zu ihnen vgl. o. Hh. 16 sowie Anm. 442 f., 597.
654) Gen. HB Bl. 460'; HA B 632 Bl. 143'. – Zu Bernhard Groß (Sieder): WL 3011 – 1529/73; Jörg Müller III. (Sieder): WL 6029 – 1517/73.
655) Zuletzt 9 f. Hh. Nr. 36, 1. St.
656) Gen. HB Bl. 731 – Wendel Vogelmann, zu ihm: WL 2292 – 1531/53, verh. mit Anna Klotz; 641/643 – Daniel, Philipp: s. o. Anm. 536; HA B 632 Bl. 144'.
657) U 104. – Darüber hinaus erhielt Wendel noch 3/4 Erb beim Block, die seine Witwe 1570 an Ezechiel Beyschlag vertauschte, vgl. Anm. 458. Das 1537 von Blank an Wendel Vogelmann »übergebene«, nicht »verliehene« halbe Sieden ist das hier belegene, weil in der U nicht nur der Bürdenmarkt als Ort angegeben, sondern auch die andere Hälfte dem alten Michel Seyboth zu erb und eigen zugeschrieben wird. Unklar sind freilich die Eigentumsverhältnisse. Nach dem Seyboth-Vertrag (U 111) gehört das Eigentum an der Seyboth-Hälfte Daniel Seyboth, die von Wendel Vogelmann gesottene Hälfte Klaus Kraft. Kraft hat das halbe Sieden (im Haal auf dem Bürdenmarkt gelegen, darin Michel Seuboth alt das andere halbe Sieden hat, samt 15 böhmisch jährl. Gült, *so man mir* [scil. Blank] *aus einer öden hoffstatt in selbigem hahlhaus geit*) 1537 von Dietrich Blank zu *rechtem eigen und steten kauff* um 600 fl. rh. gekauft, wobei sich der Verkäufer ausdrücklich das Erbe vorbehielt *(ohne daß ich mir und meinen erben das erbe an obgeschrieben halben sieden vorbehalten habe)*, vgl. Abschr. StAH 4/67 S. 401–406.
658) U 120.
659) Vgl. auch U 104.

57. EINFACHES STÄFFELIS HAALHAUS BEI DER VORDEREN SCHMIEDE[660)]

Stammsieder war Peter *Vogelmann*[661)]. Er kaufte das hier belegene Sieden 1537 von Hans Büschler[662)] für 1300 Gulden[663)], und zwar zu erb und eigen. An dem Sieden bestand unmittelbar zuvor kein Erbrecht. Dem seitherigen Sieder Hans Meißner hatte Büschler zugesagt, er könne auf seine, Büschlers, Lebenszeit sieden. Meißner suchte sich gegen den durch die Veräußerung drohenden Verlust »seines« Siedens zu wehren. Er strengte einen Prozeß gegen Büschler an und erstritt ein Urteil, in dem dieser verpflichtet wurde, Meißner das Sieden weiterhin zu überlassen[664)] – ein Urteil, das freilich infolge des Verkaufs an Vogelmann nicht mehr erfüllt werden konnte. So kam es 1538 zu einer erneuten Verurteilung Büschlers. Nun sollte er – nach seiner Wahl – Meißner entweder ein anderes Sieden zustellen oder ihm Schadenersatz leisten[665)]. Dieser Schadenersatz dürfte dann auch gezahlt worden sein.

Im weiteren läßt sich hier verfolgen, wie aus einem Sieden, das seinem Inhaber zu vollem Recht, erb und eigen, zustand, ein Erbsieden wurde. Dies geschah durch Verkauf des Eigentums unter Vorbehalt des Erbs[666)].

Wie aus einer Urkunde von 1569[667)] hervorgeht, verkaufte Peter Vogelmann je eine Hälfte Eigentum an Margaretha Kraft[668)] und an Gilg Schübelin[669)]. Für den Verkauf an Schübelin ist das Datum, 1564, bekannt[670)]. Damit waren – der Verkauf an die Kraftin lag früher – Erb und Eigen getrennt.

660) Zuletzt 6 f. Hh. Nr. 10, 2. St.
661) Gen. HB Bl. 714'; HA B 632 Bl. 145'. Unter seinen Erben wurde später gedrittelt, so daß je ein Drittel des Siedens den Erben des Clas, der Catharina (Ehemann Philipp Krauß) und Peter Vogelmanns zustand. Die an sich auch erbberechtigte Tochter Barbara erhielt zum Ausgleich ein Drittel Sieden in einem anderen Haalhaus.
662) Zu ihm: WL 1151 – 1501/39.
663) Abschr. HA B 654 S. 131 ff. Lagebezeichnung: *im Haal bei der Sulen und stost ein halben an das haalhauß, darin Conradt und Herman die Büschler gevettern ain viertel und ain sechzehenthail, Hanns Enngel drey achtthail, Schneckhenbachin ain viertel und Hannß Geier ain sechzehenthail haben, und daß ander Sieden am selben haalhauß im spital uff sanct Märtins altar gült, und anderhalben an daß haalhauß, darin Michel Seuboth der alt daß halb sieden und Claus Krafft von Gailnkirchen daß ander halb thail hat.* Beachte bei dieser Lagebeschreibung vor allem die Nachbarschaft zu dem Seyboth-Kraft-Sieden (s. o. Anm. 657), das auf dem Bürdenmarkt lag. Das Haalhaus wird einmal als an der Suhlen oben im Gäßle liegend bezeichnet, vgl. U Anhang (62'), dort fälschlich Basti Vogelmann als Stammsieder angegeben, dann auch als Stäffelis Haalhaus bei der Vorderen Schmiede. Über die Nachbarschaft des Peter Vogelmann-Haalhauses zur Vorderen Schmiede vgl. auch U 113: das dort verliehene Sieden lag *in Haal und halhaus uf dem Burdimarckht bey der Vordern schmidten, hinden an Peter Vogelmann, neben an Seitz Wagnern . . . gelegen.*
664) U 105. Vgl. auch die vollständigen Prozeßakten mit Klage und Antwort, StAH 9/7. – Das Urteil wie auch das Zeugenverhör sagen nichts über die Lage des strittigen Siedens, auch nichts über den Käufer. Angesichts des zeitlichen Zusammentreffens des Verkaufs an Vogelmann dürfte aber kein Zweifel hinsichtlich der Identität bestehen. Man beachte auch das Übereinstimmen des Kaufpreises, den Büschler nach Aussage des Zeugen Amman, U 105 (925), genannt haben soll, und des Kaufpreises, den Vogelmann entrichtet hat: 1300 Gulden.
665) U 105 (929 f.).
666) *und uns das erb daran vorbehalten,* vgl. Anm. 667.
667) Abschr. HA B 654 S. 872 ff.
668) Marg. Schnurlin, Witwe des Klaus Kraft von Gailenkirchen, zu ihm: WL 4871 – 1531/51, vgl. HA B 654 a. a. O.
669) Zu ihm vgl. o. Anm. 439.
670) HA A 537, ohne Sign., S. 1 u. 2 v. 2 Bll., Rv.: *Summarischer extract der siedens=briefe über 1 gantzes aigenthum und ¼ aigenthum: Anno 1564, sambstags nach der heiligen unschuldigen kindlein tag (Dezember 30) hat Peter Vogelmann, burger zu Schwäbisch Hall, für sich und alle seine erben recht und redlich verkauft und zu kaufen gegeben dem ehrsamen Gilg Schübelin, auch burgern zu gedachtem Hall und allen seinen erben seinen halben theil eigens eines gantzen siedens (: aigenthum-sieden oder siedens-rechnung :) allhier zu Hall im Haal am Gäßlin bey der Hennen schmitten, zwischen Daniel Seyboth und*

58. EINFACHES BADHAALHAUS[671)]

In dem Haalhaus befand sich neben einem halben freieigenen[672)] auch ein halbes fließendes Erbsieden. Es stand den Erben der beiden Töchter Michael *Seyboths* zu, der mit Hans Eisenmenger verheirateten Elisabeth und Margaretha, Ehefrau des Peter Löffler[673)]. Michael Seyboth besaß zur Zeit des Seyboth-Vertrags[674)] schon eine Siedenshälfte zu eigen. Das Erb daran teilte er sich mit seinen Geschwistern, und zwar so, daß er allein ¼ und die drei Seyboth-Brüder gemeinsam ¼ Erb genossen. Eigentum und Erb an dem übrigen, auch später freieigen gebliebenen halben Sieden hatte die »Ettin«, Hans Otts[675)] Witwe.

Das Michael Seyboth persönlich gehörende ¼ Erb wurde 1569 Gegenstand einer Loseinigung[676)]. Unklar ist, wie es kommt, daß die genealogischen Bücher auch das ursprünglich allen drei Brüdern zustehende Erb nur den Nachkommen Michaels zuordnen. Aus dem Seyboth-Vertrag läßt sich schließen, daß ein Viertel schon dem alten Michael Seyboth zu Erb verliehen gewesen sein könnte. Daraus würde sich die gemeinsame Erbinhaberschaft aller Brüder erklären.

59. EINFACHES MÜLLERS-HAALHAUS BEIM BLOCK[677)]

Das fließende Erb in diesem Haalhaus ist aus einem ursprünglich erbeigenen Sieden hervorgegangen. Das Sieden kam durch Kauf in den Jahren 1565 und 1571[678)] zu erb und eigen an Jörg *Müller*[679)]. Erst nach seinem Tode wurden im Rahmen der Erbteilung Eigentum und

Margaretha Krafftin gelegen, daran jetztgedachte Kraftin das übrig halb theil aigens (: aigenthum-sieden oder siedens-rechnung :) und das erb am ganzen sieden mir Peter Vogelmann und meinen erben zuständig.

671) Fälschlich auch »Band«-Haalhaus gen., vgl. Gen. HB Bl. 634'. Richtig HA B 772 Bl. 125' *(¼ eines siedens im badt gelegen)* und U Anhang (64). – Zuletzt 8 f. Hh. Nr. 23, 5. St.

672) HA B 632 Bl. 146' (1716): *herr consulent Lacorn und Wolf Seyferheldts kind alß Joh. Jacob Seyferheld et cons. ½.* Vgl. zu den Inhabern um 1808: Gen. HB a. a. O.

673) Gen. HB a. a. O., HA B 632 a. a. O. Zu Michael Seyboth (jung!) vgl. WL 7160 – 1513/75 u. o. Anm. 536.

674) U 111.

675) Zu ihm: WL 6310 – 1499/1543. – Leider läßt sich das Ott-Sieden nicht genau einordnen. In U 64 wird Hans Otts Sieden erwähnt, und zwar als dem halben Angenloch/Merstatt-Sieden benachbart, das Michael Seyboth (alt) verliehen wurde. In HA B 654 S. 976 gibt Lackorn regestenartig einen Kaufbrief wieder, den er auf 1512 datiert *(etwa de anno 1512).* Darin kauft Hans Ott von Hans von Merstatt ein halbes Sieden *im Haahl vorm Mitteln thürlen über an der stadt hahlhauß und von der Sulen heruff auch der stat bey den zweyen engen geßlach.* Schließlich wird ein halbes Sieden der Witwe Hans Otts erwähnt in dem Wechselbrief Jobst Haug – Hans Köhler (1549). Dort erwirbt Haug im Tausch von Köhler ein halbes Sieden *im Hale beym Untern thürlein im halhaus zwischen der statt halhauß und Seiz Wagners hoffstatt gelegen, daran weilundt Hans Otten seel. wittib das ander halbtail hat* (HA B 656 S. 31 f.). Das Sieden in U 1512 und 1549 scheint dasselbe zu sein, vgl. die Nachbarschaft zum städtischen Haalhaus und zu einer Hofstatt; ob aber auch identisch mit dem in U 64 erwähnten und in dem vorliegenden Haalhaus belegenen Sieden?

676) HA B 772 a. a. O.

677) Zuletzt 6 f. Hh. Nr. 2, 6. St.

678) Abschr. HA B 656 S. 148: 19. April 1565 – Ludwig Berlin, Einwohner zu Hall, verkauft dem Jörg Müller jung sein halbes Erb und Eigen an dem Sieden neben Trüllis Haalhaus, zwischen des Rats Haalhaus und dem Geßlin gelegen. Die andere Hälfte des Siedens steht Berlins Geschweih Jungfrau Magdalena Schäntzin zu. Es wird noch eine Hofstatt mitverkauft. – Abschr. HA B 656 S. 149: 26. März 1571 – Ludwig Berlin und Wolf Sanwald als Vormünder der Jungfrau Magdalena Schäntzin verkaufen Jörg Müller dem Jüngeren einen Halbteil Erb und Eigen an dem ganzen Sieden. – Beide Kaufbriefe betreffen das hier behandelte Sieden im Haalhaus am Block, vgl. dazu den Randvermerk a. a. O. S. 148: *Wirdt diß halhauß genant zum oder beim Block,* und ebenso S. 149.

679) Zu ihm: WL 6043 – 1573/99, † 11. 7. 1607, ein Sohn Wendel Müllers (WL 6034 – 1533/41). Im Gen. HB Seiferhelds und im Haalhausproject Fischers wird Wendel als Stammsieder angeführt, vgl. Gen. HB Bl. 462, HA B 632 Bl. 147'.

Erb getrennt. Das geht aus Rückvermerken hervor, die einer der Söhne Jörgs, David Müller, auf den beiden Kaufbriefen von 1565 und 1571 angebracht hat[680]. David erhielt das Siedenseigentum; das Erbe sollte allen Kindern Jörgs gemeinsam zustehen. 1609 einigten sie sich über die Siedensnutzung[681].

60. EINFACHES SUHLENHAALHAUS IM GÄSSLE[682]

Hans *Seiferhelds* Erben hatten in diesem Haalhaus ¾, Michael *Seyboths* Erben (*als Löffler und Eisenmenger*[683]) ¼ fließendes Erbsieden[684]. Um dieses Viertel[685] kam es 1537 zwischen Jörg Seiferheld dem Alten, Vater des genannten Hans[686], und Michael Seyboth zu einem Prozeß. Er beleuchtet nicht nur die Entstehung der Rechtsverhältnisse an diesem Sieden, in ihm kam auch eine wichtige Frage des Haalrechts zur Sprache. Kläger war Seiferheld. Er wollte augenscheinlich Michael Seyboth vom Sieden bzw. von der Verleihung des Siedens und damit von der unmittelbaren Nutzung, nicht aber vom Eigentum verdrängen. Die Zeugenaussagen des Verhörs verraten, worauf er seine Klage stützte. Alle Zeugen – wir haben hier eine Art Rechtsbefragung, eine »enquête«, vor uns – äußerten sich zu dem seit alters im Haal gewohnheitsmäßig geltenden Rechtssatz: Wer den »mehrern Teil« an einem Sieden hat[687], der baut und verleiht allein. Nach diesem Satz hätte Seiferheld den Prozeß gewinnen müssen. Ihm gehörten ¾, Michael Seyboth aber nur ¼ des Siedens[688]. Der Rat entschied jedoch zugunsten Seyboths und damit offensichtlich gegen die von den Zeugen fast durchweg bestätigte[689] Regel vom »mehrern Teil«.

680) HA B 656 S. 148 o. l.: *Außwendig am brief steht also: Inverleibt ½ sieden ist mir David Müller bey meines vatter sel. abteilung nur das eigenthumb in anno 1607 zugeteilt: das erbsieden aber under unß geschwistert und nachkommen vererbt undt gesotten werden soll.* – Randv. S. 149: *Außen her am brief steht also: Inverleibt halb sieden erb und aigen ist mir bey herrn Jerg Müllern, meines vattern sel. abteilung anno 1607 nur das aigenthumb zugeteilt, das erbsieden under unß geschwistert undt nachkommen vererbt undt gesotten werden soll; steht also mir David Müllern das gantz aigenthumb zu.* – 1716 war Eigentumsherr Ludwig David Müller, des Innern und Geheimen Rats und Vater Friedrich Sybaeus Müllers, vgl. HA B 632 a. a. O. und HA B 656 S. 150.
681) HA B 772 Bl. 254/254'.
682) Zuletzt 9 f. Hh. Nr. 15, 4. St.
683) S. o. Anm. 536.
684) Gen. HB Bl. 615 – Seiferheld, 634' – Seyboth; HA B 632 Bl. 148'.
685) U 103; StAH 9/8. Zeugenverhör und Urteil enthalten keine Ortsbezeichnung. Die Quoten ¾ für Seiferheld und ¼ für Seyboth an einem Sieden kommen jedoch sonst im Haal nicht vor.
686) Vgl. das Testament Jörg Seiferhelds von 1517 (HA B 654 S. 463 f. u. o. Anm. 495).
687) Wie die Aussage Leonhard Bechsteins in U 103 (898) zeigt, genügte für das Mehr die Hälfte eines Siedens, wenn die übrige Hälfte geteilt war, s. o. S. 70, Anm. 416.
688) Vgl. auch HA B 772 Bl. 125': *¼ in der Sullen gelegen, daran Gilg Schübelen die andern ¾ aigenthumbs hat und Hanß Seifferhelts verlaßene erben das erb an den ¾ aines siedens haben.* Später wird das Sieden in der Erbteilung nach dem Tode Margarethe Otterbachs, Schübelins Witwe, genannt. Hans Bratz bekommt ¾ Siedenseigentum im Haalhaus beim Geßlin und der Seuferhelden Haalhaus zugeteilt, vgl. HA B 656 S. 67 ff., 69 f. und o. Hh. 19a.
689) Auch die scheinbar abweichende Schilderung Bechsteins, U 103 (898 f.), bedeutet letztlich eine Anerkennung des alten Satzes. Nach dem Tode der alten Hußin haben ihre zwei Erben eben nicht mehr die Hälfte = den mehrern Teil, sondern nur noch jeder ein Viertel, so daß nun alle gleichermaßen nur ein Viertel haben. Wenn aber einer wieder die Hälfte zusammenbrächte, so wollten die Viermeister ihn wieder allein verleihen lassen. Bemerkenswert ist dagegen die Aussage Philipp Schletzens in U 103 (902). Das angesprochene Statut *(Desgleichen sollt auch ein rathe gemacht haben)* ist mir jedoch nicht bekannt.

61. EINFACHES HAALHAUS BEI DER VORDEREN SCHMIEDE[690)]

Ein Viertel war freieigenes[691)], drei Viertel waren fließendes Erb. Von den letzteren standen zwei Viertel den Erben Hans *Seiferhelds* zu, ein Viertel Wendel *Vogelmanns* Erben[692)]. Das Vogelmannsche Viertel erwarb 1570 Wendels Witwe Anna durch Tausch von Ezechiel Beyschlag[693)]. Nach der Tauschurkunde hatten Hans Seiferhelds Erben zu der Zeit schon das Erb an einer Hälfte des Siedens. Die Eigentumsherren dieser Hälfte waren mit je einem Viertel das Spital und Jos Firnhaber.

62. EINFACHES MAHLERS-HAALHAUS BEI DER SUHLE[694)]

Stammsieder in diesem Haalhaus war Martin *Helbling*[695)]. Von ihm heißt es in der Liste der Erbberechtigten aus der Zeit des großen Suhlenbaus[696)] von 1496, er habe ein Erb an einem Sieden, das von den Haalpflegern der Stadt gesotten werde. Das Sieden gehöre zur Hälfte Matthis von Rinderbachs[697)] Kindern und je zu einem Viertel dem alten Stadtmann[698)] und Helbling selbst. Dafür sott Helbling ein der Stadt gehörendes Sieden[699)]. Wann und wie Helbling das Erb erlangt hat, ist nicht bekannt.

1531 war das Helblingsche Sieden Gegenstand einer Erbeinigung (kein Los!) zwischen Dorothea, *Mertinn Helmlings verloszne tochtern und Hans Minners*[700)] *eeliche hauszfraw*, auf

690) Zuletzt 8 f. Hh. Nr. 23, 4. St.

691) HA B 632 Bl. 149': Johann Andreas Schmidts Kind(er?). – Der Hist. Ver. bewahrt unter der Sign. H 16 eine Kopie dreier Kaufbriefe über ein Viertel Sieden auf (Rv.: *Copia dreyer kauf brief: Über ein viertel Vogelmännisch erb sieden im haalhaus bey der Vordern schmidten. A. B & C.*). 1571: Die Erben der Anna, Wendel Vogelmanns Witwe, bekennen, daß Anna zu Lebzeiten ihrem Sohn Hans ein Viertel Erb und Eigen im Haalhaus am Bürdenmarkt, zwischen der Vordern Haalschmiede und dem Haalhaus der Erben des Lautenhans gelegen, verkauft hat. An dem Sieden hatte sonst noch Ezechiel Beyschlag ¼ Eigen, die Verkäuferin Anna V. ¼ Erb. Zwei Viertel Eigentum haben das Spital und Joß Virnhaber, das Erb daran haben die Erben Hans Seiferhelds. Nachdem der Käufer vor Errichtung einer Kaufurkunde verstorben ist, wollen die oben genannten der Witwe des Käufers, Salome (Hillerin), und ihren Erben das verkaufte Viertel für recht eigen Kauf fertigen und wehren. – 1605: Joß Vogelmann u. a. verkaufen ihrem Vetter und Schwager Georg Friedrich Vogelmann ein Viertel Erb an dem Sieden im Haalhaus bei der Vorderen Schmiede, das hinten an der Wagner Haalhaus stößt; an dem Sieden haben die Vogelmänner, Michel Botz und Christoph Gräter je ein Viertel Sieden. – 1650: Friedrich Heinrich Vogelmann u. a. verkaufen Georg Friedrich Vogelmanns Witwe, jetzt David Bühls Hausfrau, das ererbte Viertel Erbsieden (in dem Haalhaus wie 1605); das Eigentum haben je zu einem Viertel die Vogelmänner, Claus Vogelmann, Michel Botzen und Christoph Gräters Erben.

692) Gen. HB Bl. 615 – Seiferheld, 731 – Vogelmann; HA B 632 a. a. O.

693) Vgl. Abschr. Bühler 2 S. 1223. Lagebezeichnung: *am Bürdenmarckht, zwischen der Vördern Haalschmidten und Lauten Hannsen erben haalhauß gelegen.*

694) Der Name Mahlers-Haalhaus scheint von der »Ma(h)lerin« (= Dorothea Helmling) genommen zu sein; diese wiederum wird ihren Beinamen »Maler« dem Beruf des Vaters Martin Helmling verdanken. Vgl. zu Dorothea: WL 3536 – 1503/09. – Zuletzt 8 f. Hh. Nr. 22, 8. St.

695) Gen. HB Bl. 389; HA B 632 Bl. 150' (Dorotheas Erben). Zu ihm: WL 3532 (Maler) – 1455/1503. Die Schreibweise Helbling/Helmling wechselt. Vgl. etwa 1496 U 51 S. 24 Sp. 1 (Helbling) und HA B 157 Bl. 87' (Helmling).

696) U 49 (421 Nr. 1).

697) Zu Matthis v. Rinderbach: WL 6547 – 1465/91, studierte in Heidelberg, inscr. 23. 9. 1448.

698) WL 8268 – 1444/94.

699) U 49 (350, 390). Das Stadtsieden wird dem zweiten von Helmling gesottenen Sieden näher bzw. benachbart gelegen haben, woraus sich der »Wechsel« erklären dürfte.

700) Zu ihm: WL 5887 – 1503/43.

der einen und *Caspar Groß*[701] *und seine sune Bernhart* auf der andern Seite[702]. Die Parteien wollen das Sieden abwechselnd zwei Jahre nutzen. Dorothea Helbling scheint keine Kinder gehabt zu haben; an der zweiten Erbeinigung, nunmehr eine Loseinigung, von 1566 über dieses Sieden – *unserer lieben baaßen Dorothea Helmlings seeligen erb sieden belangent* – haben nur Groß-Nachkommen mitgewirkt[703].

63. EINFACHES HAALHAUS BEIM BÜHEL BEI DER MITTLEREN HOFSTATT

Das Haalhaus beherbergte ein freieigenes Sieden[704].

64. EINFACHES HAALHAUS BEIM PFLEGER-BÜHEL

In dem Haalhaus lag ein freieigenes Sieden[705].

701) Zu ihm: WL 3005 – 1505/43. Nach Gen. HB a. a. O. mit Anna Helbling verh.
702) HA B 157 Bl. 87', Abschr. HA B 772 Bl. 13/13'. Das Sieden lag an der *Sulnn im Gesszlin gegen dem Obernthürlin.* Die Parteien begehrten eines gütigen Vertrags, zu dem sie von den Viermeistern und dem dazu vom Rat verordneten Jörg Seiferheld vertragen und vereinigt wurden. Datum: 8. 1. 1531.
703) HA B 772 Bl. 104–105.
704) HA B 632 Bl. 151': Eigentumsherrn (1719) Johann Albrecht Zweifel und Jungfrau Maria Magdalena Zweiflin, je ½ Rechnung. Inhaber des freieigenen Erbs war der Rat.
705) HA B 632 Bl. 152': freieigenes Erb beim Rat, Eigentumsherr (1719) Stättmeister Christoph David Stellwag ¼, der Rat ⅝, Johann Lorenz ⅛.

ANLAGE

Die Anlage zur Besitzgeschichte besteht aus drei Teilen: einer Haalkarte Seiferhelds aus dem Jahr 1804 (Anlage 1), zwölf Tabellen (Anlage 2) und einem Haalhausverzeichnis mit den nach 1728 eingeführten amtlichen Nummern (Anlage 3). Mit den aus der Anlage ersichtlichen Daten kann der Leser den Weg der erbfließenden Sieden durch die verschiedenen Haalhäuser verfolgen.

Kernstück ist der Tabellenteil. Die Tabellen können von links nach rechts oder umgekehrt gelesen werden. Die Überschrift und die zweite Spalte von links geben die Lage der Sieden um 1800 an. Von links nach rechts fortlaufend ist angezeigt, in welchem Haalhaus und auf welcher Statt sich das Sieden früher befand. Man lese z. B. Anlage 2, Tabelle 1, erste Querspalte wie folgt: Das Sieden in der ersten Statt des 6fachen Haalhauses Nr. 2 lag früher im 5fachen Haalhaus Nr. 16 auf der hinteren Statt. Noch früher lag es im 3fachen Haalhaus mit der Nr. 12 auf der unteren Statt. Vor dem Stadtbrand von 1728 befand es sich im 2fachen Vogelmännischen Haalhaus beim Obern Türle auf der unteren Statt (vor dem Stadtbrand waren die Haalhäuser bekanntlich noch nicht numeriert).

Die Spalte ganz rechts (Bg. zu Hh. = Besitzgeschichte zu Haalhaus) schließt die Tabelle an meine Besitzgeschichte an. In unserem Beispiel: Über das Sieden ist in der Besitzgeschichte zu Haalhaus 14 oben auf S. 147 nachzulesen. Die Zahlen in dieser Kolumne sind nicht die amtlichen Haalhausnummern, sondern beziehen sich auf meine nach Haalhaus 1 bis 64 geordnete Besitzgeschichte.

Umgekehrt: Wer wissen will, wo das Denkendorfer Sieden im Brünnlis Haalhaus nach dem Stadtbrand untergebracht war, findet bei der Besitzgeschichte zum Brünnlis Haalhaus auf S. 132 am Schluß von Anm. 214 (an entsprechender Stelle bei den übrigen Haalhäusern) einen Hinweis auf den letzten Verbleib des Siedens (»Zuletzt 6f. Hh. Nr. 2, 5. St.«). Man suche nun wieder in Anlage 2 die Tabelle mit dem 6fachen Haalhaus Nr. 2 auf. In der fünften Querspalte kann man von rechts nach links lesen: Das Sieden im Brünnlis Haalhaus wurde nach 1728 in das dreifache Haalhaus Nr. 12, obere Statt, später ins 5fache Nr. 7, dann ins 6fache Nr. 2 verlegt.

Die Nummern der Haalhäuser in der Überschrift sowie in den zwei mittleren Spalten sind amtliche Haalhausnummern. Sie können mit Hilfe des Haalhausverzeichnisses Anlage 3 aufgelöst werden. Tabelle 1 beispielsweise enthält die Sieden des Haalhauses Nr. 2. Aus Anlage 3 erfahren wir, daß es sich um das Haalhaus beim *Edelmanns bühl* gehandelt hat. Das Sieden auf der ersten Statt (erste Querspalte) befand sich früher im 5fachen Haalhaus Nr. 16. Das war nach Anlage 3 das Haalhaus *bey dem Neuen hauß über im Obern thürlen.* Wie unserer Tabelle weiter zu entnehmen ist, lag das Sieden schon vor dem Brand beim Oberen Türle. Es mußte also erst bei der letzten Neueinteilung der Sieden in der zweiten Hälfte des 18. Jahrhunderts von der einen auf die andere Seite des Haals wandern.

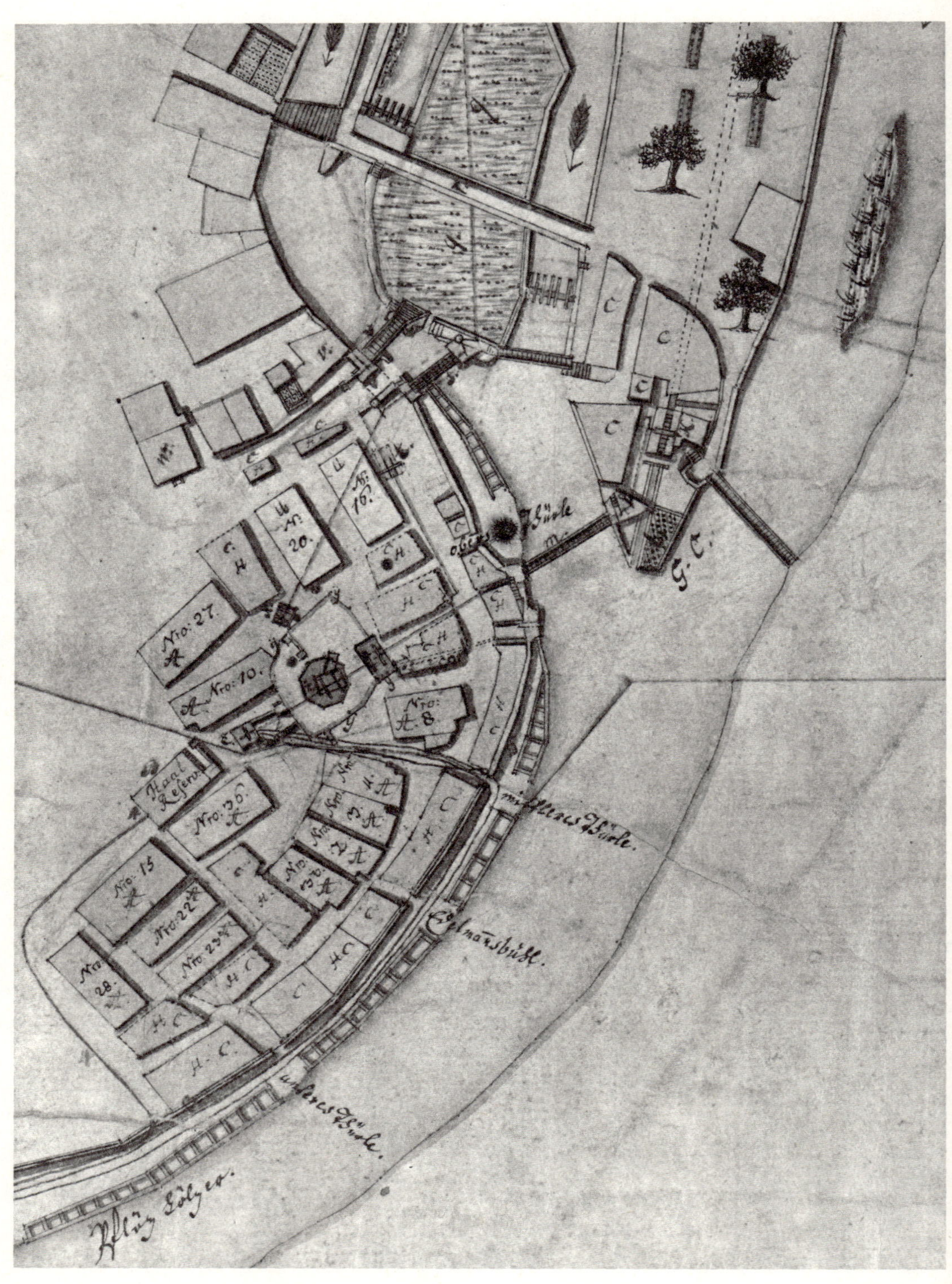
Nro: 27
Nro: 10
Nro: 8
Nro: 20
Nro: 16
Nro: 36
Nro: 15
Nro: 22
Nro: 23
Nro: 28

ANLAGE 1

Ausschnitt aus der Seiferheldschen Salinenkarte von 1804

Der Ausschnitt aus dem rechten oberen Teil der kolorierten, 150/72 cm messenden Karte (StAH Karte 65)[1] zeigt den Bereich des historischen Haals. Die Karte ist besonders wertvoll, weil sie immerhin noch 14 der nach dem Stadtbrand von 1728 eingeführten 37 Haalhausnummern enthält. Da die zu den Nummern gehörenden Haalhausnamen bekannt sind (vgl. Anlage 3), gewährt Seiferhelds Karte wenigstens in Teilen eine bildliche Vorstellung der alten Lagebezeichnungen im Haal. Die drei benachbarten Haalhäuser Nr. 2, 3 und 33 (»beim Edelmannsbühl«) haben zusammen mit Nr. 4 (»beim Mittleren Türle«) noch ihren ursprünglichen historischen Standort, ebenso die vier Nummern oder Haalhäuser mit der Lagebezeichnung »auf dem Bürdenmarkt«: 22 (»oben im Eck«), 23 (»unten auf dem Bürdenmarkt«), 28 (»Geisthalles«) und 36 (»dem Hubheinzen Halles gegenüber«). Auch die Haalhäuser Nr. 16 (»beim Neuen Haus gegenüber im Obern Türle«), 20 (»in der Sulfertorgasse«) und 27 (»beim Block«) liegen 1804 noch, wo sie ihren alten Lagebezeichnungen nach hingehören, nicht anders als Nr. 10 (»bei der Suhle gegen die Hohe Suhlengasse«). Bei Nr. 15 dagegen deckt sich die Belegenheit nach Seiferheld nicht mit der historischen und dem Haalhausnamen entsprechenden. Als »Haalhaus nächst bei der Suhle« müßte es unmittelbar am Salzbrunnen liegen, befindet sich 1804 aber zwischen den auf dem Bürdenmarkt beheimateten Hallesern Nr. 28 und 36. Ähnlich wie Nr. 8 (ursprünglich »beim Brünnle«) ist Nr. 15 – wohl in der zweiten Hälfte des 18. Jahrhunderts – verlegt worden[2].

Neben den Haalhäusern gibt Seiferheld eine Reihe von Lagebezeichnungen wieder. In den Lauf des Kochers sind von oben nach unten die Namen der ins Haal führenden Maueröffnungen eingetragen: *Obers Thürle, Mittleres Thürle, Edelman[n]sbühl, Unteres Thürle.* Ganz unten weist er *(Pflöz hölzer)* auf die hölzernen Uferverstärkungen hin, die das Kocherufer vor Beschädigung durch treibendes Floßholz schützen sollten. An Stelle einer weiteren Beschreibung der Karte folgt die auszugsweise Transskription der Legende Seiferhelds *(Explicatio literar[um] & numer[orum])*, soweit diese den hier wiedergegebenen Ausschnitt betrifft.

a. Kleiner Unterwöhrd u[nd] resp[ective] insel (Buchstabe a auf Ausschnitt nicht sichtbar, vgl. aber unten Buchstabe q)

b. Sägmühlen wöhr, welches zu ⅔ die herrschaft cassen u[n]d ⅓ die gradir casse zu erhalten hat (vgl. Anm. bei Buchstabe c)

c. Gradir casse sägmühle, bestehend aus einem wohnhauß, waschhauß, bretterhütte u[n]d 2 hauß gärttlein, d und e (b bis e auf Kartenausschnitt nicht sichtbar, obere Fortsetzung der Karte)

f. Groser Unterwöhrd (Buchstabe f auf Ausschnitt nicht sichtbar, wohl aber Teil des Großen Unterwöhrds selbst)

1) Die ganze Karte ist – wegen starker Verkleinerung in Beschriftung und Detail kaum lesbar – abgebildet und erläutert bei EBERHARD TEUFEL, Vom hällischen Salz- und Siederswesen, in: WILHELM HOMMEL (Hg.), Schwäbisch Hall. Ein Buch aus der Heimat, Schwäbisch Hall 1937, S. 268 und das folg. Faltblatt.

2) Der alte Standort bei der Salzquelle läßt sich noch dem Grundriß des Haalbrunnens und der benachbarten Haalhäuser von 1742, HA A 239, entnehmen (abgedruckt bei WEBER, Denkendorfer Sieden, Haalquell 1978, 30. Jg., Nr. 2, S. 3, Abb. 3).

g. Meisterhütte des gemeinen Haals (ebenfalls auf Ausschnitt nicht sichtbar; die Meisterhütte ist rechts vom Stellfallenhäusle »i«, vgl. folg. Buchstaben, im oberen Anschluß der Karte eingezeichnet.)

h. kunst canal zum alten maschinen rad (Buchstabe h außerhalb des Kartenausschnitts, Teil des Kanals als gepunktete Linien auf dem Großen Unterwöhrd sichtbar)

i. stellfallen häußle besagten canals (auf Kartenausschnitt nicht sichtbar, oberer Anschluß)

k. maschinen rad zum salz brun[n]en selbst nebst logis u[n]d kuchen gärttlein l

m. maschinen steeg zur alten kunst

n. Dorfmühlen wöhr (nicht auf Ausschnitt, oberer Anschluß)

o. Dorfmühlen mit 4 mahlgäng (vgl. Anm. zu Buchstabe n)

p. neues maschinen rad nebst grosen kunst steeg zum neuen wilden wasserschacht (vgl. Anm. zu Buchstabe n; der Steg führte vom oberen Ende des Grasbödeles in Richtung Dorfmühle über den Kocher.)

q. Kleiner Unterwöhrd gartten

r. Steinerner steeg

s. 2ter neuer kunst steeg

t. verlassener hoppensakischer schacht (vermutlich von Bergwerksdirektor Johann Martin Hoppensack stammend, dieser erwähnt bei WALTER CARLÉ, Die Salinistenfamilie Glenck. 18. und 19. Jahrhundert, in: Lebensbilder aus Schwaben und Franken, hg. v. Max Miller u. Robert Uhland, 11. Bd., Stuttgart 1969, S. 127)

u. leere städte vom haalhauß nro. 16 u[n]d 20

v. gemeindhauß der siederschaft oder Neuhauß genan[n]t nebst Sulpherthor und steeg

w. magazin und zim[m]erhütte des salz brun[n]ens

x. Baaders wildwasserschacht

y. Wildes Brün[n]le nebst circumvalations stollen um den brun[n]en herrum (vgl. CARLÉ, a. a. O., S. 121)

z. salz brun[n]en selbst, nebst kunstthurn, von welchem die soole auf die gradirung geliefert wird

A. Siedhäuser des gemeinen Haals

B. Haal reservoir zur abgab der gradirten soole

C. Holzschränk

D. Haalmaur

Daneben sind noch verschiedene Röhrenleitungen eingezeichnet, die zwischen Haalmauer und Flußufer zum Brunnen bzw. dem Kunstturm beim Brunnen oder zum Haalreservoir führen und dem Transport der Sole zu den unterhalb am Fluß gelegenen Gradierhäusern dienten. Auf die Beschreibung der mit Ziffern bezeichneten Röhrenfahrten wird hier verzichtet.

ANLAGE 2

TABELLE 1 6faches Haalhaus Nr. 2

Quelle: Gen. HB Seiferheld Bl.	Statt Nr.:	5faches Hh. Nr.:	3faches Hh. Nr.:	Vor dem Brand:	Bg. zu Hh.:
693	1	16, hint. St.	12, unt. (?) St. [1]	2f. Vogelmännisches Hh. beim Obern Türle, unt. (?) St. [1]	14
191	2	17, unt. St	17, unt. St.	1f. kleines Hh. bei und neben des unteren Becken Haus	7
144, 527'	3	2, mittl. St.	30, mittl. St.	2f. Hh. auf dem Bürdenmarkt, unt. St.	30 b
487	4	2, hint. St.	25, unt. St.	1f. Hh. im kleinen Suhlengäßlein	53
498', 765'	5	7, vord. St.	12, ob. St.	1f. Brünnlis Hh.	2
462	6	20, unt. St.	20, unt. St.	1f. Hh. beim Block	59

1 Seiferheld Bl. 693 nicht klar: auch mittl. St. (3f. Hh.) bzw. ob. St. (v. d. B.) möglich.

TABELLE 2 6faches Haalhaus Nr. 3

Quelle: Gen. HB Seiferheld Bl.	Statt Nr.:	5faches Hh. Nr.:	3faches Hh. Nr.:	Vor dem Brand:	Bg. zu Hh.:
	1				
144	2	18, ob. St.	18, ob. St.	2f. Hh. auf dem Bürdenmarkt am Eck, ob. St.	12 a
378'	3	17, vord. St.	29, mittl. St.	2f. Hh. auf dem Bürdenmarkt, unt. St.	28
460'	4	3, vord. St.	9, mittl. St.	1f. Hh. im Hörlis Gäßle	55
212, 498', 752	5	3, hint. St. [1]	34, unt. St. [2]	2f. Hh. an der Vordern Schmieden (»Ladlis«), unt. St.	6
98, 446, 744	6	11, unt. St.	11, unt. St.	2f. tiefes Stäffelins Hh. auf dem Bürdenmarkt b. d. Vord. Schmieden, hint. St.	4 b

1 Bl. 744: *6f. Hh.*
2 Bl. 744: *5f. Hh. ... Nr. 3 (?).*

TABELLE 3 6faches Haalhaus Nr. 4

Quelle: Gen. HB Seiferheld Bl.	Statt Nr.:	5faches Hh. Nr.:	3faches Hh. Nr.:	Vor dem Brand:	Bg. zu Hh.:
	1				
768'	2	14, unt. St.	14, unt. St.	1f. Hh. beim Neuen Haus über (im) Gäßle[1]	39
634'	3	16, unt. St.	16, unt. St.	2f. Hübheinzen Hh. auf dem Bürdenmarkt, unt. St.	15 b
	4				
417	5	4 (9?), »neue St.«	9, ob. St.	2f. tiefes Stäffelins Hh. bei der Vordern Schmieden, vord. St.	4 a
	6				

1 Bl. 768': urspr. steht: *1f. Hh. auf dem Bürdenmarkt* (unterstr., darüber wie oben in Tab.) *in der oberen Statt* (unterstr., darüber:) *Gäßle* (wie oben).

TABELLE 4 6faches Haalhaus Nr. 8

Quelle: Gen. HB Seiferheld Bl.	Statt Nr.:	5faches Hh. Nr.:	3faches Hh. Nr.:	Vor dem Brand:	Bg. zu Hh.:
550	1	30, hint. St.	15, ob. St.	2f. Hh. bei der Suhlen, ob. St.	8
643	2	18, vord. St.[1]	19, unt. St.	1f. Hh. beim Sulfertor im Gäßle	31
	3				
	4				
145	5	8, hint. St.	32, ob. St.	1f. Hh. in der Hohen Suhlengasse	38
55	6	14, hint. St.	26, ob. St.	2f. Hh. beim Sulfertor, ob. St.	24

1 Bl. 550: *dann im 3f. Hh. Nr. 18.*

TABELLE 5 6faches Haalhaus Nr. 10

Quelle: Gen. HB Seiferheld Bl.	Statt Nr.:	5faches Hh. Nr.:	3faches Hh. Nr.:	Vor dem Brand:	Bg. zu Hh.:
525	1	10, ob. St.	10, ob. St.	2f. Hh. in der Hohen Suhlengassen b. d. Vorderen Schmieden, unt. St.	29 b
714'	2	10, mittl. St.	10, mittl. St.	1f. sog. Stäffelins Hh.	57
1', 230	3	10, unt. St.	10, unt. St.	1f. Hh. beim Sulfertor, beim Ladlis Hh. über, beim Gäßle	35
348, 378' 444	4	10, vord. St.	29, unt. St.	2f. Hh. beim Sulfertor[2], ob. St.	25 b
	5				
212, 230	6	37 (10?)[1], »neue« St.	37, unt. St.	2f. Hh. an der Vordern Schmieden (»Ladlis«), ob St.	6

1 Nach Bl. 212 könnte auch Nr. 10 gemeint sein.
2 Bl. 444: *bey der Schöckin Haus.*

TABELLE 6 9faches Haalhaus Nr. 15

Quelle: Gen. HB Seiferheld Bl.	Statt Nr.:	5faches Hh. Nr.:	3faches Hh. Nr.:	Vor dem Brand:	Bg. zu Hh.:
37, 55	1	21, ob. St.	21, ob. St.	2f. Hh. beim Obern Türle über die Rinnen hinein, vord. St.	18
348	2	21, mittl. St.	21, mittl. St.	2f. Hh. beim Obern Türle über die Rinnen hinein, vord. (?) St.	18
348	3	21, unt. St.	21, unt. St.	2f. Hh. in der Hohen Suhlengassen, ob. St.	29 a
615, 634'	4	21, vord. St.	9, unt. St.	1f. kleines Suhlenhaalhaus im Gäßle	60
768'	5	(14)[1], ob. St.	(14)[1], ob. St.	2f. Hh. hinter der Vorderen Schmiede, vord. St.	5
768'	6	14, mittl. St.	14, mittl. St.	1f. Hh. bei der Suhlen im Gäßle	52
742	7	7, hint. St.	13, ob. St.	2f. Hh. oben auf dem Bürdenmarkt, ob. St.	3
487	8	20, hint. St.	?, mittl. St.[2]	2f. Hh. in der Hohen Suhlengassen über die Rinnen hinein, hint. St.	22
1	9	17, hint. St.	31, unt. St.	2f. Hh. beim Sulfertor im Gäßle, beim Badhaus gegenüber, hint. St.	13

1 Bl. 768': ohne Nr.; *bei der vorhin gestandenen Vordern Schmieden.*
2 Bl. 487: *nach dem Brand im 3f. Hh. eben daselbst.*

TABELLE 7 8faches Haalhaus Nr. 22

Quelle: Gen. HB Seiferheld Bl.	Statt Nr.:	5faches Hh. Nr.:	3faches Hh. Nr.:	Vor dem Brand:	Bg. zu Hh.:
462, 531	1	22, ob. St.	22, ob. St.	2f. Hh. auf dem Bürdenmarkt, ob. St.	19 a
191', 460, 497	2	22, mittl. St.	22, mittl. St.	2f. Hh. auf dem Bürdenmarkt (am Eck), unt. St.[1]	19 b
460'	3	22, unt. St.	22, unt. St.	1f. Hh. beim Obern Türle unt. St.	42
550	4	22, vord. St.	15, mittl. St.	2f. Suhlenhh., unt. St.	8
487, 731	5	22, hint. St.	25, ob. St.	2f. Hh. in der Hohen Suhlengassen über die Rinnen hinein, vord. St.	22
98, 765'	6	11, ob. St.	11, ob. St.	2f. Hh. beim Untern Türle an der Stadtmauer, vord. St.	1
669	7	(17)[2], mittl. St.	(17)[2], mittl. St.	2f. sog. Trillis Hh., unt. St.	11 b
389	8	37, ob. St.	37, ob. St.	1f. sog. Mahler Hh.	62

1 Bl. 460 irrig: *obere.*
2 Bl. 669: *eben daselbst.*

TABELLE 8 8faches Haalhaus Nr. 23

Quelle: Gen. HB Seiferheld Bl.	Statt Nr.:	5faches Hh. Nr.:	3faches Hh. Nr.:	Vor dem Brand:	Bg. zu Hh.:
	1				
230	2	34, mittl. St.	37, mittl. St.	2f. Hh. beim Obern Türle neben e. e. Rats Hh., ob. St.	10
424	3	18, unt. St.	18, unt. St.	2f. Hh. beim Obern Türle neben e. e. Rats Hh., unt. St.	10
615, 731	4	23, vord. St.	35, mittl. St.	1f. Hh. bei der Vorderen Schmieden	61
634'	5	23, hint. St.	19, mittl. St.	1f. Bad Hh.	58
742	6	18, hint. St.	13, mittl. St.	2f. Hh. oben auf dem Bürdenmarkt, unt. St.	3
462, 551	7	20, ob. St.	20, ob. St.	2f. Hh. in der Sulfertorgassen, ob. St.	16 a
	8				

TABELLE 9 9faches Haalhaus Nr. 27

Quelle: Gen. HB Seiferheld Bl.	Statt Nr.:	5faches Hh. Nr.:	3faches Hh. Nr.:	Vor dem Brand:	Bg. zu Hh.:
	1				
	2				
203	3	?	27, unt. St.	1f. Hh. beim Block	51
96, 98	4	27, vord. St.	35, ob. St.	1f. Hh. auf dem Bürdenmarkt beim Unteren Türle	50
	5				
37	6	6, hint. St.	26, mittl. St.	2f. Hh. beim Sulfertor, unt. St.	24
141, 681, 768, 768'	7	30, unt. St.	30, unt. St.	1f. Hh. im Hörlins-Gäßle	36
	8				
	9				

TABELLE 10 9faches Haalhaus Nr. 28

Quelle: Gen. HB Seiferheld Bl.	Statt Nr.:	5faches Hh. Nr.:	3faches Hh. Nr.:	Vor dem Brand:	Bg. zu Hh.:
261, 549, 550, 615, 693	1	28, ob. St.	28, ob. St.	2f. Geisthh. auf dem Bürdenmarkt	27
261, 549, 615, 693	2	28, mittl. St.	28, mittl. St.	2f. Geisthh. auf dem Bürdenmarkt	27
261, 698	3	28, unt. St.	28, unt. St.	1f. Hh. in der Hohen Suhlengassen, neben Sebast. Eisenmengers Haus	44
	4				
634'	5	28, hint. St.	34, ob. St.	1f. Hh. bei des unteren Becken Haus	46
173, 385, 551	6	20, mittl. St.	20, mittl. St.	2f. Hh. beim Sulfertor herauf, bei der Schöckin Haus über, unt. St.[1]	16b
349', 415, 547	7	16, mittl. St.	16, mittl. St.	2f. Hh. beim Neuen Haus über, hint. St.	9
424	8	18, mittl. St.	18, mittl. St.	2f. Hh. auf dem Bürdenmarkt, unt. St.	12 b
693	9	14, vord. St.	12, mittl. (?) St.[2]	2f. Vogelmännisches Hh. beim Obern Türle, ob (?) St.[2]	14

1 Bl. 385: *in der Sulferthor Gassen.*

2 Bl. 693 nicht klar; möglich auch: unt. St. (v. d. B.) bzw. unt. St. (3f. Hh.).

TABELLE 11 5faches Haalhaus Nr. 33

Quelle: Gen. HB Seiferheld Bl.	Statt Nr.:	5faches Hh. Nr.:	3faches Hh. Nr.:	Vor dem Brand:	Bg. zu Hh.:
	1				
775, 775'	2	33, mittl. St.	33, mittl. St.	2f. Adelbergisches Hh. beim Edelmanns Bühl herein, vord. St.	23
775, 805	3	33, unt. St.	33, unt. St.	2f. Adelbergisches Hh. beim Edelmannsbühl herein, hint. St.	23
251, 615	4	– (vord. St.)	35, unt. St.	1f. Hh. im Hörlis Gäßle beim Block	34
378'	5	17, ob. St.	17, ob. St.	2f. sog. Trillis Hh., ob. St.	11 a

TABELLE 12 9faches Haalhaus Nr. 36

Quelle: Gen. HB Seiferheld Bl.	Statt Nr.:	5faches Hh. Nr.:	3faches Hh. Nr.:	Vor dem Brand:	Bg. zu Hh.:
641, 643, 731	1	36, ob. St.	36, ob. St.	1f. Hh. auf dem Bürdenmarkt	56
714	2	36, mittl. St.	36, mittl. St.	2f. Hh. beim Sulfertor (ob. St.)	17 a
191	3	36, unt. St.	36, unt. St.	2f. Hh. beim Sulfertor, unt. St.	17 b
	4				
643, 775', 198, 250, 634', 641	5	36, hint. St.	19, ob. St.	2f. Hübheinzen Hh. auf dem Bürdenmarkt, ob. St.	15 a
385, 752	6	34, vord. St.	13, unt. St.	2f. Hh. hinter der Vordern Schmieden, hint. St.	5
765'	7	11, mittl. St.	11, mittl. St.	2f. Hh. beim Untern Türle, hint. St.	1
641	8	16, vord. St.	34, mittl. St.	1f. Hh. beim Block	33
768'	9	?	30, ob. St.	2f. Hh. aufm Bürdenmarkt, ob. St.	30 a

ANLAGE 3

Nummern und Lagebezeichnungen der nach dem Stadtbrand von 1728 erstellten 37 dreifachen Haalhäuser

Quelle: Zeitgenössische »Siedenstabelle« mit Angabe der Haalhäuser, Lehen- und Erbherren (zwei Foliohefte mit je 12 nnum. Bll. u. ein Folioheft mit 14 nnum. Bll., HA A461) von Joseph Friedrich Bernhard Caspar Majer, Haalgegenschreiber, Kantorist und Organist bei St. Katharina; zur Urheberschaft vgl. die beiliegende »Vorrede«.

Nro. 1[1)] *beym Edelmannsbühl herein.*
N°. 2 *beym sogenanten Edelmanns bühl auf der mitlern hofstadt.*
N°. 3 *beym Edelmannsbühl, auf der mitlern hofstadt.*
N°. 4 *beym Mittlern thürlen herein.*
N°. 5 *bey der Suhlen nechst am Wilden brünlen.*
N°. 6 *beym Obern thürlen herein.*
N°. 7 *auf dem Bürdenmarck.*
N°. 8 *beym Brünnlen.*
N°. 9 *bey der Suhlen, gegen der Hohen Suhlen gaßen, sonsten das Stäfeles halles genannt.*
N°. 10 *bey der Suhlen gegen der Hohen Suhlen gaßen.*
N°. 11 *bey der stadtmaur im Untern thürlen.*
N°. 12 *beym brünlen am Obern thürlen herein, am Dohlen gelegen.*
N°. 13 *oben aufm Bürdenmarck, da hinder der feuermauer die pfannhütte stehet.*
N°. 14 *bey der vorhin gestandenen Vordern schmitten, oben am Bürden marck.*
N°. 15 *nechst bey der Suhlen.*
N°. 16 *bey dem Neuenhauß über im Obern thürlen.*
N°. 17 *im sogenannten Trillis halles.*
N°. 18 *auf dem Bürdemarck, am Eck, uf der seiten an das Hubheinzen halles stoßend.*
N°. 19 *im sogenannten Hubheinzen halles, aufm Bürdenmark.*
N°. 20 *in der Sulpherthor gaßen.*
N°. 21 *beim Obern thürlen herein, sonsten über die Rinnen hinein.*
N°. 22 *auf dem Bürdenmarck, oben im Eck.*
N°. 23 *unten am Bürden marck.*
N°. 24 *bey der Suhlen.*
N°. 25 *bey der Suhlen über die Rinnen hinein.*
N°. 26 *nechst beym Sulpherthor.*
N°. 27 *beym Block.*
N°. 28 *im sogenanten Geisthalles aufm Bürden marck.*
N°. 29 *oben aufm Bürden marck, gegen dem Geisthalles.*
N°. 30 *unten aufm Bürden marck.*
N°. 31 *bey der Suhlen im Gäßlen.*
N°. 32 *in der Hohen Suhlengaßen.*
N°. 33 *beim Edelmannsbühl herein.*
N°. 34 *bey des Untern Becken hauß.*
N°. 35 *aufm Bürdenmarck, beim Untern thürlen herein.*
N°. 36 *auf dem Bürdenmarck, gegen dem Hubheinzen halles über.*
N°. 37 *das Mahlers halles genant, bey der Suhlen.*

1) Vermerk: *oed, doch wirds zur haalschmitten gebraucht.*

Abkürzungen

(einschließlich Zeitschriften, vgl. auch Bd. 2, S. 23 f.)

A. a. O., a. a. O.	am angegebenen Ort
Anm.	Anmerkung
Art.	Artikel
Bg.	Besitzgeschichte
Bg. zu Hh.	Besitzgeschichte zu Haalhaus
bzw.	beziehungsweise
C	Codex
D	Digesten
Diss.	Dissertation
dt.	deutsch
ebd.	ebenda
ed.	edidit (s. hg.)
ehel.	ehelich
f(f).	folgend(e)
9f.	neunfaches (Haalhaus)
fl. rh.	rheinischer Gulden
frdl.	freundlich
gen.	genannt, genealogisch
Gen. HB	Genealogisches Hauptbuch HA B 806 (vgl. Teil B, Anm. 27)
H., h.	Heller
Hg., hg.	Herausgeber, herausgegeben von
Hh.	Haalhaus
hint.	hintere (Statt im Haalhaus)
Jg.	Jahrgang
Jh.	Jahrhundert
Inst.	Institutionen
jur. utr.	juris utriusque (beider Rechte)
JZ	Juristenzeitung
Jz.	Jahreszahl
LbiblSt	Landesbibliothek Stuttgart
Lic. iur.	Lizentiat der Rechte
mittl.	mittlere (Statt im Haalhaus)
NF.	Neue Folge
nu.	numerus
ob.	obere (Statt im Haalhaus)
Pf.	Pfund
qu.	quaestio
rh.	rheinisch (s. fl. rh.)
scil.	scilicet (nämlich)
Sp.	Spalte
St.	Statt (im Haalhaus)
U	wenn ohne nähere Bezeichnung mit Zahl verbunden: im 2. Bd. abgedruckte Urkunde
u. a.	und andere, unter anderem
UAT	Universitätsarchiv Tübingen
ungedr.	ungedruckt(e)
unt.	untere (Statt im Haalhaus)
unverz.	unverzeichnet
usf.	und so fort
ux.	uxoratus (verheiratet)
v. d. B.	vor dem Brand (Stadtbrand von 1728)
vgl.	vergleiche
vord.	vordere (Statt im Haalhaus)
WFr.	Württembergisch Franken, Jahrbuch des Historischen Vereins für Württembergisch Franken
ZRG GA	Zeitschrift der Savigny-Stiftung für Rechtsgeschichte, Germanistische Abteilung
ZRG KA	dieselbe Zeitschrift, Kanonistische Abteilung
ZSR	Zeitschrift für Schweizerisches Recht

Quellen

Das folgende Verzeichnis erfaßt nur jene handschriftlichen Quellen, die in diesem Band selbständig, d. h. nicht unter Verweis auf eine in Band 2 abgedruckte Urkunde, mit ihrer Signatur zitiert sind, vgl. im übrigen Band 2, Quellenauswahl und -überlieferung, S. 14–20, sowie dort S. 23.

1. Haalarchiv Schwäbisch Hall (HA; im Eigentum des Vereins der Siedensrentenberechtigten e. V., deponiert im Stadtarchiv Schwäbisch Hall):
   Urkunden HA U 1, 3, 24, 31, 33 f., 62–64, 68 f., 71 f., 86, 90, 105 f.
   Akten HA A 341, 351 II, 356/32, 461, 537, 539
   Bände HA B 157, 165, 632, 654, 656 ff., 772, 790, 797–804, 808–816, 820–828, 935
2. Stadtarchiv Schwäbisch Hall (StAH)
   Urkunden Nr. 412, 564, 1013 (Nr. nach maschinenschr. Rep.)
   Bestände
   2/74, 75; 4/13, 67, 141, 205 f., 1030, 1032, 1036 f.; 5/205, 510a; 9/1 f., 4, 6–9, 11 f., 14, 19, 21, 24 f., 38
3. Spitalarchiv Schwäbisch Hall (im Stadtarchiv)
   Repertorium
   Urkunden: U 476, 714 (vorläufige Nr. nach maschinenschr. Rep.)
4. Sammlung des Historischen Vereins für Württembergisch Franken e. V. (deponiert im Stadtarchiv Schwäbisch Hall)
   Urkunden Hist. Ver. 6, 16 (nach maschinenschr. Rep. StAH Hist. Ver.), unverz. U v. 1570 März 20
5. Schwäbisch Haller Ratsbibliothek
   Fol. 178
6. Hauptstaatsarchiv Stuttgart (HStASt)
   A 155 U 534; A 480 Bü 64
7. Staatsarchiv Ludwigsburg (StAL)
   Urkunden B 186 U 482, 758, 785, 804, 844, 846, 892, 897, 922, 925, 969, 1127 f., 1131, 1148, 1189, 1225, 1231, 1233, 1334, 1363, 1371, 1446, 1448, 1532 Beilagen I
8. Landesbibliothek Stuttgart (LbiblSt)
   Cod. hist. fol. 666
9. Universitätsarchiv Tübingen (UAT)
   84/63
10. Universitätsbibliothek Tübingen (UBT)
    Mh 763
11. Sammlung der Freiherrn Koenig von und zu Warthausen, Schloß Warthausen
    Urkunde v. 24. 1. 1598 (später: StAH 17/U 1224a)

LITERATUR *)

ADB: Allgemeine deutsche Biographie. Auf Veranlassung und mit Unterstützung seiner Majestät des Königs von Bayern Maximilian II. hg. durch die Historische Commission bei der Königlichen Akademie der Wissenschaften, Leipzig 1875–1912.

Adelung, Johann Christoph; Rotermund, Heinrich Wilhelm: Fortsetzung und Ergänzungen zu Christian Gottlieb Jöchers allgemeinem Gelehrten Lexikon, 4. Band, Bremen 1813, unveränd. Nachdruck Hildesheim 1961.

Allgemeiner Teil des BGB (Redaktorvorlage): s. Gebhard, Albert.

Andreae, Johannes: Ioannis Andreae in quinque decretalium libros novella commentaria, Neudruck der Ausgabe Venetiis, apud Franciscum Franciscium, Senensem, 1581, Turin (Bottega d'Erasmo) 1963.

Ders.: s. Durantis, Wilhelm.

Anonym: s. Hale, Matthew.

Anselminus de Orto: s. Jacobi, Rudolf (Hg.).

Arlt, Walther: Die bäuerliche Leihe im Recht des Klosters Heilsbronn. Nach den Rechtszuständen der Klosterämter Bonnhof und Petersaurach im XV. und XVI. Jahrhundert, iur. Diss. Erlangen 1938, Erlangen-Bruck 1938.

Arnold, Georg Bernhard: Collatio Juris Naturalis, Romani et Canonici circa doctrinam de Emphyteusi cum Legibus et Moribus Germaniae, imprimis Quoad Bona Salinaria Inclytae Liberae S. R. J. Civitatis Svevo-Hallensis, Leipzig 1720.

Arnold, Wilhelm: Zur Geschichte des Eigentums in den deutschen Städten, mit Urkunden, Neudruck der Ausgabe Basel 1861, Aalen 1966.

Azo: Azonis lectura super codicem (= commentaria), Corpus glossatorum juris civilis 3, Nachdruck der Ausgabe Parisiis 1577, Turin (Bottega d'Erasmo) 1966.

Ders.: Azonis summa super codicem, instituta extraordinaria, Corpus glossatorum iuris civilis 2, Nachdruck der Ausgabe Papiae 1506, Turin (Bottega d'Erasmo) 1966.

Bader, Karl Siegfried: Studien zur Rechtsgeschichte des mittelalterlichen Dorfes, 1. Teil: Das mittelalterliche Dorf als Friedens- und Rechtsbereich, Weimar 1957; 2. Teil: Dorfgenossenschaft und Dorfgemeinde, Köln–Graz 1962; 3. Teil: Rechtsformen und Schichten der Liegenschaftsnutzung im mittelalterlichen Dorf, Wien–Köln–Graz 1973.

Ders.: Arbiter arbitrator seu amicabilis compositor. Zur Verbreitung einer kanonistischen Formel im Gebiet nördlich der Alpen, in: ZRG KA 77 (1960), S. 239–276.

Ders.: stat. Kollektaneen zu Geschichte und Streuung eines rechtstopographischen Begriffs, in: Blätter für deutsche Landesgeschichte 101 (1965), S. 8–66.

Baldus: s. Durantis.

Ders.: Baldi Ubaldi Perusini iurisconsulti . . . consiliorum sive responsorum volumen . . ., Nachdruck der Ausgabe Venetiis 1575, Turin (Bottega d'Erasmo) 1970.

Bartolus: Bartoli de Saxoferrato prima super Digesto veteri, Lugduni, ex officina Jacobi Myt, 1536.

Baur, Fritz: Lehrbuch des Sachenrechts, 10., neubearb. Aufl., München 1978.

Beer, Karl: Beiträge zur Geschichte der Erbleihe in elsässischen Städten. Mit einem Urkundenanhang (Schriften des wissenschaftlichen Instituts der Elsaß-Lothringer im Reich an der Universität Frankfurt. Neue Folge Nr. 11), Frankfurt/M. 1933.

Bernhardt, Walter: Die Zentralbehörden des Herzogtums Württemberg und ihre Beamten 1520–1629, 1. Band (Veröffentlichungen der Kommission für geschichtliche Landeskunde in Baden-Württemberg, Reihe B, Forschungen, 70. Band), Stuttgart 1972.

Beseler, Georg: System des gemeinen deutschen Privatrechts, 2. Aufl., Berlin 1866.

Besold, Christoph: Thesaurus practicus, 2., posthume Aufl., besorgt von Johann Jakob Speidel, Nürnberg 1641.

Bluntschli, Johann Kaspar: Deutsches Privatrecht, München 1853.

Brant, Sebastian: s. »Richterlich Klagspiegel«.

Brunner, Heinrich: Zur Rechtsgeschichte der Römischen und Germanischen Urkunde, Berlin 1880.

* Öfter zitierte Werke wurden in den Anmerkungen meist nur mit dem Verfassernamen und einem Stichwort angeführt. Im übrigen sind Wortkürzungen und abgekürzt angeführte Literatur mit den Verzeichnissen in diesem und im zweiten Band aufzulösen. Urkunden ohne nähere Kennzeichnung (»U 1«) sind solche des zweiten Bandes. – Die nachstehende Literaturübersicht gibt keine Spezialbibliographie des Haals. Solche finden sich bei Carlé, vgl. Bd. 2, S. 11, Anm. 4, und Ursula Pfeiffer (Bearb.), Schwäbisch Hall. Bibliographie, 1. Aufl., Schwäbisch Hall (Stadtarchiv) 1977, S. 78-82. Eine zweite, erweiterte Auflage ist in Vorbereitung.

Bürk, Albert; Wille, Wilhelm: Die Matrikeln der Universität Tübingen, Band 2, 1600–1710; Band 3, 1710–1817, Tübingen 1953.

Burger, Gerhart: Die südwestdeutschen Stadtschreiber im Mittelalter (Beiträge zur Schwäbischen Geschichte, Heft 1–5), Böblingen 1960.

Buri, Friderich Carl: Ausführliche Erläuterung des in Teutschland üblichen Lehen-Rechts, oder Anmerckungen über Johannis Schilteri institutiones Juris Feudalis Germanici et Longobardici, Gießen (bey Johann Philipp Krieger) 1738.

Burn, E. H.: Cheshire's modern law of real property, 12. Aufl., London 1976.

Carlé, Walter: Die natürlichen Grundlagen und die technischen Methoden der Salzgewinnung in Schwäbisch Hall (Geschichte der Salinen in Baden-Württemberg Nr. 13), in: Jahreshefte des Vereins für vaterländische Naturkunde in Württemberg, I. Teil: 120. Jg., 1965, S. 79–119, II. Teil: 121. Jg., 1966, S. 64–136.

Ders.: Die Salinistenfamilie Glenck. 18. und 19. Jahrhundert, in: Lebensbilder aus Schwaben und Franken, hg. v. Max Miller und Robert Uhland, 11. Band., Stuttgart 1969, S. 118–149.

Clarus, Julius: Receptarum Sententiarum opera omnia, Frankfurt 1596.

Clavadetscher, Otto P.: Die Annäherung der spätmittelalterlichen Erbleihe im nordalpinen Graubünden an das freie Grundeigentum, in: Festschrift Johannes Bärmann, Teil 1 (Geschichtliche Landeskunde, Veröffentlichungen des Instituts für geschichtliche Landeskunde an der Universität Mainz, hg. von Johannes Bärmann u. a., Band III, Teil 1), Wiesbaden 1966, S. 27–44.

Ders.: Römischrechtlicher Heimfall in der rätischen Erbleihe des Spätmittelalters, in: Festschrift Hermann Baltl zum 60. Geburtstag dargebracht von Fachkollegen und Freunden, hg. v. Kurt Ebert (Forschungen zur Rechts- und Kulturgeschichte, Bd. XI, hg. v. Nikolaus Grass), Innsbruck 1978, S. 123–133.

Coing, Helmut (Hg.): Handbuch der Quellen und Literatur der neueren europäischen Privatrechtsgeschichte, 1. Band, Mittelalter (1100–1500). Die gelehrten Rechte und die Gesetzgebung, München 1973.

Consilia Tubingensia: s. Grass, Michael; Schweder, Gabriel.

Decker-Hauff, Hansmartin: Die Anfänge des Jakobimarktes in Hall, in: 800 Jahre Stadt Schwäbisch Hall, 1156–1956, Sonderausgabe von Heft 3/4 des Jahrgangs 1956 von: »Schwäbische Heimat«, S. 12–17.

Ders.: Konrad III. und die Komburg, in: Württembergisch Franken, Band 62 (Jahrbuch des Historischen Vereins für Württembergisch Franken), Schwäbisch Hall 1978, S. 3–12.

Decret, Obrigkeitlich: Obrigkeitlich Decret vom 30. Junii An. 1712. Von ausschliessung der unehlichen Kinder bey denen fliessenden Erb-Sieden, Druck, im Haalamt, Schwäbisch Hall.

Dictionary, The – of English Law: s. Jowitt-Walsh.

DRWB (Deutsches Rechtswörterbuch): s. Künßberg, Eberhard von; Gönnenwein, Otto.

Du Cange, Charles Dufresne: Glossarium mediae et infimae Latinitatis, 7 Bände, Paris 1840–1850.

Durantis, Wilhelm (Guillaume Durand): Speculum iudiciale, illustratum et repurgatum a Giovanni Andrea et Baldo degli Ubaldi, 4 partes in 2 tomis, Neudruck der Ausgabe Basel 1574, Aalen 1975.

Ebel, Wilhelm: Über den Leihegedanken in der deutschen Rechtsgeschichte, in: Studien zum mittelalterlichen Lehenswesen (Vorträge und Forschungen, hg. vom Konstanzer Arbeitskreis für mittelalterliche Geschichte, gel. von Theodor Mayer, Band V), Lindau und Konstanz 1960, S. 11 ff. (2., unveränderte Auflage Sigmaringen 1972).

Ehrlich, Eugen: Grundlegung der Soziologie des Rechts, unveränd. Neudruck der 1. Aufl. 1913, München und Leipzig 1929.

Elsener, Ferdinand: Zur Rechtsgeschichte des Aussatzes und der Leprosenhäuser nach westschweizerischen Quellen. Mit einem Exkurs zur Geschichte der Probi homines, in: Festschrift für Franz Schad zum 70. Geburtstag, hg. von Robert Weimar, Düsseldorf 1978, S. 142–161.

Ders.: Der Hof Benken. Ein Beitrag zur Verfassungsgeschichte der st. gallischen Dorfgemeinde (93. Neujahrsblatt, hg. vom Historischen Verein des Kantons St. Gallen), St. Gallen 1953.

Ders.: Die Doktorwürde in einem Consilium der Tübinger Juristenfakultät des 18. Jahrhunderts. Ein Beitrag zur Geschichte der Stände im »Imperium Romano-Germanicum«, in: Mélanges Philippe Meylan, Tome II, Lausanne 1963, S. 25–40.

Ders.: Gutachten über die Rechtsnatur der Schwäbisch Haller Erbsiedensgerechtigkeiten, erstattet im Auftrag des »Vereins der Siedensrentenberechtigten e. V.« in Schwäbisch Hall, in Zusammenarbeit mit Raimund J. Weber, Tübingen (fotomechanisch vervielfältigt) 1976.

Ders. (Hg.): Lebensbilder zur Geschichte der Tübinger Juristenfakultät, hg. aus Anlaß des 500jährigen Bestehens der Fakultät (CONTUBERNIUM, Beiträge zur Geschichte der Eberhard-Karls-Universität Tübingen, hg. im Auftrag des Senats von Hansmartin Decker-Hauff in Verb. mit Karl Erich Born, Martin Brecht, Ferdinand Elsener u. a.), Tübingen 1977.

Ders.: Zur Geschichte des Majoritätsprinzips (Pars maior und Pars sanior), insbesondere nach schweizerischen Quellen, in: ZRG KA 42 (1956), S. 73–116, 560–570.

Ders.: Das Majoritätsprinzip in konfessionellen Angelegenheiten und die Religionsverträge der schweizerischen Eidgenossenschaft vom 16. bis 18. Jahrhundert, in: ZRG KA 55 (1969), S. 238–281.

DERS.: Notare und Stadtschreiber. Zur Geschichte des schweizerischen Notariats (Arbeitsgemeinschaft für Forschung des Landes Nordrhein-Westfalen, Geisteswissenschaften, Heft 100), Köln und Opladen 1962.

DERS.: Die Schweizer Rechtsschulen vom 16. bis zum 19. Jahrhundert, unter besonderer Berücksichtigung des Privatrechts. Die kantonalen Kodifikationen bis zum Schweizerischen Zivilgesetzbuch, Zürich 1975.

DERS.: Deutsche Rechtssprache und Rezeption. Nebenpfade der Rezeption des gelehrten römisch-kanonischen Rechts im Spätmittelalter, in: Tradition und Fortschritt im Recht. Festschrift, gewidmet der Tübinger Juristenfakultät zu ihrem 500jährigem Bestehen 1977 von ihren gegenwärtigen Mitgliedern, in deren Auftrag hg. von Joachim Gernhuber, Tübingen 1977, S. 47–72.

DERS.: »Keine Regel ohne Ausnahme«. Gedanken zur Geschichte der deutschen Rechtssprichwörter, in: Festschrift für den 45. Deutschen Juristentag, Karlsruhe 1964, S. 23 ff.

DERS.: Spuren der Boni viri (Probi homines) im Wirtembergischen Urkundenbuch, in: Bausteine zur geschichtlichen Landeskunde von Baden-Württemberg, hg. v. d. Kommission für geschichtliche Landeskunde von Baden-Württemberg anläßlich ihres 25jährigen Bestehens, Stuttgart 1979, S. 187–201.

DERS.: Fünfhundert Jahre Tübinger Juristenfakultät, in: Juristenzeitung 1977, S. 617–620.

ERLER, ADALBERT: Art. »Los, losen«, in: HRG, 17. Lieferung, Sp. 41 ff.

ERLER, ADALBERT; KAUFMANN, EKKEHARD: Handwörterbuch zur deutschen Rechtsgeschichte, Bände I und II, Berlin 1971, 1978.

ERSCH, J. S.; GRUBER, J. G.: Allgemeine Encyklopädie der Wissenschaften und Künste, 2. Section, hg. v. A. G. Hoffmann, 27. Teil, Leipzig 1850.

FABER, FERDINAND FRIEDRICH; RENTSCHLER, ADOLF: Die württembergischen Familienstiftungen, nebst genealogischen Nachrichten über die zu denselben berechtigten Familien, Neudruck mit Berichtigungen, hg. vom Verein für Württembergische Familienkunde e. V., Stuttgart 1940 (mit »Nachtrag« 1938, die Schwäbisch Haller Stiftungen betr.).

FEENSTRA, ROBERT: L'Emphytéose et le problème des droits réels, in: La formazione storica del diritto moderno in Europa, Atti del terzo congresso internazionale della società italiana di storia del diritto, vol. III, Florenz 1977, S. 1295–1320.

FEIN, WOLFGANG: Bäuerliche Leihe im Fürstentum Ansbach von den ersten urkundlichen Nachweisen bis zum BGB, Diss. iur. Erlangen 1960.

FINKE, KARL KONRAD: Die ehemalige Ratsbibliothek in Schwäbisch Hall und ihre juristischen Bestände aus dem 16. Jahrhundert (Hausarbeit am Bibliothekar-Lehrinstitut von Nordrhein-Westfalen), Köln 1967 (maschinenschr. vervielfältigt).

FISCHER, ADOLF: Geschichte des Hauses Hohenlohe, Stuttgart 1866 ff.

FISCHER, HERMANN: Schwäbisches Wörterbuch, Bd. 1–6, unter Mitwirkung von Wilhelm Pfleiderer, Tübingen 1904–1936.

FISCHER, KARL: Die Erbleihe im Köln des 12. bis 14. Jahrhunderts, iur. Diss. Köln, Düsseldorf 1939.

FLEISCHHAUER, WERNER: Renaissance im Herzogtum Württemberg (Veröffentlichung der Kommission für geschichtliche Landeskunde in Baden-Württemberg), Stuttgart 1971.

FLUME, WERNER: Allgemeiner Teil des Bürgerlichen Rechts, 2. Band, Das Rechtsgeschäft, 2. überarb. Aufl., Berlin–Heidelberg–New York 1975.

FOTH, ALBRECHT: Gelehrtes römisch-kanonisches Recht in deutschen Rechtssprichwörtern (Juristische Studien, hg. von Mitgliedern des Fachbereichs Rechtswissenschaft der Universität Tübingen, Bd. 24), Tübingen 1971.

FULGINEUS, FRANCISCUS: Tractatus de iure emphyteutico, o. O. (Genevae), apud Leonardum Chouët, 1665.

GEBHARD, ALBERT: Kommentar zur Ausarbeitung des Entwurfes eines bürgerlichen Gesetzbuches, Vorschläge zu dem Entwurfe eines Einführungsgesetzes zum bürgerlichen Gesetzbuch . . . bearb. vom Standpunkte des Allgemeinen Theiles, Vorlage des Redaktors Dr. Gebhard, Berlin 1887.

GEIPEL, JOCHEN: Die Konsiliarpraxis der Eberhard-Karls-Universität und die Behandlung der Ehrverletzung in den Tübinger Konsilien (Schriften zur südwestdeutschen Landeskunde, hg. von Hansmartin Decker-Hauff, Ferdinand Elsener, Hans Jänichen u. a., 4. Band), Stuttgart 1965.

GIERKE, OTTO (von): Deutsches Privatrecht, 2. Band, Sachenrecht, Leipzig 1905.

GMELIN, JULIUS: Hällische Geschichte. Geschichte der Reichsstadt Hall und ihres Gebiets nebst einem Überblick über die Nachbargebiete, Schwäbisch Hall 1896.

GOBBERS, JOSEPH: Die Erbleihe und ihr Verhältnis zum Rentenkauf im mittelalterlichen Köln des XII.–XIV. Jahrhunderts. Nach Urkunden, in: ZRG GA 4 (1883), S. 130–214.

GÖNNENWEIN, OTTO; WEIZSÄCKER, WILHELM (Bearb.): Deutsches Rechtswörterbuch (Wörterbuch der älteren deutschen Rechtssprache), hg. von der Heidelberger Akademie der Wissenschaften in Verbindung mit der Deutschen Akademie der Wissenschaften zu Berlin, 5. Band, Weimar 1953–1960.

GOULDING, IRVINE; TAYLOR, P. W. E.: Art.: »Deeds and other instruments«, in: Halsbury's Laws of England, hg. von Lord Hailsham of St. Marylebone, Bd. 12, 4. Ausg., London 1975.

GRASS, MICHAEL: Collectionis novae consiliorum juridicorum Tubingensium volumen V (Consilia Tubingensia, Band 5), Consilia partim civilia partim criminalia, Tübingen–Frankfurt/M.–Gießen 1733.

GRASS, NIKOLAUS: Aus der Rechtsgeschichte des banngrundherrlichen Gewerbes im alten Tirol unter besonderer Berücksichtigung des Metzgerhandwerks, in: Festschrift für Ferdinand Elsener zum 65. Geburtstag, hg. von Louis Carlen und Friedrich Ebel, Sigmaringen 1977, S. 118–132.

GRATIAN: s. Richter-Friedberg.

HAALORDNUNG 1683: Deß Heiligen Römischen Reichs Statt Schwäbischen Hall erneuerte, erklärte, verbessert und publicirte Ordnung deß Gemeinen Haals, Schwäbisch Hall (Gedruckt von Hans Reinhard Laidigen) 1683.

HAGEMANN, HANS-RUDOLF: Gedinge bricht Landrecht, in: ZRG GA 87 (1970), S. 114–189.

HALE, MATTHEW: The analysis of the Law: being a scheme, or abstract, of the several titles and partitions of the Law of England, digested into method. Written by a learned hand, London (In the Savoy) 1713.

HALLERMANN, HERMANN: Die Erbleihe an Grundstücken in den westfälischen Städten bis 1500 (Untersuchungen zur deutschen Staats- und Rechtsgeschichte, hg. von Julius von Gierke, 135. Heft), Breslau 1925.

HALSBURY'S LAWS OF ENGLAND: s. Goulding, Irvine-Tylor, P. W. E.

HENRICUS DE SEGUSIO (Hostiensis): Summa in quinque libros decretalium, Venetiis 1498.

HERMELINK, HEINRICH (Hg.): Die Matrikeln der Universität Tübingen, erster Band: Die Matrikeln von 1477–1600, Stuttgart 1906.

HEROLT, JOHANN: Chronica zeit- unnd jarbuch vonn der statt Hall ursprung unnd was sich darinnen verloffen unnd wasz fur schlösser umb Hall gestanden, s. Kolb, Christian.

HEUSLER, ANDREAS: Institutionen des Deutschen Privatrechts (Systematisches Handbuch der Deutschen Rechtswissenschaft, hg. von Karl Binding, 2. Abt., 2. Teil, 2. Band), 2. Band, Leipzig 1886.

HEZEL, JOHANN FRIEDRICH: Darstellung der besonderen Hallischen-Statutarischen Rechte, Handschrift, Schwäbisch Hall 1807 (HA B 165).

HOFFMANN, HERMANN (Bearb.): Urkundenregesten zur Geschichte des Zisterzienserinnenklosters Himmelspforten 1231–1400 (Regesta Herbipolensia IV) (Quellen und Forschungen zur Geschichte des Bistums und Hochstifts Würzburg, hg. v. Theodor Kramer, Bd. 14), Würzburg 1962.

HOLDSWORTH, SIR WILLIAM: A history of the English law, Bd. 2, 4. Aufl., London 1936 (Neudruck 1966); Bd. 3, 5. Aufl., London 1942 (Neudruck 1966).

HOSTIENSIS: s. Henricus de Segusio.

HRG: Handwörterbuch zur deutschen Rechtsgeschichte, s. Erler-Kaufmann.

HUBER, EUGEN: System und Geschichte des Schweizerischen Privatrechts, IV. Band, Basel 1893.

HÜBNER, RUDOLF: Grundzüge des Deutschen Privatrechts, Neudruck der 5. Aufl. Leipzig 1930, Aalen 1969.

HUFNAGEL, C(ARL) F(RIEDRICH) (von): Beleuchtung der in Ansehung der Saline zu Schwäbisch Hall bestehenden Rechtsverhältnisse. Mit Beilagen, Tübingen (C. F. Osiander) 1827.

JACOBI, RUDOLF (Hg.): Anselminus de Orto super contractibus emphyteosis et precarii et libelli atque investiture (Text und Kommentar), Weimar 1854.

JAEGER, GEORG FRIEDRICH: Dissertatio inauguralis iuridica de emphyteusi salinaria praesertim Halae Svevorum obtinente, Erlangen (litteris Ioannis Dieterici Michaelis Camerarii) 1760.

JAEGER, OTTO: Die Rechtsverhältnisse des Grundbesitzes in der Stadt Straßburg während des Mittelalters, Diss. iur. Straßburg 1888.

JAMES, JOHN S.: Stroud's Judicial dictionary, Band 2, 4. Aufl., London 1972.

JASON: s. Mayno, Jason Ambrogio de –.

INAMA-STERNEGG, KARL THEODOR VON: Zur Verfassungsgeschichte der deutschen Salinen im Mittelalter, Wien 1886.

JOECHER, CHRISTIAN GOTTLIEB: Allgemeines Gelehrten-Lexikon . . ., unv. Nachdruck der Ausgabe Leipzig 1750, Hildesheim 1960/61.

JOOSS, RAINER: Kloster Komburg im Mittelalter. Studien zur Verfassungs-, Besitz- und Sozialgeschichte einer fränkischen Benediktinerabtei (Forschungen aus Württembergisch Franken, Band 4, hg. vom Hist. Verein f. Württ. Franken, dem Hohenlohe-Zentralarchiv Neuenstein und dem Stadtarchiv Schwäbisch Hall), Schwäbisch Hall 1971.

JOWITT-WALSH, CLIFFORD (Hg.): The dictionary of English Law, Bd. 1, London 1959.

JUNG, JOHANN HEINRICH: De iure salinarum tum veteri tum hodierno liber singularis. Accedit Casparis Sagittarii viri clar. dissertatio de originibus ac incrementis sulciae Luneburgensis . . . nec non Sylloge Documentorum plurimam partem ineditorum pro Salina Luneburgensi . . ., Göttingen 1743.

JUNGK, GOTTLOB: Das Steinsalzbergwerk Wilhelmsglück 1824 bis 1900. Die letzte Saline in Hall 1834 bis 1924 (Schriften des Vereins Alt Hall e. V., Heft 7), Schwäbisch Hall 1978.

KAMMERER, KLAUS: Das Unternehmensrecht süddeutscher Handelsgesellschaften in der Montanindustrie des 15. und 16. Jahrhunderts. Eine Untersuchung zum Gewerkschafts- und Gesellschaftsrecht, Diss. iur. Tübingen 1977.

KASER, MAX: Das römische Privatrecht (Handbuch der Altertumswissenschaft. Abt. 10, Teil 3, Bd. 3, Abschn. 1, 2), 2., neubearb. Aufl., München 1971–1975.

KEUTGEN, F.: Untersuchungen über den Ursprung der deutschen Stadtverfassung, Leipzig 1895.

KISCH, GUIDO: Die Pfändungsklausel. Ein Beitrag zur Geschichte des deutschen Vollstreckungsrechtes, in: ZRG GA 35 (1914) S. 41–68.

KLEIN-BRUCKSCHWAIGER, FRANZ: Art. »Erbleihe«, in: HRG I Sp. 968 ff.

KLEINAU, HERMANN: Der Grundzins in der Stadt Braunschweig bis 1350 (Leipziger rechtswissenschaftliche Studien, hg. von der Leipziger Juristen-Fakultät, H. 40), Leipzig 1929.

KNAPP, THEODOR: Die Grundherrschaft im südwestlichen Deutschland vom Ausgang des Mittelalters bis zu der Bauernbefreiung des 19. Jahrhunderts, in: ZRG GA 22 (1901), S. 48 ff.

KOLB, CHRISTIAN (Bearb.): Geschichtsquellen der Stadt Hall, 1. Band (Württembergische Geschichtsquellen, i. A. d. Württ. Komm. für Landesgeschichte, hg. von Dietrich Schäfer, 1. Band), Stuttgart 1894.

KREIL, DIETER: Der Stadthaushalt von Schwäbisch Hall im 15./16. Jahrhundert. Eine finanzgeschichtliche Untersuchung (Forschungen aus Württembergisch Franken, Band 1, hg. vom Hist. Verein f. Württ. Franken, dem Hohenlohe-Zentralarchiv Neuenstein und dem Stadtarchiv Schwäbisch Hall), Schwäbisch Hall 1967.

KRÜGER, EDUARD: Schriftdenkmale am Michaels-Münster zu Schwäbisch Hall, in: Württembergisch Franken (Jahrbuch des Historischen Vereins für Württembergisch Franken), Band 47 (NF 37), Schwäbisch Hall 1963, S. 59–71.

KÜNSSBERG, EBERHARD FREIHERR VON (Bearb.): Deutsches Rechtswörterbuch (Wörterbuch der älteren deutschen Rechtssprache), hg. von der preußischen Akademie der Wissenschaften, 2. Band, Weimar 1932–35.

LASSBERG, FRIEDRICH LEONHARD ANTON FRHR. v. (Hg.): Der Schwabenspiegel nach einer Handschrift vom Jahr 1287 (Bibliotheca rerum historicarum, ed. Karl August Eckhardt, Neudrucke 2), 3. Ausg., besorgt v. Karl August Eckhardt, Neudruck der Ausgabe Tübingen (Ludwig Friedrich Fues) 1840, Aalen 1972.

LAUTERBACH, WOLFGANG ADAM; SCHÜTZ, JOHANN JAKOB: Compendium Juris, Tübingen, Frankfurt, Leipzig o. J. (1697).

LEVY, ERNST: Weströmisches Vulgarrecht. Das Obligationenrecht (Forschungen zum römischen Recht, 7. Abhandlung), Weimar 1956.

DERS.: West Roman Vulgar Law. The Law of Property (Memoirs of the American Philosophical Society, 29. Band), Philadelphia 1951.

LIVER, PETER: Zur Entstehung des freien bäuerlichen Grundeigentums, in: Zeitschrift für Schweizerisches Recht 65 (1946), S. 329–360.

LUCA, JOHANNES BAPTISTA DE: Theatrum veritatis et iustitiae sivi decisivi discursus . . ., Bände 1–18, Coloniae Allobrogum (Cramer & Perachon) 1697.

LUTZ, ELMAR: Die rechtliche Struktur süddeutscher Handelsgesellschaften in der Zeit der Fugger (Schwäbische Forschungsgemeinschaft bei der Kommission für Bayerische Landesgeschichte, Reihe 4, Band 16 = Studien zur Fuggergeschichte, Band 25, hg. von Hermann Kellenbenz), Band I, Darstellung, Tübingen 1976.

LYTTLETON: s. Tomlins (Hg.).

MATTI, WERNER: Besitzverhältnisse der Haller Salzsieden. Aus der Dissertation »Verfassung und Wirtschaftspolitik der Saline Schwäbisch Hall bis zum Jahre 1802«, 1952, in: Württembergisch Franken, N.F. 28/29, Jahrbuch des Historischen Vereins für Württembergisch Franken 1953/54, Schwäbisch Hall 1954.

DERS.: Verfassung und Wirtschaftspolitik der Saline Schwäbisch Hall bis zum Jahre 1802, o. O. (maschinenschr. Diss. rer. oec. Tübingen 1952) 1953.

MATTLI, GEORG: Das Langwieser Formularbuch I (Coll. A) von 1573 als eine bündnerische Rechtsquelle unter besonderer Berücksichtigung der freien Erbleihe im 16. Jahrhundert, Diss. iur. Zürich 1949.

MATZINGER-PFISTER, REGULA: Paarformel, Synonymik und zweisprachiges Wortpaar. Zur mehrgliedrigen Ausdrucksweise der mittelalterlichen Urkundensprache (Rechtshistorische Arbeiten, hg. von Karl Siegfried Bader, Band 9), Zürich 1972.

MAYNO, JASON AMBROGIO DE: Jasonis Mayni mediolanensis iureconsulti clariss. commentaria, 9 Bände, Venedig 1538 (ohne Bandangabe: Bd. 7 = in primam codicis partem).

MEGARRY, R. E.-WADE, H. W. R.: The law of real property, 2. Aufl., London 1959.

MERK, WALTHER: Die Grundstücksübertragung in Meersburg am Bodensee, in: ZRG GA 55 (1935), S. 169 ff.

MITTEIS, HEINRICH; LIEBERICH, HEINZ: Deutsches Privatrecht. Ein Studienbuch, 7. Aufl., München 1976.

NAZ, R.: Art.: »Emphytéose«, in: Dictionnaire de droit canonique, Bd. 5, Paris 1953, Sp. 333–337.

NORDHOFF-BEHNE, HILDEGARD: Gerichtsbarkeit und Strafrechtspflege in der Reichsstadt Schwäbisch Hall seit dem 15. Jahrhundert (Forschungen aus Württembergisch Franken, Band 3, hg. vom Hist. Verein f. Württ. Franken, dem Hohenlohe-Zentralarchiv Neuenstein und dem Stadtarchiv Schwäbisch Hall), Schwäbisch Hall 1971.

NÖRR, KNUT WOLFGANG: Die Literatur zum gemeinen Zivilprozeß, in: Coing, Handbuch, I, S. 383–397.

ODOFREDUS: Lectura super codice I, Nachdruck der Ausgabe Lugduni 1552 (Opera iuridica rariora, cur. Domenico Maffei, Ennio Cortese, Guido Rossi, V 1), Bologna 1968.

OGRIS, WERNER: Art. »Erbenlosung«, in: HRG I, Sp. 957 f.

DERS.: Art. »Leihe«, in: HRG II, Sp. 1820ff.

ORLANDELLI, GIANFRANCO (Hg.): Salatiele. Ars notarie, Band 1 und 2 (Istituto per la storia dell'università di Bologna, Opere dei maestri II), Mailand 1961.

ORTO, ANSELMINUS DE: s. Jacobi, Rudolf (Hg.).

PALME, RUDOLF: Die landesherrlichen Salinen- und Salzbergrechte im Mittelalter. Eine vergleichende Studie (Innsbrucker Beiträge zur Kulturwissenschaft, Sonderheft 34, hg. v. d. Innsbrucker Gesellschaft zur Pflege der Geisteswissenschaften), Innsbruck 1974.

PEGIUS, MARTIN: De iure emphyteutico. Baurecht die man sonst nendt Erbrecht, Ingolstadt (Alexander und Samuel Weyssenhorn) 1559, angebunden an: Ders., Dienstbarkhaiten, Ståttlicher unnd Båwrischer Erbaigen . . ., ebenda 1558.

PLANITZ, HANS: Besprechung von: Helmut Coing, Die Frankfurter Reformation von 1578 und das Gemeine Recht ihrer Zeit, eine Studie zum Privatrecht der Rezeptionszeit, Weimar 1935, in: ZRG GA 56 (1936), S. 461 ff.

PLANITZ, HANS; ECKHARDT, KARL AUGUST: Deutsche Rechtsgeschichte, 3. Aufl., Graz–Köln 1971.

POLLOCK, SIR FREDERICK; MAITLAND, FREDERIC WILLIAM: The history of English Law before the time of Edward I, Band I, 2. Aufl., hg. v. S. F. C. Milsom, Cambridge 1968.

RAINERIUS PERUSINUS: s. Wahrmund, Ludwig (Hg.).

REDAKTORVORLAGE: s. Gebhard, Albert.

REYSCHER, AUGUST LUDWIG: Das gemeine und württembergische Privatrecht, 2. Band, 2. Aufl., Tübingen 1847.

DERS. (Hg.): Sammlung der württembergischen Gesetze, 4. Band (Sammlung der württembergischen Gerichts-Gesetze, bearb. v. Chr. H. Riecke, 1. Teil), Stuttgart und Tübingen 1831.

RICHTER, EMIL LUDWIG; FRIEDBERG, EMIL (Bearb.): Corpus iuris canonici, editio Lipsiensis secunda post Aemilii Ludovici Richteri curas instruxit Aemilius Friedberg, pars prior, Decretum Magistri Gratiani, unveränd. Nachdruck der Ausgabe Leipzig 1879, Graz 1959.

»RICHTERLICH KLAGSPIEGEL«: »Der Richterlich Clagspiegel. Ein nutzbarlicher begriff: wie man setzen und formieren sol nach ordenung der rechten ein yede clag / antwort / und ußzesprechene urteylen / gezogen uß geistlichen und weltlichen rechten . . . Durch doctorem Sebastianum Brandt wider durchsichtiget unnd zum teyl gebessert«, Straßburg 1516.

ROLANDINUS (RODULPHINUS DE PASSAGERIIS): Summa totius artis notariae, Venetiis 1546, Neudruck [Sala Bolognese] (Arnoldo Forni editore) 1977.

ROSENBERGER, KARL-SIEGFRIED: Die Entwicklung des Rates von Schwäbisch Hall bis zum Jahre 1340, in: Württembergisch Franken, N. F. 30, Jahrbuch des Historischen Vereins für Württembergisch Franken, Schwäbisch Hall 1955, S. 33–56.

ROSENTHAL, EDUARD: Zur Geschichte des Eigentums in der Stadt Wirzburg. Ein Beitrag zur Geschichte des Eigentums in den deutschen Städten. Mit Urkunden, Würzburg 1878.

SALATIELE: s. Orlandelli, Gianfranco (Hg.).

SATZUNGEN 1918: Satzungen für die Verwaltung der Siedens-Renten in Schwäb. Hall, Schwäbisch Hall (Buchdruckerei von W. Burkhardt) 1918.

SATZUNGEN 1932: Satzungen für die Verwaltung der Siedens-Renten in Schwäb. Hall, Schwäbisch Hall (C. Schwendsche Buchdruckerei) 1932. – Vgl. auch: Statuten.

SCHILTER, JOHANNES: Institutiones juris feudalis germanici et longobardici . . ., Leipzig (Joh. Frid. Gleditsch) 1728.

SCHMIDT-TROJE, JÜRGEN: Die Grundstücksleihe des Babenhausener Rechts im 14. und 15. Jahrhundert (Gerichtsbücherstudien, hg. von Gunter Gudian, Band 4), Aalen 1978.

SCHRAGMÜLLER, JOHANN FRIEDRICH: Collatio juris civilis romani cum statutario Suevo-Halensi, circa materiam emphyteuseos in salinis et successionis conjugum. Sub praesidio Jacobi Davidis Moeglingi, Diss. iur. Tübingen 1716.

SCHREIBER, OTTO: Die Geschichte der Erbleihe in der Stadt Straßburg im Elsaß. Mit einem Urkundenanhang (Deutschrechtliche Beiträge, Forschungen und Quellen zur Geschichte des deutschen Rechts, hg. von Konrad Beyerle, 3. Band, Heft 3), Heidelberg 1909, S. 161 ff.

SCHRÖDER, RICHARD (Bearb.): Oberrheinische Stadtrechte, hg. von der badischen historischen Kommission, I. Abt., Fränkische Rechte, Heidelberg 1895.

SCHULTE, ALOYS (Hg.): Urkundenbuch der Stadt Straßburg, III. Band, Privatrechtliche Urkunden und Amtslisten von 1266–1332, Straßburg 1884.

SCHULZ, FRITZ: History of Roman Legal Science, Oxford 1946.

DERS.: The writ »Praecipe quod reddat« and its continental models, in: Juridical Review 54, Edinburg 1942, S. 1 ff.

SCHWABENSPIEGEL: s. v. Laßberg (Hg.).

SCHWEDER, GABRIEL: Collectionis novae consiliorum juridicorum Tubingensium volumen VI. (Consilia Tubingensia, Band 6), Consilia ad omne jurium genus spectantia, Tübingen–Frankfurt–Gießen 1735.

SCHWERIN, CLAUDIUS FREIHERR VON: Grundzüge des deutschen Privatrechts (Grundrisse der Rechtswissenschaft, hg. von Hans Fehr u. a., 13. Band), 2. Aufl., Berlin und Leipzig 1928.

DERS.: Grundzüge der deutschen Rechtsgeschichte, 1. Aufl., München und Leipzig 1934.

SCHWIND, ERNST FREIHERR VON: Zur Entstehungsgeschichte der freien Erbleihen in den Rheingegenden und den Gebieten der nördlichen deutschen Colonisation des Mittelalters (Untersuchungen zur deutschen Staats- und Rechtsgeschichte, hg. von Otto Gierke, 35. Heft), Breslau 1891.

SIEBS, BENNO EIDE: Weltbild, symbolische Zahl und Verfassung, Aalen 1969.

SOLA, ANTONIUS: Commentarii in constitutiones antiquas Ducatus Sabaudiae ac Principatus Pedemontium, Frankfurt/M. 1600.

SPIEGLER, OTTO: Alte Maße im heutigen Kreis Schwäbisch Hall, in: Württembergisch Franken, Bd. 61 (Jahrbuch des Historischen Vereins für Württembergisch Franken), Schwäbisch Hall 1977, S. 3–58.

SRBIK, HEINRICH RITTER VON: Studien zur Geschichte des österreichischen Salzwesens (Forschungen zur inneren Geschichte Österreichs, hg. von Alfons Dopsch, Heft 12), Innsbruck 1917.

STATUTEN 1851: Statuten für die Verwaltung der Siedens-Renten in Hall, Schwäbisch Hall (F. Schwend) 1851.

STINGL, MANFRED: Die bäuerliche Leihe im Recht des Würzburger Benediktinerklosters St. Stephan von den Anfängen bis zur Säkularisation, Diss. iur. Erlangen–Nürnberg 1962.

STINTZING, RODERICH: Geschichte der populären Literatur des römisch-kanonischen Rechts in Deutschland am Ende des fünfzehnten und im Anfang des sechzehnten Jahrhunderts, unveränd. Neudruck der Ausgabe Leipzig 1867, Aalen 1959.

STINTZING, RODERICH; LANDSBERG, ERNST: Geschichte der deutschen Rechtswissenschaft, unveränd. Neudruck der Ausgabe München und Leipzig 1880–1910, Aalen 1957.

STOBBE, OTTO: Handbuch des Deutschen Privatrechts, 2. Band, 2. Abt., Berlin 1876.

STROUD'S JUDICIAL DICTIONARY: s. James, John S. (Hg.).

TOMLINS, T. E. (Hg.): Lyttleton, His Treatise of Tenures, Neudruck der Ausgabe 1841, New York 1970.

TRUSEN, WINFRIED: Anfänge des gelehrten Rechts in Deutschland. Ein Beitrag zur Geschichte der Frührezeption, Wiesbaden 1962.

VALASCUS, ALVARUS (Alvaro Valasco): Tractatus absolutissimus Alvari Valasci Lusitani, de iure emphyteutico, in: Thesaurus iuris emphyteutici, opera Rutgeri Rulandt, Frankfurt/M. (Typis Wolffgangi Richteri, Impensis Rulandiorum) 1606.

VERGLEICH 1827: Vertrag zwischen K. Württembergischer Finanzverwaltung und denen Salineberechtigten zu Schw. Hall, die künftigen Verhältnisse der Saline Hall und die Vereinigung des Steinsalzwerks Wilhelmsglück mit derselben betreffend. Vom 27. Juni 1827, Schwäbisch Hall (Fr. Schwend'sche Buchdruckerei) o. J. (1827).

VINOGRADOFF, PAUL: Roman Law in Medieval Europe, unveränd. Nachdruck der Ausgabe Oxford 1929, Hildesheim 1961.

WAECHTER, CARL GEORG VON: Handbuch des im Königreiche Württemberg geltenden Privatrechts, 1. Band: Geschichte, Quellen und Literatur des Württembergischen Privatrechts, Stuttgart 1839, 1842.

DERS.: Pandekten (hg. durch O. v. Waechter), II, Besonderer Teil, Leipzig 1881.

WAHRMUND, LUDWIG (Hg.): Die Ars notariae des Rainerius Perusinus (Quellen zur Geschichte des Römisch-Kanonischen Prozesses im Mittelalter, III. Band, II. Heft), Neudruck der Ausgabe 1917, Aalen 1962.

WEBER, G. M. V.: Handbuch des in Deutschland üblichen Lehenrechts, Band 2, Leipzig 1807.

WEBER, RAIMUND J.: Zur Rechtsgeschichte des Denkendorfer Siedens. Zugleich ein Nachwort zum Beschluß des OLG Stuttgart vom 9. 8. 1977 (FS I Nr. 185 Ia-Schwäbisch Haller erbfließende Siedensrechte), in: Der Haalquell, Blätter für Heimatkunde des Haller Landes 1978 (30. Jg.), S. 1–12.

DERS.: Das Eigentum und seine Schranken. Internationales Symposion des Fachbereichs Rechtswissenschaft der Universität Tübingen (Bericht), in: Juristenzeitung 1978, S. 208–210.

DERS.: Der Schwäbisch Haller Siedensbestand. Ein Beitrag zum kollektiven Vertragsrecht im 17. und 18. Jahrhundert, in: Württembergisch Franken (Jahrbuch des Historischen Vereins für Württembergisch Franken), Band 64, Schwäbisch Hall 1980, S. 73–88.

DERS.: Die Suhlenfege von 1479. Gemeinwerk und Gemeinfest im Haal, in: Der Haalquell, Blätter für Heimatkunde des Haller Landes 1979 (31. Jg.), S. 29–32.

WELLER, KARL; BELSCHNER, CHRISTIAN (Bearb.): Hohenlohisches Urkundenbuch, hg. i. A. des Gesamthauses der Fürsten zu Hohenlohe, 3 Bände, Stuttgart 1899–1912.

WENDEHORST, ALFRED (Bearb.): Tabula Formarum Curie Episcopi. Das Formularbuch der Würzburger Bischofskanzlei von c. 1324 (Quellen und Forschungen zur Geschichte des Bistums und Hochstifts Würzburg, hg. von Theodor Kramer, Band XIII), Würzburg 1957.

WERKMÜLLER, DIETER: Art. »Hofrecht«, in: HRG II, Sp. 213–215.

WESENBECK, MATTHÄUS: In Pandectas juris civilis et codicis Justinianei libros commentarii, olim Paratitla dicti, Basel (apud Henricpetrinos) 1629.

WINDSCHEID, BERNHARD; KIPP, THEODOR: Lehrbuch des Pandektenrechts, 9. Aufl., Frankfurt/M. 1906.

WINIARZ, ALOIS: Erbleihe und Rentenkauf in Österreich ob und unter der Enns im Mittelalter (Untersuchungen zur deutschen Staats- und Rechtsgeschichte, hg. von Otto Gierke, 80. Heft), Breslau 1906.

WOPFNER, HERMANN: Beiträge zur Geschichte der freien bäuerlichen Erbleihe Deutschtirols im Mittelalter (Untersuchungen zur deutschen Staats- und Rechtsgeschichte, hg. von Otto Gierke, 67. Heft), Breslau 1903.

WUNDER, GERD: Hans Wetzel und Apollonie von Rinderbach. Zur Lösung eines genealogischen Problems, in: Südwestdeutsche Blätter für Familien- und Wappenkunde in Württemberg und Baden e. V., Stuttgart 1954, S. 293–299.

DERS.: Hans Wetzel. Salzsieder und Ratsherr in Schwäbisch Hall, † 1530, in: Südwestdeutsche Blätter für Familien- und Wappenkunde, hg. vom Verein für Familien- und Wappenkunde in Württemberg und Baden e. V., Stuttgart 1973, S. 2–7.

DERS.: Das Merstatt-Sieden, in: Der Haalquell, Blätter für Heimatkunde des Haller Landes, 27. Jg. (1975), S. 37–39.

DERS.: Die Ratsherren der Reichsstadt Hall 1487–1803, in: Württembergisch Franken (Jahrbuch des Historischen Vereins für Württembergisch Franken), Band 46 (N. F. 36), Schwäbisch Hall 1962, S. 100–160.

DERS.: Die Haller Ratsverstörung von 1509 bis 1512, in: Württembergisch Franken (Jahrbuch des Historischen Vereins für Württembergisch Franken), N. F. 30, Schwäbisch Hall 1955, S. 57–68.

DERS.: Rudolf Nagel von Eltershofen († 1525) und Hermann Büschler († 1543). Stättmeister der Reichsstadt Hall, in: Lebensbilder aus Schwaben und Franken, im Auftr. der Komm. f. gesch. Landeskunde hg. von Max Miller und Robert Uhland, 7. Band, Stuttgart 1960.

DERS.: Die Bürger von Hall. Sozialgeschichte einer Reichsstadt 1216–1802 (Forschungen aus Württembergisch Franken, Band 16, hg. v. Hist. Verein f. Württ. Franken, dem Hohenlohe-Zentralarchiv Neuenstein und dem Stadtarchiv Schwäbisch Hall), Sigmaringen 1980.

Personen- und Ortsregister

Die häufig vorkommenden Orte Schwäbisch Hall und »Haal« sind nicht verzeichnet. Personennamen sind in der Regel in der Schreibweise von Wunder-Lenckner, Bürgerschaft (WL), angeführt und werden nicht identifiziert, d. h. bei gleichem Vor- und Nachnamen können sich hinter einer Nennung mehrere Personen verbergen. Umlaute suche unter dem Grundlaut. Abk.: Hfr. = Hausfrau, Stschr. = Stadtschreiber.

A

B, P

C siehe K

D, T

G

H

I, J, Y

K, C (siehe auch Z)

L

M

N

U

V siehe F

W

Y siehe I, J

Z

Sachregister

Die Stichwörter wurden regelmäßig nach der am häufigsten vorkommenden Schreibweise eingeordnet und nur mit den wesentlichen Varianten aufgeführt. Ausdrücke wie Erb, Eigen, Haalhaus, Eimer u. s. f. kommen von S. 130 bis 182 ständig vor und wurden nicht mehr ausgeworfen.

A (siehe auch E)

B

C siehe K

D (siehe auch T)

F

G

H

112, 134, 140, 142, 147f., 150f., 156, 162, 164, 166, 179, 182
losen, lösen, lössen 67–70
Losjahre 69; -parteien 66f., 69, 175; -teilung 65
loßung (Verlosung) 68; gerechtikheit der – 71
Loszettel 24f., 67
lousung 51
lyhnúzz (s. a. Leihnis) 51

M

macellae (lat. Fleischbänke) 40
machen (verordnen, ein Statut; s. a. setzen) 28, 180; (Haalhaus) 44f.; Rechnung 47f.
macht (zu sieden) 155f.; aus eigener – (Pfändung) 23, 57; – und gewalt 56, 58, 150
magazin 186
Magister artium 169
Magistrat 114; hochedler – 155
Maien, einen – stecken 49
maior dominus (der »mehrere« Herr) 50
maior pars (s. a. pars maior; lat. Mehrheit) 71
Martini (Zinstermin) 50
maschinen rad 186; altes 186; neues 186
maschinen steeg 186
matrimonium subsequens (lat. nachfolgende Eheschließung) 74
mawre (Mauer), als wyte die – begriffen hat 161
mayer, der 87
Mehr, das 70, 86
Mehrerer Teil, merer tail 69–71, 88, 153, 180
Mehrheit 70f.
Mehrheitsprinzip 48, 69
Meister (des Haals, s. a. Haal, Viermeister) 49, 58f., 69, 102; (Spital) 164
Melioramenta (Besserungen) 57
melioratio, Melioration (s. a. Besserung) 57, 77, 79
Meliorationsklausel 86
menschen leben, ains oder mer (Leihe auf) 30
mercenarii 24
merckhmahl, kundtbares 77
merckte (Märkte) 52
merer tail s. mehrerer Teil
merx 77, 79
Meßpfründe 53
St. Michael, Michaeli (Gülttermin) 50, 175
Miete 76f., 84f., 101
Mieter 78
Minderjährigkeit 46
Ministerialen 48; -stand 100
Mitberechtigte (eines Siedens) 38
Miterben 59, 64, 68f.
Mitgewerken 134
Mobiliarvermögen 20
modus (Art der Verleihung) 32, 43, 90
mora (lat. Verzug) 57
mores Germanorum (lat. deutsche Sitten) 81
Motive der Erbverleihungen 30
Müllerische Briefschaften 153
Müllerische Collectanea s. Collectanea
Mund, Hand und Halm (ein Gut aufgeben, veräußern mit –) 103
Münze, Haller 55
Münzstätte 55
Mut, mit wohlbedachtem 96
mynnern (mindern, herabsetzen) 53

N

Nachgeld, nachgelt 50f.
Nachkommen 37
Nachlaßteilung 125, 148, 167, 172
Naturalabgabe 47, 53f.
naturale negotii 78, 80
naturales, filii (lat. natürliche Kinder) 75
naturalia 81; – contractus 88
Naturrecht 19f., 81
negotia, inutilia 35; utilia 35
Neue Meister (s. a. Meister, Haal, Viermeister) 65
Neueinteilung der Sieden und Siedstätten 114, 183
Neujahr 69
nexus fidelitatis (lat. Band der Lehenstreue) 77
Nichteheliche 75; -nausschluss 74; -nerbrecht 18, 75
Nießbrauch 22
nießen, nyessen, niezen (s. a. haben und –) 36, 51, 103; – und sieden 97
nohen (Nachen; Haalhausteil) 44
nomen contractus (lat. Vertragsart) 106
Normen der Austheilung 17
Notar 169, 171
Notarsinstrument 95
Notarslehren, mittelalterliche 107
Novelle 31
Numerierung der Haalhäuser 38, 115
Nutzeigentum 84
nützen 97; nutzen und sieden 97, 105
Nutznießung 21
Nutzung(en) 41, 46, 64, 81, 144
nyessen s. nießen

O

Obereigentum 23, 77
Oberfinanzdirektion Stuttgart 11
Oberhaalschreiber 114
Oberherrschaft 28
öberkait 30
Oberkeit, von – wegen 102
Ober-Lehenherrlichkeit 17
obermeister (des Haals) 142, 160
Oberschreiber (des Haals) 65, 114
obiectum contractus (lat. Vertragsgegenstand) 77
obrigkeit 29
occupare (lat. besetzen) 58
öffentliches Recht 20
officialis (Offizial, bischöflicher Beamter) 105
officio judicis 65
Offizial (s. a. officialis) 34, 51, 61, 89f., 123, 168
Offizialate 91
ohne Kosten – Klausel 45
ohne Schaden – Klausel 44
onrot (Unrat, Ärger, Mißhelligkeit) 53
onvererbt (unvererbt, nicht zu Erb verliehen) 164
ordnung (des Haals) 68, 70, 156; (der Stadt) 70; der rechten 22
organist 193

P

Qu

R

S

W

NACHTRÄGE UND BERICHTIGUNGEN ZU BAND 2

S. 17, Anm. 23 – statt *Geck* richtig: *Greck;* S. 19, Anm. 37 – Haalordnungen und Statuten: Abschrr. einzelner Haalordnungen und Auszüge daraus ferner bei Lackorn, Chronik I, LbiblSt cod. hist. fol. 668 S. 40[h,i]; S. 32, U10 – Apparat, letzte Zeile: Der *pergam[entene] brief* ist U StAH 5/445 (Vorlage Mattis). Er enthält die Haalordnung von 1385 und, daran angefügt, eine Reihe weiterer einzelner Haalstatuten. Die Hände sind wohl aus der 2. Hälfte des 15. Jhs. bzw. um 1500 und somit, jedenfalls in bezug auf die alten Haalstatuten, nicht zeitgenössisch. Etwa eine Sammlung und Neuaufzeichnung der älteren Statuten aus Anlaß der Neufassung der Haalordnung von 1498 (vgl. U 56)? Ich unterscheide drei Hände: A (fast ⅔ des Pergaments) schreibt die Haalordnung von 1385 sowie das Statut von 1393 (U 11), das Statut mit dem Verbot, mehr als zwei Sieden zu sieden von 13(?)98 (U 16), und ein das Treibholz betr. Statut o. D. Es folgt ein kurzes, nur eine Zeile fassendes Statut von, wie mir scheint, anderer Hand B: Verbot an den Sieder, der vom Sieden absteht, *hinderstellig holtz zu feld* ohne Erlaubnis der Meister zu verlassen. Datum: Mi St. Valentinstag (14. 2.) 87 (1487?). Von dritter Hand C: Statut von 14(?)88 (U 43); Erweiterung des Meistereides mit Aufnahme der Bestimmung, Verschwörungen u. a. Stättmeister und Rat anzuzeigen und zu rügen; Statut betr. die auswendigen Burger (U 44). StAH 5/445 bringt gegen U 10 geringfügige Abww. in der Schreibweise. Davon seien hier nur zwei wesentliche nachgetragen. Das Pergament schreibt S. 31, Z. 6 v. u., statt *seinen: seinem;* S. 32, Z. 2 v. o. (Text), statt *ain in schlahen geword und: ein schlahen und.* S. 36, App. zu U 15, und S. 42, App. zu U 20: W. Abschr. Archiv Waldenburg (Hohenlohe-Zentralarchiv Neuenstein) VIII B/H 93; S. 47, App. zu U 26: W. Abschr. StAH 9/24/5 (16. Jh.); S. 48, App. zu U 27: W. Abschr., Fundort wie Nachtrag zu S. 36; S. 67, App. zu U 45: Abschr. d. Ausf. StAH 4/67 S.378–383; S. 103, App. zu U 59: W. Abschr. StAH 9/25; S. 144, App. zu U 88: W. Abschr. StAH 9/24/3 (16. Jh.); S. 145, App. zu U 89: W. Abschr. StAH 9/25; S. 155, App. zu U 100: W. Abschr. StAH 9/24/4 (16. Jh.); S. 215 statt *wyder und anprach: wyder und ansprach.*

Raimund J. Weber

Die Schwäbisch Haller Siedenserbleihen

Band 2

Band 15 der »Forschungen aus Württembergisch Franken«.
Band 2: Urkunden. 215 Seiten und 8 Bildtafeln. 17 × 24,5 cm. Leinen.

Die älteste Saline im deutschen Südwesten war das »Haal zu Schwäbischen Hall«. Schon in keltischer Zeit haben hier die Menschen Salz gewonnen, wie Grabungsbefunde belegen. Und im Mittelalter war Hall die bedeutendste Salzgewinnungsstätte zwischen den lothringischen und den alpenländischen Salzwerken Bayerns und Österreichs.

Sehr zu begrüßen ist daher – außer den Studien zur Rechtsnatur der Siedenserbleihen und zur Besitzgeschichte im Band 1 – auch das Erscheinen des Urkundenbandes. Gedruckte Quellen zur Rechtsgeschichte deutscher Salinen sind nämlich sehr selten. Speziell zu Schwäbisch Hall fehlte bisher eine Urkundenedition. Soweit Urkunden bislang publiziert wurden, handelt es sich um Einzelstücke, die ein vollständiges Bild nicht vermitteln können. Zudem sind sie an schwer zugänglicher Stelle veröffentlicht. Die vorliegende Ausgabe sammelt daher zum ersten Mal alle erreichbaren Urkunden unter einem von der Sache vorgegebenen rechtsgeschichtlichen Thema. Und so enthält der Urkundenband die bislang umfangreichste Edition von Leihebriefen, mit denen die meist geistlichen und adligen Eigentümer der Salzquelle ihre Anteile an bürgerliche Sieder zur Nutzung vergeben haben. Auszüge aus Haalordnungen, Verzeichnisse von Siedern und Eigentumsherren aus dem 15. und 16. Jahrhundert sowie Urteilsbriefe und Zeugenverhöre vermitteln einen aufschlußreichen Einblick in das Rechtsleben der alten Haller Saline.

Die Arbeit von Raimund J. Weber ist für die Sozial- und Wirtschaftsgeschichte und für die Landesgeschichte allgemein von hohem Wert, da das Schwäbisch Haller Salzwerk zu den großen mitteleuropäischen Gewerbebetrieben des Mittelalters zählte. Darüber hinaus vermitteln die Urkunden auch neue Erkenntnisse für die Genealogie der behandelten Siedersfamilien. Indem schließlich der Bearbeiter alle »erbfließenden« Siedrechte erforschte, gelang es ihm, das erste »historische Grundbuch« einer mittelalterlichen deutschen Saline zu schaffen.

Jan Thorbecke Verlag Sigmaringen

Gerd Wunder

Die Bürger von Hall

Sozialgeschichte einer Reichsstadt 1216–1802

Band 16 der »Forschungen aus Württembergisch Franken«. 336 Seiten mit 75 Abb. und 1 Farbtafel. Abbildungen nach Aufnahmen von Otto Kasper. 17 × 24 cm. Leinen.

Eine neue und unkonventionelle Stadtgeschichte wird hier vorgelegt: nicht die übliche Darstellung äußerer Ereignisse und der inneren Entwicklung von Verfassung und Recht und zeitlicher Folge, sondern die Geschichte der Menschen, ihres Handelns und Leidens. Nach Herkunft und Tätigkeit werden die Gruppen innerhalb der Bürgerschaft behandelt: vom Lande zugezogene Bauernkinder oder Stadtbauern, dann die Salzsieder und Handwerker als eigentlich produktive Schicht, Stadtadel und Ratsherren als regierende Schicht, Kaufleute, Künstler, Juden, Soldaten, die Armen, die Henker und nicht zuletzt die Frauen, über deren Leben die Überlieferung meist nur wenig bietet. Die besondere Quellenlage in Hall ermöglicht aber weitgehende Aussagen, da seit 1396 die Steuerlisten, seit 1635 Lebensläufe aller Verstorbenen erhalten sind. Zusammenfassend werden endlich die Bürger in Zahlen dargestellt, d. h. die Zahl und das Vermögen der gesamten Bürgerschaft wie der einzelnen Gruppen, eine Quelle zur Wirtschaftsstruktur der alten Reichsstadt. Ausführliche Beilagen bringen Listen der Zu- und Weggezogenen, der Teilhaber an den Siedensrechten, der Reichen sowie einige Stamm- und Ahnentafeln.

Bei einer solchen Darstellung hat naturgemäß das Porträt eine besondere Bedeutung. So werden in 75 Abbildungen die Menschen der alten Stadt vorgestellt, wie sie auf Denkmälern und Denktafeln von den Malern ihrer Zeit dargestellt wurden. Darunter finden sich Bildnisse von hoher Qualität, aber auch Medaillenbilder und Wappentafeln. Die Bilder aus vier Jahrhunderten nach vorzüglichen Photographien von Otto Kasper geben ein neuartiges Anschauungsmaterial. Aber auch die zahlreichen Künstler, die in der Reichsstadt lebten, Zinngießer und Goldschmiede, Bildhauer wie Sem Schlör oder Leonhard Kern, Baumeister und Maler, Musiker und Organisten fehlen nicht im Bilde der Bürgerschaft von Schwäbisch Hall.

In diesem Buch ist – mit genauen Angaben – von Bürgern der Reichsstadt Hall die Rede. Aber nicht Hall allein ist gemeint, sondern Hall steht als ein Beispiel des deutschen Bürgertums der Vergangenheit. Durch die dreißigjährigen Vorarbeiten des Verfassers ist Schwäbisch Hall eine Art Modell der Sozialgeschichte geworden.

Jan Thorbecke Verlag Sigmaringen

Helgard Ulmschneider (Hrsg.)

Götz von Berlichingen Mein Fehd und Handlungen

Band 17 der »Forschungen aus Württembergisch Franken«.
168 Seiten mit 16 Abbildungen. 17×24 cm. Leinen.

Seit in Franken neuere Forschungen die Reichsritterschaft als ein wesentliches Element der Verfassungs- und Gesellschaftsentwicklung herausgestellt haben, ist die Klage über fehlende Vorarbeiten auf diesem Gebiet – genealogische Untersuchungen, Monographien, Quelleneditionen –, die allein vor einer »Fata Morgana der Allgemeinplätze« bewahren können, nicht mehr verstummt. Nicht einmal die wichtigsten Vertreter der Ritterschaft wie Sickingen und Hutten haben Biographen gefunden; das Leben der meisten ihrer Standesgenossen, vom hochgebildeten Hofmann wie Sebastian von Rotenhan bis hinab zum gewissenlosen Strauchritter, Hans Thomas von Absberg etwa, liegt bis heute für weite Strecken im Dunkeln.

Größte Bedeutung kommt deshalb einer Quelle zu, die unmittelbar aus diesem Kreis erwachsen ist, der Autobiographie eines Standesgenossen, des fränkischen Reichsritters Gottfried von Berlichingen (1480–1562). Der Wert dieser Lebensbeschreibung ist nicht hoch genug einzuschätzen, erzählt sie doch sogar – außer den Ereignissen des erwachsenen Adelslebens – von Kinder-, Jugend- und Bildungsjahren eines Reichsritters, von Abschnitten, die gemeinhin archivalisch nicht faßbar und im Leben bedeutender Zeitgenossen völlig unbekannt sind. Darüber hinaus gibt sie als Zeugnis ritterlichen Selbstverständnisses ein farbensattes Bild schwäbisch-fränkischer Adelswelt der Zeitenwende, wie es vergleichbar sonst nur noch in wenigen Quellen, der Zimmernschen Chronik etwa, vorliegt. In der packenden Darstellungsweise scheint auch der Erfolg des Werkes begründet gewesen zu sein. Während die Autobiographien anderer Standesgenossen, meistens nur in ein bis drei Handschriften überliefert, wenig Resonanz fanden, wurde Götzens Werk bis ins 18. Jahrhundert hinein immer wieder abgeschrieben und schließlich noch mehrfach – wenn auch völlig unzulänglich – gedruckt. Einer dieser Drucke geriet in die Hände des jungen Goethe und gab als Quelle der »Geschichte Gottfriedens von Berlichingen mit der eisernen Hand, dramatisiert« den Anlaß zum bis heute dauernden Nachruhm des Ritters.

Es ist erstaunlich, daß trotz dieser bis zur Gegenwart lebendigen Wirkungsgeschichte der Autobiographie des Götz bisher noch keine kritische Edition des Textes zur Verfügung stand. Sie wird hier, nachdem sich die bekannten Handschriften im Laufe der Untersuchung von sechs auf sechzehn vermehrten, aufgrund einer vollständigen Kollation dieser Textzeugen samt überlieferungskritischen und wirkungsgeschichtlichen Varianten erstmals geboten: zum 500. Geburtstag des Götz. Eine historische Einleitung und der den Text begleitende historisch-sprachliche Sachkommentar lassen den Ritter in seinem soziokulturellen Umfeld deutlich werden. Für den Sprach- und Literaturwissenschaftler wird gleichzeitig ein Text aus der lange wenig beachteten Wende vom Mittelalter zur Neuzeit vorgelegt, der der relativ schwach bezeugten Gattung der Autobiographie entstammt und zusätzlich als Quellentext zu einem der wirkungsmächtigsten Sturm- und Drang-Dramen Interesse und Beachtung verdient.